JN214861

中近世武家菩提寺の研究

早島大祐 編

小さ子社

中近世武家菩提寺の研究 ❖ 目次

第三部　近世武家菩提寺の諸相

第四部　宗教・信仰から見た中世社会の転換

第五部　武家菩提寺史料論

―カラー図版―

中近世武家菩提寺の研究

はじめに

本書は、中世後期、および近世の武家の菩提追善のあり方から、宗教の問題とそれと関わる政治・経済・社会の諸問題について歴史的に明らかにする目的で編まれたものである。武家の菩提寺については将軍家以下が先祖追善を行っていたことはいうまでもないが、本書では研究に一定の蓄積のある足利家や徳川家といった将軍家当主の追善ではなく、研究が比較的手薄である、幕府統治を支えた守護・大名以下の階層の先祖供養の分析から上記の課題に接近している。以下、掲載順に五部一六編の論文から構成される本書の概略を述べておこう。

第一部「京菩提寺と都鄙交通」では、このテーマに関する三編の論考を収めた。

早島大祐「武家菩提寺をめぐる仏事と政治」は、武家菩提寺の類型化を行った上で、祈願寺や将軍御成などをキーワードにして守護が創建した京菩提寺をめぐる宗教と政治の問題を明らかにしたものである。

山田徹「大名家の追善仏事と禅宗寺院」は、大名が創建した京菩提寺・国菩提寺に関する基本的情報を提示した概説的論考で、本書を読むための簡便な見取り図となるとともに、今後の議論の進展に備える役割を担っている。

小木英梨奈「三河中条氏と大陽義冲」は一地方国人の都鄙をまたいだ活動を禅僧との交流とからめて論じたものである。従来あまり注目されなかった禅僧の活動と、在京活動も含んだ地方国人の動向をあわせて論じるという、ありそうでなかった事例研究である。

第二部「中世後期武家菩提寺の展開」では、一四世紀から一六世紀にわたり幕政にも深く関わった、細川・六角・京極の三家の菩提寺を取り扱った論考を集めている。

南北朝動乱のなかで守護に任命されたからといって、領国一円を自動的に支配できたわけではない。国支配には様々な工夫と営為が必要だった。衣川仁「阿波守護細川家と国菩提寺」は題名の通り、阿波守護細川家が、国支配を進めるにあたり、京菩提寺と国菩提寺のつながりを活用したことを具体的に解明した論文である。そこでは阿波国平野部の南北では支配のあり方や貫徹度に濃淡があったことや、また近世には蜂須賀家の支配がその中世的な支配体制をリセットした上で進められたことなどが指摘される。阿波国国菩提寺盛衰史であるだけでなく、地域寺院宗教史から、中世と近世を考えさせる手がかりを与えてくれるものである。

大河内勇介「近江守護佐々木六角氏と禅院・律院」は六角氏の菩提寺を精査したもので、禅宗寺院にとどまらない、菩提追善のあり方が紹介される。ここではまた制度史的な守護研究では等閑視されがちな京菩提寺についても検討が加えられており、幕閣としても活躍した六角氏権力の一側面を照射してくれている。

西島太郎「京極氏菩提寺の形成と変遷」は六角氏と同じく、近江国に拠点を置いた京極氏の中近世にかけての菩提寺の変遷を通覧したものである。具体的には、初代京極氏信が坂田郡に創建した京極家菩提寺清瀧寺の盛衰史を一つの柱に叙述が展開される。注目すべき論点が多く含まれるなかで、近世初頭の京極家が中世京極家との系譜関係が曖昧になるなかで、清瀧寺も含む菩提寺が整備されたこと、さらに出雲・隠岐転封後、同地に新たに菩提寺が整備されると、清瀧寺は一転して衰退に向かうことなどの重要な事実が明らかにされる。家の系譜と菩提寺の関係は、近世細川氏をとりあげた林論文でも取り上げられる論点である。

第三部「近世武家菩提寺の諸相」では、近世、特に一七世紀の細川・毛利・柳沢・前田の四家の菩提追善について取り上げた論考を収めている。

林晃弘「近世前期における細川家の菩提寺」は、近世初頭に京・江戸・国元で展開した細川家の菩提寺の実態を明らかにした論考である。京での菩提追善事業に制約が加わったことや、国元では領国統治の一端を担ったこと、そして忠利・光尚が沢庵宗彭に帰依したことから、中世では細川家の菩提追善を担っていた南禅寺派の地位が低下し、大徳寺派が中心となるなど、近世初期の菩提寺をめぐる複雑な状況が丁寧に整理されている。

谷徹也「大徳寺黄梅院にみる近世京菩提寺の成立と存立」は毛利家と大徳寺黄梅院の関わりを論じたものである。一六世紀に地方の戦国大名が大徳寺などの塔頭寺院を庇護する動きが顕著になることはよく知られているが、研究史の関心が希薄になった、その後の近世の展開が解明されている。その作業を通じて、近世大名の都鄙関係が、江戸―国元だけでなく多様な広がりを有するものであり、幕末に禁裏・京の重要性が浮上するなかで、再度意味を持つことを示唆する視野の広い論文である。

平出真宣「柳澤家菩提寺永慶寺の再建過程とその役割」は、柳澤家の国菩提寺といえる永慶寺での仏事の実態を明らかにしたものである。菩提追善機能だけでいえば、江戸の菩提寺だけで事足りるなかで、甲府から大和郡山へ転封後、なぜ国菩提寺もまた再建されたのかを考える手がかりを与えてくれる事例研究である。

萩原大輔「前田利長菩提所の成立過程」は、前田家三代目利常が進めた、前当主で異母兄利長の菩提追善事業の分析をもとに、前田家の国菩提寺の整備過程を追った研究であり、それを経て加賀藩国菩提寺が触頭として寺院支配の一端を担ったことが明らかにされる。武家菩提寺の近世化する過程も視野に入れた、近世国菩提寺の基礎的研究である。

衣川論文、西島論文、萩原論文などが、中世から近世への移行を論じているのに対し、第四部「宗教・信仰から見た中世社会の転換」では、その名の通り、菩提追善のあり方から、中世という時代のなかでの社会の変化を論じた論文を集めている。

南北朝期の社会変化を指摘するのは、この時代を扱った小原嘉記「一四世紀の大応派五山僧のネットワークと尾張妙興寺」と芳澤元「碧潭周皎の周辺と中世仏教」である。そこではそれぞれ寺院をめぐる人と知のネットワークが解明されているが、小原論文は一四世紀における都鄙間の人的ネットワークの更新を、芳澤論文では宗派を越えた知の交流と継承を指摘しており、両論文を通読すると、南北朝期研究において、歴史の断絶と連続の双方の観点を踏まえることの必要性を再確認させる内容となっている。

高木純一「東寺領山城国上久世荘における鎮守・寺庵」は名主沙汰人層をはじめとする村落住人たちの菩提追善について論じた研究史上、稀少性の高い論考である。同荘の宮座の存在の指摘、住人の追善形態に階層性が見られた点など今後の村落史研究の発展に資する指摘が多いが、ここでは一五世紀中葉に名主沙汰人のなかに家の菩提寺を創建するものが現れた点を、中世の家成立の問題として重視したい。

亀山佳代「伊勢国における塩業・金融と信仰」は、伊勢国の塩業と伊勢神宮などへの信仰の問題を金融などの経営の問題とも絡めつつ論じたものである。一五世紀末の明応地震を契機に、生産された塩が神供から、神仏の威光をまとわない商品へ変化したことを指摘し、この時期に起こった大きな社会変化を示唆する内容となっている。ここに収めた四編の論文には紹介した以外にも多くの重要な指摘があることはいうまでもないが、本書を手に取られた読者ならば、そもそも「変化球」的位置づけにある第四部こそが論集の味わいを広げることをご存じだろう。適度な「塩」分も含めてご味読いただきたい。

第五部「武家菩提寺史料論」としては、大田壮一郎「蓬左文庫蔵『勝定院殿集纂諸仏事』の基礎的考察」と、坪井剛「地蔵院本『笠山会要誌』と寺誌編纂—附、翻刻」の二本を用意した。論題の史料をめぐる考察というだけでなく、それぞれ文書伝来論と文書様式論でもあり、古文書学の裾野を広げる一助ともなるだろう。

なお、坪井論文で翻刻される『笠山会要誌』は、学界では存在が知られていなかった西山地蔵院原蔵のテキストであり、この史料を「発見」できたのは、『西山地蔵院文書』（京都大学史料叢書6、思文閣出版、二〇一五年）刊行直前にご挨拶にうかがった際の偶然からであった。今回、翻刻のみならず、史料のカラー写真まで掲載できたことは、編者として大変うれしく、掲載をご許可いただいた西山地蔵院の藤田家の皆様にあらためて御礼申し上げる次第である。

以上、本書の概略を説明してきた。歴史学とは、基本的に失われた人やものを分析の対象とする学問であるが、本書はそのなかでさらに、死とその弔いに特化して、当時の人々が生きた時代の諸制度を照射した試みである。従来、付けたり的に扱われてきた武家菩提寺を分析の中心に据えた点に、本書の第一の特色があると考えるが、このような分析視角の成否も含めて、大方のご批正を賜れば幸甚である。

早島大祐

第一部

京菩提寺と都鄙交通

武家菩提寺をめぐる仏事と政治 ――祈願寺・京菩提寺・天下祈祷――

早島大祐

はじめに　問題の所在

第一節　宗教史研究から見た武家菩提寺

先に守護以下の武家が、先祖供養のために京に設けた禅院を京菩提寺、分国に創建した禅院を国菩提寺として概念化し、京菩提寺・国菩提寺論として提起した[1]。そこでの問題関心は、室町社会の特質である守護在京がどの時期に定着したかというものであり、そのことを判断するための分析視角の一つとして家と菩提寺の関係に注目したのである。

現代においても墓や位牌をどこに置くかは大きな問題だが[2]、その際には現住地との距離が関心の一つとなり、家の近くに追善できる場を設ける傾向にある。このような菩提寺と居所の相関性に注目し、守護在京が定着したことをはかる指標として、守護家の追善の場が守護分国に建てられた国菩提寺から、京で創建された京菩提寺へと変化する過程を調査したわけである。

その結果として、菩提寺創建の契機や時期に偏差があるなかで、守護家の庶家層までが創建した京菩提寺の経営が軌道に乗った応永一〇年（一四〇三）から二〇年にかけての時期に守護在京の一般化と定着を読み取ったわけである。そのほかにも細川家の京菩提寺の一つである西山地蔵院などが「守護方御寺」と呼ばれた事例などに基づき、守護の権威を背景に展開された荘園経営などの問題も室町期荘園制論の一つとして取り上げている。以上の説明からもわかる通り、京菩提寺・国菩提寺論は室町期における都鄙交通の観点からの分析であり、寺院の政治経済史的研究であった。

しかし、当然ながら、京菩提寺・国菩提寺が先祖供養を目的に創建されたものである以上、これらの分析にあたっては宗教史の観点が不可欠である。ところが、このような問題意識から中世禅宗史研究を振り返ってみると、京菩提寺・国菩提寺のほとんどが五山十刹制＝官寺制度から外れた小庵であることもあって、これら武家菩提寺研究が進んでこなかったことに気付かされる。五山十刹制などの宗教制度については現在に至るまで着実に研究が積み重ねられているが、[3]そこに組み込まれなかった禅宗寺院については、方法論、そして何より史料の問題もあって、これまで十分に研究が進められては来なかったのである。

このような研究状況にあって川本慎自の研究は貴重な例外である。川本は官寺制度から外れた禅宗寺院の政治的動向に注目し、大徳寺とその塔頭養徳院を官寺制度に組み込まれなかった単立香火所の事例として検討している。[4]そこでは寺領寄進の傾向などから、五山十刹制度から離れた大徳寺とその塔頭寺院が室町幕府と関係をもとうとする様相が明らかにされており、非官寺寺院の政治的動向を示唆する内容となっている点が本論の関心からは重要である。

また、そこで論じられた大徳寺養徳院の成立過程も興味深い。

同塔頭はもともと曇華院子院尼寺妙雲院であり、足利義満の弟足利満詮室妙雲院殿を供養する菩提寺であったが、寛正五年（一四六四）春浦宗熙に寄進されて、養徳院へと改称され、養徳院殿満詮の単立香火所となったことが明らかにされている。ここからは、幕府からも非官寺寺院を何らかのかたちで再編しようとしていた動きが読み取れるだろう。以上の点を踏まえて、本論では室町幕府の禅宗寺院政策もおさえつつ、五山制度の埒外にあった京菩提寺をめぐる宗教と政治の問題について明らかにしたい。

第二節　武家菩提寺の分類

さて、以上の研究史概観では五山十刹制下にあった官寺とそれ以外の非官寺という観点から、中世後期の禅院を分類してきたが、これだけでは多様な存在形態を示した後者を議論するには精度を欠いている。そこで追善対象者から禅宗寺院を区分すると次の通りとなる。

将軍家当主　　相国寺諸塔頭
将軍家女子　　比丘尼御所・尼五山
将軍家庶家　　単立香火所
守護・守護一族　京菩提寺・国菩提寺

さらに武家が京や守護に任ぜられた国に設けた菩提寺についても分類すると、菩提寺には大きくいって、当主の没後、後継者をはじめとする一族が設ける場合と、由緒ある寺庵の有力檀家となり菩提寺とする場合がある。さらに前者には、一から建てるもののほかに、当主が生前に政治から引退し、隠居所として建立したものが、没後に菩提寺となったものもあり、このような観点から、菩提寺は①山荘転用型、②菩提寺創建型、③有力檀越型の三つに大別できる。以下、具体例を交えつつ、それぞれのタイプについて説明しておく。

①山荘転用型

本人が存命時に隠居所・山荘として建てたものが、没後に菩提寺化したものである。康永元年（一三四二）に亡くなった補陀寺殿細川和氏の国菩提寺である補陀寺、細川頼之が応安元年（一三六八）に創建した山荘で、のちに細川家の京菩提寺の一つになる西山地蔵院、そして龍徳寺殿赤松義則が応永二一年（一四一四）に創建し、のちに彼の京菩提寺となる龍徳寺などが代表的事例としてあげられる。

②菩提寺創建型

こちらも守護家が創建した点では①と同じだが、当主や後継者が戦や病などで急死、夭折した際に、追善のために最初から菩提寺が建てられた場合である。ここでは文和元年（一三五二）に戦死した細川頼春（院号光勝院）を事例としてとりあげる。

頼春の追善施設としては、まず延文三年（一三五八）に京菩提寺として永源庵が創建され、院号となる国菩提寺光勝院は貞治二年（一三六三）に建てられた。「智覚普明国師語録」には「阿州南明山補陀禅寺光勝院法殿慶賀　本尊円通大士勝軍地蔵」とあるから、[5]光勝院は補陀寺の一角に建てられたことがわかる。この際に春屋妙葩が阿波まで出向くほどであった。さらに頼春十三回忌である貞治三年二月二〇日に細川頼之が父頼春の十三回忌追善のために京菩提寺景徳寺を創建しており、のちに諸山に列せられた。現在は残されてはいないが、創建時は、天龍寺の北東の地にあったと『山城名勝志』は伝えている。

以上、簡単に細川頼春を追善する三つの菩提寺を見てきたが、これに関しては次の二点を指摘したい。

一つは菩提寺経営の不安定さである。永源庵は創建されたものの、細川家からしっかりとした財政支援がなかったために、一旦、廃寺同然になったことは先に『室町幕府論』で明らかにした通りである。この点は細川頼之が創建した山荘転用型京菩提寺である西山地蔵院の事例からも確認できる事柄であり、要は京菩提寺の経営は菩提寺側の自助努力に多分に任されていた。

そしてもう一つは、寺格、寺容の問題である。頼春十三回忌に新たに景徳寺が創建されたのは、節目の法要であるのと同時に、足利義満の御成を仰ぐためだった。このことは将軍御成には、京菩提寺にもしかるべき寺の格や規模が必要だったことを意味する。その具体例については本論で触れることになるだろう。

③有力檀越型

京菩提寺・国菩提寺論は主に①、②をイメージして構想したものだが、そのほかにも、既存の禅宗寺院などの院家・塔頭の檀家となって、菩提を追善する形態もある。ここでは本書小木論文で明らかにされた三河国人中条氏が所領を寄進した南禅寺竜華庵などを挙げておきたい。

以上、将軍家一門の菩提寺および守護一門の菩提寺について説明してきた。武家菩提寺としてはそのほかにも奉公衆や奉行人の菩提寺もあるが[6]、以下ではこの分類をもとに論を進めていく。

第三節　祈願寺制と禅院御成

続いて分析視角である。守護在京制の展開は、京における菩提追善需要を生み出し、京菩提寺の叢生という結果をもたらした。京菩提寺が守護家の先祖供養という、いわば私的な要請で生まれたものである以上、細川家の京菩提寺である景徳寺など諸山に列した寺院を例外として、官寺ではない寺院が京に大量に生まれたのである。

ここには少なくとも二つの問題が伏在している。一つは新たに創建された寺院経営の問題であり（論点①）、もう一つは前後して整備されはじめた五山制度との関わりである（論点②）。

まず論点①から説明しよう。これらの寺院の財政基盤については、住持の徳を慕って寄進された所領や、大檀越である守護家の権威を頼って守護分国に所在する荘園の経営を請け負うことで支えられていた。ここで重要なのは先にも触れた通り、創建した守護家自身は所領の寄進など、京菩提寺の経営安定にさほど熱心ではなかった点である。

京菩提寺の経営基盤が以上の通りだったとすれば、守護が創建したからといって、そのまま寺院経営が成り立ったわけではなく、寺院の側からも経営安定のためにさまざまな働きかけが必要だったことになる。事実、西山地蔵院は、足利義持政権からの庇護を契機に寺容を拡大させており、守護が創建した京菩提寺においても、幕府・朝廷などの公権力とつながりを有することはやはり重要だったのである。

では、これらの非官寺寺院にとって、幕府との関係を持つ有効な手段は何だったのだろうか。

幕府側からの禅院との関係は、公的なものとしては禅僧の人事権を除けば、五山制度、そして官寺化と異なるかたちでの寺院の公認化である祈願寺認定という二つの方法がある。そして私的なものとしては、禅院などに将軍が訪問する御成などの方法がある。

前二者について、細川武稔は室町幕府の祈祷命令の分析から、禅林の統括機関である僧録や、将軍と鹿苑僧録を取り次ぐ蔭凉軒が中心になって運営されていた官寺制度を通じたものと、足利家との個別的関係に基づき、「祈祷」「祈願」を行う祈願寺を通じたものとの二つがあったと、両者の関係を上手く説明している。[7]一方、御成については歴代将軍による顕密寺院への御成や春日社・興福寺、日吉社・延暦寺への参詣の政治的性格や経済的特質についての研究が進んでいるが、[8] 禅宗寺院への仏事などの目的による御成については研究は十分ではない。

ここで検討の対象としているのは非官寺寺院だから、最初の五山制度との関わりは一旦、除外するとして、問題は祈願寺認定と研究が手薄な禅院御成になる。祈願寺認定も御成も、禅宗寺院だけを対象にしたものではなく、諸宗寺院に対して行われていたものだが、これらの方法を選択せざるをえなかった点に非官寺寺院がおかれた政治的立場というものがうかがえるが、以下ではこれら二点を分析の軸にして禅院と幕府の関係を明らかにしていきたい。そしてこのような非官寺寺院をめぐる動向が、結果として五山制度に変容をもたらしたという論点②については本論の最後に述べることにする。

第一章　足利義教政権期の仏事と政治

第一節　祈願寺申請禁止令とその背景

まず、室町中期の祈願寺に関する問題から、話をはじめよう。

官寺制度が整備された一つの帰結として、そこから外れた禅院や諸宗派寺院が祈願寺として公認されようとする需要が高まったわけだが、一五世紀中葉に、祈願寺認定に関して、幕府はある重大な方針転換を行った。このことがわかるのが、次の『蔭凉軒日録』永享一〇年（一四三八）三月六日条の記事である。

賀州広照院御祈願事伺レ之、以レ有レ禁也、大法不レ被レ許、

加賀国広照院が幕府に対して、祈願寺として認定されるように申請した。しかし、幕府は「大法」で禁止されていることを根拠に、その申請を却下したのである。

この「大法」とは一体何だろうか。文脈からこの「大法」の内容は祈願寺認定を制限するものだったことが読み取れるが、意外なことに、この祈願寺申請禁止令とも名付けるべき法の運用を記している『蔭凉軒日録』は、この法令そのものや、そもそもの立法経緯自体を記してくれていない。その理由については、のちに触れるが、この「大法」が発令された義教政権期には、幕府の禅院統制に関わる法制がしばしば出されており、ひとまずは以下、この点から確認しておこう。

最初に取り上げるのは『看聞日記』永享七年一一月二一日条である。

照蔵主参、慢西堂為レ使万寿寺住所望事、公方被二執申一可レ給之由被レ申、僧中挙申事、堅置二大法一止了、殊更只今御移徙以前、物申事斟酌之間、不レ可レ叶之由令レ申、不レ及二対面一、

日記の記主である伏見宮貞成のもとへ、慢西堂の使いとして照蔵主が訪問してきた。用件は慢西堂が万寿寺へ転任することを、将軍義教に取り次いでもらいたいという内容であり、義教と貞成の良好な関係をあてにした人事斡旋の依頼であったと読み取れる。

ところが禅僧たちの思惑は外れ、この申し出に対して貞成は、僧中の人事斡旋の取り次ぎは「大法」を定めて禁止されていること、そしてさらに将軍御所移転作業前の繁忙を考慮し、取り次ぎそのものを自粛していることを理由にして、慢西堂からの依頼をきっぱりと断ったのである。

ここからは、僧中の人事の口利きを禁止する、僧中挙申停止令ともいうべき法令が、祈願寺申請禁止令と同じく「大法」という名目で出されていたことがわかる。

また翌年にも同様の法令が出されていたことは『蔭凉軒日録』永享八年七月一六日条の次の記事に記されている。

凡叢林出世辺之事、不レ可レ用二官挙一之由被レ命、

ここでは禅僧の昇任に関する事柄について、将軍に取り次ぐことが禁止されている。出世官挙停止令ともいうべき法令だが、この法令は、続く足利義政政権においても継続して運用されていた(9)。

官挙停止之旨、以二普広院殿永享八年七月十六日寺家御吹嘘並官挙被レ止之例一、如二旧規一悉可二相触一之由以二春阿一被二仰出一、（中略）此旨有二違犯之輩一、則書二其名字一可レ令二披露一之由被二仰出一也、

「普広院殿永享八年七月十六日寺家御吹嘘並官挙被レ止之例」との記述から、ここで参照されていたのが、まさしくこの日付で制定された先の出世官挙停止令であることがわかるのである。

禅院に関する法令が出されたのはこれだけではない。『蔭凉軒日録』永享一〇年六月六日条には「臨川寺領賀州宮腰公事、万寿寺領真宝押領事、雲頂院領昆陽野公事、各伺レ之、寺領押領並違乱等事、不レ可二披露一之由被レ命」と、禅院領公事披露停止令ともいうべき法令も出されていた。

そのほかにも永享一〇年一〇月一六日条には法語の長さに感心した義教が、仏事法語は「甚長」であるべしとした法語甚長令を定めている(10)。これをうけた禅院側は義教の意向に沿うようにと、法語用例集として『勝定院殿集纂諸仏事』を編纂したことは本書大田論文が明らかにした通りである。

さらに制定された正確な年月は不明ながら、義教は各禅院領からの年貢収支の決算を四月締め切りの単年度で行うように命じた単年度決算令というべき法令も発しており(11)、永享七年以降の時期に義教政権は禅宗寺院に向けた法令を相次いで定めているのである。

以上の点を確認した上で、では祈願寺申請禁止令はどの時点で出されていたのだろうか。

まずこの法令が『蔭凉軒日録』に記載されていないという事実から、この問題に接近してみよう。というのも書かれなかったのは、第一に筆記作業上の不慣れがあったと考えられるからである。『蔭凉軒日録』の記述がはじまるのが、永享七年六月からであり、従来、口頭で行われていた将軍とのやりとりの記録がのこされるようになるの

が、丁度、このときからだった。このような禅院行政上の制度変更も踏まえると、祈願寺申請禁止令が記されていないのも、やりとりの記録化作業に習熟していないという制度立ち上げ直後特有の現象に起因するという推測は十分に成り立つだろう。

この推測を裏付けるように、永享七年一一月に出された僧中挙申停止令もまた『蔭凉軒日録』には記載されていない。情報通だった伏見宮貞成がたまたま記録を残してくれたおかげでこの法令の存在を知ることができたのだった。以上の点から、祈願寺申請禁止令が出されたのは永享七年、さらにいえば法令内容の類似性から、僧中挙申停止令と同じ一一月に出されたと結論付けておきたい。

第二節　禅院統制令制定の背景

このように永享七年から一〇年にかけて、義教政権において禅院からの披露を停止する法令などが出されていたことが確認できるわけだが、では、なぜ義教政権期にこれらの禅院統制令が相次いで出されたのだろうか。ここでは、これらの立法が、「挙申」、「官挙」、「披露」の停止であり、将軍義教が取り扱う案件を抑制するものであった事実に注目したい。というのも、同じ時期に、寺院法だけでなく、裁判制度でも同様の傾向が見いだせるからである。

義教政権期に、雑務沙汰を筆頭に幕府の裁判制度の整備が進められたことはよく知られているが[12]、永享八年を境に、判決の根拠となる裁判基準法だけではなく、審理手順に関わる裁判手続法が出されはじめたことがわかる。

義教政権下で立法された訴訟制度に関する法としては、大きくいって裁判の判決基準に関わる裁判基準法と、担当部署や申請の手順を定めた裁判手続法があるが、【表】から明らかな通り、永享八年以降に裁判手続法が出され

表　義教政権期の雑務沙汰訴訟法

永享元年	押領不知行地後経訴訟事（196条）
永享２年	訴論人文書事（197条）
	洛中洛外酒屋土倉条々（197〜200条）
	諸人訴訟事（201条）
	諸人借物事（202条）
永享５年	諸土倉盗人事（204条）
	負物年紀事（205条）
永享８年	諸人借物請人事（206条）
	諸人借物事（207条）
	諸人庭中事（208条）
永享11年	諸訴人庭中事（209条）
永享12年	借物年紀事（210条）
	本物返質券所領事（211条）

ていた。

その内容は「庭中」、すなわち将軍への直訴を禁止するものであり（二〇八条）、直訴停止のかわりに義教が命令したのが、管領、政所、問注所などの行政機関の整備だった（二〇九条）。すべてを自分でやるのではなく、それぞれの担当する役職や部署を整備・設定した上で、基本的業務をそこで執り行わせるのである。

このように二つの制度を並べて見ると、義教政権期の寺院行政と裁判制度において共通する制度変更が施されていたことがわかるだろう。すなわち、将軍が直接、判断・決裁する案件を減らそうとする傾向が読み取れるのであり、一連の禅院統制令も以上のような政治的意図を背景に出されたと考えられるのである。

第三節　蔭凉軒の拡充

一般の訴訟制度においては、取り扱う訴訟案件の取捨選択が行われるのと並行して将軍の親裁を補弼する部署の整備がなされていたのだが、では寺院行政において、この点はどうだったのだろうか。この問題について、蔭凉軒に関する玉村竹二の研究を見ておこう。[13]

そもそも将軍と寺院行政を管掌する僧録を取り次ぐ役職を蔭凉職、組織や建物を蔭凉軒といったが、玉村は義持政権において義持と禅院の仲介役を果たした仲方中正がその制度的原型であり、応永二〇年（一四一三）ごろから、公帖の伝達などの禅僧の人事案件を行っていたことを明らかにしている。その上で、玉村は義教政権期における蔭涼軒をめぐる次のような変化を挙げている。

第一が『蔭涼軒日録』の起筆である、先にも触れた通り、この日録は永享七年六月から書き始められており、『蔭涼軒日録』の成立そのものが、手続きの記録化を指向した寺院行政の整備開始を象徴する出来事であった。

第二が建物としての「蔭涼軒」の造営である。『蔭涼軒日録』永享一一年六月一一日条に「蔭涼軒可レ移ニ南芳院御房一之由被レ命」とあり、これもまた玉村が指摘する通り、従来、鹿苑院に付設されていた蔭涼軒が、足利義教の命により嵯峨の南芳院を移築するかたちで、増築、ないしは独立した施設となったのである。

以上にあげた二点は早くから指摘されてきたが、玉村は蔭涼軒の起源を探る作業を中心に論を構築しているために、蔭涼軒の増改築の意義についての十分な言及はない。しかし、義教政権期の訴訟手続の整備を考察する本論の立場からすれば、この変化は重要である。というのも蔭涼軒の増改築は、端的に蔭涼職の職務拡大に伴う施設整備を意味すると考えられるからである。

このように対寺社関係において、人事から裁判に至るまでの案件全般の決裁を親裁から分離し、蔭涼職に委任しようとしたことが明らかになるのだが、以上のような政治方針は対朝廷関係でも見られた。

永享九年六月に義教は伝奏中山定親を通じて「任官叙位並公事・公卿以下御懸事」は後花園天皇の「聖断」とするように強く要請した[14]。今回、このように朝廷のことは天皇に任せるという要請が出された背景について高鳥廉は、永享五年の後小松死去後の天皇家の権威の担保と向上を図る義教の姿勢を読み取っているが[15]、実務的な側面でいえば、義教に集中した公武寺社から民事に至る膨大な案件の決裁の交通整理を意図した政策の一環としても理解できるだろう。同じ頃、政所が雑務沙汰訴訟機関として整備されているから、専制君主義教への業務集中とそれへの対策という意味で両者は同根の改革であったといえるのである。

関連して、義教政権の意志決定手続きに関する吉田賢司の指摘も重要である。[16] 吉田は義教政権において将軍の政治判断を補弼する管領以下幕閣たちの大名衆議が、多数の幕閣の意見をまとめるかたちから、将軍が数人の幕閣の意見を徴して政務を決裁する形態へと変化したことを明らかにしている。このような政務決裁手続きの迅速化と効率化が図られたことも、ここまで述べてきた、幕府法を整備した上で将軍が取り扱う案件を整序しようとする義教政権の基本的な政治方針の一環として理解できるだろう。足利義教の政治はこのように制度の整備と効率化・迅速化を基調に進められており、その文脈のもとで、処理するのが煩雑だった祈願寺申請の停止もまた決断されたのである。

第四節　山名持豊の菩提寺戦略

以上に見た通り、義教政権期以降、祈願寺申請停止令の発令などにより、非官寺寺院が、公権力の庇護や恩恵をこうむる機会が著しく限定されたわけだが、このような状況の変化を前に、京菩提寺の一部には積極的に政治的な動きを見せる寺院もあった。ここでは、その典型として、山名家の京菩提寺である栖真院をめぐる動向を取り上げたい。

栖真院は足利義持政権期に幕閣として活躍した山名時熙が大蔭宗松を招じて南禅寺内に創建した小刹である。[17] ところが応永二七年閏正月二一日に息満時が夭折してしまい、その追善のために栖真軒から栖真院へと変わったのである。山荘転用型京菩提寺である。

これらの点は周知のことがらだが、本論で注目したいのは、先行研究でも言及のないその後の栖真院の展開である。

義教が禅院統制を強めた永享一〇年に栖真院の改修工事が行われようとしていた。すなわち『蔭凉軒日録』永享一〇年九月二八日条に「栖真院昭堂材木過書事御免許」とあり、栖真院に新たに「昭堂」を作るために必要な過書の発給が認められている。

では栖真院に新たにどのような建物が建てられたのだろうか。申請から二年後の永享一二年に山名家が義教の栖真院への御成を仰いだ時の記事には、「栖真院並遠碧軒御成」と記されている点に注目したい[18]。単に栖真院と記されるのではなく、栖真院と併記される遠碧軒こそが、二年前に建設がはじめられた「昭堂」なのだろう。そのほかにも栖真院とその西側に建てられた遠碧軒のあいだには、浮香閣という高楼も建てられていたといい[19]、山名家の京菩提寺がここに拡充された事実がうかがえるのである。

では、なぜ山名家は京菩提寺の規模を拡大したのだろうか。そこには山名家の内部事情があったと考えられる[20]。

永享七年七月四日に山名家当主であった時熙が没し、五七日忌の供養が栖真院で営まれた。その後継となったのが持豊だったが、永享九年に足利義教の勘気をうけて廃嫡された兄持煕が備後国で挙兵するなど、家督としての土台は盤石ではなかった。兄の蜂起こそ鎮圧したものの、持豊の前には、山名家家督としての権力基盤の確立という課題が浮上していたのである。

このことを裏付けるように、持豊は永享一一年には正四位下・左衛門佐に任官し、翌年には侍所頭人及び山城国守護となり、幕府内部での立場を固めたが、以上のような持豊の足跡を踏まえると、永享一〇年以降に進められた栖真院整備の政治的意味も見やすくなるだろう。すなわち仏事を通じて山名家中における求心力を強め、また栖真院に義教御成を仰ぐことで将軍とのパイプを確かなものとして、家中、ひいては幕府内部の立場も強固にしようとしたのである。

栖真院はさらに美濃大円寺や小原論文で取りあげられた尾張妙興寺、そして父時熙の国菩提寺である但馬大明寺などを末寺として遠山派の本寺として再編されたが、このような京菩提寺の興隆策の甲斐があって、永享一二年には義教が年始の回向にむかう寺院として認定されていた天龍寺、真如寺、安国寺、広覚寺、大徳寺、仏心寺、大蔵寺、徳雲院の八か所に新たに栖真院が加えられている。[21] 義教が禅院行政への直接的な関与を抑制していたことを踏まえると、栖真院が年始の将軍御成の対象として新たに加えられた意義は大きいだろう。というのも、仏事を通じても、義教とのつながりが深まるからであり、そのための、遠碧軒の新造も含んだ山名家側の努力はやはり相当なものがあったといわざるをえない。

そのほかにも宝徳二年（一四五〇）三月四日には月庵宗光派の香林宗蔄を招じて南禅寺真乗院を開創し、[22] また律宗寺院である梅津長福寺養源庵の檀那となるなど、[23] それぞれ菩提寺創建型、有力檀越型というかたちで立て続けに菩提寺振興策をとり行っていたのである。

また嘉吉の乱後に山名分国となった播磨国では山名持豊が、赤松義則により創建された赤松家の国菩提寺だった宝林寺の檀那となっている。[24] これは播磨国の守護の交替を象徴する行為であり、国支配においても仏事の政治的効果を意識した動きをみせているのである。

このような仏事も含む政治的努力もあって山名持豊は家中そして幕府内部、さらには分国支配においても土台を固めることに成功していたわけだが、一方、山名家と対照的なのが赤松家である。実は『蔭凉軒日録』には、赤松家の京菩提寺の記述が少なく、これは栖真院や遠碧軒の記述とは対照的である。このことは赤松家が仏事を通じて、義教の歓心を買うという政治的手腕に習熟していなかった事実を暗示している。仏事政治の立ち後れである。この点に象徴される政治力の差が、義教政権における山名家と赤松家の地位の差となり、その帰結が、追い詰められた赤松満祐による将軍暗殺というかたちで現れたといえるのではないだろうか。

京菩提寺御成をめぐる山名家の躍進と赤松家の出遅れ。西国経営をめぐり両者が対抗関係にあったことは周知の通りであり、仏事政治をめぐる両者の立ち位置の違いは、赤松家に焦りをもたらしたことは確かだろう。かくして仏事政治の面からも嘉吉の乱の前提となる政治条件が用意されていたことが読み取れるのである。

第二章　足利義政政権期の仏事と政治

第一節　祈願寺認定の復活

足利義政政権が本格的に始動した長禄二年（一四五八）に祈願寺政策に変化が見られる。長禄二年一〇月二七日に義政は若狭国の栖雲寺の祈願寺申請を認めており、父義教の禁令を反故にして、再びその申請を認めるようになったのである。

けれどもはなしは単純ではない。長禄三年には越前国の瑞勝寺も祈願寺となったが、『蔭凉軒日録』長禄三年四月四日条には、「越前国瑞勝寺、御祈願寺御法已前之御約束之故御免」とあり、「御祈願寺御法已前之御約束」を理由に、祈願寺となることが認められたから、「御祈願寺御法」＝義教の定めた祈願寺申請停止令は義政政権でも意識はされていたようなのである。

意識はしていたが、反故にする――。どうやら義政政権では、例外的に処理するかたちで祈願寺の公認が成されたらしいのであるが、では、どのような場合に例外的処理が行われたのだろうか。この点の検討は、例外が少数だったか否かを判断する材料ともなるために、関係史料が多く残される越前国長崎の律宗寺院称念寺の事例を中心にこの点を見ていこう。

称念寺は長禄二年一二月二六日付で足利義政から祈願寺の認定を受けた。きっかけは一七代遊行上人が、義政の求めに応じて上洛した際、伊勢貞親を通じて祈願寺の認定を申請したことにあったという。[25] いうまでもなく貞親は義政政権を切り盛りした当時の重要人物である

また同じころ、足利義政母で大上様と呼ばれた日野重子のとりなしで越前国龍沢寺の祈願寺申請が認められている。[26] このように義政の近臣と近親の口利きが祈願寺認定の決め手であった以上、祈願寺申請禁止令の例外的認定事例を過少に評価することはできないだろう。

すなわち義教が定めた禁令はなしくずし的に撤回されたと考えられるのであるが、この点についてもう少し説明を加えておきたい。基本的には父義教の定めた方針をもとに禅院行政をとりおこなった義政だったが、実は全てを父が定めた通りに運営したわけではない。例えば、先に触れた通り、義教は荘園経営に関する決算を四月までに済ませる年度内決算令を定めていたが、この法令を義政は「旧法」として撤回し、五か年以内に決算を済ませればよいと緩和させていたのである。[27]

今回の緩和策が実現した背景には、厳密な財務管理に音を上げた禅院側からの懇願があったと推測されるが、『蔭凉軒日録』を見ると、父義教が禁じたはずの禅院関連の訴訟が多く記録されている。これらもやはり、禅宗側の強い要請を若い義政が拒否できずに受け入れたためと推測されるだろう。その一環として祈願寺申請も認められるようになったのである。

しかし義教がこれらを制限したのは、決裁の効率化と将軍の負担軽減が目的としてあったはずである。そのためにこれらを受け入れてしまった義政政権では、将軍が取り扱う案件が増大したと考えられるが、このことが政権にもたらした副作用については、最後に述べることにしたい。

第二節　祈願寺認定の手続き

義政政権では祈願寺となった称念寺には、先にも触れた通り、この時の公認の際の関連文書が比較的多く残されており、ひきつづき称念寺の事例から、祈願寺申請が認定されるまでの次第を確認しておこう。

称念寺が伊勢貞親の取次で祈願寺申請を行ったことは先に触れた通りだが、その際、称念寺の寺領の総目録も幕府に提出されており、申請が受諾されたのちに、遊行上人が礼として四〇貫文を義政に進上した。そして年明けの長禄三年正月八日に義政の御判御教書と足利義教の御影、位牌がセットになって称念寺に届けられたのである。[28]

さらに一一月二一日に先に提出していた総目録と制札、そして守護の遵行状が届けられた。総目録には認定した証拠として幕府奉行人飯尾之種が紙背の紙継目に花押を据えており、現在残されていない後二者には、おそらく制札には称念寺が祈願寺であることが墨書され、遵行状には称念寺領を違乱無く安堵する旨が記されていたのに相違ないだろう。祈願寺認定は寺格的な権威付けという側面に加えて、現実的には寺領安堵の性格も有していたのである。称念寺側は祈願寺となったことがよほどうれしかったらしく、今回の認定を記念して寺の由緒を記した縁起を作成している。

祈願寺申請・認定の手続きについては、既に細川が称念寺の事例も参観しつつ、寺院からの申請、礼銭の進上、寺領安堵という三点をあげて簡略に述べているが、その手続きをより詳細にまとめると、次の通りになる。

幕府へ申請・内諾→寺領目録・文書などの提出→礼銭の進上→祈願寺認定の文書の発給及び位牌、御影などの授与

この流れで意外と重要なのは、位牌や御影が下賜された事実である。祈願寺はまた位牌所とも呼ばれるが、[29]そ

の呼称には、このように位牌を授けられたという確かな根拠があったのである。

以上、祈願寺の申請から認定に至るまでを概観してきたが、一連の手続きからは祈願寺認定が復活したもう一つの要因も読み取れる。それはこの時期に進められた荘園還付策との関わりである。

早く百瀬今朝雄が指摘したように、長禄二年三月一七日に足利義政は寺社本所の不知行地荘園を返付する法令を発令した[30]。これとあわせて荘園の直務命令も出されており、百瀬は一連の法令の目的として、荘園押領者であった守護以下の勢力の抑圧政策であった点を重視している。しかし、ここではこの法令の第一義的な意味を重視したい。すなわち寺社、公家などの荘園領主保護という言葉通りの意味である。

長禄二年三月以降に明確になった義政政権の政策基調を踏まえると、同年に復活した祈願寺申請も、その具体的な中身に寺領安堵が含まれていた以上、寺社保護政策の一環としても位置づけることが可能である。このように祈願寺認定の復活を求める寺院側の期待と、義政政権の寺社も含む荘園保護政策があわさって、祈願寺公認も再開されたと考えられるのである。

第三節　細川勝元の菩提寺戦略

祈願寺認定が義政の近くで権勢を振るった人々の取次が鍵となって行われていた以上、彼らと関係を深めることは重要だった。この点を京菩提寺をめぐる仏事の運営から見ていこう。

ここで取り上げるのは、細川家の事例である。まず先に西山地蔵院文書の検討を通じて明らかにした点から述べると、文安年間（一四四四～一四四九）に細川持賢が西山地蔵院の仏殿の造営を計画したが、その背景には、一〇代で管領となった当主細川勝元を中心に一門の結束を高めようとした意図があったと考えられる。ただし、宝徳元年

（一四四九）阿波国守護細川持常が死去して、宝徳三年には土佐国で在地領主津野氏が反乱を起こすなど、細川一族による分国支配にも不安要素が絶えなかった[31]。

以上が西山地蔵院文書から明らかにした一五世紀中葉の細川家をめぐる状況だが、一族の結束が益々重要な課題となるなか、長禄二年に次の事件がおこった[32]。

　景徳寺、管領与㆓讃州㆒有㆓双論㆒、雖㆑然、管領為㆓理運㆒也、公文御判可㆓書上㆒之事伺㆑之、

十刹寺院であった細川家の京菩提寺景徳寺をめぐり、管領細川勝元と持常の後継者として細川讃岐守家を継いだ成之が争っている。勝元と成之が景徳寺に関する何について争ったかは、ここには記されていないが、持常の時代に彼が景徳寺住持であった周復首座の昇任人事を将軍義教に申請しているから[33]、人事も含んだ景徳寺の管理・運営に関するものであったと推測される。細川家の京菩提寺の管理・運営をめぐり本家（細川京兆家）と庶家（細川讃州家）が争っていたわけであり、将軍足利義政が勝元に軍配を挙げたことで、一族の仏事運営の面で、勝元が一門を主導することが明確化したわけである。

かつて京菩提寺の一つである西山地蔵院の整備・増築をめぐって、細川一族の結集がはかられた。しかし、この出来事からは当主の成長と庶家の代替わりを契機に一族を統率するのは誰かが再び新たな課題として浮上していたことが明らかになる。その細川家内部の主導権争いが、菩提寺の管理を軸に繰り広げられていたのだろう。そして幕府法廷で勝元に景徳寺の管轄が認められたことを反映して、以後、そのほかの京菩提寺の運営も、細川勝元が中心となって進められていくことになる。

長禄二年九月二七日には紅葉見物もかねて、細川満元の京菩提寺である岩栖院への足利義政の御成が実現している。さらに翌月の一〇月一四日には勝元の申し出で細川頼之の京菩提寺の一つである永泰院への御成も行われ、その二日後の一六日には、岩栖院殿三十三回忌法要が将軍臨席のもと、同じく永泰院にて行われている。

さらに長禄三年三月一四日には細川勝元主導で、西山地蔵院への御成が実現している。この時の御成からはその政治性がよくうかがえるために、少し詳しく見ておこう。[34]

地蔵院御成、煎点、管領細河殿御相伴被レ参、（中略）先於二昭堂一並於二地蔵殿一御焼香、武州之像左方有童子也、昔夢中相迎作レ舞、立二指一挙扇子一唱レ歌曰、百イシヤ百イシカレトヲモイシニ返々モ百イシキカナ　岩栖院扇面書二此歌一、彼院炎上之時失二却之一、願二公方様一扇面彼歌被レ遊、則当家末代可レ為二名望一之由管領今晨御成之次謹白レ之、可レ被レ遊之由被二仰出一也、

「武州」こと細川頼之の画賛が懸けられた昭堂・地蔵殿で将軍足利義政が焼香を行い、その際に岩栖院細川満元が夢中で着想を得た和歌を扇面に記したエピソードが語られている。そして火事で岩栖院とともに失われたこの扇の執筆を義政に依頼したのである。

このように地蔵院御成にあたって、将軍に管領細川家の歴史が物語られていたわけだが、細川家歴代のなかでも取り上げられた人物が興味深い。もちろん細川本家の実質的な始祖である細川頼之が取り上げられたのは当然であり、満元が取り上げられたのも、彼の京菩提寺である岩栖院が焼亡し、その再建の協力を得ようという意図もあったと推測されるが、周知の通り、頼之は幼少時の足利義満を執事として支えた人物であり、また満元は足利義持政権で管領を一〇年にわたり務めた忠臣である。頼之と満元といった忠臣の物語は、足利家と細川家という主従が一体となって、室町幕府を築きあげた歴史を新将軍義政に確認させる手続きでもあったと考えられる。

そして満元が作った和歌扇が失われ、それを義政に新たに作成することを依頼したのも興味深い。[35]細川家の先祖が詠んだという百の字を三度も重ねた「百イシヤ」の歌は長寿の言祝ぎの歌であり、それを義政に謳い聞かせ、そして義政に書いてもらった上であらためて授けてもらうという一連の手続きは、足利家と細川家のこれからの永続的な関係を再確認する象徴的意味を有すると考えられるからである。その意味で京菩提寺は在京守護の先祖追善

施設というだけではなく、政治の場でもあったことがここからも確認できるのである。

第四節　京菩提寺の宗教政治学

ここで、ここまでの考察の結果をまとめておこう。

室町幕府の禅院統制は禅宗寺院を序列化した五山十刹制を軸にして進められたが、全ての禅院がそこに組み込まれたわけではなかった。そのために官寺として認定されなかった寺院の一部にとっては、寺の存続を目的とする政治活動の動機付けの一つとなった。一方、幕府側にとって、将軍・守護以下の武家が在京した一つの帰結として、京にて先祖供養を行う京菩提寺の叢生をもたらしたが、これらの必然的に増え続ける寺院をいかに再編するかが、その時々の政権の課題となり、幕府の禅院統制を流動的なものとした。

非官寺寺院が政権とつながりを強めるために注目したのが祈願寺として公認される方法だった。祈願寺の申請・公認は寺領安堵と一体化しておこなわれたために、禅院以外の寺院からの要請も高かったが、足利義教政権では、処理の煩雑化を嫌ってその申請を停止し、一方、足利義政政権では、寺院側の要請と寺社領安堵政策との兼ね合いから、なしくずし的に復活することになった。

室町幕府の政策が、このように時に一貫せず変遷するなかで、守護の京菩提寺を含む非官寺寺院のなかには、様々なかたちで政権と関係を深める動きが常に見られた。先祖供養の法会に将軍臨席を求める動きはそのなかの最たるものであり、一族の統括者である家督が将軍を饗応することもあって、将軍とのつながりを強めると同時に、一族の統率という家中統制上の政治的機能も果たすことが期待されたからである。

その双璧が山名持豊と細川勝元であり、彼らが政権と接近して権力基盤を固め、惣領として一族を統率していく姿を京菩提寺の運営を通じて確認することができた。彼らがのちに応仁の乱で対峙したことを踏まえると、宗教政治史的観点からも応仁の乱への道が用意されたことが読み取れる。京菩提寺はたしかに幕府政治の舞台の一つであったのである。

おわりに　諸五山天下祈祷体制の構想――転変する官寺制度

以上が本論で明らかにした点だが、最後にもう一つの論点である幕府による禅院の編成について、その後の展開を見ておこう。

幕府を京に置いたことの一つの帰結として増加した将軍関係者の菩提寺は、五山制度にも変容をもたらした。例えば、細川は祈祷命令のあり方から、新たに将軍家の菩提寺となった相国寺が、官寺制度内で存在感も増し、官寺制度に収まらない役割を果たした点を指摘している。

さらに細川は、次の史料から五山寺院に整備された将軍家縁者の菩提寺を加えた「諸五山並十刹」に足利義政が天下祈祷を命じる動きがあったことを指摘している。[36]

自二来九日一諸五山並十刹、一七日可レ有二天下御祈祷一之由被二仰出一、[37]

長禄三年八月七日に足利義政が、「諸五山並十刹」に天下御祈祷を命じた。契機は義政が前月二〇日に天に二日ありと出たことを畏れたことにあった。天に二日ありとは、おそらく「天に二日なし」＝天下に君主は二人いないという言葉を踏まえた簒奪者登場への恐怖だと思われるが、さておき、この問題に関連して細川は、禅宗寺院が幕府から命じられた祈祷について次の二点を明らかにしている。

①禅院が命じられた祈祷は、請雨や将軍不例平癒といった顕密寺院があまり行わなかった手薄な部分であり、

天変地異などの変異祈祷と、ある程度棲み分けられていた。

②天下祈祷を命じられた「諸五山並十刹」については、一五世紀末の史料から五山十刹に鹿王院、宝篋院、勝智院など、足利家に関係の深い寺院から構成されており、官寺制度がそのまま機能したわけではない。

その後も増加する菩提寺が五山制度にも変容をせまった事実がこの指摘からもうかがえるわけだが、以上の指摘を踏まえて先の記事を見ると、新たな課題が浮上してくる。

一つは「諸五山並十刹」に天下祈祷を命じたことは、細川の①の指摘も踏まえれば、明らかに禅院が行った祈祷範囲の拡大を意味するが[38]、その意義をどのように評価すべきかという問題である。そしてもう一つが天下祈祷命令を受けた「諸五山並十刹」がどのように編制されたかという問題の二点である。

前者については、実はそもそも禅院による天下祈祷が恒常的に行われたわけではないことから確認しておかなければならない。先の長禄三年の最初の事例以外では、寛正二年（一四六一）に「諸五山並塔頭」に対して請雨とともに天下泰平祈祷が命じられた程度で、いうならば未完の制度だった。

そもそも禅院への天下祈祷命令自体が漠然とした簒奪者への恐れからはじまったわけだが、細川の研究を参照すると、義政政権では、怪異案件に基づく祈祷命令が相次いでいるというから、この時期の基本的動向だといってよいだろう。ではなぜこのように怪異を原因とした祈祷命令が増加したかといえば、その背景の一つになしくずしに行われた将軍決裁案件の増加とそれに伴う多忙を挙げても強ちに的外れではないだろう。義政を取り巻く以上のような状況が、彼を疲弊させ、将軍の天下観を矮小化させるに至ったのである。

このように制度が未完成だったこともあって、天下祈祷を命じた意義も検討されなかったと考えられるが、ここから幕府が禅院の祈祷役割を拡大しようとしていたという指向を読み取ることは可能だろう。そしてそのためにはどの寺院にその役割を担わせるかという後者の論点が問題となる。

このように考えた上で重要になるのが、寛正年間に足利家の菩提寺を再編する動きが見られることである。冒頭で触れた通り、足利義満の弟足利満詮室妙雲院殿を供養する菩提寺であった尼寺妙雲院が、寛正五年大徳寺春浦宗熙に寄進された。その際に同院は、養徳院へ改称され、養徳院殿満詮の単立香火所となったことが明らかにされている。[39]

また一四世紀半ばに夢窓派黙庵周諭が禅寺として再興し、応永一四年(一四〇七)には備中守護家細川満之が菩提料所として寄進した嵯峨善入寺が、一五世紀中葉に足利義詮香火所として宝篋院へ改称されている。[40]

これら小刹が相次いで将軍及びその一族の菩提寺として再編された事情は明確にはわからないが、寛正四年九月二二日条には義政生母日野重子の菩提追善のために嵯峨持地院が勝智院とされており、時系列的に見ても、母の菩提追善を契機に足利家の先祖の追善のあり方も見直された結果なのかもしれない。

さておき、ここに養徳院が含まれていないが、「諸五山並十刹」を構成する、宝篋院と勝智院が「誕生」していた事実は重要である。このような足利家一族の菩提寺再編と禅院に天下祈祷を行わせるという構想が合わさって、「諸五山並十刹」による天下祈祷体制の構築が目指されたと考えられるからである。将軍家にとっても、一族の墓と寺の問題は、家的にも政治的にもやはり大きな関心事だった。そのために、将軍家が創建した寺院をどのように制度上、位置付けるかという問題は、絶えず官寺制度にゆらぎをもたらすことになったのである。

注

(1) 早島大祐『室町幕府論』(講談社、二〇一〇年)、同「西山地蔵院領の形成と展開」(京都大学文学部日本史研究室編

『京都大学史料叢書6　西山地蔵院文書』思文閣出版、二〇一五年)。
(2) 社会学者松原隆一郎は、出身地神戸から現住所のある東京へ仏壇と書庫を兼ねた建物を建てる経緯を一書にまとめている(松原隆一郎・堀部安嗣『書庫を建てる—1万冊の本を収める狭小住宅プロジェクト—』新潮社、二〇一四年)。
(3) 今枝愛真『中世禅宗史の研究』(東京大学出版会、一九七八年)、原田正俊『日本中世の禅宗と社会』(吉川弘文館、一九九八年)、斎藤夏来『禅宗官寺制度の研究』(吉川弘文館、二〇〇三年)、村井章介編集代表『日明関係史研究入門—アジアのなかの遣明船—』(勉誠出版、二〇一五年)など。
(4) 川本慎自「室町期における将軍一門香火所と大徳寺養徳院」(義江彰夫編『古代中世の政治と権力』吉川弘文館、二〇〇六年)。
(5)『大日本史料』六—二四、九九八頁。
(6) 奉行人飯尾家の京菩提寺は南禅寺帰雲院だった(『蔭凉軒日録』寛正四年六月二五日条)。
(7) 細川武稔「禅宗の祈祷と室町幕府」(同『京都の寺社と室町幕府』吉川弘文館、二〇一〇年、初出二〇〇四年)。
(8) 佐藤豊三「将軍家「御成」について(四)」(『金鯱叢書』四、一九七七年)、金子拓「室町殿南都下向をめぐる負担」(同『中世武家政権と政治秩序』吉川弘文館、一九九八年)。また早島大祐『足利義満と京都』(吉川弘文館、二〇一六年)では足利義満の日吉社参詣をもとにこの問題をとりあげている。
(9)『蔭凉軒日録』長禄二年閏正月一日条。
(10)『蔭凉軒日録』永享一〇年一〇月一六日条、今泉淑夫『禅僧たちの室町時代—中世禅林ものがたり—』(吉川弘文館、二〇一〇年)。
(11)『蔭凉軒日録』長禄三年四月四日条。
(12) 早島大祐「一五～一六世紀における土地売買の保証」(深尾京司他編『岩波講座　日本経済の歴史　1』岩波書店、二〇一七年)。
(13) 玉村竹二「蔭凉軒及び蔭凉職考」(同『日本禅宗史論集　上』、思文閣出版、一九七六年、初出一九四〇年)。
(14)『師郷記』永享九年六月一二日条。
(15) 高鳥廉「室町期の臨時祈祷と公武関係」(『日本歴史』八四七、二〇一八年)。

（16）吉田賢司「管領・諸大名の衆議」（同『室町幕府軍制の構造と展開』吉川弘文館、二〇一〇年、初出二〇〇一年）。
（17）岡部恒「守護大名山名氏と禅宗―とくに栖真院開創について―」『人文論究（関西学院大学）』二五‐二、一九七五年、小坂博之『山名常熙と禅刹』（楞厳寺、一九七六年）。
（18）『蔭凉軒日録』永享一二年九月五日条。
（19）「東海璚華集」『五山文学新集　二』。
（20）川岡勉『山名宗全』（吉川弘文館、二〇〇九年）、山本隆志『山名宗全―金吾は鞍馬毘沙門の化身なり―』（ミネルヴァ書房、二〇一五年）など。
（21）『蔭凉軒日録』永享一二年正月一三日条。
（22）前掲注（17）岡部論文。
（23）『蔭凉軒日録』寛正三年八月一四日条。
（24）『蔭凉軒日録』長禄四年五月二八日条。
（25）「称念寺文書」二号、五号（『福井県史　資料編四』）。
（26）『蔭凉軒日録』長禄二年一一月一九日条。
（27）『蔭凉軒日録』長禄三年四月四日条。
（28）「称念寺文書」二号、五号（『福井県史　資料編四』）。
（29）東京大学史料編纂所データベースを用いて検索してみると、「祈願寺」、「祈願所」が中世を通じて事例が検出できるのに対して、「位牌所」は事例が少ないながらも、一六世紀に諸役免除に関連して、検出できる傾向が見いだせる。ここから位牌所は祈願所の戦国・近世的表現という結論が仮説的に導き出せるが、このような呼称の変化が生じた背景としては、室町幕府の政権基盤が不安定化したことがあったのかもしれない。祈願対象があいまいになったために、現地寺院において位牌を下賜された事実のみを重視したためだという推測である。
（30）『大乗院寺社雑事記』長禄二年三月一七日条、百瀬今朝雄「応仁・文明の乱」（『岩波講座日本歴史七　中世三』一九七六年）。
（31）前掲注（1）早島論文。

(32)『蔭凉軒日録』長禄二年七月二四日条。
(33)『蔭凉軒日録』嘉吉元年五月二五日条。
(34)『蔭凉軒日録』長禄三年二月二九日条、同年三月一四日条。
(35)『蔭凉軒日録』長禄三年四月一三日条。
(36) 前掲注(7)細川論文。
(37)『蔭凉軒日録』長禄三年八月七日条。
(38) 足利義教政権期には勝定院追善仏事が「諸五山大小刹並洛中東西諸宗寺院」に命じられている(『蔭凉軒日録』永享一一年一二月一二日条、一四日条)。
(39) 前掲注(4)川本論文。
(40) 高鳥廉「嵯峨宝篋院の成立と泰甫恵通の動向—泰甫恵通と細川吉兆家との関係を中心に—」(『仏教史学研究』五九-二、二〇一七年)。

大名家の追善仏事と禅宗寺院

山田　徹

はじめに

室町時代の守護、ないしは大名といえば、これまで権力・支配体制の問題を考えるにあたって重視され、そのような問題関心を背景にして、とくに支配のあり方や幕府との関係などについて、盛んに研究されてきた。そのようななかで筆者は、京都に集住する大名たちを一つの社会階層としてとらえ、そのさまざまな社会的側面を明らかにする必要があると考えているが[1]、本共同研究で取り上げる大名と禅宗寺院の関係という問題も、そのような論点の一つといってよいだろう。

もちろん、この論点については、これまでにも禅宗史の分野で多大な蓄積がある。五山における塔頭の展開や十方住持制を論じるなかで師檀関係の問題に言及した玉村竹二の研究[2]を皮切りにして、安国寺・利生塔や十刹・諸山に関する情報を総合的に整理した今枝愛真の研究[3]などに基本的な情報は整理されているし、その玉村が禅僧の伝記・語録・詩集類を博捜して堅実に、かつ縦横無尽に考証を展開した諸研究[4]を雛形としながら、個別大名と個別寺院・個別門派の関係を論じる研究や、各地域ごとの禅宗の展開を論じる研究は数多くなされ、蓄積されている

ところである。(5)

そのようななかで、近年この問題に独特な視角から迫ろうとしているのが、「守護創建寺院」を扱った早島大祐である。(6)早島は、

・南北朝期の初めには、細川氏の阿波国補陀寺や赤松氏の播磨国法雲寺など、分国に寺院を創建してそこで菩提を弔うのが一般的だったのに対して、南北朝期後半から細川氏の景徳寺・西山地蔵院、斯波氏の東光寺など京都に菩提寺を創建する事例がみえはじめること、

・ただしこの段階では細川頼有の建仁寺永源庵のように、守護家側が菩提寺を維持できないケースもみられること、

・そののち足利義持の時代（応永一五〜三五年［一四〇八〜二八］）頃には、赤松氏の龍徳寺や山名氏の南禅寺栖真院のように菩提寺創建の事例が増加し、細川頼有子孫の和泉上守護細川家でも永源庵の「再建」を果たすことができたこと、

などを指摘しており、以上のような全体の流れを「国菩提寺」から「京菩提寺」へ、という図式で総括しながら、南北朝期と室町期の段階差を明快なかたちで示している。また、禅宗寺院領や禅僧による代官請負の事例を念頭に置きつつ、このようにして形成されていった「禅僧の道」が中央—地方を結んでいった側面を強調し、応永二〇年代が経済面での画期である点を論じるなど独特な議論を展開しており、現在の研究段階において政治経済史の立場から禅宗寺院の位置づけをとらえなおそうとする、興味深い試みといえる。(7)

とくに本稿の立場から何よりも評価したいのは、地域史的な文脈、もしくは個別大名と個別寺院の関係という文脈で研究が蓄積されるなかで一つの盲点になっていたと思われる論点、すなわち京都で生活を送る大名たちによる「京菩提寺」の問題をクローズアップし、複数の大名の情報を総合するかたちで論じようとしていることである。

故人の追善がイエの問題と関わっていることはよく知られており、[8]このようなイエ代々の人物の追善に光をあてた議論は、在京大名家のイエの問題を意識する立場からも、非常に重要といわねばなるまい。

しかしこの議論を、イエと菩提寺の議論として受け止めようとする時、いくつかの点で気になる部分がある。最も気にかかるのは、この議論があくまで「守護創建寺院」の問題として立論されており、大名によって創建された寺院のみが対象になっている点である。新たに寺院や塔頭を創建してそこで諸仏事をおこなうことはたしかにあるだろうが、それと同様に、既存の寺院・塔頭と関係を結び、そこで仏事をおこなうこともあるはずで、禅僧の語録などを博捜すると、たしかにそうした事例もみえるのである。

また、この議論は、大名と師檀関係にある寺院・塔頭のなかから、とくに追善仏事面で関係の深いものを改めて抽出するものであり、さまざまな禅宗寺院の性格の違いを論じる際の貴重な手がかりを与えるものといえようが、にもかかわらずそこでいわれる「菩提寺」には、一族代々の仏事をおこなう建仁寺永源庵のような寺院と、必ずしもそうではない西山地蔵院のような寺院の双方が含まれているようである。ひとまずは「菩提寺」という概念を先行させすぎることなく、追善仏事の問題にこだわりながら、事例を整理していく必要が感じられる。

そこで本稿では、以上のような関心から、既往の寺院・塔頭も含め、大名家の追善仏事の場所がわかる事例について語録類から広く情報を集め、それを【表】として示したうえで、古記録の記事なども参照しながら、大名家の仏事をおこなう寺院・塔頭がそれぞれどのように変遷したのか、考察してみることにしたい。

表 南北朝・室町期有力大名家追善仏事の会場

●斯波家

記号	年		月	日	追善仏事	会場	出典
A1	応安6	1373			東光寺殿(斯波高経)七周忌	「本院」	「龍湫和尚語録」
A2	応永18	1411	5	7	法苑寺殿(斯波義将)小祥忌	「本寺営建報恩道場」	「一華東漸和尚龍石藁」
A3	応永23	1416	7	8	慶福院殿(斯波義教母)十三年忌	「玉泉禅寺」	「不二遺稿」(『全集』3巻)
A4	応永25	1418	9	23	興徳寺殿(斯波義教)五七日忌	「法苑寺」	「東海璚華集」(『新集』2巻618頁)
A5	応永31	1424	8	18	興徳寺殿(斯波義教)七年忌	「西山(法苑)報恩院祠」	「東海璚華集」(『新集』2巻603頁)
－	享徳元	1452	10	1	洞仙寺殿(斯波義健)月忌	「候館」	「流氷集」(『新集』3巻505頁)

●畠山家

記号	年		月	日	追善仏事	会場	出典
B1	応永35	1428	正	18	長禅寺殿(畠山基国)三十三回忌 ※預修	「西来祖塔」	「東海璚華集」(『新集』2巻567頁)
B2	永享2	1430	10	22	宝厳院殿(畠山満家母)三十三回忌	「西来祖塔」	「東海璚華集」(『新集』2巻576頁)
B3	文安2	1445	9	19	真観寺殿(畠山満家)十三回忌	「西来精舎」	「流水集」拈香小仏事(『新集』3巻502頁)
B4	宝徳3	1451	9	21	畠山持国逆修	「西来精舎」	「江西和尚法語集」(『新集』別巻1 57頁)・「蝉庵稿」
B5	享徳2	1453	9	21	畠山持国逆修	「西来禅院」	「流水集」拈香小仏事(『新集』3巻509頁)

記号	年		月	日	追善仏事	会場	出典
-	享徳4	1455	3	26	光孝寺殿(畠山持国)初七日	「私第」	「蝉庵稿」

●能登守護畠山家

記号	年		月	日	追善仏事	会場	出典
-	応永25	1418	10	22	宝厳院殿(畠山満慶母)七回忌	「私第」	「一華東漸和尚龍石藁」
B11	康正2	1456	6	27	勝禅寺殿(畠山満慶)二十五年忌	「西山三秀禅院」	「流氷集」拈香小仏事(『新集』3巻514頁)
-	長禄3	1459	11	晦	勝楽開基華林妙才(畠山義忠の娘ヵ)尽七忌	「私第」	「流氷集」拈香小仏事(『新集』3巻507頁)

●細川家

記号	年		月	日	追善仏事	会場	出典
C1	貞治2	1363	2	20	光勝院殿(細川頼春)年忌 ※補陀寺光勝院の慶賛	「本院」(補陀寺光勝院)	「智覚普明国師語録」(『大正』80巻644頁)
C2	貞治3	1364	2	20	光勝院殿(細川頼春)十三回忌 ※景徳寺慶賛	「本寺(景徳寺)・天龍・臨川・西芳・慧林尼寺等」	「智覚普明国師語録」(『大正』80巻650頁)
C3	不明(永徳~嘉慶頃)				細川頼元母卒哭忌	「地蔵禅院」	「義堂和尚語録」(『大正』80巻521頁)
C4	永徳4	1384	2	20	宝洲源公(細川頼春)三十三回忌	「平安城西景徳禅寺祠堂」	「義堂和尚語録」(『大正』80巻530頁)・「智覚普明国師語録」(『大正』80巻671頁)
-	明徳3	1392	4	13	永泰院殿(細川頼之)六七忌	「本宅」	「天祥和尚録」乾(『新集』別巻2 290頁)
C5	応永16	1409	5	7	妙観院殿(細川頼元)十三回忌	「本院」	「一華東漸和尚龍石藁」
C6	正長元	1428	10	16	岩栖院殿(細川満元)大祥忌	「西山永泰禅院」	「東海璚華集」(『新集』2巻572頁)

C7	永享10	1438	10	16	岩栖院殿(細川満元)十三回忌	「当院永泰精舎」	「景南和尚語録」
－	嘉吉2	1442	8	4	弘源寺殿(細川持之)二七日	「京師私第」	「江西和尚語録」(『新集』別巻1 22頁)
－	文明5	1473			龍安寺殿(細川勝元)尽七日	「府第」	「佛日真照禅師語録」(『妙心』1巻42頁)
C8	文明6	1474	5	11	龍安寺殿(細川勝元)一周忌	「龍安精舎」	「佛日真照禅師語録」(『妙心』1巻49頁)
C9	文明11	1479	5	11	龍安寺殿(細川勝元)七周忌	「龍安精舎」	「佛日真照禅師語録」(『妙心』1巻44頁)
－	文明16	1484	6	25	祥雲院殿(細川成賢)三十三回忌	「私第」	「補庵京華別集」(『新集』1巻569頁)
－	文明17	1485	5	11	龍安寺殿(細川勝元)十三年忌	「府第荘厳道場」	「西源特芳和尚語録」(『妙心』1巻257頁)
C10	文明17	1485	5	11	龍安寺殿(細川勝元)十三年忌	「当院」(岩栖院)	「補庵京華続集」(『新集』1巻591頁)

●阿波守護細川家

記号	年		月	日	追善仏事	会場	出典
C11	文明13	1481	12	16	桂林院殿(細川持常)三十三回忌	「宝光仁祠」	「雪樵独唱集」(『新集』5巻295頁)

●和泉上守護細川家

記号	年		月	日	追善仏事	会場	出典
C21	永享10	1438	11	10	最勝院殿(細川持有)断七忌	「東山永源精舎」	「江西和尚語録」(『新集』別巻1 19頁)

●和泉下守護・備中守護細川家

記号	年		月	日	追善仏事	会場	出典
C31	応永30	1423	11	8	龍渓院殿(細川満之室、頼重母)卒哭忌	「西山龍光禅院」	「東海璚華集」(『新集』2巻595頁)

●一色家

記号	年		月	日	追善仏事	会場	出典
D1	応永18	1411	正	6	慈光院殿(一色満範)大祥忌	「本院」(慈光院)	「一華東漸和尚龍石藁」
D2	永享5	1433	正	5	慈光院殿(一色満範)二十五年忌	「本院」(慈光院)	「東海璚華集」(『新集』2巻579頁)
D3	嘉吉2	1442	5	15	安養寺殿(一色義貫)大祥忌	「慈光禅院」	「江西和尚語録」(『新集』別巻1 16頁)/「江西和尚法語集」(『新集』別巻1 58頁)
D4	文安4	1447	12	1	深栖院殿(一色教親母)二十五年忌	「本院」	「蟬庵稿」

●山名家

記号	年		月	日	追善仏事	会場	出典
E1	応安3	1370	2	24	山名中書(山名氏冬)断七忌	「正統禅庵法照禅師堵波右(古)趾」	「友山集」(『新集』2巻44頁)
–	嘉慶2	1388	3	11	正受院殿(山名師義)十三回忌	「第宅」 ※施主時義夫妻(妻は師義女)は但馬に在国中	「月庵和尚語録」
E2	応永28	1421	正	21	栖真院殿(山名満時)小祥忌	「本院」(栖真院)	「東海璚華集」(『新集』2巻639頁)
E3	応永30	1423	12	晦	弘徳寺殿(山名高義、時熙叔父)三十三回忌	「栖真禅院」	「東海璚華集」(『新集』2巻592頁)

E4	応永30	1423	12	晦	宗鑑寺殿（山名氏清、時熙伯父）三十三回忌	「本院」	「東海璚華集」（『新集』2巻596頁）
E5	応永33	1426	2	21	栖真院殿（山名満時）七周忌	「本院」（栖真院）	「東海璚華集」（『新集』2巻584頁）
E6	永享7	1435	8	9	大明寺殿（山名時熙）五七日忌	（栖真院）	「景南和尚語録」
E7	康正元	1455	9	9	興禅院殿（山名教豊母）三十三回忌	「栖真精舎」	「蟬庵稿」
E8	康正2	1456	10	17	無染大姉（山名持豊母、氏清女）十七回忌	「西光精舎」※施主持豊は但馬在国中	「蟬庵稿」
E9	文明17	1485	3	19	遠碧院殿（山名持豊）十三年忌	「万勝精舎」	「雪樵独唱集」（『新集』5巻295頁）

●赤松家

記号	年		月	日	追善仏事	会場	出典
F1	延文3カ	1358			雪渓居士（赤松師範）小祥忌	「大龍庵左建小浮図」	「黄龍十世録」（『新集』3巻249頁）
F2	永徳3	1383	11	20	赤松自天（則祐）十三回忌	「南禅々寺」	「太清録」
F3	至徳2	1385	正	14	明義大姉（赤松義則母）闍維	「龍峯雲門精舎之右」	「峨眉鴉臭集」（『全集』3巻）
F4	応永18	1411	5	20	金剛寿院清源春禅定尼（赤松満祐母）大祥忌	「城東瑞龍雲門禅庵崇建追修道場」	「一華東漸和尚龍石藁」
－	応永29	1422	5	21	又玄大禅定門（赤松義則男）大祥忌	「城第」	「東海璚華集」（『新集』2巻591頁）
F5	応永34	1427	11	10	雲光院殿（赤松義則）尽七忌	「本院」（雲光院？）	「東海璚華集」（『新集』2巻588頁）

記号	年		月	日	追善仏事	会場	出典
F6	文明11	1479	小春(10)	14	慶徳院殿（赤松時勝）二十五年忌	「東山大龍精舎」	「默雲集」（『新集』5巻926頁）
E7	文明12	1480	7	19	景龍院殿（赤松政則母）七周忌	「播州揖東郡高安山本住大聖禅寺」	「默雲集」（『新集』5巻929頁）

※赤松義則は少なくとも文明17年に龍徳寺殿という諡号がみえる（『蔭凉軒日録』文明17年5月20日条）

●京極家

記号	年		月	日	追善仏事	会場	出典
－	至徳2	1385	6	13?	雪谿居士（京極秀綱）三十三回忌	「令弟光禄私第」	「義堂和尚語録」（『大正』80巻523頁）
－	至徳2	1385	8	25	勝楽寺徳翁誉公（京極高氏）十三回忌　※三十三回忌とあるも、内容から十三回忌の誤りと思われる	「（令子光禄公）旧第」	「義堂和尚語録」（『大正』80巻524頁）
G1	応永14	1407	9	7	能仁寺殿（京極高詮）七周忌	「妙喜世界」（建仁寺妙喜庵）	「天祥和尚録」坤（『新集』別巻2 350頁）※「龍涎集」
G2	永享5	1433	9	7	能仁寺殿（京極高詮）三十三回忌	「東山下妙喜精舎」	「明叟和尚語録」
－	嘉吉元	1441	正	14	興雲寺殿（京極持高）大祥忌	「私第」	「江西和尚語録」（『新集』別巻1 15頁）
G3	文明3	1471	正	15	宝生寺殿（京極持清）百箇日	「識廬禅庵」（永源寺）	「小補東遊続集」（『新集』1巻171頁）

●土岐家

記号	年		月	日	追善仏事	会場	出典
H1	延文3	1358		2	龍聖寺殿（土岐頼康室）七年忌	「天龍資聖禅師雲居庵」※施主は頼康息女	「黄龍十世録」（『新集』3巻249頁）
H2	応安7	1374	11	晦	祥雲孝公（土岐頼遠）三十三回忌	「本寺」（ほか「南禅建仁東福等大刹」「濃州諸刹」でも仏事あり）	「智覚普明国師語録」（『大正』80巻667頁）

記号	年		月	日	追善仏事	会場	出典
–	康暦2	1380	11	20	雲岫慶居士（土岐直氏）初七日	「本宅」	「義堂和尚語録」（『大正』80巻527頁）
–	永徳元	1381	2	24	妙音寺殿（土岐直氏）卒哭忌	「私第」	「太清録」
H3	応永11	1404	10	8	笑岩喜公（土岐康行）闍維？	「竜峰正宗精舎」（仏心寺）	「峨眉鴉臭集」（『全集』3巻）
–	文明6	1474	10	25	承国寺殿（土岐持益）尽七日	「府第」	「西源特芳和尚語録」（『妙心』1巻263頁）
H4	文明18	1486	9	7	承国寺殿（土岐持益）十三年忌	「本寺」（承国寺か） ※施主成頼は在国中	「少林無孔笛」（『妙心』1巻387頁）

●小笠原家

記号	年		月	日	追善仏事	会場	出典
J1	康暦元	1379	5	26	泰山居士（小笠原貞宗）三十三年忌	「建仁禅寺禅居庵」	「無規矩」乾（『新集』3巻76頁）

●今川家

記号	年		月	日	追善仏事	会場	出典
–	応安元	1368	11	18	普賢院殿（今川貞世母）七周忌	「私第」	「友山録」（『新集』2巻34頁）

※禅僧の語録の中から、室町幕府の成立した建武3年（1336）以降、文明18年（1486）までの時期において、仏事の開催された場所がわかる事例を抜き出した。

※出典欄：『全集』＝『五山文学全集』、『新集』＝『五山文学新集』、『大正』＝『大正新脩大蔵経』、『妙心』＝『妙心寺派語録』。その他は、東京大学史料編纂所の写本にて適宜確認した。

南北朝の内乱が始まって以降、たしかに大名家が分国内外の自領に寺院を創建する事例を数多く検出できることは事実である。

たとえば細川和氏が夢窓疎石に帰依して阿波国秋月荘に補陀寺を創建したこと、[9]赤松氏が一山派の雪村友梅に帰依して播磨国佐用荘に法雲寺、備前国新田荘に宝林寺を開創したこと（宝林寺はのちに播磨国佐用荘へ移転した）、[10]土岐頼清が法海派の大林善育に帰依して自領の美濃国小島荘に瑞巌寺を創建したことなどがよく知られているところである。[11]また、少し遅れて、佐々木六角氏頼は夢窓疎石を勧請開山として近江国佐々木荘に金剛寺を創建し、[12]山名時氏は上野国世良田出身で山名氏を「外族」とする聖一派の南海宝洲に帰依し、伯耆国光孝寺・因幡国少林寺・美作国理済寺を創建している。[13]

このような地方での寺院創建がとくに南北朝期の初頭に盛んな背景には、建武政権期やその後の室町幕府成立時に新たに獲得した所領のうち、とくに拠点と定めた地に寺院を開創しようと考える志向性があったものと考えられるが、[14]その一方で、京都で追善仏事をおこなうケースがなかったわけではない点にも注意が必要である。すでに早島も、斯波高経の院号となっている東光寺、細川頼之が創建した景徳寺などについて目配りをしているが、先行研究ですでに指摘されている事例のなかでとくに注意されるのが、赤松氏の建仁寺大龍庵（雪村友梅塔）だろう。先に赤松氏が雪村友梅に帰依して分国に寺院を建立したことに触れたが、大龍庵とはその友梅の没後の貞和三年（一三四七）に彼の塔として創建され、門派の拠点となった塔頭である。[15]

後年の史料だが、天隠龍沢の「翠竹真如集」に所収される「喜多野天用性公居士三十三年拈香[16]」によると、義満が幼い折、南朝軍が京都を急襲した際に、義満が密かに東山大龍庵に遷り、そこから蘭洲良芳（雪村法嗣で大龍庵住持）の機転で南朝軍の手を逃れたエピソードが記されているが、そこではこの大龍庵が「赤松公墳寺」と記されている。応安四年（一三七一）一一月二九日に赤松則祐が没した際にも、「於建仁寺大龍庵荼毘」と記されており、少なくともこの段階までの間に、「赤松公墳寺」となっていたのである。[17]

このように、地方での寺院創建時に開山として迎えた人物が関係している京都の寺院・塔頭で追善仏事をおこなう事例は、ほかにも確認できる。[18] たとえば、土岐頼康は応安元年（一三六八）に父頼清の三十三回忌を一条大宮の仏心寺でおこなっているが、この仏心寺とは円海という僧侶が大林善育の師である無象静照のために開創した寺院であった。[19] また、応安三年（一三七〇）、山名氏冬の断七忌が「正統禅庵法照禅師堵波右（古）趾」で執り行われているが、これは南海宝洲の門派の祖、法照禅師月船琛海の塔である。[20]

細川氏の創建した景徳寺も注目される。細川頼之は貞治三年（一三六四）、夢窓疎石を勧請開山として嵯峨に景徳寺を創建し、そこで父頼春の十三回忌をおこなっているが、[21] その二〇年後の三十三回忌も同寺でおこなっている。[22] また、頼之弟の頼有が嘉慶元年（一三八七）一一月二六日に所領を寄進したい寺院七か寺を列挙した際に、「さか（嵯峨）のさんゑいん（三会院）」「けいとく（景徳）寺」がその筆頭に挙げられているが、[23] このことも、この段階における細川氏にとって景徳寺と、夢窓派の中心的拠点である臨川寺三会院の持つ意味の大きさをよく示していよう。

また、義堂周信の日記『空華日用工夫略集』には、彼が春屋妙葩・龍湫周沢の計らいによって佐々木六角氏を檀那とする大慈院に入り、六角氏の仏事をおこなっていることがみえる。[24] この寺院は、地点表示は「六角」となっており、同氏邸宅の内部か周辺に創建されたものと思われるが、『臥雲日件録抜尤』長禄三年（一四五九）二月四日条によれば六角堂（六角北、烏丸～東洞院間）の南にあったらしく、六角南、烏丸～東洞院間に比定される。この大慈院は三会院の「別院」で、当初義堂の兄弟子の黙庵周諭が所管し、[25] 貞治五年（一三六六）頃には同じく兄弟子の物先周格が入っていたことがわかるが、[26] 要するに夢窓派の人々が歴住する寺院となっていたようである。

以上より、京都にある寺院・塔頭で追善仏事をおこなう事例が、少なくとも一三六〇～七〇年代の前後までにある程度幅広く確認されることがわかるはずである。[27] そうなってくると、南北朝期と室町期、とくに早島が画期として重視した義持期以降との関係が問題になってこようが、ここでは、以後の室町期とは異なるこの段階の特質として、次の二点をおさえておきたい。

第一に、この段階ではまだ、没した人物を所領現地に埋葬するケースがある程度みられる点である。たとえば、応安三年（一三七〇）六月七日に京都で没した佐々木六角氏頼は、「江州慈恩律寺」で荼毘に付された。[28] また、応安四年（一三七一）二月二八日に山名時氏が没したが、その際に彼の遺体が埋葬されたのは分国の丹波国の「氷所辺」であった。[29] 京都で死んだ人物の遺体をわざわざ分国まで運んだこれらの事例は、京都に接する地に分国を持つ例であり、こうしたあり方を一般的に敷衍することは難しいように思われるが、[30] その一方でこの時期には、自領に隠退した佐々木京極高氏や、中央政局との関係で分国に下向した土岐頼康・山名時義など、それぞれの理由で分国で没するケースもみられるため、[31] 全般的には現地に埋葬される事例も軽視できない。だとすれば、いくつかの事例に垣間見えるように、追善に関する地方側の機能もやはり過小評価すべきではなかろう。[32]

第二に、夢窓疎石という一人の人物が広く尊崇を集め、彼を開山とする寺院が開創されることも多かったために、夢窓派という一つの門派が複数の大名を檀那とする、いわば「相乗り」状態になっていた点である。[33]

先に六角・細川両氏について述べたが、このほかに注目されるのが斯波氏である。この時期の斯波氏の宗教動向には不明な点も多いが、応安六年（一三七三）に斯波義将が父高経（東光寺殿、貞治六年［一三六七］没）の七回忌をおこなった際に、その仏事は龍湫周沢が「守塔比丘」を務める塔頭でおこなわれている。[34] おそらく、龍湫が臨川寺三会院に代わる夢窓派の中心的拠点として南禅寺に開創した上生院の可能性が高いだろう。また、高経の院号になっている東光寺という寺院は東山にあったが、[35] この寺院には永徳年間に夢窓門弟の古剣妙快が住持しており、[36] これも景徳寺や大慈院のように夢窓派が代々入る寺院となっていたのではないかと思われる。[37]
また、一色氏については京都での仏事に関してはほとんど不明だが、一色範氏（大興寺殿）が夢窓疎石を開山として尾張国大野荘大興寺を開創したという伝承があるほか、[38] 一色詮範が夢窓派の大正周幹（春屋妙葩門弟）を迎えるかたちで、同荘内の顕密寺院岡田千光寺を禅宗慈雲寺へ改宗・再興したことが指摘されている（なお、詮範の父範光の院号が慈雲寺殿である）。[39] そのような点から、一色氏についても夢窓派と関係が深く、前掲諸氏と同様に夢窓派へ「相乗り」していた可能性を指摘することができる。
以上のような性格を残していた南北朝期に対して、[40] 明徳年間から応永初年頃より、特徴的な変化があらわれる。この点については、章を改めて論じたい。

第二章　室町期の有力大名家の追善

本章で論じたいのは、室町期にさしかかるとある時期から、有力大名家において、二代以上の追善仏事を京都にある特定の寺院・塔頭でおこなっていることが幅広く確認できるようになる、という点である。

第一節　畠山氏

たとえば、畠山氏をみてみよう。畠山氏歴代の院号とされている寺院は、基国の長禅寺が越中国、満家の真観寺が河内国と、わかる範囲では分国のものが中心となっている。[41] しかし次のように、畠山氏の追善仏事が京都でお

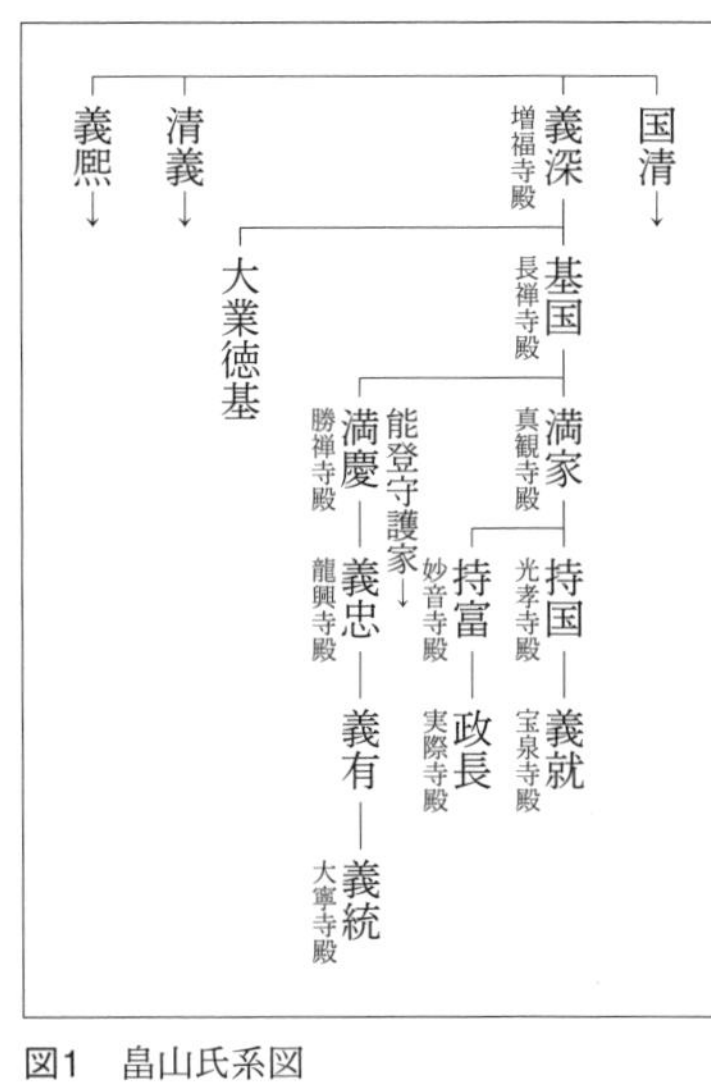

図1　畠山氏系図

こなわれている事例を確認できる。

【表】をみると、応永三五年（一四二八）に畠山基国の三十三回忌（B1）、永享二年（一四三〇）に畠山満家母の三十三回忌（B2）、文安二年（一四四五）に畠山満家の十三回忌（B3）、宝徳三年（一四五一）・享徳二年（一四五三）に畠山持国の逆修（B4・B5）などといった畠山氏の追善仏事が「西来祖塔」「西来精舎」「西来禅院」でおこなわれていることがわかるだろう。西来院とは建仁寺の塔頭で、蘭溪道隆の流れを汲む了堂素庵を師とした基国が、蘭溪の「祖風」を仰いで創建したものである。[42]畠山基国の没年は応永一三年（一四〇六）なので、それ以前の創建となる。

このほか、『康富記』応永二五年（一四一八）一〇月二四日条には、

> 後聞、此五六日之前、故畠山殿之年忌仏事、於建仁寺被行。仍御所入申、然寺中僧達者八十人被追立了。則寺可追出之由、堅被仰了云々。

とあり、畠山氏の年忌仏事が建仁寺でおこなわれていることが示されるが、[43]これもおそらく現実には建仁寺西来院を場とするものと推測される。このほか、享徳三年（一四五四）八月に畠山持国が隠居を余儀なくされた際に西来院に入ったことも知られるが、[44]これも以上のような西来院と畠山家の関係を考えれば、よく理解できるところであろう。

この畠山氏のケースでは、わざわざ大きく過去に遡り、蘭溪の「祖風」を仰いで塔を開創し、そこで家の仏事がおこなっている点が特徴的で、そのためだろうが、拈香文などで開催場所を明記する傾向を持つ。一方、その他の

氏族に関しては、省略されて「本院」「本寺」とのみしか書かれないことも多いため、古記録の情報と総合させながら慎重に考えていく必要がある。

第二節　斯波氏

斯波氏については、【表】から義将（法苑寺殿）の小祥忌（一周忌）が「本寺営建報恩道場」でおこなわれたこと（A2）、その次代の義教（興徳寺殿）の五七日忌が「法苑寺」（A4）、七回忌が「西山報恩院祠」（A5）でおこなわれたことを確認できる。

古記録を検討すると、この父子については、応永一七年（一四一〇）に義将が没した際に「武衛（斯波義教）嵯峨法苑寺被座之間、点心送彼寺[45]」とされており、後継者の義教が法苑寺にいたため、「訪」のための「点心」を法苑寺に送ったことが記されている。また、義教が応永二五年八月に没した際には、「嵯峨法音院（法苑寺）土葬。依遺言如此沙汰云々[46]」とあり、義教が嵯峨の「法音院」に土葬されたことがわかるが、この「法音院」も嵯峨にあった法苑寺のことと考えてよいだろう[47]。

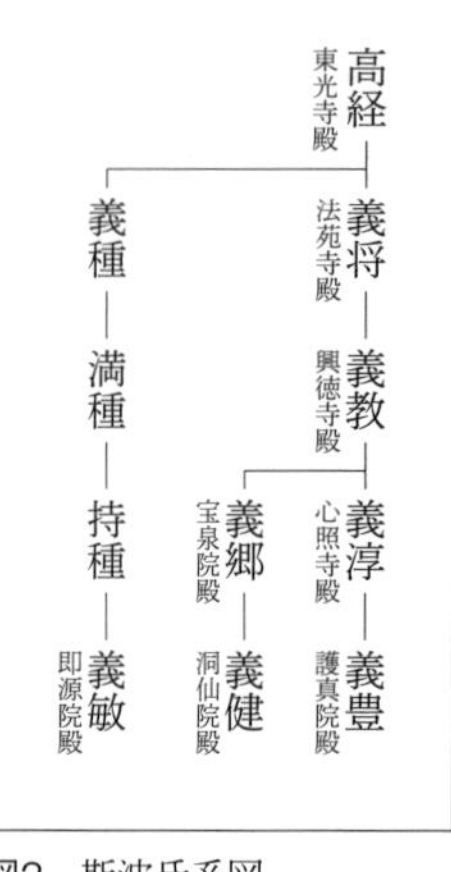

図2　斯波氏系図

法苑寺とは、夢窓派春屋妙葩の俗姪でその法を嗣いだ円鑑梵相の塔とされ、「支桑禅刹」によれば「明徳年中創建」とされる寺院だが、おそらくはA5の「西山報恩院祠」というのも法苑寺のことを指し、A2のいうところの「本寺」も法苑寺を指すものと思われる。春屋妙葩と斯波義将の深い関係については、今枝愛真が論じて以降注目されてきたが[48]、その春屋の俗姪の寺院で、少なくとも斯波家のる。

義将・義教二代の追善仏事がおこなわれていたこと、義教に至ってはそこに埋葬されていたことがわかるのである。

ここで注意されるのは、この寺院が「明徳年中創建」とされる点である。[49] 円鑑梵相は応永一二年（一四〇五）に天龍寺に、応永一六年（一四〇九）に相国寺住持となり、翌応永一七年（一四一〇）に没した人物であるが、この「明徳年中創建」という情報が本当なのであれば、これはまだ円鑑が五山の住持となる以前なのである。円鑑の塔頭としての性格よりも、斯波氏の寺院としての性格が強かったことが想定されるところである。

第三節　山名氏

山名氏については、小坂博之『山名常熈と禅刹』[50] が詳しい。

【表】から応永三〇年（一四二三）の山名高義の三十三回忌が「栖真禅院」（E3）、康正元年（一四五五）の山名教豊母の三十三回忌が「栖真精舎」（E7）でおこなわれたことがわかる。ここにみえる栖真院とは南禅寺の塔頭で、「東海璚華集」所収「栖真軒記」に「山名金吾公、貨宅一区、其傍命狎遊僧松上人居之、仍揆栖真二字、扁于軒焉」とあるように、山名時熈が帰依した大応派月庵宗光の弟子大蔭宗松を置いたところから始まったもので、[51] 応永二七年（一四二〇）閏正月二一日に没した時熈の嫡子、山名満時の院号ともなっている。[52]

ここで注目したいのが、E6に示した山名時熈の五七日忌である。『蔭凉軒日録』永享七年（一四三五）七月一六日条をみると、時熈が同年七月四日に没したのち義教が七日ごとの忌日を担当する僧侶を定めているが、このうち五七日に定められた景南英文の語録「景南和尚語録」[53] によれば、このときの時熈の忌日仏事は、後継者たる人物ではなく、栖真院の大蔭宗松が施主となっておこなう変則的なものだったようなのである。おそらく時熈没後に持

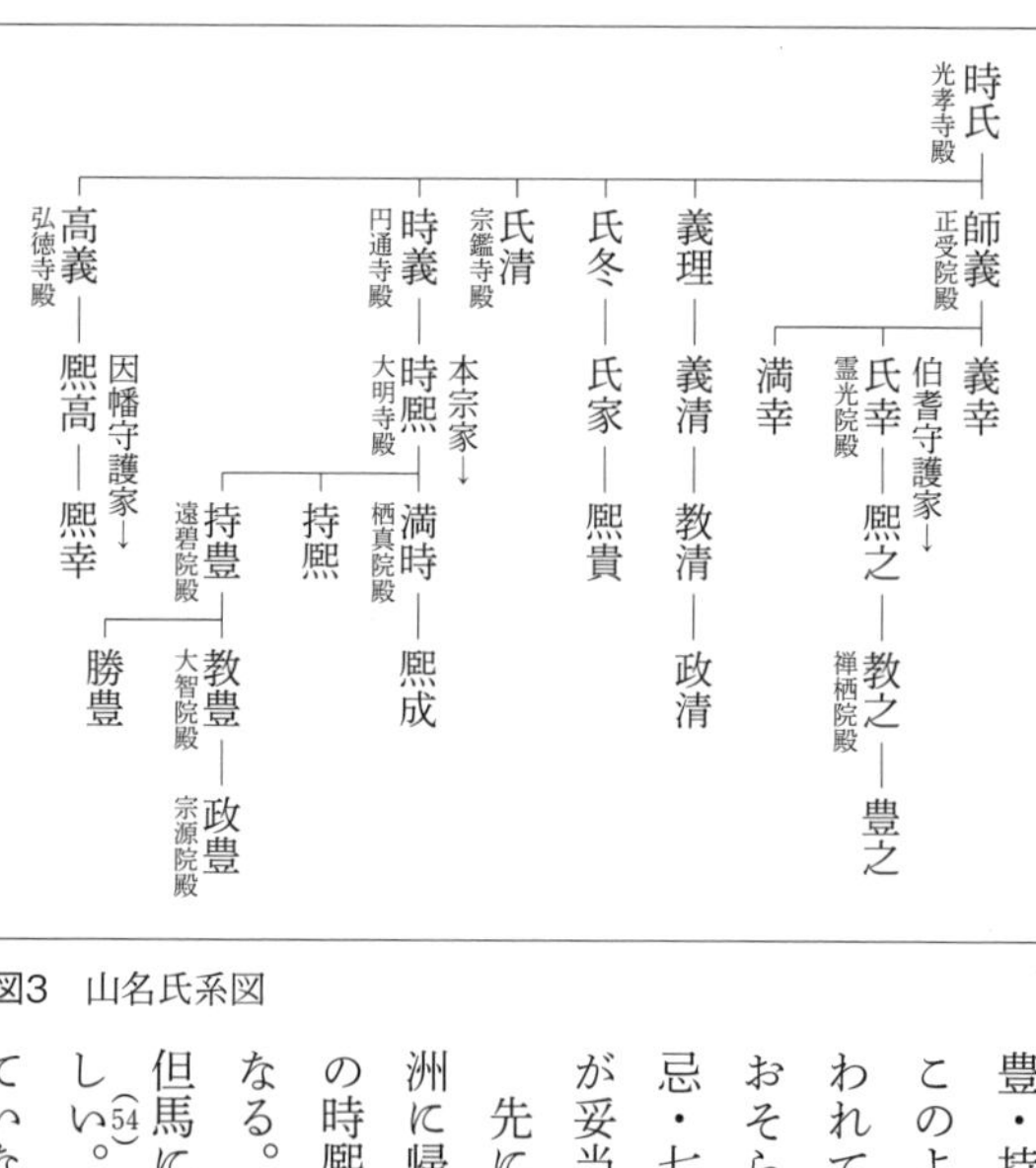

図3　山名氏系図

豊・持熙兄弟が後継を争っていたことと関係があるのだろうが、このような点に南禅寺栖真院と山名氏の関係の深さが明白にあらわれているといえよう。すでに小坂博之が推測しているとおり、おそらくは「本院」とのみ記される【表】E2・E5の満時の小祥忌・七回忌の事例も、この栖真院でおこなわれていると考えるのが妥当なところであろう。

先にみたように、山名氏は本来、世良田出身で縁の深い南海宝洲に帰依して東福寺正統院の門下と深い関係を持っていたが、この時熙の時代にまったく別の勢力に乗り換えているということになる。背景については小坂の述べるとおりで、山名時義・時熙が但馬に在国していた時期に、月庵宗光に帰依したことと関わるらしい(54)。後にも若干触れるが、大蔭宗松という五山の住持になっていない人物の塔頭である点はきわめて特徴的であり、先の「東海璠華集」のニュアンスを考え合わせても、山名時熙の強い主導による開創という印象を強く受けるところである。

第四節　一色氏

次いで一色氏。【表】から確実なのは、D3の一色義貫の大祥忌（三回忌）が南禅寺慈光院でおこなわれているという点である。

その他の史料をあたってみると、『蔭凉軒日録』永享一二年（一四四〇）四月二〇日条に、

> 慈光院御成。御焼香。蓋来廿一日、一色五郎殿（教親）親父性徳院殿（一色持信）七周忌也。以来日不好故、今日有御成。御小袖三重、盆一枚、高檀紙・杉原各十帖、段子一端被献。即被返。蓋為性徳院殿仏事方可下行之由、被仰出。即命于慈光院主故、請取在之。

とあり、一色家当主教親の父である持信の仏事が、同様に慈光院でおこなわれていることがわかる。「東海璚華集」には、持信の画像についての賛も収められているが、そこにも「右性徳院殿大全般公禅定門尊儀、安之慈光仁祠、以為追厳之具」[55]と記され、持信の画像が慈光院に収められていることが判明する。また、『臥雲日件録抜尤』康正二年（一四五六）五月一五日条をみると、義貫の十七年忌が慈光院でおこなわれていることも記されており、少なくとも義貫・持信兄弟の仏事が基本的に慈光院でおこなわれていることは間違いないようである。

さらに興味深いのが、『親元日記』寛正六年七月一三日条である。

> 貴殿南禅寺慈聖院江御墓詣。御供（蜷又三・同助三・野依・親元）。一色兵部少輔殿（義直）御同道。是ハ同慈光院江御墓詣也。

これをみるに、政所執事の伊勢貞親が南禅寺慈聖院に墓詣に出かけた際に、同じく南禅寺内の慈光院に墓詣に行く一色義直と同道したことが記されている。これによると、一色氏の墓が慈光院に存在したのは間違いないようである。この慈光院とは南禅寺の塔頭で、一色満範の院号ともなっている寺院である。おそらくは、先の斯波義将・山名満時の事例同様に、【表】D1・D2にみえる「本院」も慈光院を指していると考えてよいだろう。

範氏（大興寺殿）─直氏→
範光（慈雲寺殿）─詮範（長慶寺殿）─満範（慈光院殿）─義貫（安養寺殿）─義直
持信（性徳院殿）─教親（成就院殿）

図4　一色氏系図

なお、この南禅寺慈光院について、「支桑禅刹」・「倭漢禅

刹」・「扶桑五山記」などを参照しても誰の塔頭か明示されていない点は、注意が必要である。ただし、「支桑禅刹」・「扶桑五山記」では仏国派もしくは嵯峨派に含まれ、在中中淹の瑞雲庵の次に記されているが、在中中淹といえば義貫の院号にもなっている若狭国西津荘安養寺の開山となっている人物である。(56) 在中の門派の寺院である南禅寺瑞雲院・相国寺大徳院については一色氏を檀那とすることが確実であるため、(57) その点を考慮するならば、この慈光院にも在中自身かその門派の人物が関わっていた可能性が高いように思われる。

「倭漢禅刹」は南禅寺の塔頭を書き上げる箇所で、栖真院・「慈光庵」（慈光院）に「当寺非五十三之内乎、不審」と付記しており、(58) 本来住持経験者の退去寮・寿塔から始まるはずの塔頭を数えていくなかで、この二塔頭が異質なものであったことを示唆している。先に栖真院の大蔭宗松が五山の住持に任じられた人物ではなかったことを述べたが、住持を務めた祖師の塔としてよりも、山名・一色両家の仏事のための寺院という性格が強い、特殊な塔頭であったために、「不審」とされてしまっているのであろう。(59) そのような塔頭を新たに創建したところに、この二例の特質があるのである。

第五節　細川氏

細川氏については【表】では、正長元年（一四二八）の細川満元の大祥忌が「西山永泰禅院」（C6）で、永享一〇年（一四三八）の満元十三回忌が「当院永泰精舎」（C7）でおこなわれたという記事が目につくが、このうち後者については、『蔭凉軒日録』永享一〇年一〇月一五日条に「書写法華一部、銅銭百貫文、為永泰院仏事賜之」とあり、また同じく一六日条に

永泰院御成、煎点、管領（細川持之）御相伴、景南和尚陞座、法語甚長、今以后仏事法語当如此之旨、有命、御引物即施

行、

とみえて、たしかに西山永泰院で仏事がおこなわれていることがわかる。(60)

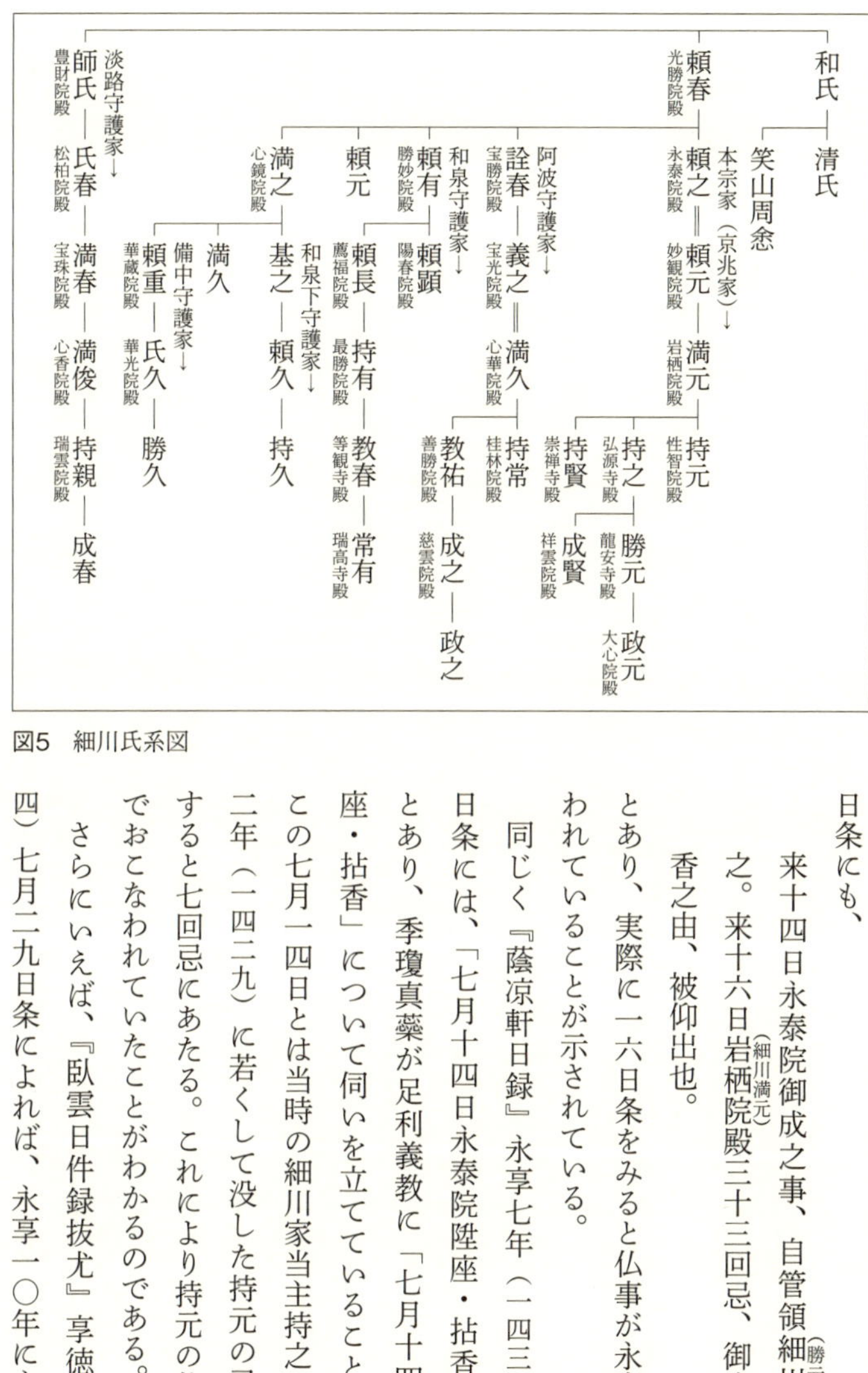

図5　細川氏系図

下って『蔭凉軒日録』長禄二年（一四五八）一〇月三日条にも、

来十四日永泰院御成之事、自管領細川殿(勝元)被白、伺之。来十六日岩栖院殿(細川満元)三十三回忌、御成、可有御焼香之由、被仰出也。

とあり、実際に一六日条をみると仏事が永泰院でおこなわれていることが示されている。

同じく『蔭凉軒日録』永享七年（一四三五）六月二三日条には、「七月十四日永泰院陞座・拈香之事、伺之」とあり、季瓊真蘂が足利義教に「七月十四日永泰院陞座・拈香」について伺いを立てていることがわかるが、この七月一四日とは当時の細川家当主持之の兄で、正長二年（一四二九）に若くして没した持元の忌日で、計算すると七回忌にあたる。これにより持元の仏事も永泰院でおこなわれていたことがわかるのである。

さらにいえば、『臥雲日件録抜尤』享徳三年（一四五四）七月二九日条によれば、永享一〇年に永泰院でおこなわれた先述の満元十三回忌を先例にして、嘉吉二年（一四四二）八月四日に没した持之の十三回忌をおこなうという話が出ているが、この持之の仏事も永泰院でおこなわれていたのではないかと推測される。

この永泰院とは、嵯峨塔頭の一で、「諸師行実」に「永泰者源氏右京兆（細川頼元）、為其兄桂岩居士（細川頼之）追厳、所建也」とあるように、細川頼元が亡兄頼之（永泰院殿）のために開創したもので、観中中諦の退去寮に充てられたものである。その点を考えると、これまでに述べてきた諸事例と同様に、頼之の仏事もここで営まれていたと考えてよいように思われる。その次代の頼元の仏事については、「本院」（C5）としか記されておらず、彼の院号となっている妙観院(61)という寺院でおこなわれていた可能性を消し去ることはできないが、満元が東山に岩栖院、持之が嵯峨に弘源寺と、それぞれ京都周辺に寺院を開創しているにもかかわらず、彼らの仏事が永泰院でおこなわれている点を踏まえるならば、頼元についても永泰院でおこなわれていた可能性もあるように思われる。

第六節　阿波守護細川家

阿波守護家に関しては、【表】でいえば、下って文明一三年（一四八一）の細川持常三十三回忌が「宝光仁祠」でおこなわれたことがわかる（C11）程度だが（同時に「大日本国山城州京師宝祐禅院住持大苾蒭尼真正」なる尼僧（持常の娘か）が「慈雲精舎」（阿波国慈雲院＝丈六寺）で仏事をおこなっていることもわかる(62)）、その他にも古記録でいくつかの情報を確認できる。

たとえば『臥雲日件録抜尤』文安三年（一四四六）一〇月一三日条には

景南和尚来、話次及小厮児之厮字云、去月廿八日西山宝光院陞座提綱、有此語、読作去声、蓋古人多入声用之、然読作則声、不可乎、

と記されており、同年九月二八日に西山宝光院で仏事がおこなわれたことがわかるが、これは永享三年（一四三一）九月二八日に没した先代の阿波守護家当主、細川満久の年忌仏事だったことがわかる。

また、『蔭凉軒日録』長享二年（一四八八）八月二二日条に「自西山宝光院報云、来日廿三卯刻、於西山宝光院、永元院殿前兵部公天蔵珍公居士葬有之（細川政之、成之嫡男）」、翌二三日条に「暁赴永元院殿細川兵部公荼毘」とあり、細川政之の葬礼が西山宝光院でおこなわれていたことが確認される。政之の追善仏事自体は同家の邸宅でおこなわれていたらしいが、細川氏のこの一族にとって、宝光院が仏事をおこなう特別な寺院だったものと思われる。[63]

この宝光院も嵯峨塔頭の一で、細川和氏の子で頼之猶子になったとされる笑山周念（夢窓疎石に嗣法し、近江国金剛寺などに住した）の塔であり、阿波守護細川家の義之の院号とされている寺院である。笑山周念自身は近江金剛寺などに住したことは知られるものの五山の住持にはなっていないようで、周念に細川氏の後援があったことが想定される。ただし、周念自身は南北朝期の人物なので、細川義之との接点を考えると、阿波守護家と直接的な関係が結ばれたのは二世とされる紹仲周陞以降に下る可能性も念頭に置いておいたほうがよいかもしれない。[64][65]

以上より、有力大名の各家で、新たに設定されたと思われる特定の寺院・塔頭で代々の追善仏事をおこなう傾向がよくわかるはずであり、その寺院・塔頭に墓が所在することがわかる事例がある点も含めて興味深いところである。そうした寺院・塔頭の開創は、一四〇〇一桁年代を中心に一三九〇～一四一〇年代のタイムスパンのなかに入ってくるが、応永前半の義満期と、後半の義持期を連続的に一つの流れで説明できることもわかるだろう。

また、このような動きの背景に、大名家側の主導性の強さが垣間見える点も重要である。本章で挙げた事例のうち、蘭溪の「祖風」を仰いで創建された冒頭の建仁寺西来院などは、一見すると宗教的論理が強いようにもみえるが、以上のような諸例を考慮すると、これも当初はキャリアの浅い大業徳基（畠山基国弟、了堂素庵弟子、のち南禅寺金地院に塔す）のための塔頭を準備する方便だった可能性を念頭に置いておく必要があろう。

第三章　変化の諸要因

以上より、室町時代の有力大名家がある段階以降に、特定の寺院・塔頭で追善仏事をおこなう傾向にあることをみいだすことができるのだが、こうした諸例を参考にして他家の事例を概観すると、断片的な情報を確認できる家が意外に多いことがわかる。

こうした諸家と同様に有力大名家といえる赤松氏に関しては、義則が一三八〇年代に南禅寺雲門庵に一旦仏事の場を移した（詳しくは後述する）のち、義則死後の仏事は応永二〇、二一年（一四一三、一四）頃に創建された龍徳寺でおこなわれており[66]、つまり一代のうちで仏事の場を二度変更した特殊な例といえるため、その評価は後に廻すこととしたいが、その他でも【表】でいえば、早島の取り上げた著名な①和泉上守護家の建仁寺永源庵（C21、仏源派・無涯仁浩塔）はもちろんのこと、②京極氏の建仁寺妙喜世界（G1・G2、妙喜院、東陽派・中巌円月塔）、③和泉下守護細川家の西山龍光院（C31、夢窓派・鉄舟徳済塔）、④能登守護畠山家の西山三秀院（B11、夢窓派・不遷法序塔）、⑤伊勢守護土岐家の仏心寺正宗庵（H3、法海派・大林善育塔）などが候補となりうる。また、これと同様に応永頃の当主の院号に京都（近郊）の寺院・塔頭名が使用されている事例もあり、⑥美濃守護土岐家の東山興禅院（夢窓派・大岳周崇塔）[67]、⑦伯耆守護山名家の東福寺霊光庵（聖一派正統門派・雲叟霊瑞（南海宝洲弟子）塔）[68]などを挙げることができる。

古記録類においても、⑧長禄三年（一四五九）の富樫満春三十三回忌が東福寺南泉庵（聖一派桂昌門派・古源邵元塔）でおこなわれていること[69]、⑨同年に因幡守護山名熙幸が東福寺正統院で火葬されていることがみえ[70]、両家と両塔頭の関係を想定することができる。

これらのうちには、⑤⑨や大慈院以外に京都に関連寺院を確認できない六角氏[71]のように南北朝期以来の関係を継続していると思われる事例もあり、前章でみた一三九〇年代以降の変化のみですべての大名家を説明できない点がわかるだろうが、だとすれば、逆に問題になるのが、そのような一三九〇年代以降の変化をどのように位置づければよいのか、という点である。最後に本章では、特徴的な史料の残り方をしているいくつかの例を参考にしながら、この点について考えてみたい。

第一節　庶家の確立

まずは、「細川家文書」と『永源師檀紀年録[72]』が残る、和泉上守護細川家と建仁寺永源庵について触れよう。『永源師檀紀年録』には、

①観応二年（一三五一）、細川頼春・頼有父子が在京中に永源庵の無涯仁浩のもとで問法し、師資の縁を結んだが、翌年に頼春は討ち死にした。

②延文三年（一三五八）九月の「京中争戦」では頼有が建仁寺永源庵から出陣したが、その際に無涯と問答をおこない、永く師檀関係を結ぶことを約した。

③延文四年（一三五九）に無涯は遷化した。

④応安五年（一三七二）、永源庵が建仁寺の塔頭として幕府から承認された。

⑤明徳元年（一三九〇）正月一〇日、頼有嫡男の頼顕が没し、「舎維・分骨」して永源庵に葬られた。

⑥明徳二年（一三九一）九月九日、頼有が没し、永源庵に葬られた。

⑦応永五年（一三九八）、頼有子息の頼長は、永源庵を建仁寺の西北隅に敷地を確保して移築しようとしたが、寺産が乏しかったためにこのときは果たせず、応永一二年（一四〇五）に完成した。[73]

⑧応永一八年（一四一一）五月二五日、頼長が没し、永源庵に葬られた。

などの情報が記されるが、後年に記された情報なのでいくつか留意が必要である。

まず、①②には無涯の生前に永源庵が退去庵としてすでに存在していたかのような書き方だが、「東海一漚集」所収「祭無涯和尚文」には、延文四年に彼が没したのは「瑞応東庵」とされている。[74] 瑞応庵とは無涯の師鉄庵道生の塔であり、この段階ではまだ永源庵が存在していなかったか、もしくは瑞応庵の一角に存在するに過ぎなかったと推測される。また、②に記される延文三年九月の「京中争戦」は確実な史料にみえず、このあたりの説明には慎重な態度が必要であろう。

永源庵が初めて一次史料にみえるのは嘉慶元年（一三八七）のことで、先に掲げた細川頼有置文に、所領を寄進したい寺院の一つとして「けんにん寺ゑいけんあん」を挙げているのが最初である。少なくともこの頃までに永源庵は成立し、細川氏がその檀那となっていたものと思われる。永源庵二世とされる惟忠通恕の「繋驢橛」には、檀越細川頼有が至徳四年（一三八七）に讃岐国多度荘にあった瑞応庵領の回復を図ったのだといい、[75] この瑞応庵の門派と頼有の関係は、たしかにこの時期には存在していたのだろう。

ここで注意したいのは、康暦元年（一三七九）閏四月～明徳二年（一三九一）三月の間、細川頼之をはじめとする細川氏一門の大半が在国していたという点である。この点を念頭に置くならば、細川氏とこの門派との関係を多少――少なくとも細川氏の在京期である応安元年（一三六八）～康暦元年頃までは――遡らせてもよいように思われ、[76] そうすると応安五年に塔頭として承認されたという④の記事も、ありえない話ではないように思われる。ただし、そのように想定する場合でも『永源師檀紀年録』で二世とされている惟忠通恕を応安段階の住持と考えるのは難しいため、無涯と惟忠の間に誰か別の人物がいた可能性を想定しておいたほうがよいだろう。このように初期の状況については不明な点が多いが、嘉慶元年にすでに永源庵が存在していたこと、明徳二年三月に細川頼之が上洛して、その他の細川一門にも在京する者が再び増加したことなどを考慮すると、永源庵が同家の仏事をおこなう塔頭として本格的に機能し出すのがこの時期以降であることは頷け、⑦などもたしかにありそうなことである。[77]

このような事例は、庶流として新たに成立した家が、他の一門と共同で寺院・塔頭を使用するのではなく、独自の塔頭で仏事をおこなおうとする動きとみることができる。おそらく、このような動きは細川氏の他の庶流家にもあり、守護家として定着する時期や、初代にあたる人物が没した時期によって、どの段階でそれが実質化するかは若干前後するはずである。しかし、室町幕府の体制確立とともに庶流家でありながら守護家として定着していく[78]のであるから、それが明徳・応永年間という、先にみたような有力大名と同じ時期に入ってくるのは不自然なことではないように思われる。

第二節　惣領家側の事情

こうしたイエの成立という問題は、主に庶家のほうでのみ問題化するもののように思われるかもしれないが、実をいえば、結果的に惣領家のような立場を確保した家にも、似たような事情をみてとれる場合がある。

たとえば大村拓生は、赤松氏について、結果的に播磨守護として定着した則祐流が本来は惣領でなかったこと、本来則祐が備前国に開創した宝林寺を本領佐用荘赤松の地に移転させたことが、この点と深く関わっていたことを論じている。[79] たしかに則村（円心）が創建した法雲寺については、則祐の兄範資の系統の影響力もあったことが指摘されており、[80] 則祐流の寺院を確保することに意義があったというのはよくわかるところである。

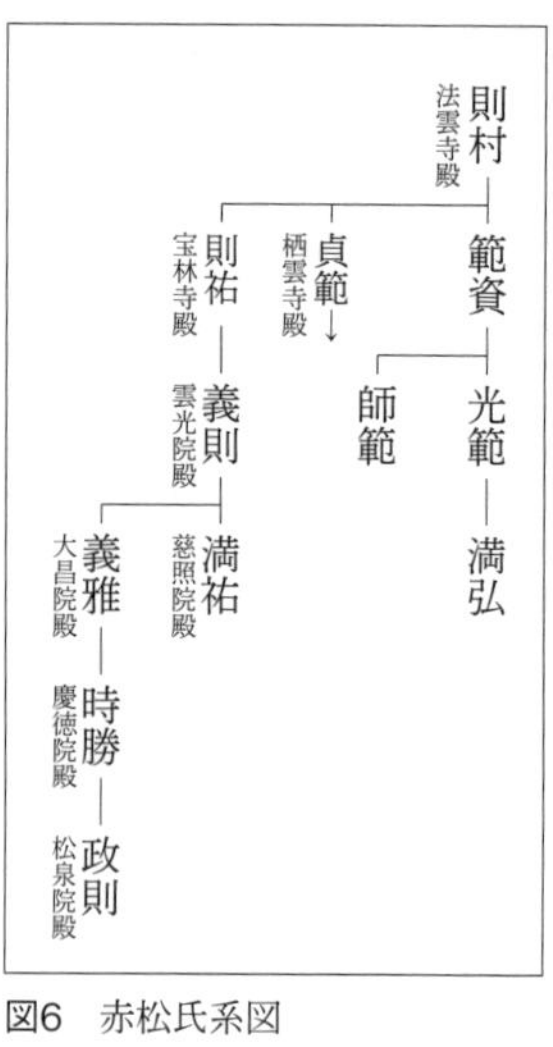

図6　赤松氏系図

そうした議論を踏まえたうえで【表】をみると、至徳二年（一三八五）の赤松義則母の闍維（F3）や応永一八年（一四一一）の赤松満祐母の大祥忌（F4）が、かつて円心が創建を支援して自家の「墳寺」とした雪村友梅塔の建仁寺大龍庵ではなく、雪村法嗣太清宗渭の塔頭である南禅寺雲門庵でおこなわれていることが注目される。おそらくは、遡る永徳三年（一三八三）に則祐の十三回忌が「南禅々寺」でおこなわれた（F2）というのも、同じく雲門庵を指すのであろう。このように則村創建の大龍庵ではなく、あえてその門下の別の塔頭が選択されていくことは、本来惣領でなかった則祐流のこの段階での当主である義則が、自家の仏事を排他的におこなうための塔頭を確保しようとする志向から説明しうるところである。

　このように赤松氏が追善仏事をおこなう塔頭を変更したのはわかる限りで一三八〇年代であり、他家よりも少し早いが、その背景には、室町幕府創建期に大龍庵を創建した当主則村がそもそも高齢で、早い段階で没したために、[81]惣・庶関係が他家よりも早く問題として意識されざるをえなかった点があるものと思われる。このような時期に追善仏事をおこなう塔頭の変更を早い段階でおこなったために、赤松氏では同じ義則の代にさらにもう一度別の寺院を創建することになるのだが、その点についてはまた後に触れたい。

　さて、似たような惣庶間の事情は、時熈の代に聖一派正統門派から、大応派の月庵宗光—大蔭宗松というまったく異なる門派に乗り換えた、山名氏にも確認できる。

　山名氏惣領家の家督は、時氏以後、嫡男師義に渡り、そののちその弟で師義息女を娶る時義に渡っていた。[82]しかし、その時義が足利義満と対立して分国に下向し、康応元年（一三八九）に没した後、残された氏幸・義熙、時煕の三人は義満から討伐を受けた。そののち、彼らの討伐にあたった氏清・満幸らが逆に討たれた明徳の乱に前後して、時煕・氏幸の二人は復帰し、なかでも但馬だけでなく備後の守護職をも与えられた時煕は、応永の乱後には芸備石国人への対応を任されるなど義満に重用され[83]、実質的に山名氏全体の惣領的な地位に収まることとなったのである。

このように結果的に惣領的な地位に収まった時煕だったが、注意したいのは、時義死没の直後に彼が惣領だったことを確実視できないという点である。たしかに但馬で時義の仏事をおこなっているため[84]、彼が時義の後継者として振る舞おうとしていたことはわかるのだが、この段階で京都で義満に奉仕していたのは満幸・氏清であり、同じく分国にいた人物のなかでも、伯耆の氏幸、備後の義煕ではなく時煕が惣領的な地位にあったとは確言できないのである[85]。義満に重用されて以後、時煕は、父の世代で分岐した一門諸氏に偏諱「煕」字を与えており、明徳の乱以後に新たに出発した山名一門のなかで、自身が中心であることを強く示そうとしていた節があるが、まったく異なる門派と結びついて新たに創建した塔頭で仏事をおこなったことにも、このように時煕が新たな惣領家として出発せざるをえなかった事情と関係が深いように思われる[86]。

第三節　夢窓派「相乗り」の解消

もっとも、以上のような惣庶関係の問題から説明できないケースもある。こうした説明だと、細川氏や斯波氏のようにこの時期における惣庶関係の混乱が少ない一門の惣領家について、説明できないのである。

そこで、最後に注目したいのが、第一章末尾で触れた夢窓派への「相乗り」という問題である。実は、この時期の細川・斯波・一色三氏がそれぞれ観中中諦・円鑑梵相・在中中淹と関係を深めつつ新たな寺院・塔頭を創建

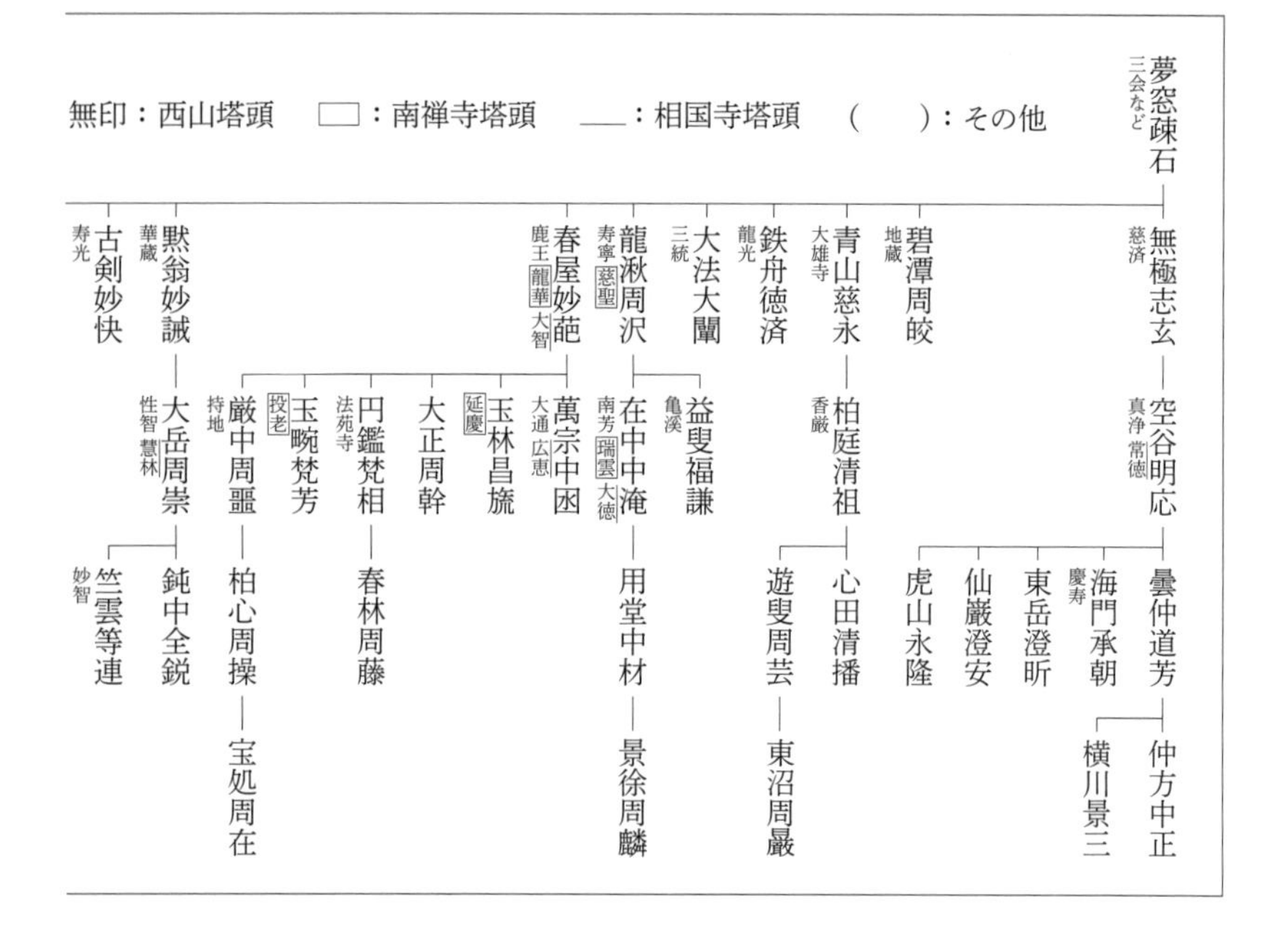

し、そこで仏事をおこなうようになったことで、その「相乗り」状態が結果的に解消されているのである。

よく知られるように、一四世紀後半から一五世紀初頭にかけての時期は夢窓派が勢力を大きく拡大した時期である。当該期の禅僧たちにとって退去寮・塔頭を確保することが重要だったことはよく知られるが(87)、こうした夢窓派拡大の趨勢のなかで、夢窓の弟子たちも、そして彼らに圧迫されるその他の門派の禅僧たちも、檀那を確保して塔頭を確保しようとする志向を多かれ少なかれ有していたのであり、本稿でみてきたような大名家と諸寺院・塔頭との関係も、当然ながらこのような禅僧側のニーズを背景にしていたのはいうまでもない。

そうしたなかで注目されるのは、たとえば春屋妙葩・空谷明応・絶海中津などのように義満に信任されて夢窓派勃興の中心となり、大門派を形成した人物ではなく、細川・斯波・一色三氏が、観中中諦・円鑑梵相・在中中淹などという彼らよりも少し若い

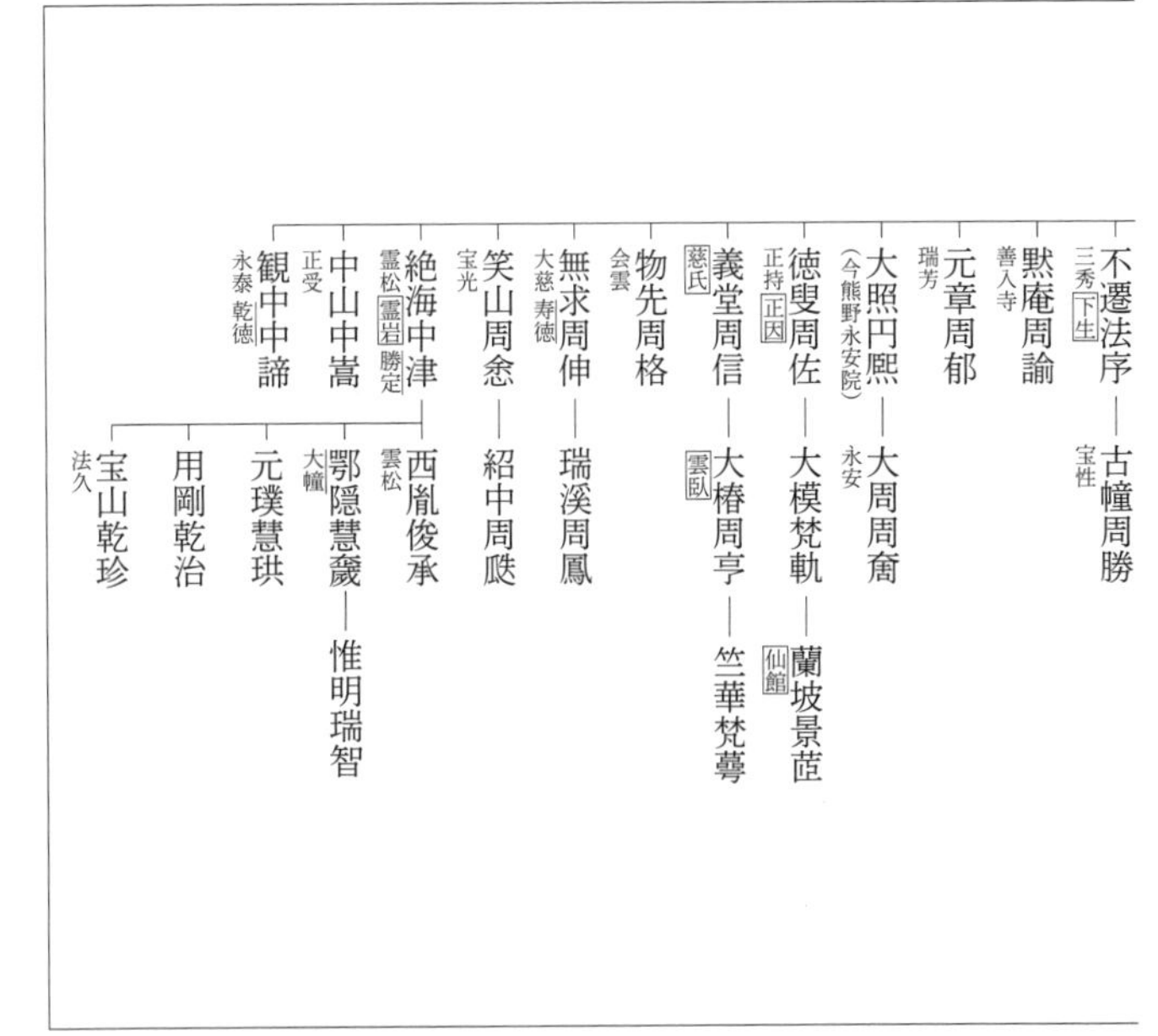

図7　夢窓派法系図（抄）

人物とあえて関係を結んで創建した寺院で、代々の追善仏事がおこなわれるようになっているという事実である。[88] この点を考えるには、（1）相国寺大智院（春屋妙葩塔）を自身の塔頭に指定したい足利義政が改名を要求した際、大智院側が猛然と反発したように[89]、大門派がときに室町殿の意向に反発する程の自立性を有していたこと、（2）南北朝期以来の大慈院を利用し続けたと思われる六角氏のように、「相乗り」解消への志向が確認できない家もあり、そうした志向は有力大名家に顕著と判断されることなどを考慮しておく必要がある。それらを念頭に置くならば、有力大名家がより自己の影響力の強い寺院・塔頭で自家の仏事をおこなおうとする志向を有していたと想定しておくのが、さしあたって無難なところであろう。

このような点は、当時の五山のなかで少数派の門派と関係を結んだ山名・畠山両氏の事例を考えるうえでも参考になるが、加えていえば、先に少し触れた応永二〇、二一年頃の赤松義則の龍徳寺創建も、そのような方向性で読み解いたほうがよいように思われる。南禅寺雲門庵を開いた太清宗渭とは、春屋ら夢窓派の有力者たちと並んで初期の相国寺の住持となり、塔頭（雲頂院）を認可されるほどに義満の信任を得ていた人物であり、彼の門派は春屋・空谷・絶海らのそれほどではないにしても、蔭凉軒主を輩出するなど有力なものであった。もちろん、龍徳寺についても、一山派のこの門派と関係の深い寺院だったことが想定されるが、(90)それでも門派の中心的拠点の南禅寺雲門庵とは別に、赤松氏の追善仏事をおこなうための寺院を創建することに意味があったということなのであろう。影響力の強く及ぶ寺院・塔頭を創建しつつあった他家の動向を横目にしつつ、赤松義則が龍徳寺創建を決断した背景は、以上のような観点から説明しておくのがよいように思われる。(91)

一三九〇～一四一〇年代に顕著化する動きは、以上のような諸要素の複合から説明される。もっとも、ここで指摘したような有力守護家の志向性が顕著化するのは、そもそも各氏が有力守護家として定着したことを前提としており、庶家の問題として指摘した点を含めて全体を見渡すならば、義満による室町幕府体制の確立によって、守護分国と守護家が固定化していったことと密接な関係があるといわねばなるまい。もちろん、六角氏のように南北朝期以来のあり方を維持していると思われる勢力もあり、全体としては一三六〇～七〇年代までと、一三九〇～一四一〇年代という二段階を経ていることを強調しておく必要があるし、本章で述べた赤松氏のように、そのような全体的な趨勢からは少し逸脱した動きをみせる家もある。本稿では情報の少ない家についてはあまり触れることができなかったが、それぞれの家の個別的な動きについては、まだまだ追究の余地があるといわねばなるまい。

おわりに

以上、三章にわたり、大名家の追善仏事をおこなう寺院・塔頭について論じてきた。大名家の創建した寺院や師檀関係にある寺院、そして歴代当主の院号とされている寺院などを十把一絡げに取り扱うのではなく、仏事の実態に即しながら、中心的に追善仏事を担うものとそうでないものがあることを示せたのではないかと思うが、こうした検討が今後各寺院・塔頭と檀那側の関係を論じる際の手がかりの一つになるのであれば幸いである。

時期ごとにみると、京都で追善仏事をおこなう事例がある程度広範に確認できるようになるのは一三六〇〜七〇年代の頃のことであったが、そののち一三九〇〜一四一〇年代頃にも新たな動きがみいだせ、全体としては二つの段階で説明できることがわかった。このような段階性は、基本的には室町幕府による支配体制確立とパラレルに進展するものと評価され、義持期、もしくは応永二〇年代のみを取り出して評価するよりも、このような一連の流れを全体として評価することのほうが重要であることを強調しておきたい。

また、もう一点指摘しておきたいのが、第二章で論じたような、大名家の強い影響下で追善機能を担う寺院というのが——南禅寺栖真院・慈光院について述べたように——当該期の禅宗寺院の社会のなかでは、かなり特殊な一部分であるということである。したがって、この問題に即して明らかにした諸点が、禅宗寺院やその関係者全体を考える際にどれほど敷衍できるのかについては、また慎重な議論が必要だろう。視野の狭い筆者にはなかなか難しい課題ではあるが、最後にこの点を強調して結びにかえることとしたい。

注

(1) たとえば山田徹「室町大名のライフサイクル」(細川涼一編『生活と文化の歴史学7　生・成長・老い・死』竹林舎、二〇一六年)などは、そのような試みの一つであった。

（2）玉村「五山叢林の塔頭に就て」・「五山叢林の十方住持制に就て」（同『日本禅宗史論集　上』思文閣出版、一九七六年、初出一九四〇・一九四二年）。

（3）今枝愛真『中世禅宗史の研究』（東京大学出版会、一九七〇年）、なおそののち安国寺・利生塔研究については松尾剛次『日本中世の禅と律』（吉川弘文館、二〇〇三年）、官寺制度研究については斎藤夏来①『禅宗官寺制度の研究』（吉川弘文館、二〇〇三年）・②『五山僧がつなぐ列島史―足利政権期の宗教と政治―』（名古屋大学出版会、二〇一八年）がある。

（4）具体的には、玉村「中世前期の美濃に於ける禅宗の発展」（同『日本禅宗史論集　下之二』思文閣出版、一九八一年、初出一九七四年）に代表される。

（5）多くの研究がなされているが、ここでは広い視野から越中などにおける禅宗の地域的展開を論じた広瀬良弘『禅宗地方展開史の研究』（吉川弘文館、一九八八年）を挙げておき、あとは必要に応じて本文中で触れることとしたい。

（6）早島『室町幕府論』（講談社、二〇一〇年）第六章、二二五～二三八頁。

（7）このような早島の議論は、全国に所在する五山領を「幕府の事実上の料所」と大雑把に位置づけた今谷明「室町幕府の財政と荘園政策」（『室町幕府解体過程の研究』岩波書店、一九八五年）の段階とはもはや異なる、寺院の個別的な性格を踏まえたうえで議論をおこなう新たな段階での提起として、非常に興味深いものである。

（8）たとえば高橋秀樹『日本中世の家と親族』（吉川弘文館、一九九六年）。

（9）「夢窓国師年譜」には、暦応三年のこととされている（「夢窓国師語録」（『大正新脩大蔵経』第八〇巻）四九〇頁、『続群書類従　第九輯下』にも所収）。以下、細川氏が阿波国に創建した寺院については本書衣川論文を参照のこと。

（10）「雪村大和尚行道記」（『続群書類従　第九輯下』）によれば法雲寺開創は「丁丑之歳」で建武四年、宝林寺の開創は「貞和年中」のこととされる。以下、赤松氏の菩提寺に関しては高坂好『赤松円心・満祐』（吉川弘文館、一九七〇年）、大村拓生「赤松氏の拠点形成―白旗城・法雲寺・宝林寺―」（『大手前大学史学研究所紀要』一二、二〇一八年）などを参照した。とくに大村論文は、宝林寺の赤松への移転が「雪村大和尚行道記」による「文和年中」よりも下るものと指摘するなど、さまざまな論点を提起しており興味深い。

（11）前掲注（4）玉村論文、四一八・四一九頁。頼清の父頼貞が定林寺を開創したことも知られているが、こちらは時期的にいえば鎌倉末期の開創である可能性が高いだろう。その一方で、小島荘付近に土岐氏が進出したのは建武以降であると考えられるため、瑞巌寺の創建は南北朝初期のことと推測されるところである。

(12)「扶桑五山記」(以下、「支桑禅刹」「倭漢禅刹」「扶桑五山記」については、『合本　支桑禅刹』(春秋社、二〇一四年)による)に「開山夢窓国師、州之安国寺也」とされている。しかし、『近江蒲生郡志』や村上美登志「太山寺本『曽我物語』〈今の慈恩寺是なり〉攷—仮名本の成立時期をめぐって—」(『論究日本文學』五四、一九九一年)などは「勝尾寺文書」所収の佐々木氏頼書状から金剛寺創建を文和元年(一三五二)とし、玉村竹二は文和二年(一三五三)とする(『五山禅僧伝記集成　新装版』「黙庵周諭」の項(思文閣出版、二〇〇三年))。本書大河内論文にもあるとおり、現段階でこれ以上創建年を絞ることはできない(このほか、本書大河内論文は延文二年である可能性も挙げている)が、どちらにしても文和年間頃に金剛寺が造営中で、本尊の供養もまだだったのは確実なようなので、金剛寺が少なくとも当初の近江国安国寺ではなかった可能性を指摘しておくことにしたい。

(13)「正統下南海和尚伝」(『続群書類従　第九輯下』)。なお、岡部恒「守護大名山名氏と禅宗—とくに栖真院開創について—」(『禅文化研究所紀要』二六、二〇〇二年)も参照。

(14)阿波国補陀寺が同国の安国寺とされるように、安国寺設置政策との関連が想定される。なおこうした地方拠点の寺院における仏事のあり方には不明な点が多く、どこまでを「菩提寺」と評価すべきなのか判断に迷う部分が大きいため、本稿ではこうした地方寺院を「菩提寺」と呼ぶことをさしあたって避けている。

(15)前掲注(10)「雪村大和尚行道記」に「丁亥、円心特創塔院於洛之東山建仁、以卜其地。又明年春蒙綸命、廼取生祠、扁曰大龍」とある。

(16)『五山文学新集　五』八九六・八九七頁。

(17)「常楽記」(『群書類従　第二九輯』)。

(18)『後愚昧記』応安元年五月一二日条。

(19)玉村竹二「『洞院公定公記』に見える「見貞侍者」を逸つて」(前掲注(2)玉村著書)、四七〇頁。

(20)山名氏が東福寺正統院の檀那となっていたことについては、但馬宗鏡寺本「山名系図」にもみえる(『大日本史料』六—三三、二九二頁、応安四年二月二八日条)。

(21)開山が夢窓疎石であることについては、「支桑禅刹」「倭漢禅刹」「扶桑五山記」にみえ、十三回忌にあたる二月二〇日に春屋妙葩を招いて同寺開堂仏事がおこなわれたことについては、「智覚普明国師語録」（『大正新脩大蔵経』第八〇巻）にみえる。この景徳寺は主に夢窓派の人物が住持を務める寺院としてそののち推移したようで、物先周格・無求周伸・笑山周忩・古幢周勝・瑞溪周鳳なども住持となっていた時期がある。

（22）「智覚普明国師語録」。

（23）『細川家文書　中世編』鎌倉・室町期文書二八号。

（24）『空華日用工夫略集』永徳二年四月一九日、五月七日、六月六日条。この年六月七日は氏頼の十三回忌にあたり、仏事はその前日におこなわれた。

（25）『臥雲日件録抜尤』寛正四年六月六日条。

（26）「空華集」（『五山文学全集　二』三四三頁）。蔭木英雄『訓注　空華日用工夫略集』四二〇・四五二頁。

（27）この段階では守護ではないが、康暦元年に小笠原長基が父貞宗の三十三回忌を建仁寺禅居庵（清拙正澄塔）でおこなっている点も注目される（「無規矩」〈『五山文学新集　第三巻』七五〜七六頁〉）。なお、小笠原貞宗が自領信濃国伊賀良荘に清拙正澄を招いて開善寺を開創したという伝承が存在するが、研究の進展によって否定され、現在では開善寺を開創したのは鎌倉末期に伊賀良荘地頭だった江間氏であるとされ、のちに小笠原氏が荘内の重要地域の地頭職を相伝する同寺を支配下に取り込むために、禅居庵の清拙の門派（大鑑派）との関係を構築した（その過程で開善寺貞宗開基説が形成された）と推測されている（祢津宗伸『中世地域社会と仏教文化』法藏館、二〇〇九年）。祢津によれば、貞宗開基説を否定する説自体は市村咸人「鎌倉時代に於ける伊那地方の北条氏と小笠原氏」（『市村咸人全集　第九巻』下伊那教育会、一九五九年）にまで遡るとのことである。本稿の立場からすれば、そのような経緯であったとしても、結果的にこの時期までに建仁寺禅居庵との関係が構築されていたことを興味深く思う。

（28）『空華日用工夫略集』応安三年六月二四日条。慈恩寺は近江国佐々木荘内の寺院であるが、詳しくは本書大河内論文を参照。なお、同荘については、筆者も『東近江市史　能登川の歴史　第二巻　中世・近世編』（二〇一三年）の担当箇所で荘域復元などをおこなっている。

（29）『後愚昧記』応安四年二月条。この事例では、伯耆国光孝寺を院号とする時氏が葬られた場所が同寺ではなかった点にも注意が必要である。院号となった寺院・塔頭と主たる埋葬地が一致するとは限らない点は、歴代が等持院に埋葬される足利将軍家の事例を考慮しても当然のことだろうが、本稿の論旨にも関わるため、改めて注意を喚起しておきたい。

(30) 山名時氏が葬られたのが伯耆国ではなく、分国のなかでも京都に至近の丹波国内だったことの背景には、伯耆国まで火葬以前の遺体を運ぶことの難しさがあったのではないかと推測される。この推測が正しければ、近江・丹波などといった至近の地に分国を持つ大名以外であれば、(最終的に地方拠点の寺院に遺骨を持って下るにしても)火葬は京都でおこなう必要があったこととなり、観応の擾乱以前の諸大名に関しても、そうした機能を京都で果たしていた可能性が高いこととなる。そのあたりの時期に関する史料が少ないため確言できないが、このような問題に関しては念頭に置いておく必要があろう。

(31) 山田徹「南北朝期の守護在京」(『日本史研究』五三四、二〇〇七年)、同「南北朝後期における室町幕府政治史の再検討(中)―康暦の政変以後の政治過程と細川氏・山名氏・土岐氏―」(『文化学年報』六七、二〇一八年)。

(32) 貞治二年二月二〇日に細川頼春の年忌が阿波国補陀寺光勝院で(「智覚普明国師語録」)、応安五年六月の佐々木六角氏頼三回忌が近江国慈恩寺でおこなわれている(「迎陽文集」)。また、応安三年末に土岐頼康が美濃国に下向した際に「明年正月父存孝相当三十三回」(『後愚昧記』応安三年一二月一五日条)と述べている。前稿でも述べたとおりこの下向は当該期の政治的状況と関連するものである(山田徹「土岐頼康と応安の政変」『日本歴史』七六九、二〇一二年)が、土岐頼貞(前稿では史料にみえるとおり頼康の父と記してしまう誤りを犯したが、頼貞は実際には頼康の父ではなく祖父である)の仏事が美濃国でおこなわれていたことがわかる。

(33) 寺院との対応でいえば一対一になっていても、門派との対応関係でいえば一対一の関係になっておらず、この点で後述する室町期の状況とは異なるため、注意が必要である。

(34) 「龍湫和尚語録」(『大日本史料』六―二八、一八二頁、貞治六年七月一三日条)。

(35) 下って、斯波義敏が宿老の甲斐常治らと対立して、「其先墳」たる「東山之東光精舎」に立て籠もったことが『碧山日録』長禄三年五月二五日条にみえる。なお、このとき義敏が法苑寺ではなく東光寺に立て籠もった点は興味深いが、彼が義将の系統ではなく、その弟義種の系統から本家に入った人物である点と関係する可能性が高いように思われる。

(36) 『空華日用工夫略集』康暦二年一〇月八日条、永徳二年正月一一日・一二日条。

(37) 東光寺といえば、東福寺の塔頭として同名の寺院(聖一派無為昭元の塔)が知られているが、蔭木英雄も指摘するとおり、別の寺院と理解したほうがよいだろう（『訓注　空華日用工夫略集』（思文閣出版、一九八二年）二一九頁）。

(38)『愛知県の地名』（平凡社、一九八一年）「大興寺村」の項。

(39)前掲注（3）斎藤②著書一八八頁。

(40)このほか、六角氏頼の仏事が「慈恩律寺」でおこなわれていたという前掲記事や、山名時氏の七回忌の諷誦文作成に三条大宮長福寺の信蛟上人が関わっていたとする「迎陽文集」の記事（なお、律院三条大宮長福寺については細川涼一「三条大宮長福寺尊鑑と唐招提寺慶円」（同『日本中世の社会と寺社』思文閣出版、二〇一三年）を参照）にみえるように、禅宗のみではなく律宗寺院が関わっていたと思われる点もこの時期の特徴といえるかもしれないが、この点については室町期以後の律宗寺院の関わり方をふまえたうえで判断する必要があるため、さしあたって判断を保留しておきたい。

(41)河内国真観寺については、八尾市立歴史民俗資料館編『真観寺文書の研究』（八尾市教育委員会、二〇〇一年）も参照のこと。

(42)「東海璚華集」に「泊平仰大覚祖風、創西来堂搆、揮金荘美輪於一朝、置産護常住於千載」と記されている（『五山文学新集　二』五六八頁）。

(43)なお、一〇月二四日から五、六日前に「故畠山殿」の年忌仏事を建仁寺でおこなっていたというが、五日前なら一九日、六日前なら一八日である。この時期の「故畠山殿」として真っ先に想起されるのは畠山基国で、たしかにこの応永二五年とは応永一三年に没した基国の十三回忌にあたる年だが、一つ気にかかるのは彼の没日が正月一七日であることである。基国の父で康暦元年一〇月一二日に没した畠山義深の仏事、または畠山満家・満慶の母親で応永一九年一〇月二二日に没した宝厳院殿（七回忌にあたる）の仏事であった可能性を念頭に置いておいたほうがよいように思われる。

(44)『康富記』享徳三年八月二八日条、『師郷記』同日条。

(45)「廿一口方評定引付」応永一七年六月六日条（「東寺百合文書」く函五号）。伊藤俊一・近藤俊彦・富田正弘編『東寺廿一口供僧方評定引付　第一巻』（思文閣出版、二〇〇二年）では「法花寺」と翻刻されているが、法苑寺が正しい。

(46)『看聞日記』応永二五年八月一九日条。

(47)ほか、『康富記』応永二五年八月一八日条に「今夜驪嵯峨達中(塔頭)盗出云々。依遺言土葬云々。」とある。なお、夢窓疎石が天龍寺内への塔頭設置を認めなかったために、塔頭は天龍寺の周辺に形成され、「嵯峨〇〇院」もしくは「西山〇〇院」と呼ばれていた。
(48)今枝愛真「斯波義将の禅林に対する態度」(前掲注(3)今枝著書)。
(49)「支桑禅刹」。
(50)小坂『山名常熙と禅刹』(楞厳寺、一九七六年)。
(51)同前一一四～一一五頁。
(52)小坂博之「山名常熙の嫡子満時について」(『山名』一、一九九三年)。
(53)東京大学史料編纂所の「所蔵史料目録データベース」にて、南禅寺慈氏院本の写本を閲覧可能である。
(54)嘉慶二年に時義夫妻が先代師義の十三回忌をおこなった際に、当時同国大明寺に住していた月庵宗光を招いている(『月庵和尚語録』。前掲注(50)小坂著書五頁)。時義の院号にもなっている但馬国竹野郷円通寺も月庵の開創で、時熙の院号も月庵の大明寺から取っている。
(55)『五山文学新集　二』七三〇頁。
(56)「支桑禅刹」に「万歳山安養禅寺　開山在中淹和尚、在西津」とあり、「扶桑五山記」にもほぼ同様のことが記される。西津荘とは、一色氏が当初守護所にしていた所領である。「若狭国守護職次第」(『群書類従　第四輯』)によると、応永一七年八月二九日に諸山に列せられたということであり、開創自体はもう少し(おそらくは義貫の家督継承以前に)遡るのではないかと思われる。
(57)一色氏が相国寺大徳院の檀那である点については、義政の大徳院御成の記事に「一色殿以院之御檀那之故、御相伴被参也」とある『蔭凉軒日録』長禄三年一二月二三日条をはじめとしてたびたび確認できる。瑞雲院については『蔭凉軒日録』長禄四年六月一八日条。
(58)厳密なことをいえば、「慈光庵」(慈光院)のほうは「乎」が「歟」になっている。
(59)なお、「倭漢禅刹」では、この二例とともに大館氏が檀那を務める仙館院にも「不審」という記載を付している。仙館院は南禅寺住持も務めた蘭坡景茝の塔であることがはっきりしているが、これも大館氏の寺院という性格が強かったためであろうか。これについては、蘭坡の段階で新たな塔頭が開かれることが少なくなっていたことも、念頭に置いておいたほうがよいかもしれない。

(60) このほか、『蔭凉軒日録』文明一九年二月八日条にも関連する情報がある。
(61) 『続群書類従　第五輯上』所収「細川系図」によれば、妙観院は東山に所在したらしい。
(62) 「補庵京華続集」(『五山文学新集　一』四五〇頁)。
(63) 『蔭凉軒日録』長享二年一一月五・八日条、長享三年七月二四・二六日条、延徳二年七月二六日条。
(64) 「支桑禅刹」。
(65) 紹仲を二世とするのは「支桑禅刹」の嵯峨真乗院の項による。
(66) 応永二〇年一〇月に「龍源(徳)寺地福」、二一年正月に「京龍徳寺地引」(「東寺百合文書」ら函一五号・『教王護国寺文書』一〇〇四号)、同年七月に「龍徳□檜皮」(「東寺百合文書」ら函一六号・『教王護国寺文書』一〇一四号)とあり、この頃に造営が進んでいたことがわかる。彼の仏事が同所でおこなわれていたことについては、『満済准后日記』応永三四年一〇月二六日条。
(67) 土岐頼益の院号が「興善院殿」であることについては、「東海璚華集」(『五山文学全集　二』)六三一頁。興善院(興禅院と記されることも多い)は「東山塔頭略伝」によれば夢窓派の鈍中全鋭が開基とされているが、「扶桑五山記」相国寺四二世鈍中全鋭の記事には「示寂於東山興禅院、乃師之塔所也」とあり、その師の大岳周崇の塔であったとされている。『碧山日録』応仁二年八月二日条に「西陣疾足之徒、焼汁谷之民屋、逮夜而火興禅々院」とあるように東山汁谷周辺にあったらしく、『蔭凉軒日録』には足利義政が妙法院とセットで御成していたこと、御成の際には檀那の土岐氏が寺中に参仕していたことなどがわかる(長禄四年三月二〇日、寛正二年一〇月二四日、寛正五年三月一八日、寛正六年一一月二六日、文正元年三月二八・二九日条など。時期的に桜・紅葉に関係するものだろう。なお文正元年の事例ではついでに清水寺にも参詣している)。
(68) 氏幸(氏之)の院号が「霊光院殿」であることは「伯州山名代々次第」(「光源院文書」)にある。この史料については片岡秀樹「伯耆山名氏の活動—「伯州山名代々次第」による考察—」(『地方史研究』一五八、一九七九年)。
(69) 『碧山日録』長禄三年五月二五日、六月二日条。
(70) 『碧山日録』長禄三年四月一五日条。
(71) 本書大河内論文参照。

(72) 今谷明監修『正伝永源院蔵本　永源師檀紀年録』(阿波郷土会、二〇〇一年)。

(73)「永源師檀紀年録」にはこのように書かれているのに対し、早島著書では永源庵移築を応永一七年のこととしている。

(74)『五山文学新集　四』六〇四頁。

(75)『五山文学新集　別巻二』六二九頁。

(76) ①の記事にあるように頼春の時期まで遡らせることには慎重でありたい。

(77) おそらくは瑞応庵の敷地内からより広い別の場所へ、塔頭を移築するという意味の記事なのだろう。

(78) この一流は、頼有の代には一時的に阿波守護となるも継続せず、頼有子息の頼長が明徳三年～応永七年頃に備後半国守護となり、そののち（この間、土佐守護であった可能性が指摘されている）応永一五年以降に和泉半国守護となることでやっと守護家として定着しているという特殊な経緯をたどる（小川信『足利一門守護発展史の研究』(吉川弘文館、一九八〇年)。守護家のなかでは比較的定着の遅い家だが、頼長以前に頼有一代を挟むために後発の家のなかでは菩提寺が機能し始めた時期が比較的早い家だと考えられる。

(79) 前掲注（10）大村論文。

(80) 前掲注（3）斎藤②著書一六〇～一六二頁。たしかに『蔭凉軒日録』をみると、法雲寺住持の推挙は播磨などの守護を継承していた満祐ではなく、赤松阿波入道、すなわち則祐兄範資の孫である赤松満弘によってなされている（永享八年八月六日条、永享一〇年八月一二日条など)。

(81) 室町幕府開創に関わった人々に三〇歳前後から四〇歳前後の人々が多かったことについては、前掲注（1）山田論文九三頁。

(82) 実をいえば筆者は本来、『尊卑分脈』や「明徳記」にみえるような時義を惣領とする見方が、明徳の乱よりも後になってから形成された可能性があるのではないかと考えており、注（31）の二論文ではあえてこの時期の山名一族の惣領が誰かという点については触れていなかった。ところが最近、康応元年三月三日に時義が山名氏の名字の地である上野国山名郷の山名八幡宮に対して別当職補任状を発給している点を見落としていたことに気づいた（「蜷川家文書」『高崎市史　資料編4　中世Ⅱ』一五六号)。この文書の存在を考慮すると、やはり師義の跡を時義が継承して惣領となったとする理解をしてもよいと考えるようになったため、考えを変えたことについてここに明記しておきたい。

(83)市川裕士『室町幕府の地方支配と地域権力』(戎光祥出版、二〇一七年)一六二~二二三頁。

(84)「月庵和尚語録」。

(85)時氏以来受け継がれてきた山名氏最初の分国である伯耆が氏幸の手に入ったこと、氏幸・義熈・満幸の兄弟が右馬頭・伊豆守・播磨守などに就いていたのに対して時熈がいまだに宮内少輔に過ぎなかったことなど、いくつかの点を念頭に置いておく必要がある。

(86)なお、山名氏については、叔父高義の三十三回忌を南禅寺栖真院でおこなっており(E3)(同日におこなわれた氏清の三十三回忌(E4)も同じく栖真院でおこなわれていた可能性がある)、創建した新たな菩提寺に庶家をも包摂しようとしていることを指摘できる。注(70)の記事にみえるように、高義孫の熈幸の火葬は東福寺正統院でおこなわれているため、この点は必ずしも後年に継承されたとはいえないだろうが、先の赤松氏の事例と比較した場合の山名氏の特徴として、このような時熈段階の動向を強調しておくことにしたい。

(87)原田正俊「京都五山禅林の景観と機能」(小野正敏他編『中世寺院 暴力と景観』高志書院、二〇〇七年)。

(88)たとえば斯波氏には、自邸を改めて絶海中津を開山に迎えた玉泉寺という寺院がある(「勝定国師年譜」(『続群書類従第九輯下』))にもかかわらず、その玉泉寺は代々の追善仏事を集中的におこなう寺院にはならなかった(A3の一例のみ確認できる)が、そのような点は重要であろう。

(89)『蔭凉軒日録』延徳二年二月二七日条。

(90)応仁の乱によるものか文明年間以前に龍徳寺は焼失しており、延徳二年以降に龍徳寺が再建される際には、相国寺雲頂院(太清宗渭塔)内の集雲軒の地がそれに充てられ(『蔭凉軒日録』延徳二年八月一一日条)、亀泉集証らが再建に関与している(たとえば亀泉が造営中の大工の食事について問答したという同延徳四年四月一〇日条などを参照)。また、同寺本尊地蔵や円心・則祐像を安置した際には「当院東西一衆」が集まっている点も注目されよう(同明応二年九月二〇日条)。

(91)赤松氏の龍徳寺創建は、播磨の法雲寺・宝林寺との対比ではなく、このように建仁寺大龍庵・南禅寺雲門庵との対比で考えるべきであり、この点はとくに強調しておきたい。

(付記)本論文は、日本学術振興会科学研究費若手研究B(課題番号15K16827)の成果を含む。

三河中条氏と大陽義冲

小木英梨奈

はじめに

室町期の支配体制の特質に関する研究は一九八〇年代までに、守護領国制論[1]や国人領主制といった領国・在地を基盤とした研究が主流であった。そのなかで一九八五年に守護領国制論を批判するかたちで[2]、中央と地方の関係性を重視し守護権の推移を論じた室町幕府―守護体制論[3]が登場した。そして二〇〇〇年代以降、さらにその批判として守護だけでなく多様な勢力の京における活動を重視する研究が進んでいる。なかでも、伊藤俊一は守護在京制の成立を説き、京都が室町期のあらゆる勢力の拠点であったことを論じている[4]。さらに、山田徹は守護以外の多様な勢力に焦点を当て、それらも在京していたとする室町領主社会制を論じた[5]。こうして近年では、領国から京（みやこ）へと室町期の支配体制の特質をみる視点が変遷していったことがわかるだろう。

このような研究の変遷を整備した上で、注目すべきなのは、領国制の側面と在京制の側面という両方に目を配る都鄙交通からの視点で室町期の支配体制をみていくことである。この視点を提示したのが早島大祐であり、早島は政治・経済・宗教といった様々な観点を結びつけて、室町期の支配勢力の実態について研究している[6]。

本稿ではこうした研究状況をふまえた上で、都鄙交通という視点を重視してその具体相を明らかにするため、室町期の国人である三河中条氏の都鄙にまたがる活動に注目したい。三河中条氏に関しては、在地活動についての研究は十分にされているが、在京活動については室町期の支配体制の特質をふまえた研究はみられない。しかしながら、三河中条氏の在京活動は古文書や古記録に多少ながらにも確認できる。その活動は将軍の近習、評定衆や奉公衆を務めるなどと多岐にわたる。また、政治面だけでなく京での菩提追善など宗教上の活動も指摘できる。このように、三河中条氏の在地活動と在京活動といった都鄙にまたがる活動の実態をみていく。そのなかで、東福寺の住持も務めた禅僧・大陽義冲とのかかわりが明らかになり、義冲の三河国での活動もみられた。早島は都鄙交通が活発化する背景は、「守護の道」、「禅僧の道」、「商人の道」という三つの道が存在することにあるという[7]。ここでは、守護の道と禅僧の道が交差する室町幕府の一側面を三河中条氏と大陽義冲を例に検討する。

第一章　三河中条氏の系譜と在地活動

本章では三河中条氏の系譜と在地活動について鈴木勝也[8]、吉井功兒[9]、新行紀一[10]の研究をもとにまとめ、中条氏の在京活動と都鄙にまたがる活動を考える基盤としていく。なお、研究対象は南北朝期〜室町中期の中条家惣領であるため、中条家の祖からみていき、今回は室町中期の惣領で言及をとどめたい。室町中期以降も中条家惣領は奉公衆として京都で活動を行い、在地でも支配が続いていたが、室町後期になると幕府中枢での動きはみられても在地での活動がみられなくなるという。そして永禄四年（一五六一）に織田信長によって滅ぼされる。中条家の最盛期は南北朝期〜室町中期であったといっても過言ではない。したがって、本稿ではその時期に注目する。

第一節　鎌倉期――家長・家平・時家・頼平・景長

まず、三河中条氏の祖は武蔵七党の中の横山党小野氏一族・家長という人物である[11]（【図1】を参照）。家長は源頼朝の側近として活躍し、承久の乱後、院方であった従兄弟の盛綱の平家追討の功として三河国高橋荘地頭職（【図2】）を宛がわれた。これが三河国との最初のつながりであるが、家長自身が三河国に赴くことはなかったと

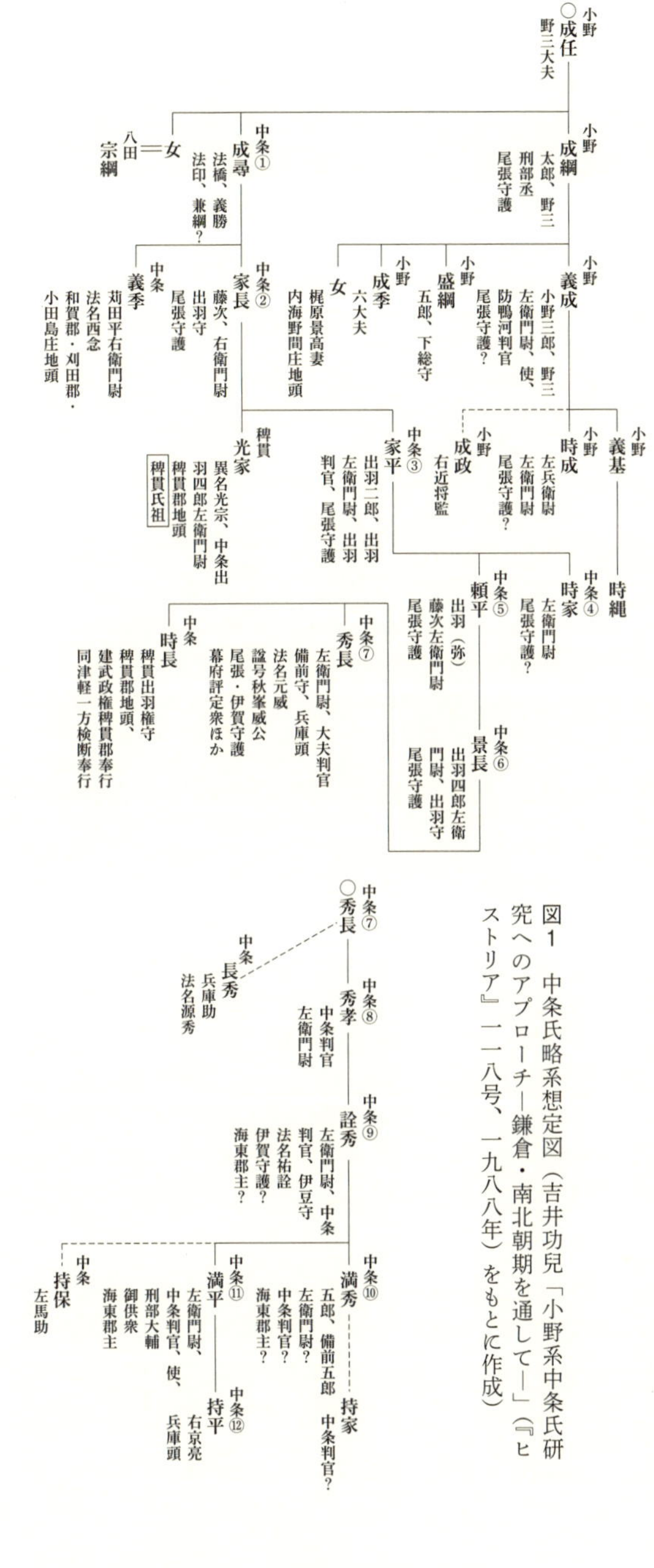

図1　中条氏略系想定図（吉井功兒「小野系中条氏研究へのアプローチ—鎌倉・南北朝期を通して—」（『ヒストリア』一一八号、一九八八年）をもとに作成）

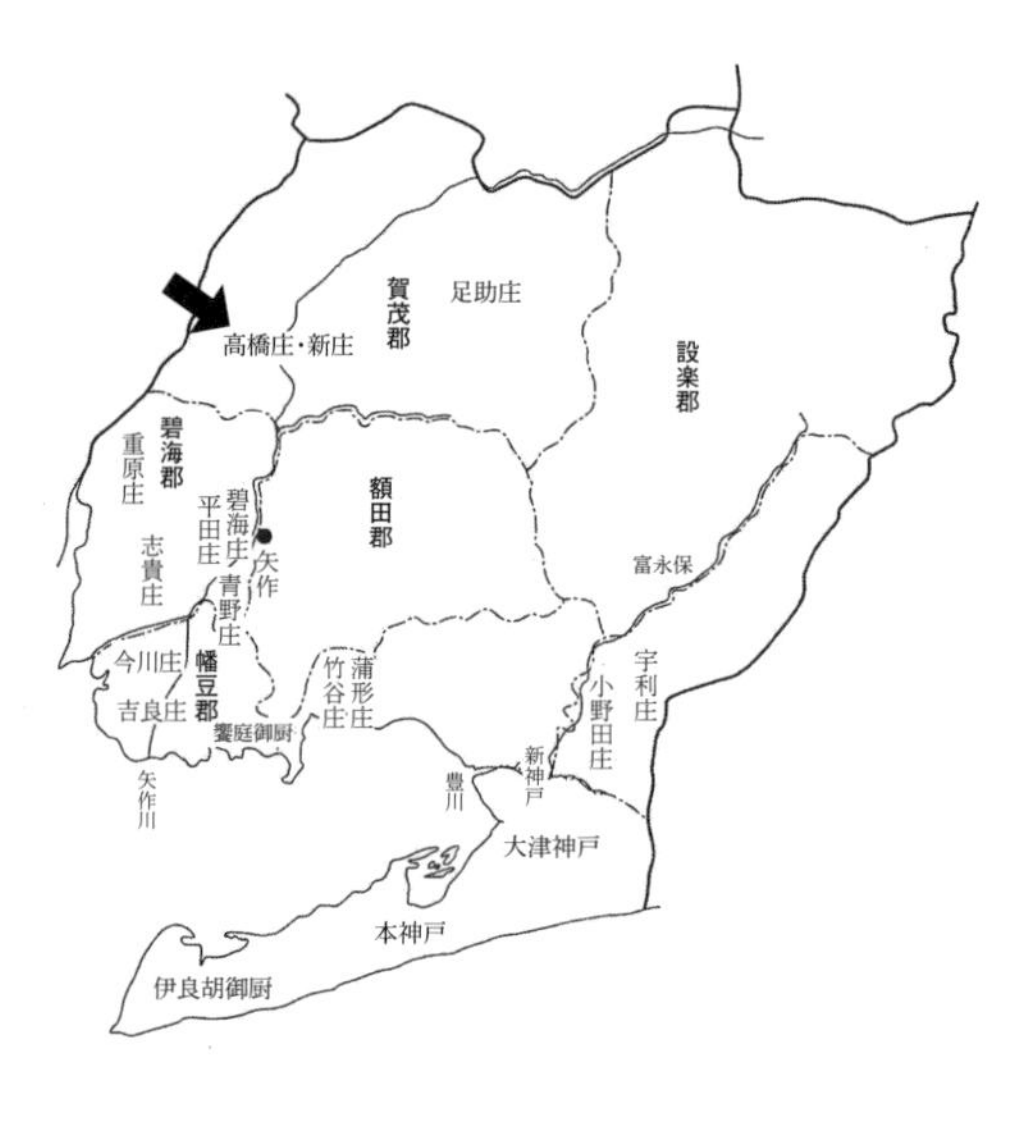

図2　高橋荘の位置（松島周一『鎌倉時代の足利氏と三河』同成社、2016年、46頁より転載、一部改変）

いう。さらに家長は鎌倉で評定衆を務め、尾張守護職を獲得するなど幕府の中枢の地位を獲得した。その後、中条氏の家督は息子の家平へと受け継がれ、家平の息子の時家が惣領となったとき、史料上で初めて三河国高橋荘との直接のかかわりを確認することができる(12)。

時家の弟で五代目惣領の頼平は建長年中に高橋荘深見郷の新田を高橋荘内の猿投社に寄進しており(13)、鈴木はこのことから頼平は高橋荘に入部していたと判断している(14)。高橋荘に入部した後も幕府への出仕は続き、鎌倉との結びつきは依然として強かった。

しかし、頼平の家督を継いだ六代目惣領景長は延慶二年（一三〇九）に高橋荘内の所領を猿投社に寄進するなど(15)、高橋荘地頭職としての在地支配を強化した。一方で、尾張国守護職は正和三年（一三一四）より前に北条氏一門の名越氏に代わっている。このため、景長による幕府中枢での活躍はみられなくなる。

第二節　南北朝期 ― 秀長・秀孝

『尊卑分脈』では、景長の後は弟の秀長、さらに景長の息子の長秀に家督が受け継がれたとみられ(16)、これをもとに『豊田市史』の見解や新行の研究がなされているという。[17] 太田正弘の論考[18]もこの『尊卑分脈』がもとにされている。しかし、この従来の研究に新たな見解をみいだしたのが吉井功兒だ。吉井は頼平と景長の活動時期を考察し直し、秀長を頼平の孫、景長の息子とした。[19] さらに、長秀という人物の存在は確かだが、出自は不明確として秀長の近親者という位置付けを推測している。[20] 吉井が想定した中条氏略系想定図【図1】を引用し、これをもとに中条氏惣領の継受をみていく。

南北朝期になると、息子の秀長が七代目惣領となり、室町幕府成立と同時に尾張国守護職が与えられた。[21] 秀長の在地での活動としては高橋荘の下地進止権の拡大や猿投社別当職の補任権の行使などが挙げられる。[22] 在地での支配権・領主権を強化していく過程で、高橋荘の領家職との衝突もみられる。「石清水八幡宮雑掌申状[23]」によると、

いはし水八幡宮田中のもんぜき雑掌申、たう宮りやういらんわうりゃうの所々（中略）
一、見かハの国たかはしのほんしやうハ、当宮ほうせんちやうりさいせうわうきやうならひに大はんにやきやうれう所として、けんみつ神領たるところに、中条ほんりやうとかうし申給あひた、御きたうたいてんをとろきたんする物なり、（中略）
一、ひこの国とよた庄ハ、けうと御堂いち御くわんしゃうしゅの庄としてとうち（等持）院殿さま御き進しやうことにけんみつ也、（後略）

とある。これは石清水八幡宮の雑掌が高橋荘における中条氏の違乱押領を嘆いている史料である。この中条は時期から推測すると、秀長と判断でき、年代については未詳だが、『豊田市史』によると、肥後国の条に「とうち（等持）院さま」と足利尊氏の法号が記されていることから尊氏が死去した延文三年（一三五八）以降であるとしている。高橋荘の領家職は石清水八幡宮がもっており、その領家職を秀長が押領し、雑掌の下地に対する権限も退けて

いたことがわかる。

このようにして高橋荘での在地領主権を確立したのち、秀長は中条氏惣領の地位を息子の秀孝に譲り[24]、京都で活動し室町幕府での枢要の地位を占める。京都での活動については次節で詳しく述べる。

第三節　南北朝末～室町中期——詮秀・満秀・満平・持家

至徳元年（一三八四）三月三日に秀長が死去すると[25]、孫の詮秀が家督を継いで九代目の惣領となる。詮秀の「詮」という字は将軍足利義詮の一字拝領によるものと推定されている[26]。詮秀は応安四年（一三七一）に猿投社へ願書を納めており、この頃から在地の高橋荘で活動していたという[27]。後述するが、詮秀は明徳二年（一三九一）まで在京活動を行い、その後在地に戻って再び活動を始めている。鈴木は詮秀が在地に戻った契機として猿投社の高橋荘内における権限が動揺し、それを地頭領主として対応しようとしたと推測している[28]。詮秀は高橋荘に戻って以後、積極的に猿投社へ所領寄進を行い、それをもとにして在地支配の強化を図っていた。しかし、詮秀は在京活動していた息子の満秀が応永一九年（一四一二）一〇月一六日に亡くなったことをきっかけに[29]、再び京都で将軍の近習として活動を始め[30]、この時詮秀は七七歳と高齢だったという[31]。高橋荘地頭職を含めた在地での活動は詮秀の次男で満秀の弟である満平に譲られている[32]。なお、満秀と満平も詮秀と同じように将軍足利義満の一字拝領と考えられる。

その後、中条氏の内訌が起こり、在地の支配が脅かされたため、永享二年（一四三〇）以降に在地の高橋荘に戻ったという[33]。この頃には中条氏の惣領は詮秀の次男・満平であり、将軍足利義教の奉公衆となった[34]。詮秀は永享四年一〇月に切腹して八五歳で亡くなっている[35]。切腹したときのことが『満済准后日記[36]』の永享四年一一月七日条にある。以下引用する。

七日（中略）中条入道去月歟参洛処、於二尾張国一被レ打云々、老体至極春秋八十五歳云々、於二道場一自害云々、若党三人同自害、（中略）此老入道被二切腹一事、当御代不レ及二参洛一、子息判官計二在京奉公一之間、緩怠心中故云々、自余儀定在レ之歟、不二分明一、

これによると、中条入道（詮秀）が尾張国の道場で自害し、その自害した理由は当御代（義教の時代）に京都へ出仕せず、息子の満平のみが在京奉公していたから[37]ということがわかる。

また、自害するに至った理由はこれだけではない。『看聞日記』[38]の永享四年一〇月一一日条の頭書には次のように記されている。

（前略）〔頭書〕中条判官侍所引向、家をあけさん□没落、高野ニ参遁世云々、父老入道富士御下向之時悪振舞被レ誅腹切云々、

これは中条判官（満平）が侍所によって京都の屋敷を没収され、高野山に逃げ遁世したことを示している。「富士御下向」とは、『豊田市史』によると将軍足利義教の富士遊覧の下向のことと示されており[39]、そのときの詮秀の「悪振舞」について、鈴木は「義教が往復とも中条氏の拠点高橋荘に近い矢作に宿泊したにもかかわらず、詮秀が義教のもとへ参じなかった[40]」ことと解釈している。こうした将軍義教に対する二つの無礼な行いが義教の怒りに触れ、幕府中枢の地位も在地領主としての地位も失くしてしまい、中条氏没落の危機を迎えたとしている[41]。その後、永享一二年には中条家惣領の名前が京都での活動にあったことから、義教の勘気も解けたとしている[42]。

表1　南北朝期～室町中期における中条氏在京活動時期想定一覧表

年代		秀長	詮秀	満秀	満平
貞和元	1345	評定衆			
文和元	1352	邸宅の存在			
貞治 7	1368				
康暦 2	1380		供奉人検非違使		
康暦 3	1381	3月3日死去		帯刀	
明徳 2	1391				
明徳 3	1392				
応安 5	1398				
応永19	1412			10月16日死去	
永享 2	1430				検非違使
永享 4	1432		10月11日死去		

アミカケ部分は在京していたと思われる期間

第二章　三河中条氏の在京活動

前述したように、従来の三河中条氏の研究は在京活動や都鄙にまたがる活動の視点が薄かった。したがって、本章では足利将軍の近習や室町幕府の評定衆、奉公衆、外様衆を務めた三河中条氏の在京活動について、室町期の支配体制をふまえながら古文書や古記録を参考に考察していく。ただし、研究対象は三河中条氏の在京活動の最盛期ともいえる南北朝期～室町中期に活躍した秀長・詮秀・満秀・満平とする。また、本研究をもとに作成した南北朝期～室町中期における中条氏在京活動時期想定一覧表を【表1】として掲げる。

第一節　秀長の在京活動

(1) 内裏警固番役を務めた秀長

ここでは、南北朝期に活躍した七代目惣領の中条秀長についてみていく。秀長は足利尊氏・直義に近侍し、二人による天龍寺供養の行列に供奉している。[43]『後深心院関白記』では、検非違使として義満の参内に付き添っている。[44]室町幕府評定衆も務め、『花営三代記』では貞治七年（一三六八）正月～康暦三年（一三八一）正月御評定始に秀長の名前の記載がある。[45]さらに秀長は中条家が奉公衆と外様衆も務めていく基礎をつくったのではないだろうか。その根拠として、いくつかの史料と奉公衆・外様衆に関する木下聡の研究[46]を照らし合わせてみていきたい。

まず、『祇園社記』の応安元年（一三六八）八月二九日条[47]の史料をみていく。

内裏警固事
惣門　管領武蔵守頼之（細川）
唐門　土岐入道（頼康）
棟門　佐々木備前入道
上土門　赤松筑前入道
　多々須（中略）
　中条兵庫頭、（中略）
八月廿九日丑時、日吉神輿三社、入二洛赤山之崎一、而客人之神輿、此二社内裏之北門振レ之、八王子、十禅師、此二社多々須河原振捨云々、

この史料は延暦寺衆徒による強訴に備えて幕府では細川頼之をはじめ、大名や有力国人らが内裏を警固したことを示す史料で、そこに多々須河原の警固人に中条の名がみられる。時期的にこの中条は秀長にあたる。

次に、『後愚昧記』の応安七年五月一〇日の史料[48]をみていく。

十日、今暁、内裏東洞院面北寄唐門前長橋前也、番衆中条分云々許、賊徒寄来殺二害之一、二人即時死去、一人被レ疵後死去云々、不レ知二誰人所為一、自余番衆等更不レ及二合力一云々、希代之狼藉也、（後略）

この史料は応安七年五月一〇日に中条氏の担当分として内裏を警固していた番衆の三人が賊徒に殺害されたという

記事である。以上、二つの史料から秀長は内裏警固を任されていたことがわかる。

ところで、木下は外様衆について「義教期までに成立し、（中略）帯刀として供奉、禁裏警固・門役・御台所への近侍・供奉などを職掌とした」と定義している。[49]また、「守護・奉公衆におさまらない身分・勢力をもつ者を包括するために成立し、守護勢力の及びにくい範囲をカバーしていた」とも述べている。[50]木下は中条氏に関して、外様衆の番帳に名前の記載はないが、「永享以来御番帳」に義政期に自訴して外様衆から一番衆に編入したという記載があることをもとに、外様衆であったことは確実としている。中条氏の外様衆参加はいつ頃かわからないが、秀長の在京活動期なかでも前述した内裏警固を担当した時期（応安元〜応安七年の間）には外様衆を務める基盤が出来上がっていたのではないかと考えられる。

また、奉公衆について、木下は将軍の直臣で、将軍の軍事的・政治的・経済的な支柱と捉えている。[51]奉公衆の役割としては、有事に軍事力として動員され、平時には御所の警固を行うこと、将軍家の行列時に帯刀・衛府侍として供奉すること、御礼として御所へ出仕すること、申次・節朔衆といった役付としての活動、正月の的始の射手などが挙げられている。[52]また、奉公衆の成立時期について、佐藤進一は「義満期」としている。[53]これをふまえて、森幸夫と山田徹が言及している。森は永徳頃に公武双方で番役が義満によって整備された可能性を指摘している。[54]山田は在京奉公の状況から、奉公衆は貞治・応安年間（一三六二〜一三七五年）に基礎がつくられたとしている。[55]木下は森説をうけて、具体的には永和末〜永徳頃に骨子ができあがり、応永一〇年代までに、後の番帳のような形になったと主張している。[56]

以上のことから、山田説よりも木下説の方が合理的であり、それをふまえて秀長の在京活動をみると、秀長は奉公衆としての性格を十分に持ち、中条家が奉公衆に組み込まれる基礎をつくったといえるのではないか。ただ、秀長が在京活動している時期には奉公衆の制度は出来上がっておらず、中条家で最初に奉公衆として名前が見られるのは前述した一一代目惣領の満平で、将軍足利義教の奉公衆である。また、満平の兄・満秀も義満の近習として活躍したことから奉公衆であったのではないかと推測できる。

（2）南禅寺竜華庵への寄進

評定衆など幕府の重要な役職を務めていた秀長は、京都の錦小路京極に邸宅を持っていた[57]。在京の証拠を示すものとして軍事活動以外に「京都に邸宅を持つこと」かつ「京都に菩提寺をつくること」とすれば[58]、中条氏の京都での菩提寺もつくられているはずである。そこで次に秀長の寄進状の史料[59]を引用する。

奉㆓寄進㆒　竜華庵

　越中国小佐味庄内半分渡残事

右、当所者、文永以来之本領也、然而為㆓現当二世之所願成就㆒限㆓永代㆒、奉㆓寄進㆒畢、若子孫之中、成㆑煩之輩等出来者、可㆑為㆓不孝㆒者也、仍為㆓後証㆒、所㆑加㆑筆之状、如㆑件、

　康暦元年十一月廿四日　　沙弥元威[60]（花押）

この史料から、康暦元年（一三七九）一一月二四日に秀長が越中国の小佐味荘の半分を竜華庵という所に寄進していることがわかる。これに対して、次の文書[61]を足利義満が出している。

寄進　南禅寺竜華院

　越中国小佐味内半分地頭職事

右任㆓中条兵庫頭法師（法名元威）申請之旨㆒、可㆑令㆑為㆓当寺領㆒之状如件、

　康暦二年六月十二日

　　右近衛大将源朝臣（花押）

これは足利義満が秀長の寄進を認めている史料であり、この史料から竜華庵とは南禅寺にある小刹だということがわかる。早島は、室町期の領主の菩提は「領国で弔うのが、この時期の基本」としている[62]。その上で、細川家などを例に「京都で生活を送ることが多くなり、そのために細川家も京都で菩提追善を行う必要が生じる」という、京都に菩提寺をつくる「京菩提寺」の成立を定義づけた[63]。京菩提寺の種類についても初めから菩提寺としてつくられたものと初めは在京生活の閑居を目的としてつくられ当主の没後に菩提寺化したものの二種類があるとしている。さらに、早島は領主が所領を寺に寄進する形で、京での菩提追善を行うことを有力檀越型と名付けている[64]。本稿での中条秀長による南禅寺竜華庵の寄進も有力檀越型の菩提追善だろう。また、山名家を例に山名家の京菩提寺の経営が山名の分国から所領を寄進するかたちで行われていることを指摘し、京菩提寺は荘園の経営や分国からの人夫の動員といったかたちで都鄙の行き来を活性化させるものだと述べている[65]。このことから、南禅寺竜華庵への寄進は在京の証拠と判断でき、都鄙交流の活発化を助ける役割をもっているといえる。以上のことをふまえると、秀長は南禅寺竜華庵[66]を京における追善の場としたと推測できる。

では、なぜ秀長は地頭職や守護職を持っていない越中国の所領を寄進して、それが認められているのか。考えられる背景には康暦の政変の恩賞がある。康暦の政変とは、康暦元年（一三七九）閏四月に足利義満によって細川頼之が罷免され、頼之が四国へ一族・被官を引き連れて退き、斯波義将が管領に任命された出来事を示す[67]。この事件は以前から細川頼之が細川家自身の固有の政治・軍事基盤の増強をはかったため、諸大名の反感をつのらせたことがきっかけで起こったとされ、反細川派つまり斯波派として土岐・山名・佐々木京極・赤松氏らが連携を強めた[68]。

康暦の政変に秀長が参加したという史料は見当たらないが、興味深い史料として「豊原信秋記[69]」の応安七年（一三七四）二月六日の記事を引用する。

（二月）六日、英秋、九州為二物詣一下向、今日先八幡まで下向云々、□（古山珠阿同道）、於二中条入道亭（元威）一越中守護玉堂殿（斯波義将）御兄弟
□（参会、時）点心・茶・酒宴終日有レ之、（後略）

「豊原信秋記」は平安時代からの楽家である豊原氏の日記であり、楽家であるため有力者との接触が多く、その邸宅にも出向く機会があったといわれている。[70] この史料割書の越中守護玉堂殿とは斯波義将であり、中条入道亭とは、秀長の法名である元威が注記されていることから中条秀長の邸宅を指すものだと判断する。これを踏まえて史料を読むと、応安七年二月六日に中条秀長の邸宅での宴に斯波義将とその弟・義種が参加し、それを豊原英秋が下向途中に知る場面だと想定できる。このことから、秀長は義満に細川頼之追討の命令を出させた斯波義将と宴会をするような仲であったといえる。つまり、康暦の政変では義満の近習でもありつつ斯波派として細川頼之追討のために活躍したのではないかと推測できる。したがって、越中国の所領を南禅寺に寄進するという秀長の行動は越中国守護の斯波義将とのかかわりと義満とのかかわりという二つの視点から、康暦の政変の恩賞ではないかと考える。

以上、越中国所領を寄進し認められた背景を追うことができたが、もう一つ疑問が残る。それはなぜ寄進する場所が南禅寺であったのかということである。このことについては第三章第一節で検討することとする。

第二節　詮秀とその子・満秀の在京活動

次に秀長の孫で、九代目中条家惣領詮秀の在京活動についてみていく。詮秀は在地での活動については史料には多く残されているが、足利義満の供奉人として活動し、検非違使などを務めている。[71] 詮秀は秀長の死後、明徳二年（一三九一）以降に幕府中枢での活動を息子である満秀に任せ、高橋荘に戻り在地領主として活動したという。[72]

幕府中枢の活動を任された中条満秀の在京を示す史料として興味深いものがある。それは応永五年（一三九八）

一一月二二日の「室町幕府御教書案」[73]と同一二月一三日の「真下加賀入道・中條大夫判官連署打渡状案」[74]である。まず、前者の史料は、足利義満が佐々木高詮に三河国渥美郡を渡しつけるよう畠山基国に命じ、基国が中条大夫判官に対して真下加賀入道とともに現地に行き現地を高詮に引き渡すよう命じたことを示す。この中条大夫判官は第一章第三節で述べたことから満秀と判断する。[75]真下加賀入道は湯山学の研究から真下満広とわかる。[76]また、この文書は三河国渥美郡における三河守護一色満範の不法な支配があったという注進を背景に発給された。[77]次に後者の史料は前者の文書を受けて同年一二月一三日に中条満秀と真下加賀入道がその命令を執行したことを伝える連署打渡状である。[78]

ここで外岡慎一郎の研究[79]に注目したい。外岡は幕府の遵行体制の研究を行い、鎌倉幕府の遵行体制を「六波羅—両使制」と名付けた。「六波羅—両使制」は六波羅探題の在京人編成を前提として、六波羅探題がその遵行を二人の在京人に命じる制度であると定義している。[80]この制度が一三世紀末から本格的に機能し始め、のちに守護が加わる「六波羅—守護・両使制」へと変化し、室町幕府の遵行体制も「六波羅—守護・両使制」を基礎に成立したという。[81]これを外岡は「室町幕府—両使制」と名付けた。そして安芸国の事例から至徳二年（一三八五）以降、将軍家近習・奉公衆としての徴証のある両使が連続することを指摘し、「室町幕府—両使制」は将軍家直属の御家人が両使となる原則が新たに追加されたとしている。[83]

この外岡の研究をもとに考えると、前述した二つの史料は「室町幕府—両使制」を示す史料である。したがって、中条満秀も真下も命令を受けた時には在京していたことがわかる。満秀が両使を務めることでそれが在京の証拠となり、さらに在京して将軍家直属の御家人として活動していたことも明らかとなった。

以上のことから、秀長・詮秀・満秀の在京活動ならびに都鄙にまたがる活動の実態をみることができた。

第三章　室町期の都鄙交通――禅僧を例に

第一節　大陽義冲の来歴

室町期は前述したように、守護を含む多様な武家勢力が在京することによって諸権門とのかかわりや交流が生じた社会であり、こうした多様な勢力の京都における交流は都と地方を結びつけ、都鄙交通を活発化させた。第一章・第二章では武家勢力どうしのかかわりや交流をみてきたが、本章では、多様な勢力の中の一つである禅僧と武家勢力のかかわりや交流をみていく。

また、第二章第一節で述べた中条秀長が越中国の所領を南禅寺竜華庵に寄進したことについて、なぜ寄進する場所が南禅寺であったのかという検討も行い、室町期の都鄙交通における多元的に広がるネットワークについて考察していきたい。ここで取り上げるのが、大陽義冲という禅僧である。

大陽義冲は弘安五年（一二八二）生まれの筑前出身の臨済宗の僧で、聖一派[84]として無為昭元の法を継いでいる[85]。十方住持制によって筑前承天寺・三河実相寺・城南普門寺[86]・東福寺・南禅寺・近江清涼寺といった地方・京都の臨済宗寺院の住持となっている[87]。義冲は観応三年（一三五二）に死去しており[88]、その後、弟子たちによって東福寺曹源庵を塔頭としている[89]。【表2】に示したように、暦応年間（一三三八～一三四二）に筑前の承天寺と三河国実相寺の住持を務めており、地方で活動していたことがわかる。

その後、康永元年（一三四二）正月～四月までの間に城南普門寺の住持になっていることから、康永元年になって上京したといえるだろう。同年四月に義冲は九条道教の願いによって東福寺住持となっており[90]、康永年間

（一三四二〜一三四五年）は東福寺住持を務めていたと考えられる。つまり、京都で生活を送っていたということになる。

表2　南北朝期　中条秀長・大陽義冲関連年表

年代			中条秀長	大陽義冲
建武2年	1335		三河国長興寺の造立を始める。（『参河国聞書』）	
建武3年	1336		尾張守護職就任→暦応元年（一三三八）まで	
建武4年	1337	11月	三河国高橋荘地頭職就任→文和三年（一三五四）まで	
		同月15日	猿投社に八講米を寄進（「猿投神社文書」『愛知八』一〇六九号）	
暦応元年	1338			筑前の承天寺の住持となる。（「禅林僧伝」『大史』六－一六、二九頁）
同4年	1341			三河の実相寺の住持となる。（同右）
康永元年	1342			城南の普門寺の住持となる。（同右）
		4月		東福寺の住持となる。（同右）
同2年	1343	4月16日		足利直義に招かれて、虎関師錬・雪村友梅と共に寺院にて食事する。（「虎関紀年禄」『大史』六－七、五五〇頁）
		10月27日		一条経道が東福寺住持の義冲に土佐藩多荘内大方郷を寄進。（「禅林僧伝」『大史』六－一六、二九頁）
貞和元年	1345		足利尊氏・直義による天竜寺供養の行列に供奉する。八月二九日（「園太暦」『愛知八』一一八三号）	再び、城南の普門寺の住持となる。（同右）

		9月2日	猿投社の神宮寺造営のための高橋庄内の用木伐採を許可。（「猿投神社文書」『愛知八』一一八四号）	
同4年	1348	9月11日	三河国長興寺に寄進。（「長興寺文書」『愛知八』一二二八号）	
同5年	1349	8月		長興寺を開山する。（「扶桑五山記」『大史』六-一六、三三〇頁）
観応元年	1350	10月10日		南禅寺の住持となる。（「禅林僧伝」『大史』六-一六、二一九頁）
同2年	1351	7月30日	吉良満貞とともに京都を出て、北陸に向かう足利直義に従う。（「観応二年日次記」『愛知八』一三一六号）	
		11月20日	足利尊氏によって京都へ参陣するように命じられる。（「尊経閣古文書纂編年文書」『愛知八』一三二九号）	
同3年	1352	正月11日		示寂する。世寿71歳。（「南禅住持籍」『大史』六-一三、九三五頁／「扶桑五山記」『大史』六-一六、三一一頁）
		5月13日	京都の邸宅を錦小路京極に移す。（「建武三年以来記」『大史』六-一六、五四四頁）	
貞治7年	1368	正月	幕府評定衆となる→康暦三年（一三八一）まで。	
			京都の邸宅が将軍家御女の御産所となる。（「永和三年正月一二日条」『花営三代記』）	
康暦元年	1379	11月	南禅寺竜華庵に越中国小佐味庄内半分地頭職を寄進。（「中条秀長寄進状」『富山Ⅱ』四八三号）	
同2年	1380	6月12日	足利義満が南禅寺への寄進を認めた。（「足利義満御判御教書」『富山Ⅱ』四八四号）	
至徳元年	1384	3月3日	死去する。（「義堂和尚語録」『豊田六』奉公衆四五号）	

※『愛知県史　資料編八』→『愛知八』、『大日本史料』→『大史』、『富山県史　資料編Ⅱ』→『富山Ⅱ』、『豊田市史研究』六号→『豊田六』と略す。

第二節　大陽義冲の京における活動

前述した義冲の来歴から明らかになった京都での活動としては、次の二点の史料に注目したい。一つめは「虎関紀年録[91]」の記事である。以下引用する。

二年癸未、師六十六歳、春正月十有六日、同冲大陽・梅雪村赴二府斎一、方其茶話、武衛公手抽二架上仏書一、得二弥勒下生経一、因而請二師講一、師遜二師、武衛曰、敢請、師乃開レ巻講明、辞レ吐二華暢一、武衛竦レ聴歎服、

師は虎関師錬[92]、武衛は足利直義、冲大陽は大陽義冲、梅雪村は雪村友梅[93]である。これをもとに内容を読み取ると、康永二年（一三四三）一月一六日に足利直義が禅僧である虎関師錬と大陽義冲、雪村友梅を招いて寺院にて食事を共にしていることがわかる。このことから、義冲は将軍家とのかかわりを持ち、食事をするほどの仲であったといえる。

もう一つの史料は、「東福寺文書[94]」の記事である。以下引用する。

土佐国幡多庄内大方郷、為二造営料所一可下令二知行一給上之由、一条前殿下御気色所レ候也、仍執達如レ件、

康永二年十月廿七日　右中弁（花押）

東福寺長老（義冲）上人御房

これは康永二年一〇月二七日に一条経通[95]が土佐国幡多荘を造営料所として東福寺住持の大陽義冲に寄進している史料である。また、この史料には補足として経通がこの三年後の貞和二年（一三四六）二月九日に伊豆井田荘を東福寺に寄進しているともある。経通は摂関家の家格であり、この年の四月に義冲に戒を授けられている[96]。

そのような僧が三河にある長興寺という寺を開山している[97]。いつ開山した[98]のか明らかではないが、長興寺は

建武二年（一三三五）に中条秀長が開基[99]した寺院[100]で、臨済宗東福寺派である。したがって、開山は義冲が東福寺住持を務めた康永元年（一三四二）以降と考えられる。また、義冲が三河国実相寺の住持を務めていた暦応四年（一三四一）の時期は中条秀長が三河国高橋荘で地頭として活躍していた時期である。これらのことから、秀長と義冲の三河国と京都の在国・在京時期がほぼ一致し、何かしらの交流があって義冲が長興寺を開山したと思われる。その結果、秀長の在地での菩提寺は長興寺であるし、義冲が観応元年（一三五〇）一〇月一〇日に南禅寺住持を務め南禅寺で亡くなったことをきっかけに、第二章第一節で述べた越中国の所領を南禅寺に寄進したという可能性は大いに考えられるだろう。

第三節　大陽義冲の都鄙にまたがる活動

以上、義冲の住持歴と将軍・公家との関わり、そして秀長との関係性を述べてきた。義冲と秀長の関係は三河という地方に寺院をつくり、京都と地方を結びつける都鄙にまたがる活動であった。それを具体的に示すものが、次の「曹源庵制規写」[101]である。

曹源庵所レ定制規事

凡任二主塔之職一者、風度清粛無二邪狂之行一、志気浮真可レ懐二質直之心一、或云二常住之計略一、或云レ寄二付聖教一、縦雖二一巻・一冊・一銭・一粒一、不レ可レ恣レ情、受用与二諸門徒一相倶経二談話一、然後可二借得一、若借得輩不レ可レ出二庵中一、況是伝二借人一可レ為二重過一、違二此旨一者可レ放二出門徒中一、長興寺〔弐十貫〕「是可二三州高橋庄集雲山」（中略）

右校計所二分配一如レ此、且為二孝順一、且為二門流一、各守レ所レ定、未来永々不レ可レ有二違者一也、若背二制詰一者、

不レ可レ為二門族一、

観応第二九月　日　在書判

長興寺尓置二具足等幷聖教一、皆以可レ為二塔頭休渡庵常住一、不レ可レ出二塔頭一也、

大陽老僧義冲在所判

これは曹源庵の規定である。義冲を開山とする長興寺に対して曹源庵に二〇貫の納入を求めている。塔頭や隠居場所として常住するための曹源庵の経営援助を求めていると考えられるのではないだろうか。長興寺が存在することで東福寺曹源庵の経営に良い影響を与えており、義冲にとって三河国に行くことは京都寺院の経営のためにも大きな意義があったと思われる。

このように、禅僧は地方と京都を結び都鄙にまたがる活動の中で、地方では在地の有力者と交流し、京都では様々な権門と交流している。義冲のような禅僧の活動も室町期の都鄙交通を活発にしていた要因の一つであり、支配体制の確立に影響を及ぼしたといえるのではないだろうか。

おわりに

前章では、中条秀長と大陽義冲という武家勢力と禅僧の交流から、禅僧の宗教活動をみいだし、都鄙にまたがる活動の実態をみてきた。ここで、谷口雄太のいう一国の非守護勢力と守護勢力の協調・婚姻関係が在地支配と幕府体制の安定をもたらす[102]ということについて、三河中条氏と三河守護を例にして検討してみたい。

南北朝期～室町中期に焦点を絞ると、三河守護は仁木義長、新田義高、一色範光、一色詮範、一色満範、一色義貫が在職している[103]。こうした三河守護と中条氏のかかわりに当たったが、直接関係を示すものは現状では見つけ

られなかった。一色氏との関わりを示す史料も現状では見つけられていない。ただ、『相国寺供養記』(104)には明徳三年（一三九二）の相国寺供養の随兵に中条満秀と一色満範の名前が見られるので、同じときに在京していたことがわかる程度である。

ここで、一つの史料を紹介したい。それは仁木義長と中条秀長のかかわりを示唆すると思われる史料で、延文二年（一三五七）九月七日付の「足利義詮御教書写」(105)である。

参河国高橋本・新両庄雑掌定勝当庄領家職事、訴状遣レ之、中条兵庫頭横領云々、太不レ可レ然、早停二止彼妨一、沙二汰居雑掌下地一、可執二進請取状一、云二使節一、云二本人一、令二難渋一者、任下被二定置一之法上、可レ有二其沙汰一之状如レ件、

延文二年九月七日 （花押影）

仁木右京大夫殿

足利義詮が三河守護仁木義長に対して、高橋本・新両荘領家職を押領した中条兵庫頭の濫妨を止めて雑掌に下地の沙汰を行わせるようにと命じている。この中条兵庫頭はこれまで述べてきた事をふまえると、秀長と判断できる。仁木義長が直接秀長の乱行を止めたかどうかはわからないが、谷口のいう協調関係はみられないだろう。守護が次々と変わるこの南北朝期に非守護勢力と守護勢力が協調・婚姻関係を結び、それが幕府での地位や地方での支配力に結びつくことの方が珍しいのではないだろうか。

さて、本稿はこれまで室町期の支配体制に関する研究の変遷をふまえて、当該期の社会について、これまであまり目を向けられてこなかった三河中条氏の在京活動について、都鄙交通という視点から論じてきた。南北朝期は幕府の支配体制が不安定な時期でありながら、その後の支配体制の基盤をつくりあげた時期である。こうした社会では武家勢力の活動のみだけでなく、禅僧も地方と都で活動を広げ、そうすることによって都鄙交通が活発になっ

た。また、武家勢力をはじめ、禅僧などが都で活動することによって諸権門どうしの交流も生まれる。こうして、多様な勢力が室町期の社会を形成する担い手となり、それぞれの勢力が密にやりとりすることによって多元的なネットワークが繰り広げられ、都鄙交通を深化させていったのである。だが、本稿では多様な勢力について、守護と非守護勢力の関係の検討が不十分となってしまった。今後は更なる史料研究が必要である。

当該期の支配体制や社会を考える上で、三河中条氏に関する研究は非常に有意義なものである。特に中条秀長の在京活動は京都・三河においても重要な役割を示したといえる。したがって、幕府の外様衆・奉公衆を務めた時期の三河中条家惣領の在京活動やその実態を明らかにできなかったことは遺憾であり、今後の課題として示しておく。

注

（1）佐藤進一「室町幕府論」（同『日本中世史論集』岩波書店、一九九〇年、初出一九六七年）、永原慶二『日本封建制成立過程の研究』（岩波書店、一九六一年）。

（2）河合正治『中世武家社会の研究』（吉川弘文館、一九七三年）、石田善人「室町幕府論」（清水盛光、会田雄次編『封建国家の権力構造』創文社、一九六七年）。

（3）今岡典和・川岡勉・矢田俊文「戦国期研究の課題と展望」（『日本史研究』二七八、一九八五年）、川岡勉『室町幕府と守護権力』（吉川弘文館、二〇〇二年）。

（4）伊藤俊一「南北朝〜室町時代の荘園領主と守護権力」（同『室町期荘園制の研究』塙書房、二〇一〇年、初出二〇〇七年）、同「武家政権の再生と太平記」（市沢哲編『太平記を読む』吉川弘文館、二〇〇八年）。

（5）山田徹①「南北朝期の守護在京」（『日本史研究』五三四、二〇〇七年）、同②「南北朝期の守護論をめぐって」（『室町・戦国期研究を読みなおす』思文閣出版、二〇〇七年）、同③「室町領主社会の形成と武家勢力」（『ヒストリア』二二三、二〇一〇年）。
（6）早島大祐①『首都の経済と室町幕府』（吉川弘文館、二〇〇六年）、同②『室町幕府論』（講談社、二〇一〇年）。
（7）前掲注（6）早島②著書。
（8）鈴木勝也「中世三河中条氏考」（『日本学研究』六、二〇〇三年）。
（9）吉井功兒「小野系中条氏研究へのアプローチ―鎌倉・南北朝期を通して―」（『ヒストリア』一一八、一九八八年）。
（10）新行紀一「十五世紀三河の守護と国人」（『年報中世史研究』四、一九七九年）。
（11）武蔵七党とは平安時代末期～鎌倉時代前期にかけての武蔵国の武士団のことで、横山党はそのなかでも最大規模の武士団である（『国史大辞典』「武蔵七党」「横山党」、関幸彦執筆）。
（12）前掲注（8）鈴木論文、八一頁。
（13）中条頼平寄進状案（「猿投神社文書」『愛知県史　資料編八』、四一八号）。
（14）前掲注（8）鈴木論文、八二頁。
（15）中条景長寄進状案（「猿投神社文書」『愛知県史　資料編八』、六六五号）。
（16）『新訂増補国史大系　尊卑分脈　第一巻』、三七三頁。
（17）前掲注（8）鈴木論文、八六頁。
（18）今谷明・藤枝文忠編『室町幕府守護職家事典　下巻』（新人物往来社、一九八八年）一九〇～二〇四頁。
（19）前掲注（9）吉井論文、三四頁。
（20）同前、三八頁。
（21）就任期間は建武三年（一三三六）～暦応元年（一三三八）。
（22）前掲注（8）鈴木論文、八八頁。
（23）『史料纂集　石清水八幡宮文書　外』。
（24）秀孝は惣領を譲られた後、若くして亡くなったため、秀長が再び惣領となっている（前掲注（8）鈴木論文、八九頁）。

(25)「義堂和尚語録」(『豊田市史　資料編六』、奉公衆四五号)。
(26)前掲注(9)吉井論文、三九頁。
(27)前掲注(8)鈴木論文、九〇頁。
(28)同右、九一頁。鈴木は高橋荘における猿投社の権限の動揺を「高橋荘が義満の援助により相国寺領となったこと」「中条家が義満の近習として活動していたこと」を背景によって生じた圧力によるものだと捉えている。
(29)前掲注(9)吉井論文、四〇頁。
(30)詮秀の在京活動の再開が見られるのは『花営三代記』(『群書類従　第二六輯』)の応永三一年(一四二四)一二月二七日条である。以下引用する。

廿七日。大御所御方。貢馬ニ管領ヘ成也。貢馬注文御方ヘ参。書写。
一．鴾毛。管領。私ニ書。畠山左衛門督入道道端。
二．山名左京大夫入道跡。同右衛門督入道常凞時富也。
三．土岐伯耆入道跡。今ハ土岐二郎持益。
四．佐々木近江入道跡。今ハ京極三郎持光。
五．赤松律師跡。今ハ赤松大膳大夫入道性松。
六．佐々木左近大夫入道跡。今ハ六角四郎兵衛持綱心上。
七．中條出羽入道跡。今ハ中條伊豆入道。
残ハ自㆓公方㆒出。
上杉四郎鎌倉管領也。

この史料から中条詮秀は貢馬沙汰人の七番として現れていることがわかる。
(31)前掲注(8)鈴木論文、九二頁、注一五六。なお、鈴木は満秀の在京活動の証拠として、亡くなったことが書かれた記録が「東寺過去帳」であることとしているが、根拠としては少し弱い。そこで、後述する注(73)の史料から満秀が両使として京都で活躍していたことがわかる。さらに、『相国寺供養記』(『群書類従　第二四輯』)の随兵の六番にも満秀の名前がある。したがって、これらを在京の証拠に加える。

（32）前掲注（8）鈴木論文、九三頁。
（33）同前。鈴木は中条氏の内訌について、詮秀の息子持保が在地での領主としての活動を惣領が譲られた兄・満平に対抗して行ったこと、満平の息子・持平が京で詮秀に対抗して活動していたことといった状態を指すと推察している（【図1】中条氏略系想定図参照）。
（34）同前。『永享以来御番帳』に「中条判官満平」の記載があるという。
（35）同前、九四〜九五頁。
（36）『続群書類従　補遺一』。
（37）前掲注（8）鈴木論文、九五頁。
（38）『看聞御記　下』（国書出版、一九三〇年）。
（39）「富士紀行」（『豊田市史　資料編六』一八八号）。
（40）前掲注（8）鈴木論文、九四〜九五頁。
（41）同前。
（42）同前、九六頁。
（43）『愛知県史　資料編八』一一八三号。
（44）『大日本古記録　御深心院関白記　五』、三九六〜三九七頁、永和四年一一月二八日。
（45）『花営三代記』貞治七年正月二八日条、応安四年一月二二日条、同五年一一月二二日条、同七年三月二三日条、康暦三年正月一一日条。
（46）木下聡『室町幕府の外様衆と奉公衆』（同成社、二〇一八年）。
（47）『増補　続史料大成　祇園社記一〇』、応安元年八月二九日条。
（48）『大日本古記録　後愚昧記二』、一七四頁。
（49）前掲注（46）木下著書、二八頁。
（50）同前。
（51）前掲注（46）木下著書、一二五頁。

(52) 同前、一二九頁。
(53) 佐藤は「禰寝文書」応永二年（一三九五）の京都不審条々（『大日本史料』七-二、一〇四頁）に奉公衆の編成替えがみられることから奉公衆は義満期から成立したと推定している。そしてこの奉公衆は『明徳記』にかかれた義満「御馬廻ノ三千騎」と『応永記』にかかれた「御馬廻二千余騎」と同じ組織としている（前掲注（1）佐藤論文、一三二～一三三頁）。
(54) 森幸夫「室町幕府奉公衆の成立時期について」（同『中世の武家官僚と奉行人』同成社、二〇一六年、初出一九九三年）。森は奉公衆とは義満の「御馬廻ノ三千騎」のことであり、日記などの記録類には「小番衆」と書かれたと推定している（二一六～二一七頁）。
(55) 前掲注（5）③山田論文、注三七。
(56) 前掲注（46）木下著書。
(57)『大日本史料』六-一六、五四四頁。以下引用する。

　五月十三日、相公羽林夜前自二東寺一移居二錦小路京極中條備前々司一許了、

『建武三年以来記』

(58) 山田は「「在京」とは、あくまで『京都にいること』を指し、それ以上の定義はしていないが、在京領主たちは、「在京奉公」という形で何らかの職掌をこなすことを制度的に位置づけられており、必然的に彼らの「在京」は一時的なものではないということになる」と述べている（前掲注（5）山田③論文、一四五頁）。このことから「在京」はある程度期間を要するもので、領主が住む邸宅が必要となるため、邸宅の存在が在京の証拠と判断できる。
(59) 沙弥元威寄進状（「南禅寺文書」『富山県史　資料編Ⅰ』四八三号）。
(60) 元威とは秀長の法名である。
(61) 将軍足利義満寄進状（「南禅寺文書」『豊田市史　資料編六』奉公衆四一号）。
(62) 前掲注（6）早島②著書、二一六頁。
(63) 同前、二一七頁。
(64) 本書早島論文。

（65）前掲注（6）早島②著書、二三五頁。

（66）南禅寺竜華庵は康暦元（一三七九）年一〇月に春屋妙葩の知行分となっている（山城国内春屋妙葩知行分所領注進状『鹿王院文書の研究』思文閣出版、二〇〇七年、一八〇号）。春屋妙葩は嘉慶二年（一三八八）八月一二日に鹿王院で示寂し、全身を同院におさめ、南禅寺竜華庵・相国寺大智院・建長寺竜興院に分塔している（玉村竹二『五山禅僧伝記集成（新装版）』思文閣出版、二〇〇三年）。

（67）小川信「南北朝内乱」（『岩波講座　日本歴史六　中世二』岩波書店、一九七五年）。

（68）同前。

（69）『大日本史料』六―四二、一三八～一三九頁。

（70）松島周一「南北朝期の中条氏について」（『豊田市史研究』六、二〇一五年）一三頁。

（71）前掲注（8）鈴木論文、九〇頁。

（72）同前。

（73）室町幕府御教書案（『戦国大名尼子氏の伝えた古文書―佐々木文書―』島根県古代文化センター、一九九九年、文書篇八〇号）。

佐々木治部少輔入道浄高（高詮）申参河国渥美郡内所々在所注文相‐副之事、早任二安堵一、真下加賀入道相共、可レ被レ沙‐汰‐付二浄高代一之由、所レ被二仰下一也、仍執達如レ件、

応永五年十一月廿二日　　沙弥（畠山基国）判

中条大夫判官殿

（74）真下加賀入道・中條大夫判官連署打渡状案（同前、文書篇八一号）。

（端裏）「中条真下両人被官渡状」

参川国渥美郡内在所如二御注文一所レ打‐渡二京極殿代一状如レ件、

応永五年十二月十三日　　真下加賀入道代判

中條大夫判官代判

（75）なお、鈴木はこの史料（前掲注（73）・（74））の中条大夫判官を詮秀と比定しているが、後述する外岡の「室町幕府―

両使制」や『相国寺供養記』（前掲注（31））を参照にすると、在京していた息子の満秀だと判断する方が妥当である。
（76）湯山学『武蔵武士の研究』（岩田書院、二〇一〇年）、三三五頁。
（77）『豊田市史　資料編六』四五八頁。なお、『豊田市史』も中条大夫判官を詮秀としているが、これまで述べてきたことと後述する外岡の研究から時期的にその息子・満秀と判断する。
（78）同前。
（79）外岡慎一郎「鎌倉末～南北朝期の守護と国人―「六波羅―両使制」再論―」（『ヒストリア』一三三、一九九一年）。
（80）遵行とは使節遵行のことで、幕府法廷で裁かれた所領紛争についての判決結果を現地で強制執行するシステムのことをいう（榎原雅治『室町幕府と地方の社会』岩波書店、二〇一六年、一一九頁）。
（81）前掲注（78）外岡論文、一三〇頁。
（82）同前、一四二頁。
（83）同前、一四五頁。
（84）円爾が創始した一派（今枝愛真『禅宗の歴史』至文堂、一九六二年、三一頁）。
（85）前掲注（84）今枝著書、三二頁。
（86）普門寺は山城十刹の一つで、開山は円爾、開基は藤原道家である（前掲注（84）今枝著書、八六頁）。
（87）「禅林僧伝」（『大日本史料』六-一六、二九頁）。
（88）「南禅寺住持」（『大日本史料』六-一三、九三五頁）。
（89）「扶桑五山記」（『大日本史料』六-一六、三頁）。
（90）『大日本史料』六-七、六二三頁。
（91）同前、五五〇頁。
（92）虎関師錬は聖一派で、東山湛照の法を嗣ぐ。三聖寺・東福寺・南禅寺の住持を務め、『元亨釈書』などの著書も記している。貞和二年（一三四六）七月二四日に示寂している（前掲注（66）玉村著書、一二七頁）。
（93）雪村友梅は一山一寧に師事した臨済宗の禅僧で、二二年間元で生活している。帰国後、信濃慈雲寺に住し、播磨法雲・宝林の両寺を開山し、万寿寺・建仁寺・南禅寺の住持を務めた。足利直義の帰依も篤かった。貞和二年一二月二日に示寂している（前掲注（66）玉村著書、一二七〜一二八頁）。

（94）『大日本史料』六‐一〇、補遺一、一頁。なお、「東福寺文書」そのものをあたったが、東福寺領荘園文書目録（『東福寺文書』二、三二七〜三三五頁）に寄進されたことは記されていたが、寄進そのものの原文は見当たらない。

（95）一条経通は鎌倉〜南北朝期の公卿で、一条内経の長男である。建武五年（一三三八）に関白となり、貞治四年（一三六五）三月一〇日に死去している（『日本人名大辞典』）。

（96）「本朝禅林宗派幷五山十刹」（『大日本史料』六‐一六、三四頁）。

（97）「扶桑五山記」（『大日本史料』六‐一三、三〇頁）。

（98）ここでは、開山という言葉を各寺院の開祖という意味で捉えている。

（99）開山と区別するために開基を用い、禅宗寺院創建の資財を提供した人という意味で使用している（『日本国語大辞典』より）。

（100）前掲注（8）鈴木論文、注一二六。

（101）「長興寺文書」（『豊田市史　資料編六』八八号）。

（102）谷口雄太「室町期在京領主吉良氏と遠江国浜松庄」（『日本研究』五四、二〇一七年）。

（103）佐藤進一『室町幕府守護制度の研究―南北朝期諸国守護沿革考証編―　上』（東京大学出版会、一九六七年）八九〜九三頁。

（104）『群書類従　第二四輯』三三三〜三五〇頁。

（105）「曇花院殿古文書」（『愛知県史　資料編八』一四七三号）。

第二部

中世後期武家菩提寺の展開

阿波守護細川家と国菩提寺

衣川　仁

はじめに

中世の阿波国に関する史料は乏しく、通史的な叙述はいきおい近世中心になることが多い。しかしながら、特に中世後期の阿波は細川・三好と続く政権の重要性から、近年では多角的に研究が進められている現状もある。[1]

こうした中、早島大祐はその著書『室町幕府論』の中で、在京守護によって京に創建された菩提寺を京菩提寺、国元に造営された菩提寺を国菩提寺と規定し、両者の間に生まれた守護と禅僧の往来が当該期の都鄙交通を担っていたと論じている。[2] 早島は京と国を結ぶ交通が様々なかたちで機能している様相を明らかにしており、菩提寺という視角から守護とその支配を解明する新たな道筋を示すものと評価したい。そこで国菩提寺の具体例の一つとして挙げられたのが阿波国の補陀寺であった。

阿波守護家について、宗教の関係を軸に据えて検討を加えた論考としては、三好昭一郎『阿波の仏教史』や天野忠幸「戦国期の宗教秩序の変容と三好氏」などがある。[3] 三好は阿波の仏教を通史的に概観し、禅宗の進出とその背景という観点から細川菩提寺にも触れ、三好時代への変化や近世以降の状況も見据えながら押さえている。また天野は戦国期の宗教秩序の中核にあった禅宗と武家との関係について葬礼を素材に検討、足利将軍家が整備した五山という官寺制度に収斂されない守護家および三好氏の信仰について明らかにした。ともに阿波守護家が曹洞宗に帰依したことに注目しながら宗教秩序の変容について考察している。阿波仏教史の基盤となる成果であり、また京を視野に入れた宗教秩序の分析として貴重であるが、細川家を中心とする菩提寺論という面からは検討の余地を残している。

本稿では、阿波守護細川家とその京菩提寺・国菩提寺に注目し、分国統治がどのような宗教秩序の下で進められたのか、菩提寺やその他の国内寺院がどのような機能を負っていたのかについて検討する。

第一章　阿波守護細川家と阿波国

まずは一通の譲状をみておきたい。

ゆつり状しよ〳〵のしよりやうの事
一　（あハ）あきつきの三ふん一（ほんりやう）
一　（あハ）はんさいのしものしやうのちとうしき（おかのか）あと
一　（あハ）おゐのしやうのりやうけしき内（中分平民）両所（これハゆいしよあり）
一　（あハ）かうおちの御しやう
一　（あハ）こうさとの一ふんのちとうしき（よこたのひこ六郎あと）
一　（あハ）はんさいのかみのしやうの内ふちをか
一　（あハ）たねのやまのこくかしき

（中略）

これハ頼有ちきやうのしよりやうなり、しかるをしそく松ほうしにこと〱くとらせ候うへハ、又よのことも

いらんわつらいあるましく候（後略）

かきやうくわんねん十一月廿六日　　頼有（花押）[4]

右は阿波・讃岐・伊予の三国に広がる所領群について、細川頼有が「しそく松ほうし」頼長に譲与する際に作成された嘉慶元年（一三八七）の譲状である。阿波国内にある頼有の所領としては、板西郡の板西上庄・下庄、麻植郡の麻植庄・高越寺庄・種野山、阿波郡の秋月庄、美馬郡の郡里というように、吉野川流域の諸郡にあったことがわかる。これは阿波北部の中央から東にかけて、吉野川流域でいえば中下流にあたる地域である（次頁【地図】参照）。

足利一門である細川家では、足利尊氏に従った和氏・頼春らが四国に渡り、阿波に入った。阿波の守護職は戦死した頼春からその子頼之へ、頼之が管領に就任した際にはその弟の頼有へ譲られたと考えられている。頼有は、兄頼之とともに中国・四国での対南朝戦にあたり、兄弟でこの地域の守護の任に就いた。頼有の譲状には阿波の他に讃岐・伊予内の荘園が登場しており、守護職としての四国経営の中で所領を拡大していったことが確認できる。

阿波国内のこの地域と細川家との関係は、和氏・頼春の阿波入部以来のものであった。もとは足利氏が地頭職を所有していた秋月庄があった場所で[5]、当地には細川家の菩提寺となる補陀寺なども造営された。その際に細川和氏が拠点とした阿波郡の秋月についての研究は文献・考古の両面から進展しているが、守護所としての秋月については史料的に復元することは難しく、後に勝瑞へ移転する時期や背景などを含め、現状では多くの課題が残っている。

譲状からは、和氏の入部から頼有の譲状までの約半世紀の間に吉野川中下流域にあたるこの地が細川家の支配下に入ったことが確認できるが、その背景にあったのが恩賞宛行に関する権限である。中先代の乱を鎮定した後、

地図　中世阿波国の細川家関連荘園（五十万分一徳島県旧郡域・現郡市町村域対照図（『徳島県の地名』平凡社）を改編）

後醍醐の召還に背いて新田義貞と交戦、建武三年（一三三六）正月に一旦入洛した足利尊氏は、その後北畠顕家らに追われて九州へ下った。尊氏はその途上で中国・四国に一族・配下の武将を配し、対南朝戦をにらんで軍事力の再編成を期した。この方針を決定した播磨室津での「御合戦の評定」について、『梅松論』は「四国九州に御着あらん以前の御うしろをふせがむ為に、国々に大将をとゞめらるべきか」との提案をうけた尊氏が、細川和氏と顕氏に対し、「両人成敗として、国にをいて勲功の軽重に依て恩賞を行ふべき旨」を命じたと記している。(6)

こうして四国には細川和氏・顕氏が配され、阿波秋月には和氏と頼春の兄弟が入って軍勢を集めることになった。その直後に起こった湊川の戦いには、「四国ノ兵共、大船七百余艘、紺部ノ浜ヨリ上ラントテ、礒ニ傍（そう）テゾ上リケル」と大挙参戦したことも知られる。(7) この時に要請された軍勢動員の結果、和氏・頼春らは恩賞宛行権を行使した。

　阿波国勝浦庄公文職大粟彦太郎跡肆分壱事、為勲

功之賞所被宛行也、守先例可致沙汰者、依将軍家仰、下知如件、

建武三年二月十五日

兵部少輔（花押）

阿波守（花押）

漆原三郎五郎殿(8)

（傍線は引用者による。以降すべて）

阿波国坂野新庄中方地頭職織原弥三郎入道跡事、為同国加納郷仙波大夫房跡勲功賞之替、所宛行也、守先例可令知行之状、依将軍家仰、下知如件、

建武三年五月十五日

兵部少輔

阿波守　御判

村岡武藤三郎入道殿跡(9)

阿波国内の荘園所職を宛行うこれらの奉書は、細川家が軍功への恩賞給付を梃子に国内武士との関係を結んでいったことを示している。給付対象となった勝浦庄は勝浦郡に比定される荘園で、紀伊水道に注ぐ勝浦川の河口付近に位置していたと考えられる。その公文職を「勲功之賞」として与えられた漆原三郎五郎は、吉野川下流の板野郡を本拠とした武士である。細川家の下で軍功をあげた漆原氏は、本拠地とは離れた地に恩賞を得たことになる。一方、村岡武藤三郎入道に宛行われた坂野新庄は那賀郡の荘園で、小松島湾に流れこむ立江川河口の東側に比定される。当庄の中方地頭職は「織原弥三郎入道跡」とされているが、織原氏は那賀郡北部の武士であり、この時期に細川家に従う武士たちが新たな所領経営にありつく様子がうかがえる（【地図】参照）。

同じ頃、「阿波国富吉庄西方地頭浅原三郎五郎兼有」が軍忠状を提出している。

阿波国富吉庄西方地頭浅(漆カ)原三郎五郎兼有申、卯月廿日淡路国々司高倉少将已下之軍勢等、馳向播磨国大倉谷宿

南濱之処、致散々合戦、自船被上迄北山追懸之條、同所合戦之仁、小笠原孫太郎、有田孫二郎及見了、然則為後證可賜御判候、以此旨可有御披露候、恐惶謹言、

建武三年卯月廿一日　　藤原兼有

進上　御奉行所

承候了（花押影）(10)

この「浅原」は「漆原」を指すとみられ(11)、前掲の細川和氏・顕氏連署奉書に登場する「漆原三郎五郎」その人であると考えられる。富吉庄は板野郡の臨川寺領荘園で、吉野川下流域の南岸に位置していたことから吉野川水運との関係が想定されている。漆原三郎五郎は自らの軍忠について、淡路国司らとの戦闘で「自船被上迄北山追懸」たことにあると主張しており、それは平時に吉野川水運で培われた技術が戦時には水軍として発揮されたものであろう。建武三年に勝浦川河口に位置する勝浦庄が漆原氏に宛行われたことには、水運への期待があったものと考えたい。和氏らにより足利方に編成された阿波の国内勢力は、その働きにより既得権益の安堵あるいは新たな権益の獲得を遂げたが、細川家にとっては彼らの働きどころを見極め恩賞宛行権を行使することによって、対南朝戦後を見据えた国内支配を戦略的に進めるための措置であった。

細川頼有は、吉野川水運に関する史料にも登場している。応安六年（一三七三）、細川頼之は弟の頼有に対し、「阿波国荏胡麻商買違乱」について次のような停止措置を命じた。

石清水八幡宮大山崎神人等申、内殿御燈油料阿波国荏胡麻商買違乱事、検校法印状副神人申状具書遣之、子細見状歟、於吉野河所々、津料取之云々、甚無謂、早停止彼妨、任先規可令売買荏胡麻之旨、可被下知之状、依仰執達如件、

応安六年八月十日　　武蔵守（花押）

細河右馬頭殿(12)

石清水八幡宮の神人（大山崎神人）は、「内殿御燈油料」として納められるべき阿波の荏胡麻が「津料」を名目に押領されている現状を改善するよう訴えていた。阿波国の北部を西から東へ貫流する吉野川は、古くから流通の大動脈であり、それをねらって押領や不当な関税徴収の問題が発生していたことが鎌倉末期から確認できる。(13) このうち、元徳元年（一三二九）の六波羅御教書には以下のような記述がある。

八幡大山崎神人等申、阿波国柿原四郎入道笑三師房并国衙雑掌以下輩、構新関於吉野河、押取内殿灯油料荏胡麻事、訴状二通并注文如此、違犯厳制之条、為事実者、招其咎歟、不日停止之、且載起請之詞、可被注申也、仍執達如件、

元徳元年十一月二日　　越後守（花押）
　　　　　　　　　　　武蔵守（花押）

小笠原又大郎殿
田村十郎入道殿

「柿原」の地は吉野川下流の北岸、阿波郡と板野郡の境界付近に位置し、中世には柿原庄という荘園が広がっていた。柿原氏はここに拠点を置く武士で、石清水側が「国衙雑掌以下輩」との協働・共謀を訴えている事実からは在庁官人であった可能性も想定できる。『太平記』に頼之の被官として「柿原孫四郎」が登場しているように、(14) 彼らは細川家に従っていた。

吉野川下流域に拠点を置く在地勢力が流通による利益を見逃すことはなく、「国衙雑掌以下輩」とともに新関を設置して荏胡麻の押領に及んだ。細川家が対南朝戦に動員しようとした勢力の多くは、こうした悪党的活動の担い手であったと考えられる。それゆえに細川家は、軍事動員の成功の裏で治安問題を抱えることにもなった。この時

期の阿波の中世文書には南朝年号をもつものもあり、反細川家の〝山岳武士〟との評価を与えられた武士もある一方[15]、頼有が小屋平氏に地頭職を「預置」くなど[16]、国内勢力の編成は複雑に展開した。こうした状況下での軍事動員をもくろむ細川家は、吉野川新関での押領を行う被官柿原氏に対しては、「甚無謂」という京での糾弾の文脈では沙汰しなかった可能性がある。吉野川をめぐる石清水の提訴が継続するのはこうした背景があった。

こうして和氏・頼春以降の阿波国内支配にも関与した頼有は、次のような置文を作成している。

寺々ちうもん

一　さかのさんゑいん

一　けいとく寺

一　けんにん寺ゑいけんあん

一　くわいせういん（ぁハ）

一　ほんくわう寺

（中略）

かやうにかきおき候しよりやうのうち、せうしにて候とも、大との丶御いをもうけ候ハ、わかはからいとしても、この寺々にきしん申たく候、このむねをかたくこ丶ろへらるへく候也、恐々謹言、

かきやうくわんねん十一月廿六日　　頼有（花押）

細川九郎殿[17]

この置文に登場する寺院で、阿波に関連するのは「くわいせういん」（光勝院）「ほんくわう寺」（梵光寺）である。このうち春屋妙葩を開山とする光勝院は、守護所が置かれたとされる秋月の補陀寺の隣に創建された。頼之が父頼春の十三回忌に当たる貞治二年（一三六三）に建立し、頼春の法名をあてて光勝院としたという。その後、秋

月から現在地の萩原に移転し、享徳元年（一四五二）には頼春の百回忌法要が営まれた。その際にも建仁寺の天隠を招くなど国菩提寺としての地位は揺らいでいないとみえる。[18] また梵光寺の詳細は不明ながら、「梵光寺と申すはひく尼寺なり、御屋形様の御兄弟の寺なり」[19] とあるように、細川家との関係を有する寺院であった。

他方、「さかのさんえいん」「けいとく寺」「けんにん寺ゑいけんあん」については、嵯峨の天龍寺別院である臨川寺三会院、細川頼春の京菩提寺である景徳寺、そして和泉上守護細川家の京菩提寺である建仁寺永源庵であり、いずれも京の禅院である。

細川和氏は京都政界から身を引いた後、暦応三年（一三四〇）に臨川寺三会院への寄進を行っている。[20] 寄進対象は河内国の橘島庄光国名で、寄進状には「奉為弥勒菩薩結縁」との記述がある。臨川寺三会院に対しては足利義詮も観応三年（一三五二）に寄進しており、それは「尼恵鑑細川阿波守和氏女子」の申請によるものだという。[21] 天龍寺の別院で夢窓疎石を開山とする臨川寺は、一時は五山の寺格を有していた。和氏の女子が尼となっていること、彼女の申請によって義詮が三会院に寄進していることからは、和氏以降の細川一門が京都禅宗界との緊密な関係の維持を望んでいたことがうかがえる。

禅宗寺院を介した京―国の繋がりについては、置文にも登場する景徳寺と永源庵の事例からも確認しておきたい。景徳寺は細川頼之が創建した京の菩提寺で、貞治三年（一三六四）二月二〇日、父頼春の十三回忌にあたって落慶したものである。[22] 頼之は至徳元年（一三八四）二月二〇日の三十三回忌にも同所にて仏事を行っており、その際には足利義満も聴聞している。後には五山十刹に次ぐ諸山の寺格も与えられており、細川家の京菩提寺として公認されていた。[23]

永源庵は京都の建仁寺にある塔頭の一つで、延文三年（一三五八）に細川頼有により創建された和泉上守護細川家の菩提寺である。[24] 当家の歴代当主の追善は永源庵で行われることが常であり、また当家から永源庵への寄進を

通して所領や寺院が集約されたという。(25)

寄進

禅勝庵

右、為天下安全家門繁昌祈禱、高越寺御庄公文職三分一、奉寄進之状如件、

嘉慶二年八月五日

右馬頭（花押）

右の細川頼有寄進状によると、嘉慶二年（一三八八）の時点までに「高越寺御庄公文職三分一」が細川家領となっており、それを禅勝庵に寄進している。禅勝庵については不詳とせざるを得ないが、「永源庵文書」として伝わる史料であることから関係寺院の一つと考えられる。また応永二四年（一四一七）には、和泉上守護細川家の細川持有が同じ「阿波国高越寺御荘公文職三分一」を、享徳二年（一四五三）には細川常有が「清修院殿御追善」のために「阿波国高越庄内海老名跡」を永源庵に寄進している。(26) 永源庵を菩提寺とする和泉上守護細川家は、各地に散在する一門領からの寄進を集める永源庵を核として結びつきを強めていた。

一四世紀以降に惹起した悪党という問題は、阿波国でも吉野川水運のような流通路において表面化していた。細川家はこうした社会情勢下で起こった足利将軍家の戦争を支援したのであり、建武以来の国内軍事動員は軍功への恩賞給付により進められた。その原資となる国内所領については細川頼有が「この寺々にきしん」をしているように、京—国の菩提寺を介した交流が現地での経営を支えていたのである。

第二章　国菩提寺と細川家

本章では、阿波の国内寺院が守護細川家の支配下でどのような機能を負っていたのかについて検討する。その際

に中核となったのが細川家の菩提寺であった。細川家歴代の院号と菩提寺をまとめたものが【表1】である。史料的な制約から同時代史料によって確認できる事例は少なく、例えば後世の地誌である『阿波志』に「置細川氏、三好氏相続為香火院」との記述がある蔵珠院などを含めた。細川歴代の院号と一致する寺院や守護創建を史料的に確認できる寺院もある一方、菩提寺かどうか判然としないものもあり、課題とせざるを得ない点も多い。

まずは阿波守護細川家と京都の禅院である西山地蔵院および天龍寺との関係に注目し、和氏の入国以降、支配領域の拡大をもくろむ細川家が、菩提寺ルートを通じて京都と緊密に関係を保ちながら支配を進めていた様相を確認しておきたい。

暦応二年（一三三九）八月の後醍醐の死により、その怨霊を恐れた足利尊氏は天龍寺造営を計画、すぐに担当者を決定して計画推進と財源確保に動いた。その任務にあたった一人が細川和氏であった。[27] 翌年六月、尊氏は阿波国那賀郡の那賀山庄を造営料所として天龍寺に寄進する（後述）。和氏はこの時期に政界を

表1　阿波守護細川家の院号と菩提寺

名前	院号	国菩提寺	関連寺院	場所	現況
和氏	補陀寺	補陀寺	補陀寺	阿波郡	廃寺
頼春	光勝院	光勝院	光勝院 法谷寺 福生寺	板野郡 名東郡 麻植郡	臨済宗 真言宗 真言宗
頼之	永泰院	永泰院？	永泰院 宝冠寺	 阿波郡	廃寺 廃寺
頼有	勝妙院				
詮春	宝勝院				
義之	宝光院				
満久	心華院	宝勝院	宝勝院		廃寺
持常	桂林院	桂林寺	桂林寺 心美院	勝浦郡	真言宗 廃寺
成之	慈雲院	慈雲院（丈六寺）	慈雲院（丈六寺） 善福寺	勝浦郡 板野郡？	曹洞宗 真言宗
政之	瑞松院				
義春	久昌院				
之持	最勝院				
持隆	徳雲院	慈雲院（丈六寺）	瑠璃殿（丈六寺） 肖遙院	勝浦郡	曹洞宗 廃寺
真之	宝昌院	徳雲院（丈六寺）	徳雲院（丈六寺） 蔵珠院	勝浦郡 名東郡	曹洞宗 真言宗

引退して阿波に戻ったとされているが、この寄進にも和氏の関与があったのであろう。和氏は同じ頃、秋月の地に国菩提寺となる補陀寺を創建しており、京と国の禅院の交流もスタートしている。京の西山地蔵院および天龍寺と国の補陀寺との関係を示す史料をみておこう。

阿波国勝浦庄内多奈保領家職半税請状事

定

右、件領家職半税之分自来年丙辰歳毎年以弐拾伍貫文無懈怠、自補陀寺并真光庵、可致其沙汰候、仍所請申状如件、

永和元年乙卯十一月廿六日

都寺義了（花押）

都管昌恩（花押）

住持（花押）

地蔵院(28)

ここで勝浦庄が地蔵院の手に渡っている背景には、もともとこの地を管領していた仁和寺が南北朝期の混乱で「半税」分すら確保できず、地蔵院を頼ったという事情があった(29)。既にみたように、建武三年（一三三六）には勝浦庄の公文職が「勲功之賞」として「漆原三郎五郎殿」へ宛行われていたように(30)、阿波国内の勢力は細川家による軍事動員に応じるか没収されるかという状況にあった。一方で細川家の課題は勝浦庄現地を押さえていた漆原氏のような国内勢力をいかに押さえるかということであり、それを実現し得た場合は荘園からの収益も確保できた。ここで重要なのは、地蔵院と勝浦庄という都鄙の繋がりが京と国の菩提寺レベルの交流を通じて実践されたことである。

また正平一七年（一三六二）一二月の日付をもつ「源」の宛行状(31)によれば、阿波国の「南方之闕所幷本所領」が「勲功之賞」として「安宅備後守」橘頼藤に宛行われている。同年七月に足利清氏が讃岐で討たれると、「四国・中

国ハ太略細川右馬頭頼之ニ靡順ヌ」という状況になった。[32] その一二月に安宅氏に対して所領を宛行った南朝年号の本史料については検討を要するものの、本所領の割注に「天龍寺領幷補陀寺領除之」との文言がみえることは確認しておきたい。そこからは、「南方」の本所領の中でも天龍寺領・補陀寺領が別格であったことがうかがえるのである。[33]

京と国の菩提寺間の結びつきが荘園支配のみならず阿波守護細川家の国内支配にも有効であったことが明らかとなったが、ここからは国菩提寺という存在が阿波国内でどのような機能を果たしたかについて考察する。この点に関しては、西尾和美が補陀寺を素材として優れた分析を加えている。[34] 氏の考察に従いながら、阿波守護細川家・国菩提寺と国内勢力との関係を検討したい。

文化一二年（一八一五）成立の地誌『阿波志』は、補陀寺について「廃補陀寺（中略）暦応三年（ママ）権大納言源尊氏置、梁銘存、以釈疎石為祖、改称安国寺、源頼之移之于板野郡萩原」と記述している。補陀寺は暦応二年（一三三九）に創建された臨済宗寺院で、開山は天龍寺の夢窓疎石である。足利将軍家との関係も深く、尊氏は同年に阿波国の安国寺に指定している。その後も諸山にも列せられ、[35] 当初は細川家が守護所を設置したとされる秋月の地にあったが、『阿波志』が「廃補陀寺」とするように近世までには廃絶、その時期は阿波の守護所が勝瑞に移ったのと同じ頃と推測されている。

細川家のみならず足利将軍家との関係も有する補陀寺は、「光勝寺縁起略」によれば三〇〇〇貫の寺領を有していたという。阿波国内にも多くの所領を持っていたであろうと考えられるが、その全貌は明らかではない。ただわずかにうかがえる補陀寺領として、桑野保および橘八幡宮神主職がある。[36] 桑野保は阿波国那賀郡に所在する保で、山間部の仁宇谷を経て谷間を土佐にまで伸びる街道に近く、阿波沿岸南部の重要港湾である橘浦にも近接している（【地図】参照）。鎌倉期には得宗領になったとみられるが、南北朝期には淡路水軍である安宅氏が領有するにいたった。その後は補陀寺領となり、保内の橘八幡宮神主職については補陀寺が任命することになったようである。西尾は、橘八幡宮の神主職を継承してきた折原（織原）家に残される文書群を詳細に分析し、神主職と免田の変遷に関わった補陀寺の役割について明らかにしている。

宛行　阿波国桑野保内橘八幡神主職并免田等之事

恒光所

右於神主職免田等ニ、和食入道雖歎申、依無其謂棄置畢、致恒光者度々捧下知状間、任道理宛行神主職免田等於者也、有限恒例社役等、無懈怠可有其沙汰状如件、

暦応二年八月日

奉行祖用　判(37)

桑野保の内部には橘八幡宮の神主職に関わる免田があり、暦応二年（一三三九）の段階で伴恒光に宛行われたが、この職および免田については「和食入道」も入手を企てていた。和食氏は那賀郡和食郷の在地勢力で、桑野保や橘浦への進出をもくろんで攻勢をかけていたとみられる。和食氏の拠点は那賀川中流に位置し、上流に遡上すると峠越えで土佐にいたる街道がある。この地域は林業が盛んで、大規模な「山」所領が設定されていた。ここで伐り出された材木は沿岸部の港湾から各地に運ばれていき、国内のみならず対岸の紀伊国高野山や京都の大規模修造事業を支えていた(38)。

西尾は、和食氏が旧来から北条得宗家との婚姻関係をもっていたこと、さらに後になって足利義満が和食郷を興聖寺領として寄進したことを指摘する。在地支配を強化するためには京の権力との関係が有効であり、それを構築できたことが和食氏の拡大姿勢を後押ししていた。こうした和食氏の動向に対し、補陀寺側はそれを阻止しようとする。そのために補陀寺は織原（折原）氏と結び、和食氏の勢力を排除しようとしていたことがこの史料からもわかるだろう。織原氏は坂野新庄の中方地頭職に補任されており(39)、那賀郡北部に勢力をもっていたと考えられる。

この両者の結合を御膳立てしたのは、補陀寺の檀那であり在地勢力への恩賞宛行権をもっていた細川家である。阿波南部への支配拡大・定着をねらう細川家が、守護創建の国菩提寺である補陀寺を介してその策を進めたものと評価できるが、注意しておかなければならないのは、西尾が「補陀寺禅僧による橘八幡宮神主職の掌握を通じた守護細川氏の橘浦の支配と掌握は、在地社会に基盤をもつ有力者の存在を不可欠の頼みとするものであった」と指摘するように、細川家が在地勢力の協力を必要としていた点である。阿波入国当初、細川家が糾合した在地武士の軍功に対して恩賞を給付することで彼らとの関係は強化されたが、それを定着させるためには、戦時の軍事行動を祈りで支えつつ平時から地域の帰依を集めていた在地寺院をいかに編成するかがポイントとなった。

例えば永源庵への寄進状に登場した麻植郡の高越寺は、吉野川中流の南岸に位置する高越山にあり、役行者の開創および弘法大師の秘法修行の伝承を有する山岳寺院である。(40) 長谷川賢二は山岳霊場という視角から高越寺について分析、山麓に広がる高越寺庄の鎮守であった蔵王権現社が地域の安穏を祈る機能をもち、和泉上守護細川家がそれを組み込みつつ支配を構築したと論じている。(41)

細川家に関係する寺院には、菩提寺の他に祈願寺・祈禱寺・祈願所などと呼ばれるものがあった。例えば『阿波志』は板野郡宝厳寺について「為細川氏乞雨修真言、安薬師像」としているし、美馬郡の願勝寺には「細川頼春公忌部十八坊ニテ長時ノ護摩ヲタカシメ大般若法華等講読仰付ラル丶ノ時、浄真上人モ同シク武運長久ノ祈禱ヲ命セラレ是ヨリ阿波屋形細川公ノ祈禱寺トナル」とする系譜が残されている。他にも近世成立の由緒書によれば、名東郡の蔵珠院は「細川三好累代祈願所と申伝、今以打続居申候」、同じく名東郡の法谷寺は「細川讃岐守祈願所ニ而細川家代々建立所伽藍ニ而御座候」、また麻植郡の福生寺は「細川讃岐守頼春祈願寺」とされている。(42) 細川家の祈願寺の中には、「武運長久」という軍事面での奉仕のほか祈雨など地域の安穏を祈る寺院も含まれていたのである。

この他、名西郡の真言宗寺院である焼山寺もまた役行者の開創や空海の修法伝承をもつ山岳寺院で、「御祈禱所也」「将軍家鎮西御下向御願所也」との文言がみられるように[43]、足利将軍家や阿波守護細川家も帰依した名利である。

寄進　上あめ木の年貢事
合　壱貫弐佰文者但御公事以下者守安不可被相綺
右、奉為一天太平四海静謐、殊上下両山御領主殿下御願円満、別佐伯守安男女子息除災与楽、所奉祈如件、
貞和五年己丑閏六月十九日　　御代官佐伯守安（花押）[44]

この寄進の名目は「一天太平四海静謐」のためであり、また「御領主殿下御願円満」と「佐伯守安男女子息除災与楽」の祈りのためであった。福家清司によれば、「上あめ木」とは焼山寺山の北にある雨木山麓の集落であり、代官として現地を管理する佐伯守安が所領の安穏を願ったものだという[45]。動乱が続く貞和五年（一三四九）に天下の太平を祈ることは常套句の範疇に入るだろうが、「御願円満」と自らの一家の「除災与楽」については、福家が指摘するように在地支配に関わる具体的で切実な地域の祈りだと考えたい。

このように、中世の阿波には細川家に関連する寺院があったが、そこには当家の菩提を弔う目的で創建された国菩提寺と、細川入部以前から存在し地域の安穏を祈って帰依を集めていた在地寺院とがあった。補陀寺を典型とする前者は、京と国の繋がりを背景に細川家の所領支配の拡大を細川家とともに推進していた。一方、後者が実践していた地域の祈りは在地勢力によって保証されており、こうした寺院を庇護下に組み込むことにより、細川家は在地勢力そのものを編成しようとした可能性がある。

第三章　南方への進出

前章でみた細川家に関連する寺院の二類型では、国菩提寺は当初守護所が所在していた秋月に位置し、祈禱所・祈禱寺も阿波国の北部（主として吉野川流域）のものが多くみられた。一方、国菩提寺を介して支配の拡大をねらっていた所領については、阿波国の南部（主として沿岸部）に比定されている。四国の東部に位置する阿波国は、その多くを四国山地および讃岐国との境界にそびえる讃岐山脈が占めており、残る狭小な平地については、北部を東流する吉野川およびその支流に沿って形成された地域と、紀伊水道に流れ込む勝浦川・那賀川など中南部沿岸地域に限られている。

右のような地形的特徴により、阿波国は大きく三つに分けることができる。一つは古代の国府をはじめ政治・経済の中心となっていた吉野川流域、二つ目が紀伊水道沿岸に沿って南に細く延びる沿岸部の平地であり、そして残りの多くを占める山地である。これらをさらに、北を流れる吉野川流域とその南を占める沿岸部および山地一帯とに分け、それぞれ慣習的に「北方（きたがた）」「南方（みなみがた）」と呼んでおり、本稿でもこの呼称を用いることにする。

この地形に基づく区分は地域の歴史にも影響していた。福家清司によれば、北方は中世までに開発が進んでいて所領も多いがそれらは小規模で密集しており、南方は勝浦川・那賀川流域を除き平野が狭小であるため所領分布は散在傾向にあった。また山間部では「山」所領が設定され、林業が盛んであった。林業を中心とする南方での産業・流通が在地に富をもたらし、その課税特権を保証することで細川家と太龍寺など在地の関係が深まる側面もあったという[46]。また南方の材木が川を下って各所に運ばれたことは、『兵庫北関入船納帳』の分析等によって明らかとなっている。京と国の結びつきは幕府―守護に収斂されない多様なものとなっており、こうした地域的特徴は中世には確認できるという[47]。本章ではこうした地形的特徴を踏まえつつ、阿波守護細川家の国内支配がどのような地域的展開をみせたのか検討してみたい。

福家が指摘するとおり、中世段階で開発が進んでいた北方では阿波守護細川家の所領が多く確認できる。細川頼有譲状に記載のある所領も、北方（特に吉野川中下流域）に集中していたことは既にみたとおりである。細川家の国内支配が守護所のある阿波郡秋月の地を中心に展開していった結果であろう。

他方、南方の状況については、入部当初の軍事動員への恩賞給付と補陀寺領支配の事例をみてきた。そこには天龍寺や地蔵院という京の禅院も関係しており、幕府―守護の支配体制に沿うものと評価できよう。ただし、そこに在地勢力の協力が必要であったという西尾の指摘もあり、改めて細川家と南方との関わりについて検討する必要がある。

　三浦和田三郎左衛門尉茂□□□□□（助代道日与）漆原又六左衛門尉兼連相論、阿波国勝浦山地頭職事、
（中略）而兼連建武三年以□押領之状、無謂之由申之、兼連亦致軍忠之間、細河阿波守和氏等、以当所充行恩賞之上、依為本領、預承久御下文、所令相伝也、非押領之由称之者、茂助帯代々安堵下知状等之上、軍忠亦炳焉、而称闕所、和氏等充行兼連之條、令参差歟[48]、

既述の細川和氏・顕氏連署奉書により勝浦郡勝浦庄の公文職を宛行われた漆原氏が、貞和三年（一三四七）の相論にも登場している。それは「勝浦山地頭職」をめぐるもので、漆原兼連は和氏から宛行われた恩賞地であって三浦和田氏の代官道日が訴えるような押領ではないと主張している。相論における一方的な言い分ではあるが、勝浦庄を対象とした建武三年の恩賞給付は、北方の武士（漆原氏は板野郡富吉庄の地頭）である漆原氏を南方へ鞍替えさせたものであり、「将軍家仰」の下で細川家が強引に推進したことが推測される。そのことが旧来の南方勢力との

摩擦を生んだのであった。

南方で発生した在地勢力との衝突については、和氏の弟頼春にも確認できる。

東寺雑掌光信謹言上

欲早経　御奏聞、被成下　院宣於武家、被停止当国守護人細河刑部大輔非分押領、被沙汰居雑掌於地下、全領掌、宝荘厳院領阿波国大野庄本家職事、

副進

二通　綸旨幷　院宣案

右、当庄本家職者、往昔以来為宝荘厳院領、重色異于他之地也、而去建武以来守護人等、以武威致非分押領、不寄付雑掌於地下之條、希代濫吹也、所詮被経御奏聞、被成下　院宣於武家、且被鎮当時濫妨、且被沙汰居雑掌於地下、全所務、専寺用、弥為抽御祈禱之忠、粗言上如件、

貞和二年四月日(49)

ここにも阿波守護の「非分押領」が「建武以来」続いているとの指摘がある。頼春は、暦応四年（一三四一）以降の守護在職が確実とされており(50)、南方での押領の中心は頼春であった可能性が高い。大野庄での押領はその後も継続したようで、貞和六年（一三五〇）にも同じような東寺雑掌による訴えが起こされている(51)。

阿波入部当初の細川家に求められたのは、国内の軍勢を短期間で糾合し足利方として動員することであった。それゆえ自らの拠点でもある北方の動員が中心となったが、これに応じた武士への恩賞給付は入部間もない細川家にとって困難であったと考えられる。そこで注目されたのが、細川家にとって〝未踏の地〟である南方であった。こうした細川家主導の南方進出が和氏・頼春時代のトラブルに繋がったことは、以上で確認したとおりである。こうした状況を踏まえながら、細川家は北方被官を南方へ配置し、また南方の在地勢力を取り込むことによって支配領

域の拡大を進めたのである。

東寺雑掌との相論とほぼ同時期、頼春は安宅氏の地頭職を勝浦郡立江中庄から海部郡牛牧庄へと転じている。

阿波国牛牧庄地頭職闕所分事、為立江中庄地頭職替、御沙汰落居之間、所預置也、任先例可致沙汰之状如件、

観応二年九月五日　散位（花押）

安宅備後権守殿[52]

ここに登場する安宅氏は、紀伊国牟婁郡に本願をもち、戦国期には三好氏に仕えた安宅水軍の一族とみられる[53]。紀伊水道に注ぐ立江川流域に比定され、材木の積み出し港としても知られる小松島の津にもほど近い那賀郡立江庄の地頭であった彼らは、その水運の技術を買われてさらに南に位置する牛牧庄の地頭となった（【地図】参照）。

安宅氏は、翌文和元年（一三五二）に「勲功之賞」として萱嶋庄も宛行われている[54]。板東郡の萱嶋庄は吉野川の下流地域に比定される石清水八幡宮領で、ここでもやはり荏胡麻を含む吉野川水運に関わっていた可能性が想定できる。北方の萱嶋庄は南方那賀郡の桑野保の替えとして宛行われたが、桑野保も良港橘浦に近く和食氏が進出を狙っていたことは既に触れたとおりである。港津地域の重要性を踏まえ、〝未踏の地〟であった南方への支配拡大に邁進した細川家は、在地勢力との良好な関係構築が不可欠であることを認識し、水運に強い北方の武士を南方へ送り込んだ。ただし、「安宅備後守」が正平一七年（一三六二）に南朝方から「南方之闕所并本所領」を宛行われたように[55]、この配置策がそのまま『太平記』がいう「細川右馬頭頼之ニ靡順」うことに繋がったわけではなく、様々な摩擦を引き起こしたことも事実である。

細川家の南方進出に関連して、那賀郡那賀山庄の事例も検討しておきたい。当庄は阿波国の南方を流れる那賀川流域に広がる長講堂領荘園で、山下知之によると那賀郡の国衙領であった「那賀山」が後白河院の長講堂領として

寄進されて「那賀山庄」となり、その後は宣陽門院から後深草へ、承久の乱後に持明院統へと伝領され、南北朝期には北朝光厳院の手に渡ったという。(56)

前章で述べたように、暦応二年（一三三九）足利尊氏により暦応寺（後の天龍寺）が創建されると、翌年には那賀山庄の地頭職が天龍寺造営料所として寄進された。(57) さらにその翌年、暦応四年一一月には那賀山庄地頭職に関する紛争が確認できる。(58) 那賀山庄の地頭職には「山手」「河手」をめぐる権益が付随しており、これをめぐる争いが「山河之在所混乱」を生んでいた。訴えを受けた幕府では、「山手」と「河手」は「各別」であり、「河手」については天龍寺の進退を停止すると決定、阿波守護細川頼春に執行を命じている。つまり、天龍寺は「山手」のみならず「河手」にも触手を伸ばしていたのであり、それは那賀川の活発な水運への津料賦課を意図したものであったと山下は指摘している。実際に那賀川上流で伐採された材木は、川を下って沿岸部で海運に乗り各地に輸送されていた事実がある。橘浦はその積み出し港の一つで、『兵庫北関入船納帳』にも登場する。(59)

ここでは権益をめぐる「混乱」解消に動いた阿波守護細川家であったが、別の事例では自らが押領に関わっていたことがわかっている。天龍寺は応永三〇年（一四二三）五月、那賀川上流の那賀山で伐り出された「杉材木」が「国方」に押領されていることを訴え出た。(60) 天龍寺は那賀山庄から修造用の材木を調達する際、切断面に「木口印」を捺すことで管理していたが、その印木が押領されたと天龍寺は主張している。細川家と天龍寺が衝突していること自体興味深いが、さらに注目したいのは翌月に出された那賀山庄の雑掌申文に登場する「桂林寺」の関与である。

目安
天龍寺御領那賀山雑掌申
欲令早被止山河半分幷切流等桂林寺与守護方押領於寺家一円知行状
右、当庄相国寺借知行之時、彩副寺為代官、桂林寺初而為興行、自那賀山出材木、号山河半分土貢定之山中用木、令略出之、木口即切置三文字、号彼寺之割、于今被押領、殊而今度洪水出材木等、守護方相共被註之、結句于被根本之木口印木被押領之段、無謂次第也、当庄之事者、加様之材木切流所務候於、如今者寺家御公平及失墜者也、既那賀山被御帰覆上者、彼被停止競望、自今已後山河并切流杉檜等悉可為寺家一円被成御下知、欲令全永代知行状如件、

応永三十年六月　日[61]

材木に「三文字」の印を捺して行われた押領は「桂林寺」の「興行」のためであったという。勝浦郡の真言宗桂林寺に関する史料は乏しいが、『阿州足利平島伝来記』[62]には「持常満久男細川讃岐守、法名桂林院（中略）勝浦郡中田村桂林寺菩提寺也」とあり、また『阿波志』が「以釈周勝為祖、源持常重造安観音像、捨田二百石、及林釈原古亦居既而廃絶、元和中釈長俊重造、長俊備前人、所伝有法華経、持常所捨」としていることが参考になる。この記述は、「中田村桂林寺所蔵法華経跋」に「此御経者、為頼春朝臣百年忌、自公方様賜之」とあることと符合する[63]。桂林寺は細川持常が古幢周勝を開山に招いた国菩提寺とみてよいだろう。

西尾が明らかにした補陀寺と細川家のように密接な関係が、桂林寺との間にも成立していたかどうかはわからない。ただ、ここでみた那賀山庄での材木押領の背後に、桂林寺「興行」を名目に那賀山庄の豊かな材木をねらった阿波守護細川家の意図があったことは間違いなかろう[64]。微かなものではあるが、桂林寺もまた国菩提寺として守護と連動していたことの徴証であり、その関係は頼春百年忌を通して「公方」義政＝京との繋がりを維持することに働いていた。それは国内支配の支援にも機能したが、国内勢力、特に南方の在地武士との関係を蔑ろにすることはできず、那賀山庄では京―天龍寺との衝突も辞さなかった。阿波に注ぎ込まれた京の権威は、必ずしも在地を押さえつけたわけではなかったのである。

第四章　国菩提寺の消長

阿波守護細川家による阿波支配について、国菩提寺に注目しつつ主として一四世紀の事例によりながら検討してきた。阿波の中世史は、三好氏の台頭や長宗我部氏の侵攻をはじめとする戦国期の戦乱などいくつかの転換期を経て蜂須賀家が統治する近世を迎えるが、本章ではこうした支配がポスト細川時代にどのような展開をみせたかについて考察する。ただし、国菩提寺との関係に軸をおきながら明らかにすることには史料的な制約があるため、ここでは近世以降の記録・編纂史料も用いることとする。

細川家の菩提寺が三好氏の勢力下でどのようになっていったのか。【表2】に示したように、細川家の菩提寺では光勝院と丈六寺のみが三好氏の取立寺院になっている。既述のように、光勝院は細川頼之が父頼春の菩提を弔うために建立、頼春の法名を寺号にあてたものであった。秋月から勝瑞に移転したこともあり、三好氏の権勢下でも手厚い保護を受けたものであろう。ただし、その帰依が主君である細川家の菩提寺であったからかどうかは判然としない。「光勝院の院主の乗物出候へば、互に矢を留め事無く仕り候、人をころしたる者も、門の内へ逃込み候へばたすかり申し候[65]」という記述は、その崇敬が細川家の菩提寺という属性を越えたところにあった可能性を示唆している。

次に丈六寺について検討する。白鳳期創建との寺伝をもつ当寺は瑞麟山慈雲院と号する曹洞宗の寺院で、丈六聖観音像にちなんで丈六寺と呼ばれている。当寺について『阿波志』は、「永正中、釈金岳自越前至伝曹洞（中略）源成之重造、持隆造瑠璃殿」としている。一旦荒廃した後、一五世紀の末に細川成之（慈雲院）が金岡用兼を招いて再興し、後に成之の曾孫持隆（徳雲院）が一六世紀になって瑠璃殿を建立、持隆の没後には子の真之（宝昌院）が

表2　阿波の「取立」寺院

寺院	郡	三好取立（貫文）	蜂須賀取立（石）
持明院	板野	祈願所　18	
春日寺	板野	祈願所　13	
正貴寺	板野	祈願所　2	
妙蓮寺	板野	7	
瑞川寺	板野	墓所　20	
瑞岩寺	板野	13	100
円徳寺	板野	8	
東光寺	板野	13	
安楽寺	美馬	13	
見性寺	板野	菩提所　18	15
霊山寺	板野	13	
福成寺	板野	20	
大瀧寺	那賀	祈祷所　20	20
鶴林寺	勝浦	祈祷所　20	20
一宮寺	名東	祈祷所　20	
白鳥宮	名西	祈祷所　20	
梅之寺	板野	8	
観音寺	板野	8	
神宮寺	板野	10	
木末衛寺	板野	13	
地蔵寺	板野	20	10
地蔵寺	勝浦	13	
能満寺	板野	13	
東宗院	板野	10	
◎丈六寺	勝浦	15	100
金寺	名西	7	
国源寺	板野	15	
芝原寺	板野	20	
明正寺	板野	13	
浄智寺	板野	14	
蓮華寺	板野	15	
般若院	板野	8	
妙典寺	板野	7	
極楽寺	板野	10	
吉祥寺	板野	18	
林光寺	板野	8	
東林寺	板野	12	
密厳寺	名東	12	
能正寺	板野	12	
徳命寺	板野	7	
高徳寺	板野	5	
貴明院	板野	10	
神宮寺	板野	8	
長善寺	板野	7	
貴徳院	板野	7	
光明院	板野	5	100
福重院	板野	7	
西光寺	板野	5	
◎光正院（光勝院）	板野	13	
長尾寺	板野	13	
小川寺	板野	8	
小篠寺	板野	7	

①「阿州三好記大状前書」（『阿波国徵古雑抄』）、『阿波藩民政史料』による。
②細川菩提寺には◎を付した。

丈六寺全体を改築し、その際に持隆の位牌を納める瑠璃殿を父の院号にちなんで徳雲院とした。

同じく『阿波志』には、丈六寺について「三好氏捨采地十五貫地二町八段及花瓶幕弓、宍草次之附以田浦吉田山」とする記述がある。宍草氏は細川家の家臣で、天正年間に断絶する田浦城の主将であった[66]。永正六年（一五〇九）、宍草次之は丈六寺（慈雲院）に対し勝浦庄の田浦にある吉田山を寄進している。

勝浦庄田浦之内吉田山之事、東者井之詰、西者長厳寺坂、北者丈六

之峰を堺、南者山之麓を涯、為現当二世慈雲院江寄進申候処也、相論旁有間敷候、仍後日證状如件、

永正六年己巳十二月六日　　　　　完(ママ)草次之（花押）

慈雲院衣鉢閣下(67)

一五世紀後半の細川成之の時代、家臣宍草氏からの寄進を受けた丈六寺は彼らの「現当二世」を祈っている。成之の尽力により再興を遂げた当寺は、成之の曾孫である持隆とその子真之が守護となった一六世紀後半頃までに国菩提寺としての地位を確立したようにみえるが、それよりもむしろ宍草氏のような在地勢力との所領寄進―祈禱の応酬の方が古くから行われていた可能性が高い。つまり細川家は一六世紀初頭の段階で、宍草氏など在地勢力の安穏を祈っていた丈六寺を国菩提寺に再編したのであり、初期阿波守護家が行っていたような菩提寺を媒介とする支配推進策は継続していたと評価できるだろう。

宍草氏が求めた「為現当二世」の祈りは丈六寺の周辺地域を寄進することで実現していた。祈りと暴力が地域の安穏に大きく関わっていた中世にあっては、在地の寺院と武士の繫がりは強固であったと考えられる。一方、丈六寺に対しては再興や仏事興行、位牌の安置など細川家による注力も大きかったが、在地勢力の編成をねらった上からの国菩提寺化が両者の関係を地域に根付かせることは至難であったのではなかろうか。

そのことは後の丈六寺の生き残り策に影響しており、この点について長宗我部元親による阿波攻めを素材に検討する(68)。

天正年間、長宗我部元親によるいわゆる阿波攻めが始まった。土佐の軍勢はまず阿波南方から、その後は阿波西部からも進軍し、中富川において阿波の軍勢を破った。その結果として十河存保が撤退し、元親は阿波をほぼ支配下に収めることになった。

阿波侵攻を進めるなか、元親は丈六寺に関する一通の書状を土佐国与岳寺に宛てて送付している。内容は慈雲院

（丈六寺）住持の「御連続」に関するもので、丈六寺が土佐の曹洞宗寺院を介して元親の承諾を求めたことへの回答と考えられる。この丈六寺の動きは、他国寺院の後塵を拝するかたちをとっても寺を維持しようとしたものと評価できるだろう。一方で丈六寺には、長宗我部元親を討つべく開始された羽柴秀吉による阿波攻めに関しても史料が残っている。天正一一年（一五八三）閏正月、秀吉は阿波国勝浦郡の慈雲院（丈六寺）に対し、軍勢による乱妨狼藉や放火・殺生などを禁じた(69)。既に元親の勢力下にあった段階でこうした禁制が出されたのは、丈六寺のように秀吉の禁制を求める勢力が存在したことを示すものであり、森脇崇文は「勝瑞落城後も、阿波はすんなりと元親の手におさまったわけではない」と評価している(70)。

天正一三年七月には羽柴秀次も同様の禁制を出しているし、蜂須賀家政も丈六寺に対して書状を出し、「其許隣端諸百姓等、彼寺悉集可在之候、不及申聞候へ共、此方之事、可令馳走候」と、近隣百姓等の召集を命じている(71)。歴代の権力者が丈六寺を重視していたことがうかがえるが、一方の丈六寺は「慈雲院は大道ふちにて乱にやぶれ申さず候はでは叶はざる寺にて候へ共、才覚能住寺(ママ)にて、天正六年に土州へ使僧を遣し、元親のせい札を取候て苦しからず候(72)」とあるように、「才覚」によって柔軟に対応し世俗権力との距離を選択していたといえるだろう。

その後、現在に至るまで阿波の名刹であり続ける丈六寺だが、細川家の菩提寺としての性格は希薄になっていった。寛永一〇年（一六三三）に阿波で起こった海部騒動は、蜂須賀家政の従兄弟にあたり江戸家老などの重職も勤めた益田豊後長行の「無理非道」の提訴に始まり、最終的には幕府評定所で豊後敗訴の裁定が下されたものである(73)。この事件を詳細に語る「益田豊後一件」の末尾には、豊後らの最期に関する次のような記述がある。

一、益田豊後（中略）行年六十七歳、列岩了運、一説ニ運照列岩居士、丈六寺代々益田家取立之寺、是故死体ハ住寺(ママ)申請取納候由申伝、

一、豊後嫡子益田外記　同年同月日、於大安寺切腹、外記嫡子、於同所切腹、藤七、
一、豊後弟式部　同年同月日、於丈六寺内於徳雲院切腹、

丈六寺と益田家との関係がいつ成立したのかなど不明な部分も多いが、近世段階の丈六寺は慈雲院・徳雲院に細川家菩提寺としての名を残すものの藩主蜂須賀家の菩提寺ではなく、一門とはいえ臣下益田家の「取立」寺院でしかなかったことに注目したい。宍草氏と丈六寺のような地域における武士と寺院の繫がりが益田家にもあったとすれば、丈六寺は一国の主の菩提を弔う格を喪失していたことになる。やはり細川家による国菩提寺編成は近世に入ってその色を失ったものとしてよいのではなかろうか(74)。

丈六寺にみる細川家国菩提寺色喪失の背景には、藩主蜂須賀家による阿波仏教の再編・統制策があった。阿波仏教史における中世と近世の間には、長宗我部氏による阿波攻めという大きな断絶が存在している。阿波攻めは軍記物を含む後世の記録・文書に登場するが、その多くは蜂須賀家とのつながりを自らの由緒に込めることで前代にうけた被害を強調、その再興を願うという形式をもつ。石尾和仁がいうように、三好・長宗我部への評価には近世社会が生み出した側面があり、それ以前の時代は整理されることとなったのである(75)。

こうした史料には寺院に関係するものも多い。『板野郡誌』に収載された近世寺院の由緒書には、天正の兵火に関する記述がある。天光寺「然当正親町帝御宇、諸国蜂起而闘争無止時、土州長曽我元（マヽ）親者、天正十年秋、責三好而入当国焼払件堂舎、本尊不及奉守出」（「潮音山天光寺本尊来由略記」）や見性寺「天正六年、土佐長曽我部率兵二萬攻勝瑞城、三好軍敗績、城郭寺院悉罹兵燹、鐘亦銷鑠其傷哉」（「龍音山見性禅寺鐘銘並序」）などは、具体的な破壊の様子を記載している。

一家成立申上覚
覚

一先祖久米安芸守と申者、細川に仕当郡芝原に居住中富川合戦之節討死仕候、右安芸守に男子四人嫡子長門拾六歳ゟ盲に成（中略）但此頃当村青蓮寺旦那之処、天正六年長曾我部殿兵火に被犯滅寺に成、唯今助任万福寺旦那に而古代之事相分り不申（後略）[76]

右は北方の芝原に関する記述である。芝原には、「置細川氏、三好氏相続為香火院」（『阿波志』）とされる蔵珠院があった。芝原に居住していた細川家家臣の久米安芸守も、おそらくは「旦那」寺である青蓮寺とは別に蔵珠院にも参詣し、主人の菩提を弔っていたのではないだろうか。

中世寺院は地域の人々の帰依を集めるだけではなく、技術・教育・治病など地域社会が求める様々な期待に応えていたのであり、[77]また過去から続いてきた地域の安穏を未来に向けて保証するものとして期待され、所領寄進などを集めていた。[78]芝原での兵火は青蓮寺が蓄積していた久米家の歴史の破壊であり、だからこそ「旦那」寺を新たに求めなければならなかった。

細川家に仕えていた久米家のような旧臣たちがその後どうなっていったかについては、山川浩実の一連の論考がある。旧徳島藩主蜂須賀家所蔵の『蜂須賀家家臣成立書并系図』（以下『成立書』と略記）は、徳島藩士の系図とその召出・相続・隠居・死亡の年月日・禄高・役職などの情報を書き上げたもので、天保五年（一八三四）と文久元年（一八六一）の二度にわたって藩に提出されたものである。[79]山川はこの『成立書』を詳細に分析し、蜂須賀家臣団編成の傾向について以下のような特徴があることを明らかにした。[80]旧領竜野五万石から阿波一八万石に封ぜられたため家臣団拡充を急いでいた蜂須賀家は、天正一三年（一五八五）から承応元年（一六五二）の間に新たに五六二名を召し出し、そのうち国人衆は七六名で、その内訳が細川家の遺臣が一二名（一六％）、三好系が四一名（五四％）、それ以外のものが二三名（三〇％）になることから、細川系が登用されるのは全体として少数であり、代が進むとほとんどが下士層での編成になり、また登用時期も遅くて直ちには用いられず、数度の軍列に加えた後に採用されるという特異性があったという。

山川の分析からは、細川系であることがその後の家臣団編成に有利に働いたとは考えにくく、細川旧臣の『成立書』には、先祖が「建武年中、細川讃岐守頼春属旗下」（西宇孫吉）、「細川讃岐守旗下ニ而建武年中当　御国三好郡下名村大黒山江罷越所領仕候」（大黒蔵之丞）、「細川讃岐守家来ニ而御座候所、讃岐守亡申ニ付浪人仕」（木内虎五郎）といった記述が多くみられる。これらは、細川家の家臣であったことを記しながら蜂須賀家入部時の召出や朝鮮出兵への従軍などを契機に構築された主従関係を強調するものだろう。先にみた「家成立申上覚」において、久米家の先祖が「細川に仕」えていたとしながらも「古代之事相分り不申」と吐露しているように、細川家の終焉はその家臣に対しても当然ながら変化をもたらした。それは丈六寺が「才覚」によって身の振り方を選択したことと同様で、阿波攻めを境にそれ以前を「相分り不申」る「古代」とみなし、今後も続くであろう蜂須賀家との関係を新たに構築するといった意識を抱かせたのであった。

おわりに

阿波守護細川家による国内支配は、京菩提寺と国菩提寺の関係に支えられながら展開していた一面がある。特に細川家にとって〝未踏の地〟であった阿波南方に対しては、その力が積極的に行使された。ところが、その支配は在地勢力の協力を得なければならないケースも多く、両者の間には摩擦も多かった。国菩提寺による所領管理とともに、支配拡大の推進にあたり期待されたのが在地寺院の編成である。ただし、それは地域社会で定着していた武士と寺院の密な関係以上のものを生み出すことは難しく、その性格は細川家の趨勢とともに急速に失われていった可能性が高い。

長宗我部氏の侵攻によりある種のリセットが実施され、細川時代を「古代」とみなす力学が働いたことは、新たな治世を担った蜂須賀家にとって追い風になった。それは宗教面でも同様で、三好昭一郎が考察したように近世阿波の寺院は細川・三好時代の寺院政策を踏襲しながらも、蜂須賀家の香火院を頂点に再編されていったのである。(81)

三好にならって宗派別の寺院数を城府・郡ごとにまとめたものが【表3】である。文化一二年(一八一五)の成立とされる『阿波志』と、大正四年(一九一五)に出版された『阿波国最近文明史料』を用いて比較をしたもので、それぞれの史料について、北方・南方ごとに宗派別の比率を出したものが【図】である。

そこからわかる特徴としては、「城府」を除

表3　地域・宗派別寺院数

『阿波志』(1815年)

	真言宗	浄土宗	禅宗	法華宗	その他	不明	計
城　府	22	5	10	11	2	1	51
名東郡	39	4	9	0	1	9	
名西郡	37	7	3	0	1	8	
板野郡	100	18	7	3	1	4	
麻植郡	22	11	5	0	2	7	
阿波郡	13	7	2	0	1	3	
美馬郡	22	3	1	1	2	13	
三好郡	26	8	1	0	0	2	
北方計	259	58	28	4	8	46	403
勝浦郡	46	0	6	0	1	5	
那賀郡	81	8	6	0	1	10	
海部郡	50	10	15	1	3	5	
南方計	177	18	27	1	5	20	248

『阿波国最近文明史料』(1915年)

	真言宗	浄土宗	禅宗	法華宗	その他	不明	計
徳島市	19	8	8	11			46
名東郡	38	4	7	1			
名西郡	34	7	2	0			
板野郡	83	21	6	2			
麻植郡	20	10	5	0			
阿波郡	16	7	0	0			
美馬郡	28	6	1	1			
三好郡	27	11	1	0			
北方計	265	74	30	15			338
勝浦郡	45	0	6	0			
那賀郡	77	9	7	1			
海部郡	44	13	13	1			
南方計	166	22	26	2			216

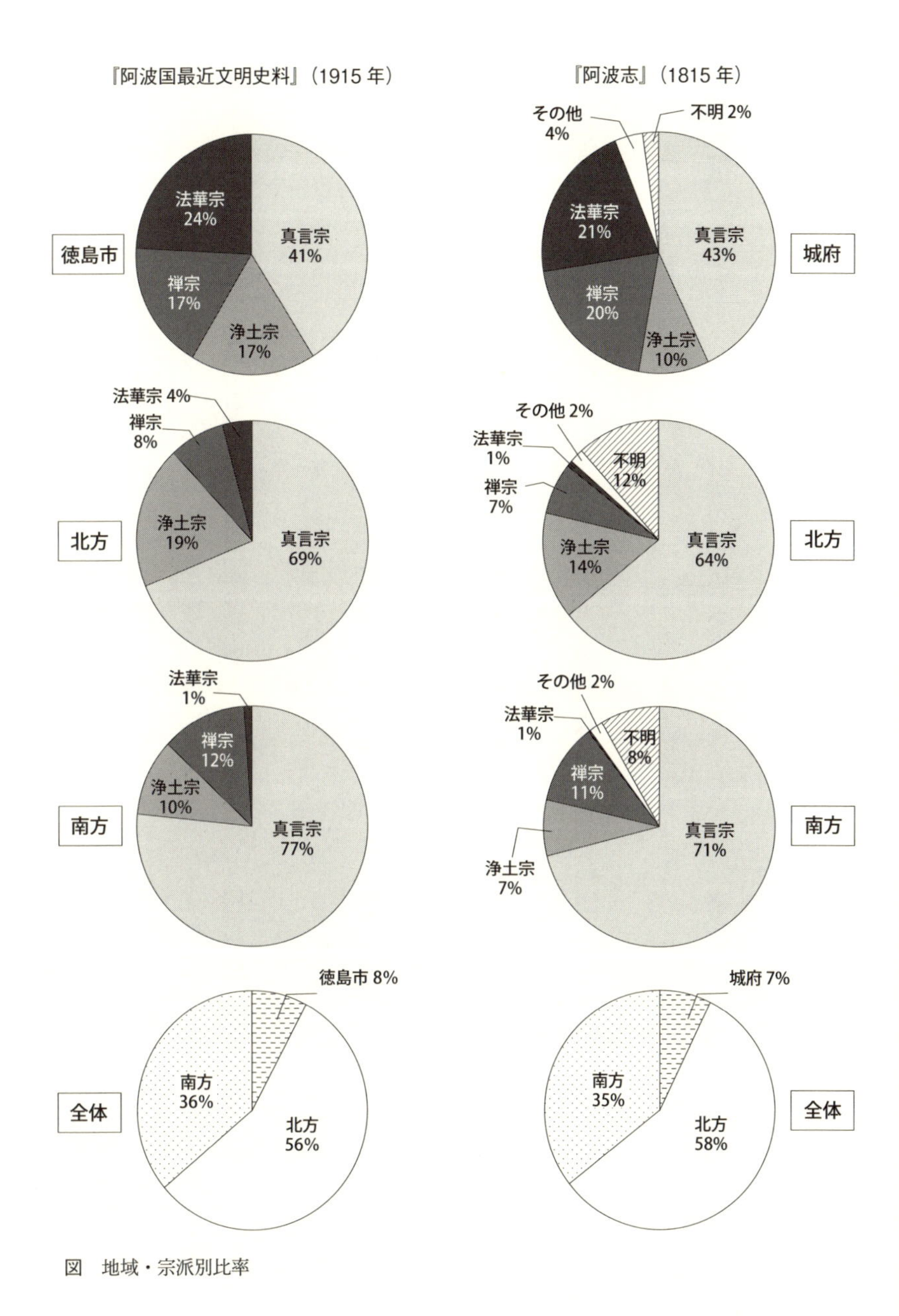
『阿波国最近文明史料』（1915 年）
『阿波志』（1815 年）
徳島市
法華宗
24%
真言宗
41%
禅宗
17%
浄土宗
17%
城府
その他
4%
不明 2%
法華宗
21%
真言宗
43%
禅宗
20%
浄土宗
10%
北方
法華宗 4%
禅宗
8%
浄土宗
19%
真言宗
69%
その他 2%
法華宗
1%
不明
12%
禅宗
7%
浄土宗
14%
真言宗
64%
南方
法華宗
1%
禅宗
12%
浄土宗
10%
真言宗
77%
その他 2%
法華宗
1%
不明
8%
禅宗
11%
浄土宗
7%
真言宗
71%
全体
徳島市 8%
南方
36%
北方
56%
城府 7%
南方
35%
北方
58%

図　地域・宗派別比率

くほぼ全地域で真言宗が高比率であること、「城府」では真言宗が低比率、禅宗・法華宗の比率が高いということが挙げられる。城下町の寺院については、三好も指摘する藩の「寺町」設置政策が関係していると考えられる。一方、北方・南方の違いに注目してみると、南方では真言宗・禅宗が高比率であること、他の地域に比して諸宗が並立している状況も指摘できる。この点については、既に『阿波志』を素材に宗派別の分布状況を検討した石井伸夫が論じている。[82] 石井は、海部における多宗派混在の傾向が、港津地域という商業に関わる場として発展していたことを要因にみている。首肯すべき見解であろう。

加えて北方・南方の宗派分布傾向の違いは、阿波守護細川家の支配が展開する過程で、本拠に近い北方と〝未踏の地〟である南方で異なっていたことの影響を想定するべきであろう。またそのことが両地域の寺院の性格に違いを来していた可能性もある。例えば長谷川賢二は、中世の吉野川下流域に形成された修験組織について考察し、「念行者」と呼ばれた集団が当該地域を横断するかたちで結びつき、自律的な信仰管理を達成していたことを明らかにしている。[83] ここでは権力的な統制から相対的に自立する宗教集団の存在と、それが北方という地域で結合していたことに注目したい。国菩提寺が所属する禅宗世界とは自ずから異なるものだが、南方の山岳寺院では北方とは別の組織があった可能性が指摘できるように、北方と南方の地域では宗教秩序も異なっていたのではないだろうか。

蜂須賀家によって再編される阿波寺院の中で、細川家の国菩提寺であった個々の寺院をどう評価するかについては今後の課題とせざるを得ないが、桂林寺のように改宗した寺院もある一方、廃寺となったものもある。また『阿波志』で「貞和中、細川氏為香火院」とされた福生寺は、後に交通上の要所にあって「往還旅人為一宿」ことを目的とする駅路寺に指定されたし、[84] 細川詮春によって再興された祈禱寺とみられる妙照寺（井戸寺）は、後に四国霊場の札所として発展している。このように、国菩提寺をはじめとする細川家関連寺院の消長は様々だが、細川家との関係を払拭し、新たな権力との関係や地域での役割において自らの「才覚」を見出すことで生き残った寺院が多かったのではなかろうか。こうした点も含め、本稿では史料的な制約から推論に推論を重ねた部分も多い。今後は国菩提寺を含む国内寺院と阿波守護細川家との関係など、近世以降の史料に残る〝中世〟を慎重に抽出する作業を通じて解明していく必要がある。(85)

注

(1) 石井伸夫・仁木宏編『守護所・戦国城下町の構造と社会—阿波国勝瑞—』(思文閣出版、二〇一七年)はその最新の成果の一つである。
(2) 早島大祐『室町幕府論』(講談社、二〇一〇年)。
(3) 三好昭一郎『阿波の仏教史』(徳島県教育会出版部、一九六五年)、天野忠幸「戦国期の宗教秩序の変容と三好氏」(『織豊期研究』一二、二〇一〇年)。この他、若松和三郎『阿波細川氏の研究』(戎光祥出版、二〇一三年、初版(私家版)二〇〇〇年)は、仏教との関わりも含む阿波守護細川家歴代の全体像を提示している。
(4) 嘉慶元年一一月二六日細川頼有譲状(「肥後細川家文書」『南北朝遺文』中国・四国編五一〇三号)。以下、『南北朝遺文』中国・四国編は『南北朝』と略記する。
(5) 本田昇「守護所秋月城存立期間についての一考察」(『史窓』二一、一九九〇年)、本田昇「細川氏初期守護所秋月城について」(徳島地方史研究会創立二〇周年記念論集刊行委員会編『阿波・歴史と民衆Ⅱ』徳島地方史研究会、一九九〇年)、重見髙博「阿波の守護所」(内堀信雄・鈴木正貴・仁木宏・三宅唯美編『守護所と戦国城下町』高志書院、二〇〇六年)、須藤茂樹「文献史料から考える守護町勝瑞」(前掲注(1)石井他編書)。
(6) 「梅松論」(『新校群書類従』巻三百七十一)。
(7) 「太平記」巻十六「経嶋合戦事」(『日本古典文学大系　太平記』岩波書店)。

（8）建武三年二月一五日細川和氏・顕氏連署奉書（「下総染谷文書」『南北朝』二四五号）。
（9）建武三年五月一五日細川和氏・顕氏連署奉書案（「阿波菅生文書」『南北朝』三六〇号）。
（10）建武三年四月二一日浅（漆）原兼有軍忠状写（「黄薇古簡集」『南北朝』三二九号）。
（11）永仁四年一二月一八日関東下知状案（「岩村文書」『鎌倉遺文』一九二二五号）には「阿波国富吉庄内田在家四至堺見讓状事（中略）祖父漆原五郎兼敦法師」とあり、「兼」の通字からも漆原氏と見なしてよいだろう。「富吉庄」（『徳島県の地名』平凡社、二〇〇二年）参照。
（12）応安六年八月一〇日室町幕府御教書（「山城離宮八幡宮文書」『南北朝』三九八六号）。
（13）（嘉暦二年カ）一〇月一九日権律師某書下（「山城離宮八幡宮文書」『鎌倉遺文』二九九四二号）、元徳元年一一月二日六波羅御教書（「山城離宮八幡宮文書」『鎌倉遺文』三〇七六八号）。島田豊彰「古代・中世阿波の船着き遺構と流通・交通」『史窓』四五、二〇一五年）は、吉野川を下った荏胡麻が河口付近の萱嶋庄別宮で大型船に積み替えられ、播磨・淀川方面へ出荷されたと推定している。
（14）「太平記」巻三十八「細川相模守討死事」（『日本古典文学大系　太平記』）。
（15）この問題については、福家清司「「阿波山岳武士論」再考―南朝年号文書の検討を中心として―」（徳島地方史研究会創立三〇周年記念論集刊行委員会編『阿波・歴史と民衆Ⅲ』教育出版センター、二〇〇〇年）が論じている。
（16）応安六年四月二二日細川頼有預状（「阿波松家家文書」『南北朝』三九七三号）。
（17）嘉慶元年一一月二六日細川頼有置文（「肥後細川家文書」『南北朝』五一〇四号）。
（18）蜂須賀家本「阿波志」（徳島城博物館蔵）には「光勝院　在萩原村、又称安国普陀寺、山名南明（中略）細川氏香火院、旧在秋月、夢窓国師為祖、貞治中釈妙葩居此（中略）享徳元年三月、細川氏招建仁寺僧天隠、以祭其祖、蓋一百年之忌日也」とある。以下、『阿波志』については徳島城博物館蔵の写真版による。
（19）「昔阿波物語」（『四国史料集』人物往来社、一九六六年）。
（20）暦応三年四月一七日細川和氏寄進状（「臨川寺重書案文」『大日本史料』補遺六―六、二三頁）。
（21）観応三年七月二九日足利義詮寄進状（「臨川寺重書案文」『大日本史料』六―一六、七〇一頁）。
（22）「智覚普明国師語録」（『大日本史料』六―二五、五九九頁）。

(23)「空華日用工夫略集」至徳元年二月二〇日条（蔭木英雄『訓注空華日用工夫略集』思文閣出版、一九八二年）。前掲注（2）早島著書。

(24)永源庵と和泉上守護家については、本書山田徹論文が検討している。

(25)山田貴司「永青文庫所蔵の「中世文書」」（熊本大学文学部附属永青文庫研究センター編『永青文庫叢書　細川家文書　中世編』吉川弘文館、二〇一〇年）。以下、『細川家』と略記し、文書については編年目録番号を付す。

(26)応永二四年一〇月二三日細川持有寄進状（『細川家』五〇号）、享徳二年六月一二日細川常有寄進状（『細川家』八二号）。

(27)前掲注（2）早島著書。

(28)永和元年一一月二六日阿波国勝浦庄内多奈保領家職半済請文（京都大学文学部日本史研究室編『京都大学史料叢書6　西山地蔵院文書』一―三七号、思文閣出版、二〇一五年）。

(29)早島大祐「西山地蔵院領の形成と展開」（前掲注（28）京都大学文学部日本史研究室編書）。

(30)前掲注（8）文書。

(31)正平一七年一二月一日源某充行状（「紀伊安宅文書」『南北朝』三二九〇号）。

(32)「太平記」巻三十八「和田楠与箕浦次郎左衛門軍事」（『日本古典文学大系　太平記』）。

(33)西尾和美「阿波橘八幡宮神主職と在地勢力―「織原家文書」の分析を通して―」（『四国中世史研究』一四、二〇一七年）。

(34)同前。

(35)「光勝寺縁起略」「扶桑五山記」（『大日本史料』六―五、七一二頁）。

(36)前掲注（33）西尾論文、福家清司「阿南市海正八幡神社所蔵貞和三年三月『某申状草案』」（『四国中世史研究』三、一九九五年）。

(37)暦応二年八月日奉行祖用宛行状写（「阿波国徴古雑抄所収橘浦八幡宮文書」『南北朝』八八五号）。前掲注（33）西尾論文により一部を改めている。

(38)高橋一樹「中世権門寺社の材木調達にみる技術の社会的配置―中世前期を中心に―」（『国立歴史民俗博物館研究報告』

一五七、二〇一〇年）は、造営用材の流通が展開するなか、一三世紀中葉以降に阿波材木がブランド化していったことを指摘している。

(39) 建武三年五月一五日細川和氏・顕氏連署奉書案（「阿波菅生文書」『南北朝』三六〇号）。

(40) 「阿波国摩尼珠山高越寺私記」（阿波国徳島蜂須賀家文書『阿波国寺々記録』、国文学研究資料館収蔵歴史アーカイブズデータベース）。

(41) 長谷川賢二「山岳霊場・阿波国高越寺の展開」（同『修験道組織の形成と地域社会』岩田書院、二〇一六年、初出二〇〇九年）。

(42) 「願勝寺歴代系譜」（『郡里町史』郡里町史編集委員会、一九五七年）、「名東名西麻植三郡村名古城跡寺院成立幷旧跡書」（阿波国徳島蜂須賀家文書、国文学研究資料館収蔵歴史アーカイブズデータベース）。「願勝寺歴代系譜」については、長谷川賢二「阿波国の山伏集団と天正の法華騒動」（前掲注（41）同著書、初出一九九五年）を参照。

(43) 延文二年四月七日御使良重寄進状写（「阿波国徴古雑抄所収焼山寺文書」『南北朝』二八八六号）、暦応四年九月一三日沙弥性宗寄進状写（「焼山寺文書」『南北朝』一一〇九号）。

(44) 貞和五年閏六月一九日佐伯守安寄進状（「焼山寺文書」『南北朝』一七二六号）。

(45) 福家清司「焼山寺文書について」（『阿波学会紀要』四六、二〇〇〇年）。

(46) 『那賀川町史　上』（那賀川町、二〇〇二年）。

(47) 福家清司「阿波国中世所領研究ノート」（『四国中世史研究』一、一九九〇年）、同「中世阿波における「山」所領とその展開」（『瀬戸内海地域史研究』八、二〇〇〇年）。

(48) 貞和三年三月一七日足利直義裁許状案（「山形大学所蔵中條家文書」『南北朝』一五二一号）。

(49) 貞和二年四月日東寺雑掌光信申状案（「東寺百合文書」『南北朝』一四六三号）。

(50) 佐藤進一『室町幕府守護制度の研究―南北朝期諸国守護沿革考証編― 下』（東京大学出版会、一九八八年）。

(51) 貞和六年二月日東寺雑掌光信申状案（「東寺百合文書」『南北朝』一七九三号）、（貞和六年二月カ）東寺雑掌申状案（「東寺百合文書」『南北朝』一七九四号）。大野庄については、石尾和仁「阿波国大野荘・大野新荘について」（前掲注（15）『阿波・歴史と民衆Ⅲ』）が細川家の南方進出の問題として論じている。

(52) 観応二年九月五日細川頼春預ヶ状（「紀伊安宅文書」『南北朝』二一二八号）。
(53)『阿南市史　第一巻』（阿南市、一九八七年）。
(54) 文和元年一二月二二日某充行状案（「紀伊安宅文書」『南北朝』二四二〇号）。
(55) 前掲注（31）文書。
(56) 山下知之「中世阿波国における広域所領の展開―長講堂領那賀山荘を素材に―」（前掲注（5）『阿波・歴史と民衆Ⅱ』）。
(57) 暦応三年六月一五日足利尊氏寄進状写（「天龍寺造営記録」『南北朝』九七三号）。
(58) 暦応四年一一月一三日高師直奉書案（原田正俊編『天龍寺文書の研究』五四号、思文閣出版、二〇一一年）。以下、『天龍寺』と略記する。
(59) 前掲注（33）西尾論文。
(60) 応永三〇年五月二六日成善書状案（『天龍寺』四〇一号）。
(61) 応永三〇年六月日那賀山雑掌申状案（『天龍寺』四〇二号）。
(62) 小杉榲邨編『阿波国徴古雑抄』（日本歴史地理学会、一九一三年）六一八頁。以下、『徴古雑抄』と略記する。
(63)『徴古雑抄』二〇五頁。
(64) 大村拓生「中世阿波国の木材産出と流通の展開」（地方史研究協議会編『徳島発展の歴史的基盤―「地力」と地域社会―』雄山閣、二〇一八年）は、中世阿波で産出される木材の産地・流通構造について検討し、平安期より北方（吉野川流域）で行われていた「山」所領からの木材搬出が資源枯渇によって停滞をみせ、室町期以降には南方が主力となったことを明らかにしている。
(65) 前掲注（19）「昔阿波物語」。
(66)「城跡記」（『徴古雑抄』）七七二頁。
(67) 永正六年一二月六日宍草次之寄進状（『曹洞宗古文書』九五〇号、山喜房仏書林、一九六二年）。
(68) 阿波攻めについては、須藤茂樹「秀吉の四国出兵と蜂須賀正勝・家政父子の役割」（『四国中世史研究』六、二〇〇一年）、藤田恒春「羽柴秀吉の阿波攻めにおける秀次」（『史窓』四三、二〇一三年）、特別展『中国国分／四国国分―秀吉の

天下取りと智将・蜂須賀正勝―』（徳島市立徳島城博物館図録、二〇一五年）を参照。
（69）天正一一年閏正月日羽柴秀吉禁制（「阿波国社寺文書」『大日本史料』一一―三、五九一頁）。
（70）森脇崇文「資料解説」（前掲注（68）『中国国分／四国国分』）。
（71）天正一三年七月八日羽柴秀次禁制（「勝浦郡本庄村丈六寺所蔵文書」『徴古雑抄』五〇〇頁）、蜂須賀家政書状（「丈六寺文書」『曹洞宗古文書』九五四号）。
（72）前掲注（19）「昔阿波物語」。
（73）「阿淡年表秘録」（徳島県史編さん委員会編『徳島県史料　第一巻』、徳島県、一九六四年）、「対益田豊後守申聞御書」（『御大典記念阿波藩民政資料』徳島県、一九一六年）、「益田豊後一件」「翁物語」（いずれも『徴古雑抄』所収）。
（74）『勝浦郡志』（名著出版、復刻版、一九七二年）には、「元和年中長俊上人来つて真言宗を始めた（中略）中田の奥津家は先祖を左京之進長秀といふ生国は蜂須賀家政と同じく尾張国で家政入国の砌に従ひ来つて徳島に居つたが家政後に中郷に隠居せられるに及んで猶又召連れられ中田村に移つて所の政所役を命ぜられたさうして其の地に居屋敷邸宅を賜つた上に中田村と大原浦の二ヶ所で田地を拝領した」との記述がある。これによると、桂林寺が元和年中（一六一五～二四）に禅宗から真言宗へ改宗したとするが、その契機の一つが蜂須賀家政の隠居であったことになる。残念ながら史料的な根拠は提示されていないが、これに従えば、桂林寺が細川家国菩提寺としての性格を喪失していく様を読みとることができるのではなかろうか。
（75）石尾和仁「長宗我部元親の阿波国侵攻とその伝承化」（『徳島県の中世城館―徳島県中世城館跡総合調査報告書―』徳島県教育委員会、二〇一一年）。
（76）「家成立申上覚」（前掲注（73）『御大典記念阿波藩民政資料』）。
（77）田中文英「中世前期の寺院と民衆」（『日本史研究』二六六、一九八四年）。
（78）衣川仁「日本中世宗教の呪縛」（『洛北史学』一七、二〇一五年）。
（79）徳島大学附属図書館所蔵『蜂須賀家家臣成立書并系図』（徳島大学附属図書館所蔵蜂須賀家家臣団家譜史料データベース）。
（80）山川浩実「蜂須賀氏家臣団の編成」（『徳島県博物館紀要』二、一九七一年）、同「阿波藩家臣団の編成（一）」（『徳島県博物館紀要』三、一九七二年）、同「阿波藩初期家臣団の編成」（『阿波・歴史と風土―金澤治先生喜寿記念論集―』教育出版センター、一九七六年）、同「阿波藩家臣団の編成（二）」（『徳島県博物館紀要』一〇、一九七九年）。

（81）前掲注（3）三好著書。

（82）石井伸夫「中世阿波国沿岸部における城館の立地と港津の支配」（前掲注（75）『徳島県の中世城館』）。

（83）長谷川賢二「阿波国吉野川流域における山伏集団の展開」（前掲注（41）同著書、初出一九九八年）。

（84）衣川仁「徳島藩駅路寺制に関する一考察」（『徳島大学総合科学部人間社会文化研究』一六、二〇〇九年）。

（85）近世の縁起や由緒書に埋もれた中世の「史実」を掘り起こす方法論や具体的な作業については、丸山幸彦が精力的に進めている。同「由緒書からみた転換期の四国山地―蜂須賀氏入部をめぐる虚と実―」（『史窓』四〇、二〇一〇年）などを参照。

近江守護佐々木六角氏と禅院・律院

大河内勇介

はじめに

室町幕府の成立後、各国の守護が分国の守護所を拠点にして支配を進めていたことはよくしられるが[1]、近年、守護が分国や京都に創建した禅院に注目し、その宗教的機能だけでなく政治・経済的機能や、禅院を媒介にした都鄙交流を分析し、守護の分国支配や中世後期の社会構造を捉え直す試みがなされている[2]。

本稿では、そうした試みを踏まえつつも、そこで扱われたのが斯波氏・細川氏・赤松氏・山名氏という有力守護の事例のみで、守護創建禅院に関する研究蓄積が乏しいという現状に鑑み、筆者がフィールドとする近江の守護である佐々木六角氏の事例を検討し、守護創建禅院研究の総合化への寄与を図りたい。

最初に佐々木六角氏について確認しておこう。鎌倉時代、宇多源氏佐々木氏は近江で勢力を伸張して守護を務めたが、一三世紀後半に信綱の子息四人が分流、そのうち三男泰綱が惣領となり、この系統が京都の六角東洞院に居館を持ったことから、六角氏と呼ばれるようになった。六角氏は室町幕府のもとでほぼ一貫して近江守護を務め、居館・居城のある近江南部を中心に分国支配を進め、京都に比較的近いという地理的条件に恵まれて中央政権との交流も盛んであった。守護の分国支配や中世後期の都鄙関係を検討するうえで有効な素材といえよう。

ただ、従来の研究では、六角氏式目を中心にして、戦国期における六角氏の権力構造や政治動向に注目が集まる傾向が強く[3]、宗教的な観点から六角氏を捉える研究は少ないようである。わずかに戦国期における六角氏と天台宗寺院の関係を論じた研究はあるが[4]、六角氏と禅院の関係となると、専論は皆無であり、滋賀県内の自治体史で散発的に言及される程度である。あえていえば、大正一一年（一九二二）の『近江蒲生郡志』が最も詳しい叙述であるが、現在の研究状況を踏まえると、改善すべき点が散見する。したがって、『近江蒲生郡志』を批判的に検討しつつ、六角氏が創建した禅院につき、創建年代・所在地・宗派などの基礎的事実を確定することから始めなければならない。

表　佐々木六角氏歴代当主の生没年・戒名

名　前	生没年	戒　名
六角泰綱	1213〜1276	西光寺殿生西
六角頼綱	1242〜1310	寂光寺殿崇世
六角時信	1306〜1346	大光寺殿別渓玄派
六角氏頼	1326〜1370	金剛寺殿雪江崇永
六角義信	1349〜1365	大善寺殿大振崇綱
六角満高	1365〜1416	大慈院殿宝山崇寿
六角満綱	1401〜1445	龍雲寺殿貞山宗岱
六角持綱	？　〜1445	西蓮寺殿瑞岳宗勝
六角久頼	？　〜1456	祥光寺殿融山周恩
六角高頼	1462〜1520	龍光院殿嘉山宗椿
六角氏綱	1492〜1518	雲光寺殿日山宗左
六角定頼	1495〜1552	江雲寺殿光室承亀
六角義賢	1521〜1598	梅心院殿祥嶽承禎
六角義治	1544〜1612	覚園院殿鷗菴玄雄（天英雄公とも）

※生没年・戒名は最も信頼できる系図である『寛永諸家系図伝』・『寛政重修諸家譜』を基本としながらも、その他の系図や、『近江蒲生郡志』、滋賀県立安土城考古博物館編『近江源氏と沙沙貴神社』、佐々木哲『佐々木六角氏の系譜』などの記述から補った。

そうした作業を進める際、手掛かりの一つとなるのは、六角氏歴代当主の戒名であろう。戒名の寺殿号や院殿号に登場する寺院は、菩提を弔うなど、故人と何らかの関係を持つ寺院と想定される。そこで、六角氏の泰綱から義治までの歴代当主の生没年・戒名を【表】にまとめてみた。この表を手掛かりとしながら検討を進めていく。

本稿では、如上の問題意識と分析手法によって、六角氏と禅院の関係を通時的にみていく。第一章では、その大きな画期と考えられる、南北朝期の六角氏当主である氏頼の事例を取り上げる。続く第二章では、氏頼による禅院・律院の建立・整備を受けて、禅院・律院が大きく展開した室町期の状況をみる。最後の第三章では、戦乱によって焼失した禅院・律院が再興を遂げた戦国期の状況をみていく。

第一章　六角氏頼と禅院・律院

鎌倉期における六角氏歴代当主の戒名については、泰綱が西光寺殿生西、泰綱の次男である頼綱が寂光寺殿崇世、頼綱の末子である時信が大光寺殿別渓玄派と伝わるが、残念ながら、それらに登場する西光寺・寂光寺・大光寺は詳細不明である。

ようやく、南北朝期の氏頼の代になって六角氏と禅院・律院の関係を示す史料があらわれる。

そこでまずは氏頼の活動全般について確認しておこう。氏頼は嘉暦元年（一三二六）に時信の長男として誕生した。幼くして家督を継ぎ近江守護となって尊氏方として転戦した。しかし、観応二年（一三五一）に観応の擾乱が起こると、尊氏派・直義派のどちらにつくか去就に迷い、わずか二六歳で出家して崇永と号し、近江守護を退いた。擾乱後は、文和三年（一三五四）に近江守護に再任され、以後、尊氏や義詮に従って各地で軍功を挙げ、目覚ましい活躍を遂げたことは有名である。[5] また、当時の六角氏の領国支配については、当主のもとに内談という評議機関があり、当主の命が奉行人を通じて郡奉行に伝達される極めて整然とした統治機構が存在し、さらには国人を広く被官化して大きな軍事力を有していたことが明らかにされている。[6]

他方、そうした氏頼の政治面・軍事面での活躍に比して、氏頼の禅院・律院政策については、必ずしも注目されてこなかったが、いくつかの史料が残存しているうえ、六角氏の禅院・律院政策を考える際に非常に重要であると考えられる。そこで以下では、氏頼が大きく関わった禅院について順番にみていこう。

①金剛寺

金剛寺については、一般的に、氏頼が六角氏居館のあった金田（現：近江八幡市金剛寺町）の地に父時信の菩提を弔うために創建した禅院とされている。金剛寺が時信の菩提寺であるという通説は、『近江蒲生郡志』の以下の記述にもとづくものであろう。すなわち、「氏頼は父時信の為に金田の地に其菩提寺を建つ、金剛寺は氏頼が遁世の翌年なる正平七年・文和元年〔一三五二〕に創建せし所にして亡父の七年に相当す」(7)とある。

だが、この記述の根拠となった以下の史料をみると、通説は成立しがたい。

【史料1】(8)

御書謹拝見仕候了、
抑接本房主因幡阿闍梨下向之事、返々めつらしく存候、就其　八幡宮造営事、殊難有存候、是非以万可成功候、凡　八幡宮一社造営仕候ハんと多年大願候、雖然自然于今無其義之処、如此勧進幸と覚候、大方陣中旅所之間、只今料足悉不調候、先少々進之候、
一、去八月より于今戦場之間、辛苦可有御察候、無力宿因候歟、雖然万般存此道、一味任先縁、此外別不存委曲候、地蔵菩薩幷五十五善知職(識)毎朝致焼香礼拝候、
一、当年者慈母七年、国師御忌候、随分可為善根之由存候、生涯大事と存候、此合戦令静謐候者、相構て御下向候て、如此事預御合力候者、併本願可成就候、
一、如雄菴主十王経絵大願之由被仰候間、絵分者身檀那ニ成て候、哀々十輪経開板仕候ハ、やと念入候、
一、金剛寺造営事、大略遂土木功候、

臨川寺三会院主無極和尚、於于当門下者、国師御名残と存候間、此和尚御存命之時、為導師本尊寺中為供養度候、幷蔵経少々已御座候間、以三宝供養、国師幷慈母報恩徳度候、如此次第、八幡大菩薩依御加護、相構て可成立候、凡末世之躰、真俗共事与意皆相違事等候間、存外之次第候、雖然以三宝冥助所仰候也、千万難尽候間、令略候、恐惶謹言、

正月廿七日　　　　　　　　　　　　　崇永（花押）

本史料は正月二七日付の崇永（氏頼）の書状である。残念ながら宛先は不明であるが、摂津国の勝尾寺に伝来したものである。内容については、八幡宮造営につき勧進僧が下向した際、氏頼が陣中であるためまずは少額しか対応できないと述べたもので、加えて、身辺の宗教事情を知らせたものである。

年紀については、まず、観応二年（一三五一）六月二五日に氏頼が出家して崇永と号したこと[9]を踏まえると、観応三年以降である。そのうえで、『近江蒲生郡志』は、①文中に「国師御忌」とあることから、氏頼の参禅した夢窓疎石が示寂した観応二年九月三〇日[10]の翌年である観応三年と比定し、②その年がちょうど時信の七回忌に当たるので、文中の「慈母七年」は「慈父七年」の誤りと推定し、この年に大略造営された金剛寺は時信の菩提寺とするのである。

しかし、①については、「国師御忌」とあるだけなので、夢窓の三回忌の文和二年（一三五三）や、七回忌の延文二年（一三五七）などの可能性も捨てきれない。なお、文中に「臨川寺三会院主無極和尚」「御存命之時」とあるので、無極志玄（夢窓の法嗣）が没する延文四年二月一六日[11]以前であることは確実である。したがって、②については、時信の七回忌に当たる年だとは必ずしもいえなくなる。また、仮にそうだとしても、「慈母」を「慈父」に読み替えるのはかなり危険ではないだろうか。素直に読めば、ここでは「慈父」の時信ではなく、「慈母」の氏頼母（長井宮内大輔大江時千女）[12]が夢窓・無極や金剛寺の造営との関連で話題に挙げられている。すなわち、氏頼

は、夢窓の御忌、母の七回忌にあたり、両名への報恩のため、大略造営のなった金剛寺において、無極を導師に招いて落慶供養・三宝供養を行う予定と述べているのである。

よって、金剛寺については、氏頼が金田の地に夢窓や母の菩提を弔うために創建した禅院で、創建年代は観応三年から延文四年までとまとめられる。なお、このように考えると、時信の菩提寺は不詳となるが、あるいは戒名に登場する大光寺がそれに当たる可能性もあろう。

②慈恩寺

氏頼が創建した寺院として金剛寺とともに有名なのが慈恩寺である。慈恩寺については、一般的に、氏頼が氏神佐々木宮周辺の地（現：近江八幡市安土町慈恩寺）に母の菩提を弔うために創建した禅院とされている。この根拠はやはり『近江蒲生郡志』の以下の記述である。「当寺は佐々木氏頼入道崇永が慈母菩提の為に建立せし処にして一に威徳院とも称す、其創立年代詳ならざれども氏頼が父の菩提寺金剛寺を建てしより後なり、されば延文康安〔一三五六〜六二〕の頃ならん。氏頼は夢窓国師に参禅して入道せし人なれば当寺も必ず臨済の禅刹なるべし[13]」とある。

しかし、『近江蒲生郡志』が慈恩寺を氏頼母の菩提寺とする点や、創建年代を延文康安とする点、宗派を臨済とする点については、史料をみる限り疑問がある。

まず、『近江蒲生郡志』が引用した史料は『寛永諸家系図伝』で、その氏頼の注記に「慈恩寺戒律本願也、為亡母十三年忌造立塔幷金剛寺威徳院三箇寺本願也[14]」と書かれている箇所である。しかし、ここで氏頼母に関して確実に読み取れるのは、氏頼が亡母の十三回忌のために塔を造立した点である。この点は永源寺の寺誌である『瑞石歴代雑記』のなかの記載で[15]、氏頼が亡母の菩提を弔うために一三か所に寺塔を造立したという点と一致する。

慈恩寺に関しては、むしろ、「慈恩寺戒律本願也」とあるように、戒律のための寺院であることに注意すべきであろう。さらに、『瑞石歴代雑記』では、「慈恩律寺」と記されている点や、氏頼が死に臨んで本朝戒律の守護神となって子孫の相続を誓い、死後は勝山権現と号して勝山社に祀られ、その勝山社が慈恩寺内に建てられて御霊官と称されたと記されている点からしても、[16]慈恩寺は戒律を重視する律院であろう。

また、慈恩寺の創建年代については、従来見落とされがちであるが、『寛永諸家系図伝』の佐々木定綱の注記に「慈恩寺西御堂之本願」とあることから、[17]平安末期〜鎌倉初期に佐々木氏の惣領で佐々木荘を領した定綱が、その中心地である佐々木宮の周辺に慈恩寺西御堂を創建していたとみられる。この点は同地で鎌倉時代の寺院遺構が発掘されていることとも一致する。[18]

したがって、鎌倉時代にはすでに佐々木宮周辺の地に慈恩寺が存在し（宗派は不明）、氏頼が戒律を重視する律院として慈恩寺を整備しつつ、その子院と思われる威徳院も設けた[19]と捉えておくのが妥当であろう。さらに、亡母の菩提を弔う寺塔を慈恩寺内に創建した可能性もあろう。

慈恩寺の性格については、以上のようにまとめられるが、加えて、氏頼の死後は、氏頼の菩提を弔う菩提寺としての性格も付け足された点が重要である。

京都の本法寺が所蔵する金銅宝塔には、「施入　江州慈恩寺舎利塔　供養七月十一日　応安三年庚戌六月二日大檀那当国太守雪江崇永　住持興算大徳　銅塔大工覚性」とあり、[20]氏頼は死の直前の応安三年（一三七〇）六月二日に慈恩寺の舎利塔を作成しており、氏頼の死後の七月一一日に供養が行われたとわかる。ここでは氏頼と慈恩寺の深い関係が読み取れよう。

氏頼は六月七日に没し、[21]享年四五であった。義堂周信（夢窓の法嗣）の日記『空華日用工夫略集』には、「六月廿四日、芳庭和尚来告上京、将弔六角殿、先著江州金剛寺、遂当達于洛城、蓋佐々木崇永、字雪江、世寿四十五、薨京之甲第、闍維于江州慈恩律寺」[22]とあり、氏頼は京都の居館で没し、その遺骸は近江の慈恩寺に運ばれて茶毘にふされた。また、禅僧芳庭法菊は氏頼とよほど交流が深かったのか、氏頼を弔うために鎌倉より上京し、途中、近江の金剛寺に立ち寄っていた。さらに、応安五年に氏頼の三回忌法会が慈恩寺で実施され[23]、永徳二年（一三八二）に氏頼の十三回忌法会が慈恩寺と京都の大慈院（後述）で修された[24]。慈恩寺は氏頼が茶毘にふされた場所で、氏頼の菩提寺として位置づけられていたのであろう。現在でも、慈恩寺の跡地に建つ浄厳院には、氏頼の塔墓が存在するのである。

なお、氏頼の戒名については、『瑞石歴代雑記』では、「金剛寺殿雪江崇永大居士」[25]とあり、氏頼が夢窓や母の菩提を弔うために創建した金剛寺となっているが、一方、氏頼の注記で「寺曰大慈恩寺」[26]とあるように、氏頼の寺といえば、氏頼が戒律興行のために整備し、自身が茶毘にふされ、菩提が弔われた慈恩寺を指すのであった。

③永源寺

永源寺の歴史については、すでに『永源寺町史』に詳しくまとめられているので、本稿ではそれを踏まえて氏頼と永源寺の関係をみていこう。

永源寺は氏頼が創建した禅院である。六角氏居館のあった金田からすれば東方、しかもかなりの遠方に位置し、愛知川上流の高野（現：永源寺町高野）にある。

『瑞石歴代雑記』や寺宝の古文書によれば[27]、延文五年（一三六〇）、氏頼は桑実寺を訪れた禅僧寂室元光に深く帰依し、山水明媚としてしられる奥島と雷渓を献じ、寂室は山居隠遁に適した雷渓に入った。翌年、氏頼は雷渓の地に永源寺を建立し、寂室は開山となった。寺号は氏頼の法名崇永から永を、六角氏が源氏であることから源をとって合わせたものだという。氏頼は衆僧御時料分として土地を寄進するなど永源寺の保護に努めた。寂室は師の中峰明本の山居隠遁の禅風を受け継ぎ、将軍からの京都天龍寺などへの招請に応えず、永源寺に隠棲しつづけた。永源寺には寂室を慕った衆徒二〇〇〇人が集ったとされる。貞治六年（一三六七）、寂室が亡くなる直前に弟子へ書き残した遺誡[28]には、自身の死後は永源寺を土地の人に与えるべきだが、土地の人が固辞した場合は永源寺を「安禅弁道」（坐禅修行）の道場として存続させよとあり、永源寺は山居隠遁して禅道修行に専念する道場として位置づけられていたようである。

すなわち、永源寺は氏頼と寂室の個別的関係にもとづき成立した禅院で、愛知川上流の高野という山奥に位置し、禅僧の山居隠遁的修行の道場として機能していたのである。

その他、氏頼と寂室・永源寺の関係がわかる史料としては、（貞治五年）極月二四日付華蔵寺宛寂室元光書状[29]があり、そこでは、氏頼が「強敵」すなわち斯波高経と対陣しており、片時も閑暇がないにもかかわらず、常々寂室を扶持したいと連絡を寄越してくれて至極感謝していると記されており、氏頼がいかに寂室を慕っていたかが読み取れよう。また、（応安元年［一三六八］）八月二八日付一公侍者禅師宛六角氏頼書状[30]では、氏頼が寂室の高弟である定岩乾一に対して、寂室へ禅師号が下賜されることを伝え、永源寺僧衆の寂室一周忌法要の準備を労い、住持を談合のうえ決定して寺を連々興行してほしいと述べている。氏頼は寂室死後もその弟子たちを気にかけ、永源寺の興行を願っていたのであった。

なお、現在、永源寺の境内には勝山社が鎮座しており、これは先に述べたように本朝戒律の守護を願った氏頼を祀ったもので、慈恩寺では御霊官と称されたものである。また、永源寺の方丈内には氏頼の位牌も祀られている。勝山社や氏頼の位牌がいつごろから永源寺にあったのかは定かではないが、永源寺は氏頼と深い関係のある寺院であったことは間違いない。

④永明寺

永明寺については、一般的に、六角氏居館のあった金田周辺の西庄（現：近江八幡市西庄町）に所在した禅院（尼寺）とされる。

『近江蒲生郡志』[31]は、享保二年（一七一七）に永源寺僧が記した釈迦牟尼仏略縁起に、氏頼が永明寺を創建したと記されていると述べる一方で、後世の史料であるとしてその内容を否定している。その上で、佐々木系図に登場する泰綱の二女が「号西庄殿」[32]とあり、これを佐々木氏過去帳の「永明寺方丈高巌大姉」[33]に同定し、泰綱二女が永明寺を創建したと説明するのである。

ただ、『近江蒲生郡志』の見解もすぐさま了承することはできない。というのも、「永明寺方丈高巌大姉」は、氏頼やその子息で早世した義信、氏頼の弟山内信詮やその子息の義重・詮直の後に記され、京極道誉の前に書かれているというように、彼女はむしろ氏頼に近い世代の人物と考えられるからである。とすれば、永明寺は少なくとも南北朝期に存在していたことがわかるのみである。この点は、現在、西庄の円光寺に永明寺の本尊とされる南北朝期の塑造釈迦如来坐像が伝来することとも一致する。[34]

残念ながら、これ以上は詰められないのであるが、ひとまず、永明寺については、氏頼が西庄に創建した禅院（尼寺）との伝承を持ち、少なくとも南北朝期に存在した寺院としてここに掲げておく。

⑤大慈院

大慈院については、あまり注目されてこなかったが、「六角佐々木殿所建、為三会院之別院」[35]とあるように、六角氏が創建し、臨川寺の院家かつ夢窓の塔所である三会院の別院に当たる。貞治五年（一三六六）には『空華集』に「寓于六角大慈精舎」[36]とあり、義堂が大慈院にいたことがわかるので、それ以前の創建であることは間違いない。夢窓との関係性からいえば、氏頼が創建した蓋然性が高いであろう。大慈院の場所については、発掘成果から、京都の六角高倉周辺とされ[37]、六角氏居館がある六角東洞院のすぐ近くである。六角氏と大慈院の密接な関係とともに、六角氏の京都における信仰の拠点として大慈院が存在していたと推定される。

氏頼の死後になるが、永徳二年（一三八二）に「乃佐々木亀寿殿、以大慈院付余之状也[38]」とあり、氏頼の子息満高が大慈院を義堂に付した。同年には、先述したように、氏頼十三回忌法会が近江の慈恩寺とともに京都の大慈院でも実施された。この点からすると、研究史上では、近江の慈恩寺が国菩提寺の中心で、京都の大慈院が京菩提寺とする捉え方も可能であろう。ともあれ、六角氏においても、都鄙の両方に菩提寺が成立していたことがわかる。

ここまで、氏頼と禅院・律院の関係を検討してきた。その結果をまとめると、氏頼は、①六角氏居館のあった金田に金剛寺を創建し、夢窓や母の菩提を弔い、②氏神佐々木宮周辺にあった慈恩寺を律院として整備し、戒律の興行を図り、死後はそこで荼毘にふされて菩提を弔われ、③愛知川上流高野の山奥に永源寺を創建し、禅道修行の道場とし、④金田付近の西庄に永明寺なる禅院（尼寺）を創建したとの伝承を持ち、⑤京都の六角氏居館の側近くに大慈院を創建した蓋然性が高く、死後はそこで菩提を弔われた、となる。このように、氏頼期は、分国に複数の禅院・律院が創建・整備され、京都にも禅院が創建されるなど、都鄙にわたって禅院・律院が興行された時期と判明する。

その他、ここで、氏頼の禅宗・律宗に関わる動向も確認しておこう。氏頼は、禅僧龍泉令淬とも交流があり、ともに佳会を催したことや、貞治四年（一三六五）に子息義信が早世した際に龍泉から弔偈を贈られたことがしられる[39]。なお、義信の戒名は大善寺殿大振崇綱であるが、この大善寺は不明である。また、氏頼は、禅僧との交流の他、『景徳伝灯録』や『五灯会元』などの禅書の刊行に尽力したことや、[40] いわゆる「崇永版」と呼ばれる大般若経の願主となっていたこともしられる。[41] さらに、貞治三年六月以前に「佐々木判官為禅律二教総官」[42] とあり、幕府の禅律方頭人に任命され、応安元年（一三六八）二月に、幕府の「禅律内談始」[43] にも参加していた。禅律方は幕府が禅院・律院を保護・統制するための機関で、その頭人はまさに禅宗・律宗に造詣の深い氏頼に適した職務であった。氏頼も単に分国だけにとどまらず、全国レベルでの禅院・律院の情報を聞くことができたと思われる。そして、応安三年に氏頼が没した際、公家の三条公忠が「当時於武家聊敬仏神知道理者也、可惜々々、天下衰微之第一也[44]」と述べており、氏頼は当時の武家で仏神を敬い道理をしる者としてその死を惜しまれたのであった。氏頼期の禅院・律院興行の背景には、当時の禅宗・律宗の隆盛だけでなく、氏頼の人となりという部分もたぶんにあったと考えられよう。

以上、氏頼の禅宗・律宗に関わる動向や、都鄙における禅院・律院の興行を踏まえると、単に史料の残存度という問題よりも、実質的に氏頼期が六角氏の禅院・律院政策の大きな画期であったと評価できよう。

第二章　六角満高〜久頼期の禅院・律院

それでは、氏頼による禅院・律院の興行を受け、次代の満高期以降の禅院・律院はどのような展開を遂げたのであろうか。本章ではその点を確認する。まず第一節では、ここまでみてきた禅院・律院の動向を確認し、続く第二節では、歴代当主の戒名にみえる寺院を検討する。なお、応仁文明の乱・将軍親征などの戦乱によって禅院・律院が焼亡する高頼期を一つの区切りとみて、本章ではその前の久頼期までを取り上げる。

第一節　禅院・律院の展開

第一章で述べた①金剛寺、②慈恩寺、③永源寺、④永明寺、⑤大慈院の動向につき、順番に確認していく。

①金剛寺

金剛寺については、今枝愛真によれば、近江の安国寺と推定され、永享八年（一四三六）以前には諸山に列していたとされており、[45] 近江の禅院のなかで重要な位置にあったと思われる。

第一章では、氏頼が金剛寺で夢窓と母の菩提を弔うため、無極を導師に招こうとしていたことに触れたが、その後も、黙庵周諭（夢窓の法嗣）が金剛寺に住し、のちに京都の等持寺へ入ったことや、[46] 絶海中津（夢窓の法嗣）に師事した天錫成綸がはじめ金剛寺に住し、のちに鎌倉の円覚寺や京都の天龍寺に入ったことなどが確認でき、[47] 著名な禅僧が金剛寺に入寺していたことがわかり、都の禅院と金剛寺との交流も想定されるところである。

その後は、相国寺鹿苑院蔭凉軒主が記した『蔭凉軒日録』には、永享八年三月六日に金剛寺の新住として俊哲首座が任命されたこと、[48] 永享一一年三月二八日に金剛寺から納豆の献上があったこと、[49] 長禄二年（一四五八）八月二二日に金剛寺の栄首座が相国寺に転じたことなどが記されており、[50] 相国寺と金剛寺の交流、すなわち、都鄙の禅院の間で交流が続いていたことを確認することができる。

②慈恩寺

慈恩寺についてまず注目されるのは、第一章で述べた氏頼施入の金銅宝塔に登場する慈恩寺住持の興算大徳である。この興算は、明徳二年（一三九一）四月一日付藤原直親置文[51]に南都西大寺御門弟佐々木慈恩寺長老興算大徳と出てくる人物で、南都西大寺と交流のある律僧であった。また、同文書では、興算の御力を仰ぎ、その御弟子である僧祐算が近江国栗太郡矢橋郷（現：草津市矢橋町）の石津寺なる律院で戒律を興行したことも判明する。すなわち、当時、南都西大寺系律宗の慈恩寺は近江での律院の普及に重要な役割を果たしていたのである。

他方、慈恩寺は氏頼の菩提を弔う寺院であり、六角氏との繋がりが強固な寺院でもあった。

まず、筒井神社（現：永源寺町蛭谷）に伝来する大般若経には、「于時応安五年壬子於江州慈恩寺僧坊依栖崎禅閤元理御勧進、十月晦日立筆十一月九日遂書写之功畢、然而彼時分、当国之軍兵勢州発向、十月之比者同国垂水山之陣中之由風聞、且為陣中之祈祷、且為勧進之素意、雖為無双悪筆、為□界平等利益如形令書写□、金剛仏子宥海[52]」とあり、応安五年（一三七二）に慈恩寺の僧坊で栖崎禅閤元理の勧進によって金剛仏子宥海が大般若経を書写し、六角氏の軍勢の戦勝祈願が行われていた。

また、同年に「仍三村庄一方分慈恩寺知行之間[53]」とあり、慈恩寺が東寺領三村荘（現：近江八幡市）の一方分を知行しており、後年の応永一七年（一四一〇）には「於本家役半分年貢者、守護方致知行、無左右寄進慈恩寺守護方私寺云々畢[54]」とあり、慈恩寺が六角氏から寄進を受けており、「守護方私寺」と呼ばれるほど六角氏との繋がりが強固な寺院として認識されていたことがわかる。

さらに、応永一五年に慈恩寺の讃岐房（宇野教林）が三村荘の東寺方の代官に就任した[55]。彼は以前から「地下所務」を取り仕切っており、「地下之案内者」として認められていたのであった。室町期の禅律僧が荘園経営のノウハウを習得して代官請を行っていたことは有名であるが、そうした動向と関わるものと思われる。また、彼は当然ながら守護方の情勢に通じており、守護方と交渉して東寺領の安定のために奔走していた[56]。慈恩寺は守護から寄進を受けて寺領を経営しつつ、隣接荘園の代官も輩出していたわけである。

まとめると、慈恩寺は南都西大寺と交流しつつ近江での律院の普及を進める一方で、氏頼の菩提を弔い、六角氏の軍勢の戦勝祈願を行うなど、六角氏との繋がりが強固な寺院であり、同氏の庇護を得て寺領を集積・経営し、荘園代官を輩出するなど、目覚ましく活動していたのである。

③永源寺

永源寺については、禅道修行の道場として機能しており、六角氏をはじめ諸方から土地の寄進を受け、寺領を拡大させていた。

そのさなか、永徳三年（一三八三）に三代将軍足利義満が永源寺を祈願寺に認定するとともに、(57)永源寺住持に対して愛智郡池庄（現：東近江市池庄町）名田以下一二か所の寺領を安堵した。(58)これはいわゆる将軍家祈願寺認定に伴う寺領の安堵であろう。(59)永源寺は六角氏だけでなく将軍の庇護も得て寺領経営を進めていたのである。その後、寺領に違乱が生じた場合は、室町将軍家御教書が発給され、六角氏に対して寺領を保全するように命令が出された。(60)また、先の義満の事例を先例として、四代将軍足利義持・八代将軍足利義政・一〇代将軍足利義材からも寺領安堵や諸役免除を得ていたことも確認できる。(61)

永源寺は六角氏や将軍などの庇護を得ながら寺領を集積・経営していたのである。

④永明寺

永明寺についても、長禄二年（一四五八）六月二一日に寺領安堵の御判の申請が蔭涼軒主の季瓊真蘂から将軍足利義政へと出されており、(62)長禄三年一一月八日には寺領に関して義政から指示が出されたことから、(63)将軍の庇護を得ていたと考えられる。

⑤大慈院

最後に、京都の六角氏居館の側近くにあった大慈院についてみていこう。

第一章で述べたように、永徳二年（一三八二）に満高が大慈院を義堂に付し、満高が施主となって氏頼十三回忌法会を営んだ。その法会には、義堂・春屋妙葩（夢窓の法嗣）などの禅僧、元応寺・園城寺などの天台僧、近江の金剛寺や慈恩寺・威徳院の禅僧・律僧など、「僧衆三百余人」[64]が集まっており、大慈院は法会に際して都鄙の僧が集まって交流する場となっていた。

また、大慈院は日常的にどのような場であったか。この点に関しては、関西剛康の義堂時代における禅宗庭園の機能と認識に関する研究が注目される。[65]その研究では、鎌倉の瑞泉寺、京都の常在光寺・西芳寺・大慈院・等持寺・天龍寺の庭園を事例にして、禅宗庭園が坐禅修行の場としてだけでなく、詩作や景観の場として展開したことによって、公家・武家・禅僧のサロン的交流の拠点となっていたことが明らかになっている。とくに、大慈院については、至徳元年（一三八四）に将軍足利義満が大慈院の梅亭に扁額を揮毫し、その庭園をみて「好山水」と賞するとともに、梅亭では和漢聯句が試作され、義満だけでなく、二条良兼・二条良基の公家、義堂・春屋・太清宗渭の禅僧らが和漢聯句に参加していたことが紹介されている。

さらに、本稿で付け加えたいのは、大慈院における六角氏やその家臣の動向である。満高らは、年始・七月一五日（施餓鬼）・九月二一日（夢窓忌日）・年末など、たびたび大慈院の義堂を尋ねており、あるいは逆に、義堂が六角氏居館に赴くこともあった。[66]また、義堂は満高家臣の伊庭・三井の相論の仲裁をしたり、満高らに佐々木話や治国治心の大要を講じていたりしていた。大慈院は六角氏にとって信仰面だけでなく政治面でも重要な拠点となっており、先に述べたように都の公家・武家・僧と交流しうる拠点にもなっていたと思われる。なお、満高の戒名はこの大慈院であり、満高と大慈院の深い関係がうかがわれよう。

その後、長禄二年（一四五八）に大慈院檀那六角（時綱子息の政堯）が禅僧維馨梵桂に大慈院を与えようとしたが、幕府は大慈院が義満・義堂の崇敬の場所であることからそれを許可しなかったことが確認でき[67]、大慈院と六角氏の関係が続いていたことを確認できる。

以上、本節の内容を大まかにまとめておこう。まず、分国の禅院・律院については、各々が菩提供養・禅道修行・戒律興行などの基本的な機能を果たしつつ、都の寺院と交流したり、六角氏や将軍などから庇護を受けて寺領を集積・経営していたりする事例がみられる。寺領の集積・経営という点は、禅院・律院が領主として存在感を高めてくる室町期荘園制の一コマと捉えることができよう。他方、京都の大慈院については、六角氏にとって信仰的にも政治的にも重要な拠点であり、都の公家・武家・僧と交流しうる拠点にもなっていた。六角氏における都鄙の禅院・律院は全体として発展していたと評価できよう。

第二節　歴代当主と戒名にみえる寺院

ここでは、すでに言及した満高以外の当主の動向と、戒名にみえる寺院について確認していこう。

①六角満綱―龍雲寺、六角持綱―西蓮寺

満高の子息満綱の龍雲寺、満綱の子息持綱の西蓮寺については、『近江蒲生郡志』に「満綱及び其嫡子持綱が弟時綱の為に殺されし後満綱の菩提寺龍雲寺持綱の菩提寺西蓮寺共に建立せられたり、終焉の地は佐々木庄威徳院なれども父子両菩提寺は京都に建てられたるが如し[68]」とある。

文安二年（一四四五）正月、満綱とその嫡男持綱は、持綱の弟である時綱と彼を擁立した被官の蜂起によって自害に追い込まれた[69]。これを文安の乱と呼ぶ。満綱・持綱の終焉の地は系図類で威徳院と記されており[70]、実際に彼らを弔ったと伝承される五輪の塔も跡地の浄厳院に存在する。しかし、『近江蒲生郡志』が述べるように、満綱の龍雲寺、持綱の西蓮寺が京都に存在したかどうかは再考の余地がある。

『近江蒲生郡志』の根拠は、「慈照院文書」天文一六年（一五四七）一一月二三日付室町幕府奉行人連署奉書の「龍雲寺領洛中北五条坊門、東京極、南高辻、西富小路四町之事、多田民部少輔久頼寄進当寺無紛之処[71]」という箇所であるが、この史料によれば、龍雲寺は京都に所領を持っていたことしかわからない。

一方、『鹿苑日録』天文七年一一月一日条以降、近江の龍雲寺から相国寺鹿苑院へ使者が派遣され、米や茶が送られたことが散見するので[72]、龍雲寺は近江に所在したとも考えられる。また、『鹿苑日録』天文九年七月七日条には「虎上司上ル、龍雲寺百姓事水原ニ被仰付、海津・西庄両代官江被仰付云々[73]」とあり、龍雲寺は近江の海津（高島郡）や西庄にも所領を持っていたようである。

そこで、龍雲寺と西蓮寺に関して以下の史料に注目したい。

【史料2[74]】

龍雲寺住持職儀預申候、然間同豊浦西蓮寺領之事同前候、所々散在有散合可被全寺務候、猶三塚隼人助可申候、恐々敬白、

（天文一四年）
十二月二日　　（六角）定頼（花押）

延西堂
床下

【史料3】(75)

龍雲寺住持職之事、延西堂被仰付之間、彼寺領幷西蓮寺領其外散在当納先住持納所残分事、悉以延西堂代可致其沙汰、若号先納於私曲輩者、一段可被仰付之由候也、仍執達如件、

天文拾四年十二月二日

忠行（能登）（花押）
高雄（池田）（花押）

龍雲寺領
西蓮寺領
所々散在
百姓中

【史料2・3】は同日付で、関連する内容を扱ったものである。【史料2】は「佐藤行信氏所蔵文書」となっているが、【史料3】が「慈照院文書」であるので、二通はもと慈照院のもので、【史料2】の宛先の延西堂は慈照院の僧であろう。【史料2】については、『近江蒲生郡志』で言及されていないが、これによれば、西蓮寺は近江国蒲生郡の豊浦（現：近江八幡市安土町豊浦）に存在したことは間違いない。豊浦は満綱・持綱の終焉地である威徳院や氏頼の菩提寺である慈恩寺に近い場所で、菩提を弔う場所としてはここが相応しいであろう。また、【史料2・3】によれば、六角定頼が龍雲寺の住持職・寺領を延西堂に預け、西蓮寺も同前という扱いになっており、龍雲寺と西蓮寺の一体性や密接な関係が想定される。

ここまでの点を踏まえると、龍雲寺は近江にあり、豊浦の西蓮寺に近い場所に所在した蓋然性が高いのではないだろうか。

なお、【史料2・3】と同日付で、延西堂に宛てた六角定頼書状がもう一通残っており、それによれば、「京都

名字敷地」（京都の六角氏居館）も延西堂に預けていた。[76] この段階での六角氏と相国寺の関係の深さが読み取れよう。

ともあれ、持綱の西蓮寺は近江の豊浦に所在し、満綱の龍雲寺は近江にあり、西蓮寺周辺に所在した蓋然性が高い。各々の創建年代は不明である。龍雲寺については天文七年には相国寺鹿苑院との交流がうかがえ、龍雲寺・西蓮寺ともに天文一四年には相国寺慈照院に預けられ、末寺的扱いを受けていたと思われる。

②六角久頼―祥光寺

先にみたように、天文年間に六角氏と相国寺の密接な関係を確認できるが、その前史として満綱の末子久頼の動向が注目される。文安二年（一四四五）正月に満綱・持綱が没したが、その三か月後に「今日佐々木遺跡相続者相国寺僧也而還俗了始而出仕云々」[77]とあり、久頼が相国寺僧で、還俗して六角氏の遺跡を継ぎ、幕府に出仕したことがわかる。従来、戦国期の当主定頼が相国寺僧で、還俗して六角氏を継いだことはよくしられていたが、それ以前にも六角氏当主の子息が相国寺に入寺しており、還俗して当主を継いだ事例が存在することに注意しておく必要がある。

久頼は満綱・持綱没後の六角氏の立て直しに奔走したが、康正二年（一四五六）に没した。戒名は祥光寺殿融山周恩である。禅僧天隠龍沢の『天隠語録』の賛によれば、[78] 久頼は生前、いったん仏林に入り、還俗後に近江守護についたが、脱俗の心裏で常に梵宮に住む、まさに有髪の僧であったという。久頼の人柄が偲ばれよう。

また、戒名にみえる祥光寺については以下の史料がある。『蔭凉軒日録』延徳三年（一四九一）八月九日条「一、建仁栖芳軒領江州高島郡内祥光寺同寺領末庵洞雲庵大聖庵等事」で、当時、京都の建仁寺の塔頭である栖芳軒の所領として近江国高島郡内の祥光寺がみえ、[79] 同年一〇月二日条に「六角近江守殿寄附于栖芳軒東沼和尚之状、宝徳元年六月日」とあり、宝徳元年(一四四九)に久頼が祥光寺を栖芳軒の東沼周巖に寄付していたことがわかる。[80]

他にも次の史料がある。

【史料4】[81]

祥光寺洞雲庵以下事、有押妨之族由候、曲事候、及異儀候者、被相副御人数、所務等之儀、栖芳院代仁被申付候者、可為祝着候、如御存知、当寺事先祖菩提所儀候間、不可混自余候、別而可有御入魂候、恐々謹言、

十二月十三日　高頼(六角)(花押)

朽木殿(材秀)

進之候

ここでは、六角高頼が高島郡の領主である朽木材秀に対して、祥光寺等を押妨する者を取り締まり、建仁寺栖芳院の代官に所務を申しつけるように指示している。そして、祥光寺は「先祖菩提所」であるので、自余に混ぜるべきでなく、とくに力を入れてほしいと述べている。高頼からすれば、父久頼の菩提所である祥光寺の保全が重要であったと考えられる。

以上のように、高島郡に所在した祥光寺は、宝徳元年に久頼によって建仁寺栖芳軒に寄進され、のちに久頼の菩提所となったのは間違いない。六角氏当主の菩提寺が本拠のある蒲生郡ではなく高島郡に所在した点は興味深いが、その理由は残念ながら不明である。

また、祥光寺が建仁寺の栖芳軒の末寺、龍雲寺・西蓮寺が相国寺の慈照院の末寺になっていたことを踏まえると、戦国期には六角氏当主の菩提寺の京都五山への末寺化が進展していた様子もうかがえよう。

第三章　六角高頼～義賢期の禅院・律院

本章では、高頼から義賢までの期間の禅院・律院をみていく。第一節では、やはり、ここまでみてきた禅院・律院の動向を確認し、第二節では、歴代当主の戒名にみえる寺院を検討する。

第一節　戦乱と禅院・律院の再興

この時期の禅院・律院の史料をみていくと、応仁文明の乱・将軍親征などの戦乱の影響を示す史料が散見する。これを中心に紹介していこう。

①金剛寺

応仁文明の乱では、京極氏が東軍、六角氏が西軍に分かれ、近江国内で熾烈な戦いを展開した。文明元年（一四六九）に京極持清が観音寺城に結集していた高頼勢を攻め落とし、続く金剛寺の戦いや慈恩寺の戦いでも勝利を収めた[82]。その際、金剛寺は兵火にかかり焼失したが、その後、前東山（建仁寺）始彦（中䴟）和尚を勧進主として再興が進められた[83]。始彦が建仁寺住持を辞したのが文明九年一二月なので[84]、これ以降のことであろう。実際、文明一八年三月二一日に梵寧首座が金剛寺に入院すること[85]、延徳二年（一四九〇）九月二日に中賢首座が金剛寺に入寺すること[86]、永正元年（一五〇四）二月一八日に金剛寺住持賢西堂が鹿苑院に状を送ったこと[87]、天文七年（一五三八）三月一九日に金剛寺の公文につき鹿苑院に問い合わせがあったこと[88]、天文一二年八月一二日に金剛寺住持渓西堂から鹿苑院へ二〇〇銭が贈られたことなど、再興後の金剛寺の活動を確認できる。[89]

他方、長享元年（一四八七）から金剛寺城という呼称がみえ始める。[90] ひとまず、これは金剛寺に隣接する小字古城の城郭遺構を中心とする部分を指すと思われるが、金剛寺一帯が六角氏の重要拠点であったことがうかがえる。その後、延徳三年（一四九一）の将軍足利義材による近江親征の際、「金剛寺成構」とあり、金剛寺に義材の本陣として構が構築され、[91] 明応元年（一四九二）に義材が高頼に代えて六角八郎（高島越中守の子）を守護とした際、「以金剛寺為守護所了」とあり、金剛寺を守護所としており、[92] 金剛寺は軍事的・政治的に利用されていたようである。ただ、こうした金剛寺・金剛寺城は、遺構からすると、一六世紀中頃に縮小・廃絶し、六角氏の居城観音寺城により近い慈恩寺へ移転したと考えられている。[93] なお、その後、永禄一一年（一五六八）、織田信長による近江侵攻の際、金剛寺は焼失した。[94]

②慈恩寺

先述した文明元年（一四六九）の慈恩寺の戦いに加えて、文明三年にも慈恩寺で合戦が行われた。遺構状況からすると、それらの合戦で慈恩寺も焼失し、のちに再興されたと考えられている。[95] その後、延徳四年（一四九二）に、慈恩寺舜首座なる人物や、将軍足利義材方の軍勢が慈恩寺に本陣を置いていたことを確認できるので、この頃までには慈恩寺が再興され、軍事的に利用されていたとわかる。[96] また、定頼が慈恩寺住持の入寺に関して南都西大寺の意見を求めており、[97] 慈恩寺と本寺西大寺の交流が長く続いていたようである。しかし、織田信長による近江侵攻の際、慈恩寺も放火によって焼失し、[98] 信長はそこに浄土宗浄厳院を建立した。

③永源寺

応仁文明の乱が起きると、京都五山文学を代表する禅僧たちが戦火を避けて近江へ避難してきた状況が注目される。横川景三・桃源瑞仙・景徐周麟らは桃源の故郷である近江の市村へ避難し、市村を領した小倉実澄の招きによって戦火を避けやすい永源寺などに寓居し、詩文を作成したり弟子に講義を行ったりした[99]。疎開先の永源寺は当時最先端であった五山文学の拠点の一つとなり、周辺の禅僧に大きな刺激を与えたと思われる。

しかし、明応元年（一四九二）、将軍足利義材による近江親征の際、幕府方の軍勢が芝原（現：東近江市）に着陣[100]、永源寺に至って放火し、永源寺は全焼した[101]。あるいは、六角方の軍勢が永源寺に籠っていた可能性もあるが、ともかく永源寺も戦乱の過程で焼失した。さらに、その直後に幕府が田上（現：大津市）を除く近江国内の永源寺の所領を御料所とした[102]。永源寺は堂舎と所領を同時に失ってしまったのである。

ただ、その後まもなく、永源寺は将軍家祈願寺という由緒ゆえに所領を返付された[103]。また、明応四年になると、高頼は永源寺を再興するために奉加するように命じ[104]、景徐は勧縁疏を書いて再建に助力した[105]。永源寺の再興は一定度進んでいたと思われるが、永禄六（一五六三）・七年に近隣の土豪小倉右近大夫が同族争いから永源寺に火を放ち、永源寺のほとんどが焼失した[106]。そして、本格的な再興は寛永期（一六二四～四四）を待つことになる。

④永明寺

永明寺については、戦乱の影響があったか否かは不明である。ただ、天文年間にその動向がわかる史料をいくつか確認できるので、ここで紹介しておこう。天文三年（一五三四）に大徳寺大仙院住持の古岳宗亘（一説には久頼の子息と伝えられるが確証はない）[107]が永明寺へ下向し[108]、天文一三年には古岳が院領をめぐって将軍足利義晴に下知状を申請した際、それに協力した定頼の使者として永明寺永昌が諸方と交渉していた[109]。また、天文二三年には「江州路蒲生郡源福山永明尼寺」の住持である続宗永紹尼が示寂した際、禅僧仁如集堯が大供養の大導師を務めたことがしられる。[110] なお、その後、織田信長による近江侵攻の際、やはり、永明寺も兵火にかかり焼亡したが、まもなく再興され、宝永元年（一七〇四）まで存続したとされる。[111]

⑤大慈院

大慈院については、応仁元年（一四六七）九月一三日、西軍に与した高頼が大慈院に陣取って東軍と対峙した記事[112]が最後の徴証となる。やはり禅院の軍事的利用を確認できるが、これ以降の大慈院については不詳である。

以上、氏頼期から存続していた禅院・律院の状況を確認してきた。応仁文明の乱以降の戦乱のなか、禅院・律院の多くが焼失し、再興されたことや、軍事的に利用されたり、戦乱を避ける疎開先として利用されたりしたことがわかった。禅院・律院も戦乱と無関係ではいられなかったのである。

第二節　歴代当主と戒名にみえる寺院

ここからは、高頼から義賢までの歴代当主の動向と、戒名にみえる寺院について確認していこう。

①六角高頼―龍光院

久頼の子息とされる高頼は、応仁文明の乱・将軍親征などの戦乱を切り抜けて領国支配を進めたが、永正一七年（一五二〇）八月二一日に没した。戒名を龍光院殿嘉山宗椿と称した。高頼の掛真仏事では景甫寿陵・梅叔法霖・汝雪法叔ら禅僧が法語を記した。[113]

高頼の龍光院については、いくつかの史料を確認できる。天文五年（一五三六）八月二〇日、相国寺鹿苑院主の梅叔が近江の常楽寺里（佐々木宮の神宮寺である常楽寺が所在。現：近江八幡市安土町常楽寺）へ下向した際、龍光院にも赴き、院主らと面会した。[114] 龍光院は近江の常楽寺周辺に所在したことがわかる。また、天文八年閏六月二五日に京都の梅叔のもとに龍光院が来て定頼の書状が届けられ、[115] 同年七月一二日にも梅叔のもとに龍光院使僧が来て定頼上洛のことが伝えられるなど、[116] 龍光院が定頼の使者として梅叔のもとへ赴いていたことが散見する。第一節の永明寺の部分で述べた天文一三年の大徳寺大仙院領をめぐる一件では、龍光院は定頼の使者として、六角氏と将軍の間の取次を務めた朽木稙綱と交渉した。[117] 天文一四年には京都の公家山科言継が家領につき定頼へ申し入れを行う際、龍光院がその取次を務めた。[118] 龍光院は定頼の使僧・取次として活動していたのである。

さらにここで、高頼の妻と戒名にみえる寺院にも触れておきたい。高頼の妻は永正八年に高頼に先立って他界し、戒名を慈光院殿華岩宗栄と称した。七周忌には子息の氏綱が施主となって仏事が行われた。[119] その際、禅僧雪嶺永瑾が鎖龕法語を記した。

この慈光院についても、いくつかの史料を確認できる。先述した天文五年に梅叔が常楽寺里へ下向した際、慈光院にも赴き、院主らと面会した。慈光院も常楽寺周辺に所在したようである。また、天文八年閏六月二一日に慈光院文首座（寿文）が定頼の使者として梅叔のもとへ訪れ、[120] 天文一一年六月八日にも慈光院が定頼の使者として幕府の政所代を務めていた蜷川親俊のもとへ来て唐船勘合の件を伝えるなど、[121] 慈光院も定頼の使僧として活動していたことがわかる。

②六角氏綱—雲光寺

高頼の子息氏綱は、大徳寺住持・龍源院院主を務めた東渓宗牧を開山として蒲生郡に中興寺を創建したことがしられているが、[122]父に先立って永正一五年（一五一八）四月四日に没し、戒名を雲光寺殿日山宗左と称した。氏綱の尽七日では、高頼・定頼が施主となり、禅僧常庵龍崇が拈香仏事を務めた。[123]七回忌・十三回忌では、定頼が施主となり、近江の雲光寺で禅僧月舟寿桂が拈香仏事を務めた。[124]また、先述した天文五年（一五三六）に梅叔が常楽寺里へ下向した際、雲光寺にも赴いており、雲光寺も常楽寺周辺に所在したとわかる。

③六角定頼―江雲寺

高頼の次子定頼は、久頼と同じく、はじめ相国寺に入っていた。景徐のもとで僧童として仕え、明応八年（一四九九）に僧名を光室承亀と名付けられ、永正元年（一五〇四）に相国寺慈照院にて断髪の式を挙げ、その後は禅学に励み、詩作・文学を良くした。[125]永正一五年七月に氏綱が没し、永正一六年一二月一八日以前には還俗して六角氏を継いだと考えられている。[126]

定頼は還俗後も相国寺との繋がりを維持していたようである。六角氏と相国寺鹿苑院の間を虎蔵主なる僧がたびたび往復していたり、[127]先述したように天文五年（一五三六）に鹿苑院主の梅叔が近江の定頼のもとを訪れたり、天文八年一一月一九日に定頼が相国寺慈照院宜竹軒に招かれたりしていた。[128]

さらには、先に取り上げたように、定頼は分国の永明寺・龍光院・慈光院などの禅僧を使者・取次として活用していた。ちょうど天文年間には、定頼は基本的に在国しながらも幕府の裁判に関与し、幕政に意見を述べており、[129]その際に禅僧の使者・取次としての役割も重要になっていたと思われる。定頼は相国寺出身で、禅僧の活用方法も熟知していたのではないか。

定頼は天文二一年正月二日に没した。[130]戒名を江雲寺殿光室承亀と称した。尽七日の法会では、興禅寺[131]において、子息の義賢が施主となり、禅僧儀雲士敦が香語を贈った。[132]また、弘治三年（一五五七）一〇月二日、義賢は定頼の七回忌につき時期を早めて執り行い、常楽寺に創建した江雲寺で仁如をはじめとする禅僧たちが法会を実施し、定頼の菩提を弔いつつ遺徳を偲んだ。[133]

④六角義賢―梅心院、六角義治―覚園院

永禄一一年（一五六八）九月、義賢・義治父子は、上洛を目指す織田信長に敗れ、観音寺城から退去した。当初は近江国内でゲリラ的に反抗するものの、やがて近江から逃れ、それ以降の行動はほとんどわからなくなる。信長の軍勢によって、先にみた金剛寺・慈恩寺・永明寺をはじめとする六角氏にゆかりのある禅院・律院の多くは焼失してしまったと考えられる。

その後、義賢は慶長三年（一五九八）三月一四日、義治は慶長一七年一〇月二二日に没した。[134] 宇治の禅院一休寺に位牌があり、義賢の戒名は梅心院殿祥嶽承禎、義治の戒名は覚園院殿鷗菴玄雄（天英雄公とも）である。[135] 梅心院・覚園院ともに詳細は不明である。

おわりに

本稿では、守護創建禅院研究の総合化のため、従来、専論のなかった六角氏の事例を取り上げ、『近江蒲生郡志』を批判的に検討しつつ、六角氏の関わった禅院・律院の性格を確定し、時期的変遷の大枠を提示した。

ここでそれを大まかにまとめておこう。六角氏と禅院・律院の関係を捉えるうえで、まず、氏頼期が大きな画期となる。それは、氏頼の仏神に対する篤い信心という個人的事情を土台としながらも、当時の禅宗・律宗の隆盛を受けたものと考えられ、氏頼期には分国に金剛寺・永源寺・永明寺・慈恩寺（威徳院含む）といった複数の禅院・

律院が創建・整備され、京都にも大慈院なる禅院が創建され、都鄙にわたって禅院・律院が興行されていた。

それ以降の満高～久頼期には、分国の禅院・律院の各々が菩提供養・禅道修行・戒律興行などの基本的な機能を果たしつつ、都の寺院と交流したり、六角氏や将軍などの庇護を得て寺領を集積・経営していたりした。京都の大慈院については、六角氏と公家・武家・僧による都鄙交流の拠点の一つとして機能していた。加えて、歴代当主の戒名にみえる龍雲寺（満綱）・西蓮寺（持綱）・祥光寺（久頼）も建立されていたと思われる。

高頼～義賢期には、応仁文明の乱・将軍親征などの戦乱のなかで、禅院・律院が焼失し、再興され、また、軍事的・疎開的に利用された事例が散見する。また、歴代当主の戒名にみえる龍光院（高頼）・雲光寺（氏綱）・江雲寺（定頼）や慈光院（高頼妻）も建立されていたと思われる。さらに、こうした禅院・律院が使僧としての役割を果たしていたことはどの時代でも想定できるが、とくに定頼期には、定頼が相国寺出身であり、幕政に関与していたこともあって、禅院の使僧としての活動が多くみられるのも特徴である。

時期的変遷の大枠は以上のようにまとめられるが、次に禅院・律院の地理的位置についてもまとめておこう。まず、京都には、六角氏居館の近くに大慈院が所在、分国には、高島郡に祥光寺が所在（理由は不明）、愛知川上流の高野に禅道修行の道場たる永源寺が所在し、その他の寺院は六角氏居館のあった金田から、氏神佐々木宮のあった常楽寺や豊浦までの一帯に集中して所在した。西から順に、金田には金剛寺、西庄には永明寺、慈恩寺には慈恩寺・威徳院、常楽寺には江雲寺、その付近に龍光院・雲光寺・慈光院、豊浦には西蓮寺、その付近に龍雲寺が所在した。のち一六世紀中頃に金剛寺は慈恩寺に移転した。これは金田の居館的機能が縮小・廃絶し、観音寺城に移ったことに伴うものと思われる。このように、六角氏が分国に創建・整備した禅院・律院の多くは、六角氏のゆかりの地域に集中して所在したことも特徴である。

さらに、六角氏と関係を持つ禅僧・律僧の性格についてもまとめておこう。とくに、氏頼が参禅した夢窓疎石の一派や、のちに久頼や定頼が入寺した相国寺の一派との関係が濃密であるように思われる。また、京都の建仁寺・大徳寺、南都の西大寺との関係もよくうかがえる。

六角氏の関わった禅院・律院の多くは、戦国末期の織田信長による近江侵攻の際、焼失の憂き目にあっており、残された史料はごくわずかである。そのため、本稿では断片的な記述となってしまった部分も少なくない。今後は、都の禅院・律院の膨大な史料を丹念に読み込みながら、六角氏ゆかりの禅院・律院の動向を探っていく必要があろう。

注

（1）近年の守護所に関する代表的な研究として、たとえば、内堀信雄・鈴木正貴・仁木宏・三宅唯美編『守護所と戦国城下町』（高志書院、二〇〇六年）がある。

（2）早島大祐『室町幕府論』（講談社、二〇一〇年）。京都大学文学部日本史研究室編『京都大学史料叢書6　西山地蔵院文書』（思文閣出版、二〇一五年）。

（3）村井祐樹『戦国大名佐々木六角氏の基礎研究』（思文閣出版、二〇一二年）や新谷和之『戦国期六角氏権力と地域社会』（思文閣出版、二〇一八年）では、戦国期の六角氏に関する研究がまとめられている。また、新谷和之編著『近江六角氏』（戎光祥出版、二〇一五年）では、六角氏に関する研究動向がまとめられているうえ、代表的な研究も収録されている。

（4）宮島敬一「戦国期地方寺社の機能と役割―近江国の寺社と地域社会―」（『研究紀要』二二、佐賀大学教養学部、一九九〇年）。蔭山兼治「戦国期城郭―天台宗山岳寺院の利用法について―」（『文化史学』五〇、一九九四年）。深谷幸治「戦国大名六角氏の地域寺院支配と「寺奉行」」（前掲注（3）新谷編著所収、初出は二〇一一年）。

（5）『国史大辞典』六角氏頼（石田善人筆）など。

(6)下坂守「近江守護六角氏の研究」(前掲注(3)新谷編著所収、初出は一九七八年)。
(7)『近江蒲生郡志　二』二七六頁。同七、八二七頁。
(8)六角崇永(氏頼)書状(「勝尾寺文書」『大日本史料』六―三二、一二八頁、掲載写真)。
(9)『天正本太平記』巻二九。
(10)『国史大辞典』夢窓疎石(葉貫磨哉筆)など。
(11)『国史大辞典』無極志玄(葉貫磨哉筆)など。
(12)『新訂増補国史大系　尊卑分脈　三』四二八頁。
(13)『近江蒲生郡志　二』二七八頁。同七、八三四頁。
(14)『寛永諸家系図伝　六』三六八頁。
(15)『瑞石歴代雑記』(『永源寺町史　永源寺編』五四六頁)。なお、本書は安永年中(一七七二~八一)に興源寺前住持益州祖真によって編まれたもの。一次史料に拠りながら寺の歴史が叙述されているため、史実とかけ離れた部分は少ないと考えられる。
(16)『瑞石歴代雑記』(『永源寺町史　永源寺編』五六六頁)。
(17)『寛永諸家系図伝　六』三六五頁。
(18)滋賀県教育委員会・滋賀県文化財保護協会『ほ場整備関係遺跡発掘調査報告』(X-5-1、一九八二年)。
(19)同時代史料で慈恩寺と威徳院の関係を示すものはないが、『近江国輿地志略』では、「当寺(浄厳院)は今昔慈恩寺威徳院と云」(下巻、六五頁)とあることや、また、村井毅史「中世における居館を中心とした集住形態」(『滋賀県文化財保護協会　紀要』一三、二〇〇〇年)では、遺構から、慈恩寺周辺に威徳院が存在したと考えられていることから、威徳院は慈恩寺の子院的建物であったと考えておく。
(20)『近江源氏と沙沙貴神社―近江守護佐々木一族の系譜―』(滋賀県立安土城考古博物館編・発行、二〇〇二年)に展示資料として写真が掲載されている。
(21)『後愚昧記』・『空華日用工夫略集』・『常楽記』(『大日本史料』六―三二、一二〇頁)。
(22)『大日本史料』六―三二、一二〇頁。

（23）『迎陽記』（『大日本史料』六―三二、一三二頁）。
（24）『迎陽記』（『大日本史料』六―三二、一三六・一三八頁）。
（25）『瑞石歴代雑記』（『永源寺町史　永源寺編』五六六頁）。
（26）『瑞石歴代雑記』（『永源寺町史　永源寺編』五四六頁）。
（27）『永源寺町史　永源寺編』五四六～五四八頁。なお、『瑞石歴代雑記』には、氏頼が土地を寄進した康安二年九月二日付六角氏頼寺領寄進状や、寂室を天龍寺住持に任命した康安二年二月一七日付足利義詮公帖などが引用されているうえ、実際の古文書も伝来している（『永源寺町史　永源寺編』三一三～三一八頁）。
（28）寂室元光遺誡（「永源寺文書」『永源寺町史　永源寺編』二〇五～二〇七頁）。
（29）京都国立博物館所蔵。インターネットで閲覧できる（e国宝）。
（30）「金剛輪寺文書」（『近江愛智郡志　一』四四一・四四二頁）。
（31）『近江蒲生郡志　七』八二九頁。釈迦牟尼仏略縁起については未見である。
（32）『群書系図部集　三』三三六頁。
（33）『近江蒲生郡志　二』七五二～七五四頁。
（34）『近江八幡の歴史　六』一七三頁に写真が掲載されている。
（35）『空華日用工夫略集』（『大日本史料』六―三二、一三〇頁）。
（36）『空華集』巻一二。
（37）『京都市埋蔵文化財研究所発掘調査報告　平安京左京四条四坊二町跡』（京都市埋蔵文化財研究所編・発行、二〇〇九年）。
（38）『空華日用工夫略集』（『大日本史料』七―二五、一七一頁）。
（39）『松山集』（『近江蒲生郡志　二』二八三・二九六頁）。
（40）『樹下堂漫記』（『大日本史料』六―二二、一五六頁）。『五灯会元』（『大日本史料』六―三〇、二五九・二六〇頁）。
（41）樹下神社所蔵大般若経（『滋賀県大般若波羅蜜多経調査報告書　一』五八五頁）など。藤田励夫「『崇永版』大般若波羅蜜多経の研究」（『仏教芸術』二七六、二〇〇四年）によれば、氏頼は開版事業の願主ではなく、摺写事業の願主であったと考えられている。

(42)『東海一漚別集』(『大日本史料』六―二五、八五四頁)。
(43)『花営三代記』(『大日本史料』六―二九、一二九頁)。
(44)『後愚昧記』(『大日本史料』六―三二、一二〇頁)。
(45)今枝愛真「中世禅林機構の成立と展開」(同『中世禅宗史の研究』東京大学出版会、一九七〇年)。
(46)『延宝伝灯録』(『大日本史料』六―三七、三〇四頁)。
(47)『翰林葫蘆集』前住天龍天錫和尚慈容(『五山文学全集 四』五二九頁)。
(48)『増補史料大成 蔭凉軒日録』同日条。
(49)『増補史料大成 蔭凉軒日録』同日条。
(50)『増補史料大成 蔭凉軒日録』同日条。
(51)「石津寺文書」(『近江蒲生郡志 七』八三五頁)。
(52)筒井神社所蔵大般若経四三一巻(『滋賀県大般若波羅蜜多経調査報告書 二』七五八頁)。
(53)宝荘厳院評定引付同年正月六日条(「東寺百合文書」た函一六)。
(54)同年一〇月日付東寺雑掌申状案(「東寺百合文書」ル函一二一)。
(55)宝荘厳院評定引付同年四月一五日条(「東寺百合文書」た函四二)。
(56)この点は村井祐樹「佐々木六角氏領国の荘園三村庄とその代官」(前掲注(3)村井著書、初出は二〇一一年)に詳しい。
(57)同年五月二八日付室町将軍家御教書(「永源寺文書」『永源寺町史 永源寺編』三五七・三五八頁)。
(58)同年六月二一日付足利義満御判御教書(「永源寺文書」『永源寺関係寺院古文書等調査報告書』四〇五頁)。
(59)細川武稔「足利将軍家祈願寺の諸相」(同『京都の寺社と室町幕府』吉川弘文館、二〇一〇年、初出は二〇〇三年)。
(60)たとえば、応永八年七月一九日付室町将軍家御教書(「永源寺文書」『永源寺関係寺院古文書等調査報告書』四〇九頁)。
(61)応永一七年七月二五日付足利義持御判御教書・応永一九年一〇月二六日付室町将軍家御教書・長禄三年五月二五日付足利義政御判御教書・延徳三年八月六日付足利義材御判御教書(「永源寺文書」『永源寺関係寺院古文書等調査報告書』四一

一・四一二・四二〇・四二五・四二六頁)。
(62)『増補史料大成　蔭凉軒日録』同日条。
(63)『増補史料大成　蔭凉軒日録』同日条。
(64)『空華日用工夫略集』(『大日本史料』六—三二、一三六頁)。
(65)関西剛康「『空華日用工夫略集』にみる14世紀後半の禅宗庭園観に関する研究」(『ランドスケープ研究』七四、二〇一一年)。
(66)『空華日用工夫略集』(『大日本史料』七—二五、一七二〜一七五頁)。
(67)『増補続史料大成　蔭凉軒日録』長禄二年六月二三日条。
(68)『近江蒲生郡志　二』三七九頁。
(69)『史料纂集　師郷記』文安三年九月五日条など。
(70)『寛永諸家系図伝　六』三六八頁などの諸系図。
(71)『近江蒲生郡志　二』三八〇頁。
(72)『鹿苑日録』同日条など。
(73)『鹿苑日録』同日条。
(74)六角定頼書状(「佐藤行信氏所蔵文書」『戦国遺文』佐々木六角氏編、五七二号)。
(75)六角氏家臣奉書(「慈照院文書」『戦国遺文』佐々木六角氏編、五七三号)。
(76)「慈照院文書」『戦国遺文』佐々木六角氏編、五七一号。
(77)『史料纂集　師郷記』文安二年四月二三日条。
(78)『続群書類従　一三輯上』四八頁。
(79)『増補続史料大成　蔭凉軒日録』同日条。
(80)『増補続史料大成　蔭凉軒日録』同日条。
(81)六角高頼書状(「朽木文書」『戦国遺文』佐々木六角氏編、一〇五二号)。
(82)『近江蒲生郡志　九』二七九〜二八二頁。

(83)『翰林葫蘆集』金剛寺勧縁疏（『五山文学全集　四』一二三頁）。
(84)『五岳前住籍』（『大日本史料』八—九、二九・八七七頁）。
(85)『増補史料大成　蔭凉軒日録』同日条。
(86)『増補史料大成　蔭凉軒日録』同日条。
(87)『鹿苑日録』同日条。
(88)『鹿苑日録』同日条。
(89)『鹿苑日録』同日条。
(90)『増補続史料大成　後法興院記』同年九月二六日条など。
(91)『増補続史料大成　大乗院寺社雑事記』同年一〇月一日条。
(92)『増補続史料大成　大乗院寺社雑事記』同年一二月一六日条。
(93)滋賀県教育委員会・滋賀県文化財保護協会『ほ場整備関係遺跡発掘調査報告』（XXII-6金剛寺遺跡金剛寺城遺跡、一九八二年）。村井毅史「近江観音寺城の存在形態」（『滋賀県文化財保護協会　紀要』一三、二〇〇〇年）。
(94)『近江蒲生郡志　七』八二九頁。
(95)滋賀県教育委員会・滋賀県文化財保護協会『ほ場整備関係遺跡発掘調査報告』（X-5-1、一九八二年）。
(96)『増補続史料大成　蔭凉軒日録』同年四月六日条。
(97)『筒井氏代々旧記幷宝来等旧記』卯月二七日付六角定頼書状写（『戦国遺文』佐々木六角氏編、補遺六〇号）。
(98)『近江蒲生郡志　七』八三五頁。
(99)たとえば、横川景三『小補東遊集』（『五山文学新集　一』）。
(100)『増補続史料大成　蔭凉軒日録』同年九月二〇日条。
(101)『翰林葫蘆集』江州瑞石山永源禅寺勧縁疏幷序（『五山文学全集　四』二八・二九頁）。
(102)同年九月一一日付室町幕府奉行人連署奉書（「永源寺文書」『永源寺町史　永源寺編』四二三頁）。
(103)一二月九日付飯尾行房書状（「永源寺文書」『永源寺関係寺院古文書等調査報告書』四五〇頁）。
(104)同年四月五日付六角氏奉行人連署奉書（「永源寺文書」『永源寺町史　永源寺編』四三二頁）。

(105)『翰林葫蘆集』江州瑞石山永源禅寺勧縁疏并序(『五山文学全集　四』二八・二九頁)。
(106)『瑞石歴代雑記』(『永源寺町史　永源寺編』六五七頁)。
(107)伊藤克己「開祖と院主」(『史料纂集　大仙院文書』二八七頁)。
(108)伊藤克己「古岳宗亘略年譜」(『史料纂集　大仙院文書』二九七頁)。
(109)三月二四日付六角定頼書状・天文一三年一一月四日付六角定頼書状案・永明寺永昌消息(『史料纂集　大仙院文書』五八・七九・一〇八号)。
(110)『縷氷集』(『近江蒲生郡志　七』八三〇頁)。
(111)『近江蒲生郡志　七』八三一頁。
(112)『経覚私要鈔』同日条(前掲注(3)村井著書史料編、二八三頁)。
(113)『幻雲藁』(『大日本史料』九―一一、一九三～五頁)。
(114)『鹿苑日録』同日条。
(115)『鹿苑日録』同日条。
(116)『鹿苑日録』同日条。
(117)天文一三年一一月四日付進藤貞治書状案・同日付六角定頼書状案・閏一一月一〇日付朽木稙綱書状・天文一三年閏一一月一六日六角定頼書状(「大仙院文書」『戦国遺文』佐々木六角氏編、五四四・五四五・五四九・五五〇号)。
(118)『言継卿記』(天文一四年)三月二〇日付山科言継書状案(『戦国遺文』佐々木六角氏編、五六七号)。
(119)『梅渓集』(『大日本史料』九―一一、二〇六～二〇九頁)。
(120)『鹿苑日録』同日条。
(121)『親俊日記』同日条(前掲注(3)村井著書史料編、四四六頁)。
(122)『豊鐘善鳴録』(『大日本史料』九―八、五七頁)。
(123)『寅闇老漢遺藁』(『大日本史料』九―八、五三～五五頁)。
(124)『月舟藁』・『月舟以下諸師仏事法語雑集』(『大日本史料』九―八、五九～六四頁)。
(125)『翰林葫蘆集』光室宇銘(『五山文学全集　四』三六七・三六八頁)。『鹿苑日録』明応八年一二月四日条・永正元年四月八日条。

(126) 同日付足利義材御内書案（「室町家御内書案」『戦国遺文』佐々木六角氏編、二〇八号）。

(127)『鹿苑日録』天文五年八月二〇日条など。

(128)『鹿苑日録』同日条。

(129) 奥村徹也「天文期の室町幕府と六角定頼」（米原正義先生古希記念論文集刊行会編『戦国織豊期の政治と文化』続群書類従完成会、一九九三年）。西島太郎「足利義晴期の政治構造」（同『戦国期室町幕府と在地領主』八木書店、二〇〇六年）。

(130)『寛永諸家系図伝　六』三六九頁。

(131) 永禄六年三月一〇日、義治は母（義賢妻畠山氏）の興禅寺殿春岳宗椿大禅定尼の十七回忌につき、興禅寺において仁如などの禅僧を招き、法会を行ったことがしられ（『縷氷集』（『近江蒲生郡志　二』七三〇～七三三頁））、義賢妻が天文一六年三月一〇日に亡くなったこと、その菩提寺が興禅寺であったことがわかる。

(132)『儀雲和尚法語』同年二月条（前掲注（3）村井著書史料編、三二一・三二七頁）。

(133)『縷氷集』（『近江蒲生郡志　二』六七九～六八八頁）。

(134)『寛永諸家系図伝　六』三六九・三七〇頁。

(135) 佐々木哲『佐々木六角氏の系譜―系譜学の試み―』（思文閣出版、二〇〇六年）。

京極氏菩提寺の形成と変遷

西島太郎

はじめに

京極氏は、鎌倉時代後期の氏信を初代とし、室町時代には飛騨・出雲・隠岐の三か国と、六角氏と競合した近江の四か国守護職を持つ大名で、明治維新まで存続した名族である。(1) 京極氏にとって、近江国坂田郡柏原庄清瀧（現：滋賀県米原市）の地は特別な地であった。この地は、初代氏信が自らの菩提寺清瀧（せいりゅうじ）寺を創建して以来、周辺には一族の菩提寺が建ち並んだ。戦国期に京極氏の衰退と共に清瀧寺は衰微したが、一七世紀後半の丸亀藩主京極高豊により徳源院（天台宗、山号は霊通山）として整備し再興された。

現在、徳源院の京極氏墓所には、初代氏信から二五代高中まで、鎌倉から江戸時代にかけての歴代の墓石（勝秀・政経を除く）が整然と並ぶ。年代が刻まれていることから、石造美術の編年基準石塔として注目された。(2) この墓域は、高豊が徳源院整備の際、「附近に散在せる歴代の墳墓を清瀧寺に集め、或は欠けたるを補塡し、或は順序を整美し」たと伝わる。(3) そのため、整備以前の墓域の景観や、清瀧寺の菩提寺としてのあり方は、現在みられる整備以降の姿とは違ったであろうことが予想される。

表1　京極氏歴代法号・菩提地・墓石一覧

歴代氏名	代数	法　号	菩提寺	墓　石
京極氏信	初代	清瀧寺殿道善大禅定門	清瀧寺(近江坂田郡)→廃絶	徳源院、箱根、信濃小県
京極宗綱	2代	西念寺殿道光大禅定門	西念寺(近江坂田郡)→廃絶	徳源院
京極貞宗	3代	道夢大禅定門		徳源院
京極宗氏	4代	光明院殿賢観大禅定門		徳源院
京極高氏	5代	勝楽寺殿徳翁道与大禅定門	勝楽寺(近江犬上郡)	徳源院、勝楽寺
京極高秀	6代	仙林寺殿岳雲道高大禅定門		徳源院
京極高詮	7代	能仁寺殿乾嶺浄高大禅定門	能仁寺(近江坂田郡)→廃絶	徳源院
京極高光	8代	勝願寺殿大円道通大禅定門	勝願寺(近江坂田郡)→廃絶	徳源院
京極持高	9代	興雲寺殿松岩誉秀大禅定門		徳源院
京極高数	10代	満願寺正源道統大禅定門	満願寺(近江坂田郡)→廃絶	徳源院
京極持清	11代	宝生寺殿月林生観大禅定門	安国寺カ(出雲松江)	徳源院
京極勝秀	12代	正覚院殿賢隠常誉	勝楽寺(近江犬上郡)	
京極政光	13代	遍照寺殿天用道器大禅定門		徳源院
京極政経(政高)	14代	栖雲寺殿巨川宗済大禅定門	安国寺(出雲松江)	
京極高清	15代	環山寺殿梅叟宗意大禅定門	上平寺カ(近江坂田郡)	徳源院
京極高広(高延)	16代	源光院殿利角大居士		徳源院
京極高弥	17代	台嶺院殿道也大居士		徳源院
京極高慶(高吉・高佳)	18代	禅林寺殿心寂道安大居士	禅林寺→廃絶	徳源院、高野山
京極高次	19代	泰雲寺殿徹宗道閑大居士	泰雲寺(若狭小浜→出雲松江)→廃絶	徳源院(石廟)、安国寺、高野山
京極忠高	20代	玄要院殿天慶道長大居士	玄要寺(播磨龍野→讃岐丸亀)	徳源院
京極高和	21代	徳源院殿特英道達大居士	徳源院(近江坂田郡)	徳源院
京極高豊	22代	俊徳院殿傑山道英大居士	徳源院	徳源院(木廟)
京極高或	23代	天祥院殿仁巖道宅大居士	徳源院	徳源院(木廟)
京極高矩	24代	大機院殿直翁道截大居士	徳源院	徳源院(木廟)
京極高中	25代	大量院殿覚法道元大居士	徳源院	徳源院(木廟)
京極高朗	26代		玄要寺	玄要寺
京極朗徹	27代		光林寺(東京麻布)	光林寺

※法号等は「京極家系図」(徳源院蔵、『山東町史』本編、山東町、1991年、第2編第4章収載)、『寛永諸家系図伝』『寛政重修諸家譜』等を参照。代数は諸説あり、当主を誰とするかも諸説ある。ここでは徳源院および西村清雄著『佐々木京極氏と近江清滝寺』に載る各代とした。

近年、徳源院南隣部の「清滝寺遺跡」と「能仁寺遺跡」の発掘調査が行われた。清瀧寺の一部や能仁寺の墓域など、形成から廃絶に到る注目すべき考古学的成果が得られ、これを基に中川治美は、清瀧寺および能仁寺の景観を復原した。そして「清瀧の地は京極氏の精神的な拠り所」であったと評価した。(4)

しかし、中川の研究は発掘調査地の報告書であったため、清瀧の地に限った分析にとどまる。京極氏は室町時代、飛騨・出雲・隠岐・近江の四か国守護であり、織豊期から江戸時代にかけて近江大津、若狭小浜、出雲松江、播磨龍野、讃岐丸亀へと転封を繰り返した。室町時代の近江以外の守護領国や移封先にも菩提寺は設けられており、これら京極氏の菩提寺群を分析することで、清瀧寺や徳源院京極氏墓所など、京極氏にとっての菩提寺を位置づけることができるものと考える。

本稿は、右の問題意識に基づき、領国全域の京極氏の菩提寺や位牌所、供養塔を編年で検討し、その形成と変遷を跡付け、京極氏にとっての菩提寺について明らかにする。なお京極氏嫡流のみに限定し、分家筋（讃岐多度津、但馬豊岡、丹後峰山等）は割愛した。

第一章　京極氏菩提寺の形成

第一節　近江清瀧寺とその周辺の菩提寺

近江国柏原庄の開発領主である柏原弥三郎（柏原為永）を、後鳥羽上皇の宣下により近江守護の佐々木定綱が討伐したことで、柏原庄内清瀧にあった弥三郎の館は定綱へ与えられた。定綱の跡を継いだ信綱の四人の子が大原・越中（西佐々木）・六角・京極に分かれ、四男の氏信が京極氏の祖となる。氏信は鎌倉幕府の引付衆や評定衆の要職を勤めた人物で、信綱から近江愛知川以北の六郡と弥三郎の館が与えられ、この地に拠点が設けられたという。[5]弘安九年（一二八六）四月に氏信は、「没後追善忌日月忌以下料田」として「清瀧寺」に寺領を寄進した。[6]前々年四月に氏信は出家しており、同寺を創建して菩提寺と定めたものと考えられる。[7]氏信の法号は「清瀧寺殿道善大禅定門」であるが、生前から「清瀧寺」の寺名はあった。徳源院に遺る氏信の墓石は宝篋印塔で、その銘文から永仁三年（一二九五）五月三日に氏信が没した後、百か日供養に合わせて造立された。日本では、鎌倉時代から数は少ないが石造の宝篋印塔が造られだす。氏信はこの新しい形を好んだ。氏信の供養塔は、この他、生前に造立を発願し、死後、娘婿の武石宗胤により完成した箱根山の宝篋印塔（俗称多田満仲墓。神奈川県足柄下郡箱根町元箱根）や、宗胤が氏信の十七回忌に造立した信濃国小県郡大門追分（現：長野県長和町）山上の仏岩の宝篋印塔がある。[8]宝篋印塔を選んだ氏信の志向がその後、京極氏歴代当主の墓石の形として受け継がれることとなったと考えられる。

清瀧とその周辺には、西念寺・能仁寺・勝願寺・満願寺など京極諸氏の菩提寺が集中し、清瀧寺以外にも複数の寺院が菩提寺として機能していた。西念寺は、京極高氏が母方の祖父二代宗綱の供養のために建立した。建武四年（一三三七）三月二〇日には、高氏が西念寺に鐘を寄進しており、銘には「天下泰平、海内安全」と刻まれ、高氏の込めた願いが窺われる。[9]死の五か月前の応安六年（一三七三）三月一〇日、七八歳の高氏は、一五か条に及ぶ清瀧・西念両寺寺務条々を定めた。[10]この西念寺は清瀧寺に近接してあったと考えられている。[11]しかし高氏寄進の鐘は、文明三年（一四七一）閏八月には「美濃国大野郡揖斐庄南方保今坂之社」の鐘となる（同鐘銘追刻）。『改訂近江国坂田郡志』は、同年二月に美濃の斎藤妙椿が近江坂田郡米原山で京極氏を破った際、京極氏と由緒の深い西念寺の鐘を掠奪し持ち帰ったとみている。[12]

清瀧寺・西念寺の他、高氏は所領のある近江国犬上郡甲良庄（現：犬上郡甲良町）に自らの菩提寺勝楽寺を建立した。高氏がこの地に菩提寺を創建したのは、湖北地方から南へと進出し甲良庄を国元での活動の拠点とし、愛知川を挟んだ六角氏の居城観音寺城と対峙するためであった。[13] 菩提寺を政治拠点に創建することで、周辺諸勢力と対峙する場としたのである。

次いで清瀧寺に南接し「能仁寺谷（のねじだに）」と呼ばれる場所は、応永八年（一四〇一）に没し、法号「能仁寺殿乾嶺浄高大禅定門」をもつ七代高詮（たかのり）の菩提寺能仁寺であることが、二〇〇七～一一年にかけて行われた発掘調査で確定した。同地は二段の平坦地に分かれ、下段では、能仁寺が建立される以前にも玉石の敷かれた池をもつ庭園遺構があり、一五世紀前半の同寺築造期には一時的に庭園内に建築物が建造され、建物や庭園を整備して能仁寺造営が行われた。基壇を供えた礎石立建物、方形区画、参道、山門が整備され、これら建築物は檜皮葺などの針葉樹の樹皮で敷かれた屋根構造であった。また能仁寺の「仁」字の墨書を持つ白磁皿が出土した。その後、これらの建物群に改造を加えられるが、一五世紀後半には同寺は廃絶した。[14]

谷底の上段の人口的に切り開いた平坦地には、中世墓が二か所発掘され、能仁寺が建立された一五世紀前半（「清滝寺遺跡Ⅲ期」）から築造されはじめたとされる。南側の中世墓は、方形の石での区画（一・五×三メートル、高三〇センチ）の中に五輪塔五基（高九六センチ二基、高八〇センチ二基、高六六センチ一基）が並べられ、うち二基の地輪直下には成人の焼人骨が埋葬されていた。北側の中世墓は一五世紀後半に築かれ、石塔はないものの方形区画からは埋設された蔵骨器と焼人骨が納められていた。この地が埋葬施設をもつ墓地であることが明らかとなった（『清瀧寺遺跡・能仁寺遺跡』Ⅱ）。以上から、能仁寺は高詮の菩提寺として建造されたが、一世紀のうちに廃絶していく姿をみることができる。なお高詮は生前、守護領国である出雲国秋鹿郡（現：島根県松江市）にある成相寺を復興し、京極氏の祈願所としている。[15]

応永二〇年（一四一三）に没し、法号「勝願寺殿大円道通大禅定門」をもつ八代高光の菩提寺と考えられるのが勝願寺である。現在、徳源院の東隣に小さい祠と庭園の一部と言われる「柏槙」が生える伝承地のみが残る。[16] また嘉吉元年（一四四一）に没し、法号「満願寺正源道統大禅定門」をもつ一〇代高数の菩提寺と考えられるのが満願寺で、徳源院から北西一・五キロメートルに位置する米原市万願寺地区とされる。

一方清瀧寺は、のちに同寺と同じ柏原庄内に天台談義所となる成菩提院（応永七年［一四〇〇］柏原談義所成立）を開いた貞舜が、嘉慶元年（一三八七）には清瀧寺万徳坊に住み、談義を開始しており、清瀧寺は一時期、天台談義所としての機能を果たしていた。また寛正・文明期（一四六〇―八七）には同寺が柏原庄の政所を兼ねていたことが明らかにされている。[17] さらに徳源院の東南にあたる一区画の発掘調査によれば、一五世紀後半に丘陵を削り平坦地を造成し、赤褐色土を入れて整地し、平坦地端に四段以上の大ぶりの石を積み上げており、広範囲に大がかりな土木工事が少なくとも二回はなされた（『清瀧寺遺跡・能仁寺遺跡』）。建物施設は明確には見つかっていないが、一一代京極持清期のものである。持清による清瀧寺地の拡大と整備が想定される。

一二代勝秀は、応仁・文明の乱の最中、六角高頼の居城観音寺城を攻め破った直後、近江の陣中で病により没した。『碧山日録』応仁二年（一四六八）七月二〇日条に「六月十七日、中書（京極）勝秀公以疾終、於江軍、行中有之、会於勝楽精舎、為其追善」とあり、京極高氏の菩提寺である勝楽寺に葬られた。[18] 現在、勝秀の墓石は勝楽寺・清瀧寺共にない。

京極氏は、持清の子勝秀と孫の孫童子が早世すると二つに分かれ争う。出雲を拠点とする政経（勝秀の弟）と近江を拠点とする高清（持清の孫で養子）である。政経は、惣領職、出雲・隠岐・飛驒三か国守護職、諸国諸所領等を孫の吉童子に譲り、永正五年（一五〇八）一〇月二五日に出雲国意宇郡竹矢（現：島根県松江市）の安国寺で亡くなった。[19] この安国寺については後述する。政経と対立した高清は、永正期に上平寺城（近江坂田郡）を拠点とする。上平寺から移したと伝わる高清の墓石が清瀧寺に残る。[20]

その後の京極氏は、上坂氏の専横に浅井亮政らがクーデターを起こし（大永三年［一五二三］）、近江では浅井氏が、出雲では尼子氏、飛驒では姉小路氏や三木氏が実権を掌握する。この後、高次の登場までの京極氏は不明な点が多い。寛永二〇年(一六四三)に完成した『寛永諸家系図伝』編纂の際、京極氏当主高和が幕府へ提出した系図には、高清以降高次までの歴代の人物が、一次史料で追うことができない人物(高峯・高秀)で繋げてある。江戸時代初頭の京極氏が、室町時代の守護家である京極氏との系譜関係が分からなくなっていたのである。高次以降の京極氏は、鎌倉・室町時代の大名京極氏との繋がりを、どのように示していくかが課題となったものと考えられる。

第二節　京極高次期の菩提寺

織豊期の京極当主高次が一次史料に登場するのは、文禄三年(一五九四)八月二日付八幡中町宛京極高次定条々(近江八幡市所蔵)からである。これ以前では、比較的良質な編纂物である『信長公記』[21]に、元亀四年(一五七三)七月に挙兵した将軍足利義昭を山城真木嶋に攻めた際、信長の下で同行した者の中に「京極小法師」という記述がある。次いで天正九・一〇年(一五八一・八二)にも信長が正月の爆竹を申しつけた江州衆の一人としてみえる。江戸時代の『寛政重修諸家譜』や「京極御系図」[22]では、永禄六年(一五六三)に生まれ、元亀元年(一五七〇)に岐阜の織田信長の下へ人質となったと記す。また天正一〇年の本能寺の変直後、羽柴秀吉の居城近江長浜城を攻めたため、秀吉の恨みを買い、高次は「清瀧寺ニ逃隠ル」という。高次は追っ手を逃れるため、柏原の小谷家から美濃、次いで近江大溝、越前の柴田勝家、若狭小浜の武田元明を頼った。高次の妹龍子(松の丸)が秀吉の別妻となったことで赦された。秀吉から近江高嶋郡に二五〇〇石(一五八四年)、さらに同郡内五〇〇〇石を加えられ(一五八六年)、九州攻め従軍後は近江高嶋郡大溝一万石、次いで小田原の陣従軍後、近江八幡二万八〇〇〇石となり、文禄四年（一五九五）には秀吉から近江滋賀郡六万石を与えられ、大津城を居城とした。慶長五年（一六〇〇）の関ヶ原の戦いでは、東軍として同城に籠城した。大津居城期の菩提寺を窺う史料を次にあげる。

【史料1】石田正継藍印状（徳源院文書）

当寺山林今度八郎兵衛苅取儀、沙汰之限無是非候、即雖可処罪科、過銭五百疋為出之、令用捨候、①惣別当寺之儀、道誉様為御位牌所上、其後御内之輩立置、坊舎雖有之、為御祈願所之条、何茂上儀之御寺候、②当国四百八ヶ寺在之内、当寺幷勝楽寺儀、別段之御私所候条、従先規守護不入之事、不可有其隠候、向後之儀、此等之趣、各被存知、竹木被林置、勤行等不可有由断事肝要也、如件、

慶長四年
十一月十七日　　石田隠岐入道 正継（藍印）

清瀧寺寺僧中侍下

【史料2】京極高次書状写（徳源院文書）

清瀧寺山林出入在之付而、黒田伊予方(正安)ゟ様子申入候処ニ、早速ニ被遂穿鑿、被申付通別而令満足候、於向後、弥可然様ニ頼入候、委曲山田三左衛門可申候、恐々謹言、

霜月廿日　　大津宰相 高次

石田隠岐入道殿進之候

【史料1】は石田三成（近江佐和山城主）の父正継が清瀧寺へ宛て、同寺の山林を八郎兵衛が刈り取ったのを過銭五〇〇疋で赦すとして伝えたものである。【史料2】は、このことについて京極家臣の黒田正安から連絡を受けた京極高次が、正継の処置に満足している旨を正継に伝えている。ここで注目されるのは、【史料1】傍線①から、清瀧寺が京極高氏（道誉）の位牌所で、以後、京極家「御内之輩」も祀られ、「坊舎」があり、かつ祈願所でもあったとする点である。そして傍線②から、清瀧寺と勝楽寺が「別段之御私所」として守護不入地であることが

確認されている。勝楽寺も高氏の菩提寺であるが、「当国四百八ケ寺在之内」としてこの二寺を挙げ、「別段之御私所」としていることは、慶長四年の時点で、近江国内に京極氏の菩提寺は清瀧寺と勝楽寺の二寺のみとなっていたことを示す。

「清瀧寺遺跡」の発掘調査からは、現在の徳源院南隣に一六世紀末から一七世紀初頭の平坦地とこれにつく斜路が検出され、門前の東山道近くでは平坦地、掘立柱建物三棟、五輪石転用の井戸が見出され、高次期に清瀧寺の整備が始まっていたことが明らかとなった（『清滝寺遺跡・能仁寺遺跡』）。

関ヶ原の戦い時、大津籠城で西軍を引き付けた功績により、高次は大津六万石から若狭小浜へ移封となり、石高も八万五〇〇〇石となった。翌慶長六年には、近江高嶋郡内に七〇〇〇石を得て計九万二〇〇〇石となる。この年の二月の彼岸日、高次は父高吉（道安）の二十回忌に合わせ宝篋印塔を高野山に造立した[23]。さらに後述のごとく、高吉の菩提寺禅林寺が、清瀧周辺にあったと考えられ（第二章第四節）、同四年に菩提寺は清瀧・勝楽両寺のみであったことからすると、禅林寺は高次の小浜移封後の建立とみられる。高次は、関ヶ原の戦い後、父の供養を清瀧周辺および高野山で行おうとしていた。

第二章　菩提寺の拡大

第一節　京極忠高による複数の菩提寺建立

慶長一四年（一六〇九）五月三日に高次が四七歳で急死し、一七歳の嫡男忠高が家督を継承した。家督を継いだ忠高は、父の菩提寺を若狭小浜に建立する。若狭国の地誌『若狭郡県志』[24]（元禄六年［一六九三］初稿成、小浜藩士牧田地後筆）空印寺の項に、「在後瀬山下八幡社之西南、斯境長源寺之旧地也、前守護武田元光築城於後瀬山上之時、使移長源寺於津田、而構館舎於斯処、石壁池湟之基址至今存矣、尓後京極忠高国主之時、此地建寺、而為父泰雲院（高次之法号也）之牌所、名泰雲寺」とある。戦国期若狭守護の武田元光が後瀬山山頂に築城した時、後瀬山下の長源寺を移して、その跡地に館を立て守護所としたが、忠高はこの地に寺を建て、父高次の位牌所として泰雲寺と名付けた。高次の法号は「泰雲寺殿徹宗道閑大居士」であり、「牌所」としているから、高次が没した慶長一四年五月以降、忠高が新たに父の位牌所として泰雲寺を建立したことになる。かつての若狭統治の拠点である守護所跡地に父を祀ることで、国内の国主としての立場を忠高が継承していることを内外に示したものと考えられる。

忠高は、寛永元年（一六二四）冬に将軍徳川秀忠から越前敦賀郡内二万一五〇〇石を加増され、石高は若狭国と併せ一一万三五〇〇石となった。同七年三月四日、忠高の正妻初姫が二八歳で没した。初姫は父が将軍徳川秀忠であるため、徳川家の人間として江戸小石川の伝通院に葬られた[25]。法号は「豊誉天晴陽山興安院」である。ただ若狭小浜にも位牌所が設けられた。『若狭郡県志』心光寺の項に、「在後瀬山東麓関脇町、此境妙興寺与善道寺并立心坊之旧地也、伝言、寛永七年国主京極忠高建一寺、而為孝（興）安院之牌所、名孝（興）安寺矣、孝（興）安院台徳院（徳川秀忠）君之姫君、而忠高之室也」とあり、忠高は小浜にも妻初姫の位牌所「孝（興）安寺」を建立した。

忠高はまた、元和五年から寛永一三年（一六一九～三六）の間と推定される極月一七日付小坂坊宛京極忠高書状によれば、春から佐々光長を通じて申し入れていた「石塔」が出来上がった旨を高野山の小坂坊へ伝えている[26]。先の京極高吉宝篋印塔を除けば、高野山に残る石塔は、京極高次宝篋印塔、大津城中討死衆供養塔（板碑）、京極忠高妻初姫五輪塔（俗称高松平家墓所）の三基あり、このいずれかだと考えられる[27]。高野山小坂坊は、関ヶ原の戦いの際、高次が籠城する大津城を開城し逃れた場所であり、忠高は父や正妻の供養塔を京極氏所縁の地に建てようとした。

初姫が死去した年（寛永七年）の一一月、高次の正妻初が自らの菩提寺常高寺（臨済宗妙心寺派。山号凌霄山）を建立する。[28] 初は夫高次没後剃髪し常高院と号していた。寺領は一四四〇石で、同一〇年八月二七日に江戸で初が亡くなると、一〇月六日に同寺に葬られた（『寛政重修諸家譜』）。同寺にある初の墓石は、京極氏領の越前産笏谷石製の宝篋印塔である。初の没後、忠高は寺領を近江蒲生郡長田村の内一一〇石とし、翌年、忠高は出雲松江へと転封したが、生前の初の意向により、転封後も常高寺は若狭に留まった。その後、将軍徳川家光から同長田村内三〇〇石が同寺へ寄進され（同一五年）、江戸時代を通じこの知行地を代々の京極氏が管理した。[29]

忠高期の清瀧寺については、「清滝寺遺跡」の発掘調査の結果、一七世紀前半に石積を伴う平坦地や参道の整備、参道に北面する建物群ができつつあった。新たに設けられた高次の墓所は、これまで歴代の墓石にはない、石廟をもつ宝篋印塔で、ひときわ存在感のある墓域である。石廟・石塔共に越前産の笏谷石製である。高次墓域周辺は、丘陵裾部の斜面地であったから、背後の丘陵部を削平し、平坦地を造成する必要があり、場所の移動がない限り、忠高の頃に現代に繋がる清瀧寺墓域の景観が生まれていた可能性が指摘されている（以上『清滝寺遺跡・能仁寺遺跡』）。

忠高は、父高次を近江清瀧寺と若狭泰雲寺、そして紀伊高野山で弔った。複数の墓所の設置は、それまでにない新たな菩提寺群の創出と整備であった。では、忠高はなぜここまで父の菩提にこだわったのであろうか。一つには、零落していた京極氏を一代で国持大名にまで到らせた父を偲び、その偉業を称え供養するためである。二つには、拠点が近江ではなく若狭小浜であったことである。父の菩提を弔うため訪れるには清瀧寺は遠い。一族の菩提寺は鎌倉時代から続く近江にあるが、父の菩提は居城下でかつての守護所に祀り、国主としての立場を忠高が継承していることを内外に示した。さらに菩提寺清瀧寺に石廟をもつ宝篋印塔で墓域を造り整備したことで、鎌倉時代から続く京極氏の継承者であることを示したものと考えられる。忠高は、若狭・越前敦賀郡一一万三五〇〇石へと石高が確実に増えていくなか、いくつもの菩提寺を創り出していった。それは京極氏の菩提寺の拡大期といっても過言ではない。

第二節　出雲の菩提寺

寛永一一年（一六三四）閏七月六日、太政大臣に任官するため京都を訪れていた将軍徳川家光から、忠高は旧堀尾氏領の出雲・隠岐の二国を拝領した。忠高にとり、若狭・敦賀一一万三五〇〇石から出雲・隠岐二六万四二〇〇石余へと、石高が倍増しての転封であった（『寛政重修諸家譜』）。拝領後すぐに小浜へ帰国した忠高は、一九日には出雲へ向けて発ち、八月七日に出雲の松江城へと入った（「京極御系図」）。

直後の二八日には、忠高は松江城下の清光院（曹洞宗洞光寺末寺）に寺領安堵状を発給した。出雲国内のほとんどの寺社への寺社領安堵状発給日が九月二六日であるのに比べ、約一か月も早い。九月二六日以降に発給される寺社領安堵状では、安堵文言のみの忠高署判の安堵状と、具体的に村名と石高を記した家老佐々光長（九郎兵衛）の打渡状が同日付で発給される。しかし清光院宛ての寺領安堵状は、安堵する村名と石高をも記載して忠高が署判し、光長の打渡状は発給されていない。この清光院は、もとは出雲国神門郡杵築（現：出雲市大社町）にあったが、天正年中に能義郡富田（尼子氏居城下）に移り、のち松江城下へ移ったという[30]。忠高入部以前の堀尾期の松江城下町絵図（島根大学附属図書館所蔵「堀尾期松江城下町図」）に、清光院が描かれているため、堀尾氏による松江城下造成期に富田から移転したものと考えられる。この寺が京極氏と浅からぬ関係にあることは、寺の寺紋が京極氏の家紋である四つ目結紋であること、および忠高の位牌（「(右行)寛永十四丁丑年／(左行)六月十二日／(中央)損館　玄要院殿前若州太守羽従四位下天慶道長大居士　神儀」）を安置している点である。忠高の位牌があることから同寺が忠高の位牌所だったと考えられ、村名・石高を記載する忠高の寺領安堵状や四ツ目結紋の寺紋もこのことを裏付ける。

また京極高次の命で、出生直後の京極忠高を匿うために京極家の扶持を離れ、高次正妻初の没後に、ようやく息子が京極家臣に復帰できた磯野信隆が、同寺に葬られており[31]、清光院は藩主の位牌寺というだけでなく、京極家臣の菩提寺でもあった。

京極期の松江城下町絵図には、松江城下東端に「泰雲寺」が描かれている[32]。この地は前代の堀尾期には堀尾氏の菩提寺瑞応寺があり、堀尾期の松江城下町絵図にも描かれている。瑞応寺は、京極氏が入部すると宍道湖南岸の乃木に移され、円成寺と改称して、前藩主堀尾忠晴（法号「円成院殿高賢世肖大居士」）の墓所として現在に至る。京極氏は瑞応寺のあった場所に、高次の菩提寺泰雲寺を若狭から移した。松江の泰雲寺は、『天倫寺記[33]』によれば、瑞応寺を忠高が「玄要山泰雲寺」に改め、「一峰」和尚を招請したと記す。山号「玄要」は忠高の法号「玄要院殿」の一部である。また寺領は一九〇石であった[34]。

第三節　「先祖菩提所」安国寺

いま一つ松江には注目すべき寺院がある。松江城から南東に約九キロメートル離れた松江市竹矢町にある安国寺（臨済宗南禅寺派。山号宝亀山）である。同寺の由緒では、宝亀四年（七七三）の創建で、宝亀山円通寺と称したという。康永四年（一三四五）四月九日付足利直義御判御教書により、円通寺を安国寺と改称された（安国寺文書）。地誌『雲陽誌』（享保二年［一七一七］成立）にも「昔は寺家三十二院」あったと記す。同寺には、室町時代の将軍家・管領・京極氏当主の発給文書が三〇通残る[35]。

【史料3】京極忠高寺領安堵状

安国寺領之事、依為先祖菩提所、旧例之地加新地令寄附訖、全可有寺務之状如件、

寛永拾一年十一月七日　忠高(京極)（花押）

【史料4】佐々光長打渡状

安国寺領之事

意宇郡

高弐拾石　竹矢村之内

以上

寛永十一年

十一月七日　佐々九郎兵衛（花押）

出雲入国後の寺領安堵状【史料3】で忠高は、安国寺が「先祖菩提所」であるので、「旧例之地」に「新地」を加え寄附すると記している。その石高は二〇石であった（【史料4】）。「先祖菩提所」とは何を意味するのか。文政元年（一八一八）に安国寺住持が丸亀藩主家（当主　京極高朗(たかあきら)）に宛て京極氏の廟所代参を求めた差出から、安国寺および同寺と京極氏との関係について検討する。長文ではあるが全文を記す。

【史料5】讃州丸亀京極家江差出候書付幷過去帳記録抜書三通之控（安国寺所蔵）

(表紙)「文政元年／寅六月／讃州丸亀京極家江差出候書付幷過去帳記録抜書三通之控／安国寺」

口上之覚

拙僧雲州意宇郡竹矢邑安国寺当住ニ而御座候処、同寺之儀者、御当家様御先祖御菩提所ニ而御廟所御位牌等御座候ニ付、御命日者勿論朝暮勤行仕、扨又御廟所守与申伝へ、当時身分百姓ニ御座候得とも青砥何某与申候、廟所御置水等者此者より取扱来申候、尤雲州ニ相残候訳之申伝者、旧記抜書ニ相認置申候、然処御当家様ゟ御廟所御代参等茂一向無御座、誠ニ無縁同前ニ相成居申候処、安国寺之儀ハ尊氏(足利)将軍ゟ毛利家迄者過分之寺領ニ而御座候処、堀尾家ニ至拾弐石ニ相減候を忠高(京極)公より御先祖菩提所与御座候而新地御寄附被遊弐拾石ニ相

成、右ニ付而任旧例当国守ゟ茂弐拾石無相違御寄附御座候、偏ニ御当家様御預ヲ以、今ニ至候而も、寺領無相違寺務仕、安国寺ニおゐてハ格別之儀ニ茂御座候、何卒被為感候御段ニ茂御座候ハヽ、一度御廟所御代参被為仰付被下置候様奉願候、御許容被成下候ハヽ、拙僧者及不申上、寺中一統御廟所守ニおゐて茂千万難有仕合奉存候、此段御聞居被為成下候様御願申上段ニ御座候処、代々之住僧如何相心得罷在候哉、拙僧去々年住職仕、旧記等取調仕、且家古老之もの申伝等相糺候処、佐々木大膳大夫持清公御廟所塚与申候而茂一通り之段ハ無御座、凡拾間四方其所迄幅三間位之馬場有之、印之松茂年数三四百年ニ茂可相成与、何連も見請申候大木ニ御座候、右之次第ニ而殊ニ御証文面ニ茂御先祖御菩提所与有之段、御在城者替候迚、御先祖之尊霊江御固断絶仕候段、何とも奉対尊霊恐入候段、当寺住職仕、其侭ニ罷在候而ハ不相済、朝暮之勤行度毎ニ是而已心惑仕候ニ付而不詳心頻ニ此度御訴訟奉申上候、則御証文写・過去帳・記録抜書をも持参仕候間、御一覧被成下候ハヽ、備高覧可申候、委敷者演説を以申上度奉存候、何卒願之趣宜敷様御執成被成下、拙僧願心相達候様幾重ニ茂奉仰願候、以上、

寅
六月　　　　雲州
　　　　　　安国寺

過去帳抜書

慶長十四年酉五月三日
一泰雲寺殿前三品相公徹宗道閑大居士

此居士御廟所、当寺境内開山堂脇ニ有之、御石碑若州より御取寄御座候哉、若狭石与申伝候、御法名明細ニ相分り申候、最御(衍)御位牌茂御座候、

十月十三日与斗り有之年号相分不申候、
一栖雲寺殿巨川□公大居士

寛永十四丁丑六月十二日
一玄要寺殿前若狭太守天慶道長大居士

此居士御廟所者無御座、御位牌ハ御座候、御俗名誰様ニ相当り候哉相分リ不申候、

此居士御位牌者有之、御廟所ハ無御座候、御俗名京極大膳大夫忠高公、此御代ニ依為御先祖菩提所旧例之地ニ加新地御寄附被遊之由、御証文有之并新地八石を加へ高弐拾石ニ直御家臣佐々九郎兵衛殿ゟ之添証文等御座候、

記録抜書

一京極大膳大夫高詮公御廟所無御座、康暦三年之御証文一有之、附紙ニ道誉之三代目能仁寺殿者則高詮公之御法名与御座候、

一佐々木大膳大夫持清御廟所、往古山門之跡より三十間南ニ塚有之、塚印ニ大松壱本有之与御座候、右之通、記録ニ御座候処、過去帳ニ御法名宝生寺殿与御座候而、持清公之御法名与記有之、朝暮之勤行仕来り申候、証文大膳大夫持清より之御証文六通御座候、附紙ニ道誉之六代目雲州守護江州ニ在城之由、御証文年号者、文安弐年或者長禄二年与御座候、

一青砥久左衛門与申御家臣与相見へ、御廟番ニ相残り候由申伝、以今青砥之家名相続仕、御廟所相守、御廟掃除御置水等、此者ゟ取扱仕候、尤当時身分百姓ニ而御座候、

右之通ニ御座候処、数百年を経候段ニ而、万々不詳候得共、御当家様ニおゐてハ、委敷相分リ居候儀与奉存候、

以上、

この差出は次のようにまとめることができる。安国寺住持の口上では、同寺は京極氏の「御先祖御菩提所」で廟所や位牌などもあり、命日だけでなく朝暮の勤行も行ってきた。これには京極旧臣と伝わる百姓身分の青砥久左衛門が「御廟所守」に残り、廟所の掃除や置水を行ってきた。しかし丸亀藩主京極氏からの廟所代参等は無く、無縁の状態となっている。安国寺は足利尊氏から毛利氏の代まで過分の寺領を得ていた。堀尾氏の代で一二石と減少し

たが、京極忠高の代に「先祖菩提所」として新地の寄進があり二〇石となり、今に続いている。そのため安国寺にとり京極氏との関わりは格別で、一度京極家からの廟所代参を希望する。一昨年住持になり、安国寺の「旧記」等を調べ、「古老」の伝えるところも問い調べた。「佐々木(京極)大膳大夫持清」の廟所を示す塚が、山門跡から三〇間(約五四メートル)南にかつてあった。その場所は、一〇間(約一八メートル)四方の場所でそこに至るまでに幅三間(五・四メートル)程の馬場があり、そこに大松一本がある。同寺の過去帳に京極氏は三名載っている。一人は慶長一四年五月三日に没した「泰雲寺殿前三品相公徹宗道閑大居士」すなわち京極高次で、高次の廟所が境内の開山堂の脇にあり、石碑は若狭国から取り寄せた「若狭石」と伝える。位牌もある。二人目は年未詳の「十月十三日」に没した「栖雲寺殿巨川□公大居士」である。位牌はあるが俗名は分からない。三人目は、寛永一四年六月一二日に没した「玄要寺殿前若狭太守天慶道長大居士」すなわち京極忠高である。位牌のみがあり、「先祖菩提所」とし新地八石を加え計二〇石を寺領とした。

この差出のなかで注目されるのは、「栖雲寺殿巨川□公大居士」が江戸後期には京極氏の誰かが分からなくなっていた点である。この人物は、その法号から同寺で永正五年(一五〇八)に没した京極政経である(36)。文政元年時点で誰か不明であるが、住持は京極氏に関わる人物だと認識している。同寺に伝わる政経の父持清の廟所の跡については、持清の出雲守護期に、安国寺寺領・塔頭・諸寮への守護役・郡検断の催促の停止が認められ(康正二年[一四五六])、さらに出雲国段銭により安国寺の造営が果たされている(長禄二年[一四五八](37))。安国寺・政経共に持清の存在は大きかった。政経が持清を安国寺に祀る動機は十分にある。

政経の息子材宗は、対立する近江の高清により自害させられており、政経は死の直前、孫の吉童子に惣領職・出雲・隠岐・飛驒三か国守護職を譲るが、その後出雲の京極氏は途絶える。高次・忠高は、出雲を拠点とした政経・材宗と対立した近江の高清の系統であり、清瀧寺の地にも政経の墓石はない。忠高の出雲入部を機に、安国寺の住持は、一二六年前に同寺で没した政経の位牌を祀っていることを訴え、忠高から「先祖菩提所」として認められたものと考えられる。

次に同寺境内には、越前産の笏谷石製の京極高次宝篋印塔が現存する。この宝篋印塔は越前・若狭を支配していた忠高が、移封にあたり出雲へ移したものと考えられる。若狭小浜で創建された父高次の菩提寺泰雲寺にあった供養塔だと推察され、国替えと共に松江城下に移った泰雲寺に、当初この供養塔はあったとみるのが自然である。しかし泰雲寺は忠高没後、播磨龍野へ移った際の龍野城下の絵図「播州立野城図」(38)には描かれておらず、龍野へは移転しなかった。このことは、石高が出雲・隠岐二六万四二〇〇石余から約四分の一の龍野六万石となったことも大きく影響しているであろう。忠高の跡を継いだ高和にとり、高次は祖父に当たる。京極氏の龍野移封の際、泰雲寺にあった高次

表2　安国寺に残る京極氏位牌・石塔・塚

歴代氏名	位牌	石塔・塚
京極持清		廟所塚
京極政経	位牌	
京極高次	位牌	宝篋印塔
京極忠高	位牌	

※文政元年時

の位牌および宝篋印塔は、「先祖菩提所」であった安国寺に移され、忠高の位牌も安置されたとみられる。これは忠高が出雲入国の際、かつて同寺で没した政経の菩提を弔うための「先祖菩提所」としたものが、その後、高次・忠高をも併せた京極氏の「先祖菩提所」として意識され、機能したことを示している。百姓身分となった京極旧臣の青砥久左衛門が廟番として残ったことからも、そのように考えらえる。しかし時と共に京極氏の「先祖菩提所」という意識は薄れ、京極氏と安国寺は「無縁同前」となっていった。それで新住持が調査のうえ、京極当主に廟所代参を求めたのであった。

忠高が松江藩主だった頃の、近江清瀧寺の状況を窺う史料が【史料6】である。寛永一四年三月四日に忠高は松江を発ち江戸へ向かう（「京極御系図」）が、道中の三月二二日に東山道沿いにある清瀧寺へ立ち寄った。この時、佐々光長に宛て、清瀧惣中の三〇名が連署して梅本坊の言い分に反論した返答状案が徳源院に残されている。

【史料6】宝持房等清瀧惣中返答状案

只今梅本坊目易（安）被上候返答仕

一山林之儀、梅本藤内被申上候通ハ、中〱偽りニ而御座候、此山之せうこ（証拠）ハ石田治部少殿御内御年寄衆御前ニて、如元八郎兵衛双方被召出対決□仕、如元理運ニ被仰付、則くひ（杭）の代として代物五百疋八郎兵衛ニ出させ、其上石田治部少と輔■（殿）御親父石田隠岐殿□□折紙御寺へ被下于今慥御座候ニ、其以後　京極様御寺山ニ而御さ候条、売手も買手も御座有間敷と存事候、今更作状仕上ケ申事いたつら者ニ而御座候、重而何角と被申上候て、我々罷出有様ニ可申上候事、

一茶ゑん畠之儀ハ、正祖律師納所ニ中将と申者おかれ候、正祖末後〔期〕之砌ニ茶たう（道）ニ仕候へと被申置、茶ゑん畠少ゆつり被申候、此中将手前不成ニ付、柏原村久済と申人ニ米借り被申候、しち（質）物と書入申候、此質物なか（流）れ申候時、中将ハはしり（走）被申候ニゟ（被）非官共として、此米納所仕候而請出シ、住寺〔持〕ヲ名付ニ仕、御寺へ証文ヲ上ケ置候処ニ、藤内取出□〔ヲ〕我家領ニ可仕との儀、非道之御事と存候、梅本坊と名付仕候道具ハ、若狭抔参候たゝミまてニ梅本坊と書付御座候、其外万事之道具にも住寺〔持〕之名付御座候、右之米久済へ遣候時、手前ニ無之何共致兼、正祖ゟ（被）山少シ非官共ニ被下候、其山ヲ林シ置候をも企を、弐石五斗ニ売置候而遣セ申候、残ル

所も梅本坊へ進之申候、亦毎年ニ壱石ツヽ三年之間、住寺〔持〕へ渡シ申候、其以後ハ山内ニ罷成候、是ヲ偽リと思召候ハヽ、わきひかへ御尋可被成候、少(も脱)いつわり不申上候御事、

一くり(庫裏)四間ニ五間ニたて被申候、然ハ此入用過分借銀仕候由被申上候、是も中々いつわりニ而御座候、御寺屋敷之内にて、竹木恙切候而、作事被仕候間、入用過分ニ入不申候、其上梅本坊之造作ハ、一二百目計も入可申と存候、其後六尺まわりのくり(庫裏)ノまわりのきり(桐)の木三本、右之木竹銀子壱貫四五百目程ニ而売被申候御事、

一御美供毎日そなへ被申候由被申上候へ共、梅木坊者三井寺ニまて被居候而、留主居とて林蔵と申禅門之一人おき(置)候而、給分飯米迄も少もくれ不申候而、かつ(飢)へニおよび候ニ付、山をひらきあわひ(粟稗)へヲ作り、こゑはい(肥灰)ヲ持候而、毎々之御美供備申との儀者、いつわりニ而御座候、四五年之間御各日ニもしか〳〵と御美供そなへ不申候、又七月ノせつき(節気)も仕様ニ被申上候へ共、松丸様ゟ銀子壱枚ツヽ造用として年々参候へ共、せつき(節季)ハ不被仕候、但はかまいり(墓参)ハ被仕候御事、

一道具之事、非(被)官共おさ(押)へ置申候由被申候、少もをさ(押)へ不申候、藤内・八兵衛罷越任文仕候而渡被申候時も、先梅本坊へ任文いたし相渡シ候、道具とも十分一も無之候へとも、藤内・八兵衛公事すき(空)之仁ニ候へハ被相渡候、道具までを請取、一ツニかゝけ二かい(階)へ上ケ候而置申候、今度渡シ被申候道具ヲ銀子ニ仕候ハヽ、廿目程可仕候、次ニ申上候前かと(廉)ハ、大かミさまゟ五石(合点)、松丸様ゟ拾石(合点)、宰相様ゟ廿石(合点)、丹後様ゟ廿石(合点)、〆五拾五石(合点)、梅本坊○(方々ゟ過分之御寺領)被参候へとも、もり(守)を一所もさし不被申、たゝ之壱帖さし不申、皆々くさり申候、住寺〔持〕之儀ニ候へハ、茶○(ゐん)畠○(なとハ)買候て成共、御寺へ御きしん(寄進)可被成処ニ、非(被)官共○(として)請出シ、則名判くわへ、御寺へきしん(寄進)仕候所〔処〕、禅林寺ニ梅本坊住寺〔持〕ニ被居候たり、梅本坊と名付候故ニ、藤内我か家領之様ニ申上儀ひが(僻)事ニ御座候、何連も非(被)官共ハ御寺ヲ大切と存かやうニ仕候、重而藤内申上候者、何連も非(被)官共罷出可申聞候、

剰七間ニ九間之くり（庫裏破損）はそん仕候を、皆々薪ニ仕候、残而古木少御座候を、連井角兵衛殿御覧被成候、又風呂
屋御座候へ共、処是も屋ふりたき（虚）ゝに仕かまをも売被申候、仍如件、
今程ハかたちも無御座様ニ被仕候御事、
右之条々少も偽り不申上候、若きよ言と思召候ハヽ、御奉行を被下、清瀧惣中之口を御聞可被成候、以上、仍
如件、

寛永拾四年丑三月廿二日　　宝持房（印）（以下三〇名略）

進上　佐々九郎兵衛（光長）殿

宝持房以下三〇名の清瀧惣中が、佐々光長に訴えた内容は次の一〇点である。

①山林について梅本坊の藤内が申すことは偽りである。証拠は、石田三成の年寄中の面前で八郎兵衛と対決して元の様にするとの判決で、八郎兵衛に杭の代金五〇〇疋を出させたこと、及び三成の父正継の折紙も清瀧寺にある。以後、京極氏の寺山で売り買いはない。

②茶園畠は、正祖律師が納所に置いた中将という者に、正祖死去の際、茶道のためにと少し譲った。中将は茶園畠を、柏原村の久済からの借米の質に入れたが流れ、中将は逃亡した。被官達が買戻し、証文を清瀧寺に置いたところ、藤内が取り出して自分の家領としたことは非道である。若狭から取り寄せた畳まで梅本坊のものとした。久済からの買い戻しに使った米は、京極氏の被官へ正祖から下された山を二石五斗で売ったものである。残りの米も梅本坊へ進めた。また毎年一石を三年間、清瀧寺住持へ納めた。

③四間、五間の大きさの庫裏を建てる際、多くの借銀をしたと梅本坊が言うのも偽りである。清瀧寺屋敷内で竹木を切って作事をし、一、二百目でできることである。また庫裏の周りにあった幹回り六尺の桐の木三本と竹木を、銀子一貫四、五百目で梅本坊は売った。

④美供（みそなえ）は毎日供えているとの梅本坊の言い分は偽りである。梅本坊は三井寺にいて、留守居に禅門の僧林蔵

を置いたが、給分や飯米を与えず林蔵は飢えた。そのため林蔵は山を切り開き粟や稗を作り、肥灰を所持して美供に備えたというが、実際には四、五年の間供えていない。お盆（「七月ノセつき」）では行うよう申し伝えたが、「松丸様」（京極龍子）から銀子一枚が毎年来ていたにも拘らず行わず、墓参のみであった。

⑤道具は、藤内と八兵衛に渡したが十分の一も残っていない。銀子に換金すれば二〇目にはなる。

⑥かつては「大かミ様」（上）（高次の母マリア。元和四年［一六一八］没）、「松丸様」（高次の妹龍子。豊臣秀吉別妻。寛永一一年没）、「宰相様」（高次。慶長一四年［一六〇九］没）、「丹後様」（高次の弟で丹後宮津一二万三〇〇〇石の高知。元和八年［一六二二］没）から合わせて五五石が、梅本坊へ来ていた。(39)

⑦梅本坊は清瀧寺の住持として茶園畠を買い清瀧寺へ寄進すべきところ、京極被官がこれを行った。

⑧さらに梅本坊の住持が禅林寺に居座り、この寺を私物化するのは間違っている。

⑨京極氏の被官共は清瀧寺を大切に思っている。

⑩七間・九間の大きさの庫裏は破損してしまい、全て薪となり、残りの古木も少なく、風呂屋も無くなった。

清瀧寺を取り仕切っていたのが梅本坊で、同坊の藤内が寺の財物を私物化し、墓参りのみで美供もせず、自らは三井寺や禅林寺にいて留守居を置くが、留守居を飢餓状態にし、庫裏や風呂屋も朽ち果て、清瀧惣中の面々が清瀧寺を「大切」に思い梅本坊を糾弾したことが分かる。また京極高吉の法号「禅林寺殿」を寺名とする禅林寺は、高吉の菩提寺と考えられる。清瀧惣中が訴えているため、清瀧周辺にある寺院とみられる。ここからは、禅林寺も梅本坊が私物化しようとしていたことが分かる。かつて高次の母マリアが五石、高次の妹龍子が一〇石、高次とその弟高知が各二〇石ずつの計五五石が、清瀧寺に納められ、清瀧寺が京極当主のみでなく、京極氏に関わる女性や分家筋からの寄進により維持されていたことも分かる。ただ寛永一四年段階では皆没しており、寺の維持費はさらに少なくなっていたと考えられる。

三か月後、江戸で忠高が嗣子なく急死し、本来、末期養子が認められないなか、その半年後、幕府は忠高の弟高政の子高和を家督継承者と認め、播磨龍野六万石で存続させる決定をした。この時の事を『徳川実紀』は、「祖父宰相高次がとき江州大津にてたまはりし六万石を、播州龍野にてかへたまはり、祀を奉ぜしめらる、これ高次が勲功を思召され、忠高も日頃怠慢なく奉仕せしがゆへなるとぞ」と記す。[40] 家の存続は、祖父高次の関ヶ原の戦いでの大津籠城の軍功と、義父忠高の幕府への奉仕が認められたことによる。これにより高和の現在があるのは、高次と忠高あってのことだと、高和は強く意識することとなる。

第三章　収斂される菩提寺

第一節　播磨龍野における京極高和期の菩提寺

播磨龍野へ移り、石高がそれまでの四分の一の六万石となったことは、京極氏の菩提寺経営にも影響した。京極期の龍野城下を描いた「播州立野城図」によれば、龍野の城下に京極関係とみられる寺院は「玄要寺」のみである。寺名は、京極忠高の法号「玄要院殿」を冠する。そのため前代の忠高を祀る寺と考えられる。小浜・松江城下にあった忠高の父を祀る「泰雲寺」もない。「玄要寺」は、後に讃岐丸亀で「泰雲山」を山号としている（『西讃府志』）。山号に祖父の法号を残し、高和は前藩主のみ、菩提寺を城下に設けたのである。

忠高一周忌の寛永一五年（一六三八）六月一二日、関ヶ原の戦い時に紛失した清瀧寺の古文書二通が見つかった。見出された経緯を、大徳寺の僧である天祐紹杲が、正保三年（一六四六）八月に後書で記した。応安六年三月一〇日付清瀧・西念両寺々務条々[41]の後書には、「慶長五年之乱擾散在不知其所留、于旹寛永十五龍集戊寅六月十有二日、廼玄要院（京極忠高）殿前羽若州太守羽林天慶道長大居士小祥忌之辰也、大居士之嗣子高和公舎浄財、以再興清瀧寺斧斤功終末、幾有人一日以此制法一巻供正法雲居和尚之一覧、和尚一覧了畢」とある。高和は「浄財」にて忠高の墓域整備を行い、清瀧寺の再興を果たそうとしていたことが分かる。もう一通の弘安九年四月付佐々木氏信寄進状(42)の後書は、次の様に記す。

【史料7】

有人持此状、来呈正法山雲居和尚、和尚一覧已後、語佐佐氏光長、光長請得之、捧　京極刑部少輔高和、高和得之靡勝愉悦之至、修復以再収、在柏原清瀧寺、夫高和者、自元祖氏信第二十代之苗裔、前若州太守羽林忠高之嗣子也、（略）（忠高、）京極之家累代之末有如此栄、有如此誉、雖然行年四十有余逝矣、嗚呼惜哉、維旹、同十四年丁丑六月十二日也、号玄要院殿天慶道長居士、立石塔婆於柏原清瀧寺、此寺乃京極一族之塔処也、翌年十五戊寅春三月高和受大樹家光公之命、従雲州迁播州之龍野、然後為道長居士、舎浄財、一新清瀧寺諸宇、改観於茲、寺産之地及境内之山林等、如此重書等、復旧者、従佐佐氏光長方寸所使然也、忠至哉、功然哉、（後略）

内容は、紛失した古文書二通が戻ったことに高和は喜び、修復し再び清瀧寺に奉納した。高和は元祖氏信から二〇代の後裔で、忠高の嗣子である。京極氏累代の末の父忠高の代に栄誉を浴したが亡くなった。「京極一族之塔処」である清瀧寺に石塔婆を建てた。翌年、播磨龍野へと移封となったが、父忠高のために清瀧寺の諸堂舎を建て一新し景観を改め、境内の山林等や重要な古文書等を復旧した。これは佐々光長の忠節による功績であると記す。

忠高没後、高和はすぐに石塔を清瀧寺に建て、龍野に移ってからも清瀧寺の再興に務めた。これは忠高の右腕として活躍した佐々光長の意向が大きく働いたとはいえ、忠高の甥として、本来ならば家督を継ぐことのなかった高和が、義父忠高の墓塔及び一族の墓所を整備することで、自らが京極氏の後継者であることを示したものと考えられる。
石高が減るなか、高和が菩提寺清瀧寺の整備を進めたのには、いま一つ高和の性格も関係している。湯山常山の『常山紀談』には、「国用甚乏」しいなか、佐々光長が高和へ「殿の能、舞妓、鷹狩、屋敷の設、衣服、器物、万事に費をなし」と高和の派手好みと浪費癖を諌めている。[43] 高和は決めたことに費用を惜しまない性格だったのである。

第二節　讃岐丸亀における京極高和・高豊期の菩提寺

高和は替地を幕府に要求していた。二〇年間龍野にいたが、明暦四年（一六五八）二月に讃岐国丸亀へと移封が決まり、五月五日、船で高和は丸亀に到る。丸亀で六万石（丸亀藩三代目から分封し五万一〇〇〇石）を領した京極氏は、丸亀藩七代朗徹（あきゆき）の代に明治維新を迎えた。この間城下の京極氏菩提寺は、龍野から移した「玄要寺」のみである。[44] 同寺には歴代の墓石（石塔）はない（ただし明治七年［一八七四］没の京極高朗（たかあきら）墓所がある）。京極氏は龍野期から領国内の菩提寺を縮小している。江戸時代に最大の知行高だった出雲・隠岐統治期の忠高の法号をもつ「玄要寺」のみとなり、墓石をもつ京極氏の菩提寺は、近江の清瀧寺に限定されていく。

寛文二年（一六六二）九月に京都の因幡堂で高和が亡くなると、その亡骸は清瀧寺に葬られた。法号は「徳源院殿特英道達大居士」である。家督を継いだ嫡子高豊は、わずか七歳であった。高豊は二二歳で初めて讃岐丸亀に入国するまで江戸で育った。[45]

同一二年六月、一八歳の高豊は、飛び地の播磨国二村を幕府に返上し、替わりに近江国坂田郡清瀧村と大野木村の一部、合せて五〇〇石を所領とし、清瀧の寺地とその周辺を京極氏のものとした。徳源院の寺田自体は高二四石六斗あった（『西讃府志』）。この事について、文政期（一八一八～三〇）の京極氏代官小谷氏の記録「清瀧雑記」高豊公御代[46]は次の様に記す。

【史料8】

江州坂田郡之内清瀧村山奥、有寺佐々木累代之菩提所也、近村隣村之民俗(ママ)、猥伐採竹木、依雖有易地之願望、因循送日之所、一日達　殿下・御大老中、感其孝心、清瀧村、加大野木村内而五百石、可為易地之旨、被仰渡、于時寛文十二年六月十七日也、因之再興道場之傾廃幷寺内十二坊之断絶、誠先祖追孝之志至矣尽矣、今改号徳源寺父刑部少輔法名、

高豊は寺周辺を京極氏領にし、道場および十二坊を再興した。新たに寺名を父高和の法号を採り「徳源寺」と名付けたとあるが、「徳源院」の誤記である。[47]この時、三重塔を建立し、位牌堂を建て庭園を整備した。[48]墓域については「高豊が幕府に願ひて附近に散在せる歴代の墳墓を清瀧寺に集め、或は欠けたるを補填し、或は順序を整美し」たという。[49]高豊は清瀧寺の寺域を、新たに徳源院として整備した。

一八歳の高豊が、清瀧寺の大規模な整備を思い立った理由は明確にし得ない。龍野から丸亀へと移転した直後まで、佐々光長が存命していた（万治二年［一六五九］六月没）。[50]そのため光長の強い意向や、父高和の代から墓石を持つ菩提寺を清瀧寺のみに絞っていたこと、鎌倉時代から続く京極氏の末裔であることを示す必要があったこと等の理由が考えられる。[51]参勤交代で立ち寄ることも意識し、寺域周辺を京極氏領とし、一族の菩提寺として整備した。高豊は、徳源院・十二坊に七か条の寺務覚（延宝八年［一六八〇］）や清瀧寺に禁制（元禄五年［一六九二］）を発給するなど、再興した徳源院の経営に細部にわたり指示をだしている。[52]

おわりに

本稿では、領国全域の京極氏の菩提寺や墓所を編年で検討し、その形成と変遷を跡付け、京極氏にとっての菩提寺について明らかにしてきた。その結果は以下の様にまとめられる。

京極氏の菩提寺は、初代氏信が所領の近江国坂田郡柏原庄清瀧に清瀧寺を創建したことに始まる。氏信が採用した鎌倉時代に造られだした新しい形の石造の宝篋印塔は、その後歴代当主の墓石に取り入れられた。清瀧とその周辺には、西念寺（二代宗綱）、能仁寺（七代高詮）、勝願寺（八代高光）、満願寺（一〇代高数）など京極諸氏の菩提寺が集中した。なかでも高氏は、所領のある近江国犬上郡甲良庄に自らの菩提寺勝楽寺を建立し、菩提寺を政治拠点に創建して、周辺諸勢力と対峙する場とした。七代高詮の菩提寺能仁寺は、一五世紀前半に造営が始まり、参道、山門、礎石建物、庭園を持ったが、一世紀のうちに廃絶した。その裏手に、能仁寺造営とともに築造された埋葬施設を持つ墓地が築かれた。一五世紀後半の一一代持清により、清瀧寺の寺地は広範囲に大がかりな整備が行われた。

戦国期、衰退した京極氏は、高次の登場で復活した。高次は妹や妻の血縁関係で出世し、近江八幡、ついで近江大津六万石の城主となる。一六世紀末、京極氏の菩提寺は清瀧寺と勝楽寺のみ残存していた。清瀧寺には、京極氏「御内之輩」も祀られ、「坊舎」があった。また一六世紀末から一七世紀初頭にかけて清瀧寺の整備が一部始まっていた。この頃、京極氏に関わる女性や分家筋からの寄進により清瀧寺は維持されていた。関ヶ原の戦い後、高次は若狭小浜へ移り、父高吉の菩提を清瀧近隣と高野山で弔った。江戸時代初頭の京極氏は、室町時代の守護家である京極氏との系譜関係が分からなくなっており、鎌倉・室町時代の大名京極氏との繋がりをいかにして示していくかが課題であった。

父高次が没し家督を継いだ忠高は、父の菩提寺泰雲寺を若狭小浜に建立した。若狭統治の拠点である守護所跡地に父を祀り、国主としての立場を忠高が継承していることを内外に示した。小浜には忠高の正妻初姫の菩提寺興安寺、母初の菩提寺常高寺が建立され、京極氏所縁の地である高野山にも父高次、正妻初姫の供養塔が建てられた。忠高期の清瀧寺は、石積を伴う平坦地や参道の整備、参道に北面する建物群ができつつあった。新たに設けられた高次の墓所は、これまで歴代の墓石にはない、石廟をもつ宝篋印塔で、越前産の笏谷石で造られた。高次墓域周辺が新たに整備され、現代に繋がる清瀧寺墓域の景観が生まれつつあった。忠高による複数の墓所設置は、それまでにない新たな菩提寺群の創出と整備であった。忠高が父の菩提にこだわるのは、父の偉業を称え供養するという理由だけでなく、拠点が近江から離れた地であり身近に供養する場所が必要であったためである。さらに清瀧寺に石廟をもつ墓石で墓域を造り整備したことで、鎌倉時代から続く京極氏の継承者であることを示した。忠高期は複数の菩提寺を創り出す、菩提寺の拡大期であった。

出雲・隠岐二六万四二〇〇石余へと加増転封となった忠高は、松江城下の清光院を位牌所とし、父高次の菩提寺泰雲寺も小浜から移転させ祀り、小浜から移した越前産の笏谷石製の京極高次宝篋印塔を置いた。そして一六世紀初頭に一四代政経が没した安国寺を「先祖菩提所」とした。同寺にはかつて一一代持清の廟所があり、政経、高次、忠高の位牌を祀り、廟所を守る京極旧臣がいた。その後、泰雲寺にあった高次宝篋印塔は、「先祖菩提寺」である安国寺に移され祀られた。京極氏の移封後、次第に「先祖菩提所」という意識は薄れ、京極氏と安国寺は無縁状態となる。忠高の松江藩主期、清瀧寺を取り仕切っていた梅本坊は、寺の財産を私物化し、墓参りのみで美供もせず、庫裏や風呂屋も朽ち果てた。

嗣子なく忠高が急死したため取り潰しとなるところ、高次と忠高の功績が認められ、京極氏は播磨龍野に六万石で残る。家督継承を認められた高和は、高次と忠高あってのことだと強く意識することとなる。石高が四分の一となったことは菩提寺経営に影響した。高和は義父忠高の菩提寺玄要寺のみ城下に設け、菩提寺経営を縮小させた。清瀧寺では、忠高没後、高和はすぐに石塔を建て、龍野に移封後も清瀧寺の再興に務めた。これは忠高の右腕として活躍した佐々光長の意向が大きく働いた。忠高の甥として、本来ならば家督を継ぐことのない高和は、義父忠高の墓塔及び一族の墓所を整備することで、自らが京極氏の後継者であることを示した。二〇年後、讃岐丸亀へと移った高和は、菩提寺玄要寺のみ龍野から丸亀へ移し、墓石をもつ菩提寺を清瀧寺に限定した。

高和没後、家督を継いだ高豊は、清瀧寺周辺を京極氏領とし、道場、十二坊を再興し、三重塔および位牌堂を建立し、庭園を整備した。そして新たに寺名を父高和の法号を採り徳源院と名付けた。墓域には、付近に散在する歴代の墓石を集め整備した。一八歳の高豊が、清瀧寺の大規模な整備を思い立ったのは、佐々光長の強い意向や、父高和の代から墓石を持つ菩提寺を清瀧寺に絞ったこと、鎌倉時代から続く京極氏の継承者であることを示す必要があったためと考えられる。

南北朝期、高氏は近江国内に政治的拠点として菩提寺勝楽寺を創建したが、江戸時代初頭の忠高は所縁の地に菩提寺や供養塔を建てた。本稿では、忠高の複数菩提寺建立の理由を、①拠点が遠隔地、②国主としての正当性、③鎌倉時代から続く京極氏の継承者であることを示すためとした。忠高に続く高和・高豊期は、石高の減少から、一族の菩提寺を清瀧寺に限定し、高次・忠高から始まっていた寺域の整備を本格化して徳源院として再出発した。これは先の③をとくに意図していた。

初代氏信が創建した清瀧寺周辺の歴代菩提寺は、約一世紀で廃絶した。その中で清瀧寺が存続したのは、やはり初代氏信の建立した菩提寺であること、及び室町前期の一時期、清瀧寺は天台談義所となり、その後も柏原庄政所として地域の中核寺院となったことによる。高次以降の歴代は、京極氏の継承者であることを示すために、衰退した清瀧寺の復興に力を尽くした。清瀧の地は「京極氏の精神的な拠り所」としてだけではなく、京極家督継承者であることを示す政治的な場所でもあったのである。

残された課題も多い。讃岐多度津、但馬豊岡、丹後峰山等の分家筋の菩提寺や若狭小浜の常高寺と末寺や勝楽寺など十分に検討できなかった。全て今後の課題としたい。

注

（1）京極氏の政治動向については、数多くの研究がある。代表的なものとして、『東浅井郡志　一』（滋賀県東浅井郡教育会、一九二七年）、『改訂近江国坂田郡志　二』（滋賀県坂田郡教育会、一九四四年）、下坂守「近江守護六角氏の研究」（『古文書研究』一二、一九七八年）、今谷明「近江の守護領国機構」（同『守護領国支配機構の研究』法政大学出版局、一九八六年）、星野重治「南北朝内乱期近江国における佐々木京極氏の立場―分郡守護論の再検討を中心として―」（『古文書研究』五〇、一九九九年）、太田浩司「京極氏の歴史」（伊吹町教育委員会編『京極氏の城・まち・寺―北近江戦国史―』サンライズ出版、二〇〇三年）、嶋田哲「室町期における佐々木京極氏と近江国「守護」職」（『三田中世史研究』一一、二〇〇四年）、小和田哲男『近江浅井氏の研究』（清文堂出版、二〇〇五年）、宮島敬一『浅井氏三代』（吉川弘文館、二〇〇八年）、北村圭弘「南北朝期・室町期の近江における京極氏権力の形成」（公益財団法人滋賀県文化財保護協会『紀要』三一、二〇一八年）などがある。

（2）『改訂近江国坂田郡志　三下』（滋賀県坂田郡教育会、一九四三年）第四編墳墓志、京極氏累代の墓。田岡香逸「滋賀県坂田郡山東町清滝・徳源院京極家墓所の宝篋印塔群」（同『近江の石造美術　一』、民俗文化研究会、一九六八年）。

（3）『改訂近江国坂田郡志　三上』（一九四三年）、三〇四頁。

（4）『清滝寺遺跡・能仁寺遺跡』（滋賀県教育委員会事務局文化財保護課編・発行、二〇一二年）。『清瀧寺遺跡・能仁寺遺跡Ⅱ』（同編・発行、二〇一四年）。中川治美①「「清瀧寺徳源院」にまつわる三つの絵図」（『淡海文化財論叢』三、淡海文化財論叢刊行会、二〇一一年）、中川治美②「京極家菩提寺「清瀧寺」の実像を追う」（『同』四、二〇一二年）。

（5）『改訂近江国坂田郡志　二』一二六頁。

（6）弘安九年四月付佐々木氏信寄進状（『鎌倉遺文』古文書編、一五八八六号）。

（7）氏綱の出家は「関東評定伝」（『群書類従』）参照。『寛政重修諸家譜』（氏信項）は、出家年を弘安九年と誤記している。

（8）山川均『石塔造立』（法藏館、二〇一五年）第Ⅲ章2、第Ⅴ章2。

（9）愛甲昇寛『慶長末年以前愛知県関係梵鐘資料集成』（真言史学会、二〇〇七年）。なお『改訂近江国坂田郡志　五』（一九四二年、七〇七・七〇八頁）所載の鐘銘には脱落がある。

（10）『大日本史料』六―三七、二〇三～二〇八頁。

（11）『改訂近江国坂田郡志　五』五九八頁。

（12）『改訂近江国坂田郡志　五』五九七・七〇六頁。

（13）森茂暁『佐々木導誉』（吉川弘文館、一九九四年）六五・六六・二二五頁。

（14）以上、『清瀧寺遺跡・能仁寺遺跡　Ⅱ』。永享六年正月二八日付大吉寺実舜寄進状（「公方年貢能仁寺五升」『山東町史本編』山東町、一九九一年、四三六頁）。

（15）応永三年二月九日付成相寺置文（『松江市史　史料編3』五〇三号、二〇一三年）。

（16）前掲注（4）中川②論文。

（17）以上、成菩提院史料研究会編『天台談義所　成菩提院の歴史』（法藏館、二〇一八年）八・一六七頁。

（18）『改訂近江国坂田郡志　三下』三五四頁。

（19）『実隆公記』永正五年一二月四日条。「京極氏略系図」（『改訂近江国坂田郡志　二』一五二頁）。

（20）西村清雄『佐々木京極氏と近江清滝寺』（清滝寺、一九八五年。二〇一五年、サンライズ出版より復刻）七三頁。上平城については、『上平寺城跡遺跡群分布調査概要報告書Ⅰ　上平寺館跡』（滋賀県坂田郡伊吹町教育委員会編・発行、一九九八年）、『上平寺城跡遺跡群分布調査概要報告書Ⅱ　高殿地区』（同編・発行、二〇〇〇年）、『上平寺遺跡・寺林遺跡』（同編・発行、二〇〇一年）、『上平寺遺跡・寺林遺跡』（滋賀県教育委員会事務局文化財保護課編・発行、二〇〇三年）、『上平寺城跡遺跡群分布調査概要報告書Ⅲ　上平寺城跡』（伊吹町教育委員会編・発行、二〇〇二年）。

(21)奥野高広・岩沢愿彦校注、角川書店、一九六九年。
(22)『新編丸亀市史　4史料編』(丸亀市、一九九四年)収載。
(23)木下浩良『戦国武将と高野山奥之院―石塔の銘文を読む―』(朱鷺書房、二〇一四年)二四四頁。
(24)『越前若狭地誌叢書　下』(松見文庫、一九七三年)収載。
(25)『大日本近世史料　細川家史料』細川忠興文書七九七号。
(26)「持明院文書」(東京大学史料編纂所影写本)。年代は、元和五年(一六一九)九月から寛永八年(一六三一)三月までの間に使用しだした忠高の花押で、この花押は同一三年の没年まで使用されたことによる。
(27)京極高次宝篋印塔と大津城中討死衆供養塔については、愛甲昇寛編『高野山所在戦国大名等供養塔』(私家版、一九九四年)参照。
(28)『小浜市史　社寺文書編』(小浜市役所、一九七六年)常高寺文書四・二五号。
(29)以上、『小浜市史　社寺文書編』常高寺文書四・五・八号。『若狭郡県志』常高寺「槐堂和尚為開祖、仏殿安釈迦堂、左有槐堂之雕像、右有常高院及京極家の牌、(略)故大猷院君於近江国長田村寄寺領三百石、尓後公方家代々賜寺領寄附之証書于寺僧、讃岐国丸亀之城主京極家監之」。この他、常高寺及び初については、二木謙一「常高院夫人とその手紙」(『小浜市史紀要』二、一九七一年)、柴田伊左衛門「若狭小浜の女人像」(『若狭』昭和四八年度版、若狭史学会、一九七四年)、『小浜市文化協会創立三十周年記念文化祭　京極展記念特集』(小浜市郷土研究会編・発行、一九八八年)、伊藤一樹編『常高院と京極の女達』(後瀬書房、一九九三年)、有馬香織「「初」の名前」(『日本歴史』七八四、二〇一三年)等参照。
(30)黒澤長尚撰『雲陽誌』(大日本地誌大系四二、雄山閣、一九七一年)「島根郡清光院」条。
(31)「磯野家由緒書」(磯野多津子氏蔵)。
(32)「寛永年間松江城家敷町之図」(丸亀市立資料館所蔵)。
(33)天倫寺所蔵。享保二年九月晦日成立。京極氏の後、松平直政は泰雲寺跡地に天倫寺(臨済宗妙心寺派)を開山し、位牌堂を建立して松平家歴代の位牌を祀った。
(34)「京極高次分限帳」(国立公文書館所蔵)。西島太郎「京極期松江城下町図と分限帳」(同『松江藩の基礎的研究―城下町の形成と京極氏・松平氏―』岩田書院、二〇一五年、初出二〇一一年)。

（35）上島有「出雲安国寺文書と秋上家文書の足利義詮・直冬文書」（同『中世花押の謎を解く―足利将軍家とその花押―』山川出版社、二〇〇四年）。

（36）政経の没した日は、一〇月二三日（『寛政重修諸家譜』）、同月二五日（「京極氏略系図」（『改訂近江国坂田郡志　二』、一五三頁））の二説がある。【史料5】で政経の没した日を「十月十三日」とするのは、「十月二十三日」の誤記ではないだろうか。

（37）『松江市史　史料編3』、五九〇・五九六・五九八・六〇〇号。

（38）「播州立野城図」正保～明暦（一六四四～五八）頃成立。たつの市立龍野歴史文化資料館所蔵。写真は、『龍野城物語』（同館、二〇一一年）に掲載。

（39）寛永一四年時、「大かミ様」「松丸様」「宰相」「丹後様」は全て故人であるが、生前の呼称で京極被官達が表現したものと考えられる。

（40）『徳川実紀』大猷院殿御実紀、寛永一〇年一二月二二日条。三月二二日付多賀越中書付（東京大学史料編纂所架蔵謄写本「京極家物語書」）も参照。

（41）前掲注（10）文書。

（42）前掲注（6）文書。ただし奥書部分は未翻刻。徳源院所蔵。

（43）『常山紀談』（岩波書店、一九三九年）巻一八「佐々九郎兵衛経済格論の事」、及び武田清明「大名・京極高和と御室焼」（『野村美術館研究紀要』一八、二〇〇九年）。

（44）藩士たちの菩提寺として、龍野から丸亀へ移転した寺院に善龍寺（山号琵琶湖山）がある。近江出身の玄智が龍野に草庵を設けたものである（『西讃府志』三六九頁）。

（45）「丸亀御系図」（『新編丸亀市史　4史料編』）。『西讃府志』一八五頁。

（46）前掲注（3）著書参照。

（47）延宝八年に高豊が定めた徳源院幷十二坊寺務覚や以降の歴代当主の礼状宛先は、「徳源院」である（徳源院文書）。

（48）『滋賀県指定有形文化財　徳源院三重塔修理工事報告書』（滋賀県、一八七八年）。『清瀧寺遺跡・能仁寺遺跡』一一頁。

（49）前掲注（3）著書参照。

(50)『西讃府志』一八三頁、および松本昭雄「「心易主人」、封印三百五十年の本音(三)—京極高和の書状を読み説く—」(『香川県立文書館紀要』一四、二〇一〇年、三八頁)。

(51)なお江戸の菩提寺として、京極高豊期以降、麻布の光林寺(臨済宗妙心寺派)、駒込の龍光寺(臨済宗東福寺派)等がある。いずれも江戸居住の藩主妻子の菩提寺である(藤井喬『涙草原解』原田印刷出版、一九六九年、口絵。「京極御系図」『新編丸亀市史　4史料編』。春木旭「東京麻布の『光林寺』」『京極』二、讃岐京極会、二〇一二年。岩淵令治「大名家の江戸の菩提寺の成立と当主の「葬地」」同『江戸武家地の研究』塙書房、二〇〇四年)。

(52)『柏原学区の古文書(三)徳源院宝物展』(佐々木京極友の会、一九九六年)四三・四四頁。徳源院は近世初頭、成菩提院末寺、享保一八年(一七三三)に東叡山輪王寺末寺となり、明治維新後、延暦寺末寺となった(『改訂近江国坂田郡志四』四六九頁)。

(付記)史料閲覧にあたっては徳源院住職山口光秀氏、安国寺住職だった故赤木俊明氏、清光院住職廣江尚道氏にお世話になった。記して謝意を表する。

第三部

近世武家菩提寺の諸相

近世前期における細川家の菩提寺

林　晃弘

はじめに

近世の大名家菩提寺の研究は、近年、関心が高まっている。当該分野を牽引する近世宗教考古学では、大名墓所の調査成果が蓄積されており、それを踏まえた比較検討にも取り組まれている。(1)文献史料を中心とするものでは、岩淵令治の一連の研究があり、江戸の菩提寺の全体像と特色が明らかにされるとともに、国元での葬送儀礼についても具体的に復元され、それらの政治的・社会的意義が分析されている。(2)また、港区立港郷土資料館では特別展『江戸の大名菩提寺』（二〇一二年）が開催され、『月刊文化財』六二六号（二〇一五年）では特集「大名家墓所が語る近世社会」が組まれている。

近世の大名家菩提寺の特徴は、転封、参勤交代、証人制などのため、ほとんどの大名家が国元と江戸（およびその周辺）のそれぞれに菩提寺を有している点にある。その選択も含め、葬制・墓制は多様であり、黄檗宗によるものや、儒葬・神葬もみられる。また、近世中後期には多くの藩で祖先顕彰・神格化がなされるが、これは藩政改革や領民支配とも関わり重要な論点となっている。(3)

本稿では、細川家を事例に、近世前期の菩提寺について検討する。近世の大名家菩提寺を理解する上で、その後を大きく規定する成立・確立期は重要であるが、史料的な制約もあり、その検討はやや不足しているように思われるためである。[4]細川家に関しては、一七世紀前半の史料も充実している永青文庫所蔵資料があり、さらに分家の宇土細川家や家老松井家、それ以外の家臣の家文書にも恵まれている。目録の整備や史料集の刊行も進められており、当該期の研究を行う上で条件が整えられてきている。

しかし、菩提寺や葬送儀礼については、各寺院・墓所の調査報告や紹介はあるが、[5]殉死をめぐる論点[6]を除いて歴史学的な分析は深められていないように見受けられる。そこで、戦国・織豊期からの展開と、江戸初期における新たな菩提寺の創建をより具体的に跡付けることにする。そこでは幕藩関係や人的関係、それに細川家の人々の信仰・帰依にも注意する。それにより、近世の大名家において菩提寺の枠組みが形成されていく過程と、それを規定する諸要素を明らかにしたい。

なお、熊本大学寄託永青文庫資料は『熊本大学寄託永青文庫資料総目録』[7]に基づき、(『総目録』目録番号)と注記する。そのうち、『永青文庫叢書　細川家文書』[8]は(『叢書』巻―号)、『大日本近世史料　細川家史料』[9]は(『大細』巻―文書番号)とする。また、近世中期成立の家史『綿考輯録』[10]は(『綿考』刊本巻―頁数)とする。文書・記録類の写は信頼できるものであり、逸話等は注意して利用する。

第一章　近世細川家の菩提寺

第一節　細川家の人々

まず、細川藤孝以降、一七世紀前半までの当主と正室について、本論にかかわることがらを中心に簡単に紹介する。

細川藤孝（幽斎）[11]は、天文三年（一五三四）三渕晴員の二男として生まれたとされる。養父は、近年、山田康弘により将軍足利義晴の側近細川晴広（刑部少輔）であることが明らかにされている。[12]しかし、かかる事実は早い段階であやふやになっており、子の細川忠興の「幽斎ハ細川伊豆トヤラン、細川刑部少輔トヤランニヤシナハレ」[13]といった記憶などをもとに、『寛永諸家系図伝』では和泉上守護家の細川元有を養父とする。その後、寛文一二年（一六七二）の建仁寺永源庵の細川家ゆかりの文化財の「発見」を経て、のちに養父は元有の子細川元常に修正される。[14]このことについては後でも触れる。

藤孝は室町幕府一三代将軍の足利義輝、一五代将軍の足利義昭に仕える。元亀四年（一五七三）に信長に臣従し、山城西岡を支配する。のち天正八年（一五八〇）に丹後の支配を委ねられる。本能寺の変後には、子の忠興に家督を譲り、剃髪して幽斎玄旨と号す。その後、秀吉に従う。当代一流の文化人・教養人として知られ、多方面で活躍した。慶長一五年（一六一〇）八月二〇日、京都にて死去する。法名は泰勝院。

藤孝の正室は若狭熊川城主沼田光兼の女麝香。藤孝没後には光寿院と名乗る。幕府に対する証人になり、元和四年（一六一八）七月二六日に江戸で死去する。

細川忠興（三斎）[15]は藤孝の長男として永禄六年（一五六三）に生まれる。母は沼田麝香。細川奥州家の輝経の養子となったとされ、忠興自身も、「私ハ大外様ト申物ニ罷成候て、又幽斎ト別家ニ罷成候、如此段々ニ御座候故、三淵系図モ、又幽斎系図モ私タメニハ入不申ニ付、一切不存候事」と述べている[16]。

父とともに信長・秀吉に従う。慶長五年の関ケ原合戦では家康方につき、戦後、豊前一国と豊後国速水・国東郡の三九万九〇〇〇石を領する。はじめ中津、のち慶長七年に小倉に新城を築き居城とする。元和六年閏一二月に隠居し、三斎宗立と名乗る。中津にて隠居領三万七〇〇〇石を有し、独立性の高い支配を行う。忠興は千利休の高弟であり、数寄を好んだことでも知られている。この点は忠興の交友関係や価値観を知る上で重要である。正保二年（一六四五）一二月二日に肥後八代にて死去する。法名は松向寺。

忠興の正室は明智光秀女の玉[17]。キリスト教に入信し、ガラシャの洗礼名で知られる。慶長五年七月一七日、関ケ原合戦の前に、いわゆる西軍の人質になることを拒み死を選ぶ。法名は秀林院。

細川忠利[18]は忠興の三男として、天正一四年に生まれる。母は明智玉。関ケ原合戦後、徳川家康との関係や忠興の意向により、長兄の忠隆、次兄の興秋ではなく、忠利が嫡子となる。忠隆は休無と名乗って京都に隠棲し、興秋は大坂の陣で豊臣方につき、戦後自刃したとされる。

忠利は、忠興の隠居後に当主となり、小倉城を居城とする。寛永九年（一六三二）に熊本の加藤忠広が改易されると、同地に転封となり、五四万石を領する。この時、父の忠興は八代城に入り、実質的に一〇万石近い隠居領を支配することになる[19]。

忠利は、幕府の方針をよく理解しようとし、近隣の大名にもその意図を伝え、また、幕府に対して献策することもあった。幕府にとって模範的な外様大名であった。しかし、寛永一八年三月一七日、熊本にて、父に先立って死去する。法名は妙解院。

忠利正室の千代は小笠原秀政の女で、徳川秀忠の養女である。慶安二年(一六四九)一一月二四日に江戸で死去する。法名は保寿院。

細川光尚は忠利の長子で、母は千代。忠利没後、家督を継ぐ。慶安二年一二月二六日、江戸にて三一才の若さで死去する。法名は真源院。この時、嫡子の六丸(細川綱利)は幼少であったため、病床の光尚は領国の返上を申し出たが、幕府は六丸に遺領を相続させることを決定する。

光尚の正室は、公家の烏丸光賢と細川忠興の息女万(鳳祥院)の間に生まれた祢々である。寛永一一年に嫁し、寛永一三年一〇月一四日に一七歳で死去した。法名は正受院。

細川家にはいくつか分家・一門があるが、ここでは宇土細川家についてのみ説明を加える。[20] 忠興は五男の立孝を可愛がっており、晩年には八代の隠居領を譲り、独立した分家大名とすることを望む。このことは忠利・光尚との間に軋轢を生じさせることになる。[21] しかし、正保二年閏五月に立孝が急逝し、忠興も同年一二月に死去してしまう。そこで、立孝の遺児宮松丸(細川行孝)には宇土にて三万石が分与されることになり、ここに支藩の宇土細川家が成立する。のち、天明七年(一七八七)に、熊本藩主の細川治年が死去すると、宇土家から細川斉茲が入る。

戦国期から江戸前期にかけての細川家は、京都の禅院に多くの俗縁を有している。[22] 細川家や同家中と関わりのある禅僧については適宜触れることにする。

第二節　菩提寺の概要

細川家の菩提寺については、細川斉茲の代の寛政六年(一七九四)以降に作成された『藩主幷一門連枝墳墓帳』(『総目録』100・11・17)という史料がある。すでに伊藤克己の紹介があり、記載事項が一覧表に整理して示されている。[23]細川一門の院号・忌日と菩提寺を記し、「征（祥）月料」や年忌の香奠の額などをまとめた史料で、寺納額の増減、新規・差止など、今後の方針を提案する内容となっている。

表1　『藩主并一門連枝墳墓帳』の分類

A	元常公御以前御正統様
B	元常公御以前御分流様
C	藤孝公御以後御代々様
D	御代々様之御前様
E	公儀江御嫡子様之御届御座候御方様
F	御子様方
G	御子様方之内御七歳未満ニ而御早世之御方様
H	御子様方之内御別封ニ而御子孫御相続之御方様
I	御子様方之内被遂御出家寺院江被為入候御方様
J	御子様方之内他江御養［子/女］ニ被為成又者他江被嫁候御方様
K	御子様方之内御家来之列ニ被為成候御方様又ハ御家中江被嫁候御方様
L	御子様方之内御跡被為絶候御方様之御家門方
M	御子様方之内御幼稚ニ而御歳御忌日等不相分御方様
N	御代々様御実方之御父母様并御兄弟様
O	御代々様之御実母様并御部屋様御嫡子様之御生母
P	御妾方
Q	御妾方之内御出生有之其後他江被嫁候方々

この史料が作成された目的について、伊藤は経済的な負担の軽減とみている。確かに、江戸中後期には菩提寺に対する支出を削減する傾向にあるが、例えば藤孝室について、「御墳墓」の泰勝寺への「御征（祥）月料」がそれまで一枚であったのは「少キ方ニ相見申候」として、二枚への増額を提案している。また、盆会の施餓鬼について、妙解寺・泰勝寺はいずれも白銀一五枚であったが、「妙解寺之儀ハ　御尊霊様御大勢被成御座、泰勝寺同様之御寺納ニ而ハ不対ニ茂相見申候間」として、五枚の増額を提案する。これらのことから、主たる目的は序列の整備であると考えられる。当時の藩主斉茲が、宇土細川家から入ったことも要因の一つであると思われる。

この史料において細川一門は、【表1】のとおり一七の分類に区分される。Qは実質的に対象外であるので、A～Pが、当時の細川家が法要を行うべき対象と認識していた人々である。菩提寺は「御墳墓」・「御分骨」・「御位牌」と「格別御位牌」の四つに分類される。[24]葬地を指す「御墳墓」

が最も重要である。「御分骨」は、この史料では江戸前期のみに限られる。「御位牌」はおそらく藩の正式なものを指し、「格別御位牌」は、それ以外の位牌のある寺院のうち、特別な位置づけにあるものと思われる[25]。

A・Bは中世の細川一族である。Aの細川頼有から元常までの八代と、頼有の父細川頼春は建仁寺永源庵が「御墳墓」である。祖とされる頼有については寛政二年の四百回忌に銀一〇〇枚を施入し、今後の年忌には銀五〇枚と定める。それ以外の代々は、年忌には銀二〇枚とされている。これは、近世の一門と比較しても高額であり、重視されていたことがわかる。Bの「御分流」は、細川頼之・細川澄元・細川晴元の三名である。いずれも年忌の際に香奠を寺納した先例があり、今後も同様に取り扱うこととしている。

C以降が近世の一族である。【表2】は、そのうちC・D・E・F・H・I・N・O・Pに分類される人々について、没年順に並べ替えたものである[26]。

表2　近世細川一門の菩提寺(『藩主幷一門連枝墳墓帳』による)

No.	分類	院号	人名	続柄等	没年月日	天授庵	高桐院	泰勝寺	妙解寺	妙解院	他の菩提寺	没地
1	**D**	**秀林院**	**明智光秀女・玉**	**忠興室**	**慶長5・7・17**	—	—	**御位牌**	—	—	—	**大坂**
2	F	真慈院	細川幸隆	藤孝三男	慶長12・11・1	—	—	御位牌	—	—	墳：妙庵寺(豊前)	豊前
3	**C**	**泰勝院**	**細川藤孝**	**代々1**	**慶長15・8・20**	**御分骨**	—	**御墳墓**	—	—	**位：東海寺少林院**	**京都**
4	F	黄梅院	長岡興秋	忠興二男	元和1・6・6	—	—	御位牌	—	—	—	山城
5	**D**	**光寿院**	**沼田光兼女・麝香**	**藤孝室**	**元和4・7・26**	**御分骨**	—	**御墳墓**	—	—	—	**江戸**
6	H	大光院	細川興元	藤孝二男・谷田部細川家	元和5・3・18	—	—	—	—	—	墳：光徳寺(江戸)	—
7	P	霊雲院	郡宗保女	忠興妾	寛永6・6・19	—	—	—	—	—	霊：松雲院(熊本)	—
8	P	周岳院	明智光忠女	忠興妾・梅昬童子他生母	寛永12・11・19	—	—	—	—	—	墳：泰雲寺(宇土)	—

No.	分類	院号	人名	続柄等	没年月日	天授庵	高桐院	泰勝寺	妙解寺	妙解院	他の菩提寺	没地
9	D	正受院	烏丸光賢女・祢々	光尚室	寛永13・10・14	御墳墓	｜	御位牌	｜	｜	別：青松寺（江戸）	江戸
10	C	妙解院	細川忠利	代々3	寛永18・3・17	｜	｜	｜	御墳墓	御位牌	｜	熊本
11	P	宝光院	金子氏女	忠利妾・天岸宗玄生母	寛永18・9・13	｜	｜	｜	｜	｜	霊：妙解寺宝光院	｜
12	P	蓮花院	某氏女	忠利妾・有吉頼母室生母	寛永19・9・29	｜	｜	｜	｜	｜	墳：蓮政寺（熊本）	｜
13	H	泰雲院	細川立孝	忠興五男	正保2・閏5・11	｜	｜	｜	｜	｜	墳：祥雲寺（江戸）	江戸
14	C	松向寺	細川忠興	代々2	正保2・12・2	｜	御分骨	御墳墓	｜	｜	位：東海寺清光院 別：泰巌寺（八代）	八代
15	H	泰仰院	長岡忠隆	忠興一男	正保3・8・1	｜	御分骨	｜	｜	｜	分：瑞岩寺（肥後）	京都
16	F	泰林院	細川孝之	藤孝五男	正保4・7・7	｜	｜	御位牌	｜	｜	墳：高桐院泰勝庵	｜
17	D	保寿院	徳川秀忠養女・千代	忠利室	慶安2・11・24	｜	｜	｜	御墳墓	御位牌	｜	江戸
18	C	真源院	細川光尚	代々4	慶安2・12・26	｜	｜	｜	御墳墓	御位牌	別：泉岳寺（芝）	江戸
19	P	円通院	清田氏女	忠興妾・細川立孝他生母	寛文3・7・2	｜	｜	｜	｜	｜	墳：泰勝寺慈眼庵	｜
20	D	本源院	松平頼重養女・久	綱利室	延宝3・2・20	｜	｜	｜	御位牌	御墳墓	｜	江戸
21	P	永寿院	額田氏女	忠利妾・細川尚房生母	延宝7・6・晦	｜	｜	｜	｜	｜	墳：妙解寺智照院 霊：法念寺（熊本）	｜
22	H	定光院	細川興孝	忠興六男	延宝7・12・4	｜	｜	｜	｜	｜	墳：泰勝寺慈眼庵	肥後
23	F	智照院	細川尚房	忠利三男	延宝8・12・28	｜	｜	｜	｜	｜	墳：妙解寺智照院	｜
24	I	慈徳恵済禅師	天岸宗玄	忠利二男	貞享1・2・1	｜	｜	｜	｜	｜	墳：大徳寺玉林院	京都
25	F	自性院	松	綱利三女	貞享2・4・10	｜	｜	｜	御位牌	御墳墓	｜	江戸
26	N	通玄院	細川利重	光尚三男 宣紀実父	貞享4・8・5	｜	｜	｜	御位牌	御墳墓	｜	江戸
27	E	恵雲院	細川与一郎	綱利嫡子	元禄13・7・21	｜	｜	｜	御位牌	御墳墓	｜	江戸

28	O	安住院	仁田氏女	恵雲院他生母	元禄15・6・23	｜	｜	｜	｜	｜	墳：本門寺(池上) 霊：妙立寺(熊本)	｜
29	**E**	**円明院**	**細川吉利**	**綱利二男**	**宝永3・4・25**	｜	｜	｜	**御位牌**	**御墳墓**	｜	**江戸**
30	O	清高院	清水道是女・吉	綱利実母	宝永7・3・29	｜	｜	｜	｜	｜	墳：本門寺(池上) 位：本妙寺(熊本)	江戸
31	**C**	**妙応院**	**細川綱利**	**代々5**	**正徳4・11・12**	｜	｜	｜	**御墳墓**	**御位牌**	｜	**江戸**
32	F	由性院	細川八三郎	宣紀二男	正徳4・11・17	｜	｜	｜	｜	｜	墳：伝通院昌林院 位：往生院(熊本)	江戸
33	N	霊源院	細川利昌	宣紀実兄	正徳5・6・3	｜	｜	｜	御位牌	御墳墓	｜	｜
34	O	高正院	築山氏女・辨	細川利重室・宣紀実母	享保6・7・25	｜	｜	｜	｜	｜	墳：承教寺(江戸) 位：本妙寺(熊本) 別：善慶寺(江戸)	江戸
35	**C**	**霊雲院**	**細川宣紀**	**代々6**	**享保17・6・26**	｜	｜	｜	**御位牌**	**御墳墓**	｜	**江戸**
36	O	貞亮院	小田野氏女・与濃	宣紀妾	享保18・6・29	｜	｜	｜	｜	｜	墳：松光寺(江戸)	｜
37	O	昌智院	岩瀬氏女・里可	重賢実母	寛保2・8・21	｜	｜	｜	御位牌	格別	墳：東海寺少林院 別：講安寺(江戸)	｜
38	**C**	**隆徳院**	**細川宗孝**	**代々7**	**延享4・8・16**	｜	｜	｜	**御位牌**	**御墳墓**	｜	**江戸**
39	F	本寿院	初	綱利十女・実松平直丘女	寛延2・7・晦	｜	｜	｜	｜	｜	墳：本門寺(池上) 位：本妙寺(熊本)	江戸
40	**D**	**映心院**	**鳥井氏女・園(のち喜和)**	**宗孝実母**	**宝暦11・4・12**	｜	｜	｜	**御位牌**	**御墳墓**	**別：西福寺(熊本)**	**江戸**
41	P	寿仙院	安野氏女	宣紀妾・心空院他生母	明和3・10・16	｜	｜	｜	｜	｜	墳：妙立寺(熊本)	｜
42	P	妙輝院	小陳氏女	重賢妾・親姫他生母	明和6・8・晦	｜	｜	｜	｜	｜	墳：東海寺少林院	｜
43	**D**	**静証院**	**徳川宗直女・友**	**宗孝室**	**安永9・10・4**	｜	｜	｜	**御位牌**	**御墳墓**	｜	**江戸**
44	N	幽巌寺	細川興文	宇土家・斉茲実父	天明5・7・5	｜	｜	｜	｜	｜	墳：泰雲寺(宇土)	宇土

No.	分類	院号	人名	続柄等	没年月日	天授庵	高桐院	泰勝寺	妙解寺	妙解院	他の菩提寺	没地
45	**C**	**霊感院**	**細川重賢**	**代々8**	**天明5・10・26**	―	―	―	**御位牌**	**御墳墓**	―	**江戸**
46	**C**	**大詢院**	**細川治年**	**代々9**	**天明7・9・16**	―	―	―	**御墳墓**	**御位牌**	―	**江戸**
47	F	浄観院	細川紀休	宣紀六男	天明7・9・22	―	―	―	御墳墓	―	―	熊本
48	N	長照院	薗氏女・久（のち竹）	細川興文室・斉茲実母	寛政1・1・12	―	―	―	―	―	墳：泰雲寺（宇土）	―
49	O	桂秋院	芳澤氏女・織衛	斉樹生母	寛政3・8・17	―	―	―	―	―	墳：東海寺少林院	―
50	**D**	**有隣院**	**久我通兄女・由婦**	**重賢室**	**寛政6・11・28**	―	―	―	**御位牌**	**御墳墓**	―	**江戸**

(1)『増補細川氏系譜便覧』（一九一九年）・『熊本藩世系』（東京大学史料編纂所架蔵謄写本）により死没地を補い、補訂を加えた。
(2)他の菩提寺の項、墳：「御墳墓」「墳墓」、位：「御位牌」、分：「御分骨」、別：「格別御位牌」、霊：「霊牌」を指す。
(3)墳墓は網掛けにし、C・D・Eの人物はゴシックとした。

近世の当主（C）に関わる「御墳墓」・「御分骨」・「御位牌」の寺院は、基本的に京都の南禅寺天授庵・大徳寺高桐院、国元の泰勝院（のち泰勝寺）[27]・妙解寺、江戸に近い品川の東海寺妙解院の五か寺で、いずれも禅宗である。この五か寺を「御墳墓」「御位牌」とするのは、当主のほか、正室・宣紀室映心院（D）と家督継承以前死没の嫡子（E）、藩主実父、一部の子女である。

側室については重賢の実母昌智院が妙解寺を「御位牌」としているほか、宣紀室貞亮院の霊牌が寛政一一年に妙解寺に安置されるようになる以外は、当主実母であっても菩提寺は五か寺以外である。側室や夭逝した子については日蓮宗や浄土宗の寺院を墓所とするものも多く、例えば、光尚の側室で綱利実母の清高院は、本門寺を墳墓[28]、本妙寺を位牌所とする。被葬者や生母の信仰によるものであろう。

以下、永源庵と近世細川家の五か所の菩提寺について、一七世紀前半の動向を中心にみていく。

第二章　京都の菩提寺

第一節　南禅寺天授庵

天授庵は、南禅寺開山の無関玄悟の塔所で、暦応二年（一三三九）に法姪の虎関師錬によって開かれた。戦国期には衰微していたが、藤孝の支援により慶長年間に再興がなる。[29]それには南禅寺二六六世の玄圃霊三が、細川家の重臣松井康之の母方の叔父で、藤孝とも懇意であったことが大きい。[30]また、南禅寺には語心院に藤孝の弟梅印元冲もいる。

再興がなった天授庵には、玄圃霊三の弟子で、藤孝室の甥にあたる雲岳霊圭が入る。また、その次の霊叟玄承（慈承）は、雲岳霊圭の俗甥にあたる人物である。雲岳霊圭・霊叟玄承の秉払や入院に際しては、細川家から費用面での支援がなされる。

その次代の英中玄賢は、細川家に対して、家中の子弟などで出家の望みがあり、学問の器量もあるものを二、三人弟子にしたいとして、紹介を請うている。[31]後述のように、南禅寺派の位置づけが低下するなかで、天授庵は細川家との関係を維持しようとする。

『藩主并一門連枝墳墓帳』によれば、藤孝・藤孝室・光尚室と、忠興の息女で烏丸光賢室の万（鳳祥院）の「御墳墓」・「御分骨」の寺である。ここではそのうち藤孝と光尚室についてとりあげる。

藤孝は慶長一五年（一六一〇）八月二〇日に京都三条にて死去する。南禅寺北門前で火葬され、遺言により七日間の法要が行われる。遺骨の半分を天授庵に納め、もう半分は小倉に下し、同地でも葬儀が行われる（後述）。

『天授庵由緒覚』という元文元年（一七三六）成立の史料がある。[32] これは、当時の住持西巌玄竺が開山無関玄悟の遠忌を前に天授庵の窮状を訴え出た際のもので、藤孝以来の由緒を詳しく述べている。真偽の不明な記述もあるが、当時の天授庵の由緒認識を示すものである。

この史料のうちには、藤孝の遺品に関する記述があり興味深い。かつて天授庵には、「信長公之御状数通幷秀吉公五奉行之御書出」や、「犬追之巻物」、藤孝自筆の書が納められており、これらは細川綱利に献上されたという。[33] また、この由緒書提出時には、藤孝の道具であったという「細川頼有公之御息頼長公道号徳巌之二字を足利四代将軍義持公御書キ被遣候一幅」を献納している。このように菩提寺の天授庵には京都で没した藤孝の遺品が納められており、これらは天授庵が由緒を強調する際に役立てられるものでもあった。

次に、光尚室の場合をみる。光尚室は寛永一三年（一六三六）一〇月一四日に江戸にて没する。このとき当主の忠利は国元、夫の光尚は江戸にあった。江戸の家老から国元への急報には「御葬礼之儀ハ京都ニ而成共、御国ニて成共、可被仰付候、其段ハ　大殿様(細川忠利)御意御座候ハヽ、可被任其旨ニ由御意候間、此段被得　御諚可被仰下候、爰元ニ而ハ先炭(灰燼)ニ可仕旨　御意ニ付、其分ニ仕候」（『綿考』光尚―一八頁）とある。光尚室の逝去を伝え、葬礼は京都と国元のいずれで行うのがよいか判断を仰ぐ。また、江戸にて火葬したことを知らせる。火葬は江戸の曹洞宗寺院の青松寺で行われ、同寺は光尚室の「格別御位牌」の寺となる（『藩主幷一門連枝墳墓帳』）。

忠利は、その返事で「弔之儀此方之ハ寺未出来不申、切くミ計ニ候間、南禅寺天寿(授)庵ニて弔申候」と指示している。熊本での造営が途中であることが天授庵が選択される理由であった。そして、忠利は家中の有吉英貴・朽木昭知と「侍とも大勢」を上洛させるという（『綿考』光尚―一九頁）。

忠利は一一月六日付で、天龍寺真乗院の玄英寿洪と東福寺不二庵の湘雪守沅という懇意の禅僧に、天授庵での葬儀への出仕を依頼している（『大細』二〇―三三一四号）。玄英寿洪は阿波守護家の庶流を称する細川全隆（紹高）の弟で、忠興や忠利とは親しい関係であった[34]。湘雪守沅は細川家の重臣沢村友好の弟である。細川家からは扶持米を与えられており[35]、京都での折衝や買い付け、情報収集を行う。忠利没後には、細川家中から提出された一部の起請文の宛先にもなっている[36]。京都で葬儀を行うにあたっては、彼らのような近しい禅僧が有用であった。二人の禅僧に対して忠利は、幕府の法度を憚って「江戸へ聞候而も夥敷無之様ニ」と依頼している。

また、同じ一一月六日付で、京都所司代の板倉重宗に「一門之位牌南禅寺之天受(授)庵ニ御座候付、弔之儀彼寺へ憑入候、為其侍共少差上せ申候」(『大細』二〇―三三一五号)と、家中のものが上京することについて了承を求めている。このころには、武家権力の中心地が江戸となったことで大名の京都滞在は減少しており、さらに、三宅正浩によると寛永末年には西国大名は京都へ立ち寄ることを控えるようになるという[37]。

さらに次の史料がある。翌年の光尚室の一周忌の前に、忠利が烏丸家の奥向きの女性「あら川」に宛てた書状の一節で、そこには「上(徳川家光)さまいまほと御わつらひのうちにて候ゆへ、かミかたにてハ、いつれもさやうの事とりおこなひ申されす候につき、御祢々とふらひくにもとにてつかまつり候やうにと申つかハし候」(『綿考』忠利中―四八頁)とある。すなわち、将軍徳川家光の病中であることに配慮し、法事は上方では行わず、国元で実施するという。そして、一周忌は熊本の安国寺にて執り行われる。

このように、寛永一〇年代には京都との関係が遠くなりつつある。家臣を上洛させるにも所司代に断りを入れる必要があり、幕府への聞こえや家光の体調にも配慮しなければならなかった。京都にて葬儀や法要を実施するには、さまざまな制約が加わるようになったのである。

なお、天授庵は南禅寺の朱印地のうち五九石が配分されており、それに、細川家からは現米三〇〇石が与えられていた。しかし、現米は寛保元年(一七四二)に一五〇石、宝暦八年(一七五八)に一二〇石と減額されていく[38]。そのなかで、前述のように住持が熊本へ下り、由緒を説き、修復等の助力を求めていく。

大徳寺との関係では、藤孝の弟の玉甫紹琮の存在が大きい。玉甫は古渓宗陳の法嗣で、天正一四年（一五八六）一〇月に大徳寺一三〇世住持となる。

師の古渓は、秀吉が信長の菩提を弔うために創建した大徳寺総見院の開山となる。[39]しかし、天正一六年に秀吉の勘気を蒙って配流され、かわって玉甫が総見院の二世となる。玉甫が慶長一八年（一六一三）六月に死去すると、総見院の後住をめぐって相論が起こる。『本光国師日記』からその経緯が明らかになる。[40]

相論は、玉甫の直弟子の賢谷宗良と、古渓の弟子で総見院の輪番制を主張する月岑宗印により争われる。忠興は、玉甫の遺言を根拠に賢谷が後住となることを求め、以心崇伝らに働きかけを行う。玉甫との俗縁を背景に、後住について一定の発言権を有しているものと認識しているのである。例えば、玉甫の遺言の開封についても、月岑によれば、双方が立ち会うように取り決められていたはずであったが、遺言を預けられていた細川忠興の長子で京都に隠棲している休無が単独で行ったという（七月二三日付月岑宗印目安案）。

崇伝は、忠興の側に有利になるように関与し、月岑へは「羽越中殿（細川忠興）御異見候者、被得其意尤ニ候、万一申分ニ成候者、可為其時之沙汰候」（七月一二日付崇伝書状案）と、忠興の意見に従うようにと述べている。しかし、賢谷がまだ出世を遂げていない点は気がかりであった。ちょうどこのころ家康は、「出世之仁体可被撰其器用」との内容の法度を定めようとしていたためである（七月一七日付崇伝書状案）。

家康はさらに、「紫野ニ而摠見院・天瑞寺なとハ公界ニ候間、其住持能々撰其器用申候へ」（九月四日付崇伝書状案）と、とりわけ総見院が公儀に関わる寺院であることから、厳正な住持の選出が必要だと語ったという。ここにみられる家康の考え方は、俗縁を背景とする介入とは折り合わないものであり、かかる方針のなかで、寺院内の秩序に反するような大名家からの干渉は自制されていくものと思われる。

この相論は慶長一九年四月にようやく細川忠興と亀屋栄任の「異見」により内済となり、賢谷は総見院に入る（四月二四日付崇伝書状案）。

さて、高桐院は、玉甫が忠興の援助を受けて慶長七年に創建した塔頭である。のち、賢谷の法嗣である清巌宗渭が住持となる。[41]清巌は、『綿考輯録』によれば、細川家臣の山田采女の弟であるという。[42]細川忠興とよく茶席もともにし、『綿考輯録』には「殊ニ清巌和尚ハ御交り厚く御座候と也」とある（忠興下―三二三頁）。

忠興は、寛永一九年（一六四二）の下国の途中に高桐院に立ち寄り清巌に対面すると、秘蔵の石燈籠を庭に立て、死後、遺骨をこの下に納めるようにと遺言したという（『綿考』忠興下―三〇四頁）。この石燈籠についてはよく知られた逸話がある。ここでは、奈良の町人で忠興から度々茶会に招かれていた松屋久重の『三斎公伝書』の記述をみておこう。[43]

利休天下一と誉たる石燈籠、則易（千利休）自身打カキ色々ニ直し、無双とて気ニ入候石燈籠を三斎御所持有て、丹後国へ取寄、又小倉へ被下、又肥後ノ八代へ下し、今京へ上るなり、是を大徳寺高桐院ニ立置て、三斎シルシニ名ヲ掘付べきとナリ、燈明ナドとぼし尤との事ナリ、少手ガロク見ゆる燈籠也、角々丸し、大形ニハ無之候、

忠興がこの利休ゆかりの石燈籠をいかに愛蔵していたかが知られる。そしてこの石燈籠を墓石とする点は、弟子としての自意識を反映したものといえよう。

忠興は、隠居領を継がせ分家大名とすることを願っていた子の細川立孝を正保二年（一六四五）閏五月に失うと、自身も同年一二月二日に八代にて死去する。八代の泰勝院にて茶毘にふされ、葬儀が行われた。翌年正月に、泰勝院の専誉が、忠興近臣の長岡河内（村上景則）らとともに京都へのぼり、遺言の通りに高桐院に納骨した（『綿考』

忠興下―三二一～三二頁）。

忠興の訃報を受けた家光は、上使として老中松平信綱を遣わし、光尚に「天下之交割者たりしに、別而惜く被思召」との上意を伝え、香奠として白銀三〇〇枚を与えた（『綿考』忠興下―三二一頁）。光尚は、それを忠興の年忌法要等につかうよう命じている。(44)

高桐院は大徳寺の朱印地のうち六〇石を配分されていたが、細川家からは特に寺領や寄附米はなかったようである。その後、細川綱利は延宝二年（一六七四）に「御先祖様御建立之地　御廟所永代退転無之様ニ」として、毎年現米二〇〇石を寄付することとする(45)（のち寛保元年（一七四一）に現米三〇石に減額）。

第三節　建仁寺永源庵

建仁寺には、十如院に、若狭の武田信重(46)に嫁いだ細川藤孝の姉宮川局の子、英甫永雄がいる。永雄は藤孝・忠興とも交流があり、忠利をめぐる人間関係の前提にもなっていることが指摘されている。(47)

同寺の永源庵は、細川家の「先祖」として位置づけられる和泉上守護家歴代の菩提寺である。永源庵との関係については、山田貴司の研究に詳しい。(48)

永源庵には和泉上守護家の子弟が入庵しており、天文二三年（一五五四）、当主の細川元常が死の直前に古文書・家宝等を納めたとされる。寛文一二年（一六七二）、宇土細川家の家臣武田玉翁が上方の細川家関連史跡・寺院を調査するなかで、この細川家ゆかりの文化財を「発見」する。玉翁から報告を受けた細川行孝は、寛文一三年（延宝元年）春の参勤の途に永源庵を訪れ、秘蔵されていた品々を実見し、細川綱利に報告する。

次の行孝書状から、その後の経過が知られる。(49)

去月四日之貴札致拝見候、如仰当春者初而得御意大慶存候、弥御堅固被成御座之由珍重存候、然者永源庵ニ御座細川家代々記録・旗・具足等致一覧候様子、具ニ同名越中守（細川綱利）ニ申聞候処、諸道具・記録共ニ只今迄無紛失、其上先祖代々之位牌有之儀承届ケ、寺領百石寄進可仕由申候通、玉翁方迄申遣趣被聞召届、御大悦之由得其意存候、然者越中守今度下国之時分、惣首座伏見迄御越、御礼可被仰聞由御尤存候、其節右之諸道具不残御持参候而御見せ、越中守方留置申候様ニ可被成由、則御紙面之通申聞候処、諸道具可被還御意之由、家之重宝不可過之と辱太慶不浅存候、於拙者も同意存候、右之外存寄儀候て、無停心惣首座へ可申入由得其意存候、委曲玉翁方へ被仰聞候通、具ニ申聞せ入御念候儀存候、猶期後音時候、恐惶謹言

細川丹後守
行孝御判

六月五日

集慶軒
侍者御中貴様

綱利は、諸道具・記録を今まで伝え、歴代の位牌もあるとの行孝の報告を受け、寺領一〇〇石の寄進を決定する。行孝がそのことを京都へ伝えると、永源庵からはそれを謝し、綱利の下国の時には伏見まで御礼に出向き、諸道具を献上したいとの申し出があった。それを聞いた綱利は「家の重宝これに過ぐべからず」ととても喜んでいると、行孝は永源庵に報じている。その後、綱利は延宝元年一〇月二八日付で、「累代先祖之冥福」のため采地一〇〇石分の税米を寄附する[50]（のち寛保元年（一七四一）に現米一五石に減額）。

永源庵の諸道具・記録の「発見」により、『寛永諸家系図伝』時点の藤孝の養父を細川元有とする理解は、のちに正しくは元常であると修正される。いずれにせよ事実関係としては誤りだが、寛永期には不確かであった細川家の系譜理解は具体的なものによって裏づけられ、確固としたものになる。

「先祖」の菩提寺として認定された永源庵には、前述のように上守護家歴代当主の年忌等に法事料が寺納されることになる。永源庵側でも、文禄五年（一五九六）の大地震後に藤孝が客殿を再建した、あるいは寛永一〇年（一六三三）に忠興が修理を行ったといった由緒が加えられていく。(51)

第三章　国元と江戸周辺の菩提寺

第一節　泰勝院（泰勝寺）

先述のように藤孝は慶長一五年（一六一〇）八月二〇日に京都にて死去し、天授庵にて七日間の法要が行われる。その後、遺骨の半分が豊前に下され、九月一八日に葬礼が行われる。その様子については末松宗賢の『幽斎尊翁御葬礼記』がある。(52)当時の大名の葬礼を具体的に知ることができる好個の史料である。

それによると、小倉での葬儀について「御葬礼は小倉の城下なるべしとの御遺訓なればとて」とあり、藤孝の遺言によるものであったことがわかる。京都から大徳寺の玉甫紹琮、南禅寺の「慶安和尚」（雲岳霊圭のことか）と、天龍寺・相国寺・建仁寺の出世七人、その他の「貴僧」一五〇余人が下向する。また、宇佐の社僧を除く国中の出家が出仕し、老若男女が袖をつらねたという。館の東方、「野がみが原とて、方八町ばかり広き野辺」にて垣を結い、葬礼が準備される。龕前堂・火屋の構造や装飾、式場の設え、葬礼の次第が詳しく叙述される。

翌慶長一六年、忠興は藤孝の菩提寺を小倉にて創建する。場所は小倉城の脇を流れる紫川と神嶽川の合流点の中州である。藤孝の法号にちなみ、瑞雲山泰勝院と名付けられ、南禅寺派に属した（『綿考』藤孝—三〇六頁）。

元和四年（一六一八）七月二六日、証人として江戸にあった藤孝後室光寿院が病没する。将軍徳川秀忠はそれを受けて七日間、碁・将棋をやめたといい、それを耳にした忠興は感涙している（『大細』一―一七〇号）。当時の幕藩関係を考える上で興味深い。

忠興は小倉から急行していたが、天候にも恵まれず、死に目にあうことは叶い難いと思い、江戸の忠利に、「御果候者、其地にて火葬ニ被仕、御骨をちいさき壺ニ入、夜昼之さかへなく達者なるもの両人ニ持可被上候」と指示している。その場合は、忠興は帰国して葬礼を行い、改めて江戸に向かうという（『大細』一―一六七号）。結局、間に合うことはなく、忠興は小倉に戻り、九月二六日に法事を行った（『大細』一―一七三号）。

ところで、小倉には泰勝院に並んで、忠興室の菩提寺秀林院と、織田信長の供養のために営まれた泰巖寺があった。いずれも興味深い事例であるので、簡単に触れておきたい。

忠興室は、慶長五年七月一七日、人質となることを拒み、死を選ぶ。キリスト教に入信していたことから、忠興は追悼の儀式をイエズス会の宣教師に教会にて行わせ、また、毎年命日に「聖祭」を営むことを希望したという[53]。しかし、慶長一六年に方針を変え、伴天連を追放し、教会の地を没収する。子の忠利は、それでもイエズス会に対して好意的であったというが、忠興の方針に従うことになる[54]。年忌法要も禅寺で行われることになり、菩提寺として秀林院が創建される。近世初頭には、故人のキリスト教信仰を重んじて教会での追悼が選択されることもあった。しかし、幕府の禁令もあり、その可能性は完全に絶たれる。

泰巖寺は、忠興が天正一六年（一五八八）の信長七回忌に丹後国宮津で創建した寺院で、それを小倉に引き移したものである（『綿考』忠興上―八一頁）。忠興は隠居後に中津へ移ると、元和一〇年に同地にも泰巖寺を建立しようとする[55]。また、寛永八年（一六三一）には五十年忌を厚く執り行ったという（『綿考』忠興下―一六六～七頁）。忠興は旧主信長に一方ならぬ思いをもっていたことがわかる[56]。

さて、細川家は寛永九年に肥後熊本への国替を命じられる。当主の忠利は、小倉に移ってくる小笠原忠真に対して、「公儀之御用之覚」「私之御用」という覚書を渡している。「私之御用」のなかに、次の箇条がある（『叢書』近世初期編—一一八号）。

一、小倉之寺ニ御座候幽斎、又我等母石塔之儀、熊本へ取寄申度候、坊主之儀ハ跡ニ残御くのう（功能）ニ成可申わけにて無御座候間、熊本へ同道仕候事、

祖父藤孝や母明智氏女の石塔を熊本へ運び、住持も連れていくことを申入れるもので、このことは小笠原方も同意している（『綿考』忠利上—三一五〜七頁）。江戸前期において多くの大名は転封を経験し、基本的にはそれに伴い領国の菩提寺も移転する。泰勝院の跡地には、大坂の陣で戦没した小笠原秀政・忠脩の菩提寺の宗玄寺が移転してくる。

熊本では、「千葉城先代之士屋敷長岡内膳元屋敷泰勝院の跡なり」に仮に位牌を安置したと伝わる（『綿考』藤孝—三〇六頁）。八代に入った忠興も、同地に泰勝院を建て、泰巌寺も八代に移す。

熊本の泰勝院は、寛永一四年に熊本北東の立田山麓にて造営が開始される。七月の熊本の家老から江戸の忠利宛の書状には「御寺之地形を引ならし、又築地なと仕候、然共いまた取かゝり不申候由申候間、自然ケ様之御普請も今程ハ時分から如何可有御座候哉と奉存」（『綿考』忠利中—四二頁）とあり、工事を中断し、忠利の判断を待っていると述べている。ここで時分柄とある背景はおそらく家光の病で、熊本城の普請はそのため中断を余儀なくされている。しかし、忠利は、菩提寺の造営は進めるよう指示する（『綿考』忠利中—四三頁）。城普請とは異なり、問題ないものとみなされていたようである[57]。

造営の過程は、寛永一四年九月二二日に「立田御寺」の「御絵」の奉行が任命されたことなどがわかる程度で、不明な部分が多い[58]。島原・天草一揆の戦後処理もひと段落ついた寛永一五年一〇月二四日に、忠利は泰勝院に参詣しており、この時までに中心的な堂舎は整えられているものと思われる[59]。また、寛永一六年三月六日には釣鐘が鋳

造されている。[60]

寛永一六年四月二四日には「立田之西堂」が登城し、「水汲之荒仕子」が、井門の工事が完了したため「御長人衆」に替えられたことについて迷惑であると訴える。[61] この西堂のことであろうか、留守居として景西堂という僧が置かれている。[62] 景西堂は何らかの問題を起こしたらしく、忠利没後の焼香や野辺送りへの出仕も差し止められ、納骨前日の四月二九日に泰勝院から立退いている。[63] その後、八月には鏡首座という僧が看坊として置かれている。[64]

翌一九年閏九月、泰勝院には大淵玄弘が入る。大淵は妙心寺の琢堂宗圭の法をついだ禅僧で、諸国で修業を積み、大和に至り、片桐孝利の招請をうけ顕孝寺の住持となる。片桐家の改易後、備前国清寺に滞在し、のち上京する。光尚は大淵のことを聞くと、建仁寺の三江紹益と東福寺の湘雪守沅の紹介で泰勝院に招いた。[65] 大淵はその後、承応二年（一六五三）に没するまで一二年にわたり住山する。このことにより、泰勝院は妙心寺派となる。

泰勝院には寺領として二〇〇石が与えられ、貞享元年（一六八四）より三〇石の寄附米が、元禄一五年（一七〇二）に賄料二〇〇石が付される。のち減額・返付がなされる（『綿考』藤孝―三〇六～七頁）。

このように、泰勝院は熊本に移され、伽藍も完成し、寺領も与えられる。しかし、忠利没後、光尚は新しい菩提寺を創建する。

第二節　妙解寺

寛永一八年（一六四一）三月一七日、細川忠利は熊本にて死去する。一九日に入棺となり、「御花畑御居間の床をはなし、御棺を土中に奉置、江戸より之御差図を奉待」とある。二一日に家臣の沼田延之らが江戸に向かう（『綿考』忠利下―三五七～八頁）。

光尚は、父の危篤の知らせを受け、熊本に急行していたが、三月二五日に浜松にて訃報に接し、江戸へ引き返す。そして、三月二八日に家老の松井興長に「御とふらひの事、定而まつはい(灰)ニなし申上ニて可有之候、とかくハ我々国へ下り候而の事と存候」と指示している（『綿考』光尚―一八三～四頁）。翌二九日には、松井興長ら家老三人に対して、葬礼は光尚の熊本下着後とすることと、殉死希望者の当面の扱いについて指示する。また、将軍に献上する遺物などについて検討するため、「御道具之註文」を届けるよう求めている（『綿考』光尚―一八四～五頁）。

光尚は四月一日に江戸に到着する。五日には家光から上使として老中阿部忠秋が遣わされ、香奠白銀五〇〇枚を拝領する。四月二六日には品川東海寺にて法事を行い、柳生宗矩が上使として焼香を行っている（『綿考』光尚―一八五頁）。

熊本では、四月二六日に、葬儀を前にして多くの者が殉死を遂げている。[66] 四月二八日に野辺送りが行われ、春日村岫雲院にて火葬となる。四月晦日に、光尚の名代として忠利の弟の松井寄之・細川興孝の両名が灰寄せを行い、遺骨は泰勝院の仏壇に納められる。このとき位牌も立てられる。[67] 家中の者は五月四日にかけて焼香を行っている。また、湘雪守沅・霊叟玄承や家老松井家の菩提寺春光院の住持惟精恵金らが四月二九日から五月五日まで、四十九日の勤行を行う（『綿考』忠利下―三五九～六一頁）。

江戸の光尚は、五月五日に遺領の相続を認められ、翌六日に登城し、継目の礼を述べる。一一日に帰国の暇を得、六月一四日に熊本に到着する。そして、吉日を撰んで一六日に入城する。その後、六月二一日から二七日にかけて泰勝院にて追善の法事を行う。

この追善の法事には、曹洞宗寺院の僧一〇名と惟精恵金が出仕しており、上方からは南禅寺慈聖院の弟子程蔵主が下向している。[68] また、光尚は、「御国中之諸宗何茂宗号を持候程之出家、其末寺〳〵」に対して、二七日に「御百ケ日経」を読誦するよう命じ、布施を与えている。対象となったのは、領内の天台・真言・浄土・法華・真宗・

である。

時宗・山伏と曹洞宗大慈寺派の三七四か寺で、布施は合わせて銀六五〇枚に及ぶ。[69] 領国内の寺院を総動員するもの

追善の法事では、二五・二六・二七日の三日間に焼香が行われる。出仕日は差がつけられており、初日の二五日には年頭に御礼を行う切米取衆・惣庄屋・「御扶持を被下候職人」が縁から、弓・鉄砲衆などの軽輩と「御礼を申上候共御扶持を不被下町人」が白洲から、拝礼を許されている。下級武士や上層町人も参加するものであった。最終日は人持衆や使番衆などが指定されており、最も格式が高い（『綿考』忠利下―三九三～四頁）。

このように、新藩主の光尚が帰国した上で、国内の寺院のほぼすべてを忠利の供養に動員しており、焼香においては軽輩や惣庄屋、上層の町人・職人までを包摂する。改めて家中や領国の秩序が明示されるのである。

なお、四月一三日に「御家中之面々落髪之儀ニ付触」にて、家格・役職により「落髪」「もとゆひ切」の区分が示される（『綿考』忠利下―三九一頁）。また、五月五日の「献上御香奠之覚」は知行高により香奠の額を定めたものである（『綿考』忠利下―三九二頁）。これらによって弔意を表す方法についても基準を設けている。[70]

その後、八月一日から五日にかけて、光尚は家中と惣庄屋・町人・寺社等からの継目の御礼をうける。ここで代替わりの儀礼はようやく完結する。

寛永一八年九月一四日、光尚は忠利が火葬された岫雲院のあたりへ「御寺屋敷御見立」のために赴いており、一二月には翌年二月中ごろの着工を命じる。[71] 寛永二〇年二月一三日から一七日に行われた三回忌までに完成し、忠利の法名にちなみ妙解寺と名付けられる。そして、同年二月一七日付で寺領三五〇石（内、五〇石は岫雲院領）が与えられる。[72] 本尊は松井興長室（忠興女）が寄進したもので、大仏師左京（康音）の作であるという。[73]

妙解寺の造営において、大きな役割を果たしたのが沢庵宗彭である。将軍家光から慕われた禅僧で、その精神的な支えとなっていた。[74] 寛永一五年、家光は沢庵のために品川に東海寺を建立している。忠利も、沢庵に深く帰依し

ており、「とかくなつかしく候て、和尚之御文ニ至まて取て置ぬハ無之候」(『大細』二六―五六八七号)とまで述べている。そして、光尚もまた沢庵に心服していた。沢庵は熊本に帰国した光尚に、幕府への奉公と、その前提としての自身の養生、領国統治の心構え、代始に恩赦を行うべきことなど、多くの助言を与えている。[75]

光尚は、沢庵を開祖に菩提寺を創建することとし、さまざまなことについて意見を求めている。また、山号の額や棟札の揮毫、鐘銘の撰文も依頼している。山号の額については江戸の沢庵のもとで調えられる。[76]

特に大きな案件が住持の人選である。沢庵は、清巌宗渭や湘雪守沅の名前もあげるが、清巌は八代と「双方被懸」ことになるため困難そうであり、湘雪守沅は同意しない可能性が高いとの情報を得ているという。そこで沢庵は、自身は弟子を持たず、大徳寺北派にも相応の人物はいないと断りながら、啓室宗栄を推薦する。啓室について沢庵は、「文字才学」は無いとはいうものの、大徳寺派の修行を究め、印可を得ており、数年内に出世を遂げるほどの僧であると評価している。啓室は沢庵の「名代」として赴くことを了承し、沢庵から弟子同様に法度書まで渡された上で、三回忌に合わせて熊本へ下向する。[77]

また、寛永二〇年の正月九日付の書状[78]では、次の引用部分のように、多くの細川家臣が石燈籠を切り出していることを知り、そのことについて意見を述べている。

将又、家中衆寄進ニ、石燈籠殊外多きり被申候由、九兵(梅原九兵衛)被申候、春日之宮なと、又豊国明神なとにも数々御座候つる、是社頭之事ニ候、寺門前又墓所なとに、左様ニ燈籠多立申事ハ無御座候、其上当時ハ何事モ六ケ敷候て、耳ニ立、目ニ立候事悪候、ヲゴリノ様ニ申成候ヘハ悪候、国めぐりなとも候ハヽ、左様之時分ニハ見可被申候、見テ悪候ハん間、目ニ立不申候様ニ可被成御分別候、

沢庵は、石燈籠は春日社や豊国社などにもあるが、社頭のことであると述べ、あまり多く並べると、奢侈にみられかねないと忠告し、目立たないようにするよう勧めている。石燈籠の寄進については、東照社や、増上寺の秀忠

の廟所も、一つの規範として意識された可能性もあろう。また、別の光尚宛の沢庵書状で「古肥後殿法花寺なとハ、何程結構ニ候共」と、前領主の加藤家の菩提寺本妙寺のことが言及されているのは注目される。[79]

また、正保元年（一六四四）の書状によれば、沢庵は光尚が妙解寺に寺領を加増したとの話を聞き、無用であると述べている。月忌についても「礼義信心ヲ専ニ仕ガ本儀」であるとして、結構過ぎることがないように注意し、寺院の運営についても細かに助言している。[80]

背景にあるのは、将軍家光の奢侈禁止の厳命である。家光は、武士の窮乏の原因を奢りにあるとみて、能や賜暇の際などに度々諸大名に対して禁止を命じている。そのような時代背景のなかで、豪勢な造作は慎む方が無難であるとする認識が存在した。妙解寺の忠利・忠利室・光尚の墓塔には現在覆屋があるが、これは当初からのものではない可能性も指摘されている。[81] 忠利のために寄進された石燈籠は、六六基が現存するが、沢庵の助言に従い、目立たないように配置されたのであろうか。[82]

当時の菩提寺造立をめぐる幕藩関係としては、前述の正月九日付沢庵書状で触れられている徳川義直の事例も興味深い。

尾州大納言殿（徳川義直）御母御死去候、其御寺を御国ニ被為立候とて、被得　上意候由、其家中之者語申候、御知行之内之事候間、被得御意ニ不及事候由申候へハ、被得御意候事、　上意殊外御感にて御機嫌能候由申候、権現様新寺建立申候事、是も御法度之一ケ条にて候故、如此候由物語候、

沢庵が義直の家臣から聞いた話によると、生母の相応院（寛永一九年九月没）の死後、義直は領国に寺を建てたいと家光の上意を得たという。沢庵は、知行のうちのことなので許可を得るには及ばないのではないかとの考えを述べたが、家光は義直が伺いを立てたことに殊のほか機嫌が良かったという。家康以来の方針として、新寺建立禁止が共通認識となっており、新規に菩提寺を造営しようとする大名にとって気がかりな点であった。

この話につづいて、沢庵は「其元之儀、遠国之事候間、尾州なとゝハ違申事候間、其元之儀苦間敷存候へ共、さのミ事々敷候て、華麗ニて目ニ立候へハいかゝと申事ニ候」、「其元遠国之事候間、親之菩提所とし被立候事ニ、とがめハ有御座間敷存候」などと述べており、遠国のことで、親の菩提寺でもあるから、幕府から咎めは受けないだろうとしつつ、やはり奢侈の問題に注意を促すのであった。これは沢庵自身の認識とみるべきであろうが、このようにして、間接的に家光の意思が貫徹するとの評価も可能であろう。

第三節　東海寺妙解院

前述の、寛永二〇年(一六四三)の正月九日付の沢庵書状の前半は、江戸周辺での菩提寺創建に関する話題である。細川家の菩提寺として品川の東海寺の近くに「小院」を建立することが計画されるなかで、東海寺の「囲之内」とするか「囲之外」とするかが問題となっており、沢庵は「囲之内」を推奨している。その理由について、「上様(徳川家光)も囲之内寺立不申候而、渺々と草深して居申候事、御気ニかゝり申候故、一切寺の立てかなひ〳〵と、度々被成　御意候間、内ニ被成御立候へハ、御奉公にも可成候哉」と述べている。すなわち、家光は沢庵のために建てた東海寺の周囲が空き地のままであることを気にかけており、そこにしかるべき寺を建立することは「奉公」になるのではないかというのである。

かかる沢庵の助言もあり、東海寺の「門内」にて正月二七日には作事屋敷の普請を始めることになり、同年七月以前に完成している。[83] 妙解院と名付けられ、細川家から現米八〇石が与えられる(『綿考』忠利下―四〇一頁)。

東海寺の周辺では、既に寛永一六年一一月に堀田正盛が臨川院、一八年七月に酒井忠勝が長松院と、老中を勤めた幕府の実力者が塔頭を建立している。[84] 妙解院はこれらに次いで三番目である。ほぼ同時期の正保元年(一六四四)

には、沢庵の出身地の但馬国出石の領主であったことから親しく交際していた小出吉英の弟吉親が雲龍院を、紫衣事件後に沢庵が配流された先の領主土岐頼行が春雨庵を建てている。このように、東海寺周辺には、有力な幕閣や、沢庵と親しい大名の塔頭が建てられていく。その背景には、沢庵への帰依に加えて、東海寺の寺観を調えることは家光に対する「奉公」となるという認識もあったのであろう。

東海寺には、その後、細川家に関わる塔頭として、慶安三年（一六五〇）に宇土家の細川行孝が母を開基に、清巌宗渭を開祖として清光院を建立し、宇土家の菩提寺とする。また、元禄三年（一六九〇）に細川綱利が大徳寺二四二世で、妙解院三世の大雲義休を開祖として少林院を建立する。こちらは細川藤孝の位牌所となっている。

おわりに

本稿では、細川家を事例に、近世の菩提寺の枠組みが形成される過程について、政治的な背景や、帰依を含む人的関係に注目しつつ明らかにしてきた。論点は多岐にわたるため、ここでは各菩提寺の位置づけの変化と相互関係の推移に焦点を当ててまとめ直し、その近世中後期への展開についても簡単に述べることにする。

細川家の場合、足利将軍の家臣として京都で活動していたことから、南禅寺や建仁寺、大徳寺に俗縁を有する僧があった。それ以外にも、当主の文化的な交際などにより懇意の僧が少なからず存在した。

大徳寺総見院の事例でみたように、京都の禅院の住持について、忠興は俗縁を根拠に干渉できると認識していたようである。しかし、家康は相応の器量の人物が相続することを定め、それが一応の原則となる。さらに、政治の拠点が江戸に変わり、幕府への配慮のため西国大名も京都と距離をとるようになる。京都の禅院は、大名家との一定のつながりは維持するものの、関係は希薄になっていく。

また、京都での葬儀や法要にはさまざまな制約が加わる。それに対して、国元では家中の秩序が明示される場になるとともに、領内の諸宗寺院も動員し、軽輩や上層町人・職人にも焼香を許している。[85]

国元の小倉では、藤孝没後に泰勝院が開かれる。また、当初はイエズス会により追悼が行われていた忠興室の菩提寺として秀林院が創建され、忠興の旧主織田信長を供養する泰巌寺も引き移される。細川家が熊本に転封になると、泰勝院・秀林院の石塔と住持は、新領国に移される。そして、やや時間を要したが、熊本でも泰勝院が造営される。

忠利没後には熊本に妙解寺、品川東海寺に妙解院が創建される。これらは、忠利・光尚が沢庵宗彭に帰依したことから大徳寺派となる。また、泰勝院も光尚が大淵玄弘を招いたことで妙心寺派となり、細川家における藤孝以来の南禅寺派の位置づけは低下する。

妙解寺・妙解院の造営においては沢庵が大きな役割を果たす。当時、菩提寺の創建にあたっては、幕府の新寺建立制限令が気にかけられることもあったが、沢庵は遠国での親の供養であるので問題がないと述べている。家光が沢庵に与えた東海寺の近隣に塔頭を造営することについては「奉公」にもなるとして勧めている。沢庵が問題と考えていたのは奢侈禁令で、豪勢な菩提寺の造営や法事は強く戒める。

ところで、泰勝院が完成したにもかかわらず、忠利のために新たに妙解寺を造営する必要があったのかということは、『綿考輯録』編纂のころには疑念が抱かれることもあり、光尚が妙解寺造営を後悔したとの逸話が引用されている（忠利上—四五〇頁）。このことは菩提寺が固定化した段階の人々の目には、妙解寺は不要な造営に映ったことを示している。

泰勝院と妙解寺の関係については、慶安元年（一六四八）一一月二九日付で家老衆が家中に回した次の触がある（『綿考』光尚—四三二頁、年月日・差出は省略）。

一筆申触候、然は毎年御先祖御政月之御法事ニ、何も御物頭衆泰勝院江被相詰候得共、向後は不入儀と被　思召候間、泰勝院江は七月十四日之御施餓鬼計ニ相詰、其外ハ被相詰間敷旨被　仰出候条、可被得其意候、併御政月ニも参り可申と存候衆ハ心次第ニ而御座候、御年忌之御法事なと有之時ハ各別ニ候、妙解寺江ハ最前如申触候、正・五・九月、三月十七日・七月十五日如早晩可被相詰候、為其如此候、恐々謹言、

物頭衆に対して祥月命日の泰勝院への寺詰は基本的に無用とし、一方で、妙解寺には正月・五月・九月と忠利の祥月命日の三月一七日、施餓鬼の七月一五日の参拝を改めて義務づける。泰勝院の位置づけが軽くされ、妙解寺に比重が移されていることがわかる。光尚は、忠利を熊本における細川家の始祖として位置づけようとしたのであろう。祖父の忠興とは緊張関係にあったこと、曽祖父の藤孝とは同時代を過ごさなかったことも要因として考えられる。そして、熊本における当主・正室の墳墓・位牌所は、泰勝院（泰勝寺）ではなく、妙解寺に固定化される。

忠利室と光尚、綱利は江戸で死去しているが、国元の妙解寺を墳墓にする。しかし、その後は、江戸で死去した当主・正室は品川の妙解院を墳墓とすることが多くなる。[86] その中で、天保六年（一八三五）江戸にて死去した細川斉玆は、泰勝寺を墳墓とする。斉玆の生家の宇土細川家が、忠興の隠居領に始まるためであろうか。これ以降、当主・正室のなかには泰勝寺を墳墓とするものもみられるようになる。[87]

このように、一七世紀前半には多様な展開がみられるが、次第に枠組みは固定化していく。本稿では十分な分析ができなかったが、一七世紀後半の細川綱利は高桐院への毎年の現米寄附を決め、泰勝寺に忠興の石塔を造立するなど菩提寺の整備を行っている。近世前期に形成された枠組みは、中後期には変容する部分があり、それに伴い、葬送儀礼のあり方や、各菩提寺の役割も変化していくことが想定される。[88] これらの点についてはさらなる検討が必要である。

注

(1) 坂詰秀一監修『近世大名墓所要覧』(ニューサイエンス社、二〇一〇年)、坂詰秀一・松原典明編『季刊考古学・別冊二〇　近世大名墓の世界』(雄山閣、二〇一三年)、大名墓研究会編『近世大名墓の成立―信長・秀吉・家康の墓と各地の大名墓を探る―』(雄山閣、二〇一四年)、松原典明編著『近世大名葬制の基礎的研究』(石造文化財調査研究所、二〇一八年)など。

(2) 岩淵令治①『江戸武家地の研究』(塙書房、二〇〇四年)、②「真田家と菩提寺」(『松代』二〇、二〇〇六年)、③「大名家の墓所・霊廟」(同編『史跡で読む日本の歴史九　江戸の都市と文化』吉川弘文館、二〇一〇年)、④「近世大名家の葬送儀礼と社会」(『国立歴史民俗博物館研究報告』一六九、二〇一一年)、⑤「大名家の江戸菩提所」(『特別展　江戸の大名菩提寺』港区立港郷土資料館、二〇一二年)、⑥「文献史料から見た大名家菩提所の確立」(前掲注(1)大名墓研究会編書所収)、⑦「大名家墓所が語る近世社会」(『月刊文化財』六二六、二〇一五年)など。

(3) 細川家の事例を取り上げたものに、岸本覚「大名家祖先の神格化をめぐる一考察―熊本藩を事例として―」(佐々木克編『明治維新期の政治文化』思文閣出版、二〇〇五年)、今村直樹「近世中後期熊本藩領における「殿様祭」と地域社会」(『日本歴史』七三八、二〇〇九年)。

(4) 確立期を扱ったものには、前掲注(2)の岩淵⑥論文などがある。

(5) 大名墓研究会『第二回大名墓研究会発表資料』(二〇一一年)が、細川家と分家・一門および家老松井家の熊本県内の墓所についての報告資料を掲載する。これ以外の主要な論考や報告書については適宜触れる。

(6) 山本博文『殉死の構造』(講談社学術文庫、二〇〇八年、原本は一九九四年)。

(7) 熊本大学文学部附属永青文庫研究センター、二〇一五年。全四冊。

(8) 熊本大学文学部附属永青文庫研究センター編、吉川弘文館、二〇一〇～一四年。全五巻。

(9) 東京大学史料編纂所編、東京大学出版会、一九六九年～刊行中(二六巻まで)。

(10) 出水叢書。汲古書院、一九八八～九一年。全七巻。

(11) 谷口克広『織田信長家臣人名辞典〔第二版〕』(吉川弘文館、二〇一〇年)。森正人・鈴木元編『細川幽斎　戦塵の中の学芸』（笠間書院、二〇一〇年）。

(12) 山田康弘「細川幽斎の養父について」（『日本歴史』七三〇、二〇〇九年）、同「足利将軍直臣としての細川幽斎」（前掲注（11）森・鈴木編書）。

(13) 内閣文庫本『寛永諸家系図伝』一二（国立公文書館所蔵・同館デジタルアーカイブにて閲覧、表紙には「第拾壹」とあり）の細川家系図の末尾に写された細川忠興覚書。『綿考』藤孝―八頁にも引用がある。橋本政宣「寛永諸家系図伝と細川系図」（『日本歴史』五〇一、一九九〇年）参照。

(14) 山田貴司「永青文庫所蔵の「中世文書」」（『永青文庫叢書　細川家文書』中世編、吉川弘文館、二〇一〇年）、同「和泉上守護細川家ゆかりの文化財と肥後細川家の系譜認識」（森正人・稲葉継陽編『細川家の歴史資料と書籍―永青文庫資料論―』吉川弘文館、二〇一三年）。

(15) 前掲注（11）谷口著書。矢部誠一郎『細川三斎―茶の湯の世界―』（淡交社、二〇〇三年）、同『利休随一の弟子三斎細川忠興』（宮帯出版社、二〇一五年）。

(16) 前掲注（13）に同じ。

(17) 熊本県立美術館編『細川ガラシャ』（細川ガラシャ展実行委員会、二〇一八年）。

(18) 稲葉継陽『細川忠利―ポスト戦国世代の国づくり―』（吉川弘文館、二〇一八年）。

(19) 吉村豊雄『近世大名家の権力と領主経済』（清文堂出版、二〇〇一年）。

(20) 『新宇土市史』通史編二中世・近世（宇土市、二〇〇七年）。

(21) 稲葉継陽「近世初期細川家臣団起請文にみる熊本藩「国家」の形成」（工藤敬一編『中世熊本の地域権力と社会』高志書院、二〇一五年）。

(22) 高濱州賀子「細川幽斎・三斎・忠利をめぐる禅宗文化（一）」『研究紀要〔熊本県立美術館〕』一、一九八七年）。

(23) 伊藤克己「品川・東海寺の塔頭」（『品川歴史館紀要』六、一九九一年）。当該史料は旧目録では『各君様御墓所』とされる。

(24) 当主の子ではないものと、当主生母以外の側室には「御」が付されず、また「位牌」ではなく「霊牌」とされる。

(25) 安永二年（一七七三）の『御由緒有之京大坂寺院御町人留書』（『総目録』877）という史料によれば、妙心寺春浦院・東福寺常楽庵・天龍寺真乗院・東大寺見性院にも位牌が置かれていたことが判明する。また、細川家に出入りの宇治の茶師上林味卜は、平等院に忠利の追善のため位牌を建てている（〔寛永二〇年〕六月一〇日付上林味卜宛細川光尚書状案（『公儀御案文』『総目録』10・23・20・2））。

（26）便宜上、他家へ出たものと、夭逝した子女は除いた。ただし、これらの中にも妙解寺や妙解院を菩提寺とするものがみられる。

（27）泰勝寺は、本稿で主に扱う時期には泰勝院と称した。

（28）坂詰秀一編『池上本門寺近世大名家墓所の調査』（池上本門寺奉賛会、二〇〇二年）。

（29）「重要文化財長谷川等伯障壁画展　南禅寺天授庵と細川幽斎」（『季刊永青文庫』九九、二〇一七年）は、藤孝再興段階の障壁画に関する最新の研究成果である。

（30）松井家と聴松院の関係は『聴松院由緒書』（東京大学史料編纂所架蔵謄写本）。

（31）五月日付英中玄賢書状写（『部分御旧記』寺社幷町方部一、東京大学史料編纂所架蔵写真帳）。

（32）熊本大学附属図書館「松井文庫」冊子体文書八六六号。関連文書として、同一紙文書三九七号・九四三号。いずれも熊本市歴史文書資料室の写真帳による。同様の史料が「天授庵文書」（京都市歴史資料館写真帳）・永青文庫（『大檀越細川家御由緒書』『総目録』4・7・43）にあり、『綿考』藤孝―三八八〜九〇頁にも引用される（これは綱利の代のものとみられる）。諸本の関係は検討できていないが、差し当たり作成時期が明らかな松井文庫本を用いる。

（33）永青文庫には信長発給文書が五九通伝来する。寛永年間まで藤孝宛の信長文書を複数継承していた藤孝の末子細川孝之（休斎）によると、泰巌寺と高桐院にも原本が一通ずつ伝来しているという（熊本県立美術館編『信長からの手紙』熊本県立美術館・永青文庫、二〇一四年）。「秀吉公御奉行之御書出」は慶長四年正月二五日付の五大老連署知行宛行状（『叢書』中世―織豊期文書一〇七号）か。「犬追之巻物」は、「犬追物図屏風」ならば現存する（『永青文庫の至宝展』熊本県立美術館、二〇一一年、出品番号四七）。

（34）林晃弘「肥後細川家と天龍寺真乗院・細川紹高家―永青文庫所蔵「真乗院口上書」の基礎的研究―」（『永青文庫研究』二、二〇一九年）。

（35）『総目録』御印物三番32、御印物十五番12。

(36)『叢書』近世初期編―一九四号・一九七号・一九九号など。
(37)三宅正浩「近世前期の京都と西国大名」(『日本歴史』七九五、二〇一四年)。
(38)「天授庵領内下恒規之覚」(『部分御旧記』寺社幷町方部一)。『於京都他所御合力米等之覚帳』(『総目録』8・1・137)。
(39)竹貫元勝『古渓宗陳―千利休参禅の師、その生涯―』(淡交社、二〇〇六年)。
(40)『大日本史料』一二―一一、三〇〇～三二五頁(慶長一八年六月一八日条)。
(41)肥後和男「細川三斎の晩年」(『瓶史』昭和九年春の号、一九三四年)は高桐院に伝来する玉甫・清巌宛の細川忠興書状九通を紹介する。
(42)忠興上―二六四頁。山田采女の出自を「近江大石殿」とする点は、山田常蔵編『龍宝山大徳禅寺世譜』(松花堂遺跡保存会事務所、一九一八年)の清巌宗渭の出自に関する記載とも合致する。
(43)『三斎公伝書』(松山吟松庵校註・熊倉功夫補訂『茶道四祖伝書』思文閣出版、一九七四年)。細川家の所伝よりも成立が早く、客観的なものである。
(44)九州文化史研究所所蔵「宇土細川家文書」一江戸時代史料5細川家―一五七号(整理番号四三七六号)。熊本市歴史文書資料室の写真帳による。
(45)『於京都他所御合力米等之覚帳』(前掲注(38))。『天授庵・高桐院・永源庵・福寿院・頂妙寺五ケ寺之記』(『総目録』100・4・36・1)。
(46)木下聡「若狭武田氏の研究史とその系譜・動向」(同編著『若狭武田氏』戎光祥出版、二〇一六年)。
(47)後藤典子「細川家文書に含まれる浅野内匠頭関係史料の再検討」(『熊本大学文学部附属永青文庫研究センター年報』七、二〇一六年)。
(48)前掲注(14)に同じ。
(49)「御代々御寄附状写」(阿波郷土会『正伝永源院蔵本永源師檀紀年録並付録』、二〇〇一年)。
(50)同右。『於京都他所御合力米等之覚帳』(前掲注(38))。
(51)阿波郷土会『正伝永源院蔵本永源師檀紀年録並付録』、二〇〇一年。
(52)『群書類従 二九輯』巻五二一。

（53）『十六・七世紀イエズス会日本報告集』第Ⅰ期第四巻（同朋舎出版、一九八八年）のうち、「一六〇一年度日本年報」の四六～四八頁、「一六〇一、一六〇二年日本の諸事」の一四一～一四七頁、「一六〇三、一六〇四年日本の諸事」の二六七～二七〇頁。

（54）同右第Ⅱ期第一巻（同朋舎出版、一九九〇年）、「一六一一年度日本年報」の二三八～二四五頁。国内史料では、『松井文庫所蔵古文書調査報告書』六（八代市立博物館未来の森ミュージアム編・発行、二〇〇二年）一一四七号。本文書については前掲注（17）熊本県立美術館編書出品番号九六の解説も参照。

（55）『日帳』（『福岡県史』近世史料編細川小倉藩三）元和一〇年四月一二日条。

（56）信長の旧臣が領内に菩提所を設ける事例としては、前田家の瑞龍寺の信長廟が知られている。京田良志「高岡山瑞龍寺の草創」（高瀬重雄博士古稀記念論集刊行会編『日本海地域の歴史と文化』文献出版、一九七九年）。

（57）後藤典子『熊本城の被災修復と細川忠利―近世初期の居城普請・公儀普請・地方普請―』（熊日新書、二〇一七年）。

（58）『日帳　寛永十四年九月』（『総目録』11・1・14・7）。

（59）『日帳　寛永十五年十月』（『総目録』11・1・15・4）。なお、美濃口雅朗・野村俊之「地域における近世大名墓の成立―九州―」（前掲注（1）大名墓研究会編書所収）によれば、藤孝・藤孝室・忠興室の五輪塔は熊本の金峰山系輝石安山岩製で、移封後に制作されたと考えられるという。また、現存の霊屋・拝殿は、忠興の墓所が立田に移され、五輪塔が制作される延宝四年（一六七六）ごろに、まとめて造営された可能性が高いとする。

（60）『日帳　寛永十六年三月』（『総目録』11・1・16・2）、寛永一六年三月七日条。

（61）『日帳　寛永十六年四月』（『総目録』11・1・16・1・2）。

（62）『日帳　寛永十七・十八年』（『総目録』11・1・17・2）寛永一八年二月二六日条。

（63）同右、寛永一八年四月二七日条、四月二九日条。

（64）「又追加五十五番忠利公・光尚公御印物」（『史燈』六、一九八七年）三八号。

（65）永青文庫所蔵「大淵玄弘行状牌」（熊本三館共同企画・宮本武蔵展実行委員会編『宮本武蔵展図録』二〇〇三年、熊一三一号、図版・解説と銘文を掲載）。

（66）前掲注（6）山本著書。

(67)『綿考』忠利下―三五八〜九頁。なお、この位牌は差し当たりのもので、翌年正月に江戸で調えられた位牌に立て替えられる（『綿考』忠利下―三九九頁）。
(68)『日帳　寛永十七・十八年』（『総目録』11・1・17・2）寛永一八年六月二七日条。
(69) 同右、寛永一八年六月二〇日条。
(70) 知行高により額を定め家中に触れる方法は、寛永一三年の光尚の男子誕生時にも採られている（『綿考』光尚―一六〜一八頁）。
(71)『日帳　寛永十七・十八年』（『総目録』11・1・17・2）九月一四日条・一二月九日条。
(72)「妙解寺領寄進状」（『総目録』神雑1・70・1）。
(73) 一二月一日付松井興長書状写（『口上書　真乗院』（『総目録』12・16・30）所収、前掲注（34）林論文）。
(74) 野村玄『徳川家光―我等は固よりの将軍に候―』（ミネルヴァ書房、二〇一三年）。
(75)『沢庵和尚全集』四（沢庵和尚全集刊行会編、一九三〇年）―二〇六号。
(76)『沢庵和尚全集』四―二三一号・二三五号・二三七号。山号の額は『細川三代』（熊本県立美術館、一九八二年）出品番号八三。対聯は『沢庵と一絲』（同、一九七九年）出品番号一四。鐘銘は『明暗雙雙集』巻九（『沢庵和尚全集』一、一九三〇年）。
(77)『沢庵和尚全集』四―二二九号・二三一号・二三五号。
(78)『沢庵和尚全集』四―二三六号。
(79)『沢庵和尚全集』四―二三八号。
(80)『沢庵和尚全集』四―二七八号。
(81)『県指定重要文化財細川家霊廟及び門保存修理工事報告書』（熊本市、一九八八年）。
(82)『熊本市文化財調査報告書』中央部Ⅰ（熊本市文化財調査会、一九七八年）。
(83)『沢庵和尚全集』四―二三七号・二四五号・二四六号。
(84) 前掲注（23）伊藤論文。東海寺については『品川区史料（九）東海寺の文化財』（品川区教育委員会編・発行、一九九六年）、『品川を愛した将軍徳川家光―品川御殿と東海寺―』（品川区立品川歴史館編・発行、二〇〇九年）も参照。

(85) これらの点は、前掲注(2)岩淵③・④論文の池田光仲の事例とも共通点がみられる。

(86)「細川宗家墓域」(『昭和六二年度品川区文化財調査報告書』品川区教育委員会、一九八八年)。前掲注(23)伊藤論文が指摘するように、近代に江戸の他寺院から移された墓石もある。

(87)『増補細川氏系譜便覧』(一九一九年)。

(88) 藩財政の悪化を背景とした寺領・寄附米の削減も論点となる(『於京都他所御合力米之覚帳』(前掲注(38))、『綿考』藤孝—三〇六~三〇七頁)。

(付記) 本稿は、JSPS科研費JP15H03240・JP16K03023・JP17K13525・JP18H03583・JP18H00709の成果を含むものである。

大徳寺黄梅院にみる近世京菩提寺の成立と存立
――毛利家との関係を中心に――

谷　徹也

はじめに

近世社会における京都の位置づけを考える際、朝廷と共に寺社の存在が大きな意味を持つことは誰しも容易に想定できるだろう。本稿では、近世大名の京菩提寺を鍵として、この問題に迫る一助としたい。

大名菩提寺の研究は、宗教史と考古学の分野から切り拓かれてきた。竹田聴洲は寺院の由緒を分析し、広義の菩提所（菩提所・牌所・墓所・葬所）の開創動機として、特定故人とともに家の先祖の菩提を弔うことを挙げた。また、新規の開創は近世初期（天正～寛永期）に多く、開山には正規僧を迎える場合が多いことを指摘している。[1]

また、一九五〇年代、増上寺の徳川家墓所発掘を契機に、近世大名墓の研究が始められ、以降は各地で墓所の発掘調査事例が積み重ねられてきた。そして、特に二〇〇〇年代後半から、データの蓄積や活発な意見交換が行われ、多くの成果が発表されるようになる。そこでは、墓所の一覧や形態、付属品の変遷などが解明され、儒学と東アジアの習俗の影響や、大名家によって国元と江戸の墓所の使いわけ方が異なることも指摘された。[2]

このように、近年では様々な分野も含めながら、学際的な総合研究へと展開しているが、こと文献史学に関しては言及がさほど多くない。近世史では葬儀・服忌令・鳴物停止令などに関する蓄積は厚い一方、菩提寺については、近年になって研究が着手されたためである。その流れは、岩淵令治の研究を端緒とし、各大名家の江戸における菩提寺の政治的・社会的役割を解明する方向で進展してきている。(3)

岩淵は江戸菩提寺の成立過程と傾向を検討し、京都を「葬地」とする事例の多くは一七世紀までであり、一八世紀以降、幕藩関係の安定によって領国が確定し、証人制度・参勤交代制によって江戸で大名の家族が生活するようになり、国元・江戸の菩提寺が確立したとする。(4)

大名菩提寺の検討が江戸と国元以外では乏しい理由は、岩淵のように「葬地」に限定しているためであろう。しかし、菩提を弔う場所は墓所に限らず、分骨・分霊・改葬・位牌所などを含めれば、より広い裾野を有するはずである。とりわけ本稿では、岩淵も「無視できない」とした京菩提寺に着目する。それらは、既往の研究では捨象されてきたものの、武士の多くが京都から去った後も消滅したわけではなかった。近世の京菩提寺の実態と存立はいかなるものだったのかを解明する必要があるだろう。

この点に関して、はやく川上貢は、大徳寺諸塔頭の創建を概観し、天文期以降に塔頭が高僧の塔所から、外護者（大名や商人）の菩提所に変化したことを指摘している。(5) 同寺塔頭の黄梅院は萩藩毛利家の京菩提寺であったが、その文書は現在、多くが京都大学総合博物館の所蔵となっている。そこに、東京大学史料編纂所影写本の黄梅院関係文書や山口県文書館の萩藩側の史料を重ね合わせると、より立体的に近世の黄梅院の様子が復元できよう。

毛利家の墓所や先祖の祭祀については、藩祖顕彰の文脈から岸本覚の研究蓄積があり、文化・文政期に毛利家祖先の神格化を目的に京都との結びつきが強まったとされており、冒頭の課題とも関わる要素が既に提示されている。また、近年では、法要から毛利一門の秩序と意識を分析した根本みなみの研究もあり、それらも参照しつつ、

京菩提寺と毛利家の関係を探っていきたい。(6)

第一章　黄梅院の創建

第一節　黄梅庵の継承

(1) 玉仲宗琇の活動

大徳寺黄梅院は、大徳寺九八世の春林宗俶の隠居庵たる黄梅庵に端を発する。永禄五年(一五六二)に龍源院から龍福院跡地を七貫三〇〇文で買得していることが確認でき、この頃に創建されたと考えられる。(7) 永禄七年一二月に宗俶が示寂した後は、法嗣の玉仲宗琇が継承した。

図　玉仲宗琇像(大徳寺黄梅院所蔵)

宗琇は大永二年(一五二二)に日向国櫛間院で生まれ、天文四年(一五三五)一〇月に「維那宗琇」として龍翔寺年貢納帳の作成者に初めてその名が見える。(8) 天文七年一〇月には「侍真宗琇」として大徳寺の法衣箱入注文(点検)に名を連ね、同一四年二月には小眠蔵の什物を寺外不出とする規式にも連名した。(9)

永禄一三年(一五七〇)二月二三日、宗琇は入院の勅許を得て参内して大徳寺一一二世となった。(10) 入院後には「黄梅庵宗琇」や「長松山禅通禅寺住持沙門玉仲子宗琇」として史料に登場するようになり、春林の再興した堺の禅通寺とともに黄梅庵を継承した

ことが確認できる。(11)

宗琇は大徳寺の中でも存在感を増し、正親町天皇から「仏機大雄禅師」の号を授かった。豊臣秀吉も天正一六年（一五八八）に北派の古渓宗陳を配流し、同じ頃から南派の宗琇を登用することで寺内の均衡をとろうとしたとされる。(12)秀吉が建長寺天源庵の宝物である三祖像を千利休に下賜し、利休がそれを大徳寺に寄進した際に寺側の代表として受け取ったのも宗琇であり、所司代の玄以に対して一山全体で提出した「大徳寺起請條々」は宗琇の筆とされる。(13)権力者以外にも多くの帰依を集め、武野紹鷗・今井宗久らの讃文を記していることから、禅通寺を通して堺の商人や茶人との関係が強かったことが指摘されている。実際に、宗琇の入寺の際には、堺の天王寺屋今井宗閑が香典を出しており、財政的な援助も確認できる。(14)

(2) 黄梅庵の経営

黄梅庵の経済的基盤については、「黄梅院文書」中の寄進状や売券の多くが宗俶の師にあたる徹岫宗九の開いた瑞峯院のものであることには注意を要するが、(15)黄梅庵宛ての寄進状や売券も天正頃を中心に若干見られ、寺領の拡大に努めていたことがわかる。天正一四年の「黄梅庵田畠目録」では、大宮郷一二石九斗七升九合、寺内八石四斗三升、西賀茂三石五斗七升、北山四石二斗七升四合の計二九石二斗五升三合が黄梅庵領として把握されており、慶長二〇年（一六一五）段階では、三四石二斗五升七合が黄梅院領となっている。(16)

寺領について興味深いのは、天正六年七月に起きた相論に関する、次の史料である。

【史料1】

黄梅庵江従祐玉寄進田下作職合七斗之事、

字名桜岸八段代之内従東弐反目也、

右之田地少出入有之而、惣並雖相拘、村井新右衛門（宗信）殿以御理相催之間、年貢米之儀如元御寺納可在之候、為後日状如件、

天正六年
七月　　　　　　　　　　　　伊藤与左衛門
　　　　　　　　　　　　　　　　　―

大徳寺
御役者御中

大徳寺養徳院の関係者と思われる祐玉が黄梅庵に寄進した下作職七斗分について出入があり、「惣並」からの上納が止まっていたが、所司代配下の村井宗信の裁定が下っているため、年貢米は元のように寺納するよう伊藤与左衛門が命じている。[17]おそらくは寺領で年貢収取についてのもめ事が起き、織田政権の裁定をあおいだのであろう。発給者の伊藤は羽柴秀吉の代官的役割を果たしていた人物で、米銭の管理・出納を担当していた。[18]秀吉は大徳寺の担当奉行の一人であり、[19]この時点から秀吉と宗琇の関係が生じていたことには注意しておきたい。

第二節　秀吉周辺との関係

宗琇と秀吉との関係が強まったのは、天瑞寺の開山に請われたためであった。同寺は天正一六年、秀吉が母親である大政所の病気平癒を祈り、総見院の西（現在の龍翔寺の場所）に創建された。[20]六月一八日から二か月にわたって、弟の秀長が方丈の建立に励み、庫裡は甥の秀次が携わり、本尊も安置した。大政所は病気が平癒し、宗琇に帰依するようになったのである。

宗琇は翌年秋に一七か条の「天瑞寺之規縄」を定め、寺僧らの職務や心得を示した。[21]天正一八年夏には大政所が

発願して鐘楼の建立を始め、大工清右衛門（平松宗久か）がそれを担当し、小出秀政（大政所の妹婿）も土蔵を建造した。鐘楼は一二月一四日に完成し、宗琇が「金鳳山天瑞寺住持」として銘文を書いている。[22]

天正二〇年七月二二日、大政所が死去し、一周忌には福島正則の依頼で、天瑞寺で法事が営まれた。[23]天瑞寺では秀吉の関係者の法事が多く行われ、同年正月には、大政所の依頼で秀長の一周忌が行われ、文禄二年（一五九三）七月には、二年前に亡くなった小姫（甘棠院殿桂林少夫人、織田信雄の長女で秀吉養女となり、北政所が養育）の法事も行われている。[24]宗琇は「豊国大明神」の拈香文も書いており、秀吉没後にも仏事がなされた。[25]

宗琇は天正二〇年五月に「黄梅院玄関」について記した文書に「院主玉仲子」と署名しており、この段階では黄梅院と天瑞寺を兼帯していたようである。[26]黄梅院三世（実質は二世だが、宗俶から数える）の宝叔宗珍は文禄二年三月二八日に秀吉と毛利輝元の馳走によって奉勅歴任したとされ、実際に翌年四月の文書では、「天瑞寺宗琇」と同時に「黄梅院宗珍」の署判が確認でき、宗珍に黄梅院を譲ったことが裏付けられる。[27]宗珍は天文二三年（一五五四）に堺で生まれた宗琇の法嗣であり、大徳寺一三五世・禅通寺三世・天瑞寺二世を歴任している。[28]

第三節　小早川・毛利家との関係

（1）黄梅庵から黄梅院へ

近世に黄梅院の檀越となった毛利家との関係は、小早川隆景の帰依が契機といえる。小早川家がいつ頃から黄梅院と接触していたのかは不明であるが、天正一二年五月、隆景の家臣である乃美右近亮（宗慶）が小牧から帰陣した時に、宗琇が漢詩を送っているのが管見に入る初例である。[29]

黄梅庵は天正一五年四月五日から本堂の改築を開始、大工は八幡の久左衛門と堺の摠兵衛が担当し、五月二二日に落成した[30]。本堂と唐門の改築は秀吉の寄付であったとされる。翌年八月、小早川隆景が黄梅院の新造された方丈を見て、庫裡の建料として「白金百鎰」を贈り、天正一七年二月に着工し、四月五日に落成したという[31]。

実際に天正一六年八月二一日、上洛中であった毛利輝元と小早川隆景らが大徳寺に参詣しており、大徳寺住持へ三〇〇〇疋、「大梅庵」、すなわち黄梅庵へ二〇〇〇疋を進上している[32]。よって、この時を境に隆景の外護者としての立場が固まったといえよう。これと前後して「黄梅庵」は「黄梅院」に改められたとされる[33]。

以後、宗琇は天正一八年一〇月・文禄三年四月・同九月・慶長五年五月の少なくとも四回にわたって隆景の寿像に讃語を記し、隆景の訪問への礼状では容体を心配するなど、親密な関係を築いた[34]。天正一九年九月二日、隆景は寺領百貫文を「一塔頭造料」として寄進し、「長久師檀」の契約をする。この仲介にあたったのは安国寺恵瓊であり、黄梅院に当座の米一〇〇石が渡されたが、翌年一一月には筑前国那珂郡住吉村のうち一〇〇石の下地が打ち渡された[35]。ただし、先述の通り、慶長二〇年段階の寺領にはこの石高は反映されておらず、小早川家が筑前から離れた前後で寺領ではなくなったと思われる。

毛利輝元との関係を見ると、明治大学図書館蔵の旧毛利家本吾妻鏡の第一巻には、文禄五年三月一一日に宝叔宗珍が筆写したとの奥書がある[36]。前述の通り、宗珍は輝元の馳走によって入院を遂げており、隆景と同時に輝元との関係も深かったことがわかる。慶長二年六月一二日に小早川隆景が死去すると、一〇月には輝元が隆景の法要を命じ、三回忌の法事も輝元が宗琇に執り行わせている[37]。黄梅院を宗珍に譲っても、法事などはまだ宗琇が主催していたのである。

(2) 秀吉死後の政局

秀吉の死の直前、安国寺恵瓊は宗琇に次のような書状を送っている[38]。

【史料2】

（中略）大閤殿下(豊臣秀吉)御不例以之外候、此節者少被成御快気、夜前内府(徳川家康)・大納言(前田利家)・輝元(毛利)・備前中納言(宇喜多秀家)被召寄、於御前日本国已来之事、中国置目等被仰出候、末座ニ祗候仕、御諚承候、御煩此中雖同前候、右之通、直被成御意承候条、各案堵被申事候、（中略）

秀吉は病状が一旦回復したため、「五大老」（上杉景勝は下国中）を御前に召し寄せ、以後の政治や「中国置目」（毛利秀元の処遇と小早川隆景の遺領問題）[39]について直接意図を伝えた。恵瓊は末座に伺候しており、秀吉の容体と毛利領国に関する懸案事項への見通しが得られたことについて、宗琇に報じたのである。かかる重要事項をも共有されていたことから、毛利家にとっての宗琇の位置づけの高さがうかがわれる。

輝元は慶長五年七月中旬、反徳川派として決起して大坂城に入り、一九日に仕置改めを行なう。[40] 翌月九日、宗琇は輝元の大坂入城を祝って生絹などを贈った。[41] この時、「京堺ノ限有者」が大坂城に祝儀に訪れたとされるが、さすがに軍事決起自体は宗琇にも伝えられていなかったのであろう。

関ヶ原の戦い後、輝元は大坂城を退去して木津屋敷に移り、粟屋景雄を使いとして宗琇に剃髪の意思を伝える。それに対し、宗琇は道号「雲巌」と院号「天樹院」を与え、表徳号として「幻庵」か「竹庵」のいずれかを勧め、偈頌を授けた。[42] 結果、輝元は出家して幻庵宗瑞と号すこととなった。一〇月一〇日付の家康起請文により、周防・長門二国への減封が言い渡されるが、この時点では宛名は「安芸中納言」であり、直後に剃髪したものと思われる。

使者となった粟屋景雄は元々は隆景の家臣であり、死後に輝元の家臣となっていたが、慶長六年一一月に譜代の家臣たちとの軋轢から出奔している。

【史料3】

(中略)私事三日以前輝元(毛利)為見廻伏見罷上候、尤遂参上可申上処、摂州ミかけ普請所可罷下之由被申候条、先此度不参候、十月中ニ者可令上洛之間、祗候ニ而可得尊意候、(中略)

これは粟屋が宗琇に送った書状[43]であるが、伏見にいる輝元の元へ参上したところ、御影の普請所へ下向するよう命じられたため、黄梅院に行くことができないことを詫びている。おそらくは慶長三年九月の発給と考えられ、大坂城普請のために御影石の採取が必要となったのであろう。豊臣期の御影石利用を示す貴重な事例といえる。

毛利家臣と黄梅院の関係でいえば、益田元祥(紹园)が特筆される。紹园は黄梅院宛ての文書で最も多く登場する家臣であり、後述するように主要な檀越でもあった。その益田氏が中心となって、代々黄梅院との関係を仲介していたと思われる。

第二章　京菩提寺としての確立

第一節　元和・寛永期の黄梅院

(1) 春嶽宗勝の活動

元和三年(一六一七)六月六日に宝叔宗珍が示寂した後、黄梅院の四世となったのは春嶽宗勝であった。宗勝は天正三年生まれで、同一七年には「宗勝侍者」としてその名が見え、元和四年八月に奉勅歴住し、大徳寺一六一世となった[44]。宗勝の入院・出世をめぐっては、元和四年三月一〇日、宗瑞(輝元)と毛利秀就が連署で二通の書状を黄梅院に出している[45]。

一通目は毎年米一〇〇石を黄梅院に進献することを約束したもので、隆景時代の契約料としての寺領が消滅したため、それを補填する意味合いで現物を献上することになったのであろう。いま一通は次の通りである。

【史料4】

就御入院之儀、従　高台院(豊臣吉子)様被成　御書候、内々不存儀候之条、則御使僧申談候、仍銀子弐百枚進献之候、委細容(旧嶽宗容)首座申達之条、可有御演説候、恐惶謹言、

三月十日

幻庵
宗瑞（花押）
松平長門守
秀就（花押）

黄梅院
侍者禅師

ここからは、宗勝の入院について、秀吉室の高台院（北政所、ねね）から書状によって入院料に関する斡旋を受け、銀子二〇〇枚を祝儀として献上したことがわかる。国元に宗勝の弟子の旧嶽宗容（のち黄梅院五世）が使僧として派遣され、同時に高台院からの書状も託されたのであろう。この両通の書状は黄梅院と毛利家の関係を決める大きな契機となり、以後においても先例として度々持ち出されることとなる(46)。

なぜここで高台院が登場するのかという点について考えておこう。隠居した宗瑞は在国が多く、一方で当主の毛利秀就は江戸と在国を繰り返しており、京都には一時的に立ち寄ることしかなくなったため、両者と親しかった宗珍が遷化したことは黄梅院にとって痛手となったと推測される。そこで、天瑞寺との関係から高台院を頼り、毛利家に入院への援助を働きかけたのであろう。

その後にも江戸参勤途中の秀就が「むつ」宛てに宗勝の出世への援助について同意する旨を返答しているが、宛名の「むつ」は北政所の侍女であることが確認でき(47)、高台院の仲介が大きな後ろ盾となったといえる。

宗勝は同年一〇月に将軍へのお目見えのため、江戸へ下向する。その際には板倉勝重から道中切手を貰い、馬や舟の通行が円滑になるように整えてもらっている。[48] 同時に、高台院から在江戸と思われる毛利秀就・秀元へも消息が届き、両者は入院とお目見えの成功を北政所の侍女の「中納言」と「むつ」に返信している。[49]

(2) 毛利秀就・秀元と黄梅院主

では、秀就と黄梅院の住持とは実際にはどれくらいの接触があったのであろうか。[50]「軈而江戸参勤仕候之条、罷上候節、於其表可得御意候」と、参勤交代の途中で在京した際に対面していたと思われ、「昨晩者参候処種々御懇情之段、過分之至候」「昨晩者緩々与申承、殊静々与御酒参、我等迄満足申候」などと、酒を酌み交わして話をしていたことがわかる。「御戻之節、御同道不申御残多存候」や「折節日向守(毛利就隆か)所へ罷越候付而取紛不能面上御残多存候」と秀就が記すように、黄梅院住主は秀就の宿所に来ていたと思われ、これ以外にも、書状や進物の遣り取りが多く確認できる。

ただし、宗勝や宗容らが大津や伏見・大坂まで来ている事例も確認でき、[51]「今晩罷立候、向様自江戸可申述候」と秀就が詫びているように、すぐに江戸に出発していることには注意をしたい。というのも、寛永末年頃になると、大名が参勤交代の途中で京都に寄らなくなることが指摘されており、[52] おそらくはその影響で秀就との対面の機会も減っていったと考えられる。無論、例えば秀就の跡を継いだ綱広が「上京之時分ハ貴院令参詣候」と黄梅院への立ち寄りを予告しているように、[53] 以後において上京自体がなくなったわけではない。しかし、幕府の意向を受けて京都から一定の距離をとったことは事実と思われる。

この頃に特徴的な点としては、先の高台院の仲介の際にも登場した毛利秀元からの書状が確認できることが挙げられる。元和九年九月、秀就は萩城に入って正式に家督を譲り受け、秀元は国元財政の「統括責任者」となった。[54]

その直後の一一月に出されたと思われる書状では、宗瑞が息災である旨と共に、紹図（益田元祥）が国元の「当務」（当職、国元の筆頭家老）に就いたことや、家臣の中でも紹図や榎本元吉・三井元信らとの音信が重要であることを述べ、秀就へも見舞への返答が来る旨も合わせて報じている。黄梅院は秀元へ年頭の祝儀も定期的に送っており、毛利家家臣と交流する際の指南をしていた秀元は、黄梅院にとって重要な存在であったといえよう。(55)

第二節　毛利家との音信

この節では、現在確認できる黄梅院宛ての毛利家関係者の書状について見ていきたい。先述した通り、黄梅院と頻繁に対面していたのは秀就までであり、それ以後は書状での遣り取りが基本となったとみられ、内容も定型的となる。その発給主体は大きく分けると、萩藩（毛利本家）の当主、支藩や一族（長府毛利・徳山毛利・清末毛利・阿川毛利）の当主や子息、毛利家の家臣の三者となる。

その内容は、①年末年始や暑中の挨拶・祝儀、②当主の初御目見・家督相続・初入国・縁組・叙任の祝儀、③火事などの見舞、④黄梅院の普請関係（本堂や庫裏・鐘楼などの再建・修補）、⑤黄梅院の入寺関係（入院・出世・帰院など）、⑥黄梅院主死去の弔事、⑦法事関係に大別される。

①については、黄梅院から改年の祝儀として扇子が届いたことに対し、宗瑞（輝元）が返事の礼状を送った例や秀就が同様の礼状を送った例などが挙げられるが、(56)「何茂致上洛候者、必参候而心事可申述候」や「旧冬者遥々御下過分存候」と対面を念頭において書状を記しており、以後の当主ではこうした言及はなくなる。

②については、寛永八年（一六三一）七月に秀就の娘（登佐姫）が松平光長と祝言を挙げた際に、黄梅院が進物を送った例や、正保三年（一六四六）三月、秀就の嫡子・千代熊（のち綱広）が家光に初御目見を果たしたことに対し

て、翌月に黄梅院が祝儀として扇子一箱を送っている例が挙げられる。(57)

③については、その最も早い例として次の史料が挙げられる。

【史料5】(58)

先度者江戸火事ニ付而、益玄蕃（益田元祥）・榎伊豆（榎本元吉）所迄貴札令拝見候、殊長門（毛利秀就）所へも御飛脚被差遣候由、承届候、被入御心過分存候、従　公方様忝　御諚共ニ而種（々脱カ）拝領之□□、御暇被下候由申越候、外実太慶存候、我等事も此節者気分能候間、可御心安候、猶重而可得尊意候、恐惶謹言

三月廿四日　　　幻庵
　　　　　　　　宗瑞御判

　黄梅院
　　侍者禅師

この時期の江戸屋敷での火事については、元和元年九月と同七年二月の両度が知られ、(59)右の史料はその日付から、後者に際してのものと思われる。秀就も「火事出来候而拙者屋舗之儀茂類火候ニ取籠候」とし、早々と見舞の書状を送ってくれたことに感謝している。(60)②と③を総合すると、黄梅院側は毛利家の慶事や災厄に関する情報をいち早く入手して、関係を維持するために積極的に動いたことがうかがえる。

こうした日常的な関係があったからこそ、黄梅院は④や⑤のように、普請や入寺の際の援助を檀越たる毛利家に求めたのである。その際には、「委細者清水美作守（景治）所ゟ可申入候」や「被対児玉淡路守（元恒）御札令拝見候」とあるように、当役（江戸の筆頭家老）や当職を通じて遣り取りを行なっており、(61)こうした過程によって毛利家家臣との関係も再生産されていったのである。

第三節　黄梅院と法事

（1）当主周辺の法事

ついで、黄梅院が関与した法事について見てみよう。「黄梅院文書」中の法事をまとめたのが【表1】である。

まず特筆されるのが、小早川隆景の回忌法要である。[62]慶長八年の七回忌では、「御茶湯」があり、黄梅院での法事執行のために宗瑞が銀子一〇枚などを送っている。寛永六年の三十三回忌では、秀就が焼香の名代として吉見阿波守（吉春か）を黄梅院に派遣している。元禄九年（一六九六）の百回忌では、藩主の毛利吉広から法要のための諸道具が黄梅院に寄進されており、隆景の法事が毛利家・黄梅院の双方にとって重要であり続けたことがわかる。

中でも注目されるのが三十三回忌で、拈香文に「山陽道周・長両州太守、大功徳主・豊臣朝（臣脱ヵ）秀就」が法事を主催したと記されている点である。[63]本来、秀就は「大江朝臣」のはずであり、ここでもそのように書かれるのが普通である。しかしそこをわざわざ「豊臣朝臣」として執り行っているところに、秀就の意識がうかがえる。秀就は慶長四年一〇月に豊臣姓での叙任を遂げており、[64]そのことが秀吉とも縁の深い隆景の法事において呼び覚まされたといえようか。

一番多い法事は、元就以下の毛利家当主のものであり、それ以外は、当主の室と早世した継嗣にあたる。また、黄梅院の位牌や過去帳に見える毛利家関係者を拾うと、それらに加えて、小早川隆景の姪（益田元祥室・河野通宣室）や毛利秀就の娘（松平光長室・鷹司房輔室）、毛利吉元の子（毛利宗元・毛利師就室・島津継豊室）、毛利重就の実姉・演暢院（有馬一準室）とその子の毛利重広（重就の養嫡子となったが、若くして没）などが挙げられる。[65]

また、【表1】から法事の頻度を読み取ると、時期が下るにつれ増えるのは自然のことと差し引いても、元禄末

表1　黄梅院文書に見える法事一覧

院　号	名　　前	没年	回　　忌
洞春寺殿	毛利元就	1571	200・250
常栄寺殿	毛利隆元	1563	遠忌
黄梅院殿	小早川隆景	1597	7・33・100
天樹院殿	毛利輝元	1625	100・200・遠忌
大照院殿	毛利秀就(長州①)	1651	13・17・100・200・遠忌
龍昌院殿	毛利秀就室(秀忠養女)	1655	1
泰厳院殿	毛利綱広(長州②)	1689	1・7・13・14・17・100
高寿院殿	毛利綱広室(松平忠昌女)	1669	50
寿徳院殿	毛利吉就(長州③)	1694	3・7・13・17・25・50
青雲院殿	毛利吉広(長州④)	1673	1・7・17・25・33・遠忌
養心院殿	毛利吉広室(鷹司輔信女)	1739	法事
泰桓院殿	毛利吉元(長州⑤)	1731	1・3・7・17・100
永昌院殿	毛利吉元側室(宗広生母)	1743	法事
清涼院殿	毛利元陳(長州⑤吉元の子)	1713	法事
観光院殿	毛利宗広(長州⑥)	1751	1・17・25・50
融芳院殿	毛利宗広室(松平宗昌女)	1740	100ヶ日
英雲院殿	毛利重就(長州⑦)	1789	1・7・13・17・25・33・50
容徳院殿	毛利治親(長州⑧)	1791	7・17・33
靖恭院殿	毛利斉房(長州⑨)	1809	1・3・7・13・25
清徳院殿	毛利斉熙(長州⑩)	1836	13
邦憲院殿	毛利斉元(長州⑪)	1836	3・25
崇文院殿	毛利斉広(長州⑫)	1837	3・13・25

※○は萩藩の何代目かを示したもの。

～享保初期と寛政末～天保中期に二つの山が見出せる。ちょうど黄梅院八世穆巌宗穆と一四世の大綱宗彦の時期に相当し、前者は長州出身であり、後者は約半世紀にわたって黄梅院に在住した文化人であった。国元での藩祖顕彰が一九世紀前半に盛行していたのと重なるように[66]、京都でも法事を通した活動が活発化していたといえよう。

法事が行われた場所は黄梅院だけでなく、「遠境以使僧」「国元江茂被差越使僧」などとあるように、国元にも使僧を派遣して、霊前に御経を供える場合があった[67]。国元の天樹院（輝元菩提寺）・大照院（秀就・綱広以下、偶数代藩主の菩提寺）・東光寺（吉就以下、奇数代藩主の菩提寺）は南禅寺末、黄檗宗萬福寺末であったため、黄梅院は国元の法事にも参加することで、存在感を示す必要があったのであろう。

（2）女性の法事

法事や葬送に関する史料の中には、女性に関するものも散見する。毛利秀就の娘で松平光長室の広国院（登佐姫）が死去した際には、黄梅院が毛利家家臣に飛脚を出して霊前に御経を供えたことを報告し、毛利宗広室の融芳院の百ケ日法要が江戸の天徳寺（融芳院の実家である越前松平家の江戸菩提寺）で行われた際は、それにあわせて黄梅院も法事を行なっている。(68)

法事の様子が最も詳しくわかるのは、毛利吉広室の養心院（鷹司輔信の娘、小石姫）である。(69)養心院は吉広の没後三〇年間、三条河原町の京都屋敷で暮らしていたが、元文四年（一七三九）八月二二日に亡くなり、船岡山の火葬場で荼毘に付された。黄梅院で焼香がなされ、紫衣僧一一人をはじめ大徳寺中の大人数が参列した。引導役は恭山宗良（黄梅院一〇世）が勤め、京都屋敷では大徳寺二五六世の元叟宗厚（黄梅院八世穆巌宗穆の弟子、黄梅院兼住）が四十九日まで法事を勤めた。

葬送については江戸と日程を調整し、九月一四日前後が予定され、それまで遺骨は黄梅院に置かれた。実際の葬礼は九月一七日から三日間続けられ、遺骨は二三日に京都を出て、養心院付きの市川経英を始めとした家臣らが御供をした。一部は小川助右衛門によって高野山奥の院にも納められ、新たに石塔も立てられた。万事の差図には江戸当役の榎本元久がわざわざ上洛してあたるほどの重要仏事であった。萩では国元当職の山内広通が出迎え、一〇月二日には三田尻村正福寺を経由し、同月五日には宗広も眠る大照院へ到着した。(70)

四十九日にあたる同月一一日、黄梅院では榎本が在京中に全てを執行するため、百ケ日を兼ねた法要が行われた。御経を寺社奉行まで送り、法事にかかった費用の勘定も済まされている。それによると、京都留守居の中村孫右衛門が位牌を持参した時に、入牌供養料八六匁が共に渡されたこと、四十九日・百ケ日の法事料六石と八六〇匁、香典四〇六匁などが納められたことがわかる。かかった費用としては米や味噌などのお供えから、夜着布団の借賃まで様々なものが計上されている。それとは別に、同月一六日には御経の代銀二枚が毛利家から送られた[71]。

その後も法事は継続的に行われ、毎年七・八月に二度、月命日の二二日にも毎月執行されていた。十七回忌にあたる宝暦五年（一七五五）には、大破した諸道具を修理したいと黄梅院が願い出ている[72]。毛利家に限らず、京都で隠棲する人物もいたことが、京菩提寺存立の一因であったといえよう。

（3）家臣の法事

黄梅院では、毛利家家臣の菩提も多く弔われた。檀越として墓が建てられたのは、①永代家老の益田氏歴代とその室、②児玉景唯・元恒・元征やその室、③堅田元慶・就政父子とその室、④その他、国司氏・清水氏・毛利就信・広政（右田毛利家）やその室などであった[73]。①は益田氏が元祥以来、黄梅院と深い関係を築いていたためであり、②は児玉元恒の室が益田元祥の娘であった関係からと思われ、③は堅田元慶が元々は小早川隆景の家臣であったことによると推測される。また、児玉氏や清水氏は前掲の通り、当役・当職として黄梅院との関係を築いていたことも理由に挙げられるだろう。

特に益田氏は檀越の中心的存在であった。益田氏は元祥（紹园）・広兼・元堯と続くが、広兼が文禄四年（一五九五）に二〇歳の若さで没してしまう。元祥は四十九日に広兼のために石塔を立て、慶長二年（一五九七）にも三回忌を営んだ[74]。寛永一七年（一六四〇）に元祥が没すると、元堯が法事を執行している[75]。元堯は慶安三年（一六五〇）に亡父広兼の菩提を弔うために大徳寺に銀二三〇〇匁を祠堂料として寄付し、二年後には黄梅院の鐘楼と小書院を建立するが、その鐘は元祥が生前に黄梅院に寄付したものであった[76]。万治元年（一六五八）、九月に元祥の十九回忌を行なった二か月後、元堯も死去し、百ケ日法要が営まれる。寛文一〇年（一六七〇）にも元堯の十三回忌が営まれており[77]、益田氏は黄梅院の修築料なども援助しており、代々に渡って関係を維持していたのである。

第四節　黄梅院の継承と入寺

（1）相続

毛利家当主は、黄梅院主が死去した際、哀悼の書状を送っていた。例えば正保二年（一六四五）に五世の旧嶽宗容が遷化した際には、「秀就公御吊書有之候」とされ、寛文一二年に六世の祥巌宗鶴が遷化した時にも、後を継いだ春外宗信に対して毛利綱広が弔意を述べている[78]。それに対して、黄梅院側では、宗容の遺物として「かねの鉢」を、宗鶴の遺物として「徐敬筆之掛物」を献上している[79]。このように、弔辞と遺物が交わされることで、黄梅院と毛利家の関係は再確認されたといえよう。

　しかし、事はそう容易ではなかった。【表2】に示した江戸中期までの歴代の履歴を見ると、四世の春嶽宗勝は入院から三年しか経っていない元和七年五月に示寂している。宗勝は死の前日に黄梅院の「諸式」を旧嶽宗容に譲る旨を書き置いた[80]。しかし、宗容は藍溪宗瑛の法嗣であり、まだ若年であったため、これ以後黄梅院は大慈院（藍溪が住持）の管轄下となってしまい、先述した小早川隆景の三十三回忌や益田元祥の法事も宗瑛が主催することとなった。なお、宗瑛の関わった法事では、黄梅院の山崎家治、大慈院の立花宗茂・分部光信、正受院の関一政らの例が見られ、いず

表2　黄梅院主の履歴

黄梅院歴代	入院	出世	再住・開堂	遷化
2世　玉仲宗琇	1569/4/19	1570/2/13	左に同じ	1604/11/6
3世　宝叔宗珍	1593/3/28	1593/4/19	左に同じ	1617/6/6
4世　春嶽宗勝	1618/8/18	1618/9/13	左に同じ	1621/5/13
5世　旧嶽宗容	1642/3/23	1642/3/29	1643/4/19	1645/2/11
6世　祥巖宗鶴	1655/5/3	1655/5/8	1661/8/28	1672/8/1
7世　春外宗信	1675/2/28	1675/3/12	左に同じ	1688/4/6
8世　穆巖宗穆	1696/3/12	1696/3/17	1698/9/28	1716/閏2/16
9世　天外宗孚		—	—	1725/12/16
10世　恭山宗良		1751/8/4	1751/10/13	1762/7/10

※下線は居成改衣を示す。それ以外は奉勅歴住。居成改衣の場合、後に再住。

れも寛永～慶安期に葬儀が行われており、この時期には京菩提寺における法事も活発であったことが確認できる。[81]宗容はやや遅れて寛永一九年三月に出世し、翌年四月に開堂・再住したものの、二年後の正保二年二月に遷化しており、黄梅院は院主の早世によって存続も覚束ない状況に陥っていたのである。

六世の祥巌宗鶴の相続についても、同年閏五月二〇日に毛利秀就が宗容の遺言に従って宗鶴が新住持となることを支持しているが、その過程は一筋縄ではいかなかった。[82]というのも、当初、宗瑛らは仭首座という別の僧侶を帰山させて輪番にしようとしていたところ、仭首座の「達而御理」によって、宗鶴が継承することに収まったためである。南派の長老たちは黄梅院を輪住制に変更しようとしていたのだろう。ここから、黄梅院の継承は先住の遺言だけでは十分ではなく、関係諸塔頭の承認が必要であったことが読み取れよう。

（2）入院・出世・再住

また、院主の入院・出世・再住にも困難はつきまとった。旧嶽宗容の入寺が遅れていることを懸念した藍溪宗瑛は、毛利秀就に直接書状を送って嘆願を行なっている。[83]また、祥巌宗鶴の出世については、次のような働きかけがあった。[84]承応元年（一六五二）一〇月、秀就の三回忌の法要が萩で行われるとの噂を聞きつけた宗瑛ら長老たちは、黄梅院から珍首座という僧侶を萩へ派遣して法華経一部を霊前に供えた。萩藩側では命日が一月五日であるため、法事は年末から行うはずであるのに、黄梅院からの僧侶が長々と滞在するのは不審であるとして、焼香を終えたら帰京するように命じ、珍首座は一〇月二六日に天樹院へ参詣して焼香を済ませた。御経の代銀二枚と使僧への銀子二枚が渡され、藩からは帰りの船も用意された。

帰るにあたって、珍首座は次のように述べた。南派の長老たちは宗鶴に出世を勧めたが、これまで断わって来た。しかし、この度、青山宗俊や細川綱利・小笠原長次・青木重正らの大名の「御取立之僧衆」（芳春院・高桐院などの住持）の入院が相次いで決まったため、適齢の僧侶は残らず出世を済ませてしまった。そうなると宗鶴が入院しないわけにはいかないので、長老衆に相談したところ、檀越の毛利家を頼って入用を整えてもらうよう書状を託されたので、それを見てほしい、と。

入院の費用の先例を萩藩側が探ったところ、宗容の入院の際は銀二〇〇枚を遣わしたが、立成入院であれば不足するので、居成改衣にするよう勧め、その通りになった。しかし、それでも不足したので、結局は再住のために銀子一〇〇枚を追加で遣わし、都合三〇〇枚を渡したことが判明した。それを踏まえつつも、「御逼迫第一」で出費を抑えたい萩藩は、今回の入院は毛利家側からではなく、黄梅院側から言い出したことでもあるので、銀子一〇〇枚ほどを遣わすのが筋であるが、先例もあるので、再住には足らないが二〇〇枚を遣わすのがよいのではないかと結論づけた。その際、「是者自余御合力ニ者替たる儀候」と、黄梅院を特別視していることも注意される。

九世の天外宗孚の出世にあたっても、大慈院の役者らが、国元での毛利輝元の百回忌法要にあわせて宗孚の弟子・恭山宗良（のち黄梅院一〇世）を焼香のために代理人として派遣し、そのついでに出世について家臣らに出世の意向を伝えさせている。しかし、天外は病気もあって、改衣に至らないうちに、翌年遷化した(85)。このように、法要にあわせて使僧を派遣し、入院や出世の費用を出してもらうよう嘆願をする必要があったのである。

おわりに

本稿では、大徳寺黄梅院と毛利家との関係を軸に近世の京菩提寺について考察した。

黄梅院は近世初頭、豊臣秀吉や小早川隆景・毛利輝元といった中央権力者との結びつきによって浮上した。一七世紀中頃以降、毛利家当主との接触の機会が減ると、経営や院主の出世などに苦心するようになり、萩藩に様々な手段を通じて援助を働きかけた。そして、それらを下支えしていたのが、日頃の音信や仏事であった。黄梅院は毛利家に関する情報を素早く入手すると、京都だけではなく、国元での法事にも参加し、存在感を示したのである。

こうした事例からは、政治や仏事の拠点が江戸に集中した後も、国元と京都との繋がりは途絶したわけではなったことが浮かび上がる。江戸と国元の菩提寺が確立してからも、京都や高野山は重要な法事・儀礼の場として存立し続けていたのである。それが毛利家などの西国大名に留まらないことは、将軍家京都菩提所としての知恩院の存在[86]が象徴しているだろう。京都には所司代をはじめとした武士たちが居住し、大名屋敷も一定程度残っていたため[87]、仏事の需要は減少こそすれ、無くなることはなかった。幕藩制成立期の規定性の大きさがうかがわれるとともに、それを再生産する構造もまた残存していたのである。

近世の京菩提寺は、藩の当主だけでなく分家や女性・家臣とも関係を結び、法事を行っていた。その幅広い繋がりは近世の都鄙関係を構成する一つの要素であったのだ。こうした関係の構築は、近世後期・幕末の展開の中で、再度意味を持つことになるのだが、この点については今後の課題としておきたい。

注

（1）竹田聴洲『民俗仏教と祖先信仰　上』（国書刊行会、一九九三年、初出一九七一年）。

（2）「近世大名墓の調査Ⅰ・Ⅱ」（『月刊考古学ジャーナル』五八九・五九五、二〇〇九・二〇一〇年）。坂詰秀一監修『近世大名墓所要覧』（ニューサイエンス社、二〇一〇年）。立正大学考古学研究室ほか『近世大名家墓所調査の現状と課題』（二〇一〇年）。松原典明『近世大名葬制の考古学的研究』（雄山閣、二〇一二年）。坂詰秀一・松原典明編『近世大名墓の世界』（雄山閣、二〇一三年）。大名墓研究会編『近世大名墓の成立―信長・秀吉・家康の墓と各地の大名墓を探る―』（雄山

閣、二〇一四年)。松原典明編著『近世大名葬制の基礎的研究』(石造文化財調査研究所、二〇一八年)など。

(3)岩淵令治「江戸における大名家の葬祭と菩提寺・商人・職人―松代藩真田家の場合―」(同『江戸武家地の研究』塙書房、二〇〇四年、初出一九九七年)。同「近世大名家の葬送儀礼と社会」(『国立歴史民俗博物館研究報告』一六九、二〇一一年)。同「文献史料から見た大名家菩提所の確立」(前掲注(1)大名墓研究会編書)。宮野弘樹「福岡藩主黒田家墓所と葬送儀礼」(『月刊文化財』六二六、二〇一五年)。關谷和也「加賀藩における法要の様態について―高徳院二百回忌法要を中心に―」(東京学芸大学近世史研究会編『首都江戸と加賀藩―江戸から地域へ・地域から江戸へ―』名著出版、二〇一五年)など。

(4)岩淵令治「大名家の江戸の菩提寺の成立と当主の「葬地」」(前掲注(3)同著書)。なお、岩淵や竹田は「菩提寺」ではなく「菩提所」と記す場合もあるが、近世においては菩提を弔う場所は必ずしも寺の形態をとらず、廟所・墓所が独立する場合も多いためであろう。

(5)川上貢「近世的塔頭方丈成立過程の考察」(『日本建築学会環境系論文集』四七、一九五三年)。

(6)岸本覚①「長州藩藩祖廟の形成」(『日本史研究』四三八、一九九九年)。同②「長州藩の藩祖顕彰と藩政改革」(『日本史研究』四六四、二〇〇一年)。同③「毛利家祖先の神格化と京都」(『近代国家と民衆統合の研究―祭祀・儀礼・文化―』佛教大学総合研究所編・発行、二〇〇四年)。根本みなみ『近世大名家における「家」と「御家」―萩毛利家と一門家臣―』(清文堂出版、二〇一八年)。

(7)永禄五年一二月二八日付龍源院納所紹昪請取状(京都大学総合博物館(以下、京総と略す)所蔵「黄梅院文書」乙一五―八号)。川上貢『禅院の建築―禅僧のすまいと祭享―〔新訂〕』(中央公論美術出版、二〇〇五年)。

(8)『龍宝山住持位次』。天文四年一〇月晦日付龍翔寺年貢納帳(『大徳寺文書』二三二五号)。

(9)(天文七年)一〇月二二日付大徳寺幷諸塔頭七夕曝涼目録(『真珠庵文書』八六二号)。天文一四年二月二九日付大徳寺役者塔主等連署規式(『大徳寺文書』二四七八号)。

(10)『大日本史料』一〇―四、三四頁～六五頁。京都大学文学部所蔵影写本「玉仲和尚入寺銭納下帳」。

(11)『龍宝山大徳禅寺世譜』。禅通寺庫司再道棟宇銘(『玉仲遺文』)。永禄一三年二月晦日付大徳寺重書箱入日記(『大徳寺文書』三一六六号。ただし、『大日本古文書』では「黄梅院」と翻刻されているが、実際には「黄梅庵」とある)など。

(12) 竹貫元勝『古溪宗陳—千利休参禅の師、その生涯—』(淡交社、二〇〇六年)。
(13) 天正一八年九月日付利休三祖像寄進状案(『大徳寺文書』三二四五号)。(年不詳)七月朔日付大徳寺起請條々案(同三二四七号)。
(14) 前掲注(12)竹貫著書。武野一閑紹鷗居士之像・塔婆銘(『玉仲遺文』)。前掲「玉仲和尚入寺銭納下帳」。
(15) 福川一徳「大友宗麟と大徳寺瑞峯院」(芥川龍雄編『日本中世の史的展開』文献出版、一九九七年)。
(16) 天正一四年八月吉日付黄梅庵田畠目録(京総所蔵「黄梅院文書」乙一一—一号)。『本光国師日記』慶長二〇年五月一九日条。元和元年七月晦日付大徳寺住持塔主等連署所領支配目録案(『真珠庵文書』一四一号)。
(17) 京総所蔵「黄梅院文書」乙二一—一〇。(年未詳)三月五日付岩成友通書状(『大徳寺文書』一二一五号)。
(18) 谷徹也「豊臣政権の算用体制」(『史学雑誌』一二三-一二、二〇一四年)。
(19) 竹本千鶴「織田政権の奉行人と京都支配—元亀年間大徳寺と上賀茂社の争論を中心に—」(『書状研究』一五、二〇〇一年)。
(20) 金鳳山天瑞禅寺方丈棟宇銘・庫司棟梁之銘(『玉仲遺文』)。
(21)『大徳寺文書』三二四四号。
(22) 天正一八年一二月一四日付鐘楼棟宇銘写(京総所蔵「黄梅院文書」乙一五—四号)。
(23) 文禄二年七月二二日付玉仲宗琇拈香文写(京総所蔵「黄梅院文書」乙一五—一八号)。
(24) 天正二〇年正月二二日付玉仲宗琇拈香文写(京総所蔵「黄梅院文書」乙一五—二〇—三号)。(文禄二年、月日不詳)玉仲宗琇拈香文写(「高野辰之氏所蔵文書」東京大学史料編纂所(以下、東史と略す)影写本)。
(25)(年月日不詳)玉仲宗琇拈香文写(京総所蔵「黄梅院文書」乙一五—六号)。
(26) 天正二〇年五月日付玉仲宗琇銘文写(「高野辰之氏所蔵文書」東史影写本)。
(27) 山口県文書館(以下、山文と略す)所蔵「黄梅院来由之記」。文禄三年四月一九日付大徳寺役者塔主等連署規式(『大徳寺真珠庵文書』七八〇号)。
(28)『龍宝山大徳禅寺世譜』。
(29)「古文書纂」(『大日本史料』一一—一一、四一九頁)。

(30) 黄梅新造梁棟之銘序(『玉仲遺文』)。黄梅院客殿棟札(『重要文化財黄梅院庫裏修理工事報告書』)。
(31) 黄梅新造庫司棟梁之銘(『玉仲遺文』)。
(32)「天正記」『福原家文書』。
(33) 前掲注(12)竹貫著書。ただし、例えば天正二〇年正月段階では「黄梅院」宛ての書状がある。その一方で、同年九月の隆景書状では「黄梅庵」とあり、しばらくは両呼称が混在していたようである(「黄梅院文書」東史影写本)。
(34) 讃黄梅院殿泰雲大居士之寿像(『玉仲遺文』)。小早川隆景讃偈(「阿保文書」東史影写本)。(年月日不詳)玉仲宗琇消息(『小早川家文書』二一五号)。
(35) 本多博之「豊臣期筑前国における支配の構造と展開」(『九州史学』一〇八、一九九三年)。「黄梅院文書」東史影写本。
(36) 福田栄次郎「毛利家旧蔵本吾妻鏡について―吾妻鏡諸写本についての一考察―」(『駿台史学』八、一九五八年)。
(37) 慶長二年一〇月二日付玉仲宗琇拈香文写(「高野辰之氏所蔵文書」東史影写本)。同四年六月一二日付同拈香文写(京総所蔵「黄梅院文書」乙一五―二六―一五号)。
(38)(慶長三年)八月七日付安国寺恵瓊書状(「黄梅院文書」東史影写本)。
(39) 光成準治「毛利秀元処遇・小早川隆景遺領問題と領国支配」(同『中・近世移行期大名領国の研究』校倉書房、二〇〇七年、初出二〇〇三年)。
(40) 光成準治「関ヶ原前夜における権力闘争―毛利輝元の行動と思惑―」(『日本歴史』七〇七、二〇〇七年)。谷徹也「秀吉死後の豊臣政権」(『日本史研究』六一七、二〇一四年)。
(41)(慶長五年)八月九日付玉仲宗琇書状写(「兼重新兵衛家文書」『萩藩閥閲録』遺漏)。
(42) 慶長五年一〇月付玉仲宗琇書状写(「黄梅院文書」東史影写本)。同月付同偈頌写(『防長寺社由来』第六巻、山文所蔵「諸所相尋答書」)。
(43)(慶長三年ヵ)九月七日付粟屋景雄書状(「黄梅院文書」東史影写本)。豊臣期大坂城の御影石利用について示す文献史料は、文禄五年五月吉日御影村孫兵衛割符(「岩倉石工文書」『石工文書解読書』四―二号)が確認できるくらいである。
(44)『龍宝山大徳禅寺世譜』。天正一七年四月一四日付大徳寺役者連署請取状(『広島大学所蔵猪熊文書』経済文書一二号)。
(45)(元和四年)三月一〇日付幻庵宗瑞・毛利秀就書状(「黄梅院文書」東史影写本)。

（46）享保一四年の「覚書」（京総所蔵「黄梅院文書」丙四〇一号）では「改衣之節」に銀三〇〇枚が下されたとするが、一八世紀後半の「黄梅院出世先例」（同丙七二六号）では出世料が二〇〇枚、開堂料が一〇〇枚という内訳が明記されており、先例として機能していたことがわかる。
（47）（元和四年）四月二日付毛利秀就消息（「黄梅院文書」東史影写本）。（年不詳）二月二〇日付むつ書状（「末吉文書」東史影写本）など。
（48）（元和四年）一〇月一八・二三日付板倉勝重黒印状（「黄梅院文書」東史影写本）。
（49）（元和四年）一二月一七日付毛利秀就消息（「黄梅院文書」東史影写本）。同日付毛利秀元消息（「黄梅院文書」東史影写本）。なお、（年不詳）九月一九日付土井利勝書状（「高台院文書」東史影写本）から、「中納言」も高台院の侍女であることがわかる。
（50）（年不詳）正月一七日付毛利秀就書状写（山文所蔵「御両殿御判物幷御書之写」）。（年不詳）八月二〇日付同書状（「黄梅院文書」東史影写本）。（年不詳）九月一八日付同書状（同）。（年不詳）七月一〇日付同書状（同）。
（51）（寛永二〇年ヵ）四月一五日付毛利秀就書状写（山文所蔵「御両殿御判物幷御書之写」）。（年不詳）三月八日付同書状写（同）。（年不詳）一〇月二〇日付同書状写（同）。
（52）三宅正浩「近世前期の京都と西国大名」（『日本歴史』七九五、二〇一四年）。
（53）（年不詳）六月二一日付毛利綱広書状（京総所蔵「黄梅院文書」丙七四三号）。
（54）田中誠二「毛利秀元論―萩藩初期政治史研究序説―」（『山口県地方史研究』六二、一九八九年）。
（55）（元和九年）一一月二四付毛利秀元書状（「黄梅院文書」丙二九一号）。（年不詳）正月一七日付同書状（同丙三七号）など。
（56）（年不詳）三月九日付幻庵宗瑞書状（『明治百年大古書展即売展観出品目録』、一九六七年）。（年不詳）二月二六日付毛利秀就書状（山文所蔵「御両殿御判物幷御書之写」）。
（57）（寛永八年）九月一一日付毛利秀就書状写（山文所蔵「御両殿御判物幷御書之写」）。（正保三年）四月二六日付同書状写（同）。
（58）京総所蔵「黄梅院文書」丙二八七号。
（59）（元和元年）一〇月五日付吉川広家書状（『吉川家文書』別集三五一号）。（同七年）二月七日付毛利宗瑞書状（『毛利家文書』一四四三号)。

(60)(元和七年)二月一一日付毛利秀就書状写(山文所蔵「御両殿御判物幷御書之写」)。

(61)(年不詳)一〇月二二日付毛利秀就書状写(山文所蔵「御両殿御判物幷御書之写」)。(寛永一九年)四月六日付同書状写(同)。

(62)(慶長八年)六月一〇日付幻庵宗瑞書状写(山文所蔵「御両殿御判物幷御書之写」)。同月一二日付宝叔宗珍拈香文(「黄梅院文書」乙一五―二六―七号)。(寛永六年)五月二五日付毛利秀就書状写(山文所蔵「御両殿御判物幷御書之写」)。(元禄九年ヵ)黄梅院殿百年忌御寄進幷常住新添具(京総所蔵「黄梅院文書」丁九二号)。

(63)黄梅院殿三十三回忌拈香文(「綱宗禅師語録」『大徳寺禅語録集成』第四巻)。

(64)木下聡編『豊臣期武家口宣案集』三七七~九号。

(65)山文所蔵「諸寺院より差出御牌名写」。

(66)前掲注(6)岸本①論文。

(67)(明暦頃ヵ)七月二九日付益田就宣ら連署状(『広島大学所蔵猪熊文書』経済文書一五号)。(元禄一五年)七月九日付毛利吉広黒印状(京総所蔵「黄梅院文書」丙八八号)など。

(68)(延宝五年)九月一四日付毛利綱広書状(京総所蔵「黄梅院文書」丙三〇八号)。(元文五年)七月二二日付毛利宗広書状(同丙四九五号)。

(69)石田俊「とある公家の娘と大名の縁組から」(山口大学人文学部・人文科学研究科HP「人文散歩」二〇一七年)。

(70)(年月日不詳)小川助右衛門覚書(山文所蔵「諸所相尋答書」)。寛保元年九月付正福寺由緒覚(『防長寺社由来』第三巻)。

(71)(元文四年)一〇月一一日付山内広通書状(京総所蔵「黄梅院文書」丙四六号)。元文四年一〇月一一日付養心院殿尽七日卒哭忌作善銀納下帳(同丁七六号)。(元文四年)一〇月一六日付嶋屋種親書状(同丙四七号)。

(72)(宝暦五年)七月付黄梅院書状(京総所蔵「黄梅院文書」丙二八九号)。

(73)「諸檀越石碑順次調記」(京総所蔵「黄梅院文書」丁一〇九―二号)。

(74)玉仲宗琇石塔銘文(『玉仲遺文』)。京総所蔵「黄梅院文書」乙一五―二三。

(75) 益田全牛紹園居士作善香語(「綱宗前師語録」『大徳寺禅語録集成』第四巻)。
(76) 慶安三年三月一五日付大徳寺役者連署請取状(『広島大学所蔵猪熊文書』経済文書一四号)。承応元年九月付祥巌宗鶴鐘銘文写(山文所蔵「諸所相尋答書」)。なお、元祥は天瑞寺にも鐘楼を建立している。(年不詳)三月二〇日付益田紹園書状(「黄梅院文書」東史影写本)など。
(77) 京総所蔵「黄梅院文書」乙二―一一号。京総所蔵「黄梅院文書」丁九〇・九一号。
(78) 山文所蔵「黄梅院来由之記」。(寛文一二年)八月一〇日付毛利綱広書状(京総所蔵「黄梅院文書」丙一三六号)。
(79) (正保二年)閏五月一八日付毛利秀就書状写(山文所蔵「御両殿御判物幷御書之写」)。(寛文一二年)一一月二六日付毛利綱広書状(京総所蔵「黄梅院文書」丙三〇八号)。
(80) 元和七年五月一二日付春嶽宗勝書置(京総所蔵「黄梅院文書」甲一四二号)。
(81) 「綱宗禅師語録」『大徳寺禅語録集成』第四巻。綿田稔「崇福寺蔵「二十八祖像」をめぐって―雲谷等益、明兆から雪舟、文清まで―」(『美術研究』三八六、二〇〇五年)。
(82) (正保二年)閏五月二〇日付毛利秀就書状写(山文所蔵「御両殿御判物幷御書之写」)。同月一五日付児玉元恒ら連署状(京総所蔵「黄梅院文書」乙一五―一号)。
(83) (年不詳)一〇月一三日付藍溪宗瑛書状(山文所蔵「遠用物近世前期」一二二一号)。
(84) (承応元年)一一月二日付堅田就政ら連署状写(『益田家文書「御用状控」』一五―一二二(三)号)。(同年)一二月二六日付同連署状写(『同』一五―一二三(三一)号)。
(85) (享保九年)四月六日付大慈院役者連署状(京総所蔵「黄梅院文書」丙二九〇号)。黄梅院住職之覚書(同丙四〇一号)。
(86) 今堀太逸『浄土宗の展開と総本山知恩院』(法藏館、二〇一八年)。
(87) 藤川昌樹『近世武家集団と都市・建築』(中央公論美術出版、二〇〇二年)。藤井譲治「一七世紀京都の都市構造と武士の位置」(金田章裕編『平安京―京都 都市図と都市構造―』京都大学学術出版会、二〇〇七年)。

(付記) 史料等の閲覧・画像の掲載にあたっては黄梅院現住職の小林太玄氏に多大なるご助力を賜った。厚く御礼申し上げる。また、本稿作成にあたっては石田俊氏・上野大輔氏のご助言を頂いた。共に記し、深謝申し上げたい。

柳澤家菩提寺永慶寺の再建過程とその役割

平出真宣

はじめに

本論の目的は、江戸時代の大名柳澤吉保が建立した菩提寺永慶寺を取り上げ、大名家の国元における菩提寺の役割、特に江戸に主として大名家当主が葬られる菩提寺がある場合の国元における菩提寺の役割について一例を示し、大名家菩提寺の研究に資することである。

大名家の菩提寺に関する研究は大名家の墓所研究が考古学・建築史学・文献史学の諸分野において蓄積され、国元で大名家当主が葬られる菩提寺の研究が充実する。[1]近年、岩淵令治は江戸における大名家の菩提寺について全体的な検討を進め、当主が江戸で没した場合には江戸の菩提寺、国元で没した場合には国元の菩提寺に葬ることが一般的であると述べた。岩淵は、大名家当主が江戸の菩提寺に葬られる場合だけでなく国元の菩提寺に葬られる場合でも、江戸菩提寺での葬儀が幕府との折衝、武家社会の交際、家族の弔いという性格をもち、江戸の菩提寺が先祖供養の場として国元の菩提寺に劣らず重要であったことを明らかにした。[2]また岩淵は主として国元で当主が葬られた鳥取藩池田家をとりあげ、国元における葬儀が家臣団の秩序と主従関係の再確認、領民や諸宗派の統合とい

う性格をもったと論じた。(3)

以上のように菩提寺に関する研究が進展しているが、大名家当主が江戸で死去して江戸の菩提寺に葬られる場合の国元における菩提寺の役割について検討は深められていない。その分析が国元の菩提寺のみならず、江戸・国元の菩提寺の関係を考察する上でも役立つと考える。なお菩提寺は、遺骸を埋葬する「葬地」、位牌を安置する位牌所、祈祷を執行する祈祷所などの役割を果たす。菩提寺はこれらの役割を複数兼ねあわせている場合も多く、また複数存在する。以上の点をふまえて本論では、菩提寺がどのような役割を有するのか、という点に留意して記述し、大名家毎に数ある菩提寺のなかでも、国元に所在する中心的な寺院を取り上げる。(4)なお当主などが死去した際の仏事を葬儀、年忌の仏事は年忌法要と表記する。

永慶寺は、宝永七年(一七一〇)に甲府藩主柳澤吉保が自身の「葬地」として甲府に建立した黄檗宗の寺院である。(5)同寺の開山は柳澤吉保が厚い帰依を寄せた黄檗宗萬福寺(現:京都府宇治市)の第八代住職悦峯道章で、寺領は当初三七〇石であった。享保九年(一七二四)に吉保の後継者柳澤吉里が甲府から郡山(現:奈良県大和郡山市)に移封されるに従い、吉保の遺骸は甲斐国の臨済宗恵林寺(現:山梨県甲州市)境内の廟所に改葬された。永慶寺は吉保の位牌とともに甲府から郡山に移されて、毎年二三〇俵が給付された。なお江戸時代の柳澤家当主の遺骸は、吉保を除いて吉保の父安忠、子息吉里以降幕末に死去した保興まで一貫して江戸の菩提寺である臨済宗月桂寺(現:東京都新宿区)に葬られた。また吉里・保泰・保興は当主として死去したが、吉保・信鴻・保光は隠居して前当主として死去した。(6)

永慶寺を取り上げることは、本論の主題から以下のような利点がある。第一に郡山移転後の永慶寺は、江戸に当主の遺骸を埋葬する菩提寺が確立するなかで、郡山藩主柳澤家の国元の菩提寺として再建された。その経緯を検討することで、柳澤家にとって国元の菩提寺がどのような必要性を持っていたか、考察することができる。第二に永慶寺における柳澤家の葬儀や年忌法要を通じて、同寺が果たす役割を明らかにすることが可能である。

永慶寺の研究は甲府時代に吉保が建立した寺院であることに着目して研究が蓄積されてきた。沼田晃佑は郡山時代の永慶寺について藩主・住持を含めて一切埋葬されず、吉保夫妻が埋葬される甲府時代の同寺とは性格を異にすると指摘した。また西川広平は永慶寺について甲府時代だけでなく郡山移転後の再建過程も明らかにしており、木村得玄は『甲州龍華山建立次第』(永慶寺所蔵)を翻刻して永慶寺の郡山移転に係る貴重な史料を紹介するなど、永慶寺の郡山移転前後に関する研究の進展がみられる。(7) しかし本論で主として対象とする郡山移転後の永慶寺に関する研究は依然と少なく、菩提寺としての役割、葬儀や年忌法要の実態についても明らかにされていない。その一因として柳澤家の史料は公益財団法人郡山城史跡・柳沢文庫保存会で閲覧可能であるが、永慶寺が所蔵する史料の具体像はほとんど知られていないことがある。(8) 本論では永慶寺所蔵の史料を用いてこれらの課題を解明したい。

本論では郡山藩時代の永慶寺について論じるが、甲府時代の永慶寺との連続面・断絶面についても言及する。第一章では郡山移転後の永慶寺が再建される過程を取り上げる。第二章では、郡山時代の永慶寺における葬儀及び年忌法要の実態を解明し、永慶寺が国元の菩提寺として果たした役割を明らかにする。

第一章　郡山移転後における永慶寺の再建過程

本章では郡山移転後の永慶寺が再建される過程を取り上げる。

まず郡山移転直後の永慶寺の状況について述べる。次に永慶寺の再建が停滞するなかでの永慶寺側の働きかけ、柳澤家家臣や柳澤家当主の対応を検討し永慶寺が再建される過程を論じる。

西川の指摘によれば、甲府時代の永慶寺で柳澤家を弔う施設としては柳澤吉保・曽雌定子夫妻の遺骸をおさめる廟所があり、吉保・定子夫妻の木造坐像を安置する香厳殿があった。吉保・定子夫妻の位牌及び、吉保側室で吉保の後継者吉里の実母である飯塚染子の位牌などを祀っていた。(9)

先行研究では指摘がないが、甲府時代の永慶寺について、吉保の父安忠と吉保の実母津那子の位牌も安置されていた。(10) 永慶寺は江戸の月桂寺に葬られた吉保の父や実母、同じく江戸の臨済宗龍興寺（現：東京都中野区）に葬られた吉保側室で後継者の実母の位牌も祀っていた。

享保九年（一七二四）の柳澤吉里の郡山移封に伴い、甲府から郡山に永慶寺が移転した経緯については西川の研究がある。享保九年四月から五月にかけて甲府における同寺の諸堂舎が破却され、吉保・定子夫妻の遺骸は恵林寺に改葬された。永慶寺香厳殿に安置された吉保・定子夫妻の木造坐像は江戸の藩邸内に建てられたと考えられる龍華庵に移された。郡山では永慶寺は「龍華庵」に改称され、吉保・定子、染子の位牌が移された。永慶寺の仏像は永慶寺（龍華庵）の土蔵に長期間保管されるなど、郡山移転当初では寺院も十分に再建されなかった。そのため永慶寺（龍華庵）から幾度も再建の要望があったが、柳澤家は移封に伴う財政難に直面し、同寺の再建を進めることができなかった。ようやく元文四年（一七三九）に永慶寺（龍華庵）の本堂に額が懸けられ、諸仏像も安置された。香厳殿も造営され、吉保・定子夫妻の木像坐像が遷座した、という。(11)

改めて史料を確認すると、柳澤吉里が郡山移封を幕府から命じられた享保九年三月一一日の三日後の一四日に、幕府側に甲府の「菩提所」永慶寺の取払・郡山への移転を届け出ており、(12) 永慶寺の移転は郡山移封を命じられた柳澤家にとって喫緊の課題であったことがうかがえる。同年一〇月、吉里は永慶寺前住の悦峯を通じて永慶寺の寂宗に永慶寺を「龍華庵」と改称し、その庵主となるように命じた。この結果、「龍華山永慶寺」の「山号寺号」が「久敷中絶」することとなった。移転後の永慶寺は「郡山法光寺本堂」の建物をそのまま用いた。(13) 黄檗宗法光寺は柳澤家入部以前の郡山藩主であった本多家の菩提寺で、柳澤家移封後には大和国添下郡矢田村（現：大和郡山市）

に移転された。以後永慶寺は山号寺号の回復と寺院の再建を訴え続けた。なお永慶寺に「龍華庵」と改称するように吉里が命じたのは、父吉保の法号を冠する永慶寺の名称を用いるには仏像すら満足に安置できない寺の状態も含めて憚るものがあったためと考える。

郡山において永慶寺（龍華庵）の再建が困難であった理由として西川が郡山藩の財政難を指摘した点は重要である。しかし柳澤家の財政難がその後に解決した形跡はなく、同寺の再建が元文期以降進展する背景は別途考慮する必要がある。以下では、永慶寺（龍華庵）側、柳澤家家臣、当主柳澤吉里の対応を検討したい。なお寺側、柳澤家家臣の動向を知ることのできる史料は乏しく、家老の藪田重守が隠居した後に書いた記録『永慶寺殿源公御実録』や『甲州龍華山御建立次第』による。[14]重守は甲府に永慶寺が建立されて以来深く関わっており、郡山移転後もその再建に最も腐心していた家臣であった。史料の信憑性は概ね高いが記録に重守の立場が反映されていることは間違いなく、その点にも留意する。

永慶寺が寺院の再建を促す際の論点についてみる。なお同寺関係者の悦峯・寂宗、萬福寺住職の杲堂は藪田重守を通じて寺院再建を柳澤家に働きかけるが、直接柳澤吉里や郡山藩に訴える事例は少ない。例えば享保一八年に当時は萬福寺真光院主であった悦峯が重守に宛てた書状では直に吉里に訴えるのは「面立」と述べ、遠慮している。[15]

【史料1】〔覚、写〕（山号寺号につき）[16]

（前略）

延享元子九月

一、悦峯和尚先年ゟ度々被申聞候者龍華庵を山号寺号ニ御唱被成候様ニ相願候、右之訳者永慶寺様拙僧江呉々被仰聞者龍華山一ヶ寺御建立之儀永慶寺様御菩提之御為第一者御子孫御繁栄之御祈願ニ候旨毎々被仰候、然処御国替已来最早拾ヶ年余及庵号候、此段永慶寺様之御思召毎々承知乍仕罷有、其分ニ罷過候段非本意候、御不手廻之節ニ而候得者式法之通ニ者■被為成間鋪候、其段者不苦候、龍華庵を山号寺号ニ唱申程に被仰出候儀偏相願申候、左候得者永慶寺様之思召ニも相叶可申旨度々被申聞之、其後杲堂和尚より茂同様被申聞候（後略）

【史料1】は重守が悦峯の主張について記したもので、悦峯が「龍華庵」（永慶寺）の山号寺号を回復するように懇願している。自らの菩提を弔い、子孫繁栄を祈願するために永慶寺を建立したと悦峯は生前吉保（「永慶寺様」）から繰り返し聞いたという。また悦峯は享保一八年（一七三三）頃と推測される時期の書状で「「御家之御元祖」である吉保が自らの菩提を弔い、子孫繁栄を祈願して永慶寺を建立したが、国替以後に山号寺号を失い、大切な仏像が土蔵に入れ置かれたままである。家老の柳澤保誠に訴えたが返事はない。財政難のため本来の格式通りではなくてもせめて山号寺号を回復し仏像にも香花を供えたい。今のまま放置するならば「御家之障」にもなる」と重守に訴えている。(17)

永慶寺側は寺院再建を主張する根拠として、同寺が吉保の菩提を弔う寺であり、吉保が子孫繁栄を祈願して建立した寺であると述べる。

柳澤家家臣で永慶寺再建に尽力した藪田重守の主張は、基本的に永慶寺側の主張と同じである。他方で、『永慶寺殿源公御実録』のなかで重守は、柳澤家の一門柳澤矢柄、家老の柳澤保誠・武田阿波ほか八名の名前を挙げ、彼らが甲府時代に永慶寺を「随分大切ニ奉存候様」にみえたが、柳澤家の郡山移封後に永慶寺や悦峯を「悪様ニ申成」しており、なかには「永慶寺様御仏供米代金」や永慶寺開山時に与えられた金二〇〇両を私用したものがいると糾弾する。そして八名皆が「永慶寺様」の「御罰」を蒙り、病死したり、暇を与えられたり、罪科に処せられたと述べる。この八名には、享保一八年六月に処刑された家老の武田阿波、水嶋図書などが含まれる。家老の武田阿波は享保一六年一二月に永牢などの処罰を受け、同一八年六月、吉里の幕府への届け出の後、「家中仕置向幷御領分取扱無道之致方有之旨」、「任我侭奢を極上を欺専私慾を構傍若無尽之仕方悉露顕不忠悪逆之次第」という理由で討首、「水嶋自流」（水嶋図書）は切腹の処分を受けているが、[18] 永慶寺との関係は不明である。

重守の主張をそのまま事実とみなすことはできないが、柳澤家の主要な家臣のなかで重守のように一貫して永慶寺の衰退を心配するものがいる一方で、柳澤保誠のように国替後に永慶寺と距離を置くものもいたことを窺わせる。

最後に柳澤吉里による永慶寺再建の取り組みを述べる。享保九年の郡山移封に際して、三月二五日付の家老の連署状で吉里は「龍華山之儀者御菩提所御座候付御引払、和州郡山江御移被成候」と悦峯に伝えており、[19] 吉保の菩提寺たる永慶寺を郡山で存続させる意向を当初から明確に持っていた。

寛保三年（一七四三）七月二四日に吉里の子息信鴻（伊信）が「若殿」として郡山に下向した際、翌二五日に「（麒、脱カ）麟郭・龍華庵香厳殿参詣」とみえる。[20] 翌延享元年（一七四四）四月、信鴻の正室伊達幾子の一周忌の年忌法要、吉里正室頼子が死去して百か日の仏事がそれぞれ龍華庵（永慶寺）で執行された。[21]

同じ延享元年、萬福寺は幕府から末寺改を命じられ、「龍華庵」（永慶寺）の末寺帳への記載のあり方について問題になった。寂宗は改めて藩に伺いを立てたところ、郡山藩の寺社奉行は「本山より龍華山永慶寺末寺書出有之様ニ被成度」と永慶寺（龍華庵）の山号寺号の回復を認める吉里の意向を伝えた。「本山表広メ之届等入候法式」に必要な銀一五枚も藩から支払われた。[22] 末寺票が今も永慶寺に残る。本紙・懸紙共に大高檀紙で、本紙の法量は縦五四・三センチメートル、横六六・二センチメートルをはかる。懸紙には「末寺票」と墨書される。

【史料2】末寺票

票

和州添下郡郡山龍華山永慶禅寺者旧在甲州山梨郡岩窪邑、詳其因由宝永二季乙酉之秋大檀越甲州前藩主保山居士恭蒙〔一字擡頭―平出注〕常憲院殿前大相国君之台許、且達　閣老及僧官而開創地基鼎建殿宇、加之喜捨三百柒拾石之香積田、現出八万四千衆之霊鷲会、乃請　本山第八世悦峯和尚為開山之祖祝　国演法挙世所知、正徳三年癸巳之冬又命細田・一柳両氏而與龍華執事紫玉・梅岑両位同将其寺送入本山、永為末寺即時給票為証、然以享保九年甲辰之夏　大檀越移居城於和之郡山故再達于　閣老而寺亦相従由是今茲甲子季秋、現住寂宗禅師特伝檀命来重需票、已蒙　堂頭龍和尚允許恐後無憑立此為照

延享改元甲子年九月

副寺大鏡（朱方印）　直歳忍宗（朱方印）
都寺実門（朱方印）　知客清昱（朱方印）
監寺岱巌（朱方印）　直歳別門（朱方印）
知客雲宗（朱方印）　衣鉢実相（朱方印）

黄檗山（朱方印）

延享二年九月、柳澤吉里の死去にあたり、郡山の永慶寺（龍華庵）においても法事が行われ、寺々が諷経に罷り出たという[23]。翌三年一一月の柳澤吉保三十三回忌につき、永慶寺は山号「龍華山」、寺号「永慶寺」と唱えることを、吉里の子息信鴻より改めて許された。

【史料3】『幽蘭台年録』　延享三年（一七四六）一一月晦日条

（前略）

一、過つる朔日明二日永慶寺殿三十三回忌に付て龍華庵事龍華山永慶寺と改め向後龍花山と唱る事、龍花庵現住寂宗に申渡す、但右者本多家菩提寺霊松山法光寺の旧地に先達て引き移して此度右のことく改る

一、去子九月寂宗方より黄檗山萬福寺へ差出したる書付左のことし

甲斐守殿甲州引払之節、龍華山永慶寺之儀郡山江引移度由江戸表閣老江以書付被相伺候処勝手次第被仰出候、右之通相違無御座候旨御役寮江御留被成可被下候、以上

郡山永慶寺現住
寂宗判

延享三(元)甲子年九月

本山
執事禅師

(後略)

これまでの検討から以下の点が指摘できる。吉里の晩年、永慶寺(龍華庵)の再建が進むとともに、柳澤家当主や正室の葬儀及び年忌法要が執行された。寛保期以降、国元に滞在する当主等が永慶寺(龍華庵)を参詣する記事も散見する。延享元年、当時龍華庵と改称されていた永慶寺が末寺改に際して「龍華山永慶寺」の山号寺号を許され、同三年に吉保の三十三回忌が永慶寺にて執行されたことは、永慶寺の再建を示す象徴的な出来事であった。

元文期以前の永慶寺(龍華庵)における年忌法要の記事がみえないことや、同時期まで吉保・定子の位牌を祀る香厳殿がなく、本堂はあっても仏像は土蔵に保管された状況を考慮すると、寛保期以降に永慶寺が内実とも国元の菩提寺として再建されていったことがうかがえる。

永慶寺や藪田重守は、永慶寺が柳澤吉保の菩提を弔い、吉保の子孫繁栄を祈願する寺院であると主張し、同寺の再建を促した。しかし永慶寺の実態をみれば、同寺は甲府時代から吉保の父や実母、そして側室で後継者の実母の位牌を持つなど、吉保にとどまらず柳澤家の主たる人物の菩提を弔う寺院であった。吉里は財政難の問題があり苦慮したものの、晩年に吉保の菩提寺としてのみならず、国元で柳澤家当主や正室などの葬儀や年忌法要を行う菩提寺として永慶寺を再建したと評価できる。(24)

第二章　郡山移転後の永慶寺における葬儀・年忌法要

本章では、永慶寺における葬儀及び年忌法要をとりあげて国元の菩提寺の果たす役割を検討する。まず甲府時代から郡山移転後の永慶寺における葬儀や年忌法要を概観する。次に郡山移転後の永慶寺における葬儀・年忌法要について特に史料が豊富に残る柳澤信鴻（死去時前藩主）の葬儀を中心に論じる。最後に永慶寺に安置される位牌や、葬儀・年忌法要と城下の家臣、寺院、領内との関わりを論じる。

甲府時代の永慶寺における葬儀については西川の研究がある。すなわち正徳三年（一七一三）に吉保正室定子が、同四年に吉保が死去すると、それぞれ遺骸は永慶寺に送られ、葬儀が実施された。吉保の葬儀では吉里が江戸から甲府に下り、永慶寺住持の悦峯が葬儀を執行した。

吉保・定子の年忌法要について史料から述べたい。享保九年の郡山移転まで甲府永慶寺にて吉保・定子の年忌法要が実施された。一方、吉保の死去に伴う仏事が吉保の帰依した恵林寺においても実施され[25]、吉保が江戸駒込の下屋敷内に建てた龍華庵でも正徳五年以降、年忌法要などに際して吉里本人あるいは家臣が参詣している[26]。駒込の龍華庵は吉保が柳澤家下屋敷の庭園である六義園内の南西、白鳥関付近に建てた寺庵である。同庵開祖は永慶寺と同じく悦峯で、永慶寺を本寺とした。同庵には吉保・定子の位牌が安置され、また永慶寺の吉保・定子夫妻の坐像も長期間置かれた。なお吉保・定子夫妻の坐像が郡山の永慶寺に戻される時期は元文四年ではなく享和二年（一八〇二）で、同庵はその代わりに吉保の肖像画を下賜されたという[27]。享保九年以降永慶寺（龍華庵）における吉保・定子の年忌法要がしばらくみられない一方、恵林寺・駒込龍華庵における年忌法要はこの後幕末まで継続された。

第一章で明らかにしたように郡山の永慶寺で葬儀が確認できるものは、先に触れた延享元年（一七四四）の吉里正室の頼子である。それでは具体的に永慶寺ではどのような葬儀や年忌法要が実施されただろうか。

永慶寺で葬儀あるいは年忌法要が実施された人物について確認する。なお末尾に【表】「永慶寺にて葬儀・年忌法要が実施された柳澤家関係者一覧」をあげた。吉保の祖父信俊［表の番号一］（［　］内以下同）・父安忠［番号二］の年忌法要が確認できる。(28) 吉保以降の歴代当主・正室一三名に加えて江戸あるいは郡山で死去した当主の実母の六名の葬儀・年忌法要が確認できる。(29) 次に柳澤保光の嫡子で夭折した保民［番号二四］や同じく保泰の嫡子将八郎［番号二五］の二名の葬儀・年忌法要が実施された。(30) 彼らのほとんどは江戸で死去しており、多くが柳澤家の江戸における菩提寺の月桂寺に葬られた。なお保興の正室淑子［番号一五］は参勤交代の緩和で郡山に下向して郡山で死去して永慶寺に葬られた。淑子の墓所は、江戸時代の永慶寺に所在する唯一の柳澤家関係者の墓所である。また保興側室で保申の実母万木子［番号二一］が郡山の浄土宗洞泉寺に葬られている。(31) 一方、嫡子二名を除き柳澤家当主の子女で永慶寺にて葬儀や年忌法要が確認できる人物は一三名を数える。皆、柳澤保光以降の当主の子女で、四名が江戸で死去し、九名が郡山で死去した。ほとんどが夭折した人々である。

葬儀の一例として柳澤吉保の孫信鴻（死去時前藩主）の場合を取り上げる。(32) 信鴻は寛政四年三月三日に江戸駒込の柳澤家下屋敷で死去した。

まず江戸での葬儀について触れる。信鴻の死は死去した三日に家臣に知らされ、信鴻の法号は「即仏心院殿無誉祐阿香山大居士」と決定された。遺骸は三月五日夜に棺に入れられ、同月一六日に駒込の下屋敷から月桂寺に入り、葬儀を実施の上、信鴻の遺命で荼毘に付すために落合法界寺へ送られた。同月二〇日に信鴻の遺骨が月桂寺に安置され、同一八日より四月二一日にかけての初七日から四十九日までの法事、六月一三日の百か日の法事が月桂寺で執行された。当時の当主は信鴻の嫡子保光で、在府中で月桂寺での法事を執行した。初七日から百か日までの法事の費用として銀一〇〇枚、米三〇俵が月桂寺に与えられた。

国元では、信鴻死去の情報が伝達されるのは三月八日である。先立つ三月三日以降、郡山では信鴻の病気回復のために郡山の家臣が郡山の諸寺社に祓を執行させて祈祷の札を江戸に送り奉った。同月四日には永慶寺で信鴻平癒のための祈祷として千巻大悲呪が執行された。三月八日、信鴻が死去したとの報が郡山に伝わり郡山でも忌中となり、城下の諸士、町衆、領分の民家まで鳴物停止となり、作事は三七日の仏事が完了するまで慎むように命じられた。三月一四日、寺社奉行から法事料銀一五枚、米七俵の下付が申し渡された。かくして郡山における信鴻の葬儀について準備が本格化する。

三月二〇日、江戸より信鴻の法号「即仏心院殿無誉祐阿香山大居士」を記した文書（以下「法号」と表記）が郡山に到着した。永慶寺住職専至は西側に本尊が安置された本堂にて南側に座し、北側に座した家老川口十太夫らから「法号」を渡された。この後副司智眼が法号を祠堂へ移し、香炉台に「法号」を置いて読み上げ、拝礼した。

三月二一日は初七日の逮夜で家老川口が当主保光の名代を勤めた。翌二二日から初七日の法事が始まり、前日に引き続き川口が名代を勤めた。僧衆は永慶寺だけでなく萬福寺真光院の院主、円満寺（現：奈良県奈良市に所在）や法光寺の住職など黄檗宗の寺院に属する僧で構成された。家臣では鑓奉行以上医師までが拝礼を済ませた。三月二三日には伊勢国の藩領四日市（現：三重県四日市市）の曹洞宗建福寺が焼香を捧げ、信鴻の霊前に供物を献じた。

三月二五日には、四十九日に実施される遷牌（安牌）の法要のため位牌の制作を永慶寺が寺社奉行に申請して許された。二七日には京都の位牌師冨士屋六兵衛が永慶寺に参り、信鴻の位牌を吉里の位牌同様に作成するように命じられた。

四月七日、五七日の仏事があり、城下の寺院で浄土宗の西方寺から曹洞宗の三松寺に至る一九か寺が焼香を献じた。四月一四日には、近江国神崎郡の藩領から浄土真宗本行寺（現：滋賀県東近江市）が献経・拝礼を行った。

四月一七日、信鴻の位牌を香厳殿に移す遷牌について、吉保・定子夫妻の位牌を中心に、右に吉里・頼子夫妻、左に信鴻・輝子夫妻の位牌を安置するように永慶寺が寺社奉行に申請して許された。その結果、祠堂の本尊である地蔵尊脇にあった輝子の位牌が香厳殿に移されることになった。なお信鴻の位牌は完成するまで仮に朱唐紙にて縁取りして繕ったものを代わりに安置した。

四月二一日、四十九日の法事があり、家老川口が名代を勤めた。遷牌の諷経が行われ、信鴻の仮位牌と輝子の位牌が香厳殿に移された。続いて施餓鬼が実施された。四月二六日、七条村（現：奈良県奈良市）を抜け出して流浪していた百姓嘉七について信鴻の「御追福」のために帰村赦免の許可を永慶寺が郡山藩に申請した（五月二五日に許された）。同月二八日、位牌が完成し、五月朔日に位牌を方丈にて寺社奉行が確認した。同日、江州三郡（蒲生・神崎・坂田郡）内の藩領から帯刀人中として柏原宿（現：滋賀県米原市）山根泰助以下八名、醒井宿松井源五左衛門、上野村滝沢平右衛門、川並村（現：東近江市）川嶋与兵衛以下二名、中小森村（現：近江八幡市）大橋兵右衛門、西庄村福地治右衛門、林村白井三治、番庄村宇野善次郎、国友村（現：長浜市）辻又之進以下三名の計一九名が合計白銀一九匁、蒲生郡村々が金一両、神崎郡村々が金五〇〇疋、坂田郡村々が金二〇〇疋を霊供料として献上したい旨、永慶寺に願い出たので、永慶寺は藩に届け出て許された。同月二日、信鴻の位牌が香厳殿に移され、翌三日に回向がなされた。保光の名代は大石金四郎で、このほか信鴻の庶子である信復など国元の柳澤家一族、家老以下中老、城代、用人、年寄が参詣した。なお、家臣一同は勝手次第とされた。

五月一五日には例年の信鴻の仏事に家臣がどのように関わるのか規定された。すなわち当主の在府の年、例月三日永慶寺へ当主の名代を遣わすこと、信鴻が三日に死去したため二日の暮六ツ時から四日暁まで鳴物停止とすること、例月三日に信鴻の霊前へ鐺奉行以上は参拝すること、鐺奉行以下大小姓並迄拝礼勝手次第であること、祥月に鐺奉行以上は生花を差し上げること、年始・盆も同様であること、年始・盆、祥月に御徒士並以上が参拝すべきことなどである。

六月一三日には百か日の仏事が執行され、名代として家老の石澤佐太夫が勤め、家老から鑓奉行までは永慶寺に生花籠代を献上し、参詣した。百か日の法事料として金二〇〇疋、米一俵が永慶寺に与えられた。

一九日には、江戸の保光から信鴻の仏事を首尾良く勤めたことを賞賛する旨が永慶寺に伝えられた。ここに信鴻の葬儀は完了する。[33]

次に国元で死去した柳澤家一族の葬儀について簡単に触れる。文政三年(一八二〇)五月二四日に死去した柳澤信行〔番号三三〕の場合、死去した日に墓地が円満寺と決定された。[34] 翌二五日、永慶寺は御用人へ「法号」三枚を認めて持参し、葬儀の導師及び中陰仏事の執行を命じられた。二六日に円満寺での葬儀の後、永慶寺にて四十九日、百か日の仏事が執行された。国元で死去した人物の遺骸は多くが円満寺に葬られたが、信行の場合では永慶寺が円満寺と永慶寺両方の葬儀の執行を藩から命じられた。郡山で死去した柳澤家一族の年忌法要については、享和三年(一八〇三)の吉十郎〔番号二八〕十七回忌、文化七年(一八一〇)の雅之助〔番号三一〕の十七回忌において永慶寺で回向が行われ、遺骸を埋葬した円満寺には茶湯料が送られた。[35]

以上の事例では国元で死去した柳澤家当主の子息について、永慶寺は墓所のある円満寺で葬儀を執行し、年忌法要においても柳澤家から回向を命じられるなど仏事を主導した様子が窺える。

信鴻の事例でみたように、江戸で死去した当主(前当主)などの葬儀において公式な形で江戸から「法号」が到着し、位牌が制作されるのは永慶寺のみである。同寺では四十九日までの葬儀においては「法号」の到着から位牌の遷牌などが仏事の中心になっており、遺骸が埋葬されない国元の菩提寺における葬儀の特色と評価できる。[36] なお「法号」については嘉永元年(一八四八)に没した柳澤保興のものが永慶寺に残る。

【史料4】 嘉永元戊辰年八月二一日〔御法号〕(天寧院殿鎮山全功大居士神儀)

嘉永元戊申年
新捐舘　天寧院殿鎮山全功大居士　神儀
八月二十一日

保興の「法号」の法量は縦一四・二センチメートル、横三・四センチメートルをはかる。本紙の形状は短冊形、料紙は厚紙である。包紙には「御法号」と墨書される。

永慶寺の葬儀では位牌が特に重要であると指摘した。信鴻の葬儀でみたように、当主の位牌は香厳殿に安置された。正室が当主より前に死去した場合には正室の位牌は玲瓏殿あるいは祠堂の惣御霊屋に安置され[37]、当主の死去後に当主の位牌とともに香厳殿に遷された。一方、柳澤家の嫡子で家督継承以前に死去した者や当主の実母も永慶寺では正室同様に葬儀で供養されるが、位牌は祠堂に安置され続ける。当主、正室、それ以外の人物の位牌の安置場所は、その地位に即して藩祖吉保とその正室定子を弔う位牌所香厳殿、祠堂の惣御霊屋とそれぞれ異なる。ただし吉保の父安忠、信鴻の先の正室で信鴻に先立って死去した幾子の位牌も「御先祖様方合牌」二基とともに惣御霊屋にあった。なお香厳殿は本来位牌所で、甲府時代は香厳殿にあった吉保・定子夫妻の木像坐像が享和二年に永慶寺の仏殿造営にあわせて、駒込龍華庵から同寺内の浄極殿といわれる御影堂へと移された[38]。

永慶寺に安置される位牌についてさらに検討したい。文化八年（一八一一）に作成、文化一一年加筆の仏具・法器類等の什物目録では香厳殿に吉保・定子、吉里・頼子、信鴻・輝子夫妻までの位牌六座が記される。祠堂には安忠、吉保の実母津那子、吉里実母染子、信鴻実母律子、信鴻の前の正室幾子、保光嫡子の保民とその実母の幹子の位牌八基に加筆で保泰嫡子の将八郎、保泰の実母初子の位牌二基、計一〇基が厨子入りと記される。同じく祠堂には厨子のない位牌が「二十七本」と当初書かれて「三十九本」と修正される。[39]なお一九世紀半ば作成とみられる永慶寺の仏像・位牌等の目録では祠堂の厨子に入った位牌が一三本、厨子のない位牌が四二本と記されている。[40]

以上、永慶寺における位牌の配置は、吉保以下の柳澤家歴代当主・正室の香厳殿の位牌、吉保の父安忠、実母津那子、信鴻の前正室幾子以下、当主の実母、夭逝した嫡子などの厨子入りで安置される祠堂の位牌、嫡子以外の夭折した人々の厨子を伴わない祠堂の位牌と、人物の地位によって明確に区別されていたことが窺える。

永慶寺が国元に所在する以上、国元で死去した人物を供養することは当然であり、末尾の表からも明らかである。しかし永慶寺で最も大切に供養されているのは、柳澤家の歴代当主や正室など、同家のなかで最も重要な人々で、その多くが江戸で死去した。彼らを特に重視して供養する点では、永慶寺は江戸の菩提寺月桂寺と共通しており、国元の主たる菩提寺の特色と評価できる。

最後に永慶寺における葬儀や年忌法要と柳澤家家臣や寺院、領内との関係について述べる。

柳澤家家臣では家老や年寄など国元にいる上層の藩士が当主の名代として葬儀や年忌法要に参り、寺社奉行が葬儀や年忌法要の仏事とその前後の手続きを取り仕切った。なお江戸・国元をあわせた家臣の数で計算すると、信鴻の葬儀でみた鐺奉行以上とは柳澤家家臣の上位約五パーセントを占め、御徒士並以上の場合、家臣の大半を占めることになる。国元の柳澤家家臣がそれぞれの身分・格式に応じて葬儀に参加した。

寺院も様々な形で柳澤家の葬儀・年忌法要に参加した。円満寺など黄檗宗の寺院が葬儀の僧衆を担当する一方で、城下の寺院は定められた日時・順番で葬儀において焼香を捧げた。なお領内各地の寺院も焼香を献じたいと永慶寺を通じて寺社奉行に申請して許されている。

家臣や寺院は、当主（前当主）、正室、当主の実母である側室、嫡子など様々な柳澤家一族の葬儀や年忌法要に参列した。一方、大和・河内・近江三か国の領内の「苗字御免」の人々・帯刀人、大庄屋、村々などが当主（前当主）、嫡子の葬儀において霊供料を献上した。[41] 信鴻の後継者で保光（死去時前藩主）の葬儀（文化一四年（一八一七））では藩領の近江国高島郡海津領分（現：滋賀県高島市）からも香奠が出されるようになり、保泰の葬儀（天保九年（一八三八））では藩領の近江国坂田郡国友村（現：長浜市）の鉄砲鍛冶国友九兵衛・源太郎が香奠を供えるなど、藩領内からの供料の献上は拡大していったことが窺える。[42] なお保光の嫡子保民の葬儀（寛政一二年（一八〇〇））でも「江州三郡帯刀人」一八名が合計銀一八匁を納めた。[43]

保泰の葬儀に際して永慶寺が坂田郡の帯刀人・「苗字御免」の人々からの香奠を寺社奉行に届けた史料が残る。

【史料5】（天保九年）「覚（近州坂田郡帯刀人・苗字御免香奠につき）、控」

覚

一、金子　弐百疋

右者近州坂田郡帯刀人・苗字御免、御香奠御渡被下進（虫損）□□仕申候、以上

戌六月

龍華山

寺社御役所

このほか、追善の目的で所払いとされていた領民の赦免なども当主（前当主）の葬儀において確認され、[44] 領内からの供料の献上とあわせて、当主・前当主・嫡子の葬儀がより広く領内と関わるものであったことが窺える。城下・領内と関わりながら葬儀が執行される点が国元の菩提寺の特色である。

以上、永慶寺の役割は、国元の菩提寺として城下や領内と関わりながら葬儀を執行し、葬儀後は位牌を柳澤家における地位に即して安置し、以後も年忌法要を執行することであったと評価できる。

おわりに

郡山に移された永慶寺は、江戸に主として大名家当主が葬られる菩提寺がある場合の国元に所在する菩提寺の一例である。永慶寺は郡山移転後に一時衰退したが、柳澤吉保だけでなく柳澤家の国元の菩提寺として財政難のなかにも再建・整備された。このことは江戸に遺骸を埋葬する菩提寺があっても国元に菩提寺が必要であったことを窺わせる。江戸定府の吉保とは異なり、吉里以降の当主は参勤交代したため、国元に滞在している間に葬儀や年忌法要をしばしば執行した。

柳澤家当主（前当主）の国元における葬儀は、当主の遺骸を伴わないため葬儀の行列もなく、また墓所などの大規模な造作もない。例えば江戸での遺骸の埋葬を伴った信鴻の葬儀の例をみると、江戸での葬儀は初七日から百か日までで銀一〇〇枚と米三〇俵、国元での葬儀は銀一五枚、米七俵に金二〇〇疋と米一俵を加えたもので江戸の費用の数分の一程度である。

しかし永慶寺の葬儀では「法号」の授受や位牌の遷牌などを中心的な仏事とし、城下・領内と関わるなど、江戸の菩提寺における葬儀とは異なる特色が指摘できる。永慶寺内の香厳殿や祠堂惣御霊屋の位牌は、各人の柳澤家における地位に即して明確に区別されて安置された。国元という江戸とは異なる柳澤家の根拠地にあって、柳澤家の秩序に即して葬儀や年忌法要を荘厳に執行することは、江戸の「葬地」たる菩提寺では代替できない、永慶寺に求められた役割であった。

表　永慶寺にて葬儀・年忌法要が実施された柳澤家関係者一覧

番号	名前	法号	続柄	没年月日	遺骸を埋葬する菩提寺
一	信俊	高蔵寺殿安宗良心大居士		慶長19年（1614）11月晦日	高蔵寺＊①
二	安忠	正覚院殿張無源良大居士		貞享4年（1687）9月17日	月桂寺
三	吉保	永慶寺殿保山元養大居士		正徳4年（1714）11月2日 （改葬）享保9年（1724）4月12日	永慶寺 恵林寺
四	吉里	乾徳院殿瑞龍全利大居士		延享2年（1745）9月5日	月桂寺
五	信鴻	即仏心院殿無誉祐阿香山大居士		寛政4年（1792）3月3日	月桂寺
六	保光	止観心院殿堯山飲明大居士		文化14年（1817）正月20日	月桂寺
七	保泰	峻徳院殿仁嶽高猷大居士		天保9年（1838）5月10日	月桂寺
八	保興	天寧院殿鎮山全功大居士		嘉永元年（1848）8月21日	月桂寺
九	定子（曽雌）	真光院殿海月映珊大姉	吉保正室	正徳3年（1713）9月5日 （改葬）享保9年（1724）4月12日	永慶寺 恵林寺
一〇	頼子（酒井）	円徳院殿信道源証大姉	吉里正室	寛保4年（1744）正月18日	光林寺＊②
一一	幾子（伊達）	本具院殿了天妙光日曜大姉	信鴻正室、前妻	寛保3年（1743）4月15日	浄心寺＊③
一二	輝子（真田）	貞徳院殿安操禅節大姉	信鴻正室、後妻	宝暦3年（1753）12月14日	月桂寺
一三	永子（松平）	長享院殿南嶺寿養大姉	保光正室	文化2年（1805）6月晦日	月桂寺
一四	貞子（戸田）	承天院殿坤厚至順大姉	保泰正室	文政3年（1820）9月5日	月桂寺
一五	淑子（島津）	真華院殿慈芳妙淑大姉	保興正室	元治元年（1864）11月13日	永慶寺
一六	津那子	了本院殿源姓妙実日相大姉	吉保実母	享保2年（1717）7月14日	浄心寺
一七	染子	霊樹院殿月光寿心大姉	吉里実母	宝永2年（1705）5月10日	龍興寺
一八	律子	能正院殿一乗貞心大姉	信鴻実母	安永6年（1777）正月13日	月桂寺
一九	初子	貞蓮院殿貴顔妙遍大姉	保泰実母	寛政6年（1794）7月3日	宝勝寺＊④
二〇	遊良子	本遊院殿良然妙寿大姉	保興実母	文久2年（1862）閏8月22日	月桂寺
二一	万木子	智徳院殿願誉恵海大姉	保申実母	嘉永7年（1854）4月13日	洞泉寺
二二	幹子	観凉院殿孝順衍操大姉	保民実母	寛政9年（1797）6月5日	月桂寺
二三	隆子	賢性院殿紅顔心月貞照大姉	信鴻側室	天明5年（1785）9月29日	月桂寺

二四	保民	松凉院殿梁山霊泉大居士	保光嫡子	寛政12年(1800)4月12日	月桂寺
二五	将八郎	謙亭院殿良応有順大童子	保泰嫡子	文化10年(1813)7月5日	月桂寺
二六	徳三郎	霽雲院殿高峰如秀大童子	保光男	天明5年(1785)3月18日	円満寺
二七	多賀子	妙本院殿瑞光如心大童女	保光女	天明7年(1787)正月3日	円満寺
二八	吉十郎	大悲院殿慈観如月大童子	保光男	天明7年(1787)8月7日	円満寺
二九	万橘	栖玄院殿曹渓如滴大童子	保光男	寛政5年(1793)10月14日	光伝寺＊⑤
三〇	豊熊	幽玄院殿一渓如水大童子	保光男	寛政5年(1793)10月15日	円満寺
三一	雅之助	洞心院殿拈月如靖大童子	保光男	寛政6年(1794)2月26日	円満寺
三二	喜久子	観興院殿月潭相雪大姉	保光女	文化13年(1816)11月20日	月桂寺
三三	信行	桂樹院殿天香了英大童子	保泰男	文政3年(1820)5月24日	円満寺
三四	保喜	真勝院殿寂然全提大童子	保泰男	文政5年(1822)12月23日	月桂寺
三五	信剛	適心院殿無外玄光大居士	保泰男	弘化3年(1846)7月7日	月桂寺
三六	鏐之助	松林院殿心月通光大童子	保興男	天保15年(1844)8月24日	円満寺
三七	鏆六郎	微笑院殿霊山妙心大童子	保興男	嘉永2年(1849)7月5日	円満寺
三八	茂之丞	蓮光院殿心阿慈水大童子	保興男	安政3年(1856)7月5日	月桂寺

＊①現：埼玉県寄居町　＊②現：東京都港区　＊③現：東京都江東区　＊④現：群馬県高崎市　＊⑤現：奈良県大和郡山市

注：『万歳集』・『福寿堂年録』・『幽蘭台年録』・『虚白堂年録』・『附記』（以上、郡山城史跡・柳沢文庫保存会所蔵）、ほか永慶寺所蔵史料により、永慶寺にて葬儀あるいは年忌法要が確認された柳澤家関係者について列挙した。番号一から八までは柳澤家の当主でそれぞれ先代の子息である。番号三の吉保から大名となる。番号九から一五までは柳澤家当主の正室（名前の下に（　）で旧姓を記した）、番号一六から二一までは当主の実母、番号二二は当主の後継者の実母（番号二五の将八郎の実母は番号一四で保泰正室貞子）、番号二三以下は当主側室および子女で、各当主毎に没年の早い順番に配列した。没年月日は概ね『万歳集』によっているが、適宜史料によって改めた箇所がある。なお、財団法人郡山城史跡・柳沢文庫保存会編『柳沢史料集成　第四巻　柳沢家譜集』一九九五年も参照した。

注

（1）坂詰秀一・松原典明編『近世大名墓の世界』（雄山閣、二〇一三年）、大名墓研究会編『近世大名墓の成立―信長・秀吉・家康の墓と各地の大名墓を探る―』（雄山閣、二〇一四年）、文化庁文化財部監修『月刊文化財』六二六（第一法規、二〇一五年）、松原典明編著『近世大名葬制の基礎的研究』（雄山閣、二〇一八年）。

（2）岩淵令治①「大名家の江戸の菩提寺の成立と当主の「葬地」」（同『江戸武家地の研究』塙書房、二〇〇四年）、同②「江戸における大名家の葬祭と菩提寺・商人・職人―松代藩真田家の場合―」（同前掲著、初出一九九七年）、同③「近世大名家の葬送儀礼と社会」（国立歴史民俗博物館編『国立歴史民俗博物館研究報告』一六九、二〇一一年）。

（3）前掲注（2）岩淵③論文。

（4）『寛政重修諸家譜』などで「葬地」として記される寺院などが該当する（前掲注（2）岩淵①論文、続群書類従完成会編『寛政重修諸家譜』一～二二、一九六四～一九六六年）。

（5）永慶寺に関する基礎的な研究文献としては、郡山町史編纂委員会編『郡山町史』（奈良県郡山町、一九五三年）、柳沢文庫専門委員会編『大和郡山市史』本編・史料集（大和郡山市役所、一九六六年）、渡辺洋子「龍華山永慶寺の建築について」（『甲府市史研究』八、一九九〇年）、沼田晃佑「柳沢吉保と永慶寺」（山梨郷土研究会編『甲斐』一二〇、二〇〇九年）、西川広平「柳沢吉保菩提寺　永慶寺の創建と郡山移転について」（山梨県立博物館編『山梨県立博物館研究紀要』六、二〇一二年）がある（以下、本論で取り上げる西川の論考は本論文を指す）。また同寺の墓所については秋元茂陽「大和郡山藩主柳澤家の墓碑考察」（黄檗文化研究所編『黄檗文華』一三二、黄檗山萬福寺文華殿、二〇一三年）が詳しい。

（6）当主の名前や没年などは末尾の表「永慶寺にて葬儀・年忌法要が実施された柳澤家関係者一覧」を参照。

（7）木村得玄編『黄檗宗資料集成』第一巻（春秋社、二〇一四年）。なお本論で『甲州龍華山建立次第』を用いる場合には永慶寺所蔵及び大和郡山市所蔵豊田家文書の同史料写本に基づく。

（8）『柳沢吉保と甲府城』（山梨県立博物館編・発行、二〇一一年）は前掲注（5）山梨県立博物館編書とともに永慶寺所蔵の資料を考察した貴重な成果だが、展示に係る調査成果の公開であるため、郡山移転後の永慶寺を正面から取り上げたものではない。

（9）染子の位牌も同寺塔頭の霊樹庵に祀られ、染子の供養塔があったことを指摘しておく（『福寿堂年録』享保二年一一月朔日条（郡山城史跡・柳沢文庫保存会所蔵））。

（10）享保九甲辰年一一月付『龍華庵諸色帳』（永慶寺所蔵）。なお安忠正室の恵光院の位牌は史料から確認できない。

(11)『甲州龍華山建立次第』、『永慶寺殿源公御実録』(大和郡山市教育委員会所蔵)。
(12)『福寿堂年録』享保九年三月一一日・一四日条。
(13)「覚留書抜(龍華山永慶寺につき)」(『甲州龍華山御建立次第』東京大学史料編纂所所蔵謄写本二〇一五—一一三四、謄写本の注記では「巻紙」として「此冊」に挿入されていたという)。『福寿堂年録』享保九年一一月朔日条。なお永慶寺で調査したが、「覚留書抜(龍華山永慶寺につき)」の所在は確認できなかった。
(14)藪田重守や『永慶寺殿源公御実録』については、福留真紀「諸大名からみた柳沢吉保の政治権力」(同『徳川将軍側近の研究』校倉書房、二〇〇六年、初出二〇〇五年)参照。なお『永慶寺殿源公御実録』の翻刻は財団法人郡山城史跡・柳沢文庫保存会編『柳沢史料集成　第一巻　源公実録』一九九三年があり、本史料と重守に関する説明がある。
(15)『甲州龍華山御建立次第』。
(16)「覚留書抜(龍華山永慶寺につき)」(『甲州龍華山御建立次第』東京大学史料編纂所所蔵謄写本二〇一五—一一三四)。
(17)『永慶寺殿源公御実録』。
(18)『福寿堂年録』享保一六年一一月三日条、同年一二月一六日条、享保一八年六月一二日条、同月二一日条、「武田阿波の一件」(秋永政孝執筆)、大和郡山市編『大和郡山市史』本編、大和郡山市役所、一九六六年、二八一〜二八七頁。
(19)(享保九年)三月二五日付「(柳澤家家老連署状)」(龍華山御移につき)」(永慶寺所蔵)、前掲注(5)西川論文参照。
(20)『松平美濃守日誌』同年同月同日条(郡山城史跡・柳沢文庫保存会所蔵)。
(21)『松平美濃守日誌』同年同月一四日条、同月二九日条。
(22)『永慶寺殿源公御実録』。
(23)『西矢田宮座年代記』延享三年条(西矢田自治会所蔵、柳沢文庫古文書クラブ編『西矢田宮座年代記』二〇一一年)。
(24)江戸時代前期であれば別に菩提寺を建立する余地もあるが、元禄五年(一六九二)以降、新規の寺院建立などが幕府によって禁止されていた。柳澤家の財政難とあいまって、吉里が永慶寺の再建を選択することは合理的でもあった。
(25)『福寿堂年録』正徳四年一二月二日条。
(26)『福寿堂年録』正徳五年一一月二日条。
(27)『江戸黄檗禅刹記　巻八』(国立国会図書館所蔵写本、江戸黄檗研究会編「『江戸黄檗禅刹記』校刊と解題」一・四(『黄

騤文華』一二四・一二七、二〇〇五・二〇〇八年）、『永慶寺殿源公御実録』、『附記』享和二年六月・七月条（郡山城史跡・柳沢文庫保存会所蔵）。なお柳澤家伝来の「〔絵画〕（柳澤吉保像）」（『柳沢文庫収蔵品図録』財団法人郡山城史跡・柳沢文庫保存会編・発行、二〇一〇年、一三頁掲載）が駒込龍華庵に下賜された吉保像にあたるものか、今後検討する余地がある。

(28)（江戸時代後期）「〔疏〕（正覚院殿漲無源良大居士）」、（文久三年）太歳癸亥年霜月二九日「〔高蔵寺殿二百五十回忌疏〕」（ともに永慶寺所蔵）。

(29) 天保九戊戌年『峻徳院殿御法事日記』、嘉永元戊申年『天寧院殿御仲陰日記』ほか（永慶寺所蔵）。

(30)（江戸時代後期）『〔松涼院殿仏事記録〕』ほか（永慶寺所蔵）。

(31)（元治元年）「挙棺儀文（真華院殿慈芳妙淑大姉　起龕・掩土・鎖龕）」、嘉永七甲寅年『智徳院殿御仲陰日記』（永慶寺所蔵）。

(32)『虚白堂年録』・『附記』寛政四年三月～五月条、寛政四年『即仏心院様御葬送申合帳』（郡山城史跡・柳沢文庫保存会所蔵）、寛政四壬子年『即仏心院殿御中陰日記　巻第之一』・『即仏心院殿御中陰日記録幷公用須知　巻之第二』（永慶寺所蔵）。

(33) なお信鴻の年忌法要は寛政五年（一七九三）の一周忌から史料が残り、永慶寺本堂・香厳殿において三月朔日から三日の期間を中心に仏事が執行された（寛政五年『即仏心院殿御一周忌日録』、寛政六年寅『即仏心院殿大祥忌記録』（永慶寺所蔵））。

(34)（江戸時代後期）『桂樹院殿御逝去仮リ日記』（永慶寺所蔵）。

(35)『虚白堂様御年録草案』享和三年八月七日条、『附記』文化七年二月二〇日条。

(36) 柳澤家当主保泰や保興の葬儀においても「法号」や位牌が特に重視された（天保九戊戌年『峻徳院殿御法事日記』、嘉永元戊申年『天寧院殿御仲陰日記』ほか（永慶寺所蔵））。なお、江戸時代の位牌に関する研究として菊地章太「仏教の葬送儀礼（下）」（同『位牌の成立―儒教儀礼から仏教民俗へ―』東洋大学出版会、二〇一八年）がある。

(37) 玲瓏殿は宝暦四年二月三日に信鴻の後の正室伊達輝子の葬儀で四十九日に位牌を遷した場所としてみえる（『幽蘭台年録』同年同月同日条）。（江戸時代後期）『〔承天院殿仏事日記〕』（永慶寺所蔵）には「惣御霊屋とハ元玲瓏殿之事ニ御座候」

と記される。

(38) 前掲注(27)、『附記』享和二年六月・七月条。

(39) 前掲注(38)、文化八未年三月付『龍華山本堂・香厳殿・御祠堂・御影堂再住交代仏具法器類什物帳』永慶寺所蔵)。

(40) (江戸時代後期)『(永慶寺仏像・位牌等書上)』(永慶寺所蔵)。

(41) 保泰の葬儀では郡山城下の町人・大家も銀を献上した(天保九戊戌年『峻徳院殿御法事日記』)。

(42) 天保九戊戌年『峻徳院殿御法事日記』。

(43) (江戸時代後期)『(松凉院殿御仏事記録)』(永慶寺所蔵)。

(44) なお甲府時代の永慶寺でも吉保の葬儀のなかで吉保の追善のために追放・所払いとなった罪人を赦免している(『福寿堂年録』正徳四年一一月一五日条)。

(付記) 本論作成にあたり、永慶寺様には同寺の歴史につきご教示賜り、史料閲覧に際して多大なご配慮をいただいた。記して感謝する次第である。

前田利長菩提所の成立過程

萩原大輔

はじめに

近世大名の菩提所があるのは、国元の城下町だけではない。例えば、江戸である。当該分野の研究を牽引する岩淵令治によれば、証人制度や参勤交代制によって江戸で大名が生活するようになり、国元と江戸それぞれに菩提所が、①新規建立、②大名家による中興、③将軍家との関係などの契機で成立したという[1]。菩提所とは、墓標の有無にかかわらず菩提を弔う場だ[2]。江戸の菩提所が不可欠なものとなっていた一方で、外様大名の多くは江戸に設けず、国元に菩提寺や墓所を造る傾向を持つ[3]。近年、大名墓を中心に近世大名菩提所に関する考古学的分析は大きく進展した[4]。だが、文献史学的考察となると、岩淵による一連の江戸菩提所研究はあるものの、国元の菩提所については必ずしも深まっていない。このため、各大名が国元や江戸など様々な地に営む菩提所の成立過程の研究は手薄のままである。そこで本稿では、近世最大の外様大名、加賀・越中・能登三か国の約一一九万石余りを有する前田家（加賀藩）を検討対象として取り上げたい。

加賀前田家歴代の菩提所については、すでに宇佐美孝や關谷和也の研究で概略を知りうる[5]。藩主は江戸で亡くなった場合も国元の金沢（現：石川県金沢市）で葬られることが通例で、江戸には歴代藩主正室の菩提寺として、廣徳寺（臨済宗）、長元寺（日蓮宗）、伝通院（浄土宗）の三か寺があった。国菩提寺は、初代利家・三代利常・六代吉徳・八代重熙・一〇代重教・一一代治脩らが宝円寺（曹洞宗）、四代光高・五代綱紀・七代宗辰・九代重靖・一二代斉広らは天徳院（曹洞宗）だ。なお、三代利常以後歴代の葬儀は、宝円寺と天徳院で交互に執行している。(6) 墓所は金沢の野田山に置かれ、桃雲寺（曹洞宗）が墓守寺となった。ただし、四代光高と九代重靖の葬地・墓所は、天徳院の寺内に設けられ、天徳院が墓守寺を兼ねている。

織田信長——信忠
正覚院
玉泉院（永）
芳春院（まつ）
前田利家①
利長（利勝）②
利政——直之【前田土佐守家】
寿福院（千世）
利常（利光）③
徳川秀忠
崇源院（江）
天徳院（珠）
家光
光高④
清泰院（徳川家光養女）
綱紀（綱利）⑤——吉徳⑥【加賀前田家】
保科正之——松嶺院（摩須）
利次【富山前田家】
利治【大聖寺前田家】

加賀前田家略系図　※○内の数字は加賀前田家の当主代数

　本稿では、右のような原則が出来上がる前、三代利常（初名は利光、本稿では表記を利常に統一）によって整備された二代利長（初名は利勝、本稿では表記を利長に統一）の菩提所に注目したい。利長は、初代利家の嫡男で、豊臣五大老に列し、慶長一〇年（一六〇五）に養子で異母弟の利常（利家四男）へ家督と本拠の金沢城を譲り、居所を越中富山（現：富山市）へと移す。だが、引き続き自らが家長として君臨し、慶長一六年五月に遺誡を発した後は事実上の隠居状態となり、同一九年五月に高岡（現：富山県高岡市）で没した。[7] かような利長の菩提寺は、金沢ではなく高岡に創建された瑞龍寺（曹洞宗）で、巨大な伽藍が整備されたのに加え、墓所も高岡の地に巨大な御廟が築かれる。しかし、それらは利長三十三回忌を機に造られたもので、利長の没後まもない初期菩提所に関しては不明な部分が多い。また、それからの近世大名菩提所研究においては、国元だけに完結せず、様々な地に営まれた菩提所について総合的に検討していくことが求められている。[8] そこで、利長菩提所の成立過程を丹念に追うことで、参勤交代が制度的に定着する以前の近世前期における外様大名家の藩主菩提所整備について、一つのあり方に迫りたい。

第一章　前田利長没後の菩提所整備

第一節　葬儀の執行と菩提寺の設定

慶長一九年（一六一四）五月二〇日、前田利長は隠居所の高岡城で亡くなった、享年五三。[9] 利長の葬送については、詳細に語る史料は見当たらないと説かれている。[10] わずかに、金沢宝円寺の伴翁和尚を導師として葬儀が行われたと指摘されているにすぎない。[11] そのような中、貴重な情報をもたらすのが次の史料だ。

【史料1】『としなかこう』[12]

いたみたてまつる、すひりういんてんしやうさん（ママ）ミさきのかうもんしやう（さん脱カ）ゐいけん大こし、はうこのはしめミことのりふしきいんてんきうせうまんこし、これをなす、抑十経にいわく、

（中略）

御姿をとゝめ申へき世にもあらす、はうゐん寺と申御ほたひ所へをくり奉り、かう花・たうミやう・さくわ・らんしや・きん〳〵をちりはめそなへたてまつり、千そう万そうをくやうし、せきやうを引、かんのしやうこんは、こん〳〵・るり・しやこ・めなうをちりはめ、りやうらきんしやうをよそをひ、やうらく・けまんをたれ、すまんの御ともおひたゝ鋪して、おくり奉り、一しのけふりとなし侍るをこそ哀とそ申計なかりけり、

（中略）

すなわち御ほうミやうをハ、すいれう（ママ）いんてんしやう（ママ）さんミさきのかうもんしやうさんゐいけん大こしとかうし奉り、御いはいにかきあらわし侍り、

（中略）

元和第七

弥生二念四日

（傍線・波線・返り点は引用者による。以降全て）

右の史料を紹介した入口敦志の分析によれば、『としなかこう』は冊子体の写本で、「すひりうゐんてん」（瑞龍院殿）こと利長の危篤の様子、死後の領民や一族の悲しみの場面から始まり、利長を追悼するとともに、それを契機とした説教の形をとる。作者は不明だが、末尾の元和七年（一六二一）は書写年次で、内容から利長の没後ほどなく写されたものと判断できるという。[13] 史料の表題『としなかこう』の意味するところは「利長薨」だろうか。それはさておき、この引用箇所の傍線部に、利長の葬送に関する記述がみられる。すなわち、利長の亡骸は「はうゐん寺」と呼ばれる菩提所へ運ばれ、香花や灯明、金銀を散りばめた供物などが捧げられて、千僧供養や万僧供養のごとき数多の僧侶で供養を行った。さらに、棺の飾り付けには金、銀、瑠璃、硨磲、瑪瑙が散りばめられ、刺繍を余すところなく施した衣服を身にまとい瓔珞の華鬘を垂らした数万人の御供とともに送り出したという。御供の数や装飾の華美にはいくらか誇張があると思われるものの、大大名の最期に恥じぬ葬送が執り行われたと捉えてよ

い。盛大な葬列は、代替わりを示す政治的イベントして重要な性格を持ったのだろう。また、傍線部末尾「一しのけふりとなし侍る」と記すことから、土葬ではなく火葬されたと考えてよい。くわえて、二か所の波線部からは、利長の戒名が「瑞龍院殿従三位前黄門聖山英賢大居士」(14)と付けられ、位牌にそのように書かれたことも分かる。

とくに注目したいのが、利長の遺体を乗せた棺が運ばれて荼毘に付された菩提所「はうゐん寺」だ。前田家は、越前府中（現：福井県越前市）の宝円寺を皮切りに、能登七尾（現：石川県七尾市）の宝円寺（現：長齢寺）、加賀金沢の宝円寺、同じく金沢の野田宝円寺（現：桃雲寺）、越中高岡の宝円寺（現：瑞龍寺）など、いずれも自らが政治拠点を置いた各地に曹洞宗寺院の宝円寺を建立してきた。本史料中の「はうゐん寺」は、彼の終焉の地となった高岡宝円寺と推察できる。そこで、延宝二年（一六七四）に高岡宝円寺（当時は瑞龍寺）が加賀藩の寺社奉行へ差し出した由緒書上を掲げよう。

【史料2】 瑞龍寺由緒書上写(15)

一、瑞龍寺者、慶長年中英賢様（前田利長）富山御在城之時分、御意ヲ以当時開山広山和尚（恕陽）金沢宝円寺ゟ富山江被レ致二隠居一、其ゟ高岡江引越、宝円寺与号シ一宇創建、英賢様御逝去之後瑞龍院与改リ、寺領知寄附被レ為レ成、其後承応年中ゟ再興之御普請初、寛文三年ニ造畢仕候、以上、

瑞龍寺易天判

延宝弐年七月十一日

笹原織部殿（経長）

永原左京殿（孝政）

右の傍線部によると、もともと瑞龍寺は、利長が富山に在城していた時期（慶長一〇年～一四年）に金沢宝円寺の広山恕陽を富山へ隠居という形で招き寄せ、恕陽が高岡へ移った後に同地で創建した宝円寺(16)であった。そして、利長が没した後に瑞龍院へと改称し、加賀藩から寺領の寄進が成されたという。宝円寺から利長の院号「瑞龍院」

へと寺名を改めた事実は、まさしく利長の位牌「瑞龍院殿従三位前黄門聖山英賢大居士」を祀る位牌所、菩提寺に定められたことを示す。また、この史料で創建時の高岡宝円寺は「一宇」と明記されており、建物がわずかに一つという小規模な寺院であった点を押さえておきたい。なお、開山となった広山恕陽は、利長へ菩薩戒を授けた僧侶で[17]、利長が深く帰依していた人物である。

管見の限り、高岡宝円寺に関する同時代文献史料は【史料1・2】が残る程度であり[18]、京田良志による石造物研究[19]を援用しながら、利長の菩提寺となる前の性格に迫ってみよう。現在の瑞龍寺境内には、五つの石廟が残る。すなわち、利長本人を祀る瑞龍院廟、利長実父の利家を祀る高徳院廟、利長義父の織田信長を祀る総見院廟、利長義母で信長側室の正覚院を祀る正覚院廟、かつての利長主君であり信長嫡男の織田信忠を祀る大雲院廟だ。いずれも廟内には供養のための宝篋印塔が建つ。付随する石造物の刻銘などから、瑞龍院廟は慶長一九年の一〇月から一二月頃までに完成し、宝篋印塔に限れば総見院塔・正覚院塔・大雲院塔が瑞龍院塔と相前後して作られた一方、際立って古様な高徳院塔は、それよりも早い製作だという。

これら京田の指摘をふまえるならば、高岡宝円寺は、父利家の菩提を弔う菩提所の一つとして、利長が帰依する広山恕陽を招いて建立した小規模寺院と評価しうる。それが、利長の死をうけて同寺で荼毘に付され、彼の位牌が安置されるとともに瑞龍院廟が築かれて、利長の菩提寺に設定された流れを想定できるだろう。また、利長の没した五か月後に、近臣だった今枝直恒が石灯籠を奉献しており、さらにその二か月後には、加賀藩士とみられる谷野五兵衛尉が花香燭台を寄進している[20]。

ただし、高岡宝円寺(瑞龍院)で菩提を弔われることが亡くなった利長の本意だったかというと、そうでもない。彼は死の二か月ほど前に、自身の葬儀に関して、重臣本多政重を介して江戸幕府へある希望を申し入れていた。

【史料3】本多政重覚書写[21]

覚

一、内々にて得二御意一候ゆへ、肥前使者(前田利長)をハ越不レ申、安房守(本多政重)ものを両人くたし被レ申事、

（中略）

一、前々心中も無レ之候、上方之つちに罷成、むらさき野はうしゅいん寺にて、いつとなく人も存候ハぬやうに取をかれ申度御座候事、

一、上方ニ罷在候とも、はて候時ハ国にてさうれいをも仕度と可レ申儀ニ候を、上へ罷上度と申儀、さためて煩にぼうきやくいたし、きがちかひ候かと可レ有二思召一儀めいわく仕候へとも、つね〳〵上方にて取おかれ申度のぞミニ、為レ其御そせう申上、おほしめしやられ候て、よき様ニ御取成たのミたてまつり候由に御座候事、

以上

慶長十九年

三月十三日

安房守(本多)

政重　（花押影）印

河井忠兵衛殿

松本権丞殿

右の傍線部によれば、誰にも気付かれることなく紫野（現：京都市）の芳春院（臨済宗）で葬られたいという。芳春院は、利長の実母まつ（利家正室）の発願によって、慶長一二年に作事が着手され、同一四年に竣工、大徳寺の春屋宗園の弟子である玉室宗珀を開山に迎えて、大徳寺内に建立された塔頭だ。[22] 利長は、関ケ原合戦に際して徳川家への人質として江戸へ遣わした実母に対して、特別な敬愛の念を抱いていた。[23] ゆえに、その実母が創建した塔頭に葬られることを願ったのだろう。加えて波線部では、寿命が尽きた時は国元で葬礼を取り計らってほしいと

述べたが、上方すなわち京都の大徳寺芳春院で供養してほしい旨を重ねて告げている。結果的に、この願いは叶うことなく、亡くなった高岡の地で葬儀が行われて荼毘に付され、彼が帰依した僧の開いた小規模寺院である高岡宝円寺が菩提寺となるとともに、高岡宝円寺は利長の院号である瑞龍院と改称されたのだ。

瑞龍院で定例的にどのような追善供養が行われていたのかは明らかでない。[24] だが、寛永一五年(一六三八)六月二〇日に、「奉二造立一為二瑞龍院殿聖山英賢大居士一」との刻銘をもつ石灯籠が数多く寄進されている。判明する奉納者は、本多安房守政重や奥村河内守栄政、横山山城守長知や前田三左衛門直之、長九郎左衛門連頼ら、[25] いずれも後に「加賀八家」と呼ばれる家筋の加賀藩年寄衆たちばかりだ。もっぱら藩重臣に限られ、藩主利常の名による寄進がひとつも無い点に注意したい。利常主導による菩提追善がみられるようになるのは、時期的にもう少し後年の話である。

第二節　供養墓の建立

前田利長の菩提を弔うべく、並々ならぬ力の入れ具合を見せたのは、後継藩主の利常ではなく、むしろ利長実母の芳春院まつだ。利長が亡くなった翌慶長二〇年(一六一五)の閏六月、紀州の高野山(真言宗、現:和歌山県高野町)の地に、彼を供養する五輪塔が築かれた。その銘文をみよう。

【史料4】高野山前田利長五輪塔銘文[26]

大施主加賀国太守松平筑前守利光(前田)

為二羽柴肥前守豊臣朝臣利長(前田)追薦一

奉レ為二瑞龍院殿前

従三位黄門聖山英賢
大居士一周忌抜レ苦与レ楽
御袋方芳春院殿依二御勧一如レ斯造立
旹慶長十九年甲寅五月廿日　敬白
此石者摂州御影村出也
時之奉行衆
揚抑院秀印
教印
教宣
善教
直野省助
梵漢之筆者大聖院長成
御宿坊南谷　悉地院従
権大僧都政恵誌晦
于レ時乙卯歳（慶長二〇年閏六月）潤林鐘廿日建レ之

今も奥之院に現存する利長五輪塔は、高野山内で三番目に大きい通称「三番碑」として知られている。たしかに施主は利長の跡を継いだ三代利常なのだが、銘文の傍線部に留意したい。これによると、利常が養父利長の一周忌を機に巨大な石造物を建てたのは、「御袋方」と呼ぶ義母芳春院まつの勧めに従ったからだと刻んでいるのである。

本稿では、利長が没した翌年の閏六月の月命日である二〇日に、国元での巨大御廟整備に先んじて、高野山に巨大な供養塔を造立した事実に注目しておきたい。しかもそれは、芳春院まつの発願によるものであった。

また、元和二年（一六一六）の利長三回忌にあたっては、結果的に実現しなかったようだが、芳春院まつが紫野で追善法会を催す意向を示している。[27] 自身が建てた京都大徳寺の塔頭芳春院で利長の菩提を弔うことは、【史料3】でみたごとく、生前の利長の願いに応えることでもあった。そのような考えに基づき、大徳寺芳春院内に設けられたのが、利長を祀る御霊屋だ。屋内には利長を供養する石塔が置かれた。[28] 現存する御霊屋は、一七世紀前期頃の建築で、没年後の早い時期に竣工したと指摘されている。[29] このように、高野山や大徳寺芳春院の利長供養墓は、利長実母の芳春院まつの主導によって整備されたとみてよい。

さて、故人の菩提追善の方法として、官職や位階の追贈も挙げられる。利長は従三位・中納言（唐名が黄門）でこの世を去った。没後に正二位・大納言を追贈されたことは知られているが、その時期については分かっていない。例えば、天保九年（一八三八）に加賀藩が編纂した利長に関する正史とも呼べる『本藩歴譜（瑞龍公記）』も「勅シテ正二位・大納言ヲ贈ラル、月日知レズ」と記す。[30] ともすれば、没後ほどなくの追贈を想定しがちだが、【史料4】傍線部、高野山の利長供養塔にも「前従三位黄門」とあり、没後一年の間に追贈された形跡はみられない。管見の限り、追贈を示す最も早い史料は、江戸幕府が編んだ諸大名および旗本らの系譜集『寛永諸家系図伝』だ。同書の編纂年次は寛永一八年から二〇年（一六四一～四三）で、同一八年内に呈譜した藩が確認されており、[31] いまのところ、利長への追贈時期は元和年間から寛永一八年頃までの間と、幅を持たせて推断しておくほかなかろう。

右の追贈時期を手がかりにすると、能登七尾の長齢寺に現存する利長供養塔も成立が早いことに気づく。七尾宝円寺と呼ばれた長齢寺は、初代利家の父母の菩提寺であったため、彼らの孫にあたる利長を供養する宝篋印塔が寺内に築かれたのだろう。石廟の中に利家と利長、それぞれを祀る供養塔が残り、高さ約一・四メートルを測る利長供養塔は「瑞龍院殿前黄門従三位聖山英賢大居士」の刻銘をもつ。[32] いまだ追贈されていないことから、少なくとも寛永年間以前の建立と確定できる。よって、これもまた高岡の巨大な御廟に先行して築かれたのだ。

また、利長が葬られたのは高岡だが、加賀藩の本拠金沢には拝墓が設けられた。野田山に歴代藩主の墓所が営まれたが、その中に利長を祀る石廟が明治期まであったらしい。出越茂和の研究によると、その平面積は三〜四平方メートル、切妻屋根、妻入り、柱別造の型式をもち、このタイプは、寛永一八年に没した千世（利家七女）の墓を最後に消えるという。[33] 石廟正面には「為二瑞龍院殿贈権大納言聖山英賢大居士一者也」という刻銘があり、[34] 大納言を追贈された後の製作だ。したがって、野田山の利長拝墓は、長齢寺の利長供養墓より時期的に遅く、なおかつ寛永年間までに築かれたと推定できよう。ちなみに、拝墓そのものの規模に関しては、初代利家の墓が一辺約一九メートルに高さ六・二メートルを測るのに比して、一辺約一六メートル前後に高さ約五・二メートルにとどまり、藩主墓としては平均的だ。[35] つまり、高岡に巨大な御廟を営むよりも先に、金沢に拝墓が作られたが、それは突出した規模ではなかった点に注意しておきたい。

以上、巨大な国菩提寺である瑞龍寺、巨大な国元の墓所である高岡御廟が成立する以前の利長菩提所について、おおよそ時系列に沿って概観した。利長は京都大徳寺の芳春院での葬礼を望んでいたが、それは叶わず、亡くなった高岡の地で盛大な葬儀が執り行われる。そして、茶毘に付された高岡宝円寺が位牌を安置する菩提寺に定められたのだ。ただし、同寺は「一宇」の小規模な曹洞宗寺院だった。その一方、利長死没の翌年には高野山に巨大な五輪塔、没後早い段階で京都芳春院内に御霊屋が築かれる。これらは、実母芳春院まつが主導して整備したものだった。その他にも元和・寛永期までに、七尾宝円寺に供養塔、金沢野田山に拝墓が置かれる。利長が葬られた高岡における巨大な菩提寺や御廟の造営は、これらよりも後に着手された。章をあらためて述べよう。

第二章　前田利長三十三回忌以後の菩提所整備

第一節　御廟の造営と墓守寺の新設

前田利長の三十三回忌が次の年に迫った正保二年（一六四五）、高岡で御廟の作事は始まった(36)。「今年高岡にて瑞龍院殿（前田利長）之御墓之石塔、宮城采女・浅香左京ニ被二仰付一、加州戸室山之石を以切出ス」(37)とあり、金沢の戸室石を墓石の材料として搬出している(38)。藩主の墓は、家中の統合のシンボルとして国元では欠かせないものだ(39)。菩提寺の瑞龍院から東へ約八七〇メートル隔てた地に新しく築かれた御廟は、藩主墓のレベルを超え、将軍墓に匹敵または凌ぐ規模を誇り(40)、江戸時代に復活する大名墓の権威性を象徴する代表的な事例に挙げられている(41)。埋葬施設上に基壇を構築し、その上に墓石を設置するが覆屋（鞘堂）を設けない、近世墓の最も一般的な型式であり、高岡の利長墓はこのタイプを代表する石積大型基壇墓だ(42)。

完成した「高岡御廟」の史料初見は、繁久寺（曹洞宗）に寺領を寄進した慶安五年（一六五二）である(43)。御廟の灯火人五名と掃除人一八名らを扶持するための九〇石を与えており、墓守寺としての役割を果たす同寺の経済基盤を固めたのだ。その繁久寺が延宝二年（一六七四）に提出した由緒書上を次に示す。

【史料5】 繁久寺由緒書上写(44)

一、繁久寺ハ、永禄年中ニ射水郡南条之城主加納中務発起ニ而　此所虫入ニ而不二相見一　植播和尚建立被レ致、則南条ニ在寺仕候由申伝候、其後高岡へ引越罷在候処、正保三年ニ伊藤内膳（重正）殿奉ニ而、為二英賢様（前田利長）御廟守一、微妙院様（前田利常）御取立被レ為レ成、寺領地ニ罷成、御印頂戴仕候、以上、

繁久寺薫播判

延宝弐年七月廿七日

瑞龍寺御役寮

これによると、繁久寺はもともと永禄年間（一五五八～七〇）に越中国射水郡南条の地（現：富山県氷見市）に築かれたと伝えられ、いつからか高岡へ移転した後、正保三年に「英賢様御廟守」すなわち利長を祀る高岡御廟の墓守寺として利常に取り立てられ、寺領に関する印判状を賜ったという。なお、承応三年（一六五四）の史料で繁久寺は「瑞龍院殿御廟守寺」と呼ばれている[45]。墓守寺に設定された正保三年には、利常の印が押された寺領五〇石の知行所付を与えられた[46]。これがその印判状に該当すると考えてよい。下された寺領は、射水郡内の経田村と西二塚村で（現：富山県高岡市）、いずれも高岡御廟に近接する場所である。また、当の繁久寺は御廟のすぐ南に建立された。正保三年に巨大な御廟が完成することで、新たに繁久寺が墓守寺となり、合わせて寺領も至近の地に設定されたと理解できる。

おそらく、高岡御廟ができる以前は、菩提寺である瑞龍院が墓守寺の機能を兼ねていたのだろう。利長の埋葬地について宇佐美孝は、同時代史料からは不明で、後年の編纂史料の記述も法円寺（現：瑞龍寺）・繁久寺（旧地）・現廟所地と諸説あると指摘する[47]。しかし、前掲【史料1】を見るかぎり、利長の遺体は瑞龍院の前身である高岡宝円寺へ運ばれ、荼毘に付された。よって、当初はそこで埋葬された可能性が高いのではないか。のちに巨大な御廟が別の場所に建造されることで、そのすぐそばに新たに墓守寺が置かれたと考えるべきだろう。

さて、菩提寺の瑞龍院に対しても、利長三十三回忌を見据えてなのか、正保元年から書画・墨蹟・美術工芸品などの寄進が始まる。現在も瑞龍寺は数多くの宝物を収めるが、寛文三年（一六六三）の五十回忌までに寄進されたものを奉納年月日順で一覧化したのが後掲【別表】だ。寄進された宝物の中には「越中国高岡瑞龍院者、依レ為二先考菩提所一而、呂紀花鳥画一幀奉二納之一[48]」や「越中国高岡瑞龍院者、顕考亜相之霊牌処也[49]、故大徳寺僧青巌

別表　瑞龍寺寄進宝物一覧（奉納年が判明するもののみ）

No.	和暦	西暦	寄進月日	寄進物	寄進者	典　拠
1	正保元	1644	6月20日	伝織田信長筆　書状	前田利常	高岡76
2			10月20日	細川幽斎　和歌	前田利常	越中古文書 p91
3	正保 2	1645	5月20日	呂紀筆　花鳥図	前田利常	高岡49
4			5月20日	芦雁図	前田利常	高岡50
5			6月20日	松泉筆　兎に花卉図	前田利常	高岡53
6			8月20日	沢庵宗彭　墨蹟	前田利常	高岡65
7	正保 3	1646	2月20日	江月宗玩　墨蹟	前田利常	高岡66
8			5月20日	狩野探幽筆　四睡図	前田利常	高岡41
9			5月20日	松花堂昭乗筆　樫鳥図	前田利常	高岡56
10			7月20日	清巌宗渭　墨蹟	前田利常	高岡67
11			9月20日	豊臣秀頼　五首懐紙	前田利常	越中古文書 p86
12	正保 4	1647	5月20日	鋳銅大花瓶	前田利常	高岡34
13			8月20日	天祐紹杲　墨蹟	前田利常	高岡64
14			8月20日	天室宗竺　墨蹟	前田利常	高岡73
15			—	鋳銅鷺香炉	前田利常	高岡35
16	慶安元	1648	閏正月20日	狩野安信筆　豊干・寒山・拾得図	前田利常	高岡42
17			2月20日	狩野安信筆　鳶鶬図	未詳	高岡46
18			2月20日	笑堂宗誾　墨蹟	前田利常	高岡68
19			2月20日	江雪宗立　墨蹟	前田利常	石川78
20			3月20日	明兆筆　羅漢図	前田利常	高岡37
21			3月20日	狩野尚信筆　布袋・鷺図	未詳	高岡43
22			5月20日	雪舟筆　達磨図	前田利常	高岡39
23			5月20日	伝慈恵大師筆　紺紙金泥経	前田利常	高岡59
24			5月20日	玉舟宗璠　墨蹟	前田利常	高岡72
25			5月20日	豊臣秀吉筆　書状	前田利常	高岡77
26			5月20日	趙子昂　七言絶句	前田利常	越中古文書 p87
27			7月20日	職人歌合絵巻	前田利常	石川102
28			7月20日	初代五十嵐道甫作　蒔絵蓮図箱	前田利常	石川103
29			8月20日	伝文覚上人筆　書状	前田利常	高岡61
30			8月20日	伝行慈上人筆　書状	前田利常	高岡62
31	承応 3	1654	8月吉日	刀　賀州住藤原長次など22口	前田利常	石川105・106
32	承応 4	1655	5月20日	狩野尚信筆　達磨図	前田利常	高岡40
33			5月20日	狩野尚信筆　観音・燕鳥・翡翠図	前田利常	高岡44
34			5月20日	狩野探幽筆　竹菊雀図	前田利常	高岡45
35			5月20日	石榴遊禽図	前田利常	高岡51
36			5月20日	徳川家綱筆　鶏図	前田利常	高岡54
37			5月20日	松花堂昭乗筆　布袋図	前田利常	高岡57
38			5月20日	後陽成天皇 宸翰消息	前田利常	高岡58
39			5月20日	藍渓宗瑛　墨蹟	前田利常	高岡63
40			5月20日	禅海宗俊・雪菴宗圭　墨蹟	前田利常	石川79

41			5月20日	近衛前久和歌	前田利常	越中古文書p89
42			5月20日	伝豊臣秀頼筆　神号	前田利常	越中古文書p93
43			5月20日	近衛信尋和歌	前田利常	越中古文書p97
44	明暦 4	1658	4月吉日	金灯籠	小幡長次	高岡町図之弁
45			5月20日	大灯	奥村栄清	高岡26
46			5月20日	大花瓶	前田孝貞	高岡町図之弁
47			5月20日	天蓋	長連頼	高岡25
48			8月20日	半鐘	奥村豊和	高岡町図之弁
49			8月20日	青銅鶴亀大燭台	津田正忠	高岡31
50	万治 2	1659	5月20日	鋳銅大花瓶	本多政長	高岡32

典拠　「高岡」＝高岡市教育委員会編『国宝指定記念　瑞龍寺展』(国宝指定記念「瑞龍寺展」実行委員会、1998年)
「石川」＝石川県立美術館編『昭和・平成の大修理落成記念　加賀藩二代藩主前田利長の菩提寺　瑞龍寺展』(1997年)
※典拠の番号は、図録の図版番号に対応する

筆跡一幀献二入之一」と記されるものもあり、利長の菩提所・霊牌所としての機能が、瑞龍院の主たる役割であった。【別表】からは、正保元～慶安元年の五年間に三〇件の寄進が集中する状況とともに、承応四年の祥月命日に一二件の一斉寄進が成された事実を読み取りうる。利長没後すぐに菩提寺への宝物寄進が始まるわけではなく、三〇年以上の間を置いて、高岡御廟の造営とセットのような形で始まった点に注意したい。

【史料6】加賀藩年寄衆連署状(50)

来年五月
瑞龍院(前田利長)様御年忌御作善、就下被二仰付一候上、諸宗寺数一宗切ニ書付可レ被二指上一旨被二仰出一候条、御分国中本願寺宗寺社之分、不レ残御書記候て、早々可レ被二指越一候、為レ其申入候、
恐々謹言、
(正保二年)十一月十六日
(本多)本安房守政重(花押)
(横山長知カ)横山城守□□(花押)

右の史料は、のちに加賀国内の浄土真宗本願寺派の西方触頭となる照円寺(現：石川県金沢市)に伝わったものだ。これによると、来たる利長三十三回忌に向けて、藩領内の本願寺派の寺社を残らずリストアップして提出するように命じられている。また、別の史料で

翌三年四月には、加越能三か国の主だった本願寺派寺院に布施米が下された[51]。そのような布施が本願寺派に限った処置とは考えにくく、他の宗派にも成されたと判断すべきだろう。三十三回忌の法要は、五月一日から始まり、祥月命日の二〇日まで催された後、翌二一日から二三日までの三日間に能が興行され、領内の人々には見物が申し付けられるとともに、被差別民に対して米一〇〇石が施されている[52]。このようなことから、瑞龍院への宝物寄進や御廟造営の契機とみられる利長三十三回忌は、盛大に行われたとみてよい。ただし、利常は江戸に参勤していたため[53]、三十三回忌の法会にその姿は無かった。

史料が無いからといって、年忌法会などを行わなかったと判断するのは暴論にすぎようが、この間に藩を挙げての盛大な年忌法要を行った形跡は、葬儀の時と三十三回忌を除くと確認できない。したがって、利常が利長の菩提追善に主体的かつ積極的になるのは、宝物寄進を始める正保年間からだ。その背景として挙げられるのは、もちろん三十三回忌という節目もあろうが、より想定すべきは、嫡男光高の死だと思う。宇佐美孝は、光高の死が利長の墳墓築造の契機とはいえないが、利長供養を手厚いものとさせる要因にはなったと指摘する[54]。

光高は、寛永一六年（一六三九）六月に隠居した利常の後をうけて、四代加賀藩主となった。しかし、正保二年の四月五日、家督を継ぐことわずか六年足らず、参勤先の江戸にて三一歳の若さで急逝してしまったのだ[55]。自らに先立つ嫡男の死に利常が受けた衝撃は、いかばかりであったろうか。光高嫡男の綱利（当時は幼名の犬千代、のち綱紀と改名、本稿では綱利で表記を統一）はまだ二歳と幼少であったため、小松城（現：石川県小松市）に隠居していた利常が、あらためて政務を執ることとなった[56]。つまり、高岡御廟の造営も瑞龍院への宝物寄進も、利常の意志と理解してよい。

光高の遺体は江戸から金沢へ運ばれた後、利常正室天徳院（光高実母）の菩提寺である天徳院で葬儀が行われ、同院に墓所が築かれ、光高の菩提寺ともなった。旧天徳院墓所の光高墓（現在は野田山に改葬）の規模は、翌年に造営された高岡御廟の利長墓に次ぐ規模であり、両墓を造営した利常の考えによるものである。[57] 要するに、利常は光高の菩提を弔うべく巨大な墓所を国元の金沢に造営したわけだが、同時にそれを上回る規模を備える利長の墓所を高岡で整備し始めたという流れで捉えられるだろう。

利長三十三回忌に合わせて築かれた高岡御廟については、慶安五年（一六五二）に、先述したごとく墓守寺の繁久寺に扶持九〇石が下されたほか、次のような動きを示す。

【史料7】高岡御廟鎮守堂棟札写[58]

慶安伍壬辰年　棟梁大工高岳之住人　四郎兵衛
　　　　　　　　　　　　　　　　　（山崎）市郎左衛門

此鎮守堂　（前田利常）松平肥前守様　御建立
　　　　　（前田綱利）松平犬千代様

九月吉日禅□　御作事奉行金沢之住人　宮林彦九郎
　　　　　　　　　　　　　　　　　　広野宗三郎

この棟札によれば、利常と後継綱利の主導のもと、御廟内に鎮守堂が建立された。なお、鎮守堂の棟梁大工を務めた山崎市郎左衛門は、のちに瑞龍寺の仏殿も手掛けている。[59] かくして、紀州の高野山や能登七尾、加賀金沢に供養墓を築いた後、嫡男光高の急逝と利長三十三回忌を機に利常は、葬地である越中高岡に巨大な御廟を造営し、墓守寺や鎮守堂も設けるなど、菩提所整備を推し進めていったのである。

正保三年（一六四六）、加賀藩三代藩主前田利常の発願によって、前田利長を祀る巨大な御廟が葬地の高岡に造営されるとともに、その墓守寺として繁久寺が設定された。一方、菩提寺の瑞龍院に関しては、宝物が寄進され始めたとはいえ、いまだ建物としては「一宇」の小規模なものにとどまっている。しかも、その境内は決して良好な環境とは言えないものだったらしい。次の史料をみよう。

【史料8】前田利常禁制[60]

禁制　　高岡瑞龍院境内

一、猥剪二採竹木一事、

一、殺生之事、

一、牢人隠置事

右、堅令二停止一訖、若違犯之輩於レ有レ之者、可レ処二厳科一者也、

承応四年三月廿日　　利常（花押）

右によると、承応四年（一六五五）段階の瑞龍院境内では、わざわざ利常の名による禁制を出さねばならぬほど、竹木の勝手な切り取りや殺生のほか、牢人を隠し置く行為などが起きていた。要するに、藩主の菩提寺でありながら一種の荒廃にも似た状況を看取できるのである。また、佐伯安一の研究によると、去る承応二年に加賀藩は、瑞龍院を含む利長御廟エリアに水がつくのを防ぐために、近くを流れる庄川の治水事業を行ったという[61]。おそらくは都市高岡全体の治水の一環であり、御廟エリアの水害対策が主目的とは思えないものの、少なからぬ水害を受け

ていたことは間違いなく、それも瑞龍院の衰微の一因だったかもしれない。

ともあれ、この承応年間に利常は、退転した瑞龍院の再興に乗り出す。例えば、巨大伽藍造営に向けた主要な作事が始まったのは承応三年だ(62)。前掲【史料2】波線部によれば、それは「再興之御普請初」と呼ばれた。また、同年の一二月三日に、瑞龍院に対して三〇〇〇石の知行地が下されている(63)。このほか、天徳院へ五〇〇石、玉泉寺（時宗）へ六〇石、経王寺（日蓮宗）へ五〇石、伝燈寺（臨済宗）へ四〇石、能登道下宝泉寺（真言宗）へ一〇俵が同日付で一斉に寄進されており(64)、瑞龍院は、五〇〇〇石の天徳院、四〇〇〇石の能登総持寺（曹洞宗）に次ぐ藩内三番目の寺領を与えられたのだ(65)。あらためて前掲【別表】をみると、承応四年の利長祥月命日に大量の宝物寄進が成されている。これら寺領や宝物の寄進も、瑞龍院再興の一環だったと捉えるべきだろう。

前稿(66)で明らかにしたごとく、瑞龍院の再興に向けた普請・作事は、加越能三か国を有する前田家挙げての一大プロジェクトであり、明暦三年（一六五七）には亀占庵・法性庵・林洞庵・東漸院などの塔頭が完成する。翌万治元年（一六五八）一〇月に利常が病没するも、再興事業は後継の五代藩主綱利の政権に継承された。翌二年には仏殿も竣工、翌三年には衆寮・韋駄天堂・鎮守堂も出来上がる中、瑞龍院から瑞龍寺へと寺号が定着していく。そして、利長五十回忌にあたる寛文三年（一六六三）までに、瓦葺き工事を除き伽藍造営はほぼ完了した。創建された伽藍は、総門、山門、仏殿、法堂の主要建物が一直線上に並び、左右対称に七間浄頭と浴室、禅堂と大庫裏が配され、回廊がこれらをつなぐ。その構成は、江戸時代初期の禅宗寺院の典型例として高く評価されている(67)。かくして、「一字」の小規模寺院だった瑞龍院は、大規模伽藍を有する菩提寺へと再興を果たしたのだ。

【史料9】加賀藩寺社奉行申渡書写(68)

瑞龍院様（前田利長）御年忌ニ付、当月十八日ゟ廿日迄、高岡於二瑞龍寺一御作善候、御指図之外諷経御停止ニ候間、被レ得二其意一御組下へも可レ被二仰触一候、以上、

（寛文三年）
五月八日　　長原（孝政）
瑞（瑞泉寺）
善（善徳寺）　　笹原（経長）

右の史料によれば、利長五十回忌に際し、五月一八日から二〇日までの三日間にわたり、瑞龍寺で追善供養が営まれた。その際の諷経については、特定寺院の他は禁じられている。再興なった菩提寺で、節目の法会が催されたのだ。ただし、綱利は江戸に在府していたため(69)、五十回忌の法会にその姿は無かった。

さらに、巨大な伽藍が整備された瑞龍寺の役割は、利長の菩提寺にとどまるものではない。すでに広瀬良弘が、瑞龍院は録所寺として越中曹洞宗寺院統制の中心的存在となっていると説いていた(70)。これは必ずしも具体的論証を伴った指摘ではないが、加賀藩による領内寺院統制の機能を備えたこと、すなわち触頭を担ったことを想定しているのだろう。

加賀藩では慶安元年（一六四八）に寺社奉行が設置されるとともに、藩の寺社政策が末端まで下達されるために、領内の各宗派ごとに触頭が定められ、触頭は触下寺院と幕府や藩・本山の間を取り次いだ(71)。曹洞宗においては、触頭を僧録と呼ぶ。同宗の編纂史料の多くが、瑞龍寺は寛永六年（一六二九）に越中国の僧録と定められたと記す。しかし、同年には瑞龍寺として寺院の基盤は確立しておらず、永井俊道は疑問を呈している(72)。首肯すべき見解だと思う。管見の限り、触頭を瑞龍寺が務めたことを示す初見史料は左のものだ。

【史料10】加賀藩年寄衆連署状写(73)

一、知行所付御算用済　御印幷在々可ㇾ被ㇾ下村御印之外　微妙院（前田利常）様御印之物有ㇾ之候ハヽ、何ニよらす被ㇾ上候様ニ、寺社方へ可ㇾ被二仰触一候、恐惶謹言、

閏（万治元年）十二月十八日

奥村因幡（備礼）
津田玄蕃（正忠）
前田対馬（孝貞）

葛巻蔵人（重俊）殿
茨木右衛門（長好）殿

【史料11】加賀藩寺社奉行連署状写[74]

一、前田対馬（孝貞）殿・奥村因幡（備礼）殿・津田玄蕃（正忠）殿ゟ之紙面写遣之条、御一宗中急度被二仰触一、微妙院（前田利常）様御判之物御印有レ之候ハヽ、何によらす可レ被レ上候、当年余日無レ之条、早々持参候様ニ可レ被二仰渡一候、恐惶謹言、

閏（万治元年）十二月廿一日

葛巻蔵人（重俊）
茨木右衛門（長好）

猶々御寺号之下ニ御判形可レ被レ指趣候、有無之儀御聞届可レ有二御案内一候、以上、

瑞龍院
光昌院
瑞泉寺
善徳寺

【史料10】は、加賀藩年寄衆が寺社奉行に通達した手紙で、三か月前に亡くなった利常の印が押されたものを藩へ差し出すように、寺社へ伝えるよう命じている。次の【史料11】は、その年寄衆連署状の写しに添えられた寺社奉行の書状で、宛名の四か寺に遣わされた。それぞれの宗派に属する触下寺院へ伝えるよう促すとともに、該当する文書があれば急ぎ持参するように報じている。宛名の最初に瑞龍院が見え、つづく光昌院は、正保三年に勝興寺（現：富山県高岡市）へ入寺した光昌院良昌（西本願寺一二世准如の六男）のことで[75]、つまりは勝興寺のことを指し、同寺が越中国内における浄土真宗本願寺派の西方触頭を務めていた。善徳寺と瑞泉寺（いずれも現：富山県南砺市）

は、本願寺派の東方触頭だ。したがって、瑞龍院（瑞龍寺）は、少なくとも万治元年（一六五八）までに、越中国内における曹洞宗の触頭を担うに至ったのだろう。おそらくは、再興事業が行われ巨大伽藍が整備されていく中で定められたものと考えてよい。

ちなみに、同じく藩主の国菩提寺である金沢宝円寺と天徳院は、加賀国内における曹洞宗の触頭となっている[76]。そのような立場の獲得が、大名家の信仰に基づいていたことは想像に難くない。瑞龍寺を含む加賀前田家の国菩提寺は、いずれも近世的な藩領内寺院支配のあり方に組み込まれていったのだ。そして、これらの役割は、江戸時代を通じて、多少の紆余曲折は伴うものの、一貫して維持されていくのである。

おわりに

本稿では、加賀藩二代藩主である前田利長菩提所の成立過程を検討してきた。その概要は次のようになろう。生前の利長は京都大徳寺芳春院での葬礼を願っていたが、慶長一九年（一六一四）五月二〇日に越中高岡で没した後、代替わりを示す盛大な葬儀が行われ、その亡骸は自らが帰依した広山恕陽を開山とする高岡宝円寺へ運ばれ、茶毘に付された。戒名「瑞龍院殿従三位前黄門聖山英賢大居士」の位牌を祀ることとなった高岡宝円寺は、利長の菩提所として彼の院号を採って瑞龍院へと改称する。おそらくは墓守寺も兼ねたとみてよい。寺内には、同年内に利長を祀る宝篋印塔を備えた瑞龍院廟が建てられる。続いて一周忌を機に、利長実母である芳春院まつの発願によって、高野山に巨大な五輪塔が供養墓として築かれた。また、京都の大徳寺芳春院内にも供養塔と御霊屋が造られる。初代藩主利家父母の菩提寺であった七尾宝円寺にも、同じく供養墓が営まれた。さらには、寛永一八年（一六四一）頃までの間に、利長へ正二位・大納言が追贈された後、前田家の先祖が葬られた金沢の野田山墓所に利長拝墓も整備される。今日も残る巨大な高岡御廟の造営に三代藩主利常が乗り出したのは、利長三十三回忌が近づく中、正保二年（一六四五）に利常嫡男の四代藩主光高が三一歳の若さで急逝した事実が大きい。光高の死を画期として利常は、それまで必ずしも積極的ではなかった先代利長の菩提追善を手厚く行い始め、御廟の造営に乗り出し、御廟内には鎮守堂も設け、繁久寺を新たな墓守寺に定める。くわえて、衰微していた菩提寺瑞龍院へ多くの宝物や寺領を寄進するとともに、伽藍造営を核とする再興事業に着手した。その完成を見届けることなく、利常は万治元年（一六五八）にこの世を去るが、後継の五代藩主綱利のもとで、寛文三年（一六六三）の利長五十回忌を迎える頃までに、壮大な伽藍の整備はほぼ完了する。かかる再興事業が進む中、瑞龍院から瑞龍寺へと寺名が確立していくとともに、越中国内における曹洞宗の触頭寺院としての立場が与えられていったのだ。

江戸に菩提寺や墓所を造ることが自明ではない近世前期において、大名の菩提所整備には様々な選択肢がありえた。その中で、近世最大の外様大名である前田家は、利長菩提所の整備に関して、本稿で明らかにしたような過程をたどる。最後に利長菩提寺の性格変化について述べておこう。高岡宝円寺（瑞龍院）は、利長が個人的に帰依した僧によって開かれた「一宇」の小規模な寺院が、利長没後に菩提寺化したもので、寺名も彼の院号に改められ、その成り立ちは中世の武家菩提寺のタイプに近い。それが後に、加賀藩を挙げての再興事業によって巨大伽藍が整備され、瑞龍寺と名を変え、利長の三十三回忌や五十回忌という節目の年忌法会は、大名権力を誇るかのごとく盛大に催されたとみられる。さらには、触頭として加賀藩の寺院支配システムの一端を担うこととなった。また、中世の武家菩提寺は墓守寺を兼ねるケースが多く、瑞龍院も兼ねていたと思われる。だが、菩提寺から離れた場所に巨大な高岡御廟が築かれることで、専用の墓守寺が御廟近くの繁久寺に定められたことをうけて、墓守寺としての役割を終えたとみてよい。以上のように利長菩提寺は、中世的な武家菩提寺である瑞龍院から近世的な武家菩提寺である瑞龍寺へと、加賀藩による菩提所整備を経て転成を遂げたのである。

注

（1）岩淵令治「大名家の江戸の菩提寺の成立と当主の「葬地」」（同『江戸武家地の研究』塙書房、二〇〇四年）四五九～四八一頁。

（2）岩淵令治「文献史料から見た大名家菩提所の確立」（大名墓研究会編『近世大名墓の成立―信長・秀吉・家康の墓と各地の大名墓を探る―』雄山閣、二〇一四年）九四頁。

（3）岩淵令治「大名家の江戸菩提所」（『江戸の大名菩提寺』港区立港郷土資料館編・発行、二〇一二年）七二頁。

（4）例えば、坂詰秀一監修『近世大名墓所要覧』（ニューサイエンス社、二〇一〇年）、松原典明『近世大名葬制の考古学的研究』（雄山閣、二〇一二年）、坂詰秀一・松原典明編『近世大名墓の世界』（雄山閣、二〇一三年）、前掲注（2）大名墓研究会編書、「特集　大名家墓所が語る近世社会」（『月刊文化財』六二六、二〇一五年）など。

（5）宇佐美孝「文献・絵図から見た加賀藩主前田家墓所の変遷」（『金沢市文化財紀要』二五〇、二〇〇八年）八〇～八一頁。闞谷和也「加賀藩における法要の様態について―高徳院二百回忌法要を中心に―」（大石学監修、東京学芸大学近世史研究会編『首都江戸と加賀藩―江戸から地域へ・地域から江戸へ―』名著出版、二〇一五年）。

（6）木越隆三「金沢城と小立野寺院群―寺院配置論を再考する―」（『金沢城研究』一六、二〇一八年）一三頁。

（7）萩原大輔「前田利長隠居政治の構造と展開」（『富山史壇』一七八、二〇一五年）。

（8）岩淵令治「大名家墓所が語る近世社会」（『月刊文化財』六二六、二〇一五年）一二頁。

（9）『大日本史料』一二―一四、七五～九七頁。

（10）見瀬和雄『前田利長』（吉川弘文館、二〇一八年）二四九頁。

（11）屋敷道明「史料からみた加賀藩主前田家の葬制」（『金沢市文化財紀要』二五〇、二〇〇八年）八七頁。ただし、この史料典拠は、加賀藩宰領足軽の山田四郎右衛門（生年未詳～元禄九年［一六九六］没）が著した『三壺聞書』である。なお、

『三壺聞書』の記述に関する問題点については、萩原大輔「「慶長富山大火」をめぐる言説と実相」（『富山史壇』一七四、二〇一四年）で指摘した。本稿でも江戸時代初期の考証において『三壺聞書』を積極的に用いることは無い。

（12）石川県立図書館所蔵李花亭文庫。入口敦志「翻刻『としなかこう』」（『国文学研究資料館紀要』二三、一九九七年）掲載の釈文を、原本を確認したうえで、一部修正を加えた。

（13）前掲注（12）入口翻刻三二一～三二三頁。

（14）『としなかこう』二五丁裏（前掲注（12）入口翻刻三五七頁）に「奉レ悼二瑞龍院殿従三位前黄門聖山英涓（ママ）大居士一」と見え、【史料1】波線部中の「しやうさんミ」は「しゆうさんミ」の誤記と考えられる。実際、生前の利長が正三位に叙された形跡は確認できない。

（15）「加越能社寺来歴」『加越能寺社由来　上巻』一四二頁。

（16）宝円寺ではなく法円寺と表記する史料も多い。例えば、寛保三年（一七四三）ごろ成立の『不歩記』（著者不明）、明和八年（一七七一）に高岡町奉行の小川安村が著した『高岡町図之弁』や、寛政一一年（一七九九）に加賀藩士の富田景周が著した『越中国高岡山瑞龍閣記』などだ。ただし、いずれも一八世紀半ば以降の編纂史料であり、本稿では宝円寺で統一する。

（17）高岡山什宝蜀江錦袈裟伝記写（「越中古文書三巻七一号　瑞龍寺文書」『越中古文書』一一三頁）。

（18）上野幸夫『甦る日本一の禅宗伽藍　高岡山瑞龍寺』（富山県民生涯学習カレッジ、一九九六年）二八～二九頁によれば、高岡宝円寺時代の裏門は、千光寺（真言宗、現富山県砺波市）に移築され、御幸門として現存するという。

（19）京田良志「高岡山瑞龍寺の草創―寛永以前在銘の石造物に基づいて―」（日本海史編纂事務局編『日本海地域の歴史と文化』文献出版、一九七九年）。

（20）同前四二三～四二八頁。

（21）『加賀藩史料』慶長一九年三月一三日条「本多氏古文書等二」。金沢市立玉川図書館所蔵の原本を確認のうえ、釈文に一部修正を施した。

（22）田中徳英「寺院建築とその造営」（同『加賀藩大工の研究―建築の技術と文化―』桂書房、二〇〇八年）三三五頁。

（23）前掲注（10）見瀬著書二四八頁。

（24）一八世紀後半の編纂史料の記述だが、寛永七年（一六三〇）の利長十七回忌に関して「寛永七庚午歳五月二十日瑞龍院殿十七回忌御作善、高岡於二瑞龍寺一百五十人江湖僧を被レ附、惣奉行安見隠岐・永原土佐、小奉行島田清右衛門・古江次右衛門・池田弥次兵衛等」（「政隣記」『加賀藩史料』寛永七年五月二〇日条）とある。
（25）前掲注（19）京田論文四一六～四一七頁。
（26）木下浩良『戦国武将と高野山奥之院―石塔の銘文を読む―』（朱鷺書房、二〇一四年）二四九～二五一頁。
（27）（元和二年）正月二一日本多政重宛前田利光覚書写（「本多氏古文書等二」『金沢市史　資料編3近世一』一九四～一九五頁）に「芳春院ハ当春中ニ上かたへのほり、肥前守（前田利長）三年紀のとふらひを、むらさき野にて仕度と被レ申候」とある。
（28）金沢市立玉川図書館所蔵「芳春院寺中之図」。
（29）前掲注（22）田中論文三四三頁。なお、古くは近藤磐雄『芳春夫人小伝』（高木亥三郎、一九一七年）が「利長公の霊堂なり、設置の顛末は記録に詳らかならずと雖も、利長公薨ぜられし時、夫人（芳春院）為めに其霊堂を作られし」と説く。
（30）『金沢市史　資料編3近世一』三八頁。
（31）平野仁也「『寛永諸家系図伝』の編纂と諸家の動向」（『歴史の理論と教育』一四八・一四九合併号、二〇一八年）四八頁。
（32）『新修七尾市史12　造形文化編』五一〇頁「瑞龍院宝篋印塔」、五四四頁「高徳院・瑞龍院石廟」。
（33）出越茂和「金沢市前田家墓所を探る」（高岡市教育委員会編『加賀藩主前田家墓所フォーラム　百万石の大名墓所』高岡市、二〇〇八年）一四～一五頁。
（34）前掲注（5）宇佐美論文七六頁。
（35）出越茂和「加賀藩主前田家墓所と加賀八家墓所」（『城下町金沢論集　城下町金沢の文化遺産群と文化的景観　第二分冊』石川県・金沢市、二〇一五年）一一九～一二〇頁。
（36）宇佐美孝「加賀藩関連史料から見た前田利長墓所の変遷」（高岡市教育委員会編『高岡市　前田利長墓所調査報告』高岡市、二〇〇八年）一五五頁。
（37）金沢市立玉川図書館所蔵『菅家見聞集』正保二年条。本資料は、貞享元年（一六八四）に加賀藩年寄衆長家家臣の出口政信（生年未詳～宝永二年［一七〇五］没）が著した歴史書である。

（38）このほか、古川知明「前田利長墓所築造にかかる富山藩石材運搬助役」（『論集　富山城研究』二、富山城研究会、二〇一八年）が、利長墓標石材は当初常願寺川産で、富山藩が川下りで運搬を助役した可能性を指摘している。

（39）白石太一郎「多様な近世大名家墓所」（前掲注（33）高岡市教育委員会編書）八頁。

（40）岡本淳一郎「近世初頭大名墓における前田利長墓の系譜」（前掲注（36）高岡市教育委員会編書）一二四頁。

（41）狭川真一「中世武士の墓の終焉と高野山大名墓の成立」（前掲注（2）大名墓研究会編書）一七頁。

（42）関根達人『墓石が語る江戸時代―大名・庶民の墓事情―』（吉川弘文館、二〇一八年）一七五～一八〇頁。

（43）慶安五年七月二〇日繁久寺宛前田利常寄進状写（「越中古文書三巻八三号　繁久寺文書」『越中古文書』一一八頁）。

（44）「加越能社寺来歴」『加越能寺社由来　上巻』一四三頁。

（45）承応三年一二月三日宛名欠前田利常寄進状写（「越中古文書三巻七九号　繁久寺文書」『越中古文書』一一七頁）。

（46）正保三年一二月一五日繁久寺宛前田利常知行所付写（「越中古文書三巻八〇号　繁久寺文書」『越中古文書』一一七頁）。

なお、「越中古文書三巻八四号　繁久寺文書」『越中古文書』一一八頁に、次の前田利常寄進状写が収載されている。

寄附地之事

一、五万三千七百歩余

於二中郡関野ニ一

右、令二寄附一候条、今後謹念可レ有、依而寄附書如レ件、

正保二酉年三月　　利常（花押影）

繁久寺

右の原本（金沢市立玉川図書館所蔵）を確認したところ、利常の花押影に問題は無いが、すでに高岡と改称されている関野という表現を用いており、同時期に出された他の利常寄進状と比べて様式や文言に不審な点があることから、本稿では考察の対象外とした。

（47）前掲注（36）宇佐美論文一五四頁。

（48）正保二年五月二〇日前田利常寄進呂紀筆花鳥図箱書（高岡市教育委員会編『国宝指定記念　瑞龍寺展』（国宝指定記念「瑞龍寺展」実行委員会、一九九八年）図版四九）。

(49) 正保三年七月二〇日前田利常寄進清巌宗渭墨蹟箱書(同前、図版六七)。
(50)「照円寺文書」【B表装分　四】。本史料は、表装時に奥が切断されたらしく、宛名部分を欠く。【　】内は、金沢市教育委員会文化財課編『加賀藩寺社触頭文書調査報告書　その3』(金沢市教育委員会、二〇〇〇年)所収の目録番号に拠る。
(51) 正保三年四月二三日奥村源左衛門・宮城采女宛照円寺寿敬書状(「照円寺文書」【A未表装分　六】)、年月日欠(正保三年)前田利長三十三回忌法事布施米覚(「照円寺文書」【A未表装分　七】)。
(52) 金沢市立玉川図書館所蔵『菅家見聞集』正保三年条。
(53) 藤井譲治「江戸前期 加賀前田家の参勤交代」(『石川 自治と教育』六九四、二〇一六年)二七頁。
(54) 前掲注(36)宇佐美論文一五六頁。
(55)『加賀藩史料』正保二年四月五日条。
(56) 清水聡「加賀前田家における隠居利常の政治的位置と藩機構の形成過程」(『立正史学』一二三、二〇一八年)八三〜八四頁。
(57) 前掲注(35)出越論文一二〇頁。
(58) 高岡市五福町二上善一氏旧蔵。
(59) 万治二年六月下旬瑞龍寺仏殿棟札(石川県立美術館編『昭和・平成の大修理落成記念　加賀藩二代藩主前田利長の菩提寺瑞龍寺展』一九九七年、一一六頁)。
(60)「瑞龍寺文書」『富山県史　史料編近世中』八九五号。
(61) 佐伯安一「近世初期加賀藩の庄川治水について—特に柳瀬普請と瑞龍寺の寺地の関係—」(同『近世砺波平野の開発と散村の展開』桂書房、二〇〇七年、初出一九八四年)一四〇頁。
(62) 前掲注(22)田中論文三一二頁。
(63) 承応三年一二月三日瑞龍院宛前田利常寄進状写(「越中古文書三巻五九号　瑞龍寺文書」『越中古文書』九九頁)。
(64)「御寄附状写」「御寄進状写」「御印書写」『加賀藩史料』承応三年一二月三日条。
(65) 前掲注(6)木越論文一〇〜一一頁。
(66) 萩原大輔「高岡山瑞龍寺伽藍の創建—加賀前田家の藩主菩提寺造営—」(『富山史壇』一八六、二〇一八年)六〜一三頁。
(67)前掲注(18)上野著書。
(68)「寛文三年ゟ寛文六年迄御公儀ゟ参候跡書」(「善徳寺文書」【三、冊子類目録、(一)七】)。【 】内は、『城端別院善徳寺史料目録』(富山県教育委員会編・発行、一九八二年)所収の目録番号に拠る。
(69)前掲注(53)藤井論文三一～三二頁。
(70)広瀬良弘「北陸における戦国期の曹洞宗」(同『禅宗地方展開史の研究』吉川弘文館、一九八八年)二九五～二九六頁。
(71)袖吉正樹「触頭制度と勝興寺」(『雲龍山勝興寺文書目録』勝興寺文化財保存・活用事業団編・発行、二〇一二年)四七五頁。なお、高澤裕一「加賀藩国法触頭制の成立―善徳寺文書を中心に―」(同『加賀藩の社会と政治』吉川弘文館、二〇一七年、初出一九八六年)二七八頁によれば、真宗東方の触頭は、慶安二年に定められたという。
(72)永井俊道「近世曹洞宗における僧録設置に関する諸問題について(二)―寛永六年設置の僧録数に関する一試案―」(『佛教経済研究』四四、二〇一五年)一一八～一一九頁。
(73)「寛永十六年ゟ寛文二年迄御公儀御本寺ゟ参候状跡書覚」(「善徳寺文書」【三、冊子類目録、(一)三】)。
(74)同前。
(75)貞享二年二月二八日不破彦三・富田治部左衛門宛勝興寺由緒書上写(「寺社由来」『加越能寺社由来　上巻』二二二～二二三頁)。
(76)前掲注(6)木越論文一四～一六頁。

第四部

宗教・信仰から見た中世社会の転換

一四世紀の大応派五山僧のネットワークと尾張妙興寺

小原嘉記

はじめに

尾張国妙興寺は一四世紀半ばに中島郡（現：愛知県一宮市）に建立された臨済宗大応派（南浦紹明の法脈）の禅刹で、貞治三年（一三六四）には諸山に列せられて有力な地方寺院として発展していった。同寺には売券・寄進状・土地証文を中心とした中世文書が六〇〇点近くも伝存しており、この地域の中世史を考える上では不可欠の史料群となっている。本稿はこうした恵まれた史料条件を有する妙興寺を考察対象に取り上げて、南北朝期に開かれたこの有力な地方禅院について従来とは異なる視角からアプローチを試み、中世妙興寺史の再検討を進めていきたいと思う。

まずは妙興寺（正式には妙興報恩禅寺）について基本的な点を確認しておこう。[1] 同寺は中島郡を本拠とする在庁官人中島氏の出自とされる滅宗宗興（南浦の拝塔の弟子）が亡父母の報恩のために同郡に創建した寺院で、貞和四年（一三四八）に妙興寺保の地で造営が始まり、貞治四年に落慶供養を遂げて名実ともに完成を迎えた。[2] この間、滅宗は買得による所領集積を積極的に進めており、なかでも国人荒尾氏や在庁中島氏が売寄進で田畠を施入していたこ

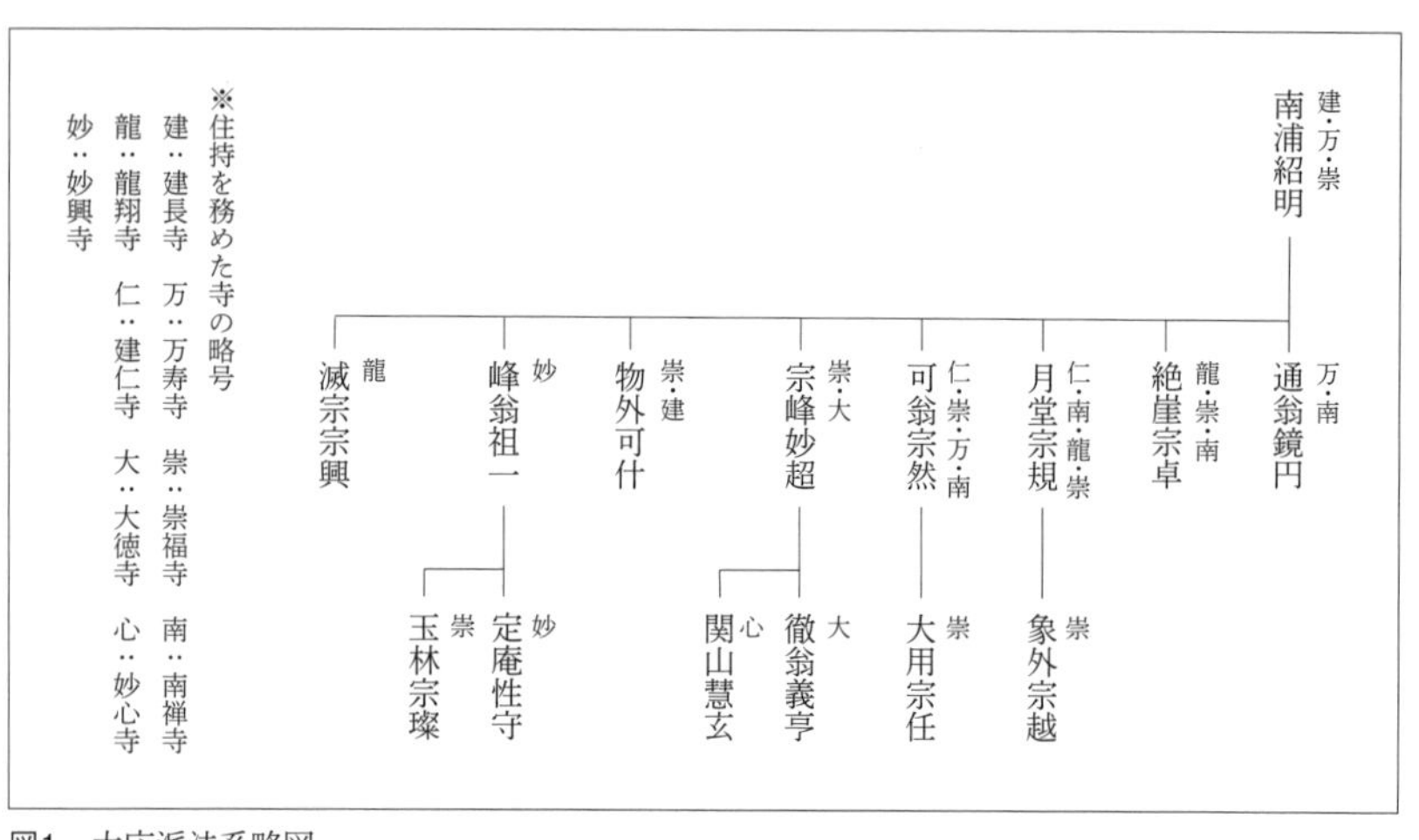

図1　大応派法系略図

とはよく知られた事実である。(3) 荒尾氏・中島氏は国府が所在する中島郡とその周辺地域の国衙領内に私領を有していたが、従来の通説的な理解では、彼等が国衙領への影響力を強めようとする外様守護の土岐氏を牽制するため、足利氏の祈願所かつ諸山寺院となる官寺妙興寺に多くの私領を寄進（売寄進）して有力檀越となり、将軍権力に直接に繋がっていたと考えられている。妙興寺はこうした檀越化した在地領主層が守護に対抗していくための地域拠点としての機能も有していたと評価されているのである。(4)

このように妙興寺の形成については、中島郡出身の滅宗と彼に帰依する地域の国人・土豪の関係史というローカルな問題としてこれまで論じられてきた。(5) むろんそれが一概に誤りというわけではないのだが、ただこうした捉え方のみではこぼれ落ちてしまう重要な問題も出てくることになる。その一つが大応派の歴史的展開の中における妙興寺の位置付けである。妙興寺は貞治三年六月一九日足利義詮御判御教書（市史一一三号、県史⑨五一号）で諸山に列して十方院となったが、その一方で御教書の文中には「大応国師門徒管領之」とも書かれており、大応派の寺院という点にこそ同寺の強いアイデンティティーがあったといえる。しかし、妙興寺の成立過程に関する既往の研究において同時代の大応派の状況や列島各地に散住する同派五山僧の動向に注意を払っているものは殆どなく、その視野は尾張地域に限定されてしまっているのが現状である。そこで本稿では妙興寺の形成について、一四世紀の大応派のネットワークや同派五山僧である滅宗の人脈という観点から捉え直していき、妙興寺研究に新たな視角と論点を提示することを目指したい。

なお大応派のネットワークという点について付言しておくと、先行研究でこのような視点から大応派を扱ったものは実のところ室町期以降のものに限られている。(6) 理由は単純で、「応燈関」（大応国師＝南浦紹明、大燈国師＝宗峰妙超、関山慧玄）という言葉にも象徴されるように、大応派の存在感が増すのは大徳寺（開山は宗峰）・妙心寺（開山は関山）の勢力が拡大する一五世紀以降だったからである。(7) そのため一四世紀は大応派発展の前史に過ぎないという認識もあってか、鎌倉末期～南北朝期にかけての同派の動向や実態はいまだ十分な検討がなされていないのである。こうした研究史上のブランクは早急に解決されるべき問題であり、本稿はそのための基礎作業としての性格も有するものである。

第一章　尾張円光寺という禅院

最初に尾張国中島郡に所在した円光寺という寺院を取り上げることから始めたい。妙興寺文書の中には、延文四年（一三五九）二月一五日円光寺住持宗暁置文（市史八一号、県史⑧一四九二号）の正文が伝存しており、その最初の一つ書には次のように記されている。

円光寺・同栄林菴者、為大応国師（南浦紹明）開山、宗暁興行霊場也、然為同国妙興禅寺末寺、滅宗（宗興）和尚可被管領之、但栄林菴、宗暁弟子宗周房仁坊主職者、可被輔（補）之也、

これによると、尾張国円光寺住持の宗暁が円光寺および栄林庵の管領権を滅宗宗興に譲り、同寺が妙興寺の末寺に組み込まれたことが分かる。円光寺は中島郡萩園村に所在した寺で、応永末期の相論史料[8]では正中年中（一三二四〜六）の建立といわれている。ただ、妙興寺の末寺となる以前の同寺の性格については判然としないところが多い。前掲の史料には、円光寺・栄林庵は「為 大応国師開山、宗暁興行霊場也」とみえ、宗暁置文の事実書では、彼と滅宗の関係は「法眷之上、自幼少異他好不浅之旨、就真俗憑入」と述べられている。この言葉を信じるならば、同寺は南浦紹明を祖師に仰ぐ臨済宗大応派の寺院であったということになる。[9]

ところが玉村竹二『五山禅林宗派図』（思文閣出版、一九八五年）には南浦紹明の法系に宗暁なる人物はみえず、延慶元年（一三〇八）に没した南浦紹明を開山と述べる点も不審であり、円光寺を妙興寺の末寺にするために後付けで設えられた由緒であったという可能性も考えられなくはない。ただそうした不明瞭な点はあるにしても、円光寺はやはり妙興寺に先立って尾張国に所在した大応派の禅院とみてよいのではないかと考える。その理由は、建武政権期〜南北朝初期に公武政権から円光寺に対して発給された文書（後掲史料②④⑤）の宛所には「宗暁禅室」、「円光寺長老宗暁禅師」、「住持宗暁禅室」とみえ、宗暁が当初より禅僧だったのは確かなうえ、周知の通り「宗」は大応派で用いられる系字だからである。宗暁を大応派禅僧とみるべき蓋然性は十分にあるといえるだろう。[10] 南浦紹明の開山というのは妙興寺のケースと同様、勧請開山とされたのだと考えられる。

ところで妙興寺文書の中に残る円光寺由来の文書をみると、中世史研究においてほぼ無名といってよいこの地方禅院が意外なほどに公武政権と接触していた様子が知られる。具体的には次のような文書が伝存している。

①元弘三年（一三三三）後醍醐天皇綸旨（宿紙）（市史二二号、県史⑧九五五号）

尾張国円光寺当知行地事、被聞食畢、僧衆等可存其旨者、

天気如此、悉之、以状、

元弘三年十月八日　　　皇太后宮権大進（花押）

②建武二年（一三三五）後醍醐天皇綸旨案（市史一六〇―八号、県史⑧九七五―八号）

尾張国円光寺、為御祈願所、寺領萩薗、如元可致管領者、

天気如此、悉之、以状、

建武二年五月十九日　　　右中将判

宗暁禅室　前皇御代勅裁歟、

③建武三年足利尊氏御判御教書（市史二四号、県史⑧一〇二八号）

元弘以来被収公当寺領幷当知行地事、如元不可有相違之状如件、

建武三年十月七日（花押）

萩薗円光寺長老

④暦応二年（一三三九）尾張守護高師泰書下案（市史二八―一号、県史⑧一一〇四号）

守護状
尾張国中嶋郡円光寺々領萩薗村事、為往古寺領之条、証文分明之間、向後所止守護之綺也、且可被致天長地

久・家門安全御祈祷之状如件、

暦応二年卯月廿日　　　越後守判

円光寺長老宗暁禅師

⑤康永三年（一三四四）光厳上皇院宣案（市史一六〇―七号、県史⑧九七五―七号）

末寺円光寺
尾張国萩園村円光寺、宜為御祈願所、早令凝長日之丹誠、可奉祈万年之宝祚者、院宣如此、仍執達如件、

康永三年九月一日　　　中納言在判

住持宗暁禅室

これらによると、円光寺は鎌倉幕府滅亡から程なくして後醍醐天皇に当知行安堵を申請し（①）、そのしばらく後に後醍醐の祈願所にも加えられたこと（②）、そして南北朝の動乱が始まるといわゆる「元弘以来没収地返付令」の足利尊氏御判御教書（③）や守護による寺領への介入停止を保証する書下（④）をいち早く獲得し[11]、争乱がいったん沈静化した頃に北朝の光厳院から祈願所の認定を得たこと（⑤）が分かる。当該期の政治状況に応じて後醍醐政権や北朝・室町幕府といった中央権力に素早くアクセスできていた様相が窺えるだろう。特に「元弘以来没収地返付令」の御判御教書は、史料残存の問題もあろうが、大方は中央の主要寺社（とりわけ禅院・律院）や著名な地方寺院に伝来するのが現状であって[12]、円光寺・宗暁のごとき無名・不詳の田舎の寺院・僧侶が入手していた点はやはり珍しい状況といえる。

では、いったい円光寺はどのようなルートを通じて公武政権に接触できたのだろうか[13]。それを直接的に明らかにし得る史料は存在しないため、この問いに明快に答えることは実際のところ甚だ困難ではある。ただ、ここで一つの有力な可能性として考えておきたいのが大応派関係の人的ネットワークである。鎌倉末期～南北朝期にかけての大応派についてはいまだ考察が十分に深められていない状況にあるので、この点について次章以下で検討を行ってみたい。

第二章　初期大応派をとりまく人的関係

鎌倉末期～南北朝期における大応派の拠点寺院としては、南浦紹明の塔所のある建長寺天源庵・京都龍翔寺・筑前崇福寺を挙げることができる。建長寺は延慶元年（一三〇八）一二月に南浦紹明が同寺住持のまま示寂した場所、京都龍翔寺はその翌年に後宇多上皇が西京の離宮柳殿を改めて南浦の塔所とした寺院、筑前崇福寺は南宋から帰朝した南浦が三〇年以上にわたって住した場所で、[14]それぞれの場所に南浦の門徒が存在していた。[15]以下では特に政治権力の所在地たる京・鎌倉にあった建長寺・龍翔寺をまずは取り上げて大応派に関わる人脈をみていくことにする。

第一節　建長寺

建長寺天源庵には南浦紹明が南宋から持ち帰った運庵普巖・虚堂智愚の自賛の頂相と、その虚堂の肖像を敷写するようにして描かれた南浦の自賛頂相の三点セットが戦国期まで伝来していた。[16]運庵・虚堂の頂相は南浦にとって特に重要なものだったはずで、彼の終焉の地にそれが残ったということは、建長寺の大応派門徒が師の遺品を他所（他寺門徒）に散逸させることなく最重要の什物として保守してきたことを意味していよう。『仏燈国師語録』には南浦の一周忌について「南浦和尚忌、門人看誦華厳経請師講讃陞座」とあり、建長寺門徒が約翁徳倹を請じて追善仏事を行ったことも知られる。このように南浦紹明が没した直後の建長寺には彼の下に参じた人々が門派的な集団を形成していたことが確認できるのである。

ただ、建長寺に南浦の塔所が建つのは実はかなり遅れる。南浦は建長寺で没し同寺の門徒によって荼毘に付されたが、その舎利は後宇多の意思により根本塔所となる龍翔寺祥雲庵の普光塔に納められることになった（「円通大応国師塔銘」）。おそらくその際に建長寺・崇福寺の両門徒も舎利を申請し、その分与に預かったのだろう。ところが建長寺では「闍維之後越二十余載、雖徒衆之多、莫能卜其它兆而安措其霊骨焉」（『天柱集』所収「天源菴記」）とあるように長らく適当な墓所を設けることができておらず、塔頭天源庵がようやく建てられたのは南浦の死去から二〇年以上も経った建武初年であった。その創建に尽力した人物が建長寺門徒の柏庵宗意である。彼は妙興寺の滅宗宗興と深い関係を有したことでも知られているが、滅宗との関わりについては後述するとして、ここでは建長寺という場における大応派の人脈形成という視角から、同寺に関係する幾人かの僧侶に注目したい。[17]

■柏庵宗意　『五山禅林宗派図』には彼の名は見出せないが、「円通大応国師塔銘」をみると「嗣其法而分居州刹者」と区別して「所度弟子宗雲・宗意等千有余人」と記されており、彼は法嗣ではなく門生であったといえる。とはいえ、『円通大応国師語録』巻下に収められた自賛の中に「宗意禅人請」によるものがあり、宗意が南浦の自賛頂相を所持していたことが知られる。天源庵創建の経緯からしても彼が建長寺門徒のリーダー格であったことは間違いなかろう。

一方、同時代史料では、元亨三年（一三二三）の「北条貞時十三年忌供養記」[18]の請僧の中に「宗意都管」とみえ、嘉暦二年（一三二七）の建長寺拈華堂鼎建立柱疏と翌年の建長寺栴檀林掛額疏には住持清拙正澄と連名で「同（建長寺）知事比丘宗意」と記されており、[19]彼が建長寺の東班衆として相当の地位と役職に就いていたことが確認でき、寺内でも有力な古参僧であったことが分かる。

なお「天源菴記」によると、宗意が「聞於朝廷、建武初詔賜茲地幷天源禅菴之額」とみえ、彼が後醍醐に申請して境内敷地と扁額が賜与されて塔頭が創建されたらしい。ひとまず建長寺門徒の柏庵宗意が後醍醐に接触できるルートを有していた点を、ここでは押さえておきたい。

■清拙正澄　嘉暦元年に建長寺造営料船に乗って来日した破庵派の元僧で、翌二年には北条高時に迎えられて建長寺住持となる。ここで注目すべきは、その時の知事が柏庵宗意だった点である。住持・知事の任にあった両者が連名で拈華堂鼎建立柱疏および栴檀林掛額疏に名を据えていたことは先述の通りで、二人の間には浅からぬ縁が形成されていたと考えられる。鎌倉幕府が滅亡すると、著名な禅僧を身近に招き置くことを志向する後醍醐の勅命により、清拙は元弘三年（一三三三）一〇月に建仁寺住持として入院し、さらに延元元年（一三三六）に南禅寺へ遷住した。京都にいる彼が建長寺門徒の宗意と建武政権を媒介しうる立場にあったと考えることは十分に可能だと思う。

■明極楚俊　日本からの招請に応じて元徳元年（一三二九）五月に来日した燄慧派の元僧。翌年、関東に下向する途中に後醍醐天皇に謁見し法問を受け、鎌倉に入ると北条高時により建長寺住持に任じられる。鎌倉幕府滅亡後の元弘三年、後醍醐の勅命により南禅寺住持となり、翌建武元年（一三三四）に建仁寺に遷住し、同寺住持のまま建武三年に没した。後醍醐の信任厚い禅僧であったが、以下に述べるように、彼に関わる人脈の中に大応派との接点をみることができる。

■竺仙梵僊　明極楚俊の強い希望をうけて日本に同行した古林派の元僧。明極が建長寺住持であった時にはその下で首座を務めている。鎌倉幕府滅亡後は、足利尊氏・直義からも厚い帰依をうけ、暦応四年（一三四一）に直義の推挙で南禅寺住持となり、貞和三年（一三四七）正月には建長寺住持として同寺に入院した。五山文学の隆盛で大きな役割を果たした人物として知られるが、今ここで注目したいのは彼の偈頌集である『天柱集』に天源庵創建の経緯を記した「天源菴記」が収められていることである。建長寺で首座・住持を務めた彼が同寺の大応派門徒と繋がりを有していたことが看取できる。

■物外可什　南浦の直弟子である。元応二年（一三二〇）に入元し、古林清茂に参じてその禅林文芸の大きな影響を受けた。元徳元年に明極楚俊・竺仙梵僊が来日する際の船に同乗して帰朝。この時に明極や古林会下の同参である竺仙との親交を深めたと思われる。日本に戻ってからは南浦ゆかりの筑前崇福寺に入院し、その後に鎌倉へ下って建長寺前堂首座となった。その時に柏庵宗意による天源庵の創建にも協力しており、竺仙に「天源菴記」の撰述を依頼したのも彼と親しい間柄にある物外その人だった。建長寺首座の任を退いた後、鎌倉万寿寺・浄智寺の住持を歴任し、晩年には建長寺住持に昇住した。貞治二年（一三六三）に没した際には天源庵の傍らに葬られたが、おそらくそれは彼が建長寺において大応派の拠点たる天源庵に入って日常的に活動していたことに因むのだろう。

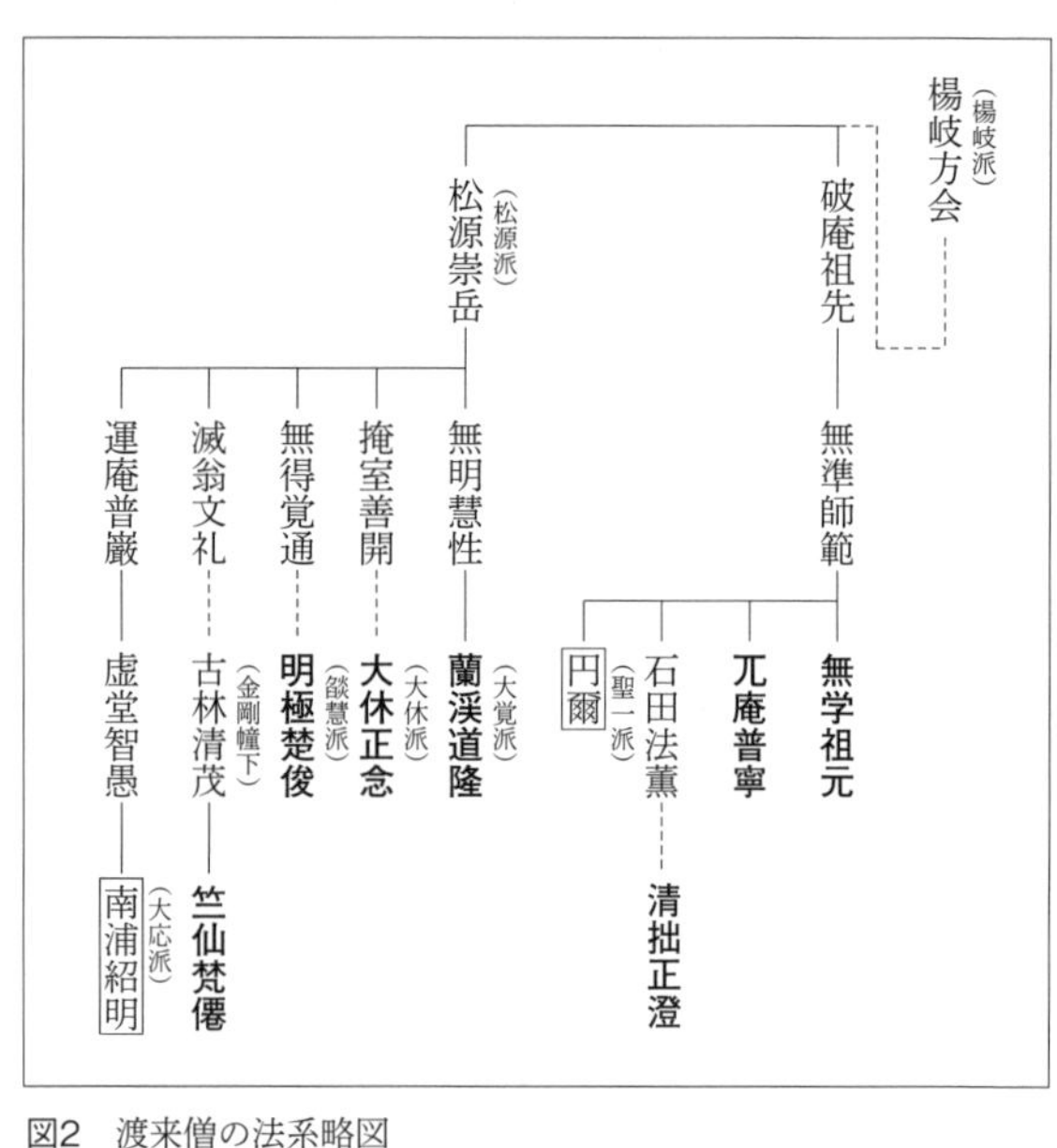

図2　渡来僧の法系略図
※太字は来日僧　線で囲った人物は日本僧を示す。

以上に列記したことからも窺える通り、鎌倉末期に来日して建長寺とも接点をもった著名な元僧と、同寺天源庵にかかわる南浦紹明の門徒の間には浅からぬ関係や交友が存在していた。しかもここに挙げた渡来僧は後醍醐天皇や足利尊氏・直義等からも厚い帰依を受けており、大応派が公武政権にアクセスする際にもこの人脈は有力なルートとして機能し得たものと思われる。

龍翔寺の創建については、「円通大応国師塔銘」に次のように述べられている。

奉龕闍維獲設利無算。事聞　皇上哀慕不已。勅諡円通大応国師。仍勅建寺西京。額曰龍翔。塔骨石舎利于寺之後山。塔曰普光。菴曰祥雲。

然るべき墓所の整備がなされていないことを憂いた後宇多上皇が、南浦の没した翌年に離宮柳殿を禅院に改めたのが同寺で、[20]その住持や塔主には当然ながら大応派の僧侶が任じられていった。こうした経緯からしても、京都周辺の大応派と後宇多院との間には少なからず関係があったとみなすことは十分に可能だと思うが、ここでは南浦直弟子のうち龍翔寺住持を歴任した人物を取り上げて、大応派の人脈を跡付けていくことにする。

■絶崖宗卓　龍翔寺は南浦を勧請開山とし、絶崖が住持に迎えられた。彼は文保年間（一三一七〜一九）に後宇多の命により南禅寺住持となり、退院後は再び龍翔寺に戻ったものと思われる。元亨三年（一三二三）には花園上皇から法問を受けたことが知られている（『花園天皇日記』同年一二月一四日条）。この時の絶崖の答えに上皇は納得しなかったようであるが、しかし彼が後宇多（大覚寺統）や花園（持明院統）といった王家構成員と接触できる立ち位置にあったことが分かる。建武政権下の元弘三年（一三三三）に浄智寺の住持に任じられて鎌倉に下向し、そのまま建武元年六月に同寺で没した。塔所は大応派にゆかり深い崇福寺の大明庵で、同寺は絶崖が京都に赴く以前に住持を務めていた所でもある。先行研究でも指摘されている点ではあるが、京都の大応派と崇福寺との強い繋がりを窺うことができるだろう。[21]なお絶崖は龍翔寺の末寺山城妙勝寺（薪荘）や京都円福寺の開創にも関わっている。

■通翁鏡円　筑前崇福寺にあった南浦紹明のもとに参じた禅僧。龍翔寺の開山にあたり南浦の塔院（瑞雲庵普光塔）の塔主に任じられ、さらに絶崖宗卓が龍翔寺から南禅寺に遷った後には後任の住持を務めたものと思われる。元亨四年に後醍醐の勅命で南禅寺に遷住し[22]、正中二年（一三二五）に没する。生前に国師号を特賜され、「当代帝師」（『花園天皇日記』同年閏正月二八日条）ともいわれたように、後醍醐から厚い帰依を受けていた[23]。塔所として南禅寺内に正眼院が設けられ、ここが同寺における大応派の中核的寺庵となった。

■月堂宗規　筑前崇福寺にあった南浦紹明のもとに参じ、嘉元三年（一三〇五）に南浦が京都に招かれて京都万寿寺住持になった時、師に従って上洛した月堂も同寺の蔵司を務めた。正和五年（一三一六）に元寇防塁の上に建てられた筑前石城庵（後の妙楽寺）住持に迎えられ、さらに嘉暦元年（一三二六）に博多聖福寺の独照祖輝に請われて前堂首座を務めた。同年、独照が京都建仁寺に遷住すると月堂もこれに従って上洛し、彼のもとで引き続き前堂首座の任に就いた。翌嘉暦二年には後醍醐の勅命により龍翔寺に入院した。南北朝期になると筑前に還って崇福寺・聖福寺・妙楽寺に入り、康安元年（一三六一）に示寂した。塔所は妙楽寺・聖福寺に建てられた。

以上から知られる通り[24]、大応派と王権との関係は南浦と後宇多との個別的なもので終わったわけでなく、後宇多没後も京都周辺の大応派禅僧が王家（大覚寺統・持明院統の両方）と一定の関係を保持しながら活動し、特に通翁のように後醍醐から帰依を受ける人物がいたことも確認できる。鎌倉末期〜南北朝初期に大徳寺開山の宗峰妙超が花園・後醍醐の外護を受けつつ教団発展の基礎作りを行うことができた歴史的前提には、こうした京都の大応派と王権との関係があったことにも十分注意しておく必要があるだろう。

なお龍翔寺住持に関して、南浦の孫弟子世代についても補足してみておこう。延文三年（一三五八）八月に、「大徳・龍翔・円福寺等事、寺領失墜・仏閣荒廃之条、所被驚思食也、殊被専三寺之興行、可令祈四海之安全給」という後光厳上皇院宣が徹翁義亨宛に出された。[25]徹翁は宗峰妙超に師事し、大徳寺教団の整備に尽力した人物として知られている。一四世紀中葉頃には彼が京都の大応派の代表格として龍翔寺・円福寺を管領していたのだろう。[26]

その後、応安五年（一三七二）には尾張妙興寺の滅宗宗興が龍翔寺住持となっている。彼は南浦没後の生まれなので、直接南浦から嗣法したのではなく拝塔の弟子という形で大応派の法系に連なった人物である。龍翔寺住持の時に『円通大応国師語録』を開版したことでも知られている。[27]

滅宗の後任には「心剣」が住持に就いていた。[28]『五山禅林宗派図』によると峰翁祖一（南浦の直弟子、美濃大円寺の開山で遠山派の祖）の弟子の一人に「鈍庵　剣」という人物がみえ、彼が「心剣」であった可能性もある。峰翁が滅宗によって尾張妙興寺の第一世として招かれたことに鑑みると、滅宗と遠山派の人的ネットワークや、美濃・尾張・京都に散住する大応派禅僧の交流の存在を看取することも可能ではなかろうか。

第三節　京都万寿寺

ところで京都の大応派について考える場合、留意すべき寺院がもう一つある。それは京都万寿寺（六条院）である。同寺は室町院の死後、亀山院・後宇多院と順に管領権が移った王家ゆかりの寺院で、一三世紀末に東福寺第二世の東山湛照が住持になって以来、彼の門下である三聖門派の禅僧が住持職を相承していた。ところが嘉元三年（一三〇五）に後宇多院が強引に南浦を入寺させたことをきっかけに、三聖門派と大応派の間で同寺をめぐる争いが起こった。[29]「京山城万寿寺住持歴代」（白石虎月編『東福寺誌（復刻版）』思文閣出版、一九七九年）およびその他の史料から判明する東山以降の住持を略記すると（丸数字は世代）次のようになる。
【三聖門派】 〇心源（尊智上人）[30] ③肯庵（禅月上人） ④松嶺智義 ⑤無才智翁（空識上人）
【大応派】 ⑥南浦紹明 ⑦絶崖宗卓 ⑧通翁鏡円 ⑨雪庭宗禅 ⑬即庵宗心 ⑯可翁宗然
【大通派】 ⑩耕雲克原 ⑪出塵処傑 ⑫混源正肇
【法灯派】 ⑭高山慈照 ⑮東海竺源

嘉元三年以降に大応派が三聖門派に代わって住持職を継承するようになったことが知られ、先に龍翔寺に関してみた絶崖・通翁も七世・八世になっている。また、九世の雪庭宗禅は詳しい事績は不詳であるが、「円通大応国師塔銘」に法嗣の一人としてみえる「万寿禅」が彼のことを指す。いずれにしても鎌倉末期の南浦の直弟子が王家の御願寺というべき万寿寺に軸足の一つを置き続けていたことは、大応派と王家の良好な関係の持続を物語るものといえよう。

その後、建武〜暦応年間（一三三四〜四二）にかけて大通派（西澗子曇の法脈）・法灯派（無本覚心の法脈）から住持が出て大応派の住持職の占有は解消されるが、ただその間にも大応派の即庵宗心（一三世）・可翁宗然（一六世）の就任は確認できるし、法灯派の高山慈照もかつて万寿寺に入った南浦の下で焼香侍者を務めたことがあるように、大応派と無縁な人物だったわけではない。そして暦応五年（一三四二）に万寿寺は十刹に列して十方院となるが[31]、その直前の住持が可翁宗然だったと思われる。彼については略歴をみておきたい。

■可翁宗然　建長寺の南浦に参じた直弟子。元応元年（一三一九）に大覚派（蘭渓道隆の法系）の寂室元光や同門の物外可什等と共に渡海し、元では中峰明本や古林清茂に参禅した。嘉暦元年（一三二六）に清拙正澄が来朝する際に同船して帰朝。その後、筑前崇福寺・山城円福寺に入り、おそらく暦応年間に万寿寺に一六世として迎えられ、康永年間に建仁寺、貞和元年（一三四五）頃までに南禅寺へと遷住し、同年に現住のまま示寂した。塔所は建仁寺内に営まれた天潤庵で、同庵は大応派五山僧の拠点の一つになった。

ここで注目すべきは入元経験にともなって形成されたであろう可翁の人脈である。彼が元僧の清拙と接点を持っていた点からすると、大応派と渡来僧の親交は何も建長寺門徒のみの特質ではなかったということになるし、同門の物外との関係は、南浦没後において筑前・京都・鎌倉の各門徒の人的交流が継続していく一つの素地を形作っていたと評することもできるだろう。たとえば時期は下るものの、応永期に尾張妙興寺から筑前崇福寺に年貢として為替で送金した際の送金人として「正眼院（南禅寺）梅侍者」・「大徳寺岐山西堂」・「関東天源菴（建長寺）方」がみえる(32)。妙興寺の負担分を用立てる寺院間のネットワークの存在が確認できるが、おそらくそれは鎌倉末期より培われた如上の人的関係を基礎にしつつ成り立っていたと思われる。

以上、雑然とした僧伝の列挙になってしまった感は拭えないものの、鎌倉末期～南北朝初期の大応派は、筑前崇福寺・京都龍翔寺・鎌倉建長寺天源庵を定点として結ばれた人的ネットワークを有しており、公武政権の庇護を受けた渡来僧との繫がりも擁していたことが知られる。また大応派自身も王家ゆかりの万寿寺と関係をもち、同寺から建仁寺・南禅寺へと昇住することも稀ではなく、京都において同派が一定の存在感を有していたことも確かといえる。

こうした点を踏まえて、改めて前章の末尾で述べた問いに戻りたい。尾張円光寺が建武～康永年間にかけて公武政権からいち早く綸旨・院宣や御判御教書等を手に入れたり、その保護を受けたりすることができた背景は何であったのか。この点を上述した大応派を取り巻く状況から推察するならば、同派が中央政権にアクセスできる人脈を有し、王家や足利氏等から帰依を受けていたことがやはり大きな意味をもっていたといえるのではなかろうか。大応派の広範な人的ネットワークが有効に機能し得る条件がこの時期に整っていた点を積極的に評価すべきだと思う。

ところが円光寺と公武政権の接触が窺える史料は前掲した⑤康永三年光厳上皇院宣案が最後となり、これ以降は中央政界との繫がりが確認できなくなる。時期的にはちょうど京都に住した南浦直弟子世代および清拙・明極等の渡来僧が世を去っていく頃に当たる。つまり⑤の院宣が出された前後の頃、これまで大応派を支えてきた人的基盤は揺らいでいたというのが実情であり、政治的な交渉ルートも程なくして機能不全に陥っていったものと考えられる。実際、可翁以降に大応派から建仁寺・南禅寺の住持に就く人物は長くみられなくなっており[33]、中央における同派の存在感の低下は明らかといえる。

こうして尾張円光寺は貞和以降になると中央政権との繫がりが希薄化して保護を受けられないような存在に転落してしまったのである。一方、円光寺にかわるようにして一四世紀後半に尾張の禅刹として発展していくのが大応派の滅宗宗興によって建てられた妙興寺である。妙興寺の造営は貞和年間から始まり、延文元年（一三五六）頃に後光厳天皇の祈願所に認定され[34]、貞治三年（一三六四）に足利義詮御判御教書により諸山に列することになった。このように滅宗は公武政権との関係を再構築していったことが分かるが、上述した大応派を取り巻く状況から考えるならば、それはゼロからの出発であったといえるだろう。

第三章　滅宗宗興の人脈

では妙興寺はどのような人脈に支えられて創建・発展していくことができたのだろうか。もちろん室町幕府・守護との関係が最も重要であったことはいうまでもないのだが、そのような政治的諸関係についての検討は別の機会に検討することにして、ここでは滅宗宗興と大応派に関わる人的ネットワークの様相をみていくことにしたい。

第一節　建長寺にかかわる人脈

まず触れるべきは建長寺天源庵柏庵宗意との師弟関係だろう。「円光大照禅師行状記」によると、柏庵は尾張国中島郡石作郷の出で、中島郡の源氏（中島氏）の出身である滅宗とは同郷といってよい関係にあった。滅宗が生まれる以前に彼の父親が柏庵のもとに自分の子息を入れることを約束しており、実際に一九歳を過ぎた頃に彼は鎌倉建長寺の柏庵の所に赴いたらしい。時期にして嘉暦三年（一三二八）頃で、柏庵は建長寺の知事として東班衆のトップの任にあって同寺の造営に関与していた折節である。滅宗が建長寺を去って郷里に戻ったのは貞和二年（一三四六）頃なので（「行状記」が貞和四年とするのはおそらく誤り）、柏庵のもとにいた彼が天源庵の創設にも関与していた蓋然性は十分に考えられるだろう。滅宗は建長寺を退くにあたり、柏庵から特別に南浦の頂相を与えられたという。拝塔の弟子たる滅宗にとってこの頂相は嗣法の正統性を証する重要な意味をもつ什物になったはずである。

もう一点、建長寺時代の滅宗について補足しておきたい。それは渡来僧明極楚俊との関係である。実は明極は「滅宗興禅人」という題の詩文を作成しているのである。(35) 明極は元徳二年（一三三〇）に建長寺住持に就いていたので、両者の関係は大応派の人脈を通じて建長寺において作られたとみてよいだろう。

このように建長寺天源庵・柏庵宗意の存在は、滅宗からすると自身の大応派禅僧としての原点に位置付くものであった。(36) 事実、滅宗の退去庵として建てられた妙興寺天祥庵では室町期においても「栢菴幷一円和尚灵供」として追善仏事が行われていたことが確認できるし、[37]先述したごとく妙興寺（天祥庵）の替銭の一部を「関東天源菴」が負担していたことも知られ、妙興寺（とりわけ天祥庵）と建長寺天源庵は深い繋がりを有していたといえる。滅宗自身も「近尾駿三州宏闡接待、雲水兄弟食于斯、居于斯」（「円光大照禅師行状記」）といわれるように接待所の設置を行って〈京都（龍翔寺）―近江―尾張（妙興寺）―駿河―鎌倉（建長寺）〉の中世東海道ルートの往来の便宜を図っていた。古文書から具体的に知られるのは、妙興寺周辺の「客林旦過」と近江の「兜率旦過」（江州四十九院）・「天福旦過」（同国森山）で、[38]駿河の接待所は残念ながら不詳であるものの、滅宗が京都だけでなく鎌倉の大応派門徒との人的関係の維持に努めていた様子が窺えよう。南浦から直接嗣法したわけではない滅宗にとって、このネットワークは妙興寺の宗教的基盤を確保する上でも不可欠のものだったはずである。

ちなみに貞治四年（一三六五）に妙興寺の落慶供養が行われた際、南禅寺の定山祖禅（聖一派）と寿福寺の行山祖令（大休派）が陞座仏事・安座仏事の導師として招かれた（「妙興寺由来記」）。このうち行山は大休正念の孫弟子に当たる人物であるが、大休の遺骨が納められた鎌倉寿福寺は同派の拠点にもなっており、さらに大休の直弟子である嶮崖巧安は元弘元年（一三三一）に明極の後任として建長寺住持に就いていた。当時建長寺にあった滅宗は大休派の人々とも身近に交流できる環境にあり、そこで培った人脈が妙興寺の落慶供養における行山の招請に繋がったとみることもできるだろう。

第二節　尾張地域における人脈

ここで滅宗と交通路という論点に関わるものとして、彼の出自の問題についても触れておきたい。滅宗は「円光大照禅師行状記」に「尾州中嶋郡人、其先嵯峨天皇第十二子河原院也」とある点から中島氏（源氏）の出身ということが共通理解になっている。そして中島氏は「尾張国大介職」を相伝し、惣領が正介を称したことから、一般には有力在庁として把握されている。[39]

しかし中島氏の性格をより先鋭的に物語る注目すべき史料が存在する。それは康安二年（一三六二）に成立した『真友抄』という教義問答の筆録書である。[40] この史料の筆者は醍醐寺僧賢西という学僧で、彼の質問に対して高山寺の某僧が答えるという形式で叙述がなされている。実はこの高山寺の某僧が中島氏の出自で、そのことについて自ら次のように語っているのである。

> 我ハ尾張ノ国ニハ中嶋党ト云者ナリ。俵藤（藤原秀郷）太カ末ニ三人アリ。嫡子ノ末ヲハ中嶋ノ正介ト申シキ。次男ノ末ハ湯浅ノ権守宗重ト申。三男ノ末ハ足利ノ又太郎（忠綱）ト号ス。コレハミナ俵藤太カ末、平家ノコロヲヒノ者ナリ。世ナル者ハヒトリモナクテ、シカモ弓矢ヲトリテ一向悪党トモナリ、今ハ湯浅ホトノ者モナシ。舅ニテアリシ者ハ、スナハチ悪党ニテ頸キラレテ、ヨキ事ニテハナケレトモ、カヽ者ノ中ニハ、ケナケニ身ナムトモシタヽカナルモアルソカシ。ワレハ其分モナキナリ。

中島正介が源氏ではなく秀郷流藤原氏の末裔と語られている点は従来の理解と大きく乖離しており問題が残るものの、しかしこれが南北朝期の中島氏出身の人物による証言であることはやはり無視しがたい重みを持っていよう。ひとまずここでは婚姻や仮冒などによる改姓、もしくは中島党の実態が複姓の混雑する集団であったような状況を想定しておきたい。[41]

この口述で最も目を引くのは、中島氏が正介を惣領とする中島党と呼ばれる集団をなし、しかも悪党として活動していたという点だろう。在庁官人として性格付けられてきたこれまでの中島氏のイメージからすると、これは衝撃的な事実といえる。ただ、中島氏が悪党の属性を有していたことを踏まえることにより、かえって滅宗の宗教活動を可能にした背景について理解しやすくなる点があるのも確かである。たとえば『一遍聖絵』にはこの地域の悪党に関して次のように記されている。

> 美濃・尾張をとをり給に、処々の悪党ふたをたてゝいはく、聖人供養のこゝろさしにハ、彼道場へ往詣の人々にわつらひをなすへからす。もし同心せさらむものにおきては、いましめをくはふへし云々。よりて三年かあひた海道をすゝめ給に、昼夜に白波のをそれなく、首尾緑林の難なし。(42)

濃尾平野を通る中世東海道の交通を悪党が押さえており、一遍のもとに参詣する人々には特別に便宜を図るため札を立てて往来の安全を保証したと述べられている。悪党が交通路を統制していた様子を窺うことができるが、これは裏を返せば交通路の整備を効果的ならしめるには悪党との協働が不可欠であったことを意味している。〈京都―尾張―鎌倉〉の大応派門徒を繋ぐルートを重視する滅宗の取り組みは、自身の出身母体である中島党を背後に擁することで有効化し得たといえるのである。

また南北朝期の妙興寺については、これまで有力檀越である国人荒尾氏の売寄進がクローズアップされてきたが、その一方で滅宗が短い期間に多くの田畠を購入できた事情については必ずしも十分に説明されてこなかった。しかし、郷里に戻った滅宗の宗教的経済活動を後援していたのが悪党の中島党であったと考えれば、その資金源についてもかなり理解しやすくなるのではなかろうか。さらにいうと、悪党たちが一遍に帰依したように、彼等の人的ネットワークは信仰を地域に浸透させるという側面においても大きな意味を有していたと思われる。荒尾氏以外にも初期の妙興寺壇越として中島氏・野田氏・奥田氏などが所領寄進（売寄進）を行っているが、彼等は中島党を中心とした悪党の人脈によって関係が結ばれた人々であった可能性も十分に考えられるだろう。

滅宗の妙興寺造営に伴う精力的な宗教的経済活動と、この地域における臨済宗大応派への信仰の広がりは、中島党という悪党の地域的・人的ネットワークを土台にして展開していたと評価できるのである。

第三節　京都にかかわる人脈

先にも触れたが、貞治四年の妙興寺落慶供養に際して陞座仏事の導師に招かれたのが聖一派の定山祖禅であった。彼はその三年後の応安元年（一三六八）に山門嗷訴により遠江国に流罪に処されたが、もしかすると配流の途中で妙興寺の滅宗との再会もあったかもしれない。定山は翌応安二年一一月には赦されて上洛しており[43]、応安五年には湯治で有馬温泉を訪れていた滅宗を東福寺少林庵（定山の退居庵）に引き止めている。滅宗はそのまま同年一一月に東福寺の前堂首座となって秉払を遂げたが、このように滅宗と定山の関係は浅からぬものがあった。

それにしても滅宗と定山の接点はどのようにして生じたのだろうか。その手掛かりは定山の師である雙峰宗源の経歴に見出すことができる。雙峰は円爾の直弟子であるが、実は南浦が後宇多の要請で筑前崇福寺から上洛した翌年の嘉元三年（一三〇五）に彼が崇福寺の住持として入院しているのである。これをきっかけに雙峰と崇福寺の大応派門徒との交流が始まったと想定することができるだろう。その後、雙峰は東福寺・南禅寺に遷住していったが、京都の大応派門徒も崇福寺と関係深い人々が多かったので、雙峰の門派（桂昌門派）と大応派は比較的良好な関係を保っていたと思われる。すなわち、滅宗は京都の大応派の人脈を通じて桂昌門派の定山との関係を構築したと考えられるのである。

このように滅宗が京都の大応派のネットワークを利用したと思われる事例は、定山の導師招請の件だけではない。たとえば妙興寺の本尊については次のような事実が判明している。平成一四年（二〇〇二）に仏殿に安置された釈迦・普賢・文殊の三尊像の調査が行われたが、その時に文殊像の頭部前面材内面から「院遵」の墨書銘が確認されたのである[44]。院遵は南北朝期に活躍した院派を代表する仏師院吉の子で、兄には院広がいた[45]。一四世紀半ばの院派の作例では院吉・院広父子の共同制作や院広・院遵兄弟の共同制作の造像が知られているので、妙興寺の三尊像が貞治四年に点眼供養された仏像であることは間違いない。しかも院遵の父院吉は天龍寺本尊の造立や等持院大仏師職に補されるなどしており、足利氏から庇護を受けていた仏師でもある。院遵単独の作例は妙興寺以外には伝存していないものの、滅宗がこうした中央仏師に制作を依頼できた背景には、販路を地方にも求める院派の動向もあっただろうが、やはり彼と京都との繋がりを想定すべきだろう。滅宗は京都の大応派のネットワークも活用しながら妙興寺の造営を進めたといえるのである。

京都における滅宗の活動についてもみておこう。妙興寺の供養を終えた後、滅宗は同寺を離れ、応安五年の年末には京都龍翔寺の住持となった。そしてその直後、

時応安五年歳次壬子冬十二月十五日、西京龍翔禅寺住持法孫比丘宗興命工入梓、[46]

のごとく、彼は南浦の語録である『円通大応国師語録』を刊刻した。この時に刊行事業の「助縁」者として名を連ねているのが定庵性守（前妙興寺住持）・大用宗任（前山城真如寺住持）・象外宗越（筑前聖福寺住持）・玉林宗璨（前崇福寺住持）の四名で、定庵・玉林は滅宗が妙興寺の初代住持に迎えた峰翁祖一の弟子、大用は可翁宗然の弟子、象外は月堂宗規の弟子であった。いずれも南浦の孫弟子世代に当たり、滅宗が各地に散住する大応派の人々との繋がりをもって出版事業に臨んでいたことが分かる。

ここで出版事業という点に関連して、幾人かの人物について触れておきたい。まずは滅宗の刊刻事業を助成した大用宗任である。彼は可翁宗然の弟子で、京都においては師匠の塔所である建仁寺天潤庵を拠点にしていた。この天潤庵には「前勢州玉峯大居士」が家財をなげうって貞和四年（一三四八）に刊刻した『景徳伝灯録』の版木が所蔵されていたが、文和四年（一三五五）一二月の火災で版木の大半が失われてしまった。こうした現状を惜しんだ大用は建仁寺首座の任にあった時に欠失分の重刊を期して幹縁比丘となり、延文三年（一三五八）にこれを完成さ

せたのである。[47]滅宗にとって大用は出版事業の先達としてそのノウハウを学ぶことのできる頼れる協力者であったといえる。

一方、大用の勧進に応じて『景徳伝灯録』の重刊事業を助成した人々の中に、土岐頼康（巻一を負担）や佐々木氏頼（巻十九・二十・二十一を負担）といった有力守護がいたことにも注目しておきたい。前章で述べたように一四世紀半ばの大応派は前代と比較すると公武政権の中枢部との関係は疎遠になっていたものの、このように有力な在京守護大名の中に帰依者・支持者を求めるようなことは行われていたわけである。むろん勧進等で結ばれる関係は一時的である場合が多く、必ずしも師壇関係のような強固なものに発展するわけでもないが、それでも大応派の人脈形成という点では少なくない意味を有しただろう。たとえば滅宗による南浦の語録出版にも大用を介して土岐氏・佐々木氏等からの資金援助があったかもしれない。さらにいうと、京都から妙興寺へ至る幹線路が通過する近江・美濃・尾張を押さえる守護の両氏と繋がりを持っておくことは滅宗にとって重要な問題であったはずだし、特に土岐頼康との人脈を維持することは妙興寺の安定化にプラスに作用した部分もあったと考えられる。[48]大応派のネットワークを通じて滅宗が両氏との関係構築に動いていた蓋然性は十分にあっただろう。

ところで佐々木氏頼と大応派に関わる人脈については、大用の出版事業のほかにも見出すことができる。氏頼は大般若経開版の願主となるなど仏教を篤く信仰していたことでも知られているが、[49]五山禅僧との関係で注目したいのは大覚派（蘭渓道隆の法系）の寂室元光を開山に迎えて康安元年（一三六一）に永源寺を創建したことである。寂室は元応二年（一三二〇）に可翁宗然とともに入元し、中国では清拙正澄等のもとにも参じていた。彼が帰国したのは清拙の来日と同じ嘉暦元年（一三二六）なので、あるいはこれに同行する形で戻ってきたのかもしれない。ともかくも寂室は可翁や清拙と知己であり、大応派の人脈の中に位置づく禅僧だったといえるのである。寂室に帰依した佐々木氏頼は応安三年（一三七〇）に四五歳で死去してしまうが、それで佐々木氏と寂室・永源寺の関係が途切れてしまうわけではないので、滅宗は大用・寂室等を通じて近江守護佐々木氏との関係を保つことも可能であったただろう。実際に滅宗は妙興寺の供養を終えてから永和二年（一三七六）までの間に守山（野洲郡）と四十九院（犬上郡）に接待所（旦過）を設けたが[50]、これをスムースに行い得た背景には佐々木氏の庇護・協力があったと考えれば、非常に理解しやすくなるのではなかろうか。

以上、極めて雑駁でまとまりのない論述になってしまった憾みはあるが、滅宗宗興の人脈と大応派のネットワークについて考察してきた。少々割り切ってそれらの特徴をまとめ直すと次のようになろう。

・滅宗の宗教的基盤の一角を形作った建長寺天源庵との繋がり
・尾張地域における妙興寺（大応派）への信仰とその宗教的経済活動を支えた悪党（中島党）との関係
・京都の大応派門徒を介した中央五山僧や仏師との関係、あるいは在京守護との人脈形成

これらは直接的にも間接的にも妙興寺の創建・発展に影響を与えた要素といえ、教学・経営面での安定のために不可欠の意味を有していたと評することができる。すなわち妙興寺の成立は、単に尾張国中島郡という小世界の中だけで完結するようなローカルな出来事だったのではなく、少々大袈裟な言い方をすれば、都鄙間交通で結ばれた大応派ネットワークから導かれる広域的な人・物・情報の交流によってこそ支えられていたといえるのである。

おわりに

本稿では一四世紀における臨済宗大応派のネットワークという観点から、尾張妙興寺の成立過程を捉え直す作業を行った。特に鎌倉末期～南北朝期の大応派については一部の禅僧に関する個別的な言及があるほかは、その動向

や特徴を全体的に見通すような検討はこれまでなされてこなかったが、本稿の考察においてこの論点に対する一定の見通しを示すこともできたと思う。具体的にいうと、南浦の直弟子世代（鎌倉末期〜南北朝初期）は中央政界との関係や渡来僧との人脈を有していたが、孫弟子世代（南北朝期）になるとその繋がりは希薄化していき、中央における大応派の存在感も相対的に低下していったという点である。

ただその一方で、南北朝期を通じて鎌倉・京都・筑前を核とする大応派拠点寺院間の人的交流が継続していたことも確かであり、さらには出版事業等の助成を通じた有力在京守護との個別的な関係構築の動きも窺われた。大応派のネットワークは南浦の孫弟子世代の活動の中で再び立て直され、それが室町期の「応燈関」の発展的展開の土台になったといえるのである。滅宗宗興の宗教的諸活動も如上の大応派の人的関係を前提に展開したものであったことは間違いなく、その点を踏まえることによって妙興寺の成立史を単なるローカルな問題という以上に、より多面的に捉え直すことが可能になるのである。

さて、本稿では大応派のネットワークという切り口から考察を進めてきたが[51]、分析手法については旧来的な門派史の視点の域を出るものではなく、その点で自ずと限界を有するものであることは否定できない[52]。一つの門派に囚われない視野から改めて大応派のネットワークの規模や質を見極める作業も必要になってこよう。また、今回は政治史的な観点からの考察は紙幅の関係から捨象したが、妙興寺成立史を見直す上でこの問題が不可欠であることもいうまでもない。重要な課題が残ったままにはなってしまったが、それらについては今後の検討を期し、ひとまず拙い考察を終えることにしたい。

注

(1) 中世の妙興寺に関する基礎的研究は、河野宗寛編『妙興寺誌』(長嶋山妙興報恩禅寺、一九六五年)、玉村竹二「妙興寺の法系と本末関係」(『日本禅宗史論集　下之二』思文閣出版、一九八一年)、平岡定海「尾張国妙興寺の成立とその寺領」(『日本寺院史の研究　中世・近世編』吉川弘文館、一九八八年)がある。

(2) 「円光大照禅師行状記」・「妙興寺由来記」(妙興寺文書、『新編一宮市史　資料編五』三八三・三八四号、『愛知県史　資料編8』一二三三・一二三四号)。これらは滅宗の孫弟子となる無隠徳吾が享徳二年(一四五三)に撰したものである。以下、妙興寺文書の出典表記については煩雑になるのを避けるため、『新編一宮市史　資料編五』は市史三八三号、『愛知県史　資料編8』は県史⑧一二三三号のごとく略記する。ちなみに同時代史料における報恩寺(妙興寺)の初見は貞和二年閏九月一三日荒尾宗顕畠地売券(市史三五号、県史⑧一一九四号)であり、「円光大照禅師行状記」・「妙興寺由来記」の貞和四年の創建開始とは齟齬がある。後代の編纂史料である両記の記述には混乱と思しき部分もあるので、慎重な取り扱いが必要となる。

(3) 妙興寺領については、重松明久「妙興寺領管見」(『名古屋大学文学部研究論集』史学七、一九五八年)、上村喜久子「国人層の存在形態」(同『尾張の荘園・国衙領と熱田社』岩田書院、二〇一二年)、同「妙興寺領」(『新編一宮市史　本文編上』一九七七年)参照。妙興寺文書の売券については、鈴木鋭彦「中世土地証文における「不孝之仁」について」(『年報中世史研究』一〇、一九八五年)が分析している。

(4) ただ、こうした国衙領に基盤をおいた在庁・国人層が、国衙・国衙領の吸収を目論む守護に同調せず、それと対立していたという図式(別言すると南北朝期にも国衙・国衙領は守護勢力に吸収されずに温存されていたという議論)は、かつての守護領国制の理解から導かれたもので、現在の研究段階では通用しない議論である。妙興寺を在地領主層の拠点とする見方も、地域社会の権力関係に引き付けすぎた過大な評価といわざるを得ない。南北朝期の当該地域の国衙領については、小原嘉記「南北朝期の尾張国衙と「国衙一円進止之地」」(『日本史研究』五三九、二〇〇七年)参照。

(5) 近年、斎藤夏来は夷中から五山僧の役割と歴史的意義を捉え返すという視点から新たな議論を提起しており、さらに十方檀越制で支えられる夷中の禅院のあり方にも注意を喚起している。氏はそうした一事例として妙興寺についても関説しており、注目される。同『五山僧がつなぐ列島史―足利政権期の宗教と政治―』(名古屋大学出版会、二〇一七年)参照。

(6)代表的な研究としては、上田純一「大応派横岳派の展開と大徳寺派の堺進出をめぐって」(同『九州中世禅宗史の研究』文献出版、二〇〇〇年)、伊藤幸司「臨済宗大応派の動向と室町幕府の外交姿勢」(同『中世日本の外交と禅宗』吉川弘文館、二〇〇二年)が挙げられる。

(7)大徳寺・妙心寺については、竹貫元勝『日本禅宗史研究』(雄山閣出版、一九九三年)、加藤正俊『関山慧玄と初期妙心寺』(思文閣出版、二〇〇六年)参照。

(8)応永三四年一〇月日妙興寺雑掌目安案(市史三二三号、県史⑨一二九〇号)、応永三五年五月日妙興寺雑掌目安土代(市史三二四号、県史⑨一三〇三号)。

(9)なお宝暦二年(一七五二)に完成した『張州府志』には「中島郡円光寺」は天台宗と記されている(『大日本史料』六―一、二三八頁)。宗暁置文にも「当寺鎮守山王社」とあり、宗暁は開山というよりも円光寺を禅宗に改宗した人物だったのかもしれない。そして近世までに再び天台宗に戻っていたのだろう。

(10)おそらく宗暁は法嗣ではなく、参徒(受業の弟子)であったのだろう。

(11)尾張守護には高師泰が暦応二年四月に任じられたが、これは遠江遠征のための人事であった。史料④は内乱によって守護の違乱が起こり得るタイミングで発給された文書である。

(12)今谷明「尊氏兄弟と寺社」(同『室町時代政治史論』塙書房、二〇〇〇年)に、建武三年に寺社に対して出された「元弘以来没収地返付令」の一覧が掲載されている。ただし、武蔵称名寺(七月一八日)・大徳寺(一〇月二日)が一覧から抜けており、さらに「円光寺」であるべきところを「尾張妙興寺」と誤記している。

(13)宗暁置文によると、円光寺鎮守山王社領五段・栄林庵領一町は「荒尾方」の寄付によるもので、荒尾氏が檀越であったことが分かる。荒尾氏は南北朝初期に尾張国内で両使を務めており有力国人ではあったことは確かだが(前掲注(3)上村「国人層の存在形態」、同「南北朝動乱と国人たち」(『新編一宮市史　本文編上』一九七七年))、しかし中央政権へ直接繋がる独自の回路を有するような在京活動は確認できない。しかも建武政権期に同氏は所領が収公されるなどして一時的に没落しており(年月日未詳洞院公敏家雑掌申状案(「竹内文平氏所蔵文書」県史⑧九六二号))、円光寺と後醍醐政権の間を介在したとは考えられない。

(14) 崇福寺時代の南浦については、西尾賢隆「モンゴル襲来前夜の日元交渉の一面」(同『中世の日中交流と禅宗』吉川弘文館、一九九九年)

(15) 天源庵については、鈴木亘「諸塔頭における主要建築の構成と形式」(同『中世鎌倉五山の建築』中央公論美術出版、二〇一六年)、龍翔寺については、竹貫元勝「龍翔寺の移建再興」(前掲注(7)同著書収載)、崇福寺については、前掲注(6)上田論文参照。

(16) 天正一八年九月吉日宗易三祖像寄進状案(『大日本古文書 大徳寺文書之十三』三二四五号)、村井章介「肖像画・賛から見た禅の日中交流」(同『日本中世の異文化接触』東京大学出版会、二〇一三年)。

(17) 以下に挙げる僧侶の経歴については、玉村竹二『五山禅僧伝記集成』(講談社、一九八三年)等を利用して記述しているので、詳しい出典注記等は一部を除き省略した。

(18) 円覚寺文書(『神奈川県史 資料編2』古代・中世(2)、二三六四号)。

(19) 建長寺文書(『神奈川県史 資料編2』古代・中世(2)、二六四七号・二六八〇号)。

(20) 延慶二年三月六日後宇多上皇院宣案(「大徳寺文書」『鎌倉遺文』二三六一七号)。

(21) 前掲注(6)上田論文。

(22) 桜井景雄『南禅寺史』(大本山南禅寺、一九四〇年)。

(23) 禅宗史研究では『延宝伝灯録』の記述に基づき、通翁鏡円が正中の宗論(南都北嶺と禅宗の宗論)における禅宗側の主班を務めたとする理解がいまだに行われている。しかし、この宗論自体が史上に存在しなかったことは既に論証されている。小木曽千代子『玄恵法印研究―事跡と伝承―』(新典社、二〇〇八年)、大田壮一郎「宗論の史的考察」(天野文雄監修『禅からみた日本中世の文化と社会』(ぺりかん社、二〇一六年))参照。

(24) 本文で列挙した禅僧のほか、「円通大応国師塔銘」には「嗣其法而分居州刹者」の一人として「龍翔友」(=松巌宗友)とみえている。ただ、彼の経歴については不明な部分が多いため本文で触れることはしなかった。

(25) (延文三年)八月四日後光厳天皇綸旨案(『大日本古文書 大徳寺文書之一』一六二号)。

(26) 徹翁義亨が制した応安元年一〇月一八日徳禅寺法度(大谷大学図書館所蔵『龍宝霊山法度抄』所収、前掲注(7)竹貫著書に収録)には、「当寺随所出之土貢分十分一而為本塔頭龍翔寺破損之堂舎修補料足」とある。徳禅寺の開山は徹翁である。

(27) 木宮泰彦『日本古印刷文化史（新装版）』（吉川弘文館、二〇一六年）。

(28) 永和四年三月五日龍翔寺文書紛失状案（『大日本古文書　大徳寺文書之二』一六二一号）。

(29) 葉貫磨哉「足利義詮の禅宗信仰」（『中世禅林成立史の研究』吉川弘文館、一九九三年）、岡部恒「万寿寺をめぐる東山・大応門徒の抗争」（『禅文化研究所紀要』六、一九七四年）。

(30) 尊智上人心源は「京山城万寿寺住持歴代」には挙げられていないが、徳治三年正月一〇日十地上人門弟等申状案（「東福寺文書」『鎌倉遺文』二三一五六号）から禅月上人肯庵の前任の長老であったことは明らかである。

(31) 大日本国禅院諸山座位条々（『扶桑五山記』所収、黒田俊雄編『訳注日本史料　寺院法』集英社、二〇一五年）。

(32) 応永二九年四月八日象先慶初年貢請取注文（市史二九七号、県史⑨一一七六号）。

(33) 永徳二年（一三八二）に山城真如寺から建仁寺に昇住した大用宗任が確認できるくらいである。

(34) （延文元年もしくは二年）一一月九日後光厳天皇綸旨（市史七九号、県史⑧一四七九号）。

(35) 「明極楚俊遺稿」所収（上村観光編『五山文学全集（復刻版）第三巻』思文閣出版、一九七三年）。

(36) 春渓景芳による応永三三年七月一一日滅宗宗興勅謚号掛額仏事法語（市史三一三号、県史⑨一二四四号）には、「伝天源派脉、弄横岳嶮巇」と述べられている。

(37) 永享六年卯月日天祥庵常住米下行帳（市史三四七号、県史⑨一四七一号）。

(38) 永和二年極月日妙興寺末寺注文写（市史一七〇号、県史⑨二九五号）。

(39) 元応二年四月三日中嶋承念譲状案（市史一一号、県史⑧七八二号）に「尾張国大介職」がみえ、元亨三年一二月日の長隆寺所蔵木造観音菩薩像胎内墨書銘（県史⑧八三二号）に「大介入道俗名長持」と記されている。また、康安二年二月三日源清貞田地売券（市史九六号、県史⑧一五四九号）に「惣領正介方」として惣領散位長利が加判しており、中島氏が源氏であることの一つの証左とすることもできる。このほか前掲注（36）文書には、滅宗の出自を「姓源族中嶋也」と述べている。

(40) 中山一麿「善通寺蔵『真友抄』の翻刻」（『善通寺教学振興会紀要』一五・一六、二〇一〇・二〇一一年）、同「善通寺蔵『真友抄』について—南北朝期高山寺系聞書が映す世相—」（『説話文学研究』四四、二〇〇九年）。この史料については芳澤元氏の御教示を得た。

(41) 前掲注(3)上村「妙興寺領」では、惣領中島正介長利が、藤原・平といった異姓の者の所領も統轄していたらしいことが既に指摘されている。また、豊田武は党の特徴について、同族的な結合を基礎にしつつも次第に異姓も加わって一族一揆といった地域連合になっていく傾向があると述べている(『豊田武著作集第六巻 中世の武士団』吉川弘文館、一九八二年)。中島党のあり方とも通じるものといえるのではなかろうか。

(42) 『一遍聖絵』第七(県史⑧四八九号)。

(43) 『大日本史料』六―四一(二八一～三〇七頁)に定山の関係史料がまとめて掲載されている。

(44) 山岸公基「妙興寺仏殿釈迦如来及び両脇侍像調査中間報告」(『愛知県史研究』八、二〇〇四年)。

(45) 清水眞澄「仏師院吉、院広の事績とその作例」(同『中世彫刻史の研究』有隣堂、一九八八年)。

(46) 『円通大応国師語録』巻末刊記。

(47) 『景徳伝灯録』刊記、『樹下堂漫記』二(『大日本史料』六―二二、一五五～六頁)。前掲注(27)木宮著書二二四～三一頁。

(48) 守護土岐氏に対抗する国人層の拠点として妙興寺を位置付ける従来の評価は、こうした点からも見直しが必要である。土岐氏と妙興寺の関わり方については、政治史的な観点から別稿において触れる予定である。

(49) 古梓堂文庫所蔵大般若波羅蜜多経、近江豊浦新宮神社所蔵同経(『大日本史料』六―三二、一三〇～一頁)、久原文庫所蔵大般若波羅蜜多経(前掲注(27)本宮著書二九〇～一頁)。

(50) 前掲注(38)文書。

(51) こうした五山禅僧の門派的なネットワークが商人・海商と結合したり、大名の都鄙間ルートの神経系の一つとして組み込まれたりするようなことは従来からも着目されてきた論点ではあるが、大応派を扱った本稿ではこの点に関して十分に踏み込んだ考察はできておらず、今後の検討課題として残っている。

(52) 芳澤元『日本中世社会と禅林文芸』(吉川弘文館、二〇一七年)の研究史整理を参照。

(付記) 本稿はJSPS科研費JP26284101、JP18K00942の助成を受けたものです。

碧潭周皎の周辺と中世仏教
——嵯峨・仁和寺・高山寺——

芳澤　元

はじめに

一九八〇～九〇年代以降、宗教史研究・国文学研究では寺院調査・聖教調査が大きく進展した。真福寺などの寺院聖教調査は、歴史学だけでなく、とくに国文学分野にも「変動」をもたらし、隣接諸分野との学際化が意識されると同時に、中世史研究では、史書・古文書・古記録に止まらない多様な史料群の活用を模索する「史料学」の時代に入った。

その真福寺・称名寺聖教調査に関する研究成果の公刊(1)は、近年になり相次いで完結し、中世の諸宗兼修寺院がもつ目まぐるしいヒト・モノの往来、華厳や神道、禅・達磨宗などの密着した関係性が浮き彫りになってきた。その成果は、今後の研究をさらに飛躍させる礎となるにちがいない。さしあたり課題があるとすれば、それは対象時期が鎌倉期に集中しているという点であろう。これまでの兼修禅論も、初期禅宗の栄西、円爾などに偏り、中世前期という時期からは離れられないでいる。同様の指摘は、以前も簡単に述べたことがあるが(2)、この時期的視野を、中世後期にまで伸ばして考えるべきではあるまいか。

そのささやかな試論として、碧潭周皎という僧侶と、さまざまな人物を結ぶ「糸」に注目してみたい。西山地蔵院の開山である碧潭周皎は、鎌倉幕府から室町幕府をまたぎ、東密僧から禅僧に転身し、京都に五山禅林が仕上がっていく時期を生きた興味深い人物である。寺社勢力もしくは宗教勢力を論じるうえで、国家とのタテ関係や世俗社会全般との関係性は不可欠の論点だが、たとえば河内将芳が試みたような「寺院間社会」というヨコ関係の視点(3)を深めることもまた、同時に必要となってくる。

本稿では、碧潭周皎とその周辺が中世仏教といかに関わっていたか、その人的関係に焦点を定めて、南北朝期・室町期初頭の京都を中心とした寺院間交流の有様を考察したい。その際、先述したように、聖教・古典籍なども活用する。

第一章　碧潭周皎と真言密教

碧潭周皎（一二九一～一三七四）は、一般的には、管領細川頼之が開創した京都西山地蔵院の開山に招聘された夢窓疎石門下の禅僧として知られている(4)。平雅行(5)によれば、北条氏の美濃守名越秀時（二月騒動の際に誤って殺害されたとされる(6)名越時章の孫）の実子で、公名は亮といった。仁和寺禅助に東密を学んで「禅秀」と名のり、正和四年（一三一五）禅助より伝法灌頂を受けて仁和寺教王院に入る。徳治三年（一三〇八）禅助が後宇多院に伝法灌頂を授けた際には、最下の讃衆として「禅秀ヽヽヽ（仁大法師）」の名がみえる。のち鎌倉に戻り、元亨三年（一三二三）将軍守邦親王の護持祈祷を交代で行ったことが、鶴岡八幡宮別当頼仲が一三三六～一三四一年ころに作成した「関東将軍家御祈祷結番帳案」（『東寺宝菩提院文書』）から判明する。正慶二年（一三三三）に東寺三長者となり、鎌倉幕府滅亡後には、夢窓疎石について禅を学んだ。

○時章―┬―公時―――時家―――高家
　　　├―頼章
　　　└―篤時―――美濃守秀時―┬―碧潭周皎（禅秀）
　　　　　　　　　　　　　　└―時如（妻は北条顕時女）

碧潭周皎が東密僧としての出世コースを離脱して禅僧に転身して以降も、真言密教を捨てなかった事実については、玉村竹二[7]が早くから指摘している。また、次の聖教目録からも、その一端が窺える。

【史料1】 碧潭周皎筆蹟密教目録[8]（以下、本目録と略称）。

弁財天・畢里〔孕〕■迦羅・
金翅鳥・大自在・常求利〔嚢虞利イ〕・
大黒天神尊法目六一帖
野抄一部十八巻
野決一部十四巻
野抄・野決二部三十二巻
雖為佐々目方聖教、白地
　入加之。
康安元年辛丑（一三六一）十月十一日於大覚寺
不壊化身院方丈取目六了。
　　　金剛仏子周皎

本史料は、『大日本史料』第六編之四〇に収録される「地蔵院文書」の断簡である。[9] 前掲平論文も、碧潭周皎の密教目録の「佐々目方聖教」には言及しているものの、この野抄・野決に関しては、「佐々目の聖教」とするのみで、詳しくふれていない。『密教大辞典』「秘鈔」項および『仏書解説大辞典』によれば、守覚法親王が勝賢に問訣した口伝をまとめた書物が『野決鈔』であり、『野鈔』と『野決鈔』を合わせて清書したものが『秘鈔』とされる。この点、福島金治の解説[10]がもっとも簡潔である。ただし、『野月』と『野決抄』が同一書物なのかどうかは、なお検討を要する。

ここに登場する「佐々目」は、佐々目僧正頼助（一二四五〜九六）をさす。頼助は北条経時の子息で、仁和寺法助（九条道家息）らに入門し、鶴岡八幡宮第一〇代別当、鎌倉佐々目谷法華堂別当、遺身院門主などを歴任し[11]、異国降伏祈祷のため『八幡講秘式』を作成した[12]。彼の弟子に醍醐寺親玄、鶴岡別当の頼仲（仁木僧正）などがいる。

鶴岡別当頼仲は、足利氏庶流に当たる仁木師章の実子で、足利尊氏の執事を務めた仁木頼章の実兄に当たり、鶴岡八幡宮一九代別当である（『社務職次第』頼仲項）。付法の師は頼助の門弟親玄だが、入室の師は晩年の頼助であり、彼から鶴岡と佐々目谷の二か所で法を授かったとみられる[13]。先ほどの「関東将軍家御祈祷結番帳案」を作成した人物でもある。

このように、大覚寺には頼助が相伝した仁和寺御流聖教が残されており、それを「金剛仏子」周皎上人が「あからさまに」目録をとった。この聖教目録の一文から、北条氏名越流に出自をもつ碧潭周皎が、北条得宗家出身だった頼助の系譜を引く東密佐々目流に連なることが窺える。なお、応永一三年（一四〇六）八月二七日「御流相承血脈」[14]によれば、頼助の法脈は以下のとおりである。

○守覚〈北院〉—道法〈後高野御室〉—道助〈鳴瀧御室〉—道深〈開田御室〉—法助〈開田准后〉—頼助〈上乗院僧正〉—益助〈上乗院宮〉—益性〈下河原宮〉—釼阿

このうち、頼助・益助と共に、碧潭周皎の名前が、次に掲げる仁和寺御流聖教の本奥書に残されている。

【史料2】『灌頂印明』甲―12[15]（／は改行）

御本云／安元三年（一一七七）二月九日、右三師説／定海・寛信・賢覚伝隆海僧都了。／高野覚鑁聖人、習灌頂諸／流、隆海
為其門葉。仍所尋問也。（本奥書）
文永十二年（一二七五）正月九日、授頼助／法印畢。／沙門法ー。
弘安十年（一二八七）八月廿一日、奉授上乗院宮（益助）畢。／権僧正頼助。（奥書識語）
右一巻／伝法院、手自周皎上人／相承佐々目。／応安七年（一三七四）十一月十五日、／門跡雖為独歩、故／授禅尊僧正畢。
／一交了。前大僧正成助。（書継後筆識語）
応永卅一年（一四二四）四月五日、／授禅信僧正畢。／沙門永助。
寛正五年（一四六四）十二月廿三日、於病床／奉授宮了。於同所守鑁／僧正受之。／前大僧正禅信。
（継紙後筆識語）
授了運法印。／享禄元年（一五二八）閏九月五日。／尊海。（同右）

この書写相伝関係を整理すれば、次のようになるだろう。

○覚鑁聖人―隆海……法助―頼助―益助……伝法院（禅助）―周皎〈佐々目〉……成助前大僧正―禅尊僧正…永助―禅信僧正―守鑁僧正……尊海―了運法印

碧潭周皎に『灌頂印明』を伝授した伝法院は、いうまでもなく、覚鑁が開いた高野山伝法院（根来寺）のことだが、当時の伝法院座主は誰か。伝法院座主経験者[16]のなかで、碧潭周皎に「手ずから」伝授できる立場にあった者は、彼の師である禅助と推測できよう[17]。ただし、この伝法院に印明を伝授した者、また益助が印明を伝授した者は不詳とせざるをえない。碧潭周皎の後、『灌頂印明』は仁和寺真光院の成助に相承されたらしく、応安七年（一三七四）一一月一五日には、成助から禅尊僧正に伝授されている。この年正月五日に、碧潭周皎は入滅している

（『豊原信秋記』『常楽記』同日条）。禅僧として碧潭周皎を名乗りながらも、「佐々目」名義で『灌頂印明』を相承している点は見逃せない。

以上の聖教奥書からは、碧潭周皎が、鎌倉佐々目流に接点をもち、守覚法親王が創出した仁和寺御流の密教聖教を自らの目録に採っていたことが確認できる。仁和寺禅助に真言密教を学んだ禅秀あらため碧潭周皎は、守覚法親王の著わした『野抄』『野決』などの仁和寺御流聖教を書写した。その書写本は、鎌倉佐々目流の頼助相伝のものと思われ、頼助が上乗院宮益助に伝授したものである可能性がある。また、書写の場となった大覚寺不壊化身院は、西大寺流律僧が伝法灌頂をうける場でもあった[18]。そのような場には、立奏だけではなく、碧潭周皎のように禅僧として法諱をもちながら、東密僧の属性によって活動する者も存在した。

第二章　碧潭周皎の聖教血脈と中世仏教

第一節　高山寺・太子堂・京都五山を結ぶ相承血脈

ところで、碧潭周皎は東密系の聖教以外にも、とある聖教血脈の伝授にも関与していた。それは『達磨相承一心戒儀軌』（積翠軒文庫旧蔵）の書写奥書にみえている。達磨相承一心戒とは、延暦寺で師資相伝された梵網菩薩戒の一種だが、その源流を達磨大師に求めようとするものだった[19]。そして積翠軒文庫本『達磨相承一心戒儀軌』で特徴的なのは、このなかに、明恵が文殊菩薩から感得したという『持戒清浄印明』の血脈も入り込んでいる点である。積翠軒文庫本の奥書は、玉村論文が相田二郎の「史料採訪ノート」から抜萃して紹介しているが、現在のところ複数の写本の存在が知られている[20]。本聖教と関連する『持戒清浄印明』に関する研究も多数あり[21]、中山一麿[22]は本聖教の奥書も分析するが、多くは明恵に関心を傾けるものばかりで、本聖教の奥書に登場する人名、とくに後半部分に関する相互関係の分析・考証はいまだ十分ではない。いまは積翠軒文庫本の奥書と同文の鎌倉松ケ岡文庫本の奥書にスポットを当てる。

【史料3】『達磨相承一心戒儀軌』(松ケ岡文庫本)(23)

A〔戒脈〕

達磨大師付法相承師々血脈譜

○第一祖名尾楼羅王—第二祖名烏頭羅王—第三祖名瞿頭羅王…垂迹釈迦大牟尼仏—摩訶迦葉—阿難…不如密多—般若多羅—菩提達磨—北斉慧可—隋朝僧粲—雙峰道信—黄梅弘忍—唐朝大通神秀—華厳普寂—大光福道璿—行表禅師—入唐沙門最澄—慈覚大師—恵亮和尚—常済闍梨—承誓闍梨—理仙闍梨—慈恵大師—源信僧都—覚超僧都—定誓律師—惟命闍梨—良真（円禅闍梨）—厳算闍梨—珍仁闍梨—隆恵闍梨—**証真法印**—永尊僧都—永海法印—兼海僧都—宗春僧都—宗直〔真カ〕法師—**証憲**—**中訓**—天龍太虚(梵同)—建仁龍統(正宗)

B　血脈

大聖文殊師利菩薩、明恵上人、義淵上人、明悟上人、円光上人、静基上人、円老上人、静観上人。延文元年(一三五六)丙申九月晦日、於西芳寺釣寂庵、以**俊倫上人**所持本書写了。倫禅人、先年於太子堂、奉受**静観上人**西大寺長老。**周皎**奉受**資寿院下生長老**畢。此本載委細口決之間、令書写之者也。私案、凡古徳口伝、悉皆仏部印結仏体也。誠夫三古形、是人形也。浄三業仏体也。是則仏戒人躰哉。可思之。

延文丙申十月一日、於西芳寺釣寂庵私記之。　**周皎**

延文第五歳(一三六〇)在庚子臘月十日、於宇治蔵勝庵、以西芳皎和尚御本書写之。所冀者、欲令一切法界衆生、持戒清浄、即入仏位而已。

肯翁真恵御判

C〔持戒清浄印〕奥書

先年於臨川寺雖受之、忘却之間、延文元八廿一、資寿院主受之了。今此印明、高弁上人奉受文殊云々。

（署名なし）

D〔大乗戒伝来事〕奥書

応永廿二年（一四一五）二月三日、賜宗澄金剛御本書之了。

中訓

右のうち、Aが本来の『達磨相承一心戒儀軌』、B以下が『持戒清浄印明』に当たる。B戒脈を要約すると、1明恵上人―2義淵上人―3明悟上人―4円光上人―5静基上人―6円老上人―7静観上人―8俊倫上人―9資寿院主下生長老―10碧潭周皎―11肯翁真恵という相承関係になる。他の諸本に比べると、積翠軒文庫本や松ケ岡文庫本の血脈は、1 2 3 4の人物は一致するが、5以下の系譜に禅律僧がみえる点が独自の内容となっている。[24] 以下、右の血脈相伝を四段階に区分しつつ、彼らの人的関係について整理しよう。

Ⅰ．高山寺僧から東山太子堂長老へ

まず、2義淵房霊典と3明悟房盛遍は、『高山寺縁起』諸院代々[25]によれば、それぞれ高山寺覚薗院の初代・二代の長老であり、なかでも義淵房霊典（一二五五年没ヵ）は、明恵没後の高山寺で集団指導体制の一角を担った人物とされる。彼は示寂前の明恵の「高山寺置文」（『高山寺聖教類』第一部三〇五）によって高山寺知事に指名され、大規模な所蔵聖教の目録作成を主導した。[26] 4円光上人良含は東大寺戒壇院の円照の門弟で、東山太子堂長老となった。[27] 5妙智房静基も同様に東山太子堂の僧侶で、徳治二年（一三〇七）一〇月に彼が円光上人良含から伝授された口説が、『野沢大血脈』（『続真言宗全書』巻二五）としてまとめられたほか、『秘抄聞書表題』（東寺観智院所蔵）を残した。[28] また『梵網菩薩戒本印明印』巻末「血脈事」[29] には以下の血脈が記される。

○明恵上人─┬─義淵上人─明悟上人─円証上人─静基上人
　　　　　└─義林上人─恵月上人─恵林上人─了月上人─…（以下略）

傍線で示したように、『達磨相承一心戒儀軌』【1】～【5】の系譜のうち、【4】を除く四人の名が一致する。戒壇院流の良含や静基が、高山寺僧から印明血脈を相承されるなど、つながりがあった事実が認められる。彼ら高山寺僧と太子堂の戒壇院流律僧が接点をもった契機は不詳だが、ともに華厳学を究明する点で共通しており、そのなかで梵網菩薩戒印明を授かったのだろう。

Ⅱ．東山太子堂から西大寺長老へ

つづく【6】円老上人は未詳だが、【7】静観房信昭は西大寺七代長老である。信昭は二条教良の子で、西山三鈷寺の長老頓達とは「従父兄弟」の関係にあり、[30] 文和元年（一三五二）三月二日に没した。[31] 【4】～【7】の僧侶は概ね東山太子堂を共有する存在であり、【4】【5】は戒壇院流、【7】は西大寺流の南都律僧である。

Ⅲ．西大寺長老・太子堂から京都五山へ

この静観房信昭の後、『達磨相承一心戒儀軌』は京都禅林に渡っていく。【8】俊倫上人（倫禅人）と【9】資寿院主の下生長老は不詳だが、資寿院はのちの相国寺崇寿院をさし、本願は夢窓疎石に参じた尼僧の無外如大である。[32] 崇寿院は夢窓疎石を祀る相国寺の開山塔であり、のちに臨川寺三会院や天龍寺雲居庵と共に、足利義政の出家儀礼の会場候補にもあがるほどの由緒をもつ。[33] 夢窓派の精神的紐帯をなす拠点寺院に、この持戒印明は伝授されたのである。

さて、その資寿院主から持戒印明を伝授された【10】碧潭周皎は、延文元年（一三五六）八月二一日以前に、臨川寺

においてこの持戒印明を伝授されていたが「忘却」したため、この日、資寿院主の下生長老から改めて印明をうけたらしい（場所は不明、資寿院か）。さらに同年九月晦日になり、俊倫上人の所持本を、西芳寺釣寂庵において書写したという[34]。碧潭周皎が大覚寺不壊化身院で、仁和寺御流の真言聖教『野抄』『野決』を書写したのは、この五年前のことであった。

Ⅳ．碧潭周皎から光明法皇へ

最後の⑪肯翁真恵は、玉村竹二が考証したとおり、出家した光明法皇（法名は真常慧、道号は肯翁）とみてよい[35]。これ以前の観応元年（一三五〇）一二月に光明上皇は、光厳上皇と共に、泉涌寺長老の月航全皎（了寂上人）を仙洞に召して受戒したのち、彼が持参した仏舎利を拝見しており[36]、翌二年一二月二八日、院の出家としては初めて、泉涌寺長老を戒師として持明院殿で落飾した。また、『本朝歴代法皇外紀』暦応皇帝には[37]、「貞治二年（一三六三）七月、幸西芳寺。拝瞻仏舎利、勘計得一万三千余顆。又勅周皎号碧潭、開光大光明寺本尊」とある。光明法皇が碧潭周皎に命じて伏見大光明寺の本尊普賢を拝観したというのであるから、両者の接点が認められ、玉村の推定の正しいことを裏付けうる。光明法皇は、以前から泉涌寺長老より北京律の戒も授かっていたが、出家隠棲後には碧潭周皎からも『持戒清浄印明』を相承されていたということになる。

以上の情報をもう一度整理すると、積翠軒文庫本・松ケ岡文庫本『達磨相承一心戒儀軌』にみえる『持戒清浄印明』は、高山寺覚薗院（②義淵房霊典・③明悟房盛遍）から東山太子堂（④円光上人良含・⑤妙智房静基・⑦静観房信昭）に相承され、太子堂から臨済宗夢窓派の京都禅林（⑨資寿院・⑩西芳寺）に伝授された後、延文元年に碧潭周皎に到ったことになる。その四年後には宇治蔵勝庵に渡っており、伏見に隠棲していた肯翁真恵こと光明法皇が、同庵にて書写している。明恵に仮託された印明『持戒清浄印明』は、梵網菩薩戒と共に護持すべきものとして知られ、高山寺・延暦寺・称名寺などに伝来した聖教だが、(38)こうして、高山寺に伝わる『持戒清浄印明』は、鎌倉称名寺や東寺だけではなく、南北朝期には京都で活動する南都律僧、さらに京都禅林にまで伝わった。

このように、碧潭周皎は、延文年間から康安年間にかけて、不壊化身院では鎌倉東密の佐々目流の所縁を頼って守覚の仁和寺御流聖教を、臨川寺では覚薗院や東山太子堂を経て相伝されてきた明恵仮託『持戒清浄印明』を、それぞれ伝授されていた。前者が自身の出自である北条氏のゆかり深い鎌倉佐々目流の法縁によるのに対し、後者は鎌倉北条氏滅亡後に禅僧に転身した後、夢窓派と西大寺流律僧の緊密な関係に拠っているともいえよう。いずれの事例にしても、碧潭周皎周辺の禅僧は不壊化身院や東山太子堂という、律僧（とくに西大寺流）ゆかりの寺院を介して、大覚寺・高山寺聖教の書写を実現させたのであり、いわば西大寺流律僧の恩恵にあずかっている点は過小評価してはなるまい。この点、中山一麿は、高山寺の後継者が秘するべき『持戒清浄印明』は叡尊末流の西大寺流律僧によって流出したとみる。一方、別稿でふれたように、室町期にも五山僧が南都律僧から華厳や唯識・梵網経を学ぶことはあり、(39)高山寺僧某（照空房慈順の弟子）の談には、夢窓疎石の弟子倫依上座が四八歳で円寂したことにふれ、彼が梵網疏を信じて弟子に授戒したとある。(40)資寿院主や西芳寺の碧潭周皎たち夢窓派の禅僧も、独自に聖教書写に勤しんでいたが、それは西大寺流律僧らの活動と共鳴する部分もあって、実を結んだといえよう。

なお、碧潭周皎が書写活動を展開したのと同じ延文・康安年間の高山寺では、高山寺僧証実房慈英と醍醐寺僧賢西が問答を交わしている。その内容は華厳・真言・念仏・禅などの仏教事情から、時事・災害・民間習俗に及ぶが、とくに夢窓疎石やその門弟の動向がしばしば話題となっており、彼らが高山寺に参詣したことも述べられている。そのなかには、碧潭周皎とおぼしき人物の噂も見出せる。

【史料4】『梅林折花集』第十二、五〇～五一丁(41)

白（賢西）云、チカク西芳寺ヨリ僧ノ参シタリケル歟。主（慈英）云、爾也。コレハ年ヨリナリ。白云、五十許ナル者ナリ。

（中略）白云、ソレハミヤウフト（命婦カ）申ス。モト仁和寺法師也。主云、サテハカノ坊主トオナシ（同）事ヤ。アレモモトハ仁和寺ノ人ナリケルコサメレ。白云、シカナリ。教王院ト云所ノ坊主ナリ。（中略）主云、ヤカテ心得ハフタルハワルキナリ。ソノ僧ハ夢窓（疎石）ニモ給仕シタリト申ス。夢窓ノヲホセ（仰）ラレシコトヲキヽシニ、肉（シヽ）ミニシミテ、ヲホユルトキモアリ。

碧潭周皎が禅秀と名乗った時代、仁和寺教王院にいたことは第一章で述べたが、彼の他にも、仁和寺から西芳寺に移った僧侶がいたことがわかる。「カノ坊主」「教王院ト云所ノ坊主」が碧潭周皎だったとすれば、一時は鎌倉幕府の護持僧でもあった者に対する言葉としては、いささか距離を感じる両者の言い様ではある。ただ、先の『持戒清浄印明』は、高山寺と碧潭周皎の間接的な接点にすぎないことからすれば、右の会話からは、碧潭周皎の存在が、当時の高山寺や醍醐寺でも認知されていたことを窺わせる。

第三章　京都五山僧と山門僧 ― 碧潭周皎の聖教のゆくえ

先述したとおり、松ケ岡本『達磨相承一心戒儀軌』のなかには、明恵仮託『持戒清浄印明』を含んでいるが、『達磨相承一心戒儀軌』自体は、本来『持戒清浄印明』とは相承が異なる。A「達磨大師付法相承師々血脈譜」をみても、最澄以下の天台宗山門派から源信、天台顕教の宝地房流の証真や証憲らを経て、夢窓派禅僧の無相中訓、天龍寺の太虚梵同、建仁寺の正宗龍統にいたる相承になっている。つまり無相中訓は、高山寺から東山太子堂を経て碧潭周皎・光明法皇に相承された『持戒清浄印明』と、延暦寺系の『達磨相承一心戒儀軌』を書写し、一冊にまとめたらしい。以下、少々迂遠になるが、碧潭周皎も関わった聖教の顛末を理解するためにも、無相中訓ら五山僧と天台山門派の関わりについても、考証を加えてみたい。

【史料3】のA「達磨大師付法相承師々血脈譜」にみえる宝地房流を汲む証憲は、比叡山東塔東谷の華王院院主として諸記録にみえる山門僧である。証憲は応永二一年（一四一四）足利義持による等持寺八講で朝座の講師を務めており「権少僧都　山証憲 花王院。廿五貫。青色御着衣袴 令不審。任学生。石泉院召進。」、二五貫文の布施を取っている(42)。室町殿義持の下にはしばしば祇候していたらしい(43)。松ケ岡文庫本『達磨相承一心戒血脈』のように、天台宝地房流の華王院証憲と五山僧には何らかの接点があったのだろうか。瑞渓周鳳が記録した相国寺林光院主の追想には、興味深い話がみえている。

【史料5】『臥雲日件録抜尤』（寛正三年〔一四六二〕カ）六月拾遺条（私に改行した）

廿三日、―晩間林光院主来。茶話之次、及勝定相公、深信禅宗之事。林光曰、

Ⓐ**天台華王院**、曾等持寺八講之時、講罷、与勝定相公（足利義持）談。公問華王曰「所掛袈裟、始於何人」。答曰「伝教大師、為猿所製也。短小便於搭之故也。吾輩皆用之」。相公曰「我宗無如是衣」云々。華王曰「所謂我宗何宗耶」。相公曰「禅宗也」。華王曰「宜以諸宗為我宗、而可―擁護之、何偏限禅宗耶」。相公曰「諸宗無如禅宗者故也」。

Ⓑ又誠中住相国之時、某為衣鉢侍者。一日相公、臨方丈聴懺法。及懺悔段畢、俄起去、到茶堂召某、便応命而到。相公曰、長老何不道「懺雪罪愆増延福寿」之語耶。蓋於「等為法界」之「等」字与「為」字之間、有此八字。或道之、或不道之。相公為聞之故、俄来、不道之故、俄去也。因曰、明日十八日、懺法、臨其席、当道此八字云々。相公為如此法事、不憚往来。実嗜好、出於天資者也。

右のうちⒷの部分は、玉村竹二(44)が足利義持の禅宗への傾倒ぶりを窺わせる逸話として紹介して以来、関連研究の

間ではそれなりに知られたエピソードだが、前半のⒶ部分にある義持と華王院主の問答は、従来きちんと説明されてこなかった。義持期の「天台華王院」は、この時期の等持寺八講にも登場する証憲に同定して間違いない。Ⓐ部分で華王院証憲が、伝教大師相伝の袈裟を所持し、義持に対して「吾輩皆用之」と顕示している点も、本血脈と関連して興味深い。

右の他にも、瑞渓周鳳の下には、華王院証憲とおぼしき逸話が舞い込んでいる。

【史料6】『臥雲日件録抜尤』長禄四年（一四六〇）一一月一〇日条

十日、―崇寿曰、曾聞等持寺八講山家華王院、講次曰、妙法乃少女去水也、提婆乃提波女也、蓋就龍女成仏之事也、不知天台末書有之否。予曰、未知所出、蓋此方教者之戯論乎。

ここでは、等持寺八講の際、華王院証憲が仏語「妙法」「提婆」の字義は、天台宗の即身成仏の論拠となる龍女成仏説（『法華経』提婆達多品）を示すと主張し、「天台末書」にも同じ説があるかと問うている。これに対して相国寺の崇寿院主が、「此方教者の戯論か」と軽くあしらった様子を伝える。崇寿院主の「武勇伝」のような印象をうける話だが、等持寺八講の際の禅僧と顕密僧の接触が垣間見える。

注意しておきたいのは、「等持寺八講之時、講罷」「講次曰」とあるように、山門僧と五山僧の問答が、等持寺八講の期間中、講を終えた後に行われたという描写である。等持寺八講については、原田正俊[45]が禅・顕・密諸宗併存の場と説明したことに対し、大田壮一郎[46]が等持寺八講の場に禅僧と顕密僧は同席していないとの指摘を加えている。右の事例をみてもなお詳細を欠くが、五山僧と山門僧が同席したのは等持寺八講の期間中、八講の時間外だったらしいことは窺えよう。

また、義持執政期（義満が没した応永一五年以降か）、天龍寺・南禅寺住持を歴任した五山僧の履中元礼[47]（生年不詳～一四一三）と、「教家義虎」の誉れ高い猪熊僧正・華王院主らが、義持の御前で問答（宗論）を繰り広げたという話がある。

【史料7】『臥雲日件録抜尤』寛正六年（一四六五）正月二五日条

廿五日、一知足九淵来（中略）。又話、勝定院殿嗣位之初、禅教龍象競興、就中履中和尚、与猪熊僧匠・華王院等教家義虎、同在相公座。

因問履中、「以達磨生死、是分段・変易之内、居那生死」。

履中曰、「不渉二種生死、然教者細論増寿変易・別尽別生変易等之事。不肯之」。

相公問履中曰、「不渉二生死処、有一句否」。

履中曰、「八角磨盤空裡走」。

予曰、「今時禅教共無及此事者、三十年前、尚有古道典刑。可尚也」。

猪熊僧正・華王院主らは履中元礼に対して、達磨大師の生死は、大乗仏教でいう分段生死（迷える凡夫の生死）と変易生死（変幻自在な聖人の生死）の二種のうち、いずれに該当するのか問いかける。これに対して履中元礼は、生死とはこれら二種に分類されるものではないと説き、教家が生死の概念を細分化しているのだと述べたところ、聴聞していた義持に、「二つの生死に渉らざる処」を一句で示せと要求されたという。瑞渓周鳳は、昨今の禅僧や教僧のなかには、義持を交えた三つ巴の問答論義に及ぶ者はないとして、三〇年以上前の学僧たちを「古道典刑」と賞賛している。

これら瑞渓周鳳の談話にみえる華王院主も、時期的に合致するのは証憲となる。先述したように、華王院証憲は義持主催の等持寺八講に参仕している。応永二六年五月に開かれた等持寺八講の期間中には、等持寺にいる室町殿義持の御前で、召し出された円福寺長老暢遵上人に対して「浄土宗法文」に関して尋ねている。[48] また、天文五年（一五三六）、かの松本問答で、法華門徒松本久吉の相手となった花王房なる山門僧も、論議を得意とする同門流の者であろう。こうした事実を考慮すれば、華王院証憲が義持の前で五山僧と「宗論」に近い問答を交わした、という逸話が出てくるのも理解しやすい。

野上潤一[49]によると、華王院は宝地房証真の旧跡であり、天台顕教の猪熊流をくむ檀那院を構成する一子院であり、華王院も檀那院もともに梶井門跡附属の子院である可能性が高いという。

```
○天台顕教─┬─恵心流
          └─檀那流─恵光房流─竹林房流─┬─安居院流
                                      └─猪熊流
```

この時期、猪熊僧正と称された人物は山門僧に二名いる。一人は御子左為通の子息である良聖（『尊卑分脈』藤氏四長家卿孫御子左）、もう一人は、同じく御子左為定の子息（あるいは猶子）で良聖の門弟である良寿が該当する（『尊卑分脈』同右、『公武御八講部類』）。

良寿は華王院証憲と同じく天台顕教の宝地房流を相承された山門僧で（随心院本『円頓戒血脈』）、義持の等持寺八講にも証憲と共に出仕しているから、瑞渓周鳳が書き残した猪熊僧正も良寿のこととみてよかろう。

このように、天台顕教の宝地房流をくむ華王院証憲は、猪熊僧正良寿と共に、義持の御前や法華八講の際に、五山僧と問答することが何度かあった。Dには「応永廿二年二月三日、賜宗澄金剛御本書之了[50]。中訓」ともあるが、Aの戒脈上では、その証憲が、『達磨相承一心戒儀軌』を夢窓疎石の孫弟子である無相中訓（海印善幢の弟子）に伝授したことになっている。

では、実際に延暦寺の周辺では、この『達磨相承一心戒儀軌』の付法相承を、いかに認識していたのだろうか。書写山円教寺や延暦寺を中心に法華経直談を行い、円頓戒を復興した鎮増（一三七五～一四六〇）によれば、山門では達磨相承一心戒の相伝が黙殺されていたという。

【史料8】『円頓戒体色心事』天台相承一心戒事(51)

而達磨和尚ノ一心戒ノ相承トテ彼門葉ニハ執存スル事尤道理ナリ。山門辺ニハ相伝シテ不レ可レ有之事也。其謂ハ山家大師御入唐ノ時、於二唐朝ニ一顕・密・戒幷達磨宗ノ法マテモ御相承アリ。其中ニ達磨ノ一心戒ノ法モ可レ有レ之事ハ勿論也。爾レトモ①大師何ニトカ思召ツラン、達磨宗ノ法ヲハ門弟ニハ不レ被レ授シテ、深ク山谷ニ埋ミタマヘリ。大師ノ御意楽難レ知云々。凡ソ唐朝ヘ仏法渡テ後、天下ノ諸人教文言句ノミ習学シテ、是法不可示言辞相寂滅ノ旨。証不由他自解仏乗ノ旨ニ迷人多レ之。因レ茲、②達磨和尚出世シテ、知病識薬ノ方便ニテ、教化別伝不立文字ノ宗旨ヲ立テテ、教門執心ノ人人ノ病ヲ取放タマヘリ。爾ルニ亦偏禅ノ人人、不立文字ノ言ニ被テレ符経教ヲ偏テ、自由ノ法門ヲ申人人亦多出来セリ。凡夫ノ習右ノ手ヲ取放セハ、左ノ手ニ付タル體也。風情ハ易レトモ病ハ同事ナリ。（中略）

而慈威和尚（円観房恵鎮）ノ時代ニ、円頓戒ノ法門ト天台ノ観心ノ法門ト再興在レ之。天下ノ諸人感崇シテ云ク、止観明静ノ霊光、天台相承ノ禅門、頗同二南岳天台ノ在世ニ一称歎アリ。爾レトモ但其一代ノミニテ施亦廃ヌ。末代ノ為レ體歎而有レ余者哉。③就レ中彼達磨ノ不立文字ノ宗旨ハ、但其時代ノ衆生ノ病ヲ治サンカ為ノ方便ナルヲ、彼門葉ノ末ニ、学フ人人被レ符レ言ニ、経教教門ヲ一向ニ編スル體也。若経巻文字ヲ嫌捨ハ、仏法三国伝灯スル事不レ可レ有レ之。若無二経巻一、如来滅後ノ衆生、何ヲ以テ師範トシテ可ニ出離得脱一耶。諸宗ニ文字ヲ一往嫌ト云ハ、初心ノ学者ハ渉レ事ニ紛動スレハ、道ノ芽ヲ令ニ破敗一事ナレハ、初心時ハ且ッ嫌レ之也。其ノ嫌ト云ハ、④文字ノ上ニ留テ、無相ノ理忘ル行者ノ、心ノ物ニ滞ル処ノ妄心ヲ嫌ニテアルナリ。経巻文字ヲ嫌ニテハナキナリ。可レ知可レ知。（下略）

右によれば、入唐して顕・密・戒・禅を学んで日本に天台を伝えた最澄も、達磨相承一心戒だけは門弟に伝授することなく山中に埋めたといわれ、鎮増も、最澄の「御意楽」を測りかねている（傍線部①）。一方、禅宗の不立文字教化別伝の宗旨は、「教門執心ノ人人ノ病」、つまり妄心を払う「知病識薬ノ方便」だったが（傍線部②）、末代の禅僧がこれを正しく心得ず、文字の上に囚われて「無相ノ理」を忘れ、経巻文字をないがしろにすることには、鎮増自身も怪訝な様子である（傍線部③④）。

古田紹欽は、松ケ岡本『達磨相承一心戒儀軌』の背後に、建仁寺戒壇の確立を見出そうとしている。鎮増のような反応をふまえれば、五山禅林のなかで達磨相承一心戒が相承された事実は、延暦寺側にとって快い話ではなかったはずである。だが、この血脈を無相中訓に相承したのは、宝地房流の山門僧証憲ということになっている。これをどう理解するべきか。この血脈相承だけでは慎重を要する問題ではあるが、次の瑞渓周鳳の記録によると、無相中訓は、道光上人光宗（一二七六〜一三五〇）の『渓嵐拾葉集』のうち神道を論じた書冊を書写したという。

【史料9】『臥雲日件録抜尤』長禄四年（一四六〇）閏九月二八日条

一本寺首座来、予因問向所見借『渓嵐拾葉集』、何人作耶。曰、「光宗律師製也。我師無相（中訓）、就此集中写論神道一冊、其余冊尚多矣。暦論諸宗意趣、及世間諸事者也」云々。又曰、「黒谷法念（法然）上人、製『金剛宝戒章』、専以禅為本。西芳開山（夢窓疎石）書籍中、亦有之」云々。又曰、「日吉二宮、初与白鬚大明神争地主。白鬚曰『我見湖七度為桑原』云々。二宮曰、『此近事也。先是此地為大海。我聞波声唱一切衆生、悉有仏性、如来常住、無有変易之文、其波声到于此而止。故早知、此地為仏地』」云々。故二宮終為地主也。二宮側有地、曰波止殿。蓋謂是也。

前文乃涅槃経文也。

無相中訓は神道、おそらく山王一実神道に関する知識を習得するなど、延暦寺周辺の書籍を書写することのできる環境にあったことの証左となる。この他にも、蘭坡景茝は応仁三年(一四六九)、寓居した比叡山飯室谷の長寿院で『慈慧大師伝』を撰述している。[52] 室町期の五山僧が天台僧との人脈を保持し、顕密仏教と神祇の関わりに注意を払っていたことは、瑞渓周鳳『善隣国宝記』の三国世界観に基づく序文を理解する際にも見逃せないものがある。

また、玉村論文は、無相中訓その人も、泉涌寺の悦堂教誾から、頼瑜の東密中性院流を伝授されたと指摘する。無相中訓が山門僧から聖教を伝授できたのも、彼が禅密両面を併せもっていたことに一因があるとみたい。ともかく、【史料5~7】にみたように、華王院証憲らが五山僧と角逐しながらも接触している点、無相中訓自身が『渓嵐拾葉集』を書写している点などから、無相中訓が延暦寺山門派から血脈を相承される蓋然性はあると考えられる。

碧潭周皎らがもたらした『持戒清浄印明』は、顕密仏教に馴染みのある明恵所縁の聖教であり、その後、無相中訓の手により、延暦寺からは敬遠されがちな『達磨相承一心戒』を共に一冊に収録され、『達磨相承一心戒儀軌』と名付けられ京都五山に伝わった。これは、単に禅林における明恵伝の摂取に止まるものではなく、『達磨相承一心戒儀軌』の血脈に、明恵所縁の『持戒清浄印明』の血脈をミックスすることで、延暦寺の血脈と一線を画そうとしたものではあるまいか。

南北朝期から室町初期の五山僧は、たびたび高山寺に遊学していた。前述の『梅林折花集』第八(三六丁)には、ある禅僧が、高山寺僧から、明恵ゆかりの十無尽院仏舎利講式を借り受けたともある。[53] 碧潭周皎らが『持戒清浄印明』を書写したことも、明恵没後に集積・整理された高山寺聖教の知識を摂取する動向と捉えられる。当時の五山僧は、高山寺だけでなく泉涌寺などでも仏舎利奉請に関わっており、積極的に他寺院に接触して、そこから旺盛に知識を吸収しつつも、『達磨相承一心戒儀軌』にみるように、中世仏教のなかで独自路線も構築しようとしたとみられるのである。

おわりに

以上を要すると、南北朝から室町初期の臨済宗夢窓派を中心とする京都五山では、大覚寺不壊化身院や東山太子堂など、各所で高山寺聖教や仁和寺御流聖教などの華厳・東密の聖教典籍を書写し、既存の宗教的財産を率先して獲得していた。それと同時に、『達磨相承一心戒儀軌』のように、比叡山とは異なる戒律秩序の復権を模索しようとする動向もあった。当時から中世禅林は、密教や華厳に関わりながら五山の確立期を作っていったが、それを可能にしたのは、明恵没後の高山寺聖教の整備や、東山太子堂を拠点とした南都律僧の活動など、鎌倉後期から南北朝期にかけての宗教界の動向であった。禅宗の台頭といえば、公武政権との協調関係、南都北嶺との対決として語られることが多いが、こうした前代よりつづく中世仏教の相互関係やその財産を基盤に置いたものでもあり、その摂取面で力を発揮したのが、碧潭周皎のような夢窓疎石の門弟たちだった。

ただし、前出『梅林折花集』をみると、当時の高山寺側は、嵯峨を拠点に跋扈する夢窓派禅僧の動きを、あまり歓迎していなかったふしもある。この点、別稿を期したい。

なお、報恩院隆源の文体に似るという『枝葉鈔抜萃』（底本は内閣文庫蔵『醍醐雑抄』、近世写本）には、「夢窓国師疎石事」という項目がある。[54] 応永一三年（一四〇六）七月一八日に三光院坊主との談話として、夢窓疎石の出自や真言僧としての来歴が語られる。それによれば、夢窓疎石ははじめ「仁和寺ノ法流某ト申ス真言師」に師事し、互いに真言のことを談ずる間柄だったという。この仁和寺僧は「是鎌倉若宮別当某ノ弟子ニテ権威アリ」とされ、彼は鎌倉幕府崩壊後、「遁世シテ夢窓国師ノ弟子ニナル。碧潭和尚トテ西芳寺ノ長老ニテマシ〳〵シ」とある。真言側の情報であるから慎重を要するが、碧潭周皎は禅僧に転じた後も、夢窓疎石から真言の伝法を乞われる「権威」を保持したらしい。勧修寺本『大日如来金口所説一行法身即身成仏経』にみるように、(55)当時、夢窓派を中心に伝法灌頂をうけ金剛仏子と号する五山僧が存在したが、それは「派祖」夢窓疎石だけでなく、顕密僧としての前歴を誇る碧潭周皎の影響をも多分に受けたものではなかったか。その余響は五山だけでなく醍醐寺にも看取され、彼の没後、少なくとも応永年間までは残ったと思われる。

注

（1）国文学研究資料館編『真福寺善本叢刊』（臨川書店、一九九八〜二〇一一年）、中世禅籍叢刊編集委員会編『中世禅籍叢刊』全一二巻（臨川書店、二〇一三〜二〇一八年）。

（2）芳澤元「鎌倉後期の禅宗と文芸活動の展開」（同『日本中世社会と禅林文芸』吉川弘文館、二〇一七年、初出二〇〇八年）。

（3）河内将芳「宗教勢力の運動方向」（同『中世京都の都市と宗教』思文閣出版、二〇〇六年）。

（4）碧潭周皎と京都地蔵院については、小川信『細川頼之』（吉川弘文館、一九七二年、新装版一九八九年）、大山喬平編『京都大学文学部博物館の古文書3　細川頼之と西山地蔵院文書』（思文閣出版、一九八八年）、早島大祐『室町幕府論』（講談社、二〇一〇年、二二〇〜二二一頁）、同編『京都大学史料叢書6　西山地蔵院文書』（思文閣出版、二〇一五年）などがある。

（5）平雅行①「鎌倉山門派の成立と展開」（『大阪大学大学院文学研究科紀要』四〇、二〇〇〇年、五七頁）、②「鎌倉幕府の将軍祈祷に関する一史料」（『大阪大学大学院文学研究科紀要』四七、二〇〇七年）。平論文②は碧潭周皎の没年を一三六七年に表記するが、これは誤り。

（6）『鎌倉年代記裏書』文永九年（一二七二）二月一一日条。

（7）玉村竹二「日本禅宗史の一側面を物語る聖教奥書三則—無相中訓の行履を中心として—」（同『日本禅宗史論集　下之二』思文閣出版、一九八一年、初出一九五八年）。以下、断らないかぎり、玉村論文とは本論文をさす。

（8）康安元年（一三六一）一〇月一一日・碧潭周皎筆蹟密教目録（東京大学史料編纂所架蔵・台紙付写真（請求記号二三六一—一八二二））。

（9）「地蔵院文書」（『大日本史料』六-四〇、四〇頁）。「地蔵院文書」に収録される別の密教聖教目録の奥書（同上、四七頁）には、「忍辱山流尊法一結、白地父〔安カ〕井流箱入加之。／康安元年辛丑十月十三日、於大覚寺不壊化身院方丈、取目六畢。／金剛仏子周皎」とある。碧潭周皎は、東密広沢流のうち、仁和寺御流・佐々目方聖教に加え、忍辱山流の目録についても書写していた。

（10）阿部泰郎・山崎誠・福島金治編『改訂版　守覚法親王と仁和寺御流の文献学的研究　資料編・金沢文庫蔵御流聖教』（勉誠出版、二〇〇〇年）。

（11）吉田道子「鎌倉後期の鶴岡別当頼助について」（『史学』五四-四、一九八五年）、湯山学「頼助とその門流—北条氏と真言宗（東寺）—」（『鎌倉』三九、一九八二年、『鶴岡八幡宮の中世的世界』南関東中世史論集四、私家版、一九九五年）。

（12）舩田淳一「頼助『八幡講秘式』と異国襲来—鶴岡八幡の調伏儀礼と中世神道説—」（同『神仏と儀礼の中世』法藏館、二〇一一年、初出二〇〇七年）。

（13）伊藤恭子「鶴岡八幡宮別当頼仲と二人の弟子について」（『駒沢史学』五八、二〇〇二年）。

（14）『仁和寺御流の聖教—京・鎌倉の交流—』（特別展図録、神奈川県立金沢文庫編・発行、一九九六年）。

（15）阿部泰郎・山崎誠編『守覚法親王と仁和寺御流の文献学的研究　資料篇・仁和寺蔵御流聖教』（勉誠社、一九九八年、八九・九〇頁）。

（16）大伝法院座主職は、『伝法院座主補任次第』（『続群書類従』第四輯下）、坂本正仁「醍醐寺所蔵大伝法院関係諸職の補任次第について—紹介と翻刻—」（『豊山教学大会紀要』一六、一九八八年）。

（17）禅助は二〇代・二二代・二八代座主に就き、伝法院流第八祖師に数えられている（前掲注（16）『伝法院座主補任次第』）。禅助については、横内裕人「仁和寺と大覚寺」（同『日本中世の仏教と東アジア』塙書房、二〇〇八年、初出一九九九八年)。

(18) 舩田淳一「「西大寺十代長老清算」考―舎利信仰と宗教活動をめぐって―」(『日本仏教綜合研究』一二、二〇一三年)。

(19) 古田紹欽「『達磨相承一心戒儀軌』をめぐって」(勝又俊教博士古稀記念論文集刊行会編『大乗仏教から密教へ』春秋社、一九八一年)。

(20) 松ケ岡文庫本『達磨相承一心戒儀軌』は、福岡市博物館編『栄西と中世博多展』(特別展図録、二〇一〇年)に、建仁寺両足院本は、岡山県立博物館編『栄西禅師八〇〇回忌記念事業 栄西』(特別展図録、二〇一三年)に一部図版がある。また、多賀宗隼「栄西の著作について」(『日本歴史』一五六、一九六一年)。

(21) 『持戒清浄印明』も金沢文庫本・栂尾本・仁和寺本など諸本がある。田中久夫「持戒清浄印明について(一～三)」(『金沢文庫研究』一二―一・二・三、一九六六年)、納富常天「明恵の「持戒清浄印明」について」(同『金沢文庫資料の研究』法藏館、一九八二年、初出一九八〇年)、千葉正「杲宝撰『菩提心論聞書』考」(『印度学仏教学研究』四八―一、一九九九年)ほか。

(22) 中山一麿「「持戒清浄印明」考」(『詞林』三九、二〇〇六年)。以下、中山論文と略称。

(23) 古田紹欽編・解説『松ヶ岡文庫復刊叢書一 達磨相承一心戒儀軌』(松ヶ岡文庫、一九八六年)影印。以下、古田解説とは本書をさす。

(24) 『持戒清浄印信』一巻(『高山寺聖教類』第四部一四八函六七号)の血脈では、左のように、明恵から良含まで四人の系譜は一致するが、それ以後は、西大寺流の太子堂長老や禅僧ではなく、鎌倉称名寺や東寺観智院に伝授されている。

文殊師利菩薩　高弁上人／霊典(覚薗院)　盛遍(同院明悟上人)　良含　了然　法円　本地／善暁　玄海　湛叡　高恵　円恵　賢為／杲宝(東寺観智院)

賢宝　融然　祐閪　栄済　信厳(心蓮院法印)　／　宥盛(順兼上人)　(二三字空白アリ)(心蓮院法印)　脩然(心蓮院法印)　菊淵(岩本)　宥厳(心蓮院法印)　永弁

(25) 『高山寺縁起』諸院代々(『高山寺聖教類』第一部二九九号)、および『持戒清浄印信』一巻(『高山寺聖教類』第四部一四八函六七号)。

(26) 奥田勲『明恵―遍歴と夢―』(東京大学出版会、一九七八年)、小林芳規「高山寺経蔵の鎌倉時代の典籍について」(高山寺典籍文書綜合調査団編『高山寺典籍文書の研究』東京大学出版会、一九八〇年)、徳永良次「高山寺・義淵房霊典と覚薗院代々(一)」(『北海学園大学人文論集』三八、二〇〇八年)など参照。同論文は『梵網菩薩戒本印明印』にみえる明恵

―義淵―明悟―円証―静基の血脈を、明恵の華厳系の血脈を示すとしている。
(27) 牧野和夫『日本中世の説話・書物のネットワーク』(和泉書院、二〇〇九年)、同「延慶本奥書・応永書写『平家物語』四周の書物ネットワーク―根来寺「四周」―」(『実践国文学』八五、二〇一四年)。
(28) 甲田宥吽「意教上人伝攷(下)」(『高野山大学密教文化研究所紀要』一三、二〇〇〇年)。
(29) 『梵網菩薩戒本印明印』巻末「血脈事」(『高山寺聖教類』第四部一四八函六四号)。
(30) 「浄土宗惣系図」(『円通寺文書』)、林幹彌「律僧らと太子堂」(同『太子信仰の研究』吉川弘文館、一九八〇年、四五八頁)。
(31) 『西大寺代々長老名』(『西大寺関係史料(一)諸縁起・衆首交名・末寺帳』奈良国立文化財研究所、一九六八年、七三頁)。
(32) 山家浩樹「無外如大の創建寺院」(『三浦古文化』五三、京浜急行電鉄、一九九三年)、同「無外如大と無着」(『金沢文庫研究』三〇一、一九九八年)。
(33) 『蔭涼軒日録』文明一七年(一四八五)六月五日条。
(34) 延文元年八月二一日以前に、臨川寺で清浄持戒印の授受が行われたとの記述をめぐっては、拝受した主体が、碧潭周皎か肯翁真慧かで解釈が分かれている。
(35) (康暦二年[一三八〇]カ)二月一五日付「宸筆書状」に関する厚谷和雄の解説(『宸翰英華 別篇 北朝』解説篇、思文閣出版、一九九二年)も、積翠軒文庫旧蔵『達磨相承一心戒儀軌』奥書にふれ、光明法皇の法名が「真常慧」三字から「常の一字を廃し」、「真慧」二字に変わったと解する。
(36) 『園太暦』観応元年一二月八日条。
(37) 『大日本史料』六―四〇、四八頁。
(38) 田中久夫「持戒清浄印明について」(同『鎌倉仏教雑考』思文閣出版、一九八二年、初出一九六六年)、前掲注(21)納富論文、前掲注(22)中山論文ほか。
(39) 芳澤元「室町時代の南都律僧と京都五山」(『明星大学研究紀要 人文学部・日本文化学科』二六、二〇一八年)。
(40) 『真友抄』巻三・四八丁(国文学研究資料館マイクロ写真)。むろん、この論依上座と[8]俊倫禅人との関係は不詳だが、夢窓疎石周辺に梵網経を重んじる僧侶がいたわけで、彼らが西大寺や東山太子堂で梵網経を学ぶことは大いにあった。
(41)『醍醐寺文書』一九四函第三冊(東京大学史料編纂所架蔵写真帳(請求記号六一七一・六二―四五―一九四―三))。
(42)『満済准后日記』応永二一年四月一七日条・同年五月四日条、『公武御八講部類』(『続群書類従』第二六輯下‐釈家部、九四・九六頁/『大日本史料』七―二〇、四三頁も参照)。
(43)『満済准后日記』応永二三年七月一八日条。
(44)玉村竹二「足利義持の禅宗信仰に就て」(前掲注(7)同著書、一九八一年、初出一九五一年)。
(45)原田正俊「中世後期の国家と仏教」(同『日本中世の禅宗と社会』吉川弘文館、一九九八年、初出一九九七年)。
(46)大田壮一郎「室町殿と宗教」(同『室町幕府の政治と宗教』塙書房、二〇一四年、初出二〇一二年)。
(47)履中元礼は、没する前年の応永一九年(一四一二)一二月に、足利義持肖像(天龍寺慈済院所蔵)に着賛するなど、義持昵懇の五山僧の一人である。
(48)『康富記』応永二六年(一四一九)五月二日条。
(49)野上潤一「東大寺金蔵院重祐についての覚書―随心院経蔵理解のための一階梯―」(荒木浩研究代表『小野随心院所蔵の文献・図像調査を基盤とする相関的・総合的研究とその展開』Ⅲ、科学研究費補助金・基盤研究(B)研究報告書、二〇〇八年)一四〇~一四二頁。
(50)古田解説は『天台宗派図』から、宗澄金剛を、宝地房証真の弟子永尊と同門にあたる竹中房宗源の弟子とみる。師の竹中房宗源は、『摂州島下郡応頂山勝尾寺支証類聚』(『大日本仏教全書』八五‐寺誌部)に、寛元元年(一二四三)八月「勧進道場、初四条高倉釈迦堂、後二条東洞院地蔵堂也。開白導師竹中法印宗源」とある。
(51)『円頓戒体色心事』(『続天台宗全書』円戒1、四一〇~四一一頁)。
(52)『慈慧大師伝』(『続天台宗全書』史伝二・日本天台僧伝類Ⅰ)。
(53)前掲注(41)『醍醐寺文書』一九四函第二冊。
(54)『醍醐寺叢書研究篇　枝葉抄　影印・翻刻・註解』(勉誠出版、二〇一〇年、四五〇頁)。
(55)玉村論文、伊藤聡「勧修寺蔵『大日如来金口所説一行法身即心成仏経』について―解題と翻刻―」(『勧修寺論輯』八、二〇一一年)。

東寺領山城国上久世荘における鎮守・寺庵

高木純一

はじめに

中世村落をめぐる宗教構造に関しては、①広い信仰圏を持つ地方有力寺社、②荘郷鎮守、③村落寺社、④寺庵という重層的構造、それらのゆるやかな編成関係として把握されることが一般的であるように思われる。(1) このうちとくに②及び③は、荘園領主による支配の拠点であると同時に、村落生活や農業再生産にとって不可欠の存在であり、その意味で両面性を有する。さらに、そうしたあり方は、概ね中世後期における寺社勢力の「衰退」とともに、村落側へとイニシアティブが移っていくというイメージで捉えられていると思われる。

一方、④に関しては、村落諸階層の個別経営や家（イエ）の成立の問題として、これまで一定の関心を集めてきた。しかし、中世段階において寺庵の実態を示す史料は限られており、具体例として参照可能な事例は、著名な近江国菅浦(2)や播磨国鵤荘(3)ぐらいしか存在しないというのが実際のところではなかろうか。その結果、寺庵レベルまでを含んだ中世村落をめぐる宗教構造の具体例もまた乏しいというのが現状であり、さらなる事例の発掘が必要な段階にあると思われる。

以上に鑑みて本稿では、筆者がこれまで研究フィールドとしてきた東寺領山城国上久世荘における宗教構造について検討し、事例を加えることとしたい。

上久世荘は、所有・支配の単位である荘園と、生産・生活の単位である村落とが一致する一荘園一村落の事例であり、そのままの領域で近世上久世村に移行する。そのため、久留島典子が指摘する通り、荘園鎮守である蔵王堂・綾戸宮は、同時に村の鎮守・村堂でもあった(4)。こうしたあり方は、少なくとも畿内地域では一定数を想定し得る類型であるというだけでなく、荘園文書からそれなりに詳細な実態をうかがい知ることができるという利点を生み出す。また、荘園制的諸機構の換骨奪胎や継承を通じて、「惣村」の自治的諸機構や法人格（公的性格）が形成され、ひいては荘園制から「村町制」への体制転換が果たされていくとする議論(5)との関係においても、示唆に富む内容を湛えていると思われる。僧侶の修行の場であった近江国葛川明王院の村堂化を指摘した坂田聡の研究は(6)、本稿の先駆的作業と位置づけることができる。

本論に入る前に、予め上久世荘の基本的な情報を確認しておこう。当荘は建武三年（一三三六）に足利尊氏によって寄進され、以後中世末期まで東寺の一円領として存続する。東寺から徒歩一時間余り、京都西南の「西岡」と呼ばれる一帯のうちに所在する。総面積七二町余りと京郊では比較的規模が大きい荘園である。毎年年貢二三〇石余り・公事銭三〇貫余り、そのほか藁・糠・人夫役などを東寺に納めていた。支配体制などについては、行論のなかで適宜述べることとしたい。

つぎに本稿の主題となる宗教施設についてであるが、荘域の北端に蔵王堂、南端に綾戸宮がそれぞれ存在する。荘内には「綾戸社神田」四反、「蔵王堂田」五反が設定され、年貢からは「綾戸大明神五月ノチマキ（粽）料」・「同社十二月御神楽料」・「蔵王堂鐘突給」計七斗が控除されていた（レ三五号ほか）(7)。百姓たちの起請文にも「当庄蔵王権現・綾戸大明神」が登場する（刊本を一八三号ほか）。先述のように、この両社は荘園鎮守でありながら、村落寺社としての性格を併せ持っていたことが指摘されている。(8) このほか、当荘内には百姓たちによって営まれる寺庵が複数存在したことが確認できる。

久留島は、当荘の荘内寺社・寺庵について、「その担い手は、公文や侍分の者たちが中心であった他の側面とは異なり、より開かれたもの」であり、「支配の対象としての庄の運営から最も離れた位置で営まれていた」と指摘している。(9) 概ね的を射た評価であると思われるが、論文の主眼ではなかったために詳しい検討はなされおらず、また若干の修正も必要であるように思われる。本稿は氏の指摘に導かれつつ、当荘に存在した各宗教施設について可能な限り検討を加え、当荘をめぐる宗教構造を提示してみたい。

第一章　綾戸宮宮座中

本章では当荘の荘園鎮守のうち綾戸宮について検討を加え、とくにその村落内身分秩序との関係を示したい。

【史料1】「引付」嘉吉二年（一四四二）九月一六日条（以下、史料の傍線は引用者による）

一、上久世庄長久庵敷地、去七月晦日任二評儀之旨一仰付処、綾戸宮座中ヨリ弥九郎ニ此下地上候ヘト責懸之間、無力上状仕進之由申之間、披露之処、此座中儀以外狼藉至極也、所詮彼座中召上可レ有二責勘一、依申□可レ有二御罪科一也、次ニ弥九郎同召上、於二件下地一者可二作仕一之由□（可）仰付之旨、衆儀畢

【史料1】は上久世荘の領主である東寺供僧らの評定記録である。ここでは、綾戸宮の宮座中と弥九郎とが荘内の長久庵という寺庵の敷地をめぐって争っている。東寺供僧らは弥九郎に敷地の返上を強要した宮座中の行いを「狼藉至極」として、弥九郎に当該地を返付している。

本史料により、綾戸宮には宮座が存在していたことが明らかとなる。しかし、残念なことに、この相論に関わる

一連の史料のほかに綾戸宮宮座の動向を示す史料は見当たらない。そこで本章では、この相論について可能な限り検討を加えることで、その実態に迫ってみたい。

まず係争地である長久庵敷地については、つぎの史料がある。

【史料2】嘉吉二年六月日付蔵王堂住持覚盛申状（刊本を一九九号）

謹言上　蔵王堂灯油田長久庵屋敷事

住持小僧都（覚盛）

右子細者、①御灯願主摂国者也、既早世之刻、為二後生善所一、両社彼屋敷半分宛申二寄進一処ニ、②御宮之灯油計如レ形奉レ進候、蔵王堂分者三原押領仕候、廰寄進状彼物前ニ候、度々催促仕候、更無二寄進一間、于レ今罷過候、所詮此旨被レ開二聞食一、御蒙（ママ）二寄進一候者、難レ有畏入存候、尚以被二御不審残一候ハ、③地下古長仁可レ有二御尋一候、仍状々如レ件

嘉吉二年六月　日

すなわち長久庵敷地は、摂津国の某により、灯油田として蔵王堂・綾戸宮の両社に半分ずつ寄進されたものであった（傍線①）。ところが、三原氏が蔵王堂分を押領して灯油料を納めなかったために、蔵王堂住持は東寺に提訴したのである（傍線②）。

残念ながら寄進主の詳細は不明であるが、三原氏は当荘の有力百姓で、和田氏や利倉氏らとともに村の年寄としての活動が確認できる。ところが、彼はこの嘉吉二年初頭に東寺による闕所処分を受け没落している。[10] 蔵王堂住持はこの機会を捉え、寄進地回復の訴訟を起こしたのである。

住持の訴えに対して東寺は、「地下人幷蔵王堂、社頭寄進之趣委細以二起請文一可レ申、付レ其可レ有二御沙汰一」[11]と、地下人と住持に起請文を提出するよう指示を出した。これを受けて、蔵王堂住持と「地下古長仁」（傍線③）

にあたると思しき利倉道秀の連署起請文、そしてつぎの【史料3】が提出された。

【史料3】嘉吉二年七月八日付氏吉等連署起請文（刊本を二〇〇号）

敬白申超(起)請文之事

右子細者、長久いやしきの事、御社の御とう(灯)田ニて候、若いつわりお申候ハヽ、日本国の大小之神祇等の御はちをかうふるへく候、仍超(起)請文の状如ㇾ件

氏吉（花押）　道賢（花押）　兵衛（花押）
左衛門（花押）　貞盛（花押）　彦五郎（花押）
与五郎（花押）　宗行（花押）　太郎三郎（略押）
ひこ太郎（花押）　木六（略押）　左衛門太郎（花押）
貞次　衛門五郎（略押）

嘉吉二年七月八日

一四名の百姓による連署起請文で、長久庵敷地が綾戸宮御灯田に間違いないことを保証する内容である。

起請文の提出を受け、東寺は七月二八日に長久庵敷地の返付を指示している。[12]さらに、「引付」同晦日条には「同庄長久(上久世)庵敷地田地幷三原田地、去比乗南法橋・蒙性両人罷下之時定置百姓事、左衛門・孫三郎・東条弥九郎、此両三人也、去比定置上、忠節者之間、不ㇾ可ㇾ有二改替之儀一之由評儀畢」とある。これによれば、長久庵敷地は三原氏の闕所処分の際に、その保有地の一部として扱われてしまったようで、忠節を果たしたとされる百姓たち、左衛門・孫三郎・東条弥九郎の三人に宛行われていたのであった。「去比乗南法橋・蒙性両人罷下之時」とは闕所処分の際の東寺上使の下向を指すものと思われる。ここでは、蔵王堂への返付との関係で問題になったため、土地が返付されても東寺が宛行った作人については改替しないことが確認されたのである。[13]先に挙げた【史料1】冒

頭の「去七月晦日任二評議之旨一」とは、この評議を指す。

以上により、綾戸宮宮座中は、東寺から長久庵敷地を宛行われたもののうち、東条弥九郎に対して土地の返上を求めていたことがわかる。では、なぜ弥九郎のみが問題になり、残りの二人は看過されているのであろうか。この点を考えるために、改めて【史料3】の連署者たちに注目したい。

一四名の連署者のなかには、苗字・実名・花押を所持する村落上層の侍衆（「侍分」）に属するものと、[14]それらを所持しない一般百姓とが入り交じっている。このうち傍線を施してある氏吉は井上氏（ヱ一六二号）、貞盛は利倉氏（後述）、彦五郎（な一八九号・刊本を三一四号）・与五郎（後述）は和田氏、貞次は外林氏（カ一一四号）である。一方、波線を施してある道賢・兵衛・左衛門らは、苗字等の所持は確認できないが、村の年寄として活動している様子が確認できる。[15]

このように、連署者の半数以上は、何らかのかたちで村落の上層を占めるものたちであることがわかる。しかし、当荘の村政の指導陣である年寄は、基本的に三名～四名が定員であり、最大でも七名ほどである。[16]したがって、この連署者たちがただちに村を代表する「年寄中」のような集団であるとみなすことはできない。

この集団の性格を考えるうえで注目されるのは、連署の最終行上段に位置する（外林）貞次である。彼は名前のみが記され、花押が入るべき位置は空白になっている。彼は本来であれば連署に加わるべき人物であったが、何らかの理由でそれが叶わなかったのである。もしほかに同様のものがいたのならば、やはり花押欄は空白で名前のみの記載となっただろう。この事実は、【史料3】の連署者たちが、何らかの明確な枠を持つ特定の集団であることを示している。ある田地が綾戸宮御灯田に間違いないことを保証するグループであり、かつ村政の執行陣である年寄中ではないとすれば、それは綾戸宮に結集する宮座中のほかには考えられない。つまり【史料3】の連署者こそが、綾戸宮宮座中の面々だったのではないだろうか。

この推定が正しいとすれば、先に見た長久庵敷地をめぐる相論についても一定の解答を得ることができる。すなわち、長久庵敷地を宛行われたもののうち、左衛門は【史料3】に見える年寄の左衛門と同一人物であると考えられる。そして、もう一人の孫三郎は、同じく【史料3】に名を連ね、「孫三郎」の名乗りを有する（利倉）貞盛に比定できる。[17] 彼は荘内で有力な利倉氏の一族であり、まもなく年寄として活動している。[18] これに対し、東条弥九郎の名は【史料3】には見えない。実名で連署しているもののうち人名比定ができないのは三行目中段の宗行のみで、彼が弥九郎の名乗りを有していた可能性もないわけではない。しかし、そうではなく弥九郎が綾戸宮宮座中の構成員ではなかったと考えることで、彼だけが御灯田の作職返上を求められていたこととの整合的な説明が可能となるのである。[19]

以上、本章では御灯田として寄進された長久庵敷地をめぐる相論を手がかりに、綾戸宮に結集する宮座中の構成を推定した。

上久世荘の村落構造が、侍衆（「侍分」）と一般百姓との二層構造を成していたことはよく知られている。[20] しかし、右の筆者の推定が正しければ、荘園鎮守の一つである綾戸宮の宮座中は、侍衆と一般百姓とが入り交じったフラットなものであった。

もう一方の荘園鎮守である蔵王堂にも「座衆中」が存在し、頭役制によって仏神事が営まれていたことが知られる（ヱ一七五―八号）。しかし、これも当初は名主職所有者から選出されていたが、室町期には拡大し、侍衆・一般百姓の区別なく頭役を担っていたことが指摘されている。[21] すなわち、蔵王堂座衆もまた、村落内の身分階層から自由な、フラットな構成をとっていたことになる。

荘園鎮守であり、かつ村の惣堂・村堂でもあった綾戸宮・蔵王堂、そのいずれにおいても、「侍分」と一般百姓との間に身分的な区別は存在していなかった。これらの点において、冒頭でふれた久留島の指摘は正しく、まさしく開かれた場であったと言えよう。[22] ただし、東条弥九郎と綾戸宮宮座中との争いに見られたように、宮座衆とそこに含まれないものたちとのあいだには、厳しい身分差が存在していたのである。この点には改めて注意を喚起しておきたい。

ところで、以上の検討結果から導き出される論点として重要なのは、両社はいわゆる村の侍身分の認定の場ではなかった可能性が高いという点である。当荘の「侍分」は研究史上著名であるが、その成立契機や身分認定のあり方については、いまだ実証的に明らかにされてはいない。以前拙稿で指摘した通り、「侍分」の成立は、当荘侍衆の武家被官化や寺家被官化に先行しており、被官関係の締結は身分成立の契機とは見なしがたい。[23] そして、本章で明らかにした通り、「侍分」は「乙名」や「村人」といった村の宮座で認定される村落内身分[24]のようなものでもなかったことになる。当荘「侍分」の成立過程の解明は、後考を期すほかない。

ただし、これも以前筆者が指摘したように、上久世荘の村政を担う年寄たちは、当初は苗字を有さないものたちも確認できるが、一五世紀半ばを境として「侍分」に属するものたちによって独占されるようになる。[25] したがって、本章で取り上げた相論からまもなくして、綾戸宮の宮座から一般百姓が排除され、「侍分」のものたちによって独占されていったという可能性も考えられる。残念ながら史料によって確かめることは現状では困難であり、ひとまず課題としておきたい。

第二章　蔵王堂住持職をめぐる相論

第一節　蔵王堂と公文寒川氏

本章では、綾戸宮と対になる荘園鎮守である蔵王堂を取り上げる。とくに蔵王堂住持職相論を素材として、荘園鎮守をめぐる領主と村との関係について検討を加えたい。

まず、蔵王堂住持職の性格について確認しておこう。蔵王堂住持職（別当職）の補任状として、①観応三年（一三五二）の「僧了達」（レ五〇号）、②延文二年（一三五七）の「僧定照」（レ六五号）、③文安三年（一四四六）の「権律師覚深」（レ一三六号）の三名分が残存している。いずれも東寺僧としては名前が見えないものたちで、残念ながら詳細は知り得ない。少なくともここから東寺が蔵王堂住持職の補任権を有していたことがわかる。

文安二年には、蔵王堂「趣理(ママ)御捧加」のことについて「蔵王堂坊主同宿」が東寺を訪問している[26]。また、翌年に住持が死去し、「弟子」への住持職譲与が行われようとした際、東寺夏衆が異議申し立てを行っている[27]。このように蔵王堂住持は同宿・弟子を持つ存在であり、基本的には住持職も師弟で継承されていたものと思われる。夏衆は東寺における下級の僧侶集団であるが[28]、蔵王堂との関わりについては後述する。

以上をふまえ、ここでは康正元年（一四五五）から長禄二年（一四五八）にかけて起きた、住持職をめぐる東寺と荘官公文との相論について検討を加える。

ことの発端は、康正元年一〇月に蔵王堂住持が「於二嵯峨法輪寺一横死」したという事件である[29]。事件の詳細を知ることはできないが、その後任について、「引付」同月二三日条に「上久世庄蔵王堂住持職事、自二寒川出羽方一押而令二入申一間事、致二披露一了」とある。「寒川出羽方」とは、前年の享徳三年（一四五四）に着任したばかりの新公文寒川之光である。康正二年一二月六日条にも「蔵王堂住持職事、毎度就二公文挙申一可レ有二御補任一之由、祐算申通披露之処、無レ如二先規一者不レ可レ叶之由衆儀了」とあり、寒川氏は、蔵王堂住持職とは公文が推挙する人物を東寺が補任（追認）するものであると主張していることがわかる。東寺はこれを先例なしとして却下している。

　このように、康正元年に住持が急死すると、新公文寒川氏が東寺に対して新住持を推挙するという行動を起こし、両者の合意の不調により、新住持の補任が難航していた。その結果、蔵王堂は住持不在という状況に陥ったのである。なお、この間の業務は、おそらく「同宿法師」が暫定的に引き継いでいたと思われる。(30)

【史料4】「引付」長禄元年（一四五七）一一月二四日条

一、①上久世庄蔵王堂田年貢事、自二去々年一百姓ニ被二預置一、雖レ然寺家へ被レ召二寄之一、②彼住持既定者ニ其時為レ被レ渡レ之、③百姓共ニ被二仰付一之処、公文代押置之由百姓申之間、披露之処、急上使下百姓可二催促一也、若尚百姓難渋仕者可二使付一、又公文代罷出子細申者此段堅令二問答一、不レ可二承引一之由衆儀畢

　二年が経過した長禄元年一一月の「引付」である。これによれば、一昨年より「蔵王堂田年貢」は百姓たちに預け置かれていたという（傍線①）。傍線②の「彼住持既定者ニ其時為レ被レ渡レ之」は意味がとりにくいが、四角で囲った二文字は墨色が異なり、後筆であるように見受けられる。とすれば「預け置いた年貢は、新たな住持が定まったならば引き渡すように」というのがもともとの文意であろう。そして、この時ようやく新たな住持を補任する目処が立ったために、東寺は引き渡しを命じたのである。これに対し、百姓たちは公文代が押領している旨を返答している（傍線③）。当時の公文代であった寒川光康は、前年の康正二年八月に東寺に対して「蔵王堂領下地」を所望し却下されているから（「引付」同三〇日条）、その後、実力行使的にこれを押領していたということであろ

う。

以上により、二年が経過したこの段階でも正式な蔵王堂住持が定まっていないことが判明する。また、住持の補任だけでなく、蔵王堂に付随する荘内田地をめぐっても争いが起きていたことがうかがえる。

そもそも公文は当荘唯一の荘官であり、年貢納入や算用など、支配の中核的な担い手であった。南北朝期以来、当荘に出自する舞田（真板）氏が相伝していたが、応永年間に入ると細川氏家臣である寒川氏との間で公文職をめぐる相論が起き、まもなく寒川氏が勝訴する。以後、当荘公文職は管領の交代など、幕府内部における勢力の変化と連動して、寒川氏（応永二二年［一四一五］）→舞田氏（応永三四年［一四二七］）→遊佐氏（嘉吉元年［一四四一］）→寒川氏（享徳三年［一四五四］）という変転をたどる。享徳以降は一五世紀を通じて寒川氏が相伝していく。

本節で取り上げている蔵王堂住持職をめぐる相論は、最後の公文交代のすぐ後にあたるが、じつは舞田氏や遊佐氏などほかの公文たちには、寒川氏のように蔵王堂に執着するような動向は確認できない。相論の背景として、ここでその理由を検討しておく必要があるだろう。

【史料5】「引付」応永二九年（一四二二）一二月五日条

一、上久世荘之内蔵王堂聖事

此聖事、在二彼堂一多年勤行、随而又当寺夏衆方如二配免分一、寄二此堂一不退之致二懃行一者也、①然去潤（ママ）十月廿七日、当庄公文寒川無理退出了、②其子細者、近日舞田次郎公文職致二訴訟一云々、随而又此聖与舞田同心之聞依レ有レ之令二退出一之由、自二地下一注進申間、③此事当寺夏衆中同心寺家歎申間、為二寺家一寒川方へ可レ被レ仰二子細一者、如レ此之沙汰以外之事也、先々退出之聖可二召帰一之由、以二雑掌一寒川方へ可レ被レ仰旨、衆儀了

右の「引付」によれば、応永二九年閏一〇月、公文寒川元光は蔵王堂の「聖」を退出させた（傍線①）。その理由は、公文への復帰を目指して活動していた舞田氏に同心したためであるという（傍線②）。これを受けて東寺夏

衆が聖の還住を求めている（傍線③）。

後年の史料であるが、夏衆は毎年「二月十一日蔵王堂勤行」を執行していたという[31]。これは蔵王堂座衆が頭役で勤める「蔵王堂二月修正役」（ヱ一七五―八号）をもとに行われた修二会であろうと思われる。夏衆は毎年蔵王堂に下向して仏事を執行していたのであり、ここでは蔵王堂の住持（＝聖）も夏衆の監督下にあるものとされている。先に師弟間での住持職譲与に対し夏衆が異議申し立てをしていたのも、こうした認識に基づくものであろう。

このように、寒川氏は最初の公文就任である応永度の任期中に、蔵王堂住持を敵方与同の罪で追放したという経験を有していたのである。さらに、そうした経緯に基づく先例認識から、じつは享徳三年に再度公文となった直後にも、寒川氏は蔵王堂への介入を試みている。すなわち同年一二月、「山城国上久世庄公文職内蔵王堂事、先々為二公文一相計」（ひ七三号）とする幕府奉行人奉書を獲得し、住持の退出を命じている[32]。つづく享徳四年二月八日条で、支証はなくとも「寒川常文之時自専事地下人存知」と主張しているように、やはり寒川氏の行動は、先代公文の寒川常文（元光）の先例に基づいていたのである。

以上のように、寒川氏は応永度の任期中に蔵王堂住持を敵方与同の罪で追放しており、以来蔵王堂は公文の進退下にあるものと認識していた。そのため、享徳度の公文再任直後や、康正元年に蔵王堂住持が急死した際に、自らの推挙する住持の設置を企図したのであった。支配の拠点である荘園鎮守を公文が奪取しようとする動きは、ともすれば当たり前のことのようにも思われるかもしれない。しかし、そうした動向の背景には寒川氏固有の歴史的経緯が存在したのであり、必ずしも自明のことではなかった点には注意が必要なのである。

なお、田中倫子は、応永年間の寒川氏就任以降、当荘公文職が「武家進止」の職と認識されるようになったことを指摘している[33]。つまり公文は東寺の一存では容易に改替できないものとなっていたのである。このように東寺の補任権に完全には拘束されていなかったことに加え、そもそも寒川氏以降の公文は武家家臣としての側面を併せ持っており、その庇護が期待できたことも、寒川氏が強硬な姿勢をとり続けることができた理由であろう。

第二節　百姓たちの交渉

前節をふまえ、改めて長禄二年（一四五八）～寛正元年（一四六〇）における住持職相論に話を戻そう。さきほど明らかにした通り、蔵王堂では東寺と公文寒川氏という言わば領主権力内部の合意不調により、住持不在状況が長期化していた。そうしたなかで、当荘の百姓たちが問題解決に向けて独自の動きを見せる。

長禄二年閏正月一三日、「惣庄之使節」として井上・彦衛門の両人が上洛し、「上久世庄蔵王堂住持事、御定之間、可レ然者雇置勤行等行度之由」を申し入れた[34]。東寺の「御定」に基づいて、しかるべき者を住持として雇い置きたいというのである。さらに百姓らは東寺との問答のなかで「但雖レ無二寺家御定子細一、公文所存申者難レ叶」と、公文の意向に対する懸念を示した。これを受けて、東寺はまず百姓たちが公文の意向を聞き出し、そのうえで改めて申し入れるようにと返答した[35]。以上の経緯から、先に見た【史料4】における前年末の住持設置の動きは結局頓挫していたこともわかる。

同月二二日、今度は式部と外林の二人が上洛し、「蔵王堂修理等事、庄下江被二仰付一、此段公文可二存知仕一之由被二仰遣一、為二寺家一庄下へ承者可レ致二其沙汰一之由」を申し入れた。蔵王堂住持ではなく、今度は「蔵王堂修理等事」を荘家に命じるよう東寺に求め、さらにそのことを存知すべき旨を公文に伝達することも求めている。先に見た公文代との蔵王堂付属田地をめぐる争いに関わる要求であると考えられるが、東寺は返答を保留している[36]。

「引付」同年二月一六日条によれば、百姓たちはその後「寺家御定之間、可レ然住持雇置、雖レ為二何時一自二寺家一彼住持御置有レ之者、任レ仰可レ退レ之、就レ中、彼堂修理事同地下可レ被二仰付一、寺家之御意無二子細一者、公文方申談可レ致二其沙汰一之由」を「内々」に申し入れた。重ねて住持の雇用を申請するとともに、「今後もし東寺が新たに住持を任命したならば、現住持は退去させる」という条件を追加している。これは東寺の蔵王堂住持の補任権を担保する提案であると言えよう。またこのことから、ここで雇用が申請されている「可然住持」とは、村側で調達された人材であることが判明する。さらに後段では、蔵王堂修理のことについて再度申請したうえで、「寺家に異存がなければ、公文方との交渉は百姓たちが引き受ける」と提案している。

東寺はこの申請を了承したが、代わりに「雖二何時一彼住持以下事、可レ任二寺家之御成敗一之由、以二連判一行一可レ進レ之」と、東寺の住持職補任権を確認した百姓たちの連署請文を提出するように指示している[37]。これに対する百姓たちの返答はつぎの【史料6】通りである。

【史料6】「引付」長禄二年三月二四日条

一、上久世庄蔵王堂事、任二去月十六日御評定之旨一申二付之一、随而去十六日井上・三郎左衛門・彦衛門両三人参申趣、畏入之由御礼申、次ニ①自二地下一一行事被二仰出一畏入候、雖レ然自二公文代方一一行事申候、所詮公文方ヨリ申一行事者、是非不レ可レ出之間、寺家之一行事モ預二御免一者可二畏入一候之由申之間、披露之処、②然者寺家へ之一行事者先不レ可レ有二是非御返事一也、雇住持幷修理等事、無二等閑一ニ可レ有二其沙汰一之由可レ令二下知一

（後略）

これによれば、百姓たちは東寺に御礼を申すとともに、公文代からも同様に請文を提出するように求められていることを伝え、これに応じるわけにはいかないので、東寺方の請文も免除してほしいと申し入れている（傍線①）。東寺はこれについては返答せず、ただ「雇住持幷修理等事」を等閑なく沙汰するようにという命令だけを下している（傍線②）。これは東寺が事実上請文を免除したものと評価できる。

ここから公文側も百姓らに請文を提出させようとしていたことが判明するが、おそらく東寺側のものと同様に、

自身の蔵王堂住持補任権を確認させる内容だったと推測できる。百姓たちが請文の提出を忌避したのは、相互に矛盾する内容を持つ文書が残るのを懸念してのことであろう。交渉の結果、百姓たちは東寺・公文のいずれに対しても、文書というかたちで言質を与えずに済んだのであり、大きな成果と言える。これ以降については史料が途絶え、相論の結末を知ることはできないが、「引付」で議題とされなくなったこと自体が、事態の進展を示唆していよう。おそらく百姓たちの主導による住持雇用が実現し、蔵王堂は平常運転に復旧したものと思われる。

さて、以上の経緯からはどのようなことを読み取れるだろうか。前節で述べた通り、東寺と公文寒川氏との間で蔵王堂住持職の補任権をめぐる認識の相違があり、康正元年の住持の急死以来、両者の合意不調によって住持が不在のまま二年余りが経過していた。蔵王堂が正常に機能しないことは、在地における農業再生産や村落生活のうえでもゆゆしき事態であり、事態の収束を図るべく、百姓たちは双方と独自の交渉に乗り出した。

その結果、文書というかたちでは残されなかったが、百姓らは東寺と公文、双方に形式上の住持補任権があることを確認し、そのうえで村が用意した住持を設置することに成功した。在地の百姓たちとの関係において、東寺と公文は依然として各々自身にこそ補任権があると（少なくとも建前上は）認識したままであった。百姓たちが介在することで、結局どちらに補任権があるのかは曖昧なままに、問題解決が果たされたのである。百姓たちから見れば、領主権力内部のいずこに補任権があるのかは大した問題ではなかった。住持の速やかな設置という目的に即した巧みな交渉であり、ここに百姓たちの高度な政治的力量を読み取ることができる。

この蔵王堂住持職をめぐる相論は、東寺によって寒川氏の主家である細川氏の法廷へも持ち込まれていたようだが（ひ七五号）、結局そこでは芳しい成果は得られなかったようである。両方に補任権を認めるというイレギュラーなものではありながら、最終的に補任権の所在を決定したのが、上部権力による裁定ではなく、在地の百姓たちであったことは興味深い。上部権力の裁許状ではなく、百姓の請文が双方から求められたという事実は、そのことを象徴的に示していよう。

また、一連の経過を通じて、東寺・公文それぞれとの間で、荘園鎮守（住持職及び付属田地）の村への実際的な運営上の委任、言わば「村請」的状況が認められたと評価できる点は重要である。先述のように、蔵王堂は荘園鎮守であると同時に村堂・惣堂でもあり、おそらくこの相論が発生する以前から、惣堂・村堂的な百姓・村主導の運営実態があったと見て間違いない。そうしたあり方が、ここで見たような領主権力内部の相論を契機として史料的に表面化し、さらには百姓らの介在によって事態収拾が図られた結果として、村による荘園鎮守の実際的な運営が、言わば領主的承認を獲得することとなったのである。

その結果であろうか、応仁・文明の乱を経た後の「引付」文明一六年（一四八四）六月二六日条では、再び住持の死去が伝えられているが、その際百姓たちは「夏中之事ニ候之条、方々坊主ヲ相尋候」として住持が居住していた「四・五畳敷之小屋」の検符免除を願い出ている。この段階では住持の補任権をめぐる問題などは起きておらず、村による新住持の選定が当然のこととして行われているのである。

第三章　上久世荘の寺庵

第一節　寺庵の成立

本章では当荘で営まれていた寺庵群について検討を加える。本節ではまず寺庵の成立過程を知り得る例を取り上げよう。

【史料7】「引付」永享九年（一四三七）四月二五日条

一、上久世庄道常宅事

①道常死去之時、愚宅愚息禅僧建仁寺住与奪云々、②仍彼道常遺言趣、死之時禅僧止住之可レ為二僧庵一之由申置云々、仍近日既有二其支度一之由、寺家風聞、就二此分一披露之処、③於二寺領一禅院造立事、為二始終一不レ可レ然、所詮於レ屋者、既譲得之上者、余方可二壊取一、於二庄家一禅院造立事一切不レ可レ叶之由、可二申付一之由、衆儀畢

百姓道常は死に際し、建仁寺に住むという子息の禅僧に屋敷を譲与した（傍線①）。そして、それを「禅僧止住」の僧庵とするよう遺言を残し、現在その支度が進んでいるという（傍線②）。これを聞きつけた東寺は、寺領における禅寺造立は禁制であるとして、これを破却するように命じることを決議している（傍線③）。

道常は道浄・道成などとしても現れるが、道成が正しいようである。彼は和田の苗字を名乗る「侍分」に属する有力百姓である。村の年寄であるとともに、公文の職務を代行する最初期の「沙汰人」でもあった(38)。

東寺領では禅寺造立が禁じられていたという事実にも興味を惹かれるが、ここでは当荘の侍衆が建仁寺のような京都の禅宗寺院に子弟を入寺させていた点、さらに臨終にあたって自身の菩提を弔わせるために屋敷を寺庵とし、そこに子弟の僧を住まわせようとしていた点に注目したい。ここにはまさしく当荘における寺庵創建の典型例が示されているだろう。当荘の上層百姓である侍衆たちは、室町期には代々継承されていく言わば永続的な家（イエ）を成立させつつあり、それが寺庵の成立をもたらしていたのである。

【史料7】では東寺によって寺庵の創建が阻止されているが、その後の経過はつぎの史料によって知ることができる。

【史料8】「引付」永享一〇年（一四三八）二月二七日条

一、上久世庄道浄遺跡歎申之趣、①道浄円寂之時遺言仕候、彼屋奥屋分以テ構二小庵一、後家比丘尼ナシテ、為二菩提一可レ令二念仏一、②又小僧一人自二田舎一上洛之時、是ヲモ二女与尼公共住仕度之由望申、披露之処、不レ可レ有二

子細」、③但後家円寂之後、僧庵トシテ二人トモ倶住儀、努力〳〵不レ可レ叶候、堅可レ致二請文一之由衆儀畢

ここで歎き申している「道浄遺跡」とは、道成の嫡男と思われる和田与五郎である（後述）。その訴えによれば、道成の遺言は、屋敷の「奥屋」を小庵として、そこに出家して比丘尼となった後家を住まわせ、菩提を弔わせようというものであったという（傍線①）。「奥屋」とは同一敷地内における隠居屋であろう。与五郎はさらに、そこに田舎より上洛してきた「小僧」、そして次女をともに住まわせたいとも願い出ている（傍線②）。東寺は与五郎の訴えを聞き入れる一方、後家の死後は、僧庵としての体裁のまま二人＝小僧と次女とが住み続けることを禁じ、その旨を誓った請文を提出するよう命じている（傍線③）。

　これに対応するものとして、永享一〇年二月二九日付の和田与五郎請文が現存している（刊本を一八九号）。そこでは「与五郎奥屋」が寺庵とされたこと、庵主は「子僧」であることなどが述べられ、「不儀之子細」が起きたならば処罰を受けることが誓約されている。これにより、道成の後継者が和田与五郎であることが判明する。ちなみに彼は先の【史料3】にも見え（花押が一致）、綾戸宮宮座中の一員であった。

　請文では「小僧」ではなく「子僧」であり、昨年に問題となっていた道成子息の禅僧と同一人物であることが推測できる。要するに実態としては昨年とまったく変わらないものを、東寺の禁制に抵触しないように、禅僧ではなく後家を前面に出して申請することで、寺庵創建の許可を得たのである。加えて、寺庵となったのは「与五郎奥屋」であり、したがって主屋は与五郎が継承していたと見られることから、兄弟による一種の分割相続であったこともわかる。道成が入道成にともない与五郎に主屋を譲り、自らは奥屋に引き移った。そしてそれが道成の死後、弟の禅僧に譲与され、寺庵にされたという過程が想定されよう。本事例は、著名な近江国菅浦における「後在家」の類例として位置づけることができる。[39]

　田中倫子は、ここで和田氏によって創建された寺庵を慈眼庵に比定している。[40]これに従うならば、ちょうど道

成の子供たちの世代が、和田氏の祖先供養の場としての慈眼庵が整備される歴史的起点であったということになる。偶然領主東寺の知るところとなり、かつ禅寺であるという点が問題視されたために、こうして寺庵創建の瞬間を詳細に観察することができるのである。その意味で非常に貴重な事例と言える。本来であれば、このようなことは基本的には領主東寺の関心の外であり、同様の過程で創建された寺庵は少なからず存在したであろう。(41)

第二節　寺庵の諸相

つぎに華蔵庵の例をもとに、前節で見たような侍衆による創建とは異なると思われる寺庵の例を見てみたい。

【史料9】宝徳三年（一四五一）一〇月二三日付 高橋定蔵奉書案（刊本を二四六号）

上久世花蔵庵事、坊主御改替候上者、以㆓当庵㆒被㆑進㆓懐玉様㆒候、仍坊舎雑具具（衍字）等、任㆓注文旨㆒可㆑被㆓渡申㆒
之由候、恐々謹言
宝徳三
十月廿三日　長橋（高）定蔵判
長尾次郎左衛門殿
和仁蔵人殿

右の史料では、華蔵庵の坊主が改替され、当庵は「懐玉様」のものとなる旨が伝えられ、その引き渡しを命じている。宛所の長尾氏と和仁氏は、当該期の公文であった畠山氏家臣遊佐氏の代官＝公文代で、当該期の荘務は実際的には彼らによって行われていた。差出には長橋定蔵とあるが、これは案文を作成した際の誤りで、正しくは高橋である。彼は同じ宝徳年間に起きた東寺と三浦為継なる人物との「当寺（東寺）御影堂領本所右馬寮以下田地作職分」をめぐる相論において（ソ一七四号）、「守護方」の「郡奉行」とされている（刊本を二三一号）。したがって彼も当該期の山城国守護であった畠山氏家臣である。文中の「懐玉様」は残念ながら該当する人物を見つけられなかった。しかし、遊佐氏を介さず直接公文代たちに指示がなされていることや、高橋定蔵という他にほとんど文書発給の例がない人物を通じた通達であることから、この「懐玉様」もおそらくは畠山氏の関係者と見てよいのではなかろうか。以上から、詳細は不明ながら、華蔵庵は畠山氏と密接な関係にある寺庵であったことが判明する。

加えて、この指示を受けて作成されたと思われる華蔵庵の坊舎雑具注文が残されており、同庵の具体的な姿を知ることができる。それによれば、華蔵庵は「三間きやくてん（客殿）」、「四間つきの間（次）」、「二間々半」、「ちやのいの間（茶の湯）」、「くり間（庫裏）」という複数の空間から構成される、相当な規模の施設であることがわかる（刊本を二四三）。つぎに雑具を見ると、まず①「仏前」の分として「ほんそんしか（やヌケカ）の三尊ふけん もんしゅ」、「くわんおん絵（観音）　一ふく」、「つはき絵（椿カ）　二ふく」、「三社たくせん（託宣）　一ふく」、「ほつけきやう（法華経）　一」、「地蔵ちやう（帳）　一」などが見える。さらに②「ちやうたい（帳台）分」(42)として「ちかいたな（違い棚）　一」、「ひやうふ（屏風）大小　二」、「てんもく（天目）　たいかて　二」、「おうちやわん（大茶碗）　一」、「こちやわん（小茶碗）　たい　一」、「くわんす（鑵子）」などが列挙されている（刊本を二四二号）。華蔵庵は充実した仏具類に加え、茶の湯が行われるような文化的空間でもあった様子がうかがわれるのである。

大規模な施設と充実した道具類を備えた華蔵庵のあり方は、先に取り上げた、侍衆の家の隠居屋を寺庵に転化した慈眼庵の例とは趣が異なるように思われる。【史料9】で見たように、華蔵庵が畠山氏と関わりの深い寺庵であったこともふまえると、同庵は上久世荘の住民ではなく、荘外の有力者によって創建された可能性も想定すべきではなかろうか。このことには京都近郊という当荘の地理的条件も関わっていよう。以上の推測が正しければ、これを当荘における寺庵創建のもう一つのコースとして措定することができる。必ずしも当荘の寺庵のすべてが荘内の人間によって創建されたわけではないのである。

さらに、華蔵庵はその後、戦国期までに注目すべき変容を見せている。つぎにこの点について検討を加えよう。

【史料10】永正一三年（一五一六）四月二二日付幕府奉行人奉書（『室町幕府文書集成　奉行人奉書編　下』第二八四六号）

寿桓書記申、城州西岡上久世庄内花蔵庵・同庵領等目録在別紙事、帯開基以来相伝証文之処、利倉新三郎（安弘）押領之間、去年雖被成奉書不能承引、新三郎弟承倉蔵主申子細之上、就盗人之儀差申、被尋下之、於訴論者先年香西（元長）以下成敗綷（綺）已違期之条、不被及御沙汰者哉、而至承倉者背御下知、于今不去渡在所、企訴訟之段、不能御許容上者、早退彼妨可全領知之旨、被成奉書於桓書記畢、可被存知之由、被仰出候也、仍執達如件

永正一三
四月廿二日　　貞兼（花押）
　　　　　　　元久（花押）

東寺雑掌

ここでは、華蔵庵をめぐって寿桓書記と利倉新三郎・承倉蔵主兄弟とが争っている。利倉氏は当荘の侍衆であるが、(43)相手の寿桓書記は荘内の人物ではなく、隣接する革島荘を根拠地とする国人革島泰宣の子息であることが判明する。(44)この時点で同庵を占拠しているのは利倉氏の側であり、他方で寿桓書記は相伝の証文を所持しているという。

先述のように、華蔵庵は本来いずれのものでもなく、畠山氏との密接な関係のなかで営まれていた寺庵であった。この半世紀余りの空白期間において、どのような所有権の変転があったのかは知り得ないが、【史料10】の時点では利倉氏によって家の祖先供養の場へと転化されつつあったことがわかる。こうした言わば既成寺庵の乗っ取りという方法もまた、侍衆による寺庵創建のひとつの方途であったと言えよう。とくに華蔵庵は大規模であり、寺庵に付随する敷地・田地なども大きな魅力であったと思われる。

一方の寿桓書記については、革島氏による金融活動との関係によって入手した可能性も考えられるが、おそらくは僧侶世界における師弟間の継承のなかで、華蔵庵とその証文を譲与されたものではないかと思われる。

これの類例として、慈眼庵に関するつぎの記事も併せて取り上げたい。

【史料11】「引付」延徳元年（一四八九）九月二四日条

一、上久世庄慈眼庵領、①去文明十八年丙午庵主他所之小僧於殺害之間、同十九年春、被レ行二闕所一畢、其時地下老者三人致二侘事一申趣、為二闕所之分一進二代物一申請了、②然而彼庵領田畠等号二和田兵庫押領一還補之御奉書於被二成下一由申、進二案文一使満終寺僧助蔵主持参之由石見寺主注進之間、此分披露了、仍文明十八年之引付於披露之処、地下申請折紙以下明鏡之上者、為二不入之地一寺家検断為レ如レ此之由以二両雑掌一奉書之（衍字）於奉行方エ可二申送一之由衆儀了

慈眼庵の庵主は「他所之小僧」を殺害した罪で文明一九年に闕所処分を受けたが、村の年寄三人による詫事によって代物を進納するということで宥免が図られた（傍線①）。ところが、「和田兵庫」が押領していた慈眼庵領の還付命令が下されたとして、某所よりの使者「満終寺僧助蔵主」が幕府奉行人奉書案を持参してきた（傍線②）。東寺は傍線①の事実を「引付」で確認し、これに返答している。

「満終寺」はあるいは万寿寺かとも思われるが、彼が禅僧であること以上は知ることができず、使者の発遣主体も不明である。一方、「和田兵庫」とは、当該期の年寄とみられる和田康貞である（刊本を四〇五号）。助蔵主の主人にとって、和田氏は慈眼庵を「押領」している存在であるが、先述の通り、そもそも慈眼庵は和田氏の創建にかかる可能性が高い。やや状況は異なるものの、ここには華蔵庵をめぐる利倉氏と承倉蔵主との関係と相似形の構造が看取できるだろう。

以上見てきたように、当荘の寺庵は荘内外の勢力によって創建されるものであり、創建された後にも、荘内外の

勢力によって争奪される存在であった。出家させた子弟を寺庵に入れ置き、そこにおいて家の祖先祭祀を行おうとする侍衆たちと、師弟間で寺庵を相続していこうとする僧侶世界との間における、言わば僧俗の論理の相克を見出すことができる。こうしたあり方は、やはり京都近郊に所在するという当荘の地理的条件に因るところが大きいのではないかと思われる。

第三節　寺庵の階層性

最後に本節では、馬場庵の例をもとに、寺庵の階層性を示したい。

【史料12】康正三年（一四五七）二月二四日付馬場庵講衆等目安（ミ一一五号）

（端裏書）「康正三　一方ハ高野聖時衆也
　上久世庄馬場庵坊主時衆依二不清浄一罪科之時講衆等科物侘目安」

目安
　上久世馬場庵講衆御百姓等謹言上
右子細者、①彼坊主不清浄風聞について国方より人を入らるといえとも、不入の趣おほせらる之間、退出仕了、然間、②加様のくせもうすを許容之条、一向講衆等の所行にて候とて寺家様より庵お□ニ引あるべきよし、おほせてくたされ候、③歎入存候、是も仏在所の事にて候間、御科料二貫文分をもつて御免候て忝畏入可レ申候、今時分の事者、御百姓等科怠事候へハ、平ニ早米をもつて九月中ニ進上可レ申候、万一月過候ハヽ、一倍分をもつて御蔵にて我々か納申候ハんする米にてめしあけられ候へく候、仍連判状如レ件

康正三年丁卯二月廿四日

道忠地上
明阿弥（略押）
道幸（略押）
浄恩（略押）
彦太郎（略押）
於故（略押）

これによれば、馬場庵の庵主が「不清浄」であるという風聞により、守護方の介入が図られたが、東寺の交渉によって回避されたという（傍線①）。かかる事態の責任は、馬場に結集する講衆らにあるとして、東寺はおそらく講衆・庵主の処罰を検討していたが（傍線②）、過料二貫文を講衆が支払うことで宥免されることとなった（傍線③）。【史料12】はそのことと関わって、過料の納入延引を求めた連判状であり、連署者はまさに馬場庵講衆の面々である。[45] 馬場庵は先に見た華蔵庵や慈眼庵などとは異なり、そこに結集する講衆たちによって営まれる寺庵だったのである。しかも、連署者たちはいずれも略押を据えており、苗字を有さない一般百姓層であったと思われる。この点でもここまで見てきた寺庵とは異なっている。

すなわち馬場庵の事例は、単独では寺庵を持ち得ない階層の宗教生活のあり方を示しているのではあるまいか。そうだとすれば、これを第一節・二節で検討したような侍衆たちや荘外の勢力によって営まれていた寺庵群と併せて考えることで、村落内の身分階層に応じた寺庵の階層性を見出すことができる。

さらに、端裏書には「一方ハ高野聖時衆」「馬場庵坊主時衆」とあり、同庵の庵主が時衆の高野聖であったことがわかる。あるいは「不清浄」の理由も、そうした点に関わるものではないかと思われる。前節までで見てきた寺庵はいずれも禅僧を庵主とするものであり、荘外有力者・侍衆と一般百姓の講という、寺庵ごとの存立基盤の違いに相応して、庵主の宗教的能力や属性にも違いが生じていることが確認できるのである。

なお、「引付」康正三年三月一九日条には「上久世庄馬場両庵室科物延引来秋事」とあり、【史料12】の提出を受けて過料の納入延期を認めるかどうかが議論されている。ここで「馬場両庵」とあり、【史料12】の端裏書では「一方ハ高野聖時衆也」とあることから、如何なる理由・背景によるものかは不明ながら、馬場庵は二つの寺庵から構成されていたようである。

以上、本章では上久世荘に所在する寺庵のあり方を検討してきた。村の寺庵というと、当荘で言えば侍衆が該当するような有力百姓や土豪による創建を想起しがちである。しかし、京郊に所在する当荘では、有力幕閣畠山氏のような荘外の有力者による寺庵創建が想定できること、あるいはどのような経緯で創建されたにせよ、荘内外・聖俗双方の勢力による争奪が繰り広げられていたことを指摘した。さらに、単独では寺庵を保持し得ない一般百姓らが、講として結集して寺庵を営むケースがあったこと、そうした存立基盤の違いに応じて、庵主の宗教的な能力・属性に違いが見られることを明らかにした。

おわりに

本稿では三章にわたって、東寺領山城国上久世荘における荘園鎮守かつ村堂・惣堂である綾戸宮・蔵王堂と寺庵群について検討を加えた。

「はじめに」で言及した通り、久留島典子は当荘内の寺社・寺庵について、「その担い手は、公文や侍分の者たちが中心であった他の側面とは異なり、より開かれたもの」であり、「支配の対象としての庄の運営から最も離れた位置で営まれていた」と指摘している。(46)

綾戸宮の宮座や蔵王堂の座衆に注目した場合、この指摘は妥当なものである。本稿でも述べた通り、そこでは「侍分」と一般百姓が入り交じる「開かれた」宗教空間が展開していたのであった。

ただし、宮座構成員とそうでないものたちとのあいだに厳格な身分差が存在したことは、本稿で指摘したところである。さらに、荘官公文と東寺との間で蔵王堂住持職をめぐるトラブルが起きると、同堂では二年間に及ぶ住持不在状況が生じていた。百姓たちは折り合いがつけられなかった両者それぞれと独自に交渉し、双方に補任権があることを保証することによって、ようやく村が用意した住持を設置できたのであった。当荘では荘園鎮守と村堂・惣堂とが重なり合っていたため、運営面での村堂・惣堂的実態とは裏腹に、権利の側面において領主権力との緊張関係を抱えていたのである。久留島の指摘がそうであると言うわけではないが、蔵王堂や綾戸宮を、何か俗世のしがらみから自由なアジールであるかのように捉えてしまうと、本稿で見たような、蔵王堂の平常復帰のために行われた当荘百姓たちのねばり強く巧みな交渉をすくい上げることができない。

荘園制下における東寺の領主的権限や特権は、村にとって生産条件の保護として機能することも多く、これまで筆者は専らこの点を強調してきた[47]。これに対し、本稿で取り上げた蔵王堂住持職をめぐる経緯においては、それはむしろ村の再生産を阻害するものとして現れており、負の側面を捉えたものとしてまずは位置づけられる。ただし、この蔵王堂をめぐる相論においても、荘園鎮守の「村請」的状況に対する領主的承認が見られたのであり、それがいわゆる村町制を用意するような、村の法人格獲得の一階梯として評価できる点は改めて強調しておきたい。

また、寺庵に目を転じれば、当荘においては、家ごとに寺庵を持ち子弟の禅僧による祖先供養を行っていた侍衆たちと、講として共同で寺庵を運営していた一般百姓という、寺庵の階層性が存在した。すなわち、寺庵レベル＝祖先供養のレベルでは村落内の身分階層が如実に反映されていたのであり、身分を問わない「開かれた」ものであった荘や村としての祭祀と異なるものであった点にはやはり注意を要する。

最後に、荘園鎮守＝村堂・惣堂、寺庵から織りなされる当荘の宗教構造についてであるが、ひとまずは、①荘や村としての言わば公的な祭祀の場としての荘園鎮守＝惣堂・村堂、②個々の家や講衆によって営まれる私的な祖先祭祀の場としての寺庵、という二重構造を描くことができる。そしてそれらの上位に、宗教領主としての東寺を位置づけることができよう。

ただし問題となるのは、近江国菅浦や播磨国鵤荘で明らかにされているような、荘園鎮守と寺庵の関係や、あるいは荘園鎮守相互の関係をうかがい知ることができないという点である。また、宗教領主である東寺の関わりについても、夏衆の蔵王堂への関与や、寺領における禅寺建立禁制など、断片的なものが確認できたに過ぎない。本稿の検討に拠るかぎり、東寺によって強固なイデオロギー支配がなされ、ピラミッド状に宗教施設が編成されていたという構造にあったとは到底思われない。この点は史料的な限界もさることながら、京都という強大かつ多様な宗教勢力の拠点を間近に持つ、京都近郊という条件が関わっているように思われる。今後の課題としたい。

注

(1) 林文理「戦国前期荘園村落の宗教構造―法隆寺領播磨国鵤荘―」(『神女大史学』四、一九八五年)。榎原雅治「中世後期の地域社会と村落祭祀」(同『日本中世地域社会の構造』校倉書房、二〇〇〇年、初出一九九二年)。坂本亮太「13～15世紀における在地寺社と村落」(『歴史学研究』八八五、二〇一一年)など。

(2) 伊藤裕久「中世の伝統「惣」の空間構造―近江国菅浦を事例として―」(同『中世集落の空間構造―惣的結合と住居集合の歴史的展開―』生活史研究所、一九九二年、初出一九八七年)。田中克行「惣と在家・乙名」(同『中世の惣村と文書』山川出版社、一九九八年、初出一九九六年)。坂本亮太「中世後期の寺庵と村社会―近江国菅浦を事例として―」(高橋秀樹編『生活と文化の歴史学4　婚姻と教育』竹林舎、二〇一四年）。

（3）前掲注（1）林論文。坂下俊彦「中世末期の寺庵―播磨国鵤庄本住寺を中心に―」（『北大史学』三〇、一九九〇年）。

（4）久留島典子「中世後期の「村請制」について―山城国上下久世庄を素材として―」（『歴史評論』四八八、一九九〇年）。

（5）①「領主政所」から「百姓政所」への転化を論じた藤木久志「領主政所と村寄合」（同『戦国の作法―村の紛争解決―』講談社学術文庫、二〇〇八年、初出一九八七年）、酒井紀美「徳政一揆と在地の合力」（同『日本中世の在地社会』吉川弘文館、一九九九年、初出一九九四年）、岡野友彦「山城国久我荘の政所と闕所地処分」（同『中世久我家と久我家領荘園』続群書類従完成会、二〇〇二年、初出一九九七年）、同『戦国貴族の生き残り戦略』（吉川弘文館、二〇一五年）一〇一～一一五頁。②年貢の「村請」状況を検討した前掲注（4）久留島論文、同「中世後期の社会動向―荘園制と村町制―」（『日本史研究』五七二、二〇一〇年）、志賀節子「地下請小考」（同『中世荘園制社会の地域構造』校倉書房、二〇一七年、初出二〇一一年）。③侍身分の成立を論じた志賀節子「室町期伏見庄の侍衆をめぐって―実態と身分的成立契機―」（同『中世荘園制社会の地域構造』校倉書房、二〇一七年、初出二〇〇五年）などを想定している。

（6）坂田聡「中世在村寺院の村堂化の過程」（同『日本中世の氏・家・村』校倉書房、一九九七年、初出一九八五年）。

（7）以下、本論文においてはつぎのように典拠を略記する。ただし、刊本があるものについても翻刻を改めている場合がある。また、掲載史料については行論上影響がないかぎり見せ消し・挿入などは表現していない。

・「引付」年月日条　…「東寺鎮守八幡宮供僧評定引付」
・『教』＋文書番号　…『教王護国寺文書』
・函名＋文書番号　　…「東寺百合文書」
・刊本函名＋文書番号…『大日本古文書』・京都府立総合資料館編『東寺百合文書』

（8）前掲注（4）久留島論文。また、蔵王堂・綾戸宮にはそれらを囲繞する「鎮守の森」が存在しており、百姓たちによって堂舎修理・建築・肥料・燃料などに利用していた。この点については高木純一「東寺領山城国上久世荘における山林資源利用―「鎮守の森」と「篠村山」―」（『地方史研究』三八六、二〇一七年）。こうした点からも、その村の鎮守・村堂としての性格を知ることができる。

（9）前掲注（4）久留島論文三三頁。

（10）刊本を二七六号。「引付」嘉吉元年（一四四一）一一月二九日条、嘉吉二年一月二九日・二月五日条。なお処分の理由は公文舞田氏への与同である。嘉吉元年七月～一一月にかけて、舞田氏は細川氏家臣の寒川氏とのあいだで公文職をめぐる相論を起こしていた。寒川氏に対抗するため、舞田氏は有力幕閣の畠山氏と被官関係を結んでいた。その結果、最終的には畠山氏の重臣である遊佐氏が公文職を獲得することになった。相論に敗れた舞田氏の復権運動に協力したために、三原氏は闕所処分を受けたのである。以上の経緯については、上島有『京郊庄園村落の研究』（塙書房、一九七〇年）第六章第一節、久留島典子「ある「荘家の一揆」―永享九年、東寺領山城国上下久世庄―」（『歴史科学と教育』九、一九九〇年）。

（11）「引付」嘉吉二年六月二六日条。

（12）「引付」嘉吉二年七月二八日条。

（13）なお、ここでの「忠節」とはおそらく闕所処分に際する在地案内であろう。先述の通り、当該期は舞田氏から遊佐氏への公文交代の端境期であり、本来土地の所有状況を把握し注進すべき公文（公文代）が機能しなかったことによって生じたものと思われる。こうした百姓による公文の職務代行については高木純一「東寺領山城国上久世荘における年貢収納・算用と「沙汰人」」（『史学雑誌』一二六‐一二、二〇一七年）。

（14）当荘の侍衆については、高木純一「戦国期畿内村落における被官化状況と領主支配―東寺領山城国上久世荘を中心に―」（『ヒストリア』二五三、二〇一五年）。

（15）刊本を一八二・一八三号、な一八八・一八九号、『教』一二四七号。

（16）前掲注（14）高木論文。

（17）孫三郎→孫左衛門という名乗りの変遷をたどる（な一八九号、り一六四号、ヱ一七五―三号）。

（18）「引付」長禄二年（一四五八）閏正月二五日条など。

（19）ちなみに、当該期に活動が確認できる「弥九郎」は、「鯉（恋）川弥九郎」（「引付」嘉吉元年一一月二八日条）、「利倉（貞光・道文）弥九郎」（「引付」嘉吉二年九月一六日条）の二名である。「東条」を名乗る者は確認できず、今のところ人物を確定することはできない。

（20）前掲注（4）久留島論文。

(21)西谷正浩「荘園村落の世界」(『九州史学』一八一、二〇一八年)。
(22)前掲注(4)久留島論文。
(23)前掲注(14)高木論文。
(24)薗部寿樹『日本の村と宮座―歴史的変遷と地域性―』(高志書院、二〇一〇年)。
(25)前掲注(14)高木論文。
(26)「引付」文安二年(一四四五)一〇月二八日条。
(27)「引付」文安三年二月二六日条。
(28)横井清「「供花」に携わった人びと―中世東寺の場合―」(同『中世日本文化史論考』平凡社、二〇〇一年)。
(29)「引付」康正元年(一四五五)一〇月八日条。
(30)同前。
(31)「引付」享徳四年(一四五五)四月三日条。
(32)「引付」享徳三年一二月一九日条。
(33)田中倫子「戦国期における荘園村落と権力」(村田修三編『戦国大名論集5 近畿大名の研究』吉川弘文館、一九八六年、初出一九七八年)。
(34)「引付」長禄二年(一四五八)閏正月二五日条。
(35)同前。
(36)同前。
(37)「引付」長禄二年二月一六日条。
(38)『教』一〇四八号、そ三九号。「沙汰人」については前掲注(13)高木論文。
(39)前掲注(2)伊藤論文、田中論文。
(40)田中倫子「久世荘」(網野善彦・石井進他編『講座日本荘園史7 近畿地方の荘園Ⅱ』吉川弘文館、一九九五年)。
(41)なお、この事例に関しては家族構成や居住形態への関心から、西谷正浩による言及がある(同「中世後期における山城国上久世荘の家族と人口」『福岡大学人文論叢』四八―一、二〇一六年)。

(42) 帳台とは、①塗籠・納戸の類、②主人の居間・寝間にあてる室を指す（『日本国語大辞典』）。ここでは後者であろう。

(43) 前掲注（14）高木論文。

(44) 「引付」永正一四年（一五一七）三月七日条。

(45) 明阿弥に付された「道忠地上」についてであるが、まず「道忠」とは、道仲・道中などとして確認できる有力百姓である（「引付」享徳三年一〇月一七・二五日条、長禄二年閏正月二五日条など）。つぎに「地上」とは、例えば「道賢地上比丘尼庵主逐電間、同可検符由評儀了」（「引付」康正元年［一四五五］一二月一〇日条）などとあるように、一種の借地人・庵主を指すと思われる。

(46) 前掲注（4）久留島論文三三頁。

(47) 前掲注（8）（13）高木論文。同「東寺領山城国上久世荘における段銭と「荘家の一揆」」（『待兼山論叢　史学篇』五二、二〇一八年）。

（付記）本稿はＪＳＰＳ科研費ＪＰ１８Ｊ０２０８４の助成を受けたものです。

伊勢国における塩業・金融と信仰

亀山佳代

はじめに

本稿は、伊勢国における塩業経営の基礎的考察を行い、あわせて伊勢神宮との関わりについて触れることで、塩業と信仰についての問題にも論及するものである。

一三世紀から一五世紀における伊勢国の塩業やそれを担った大塩屋御薗に関しては、網野善彦が研究している。(1) 網野は、諸国往反自由の特権を得た神人が塩の流通を担っていたことを明らかにした。

これを受けて、一五世紀末にかけての伊勢国の塩業については、小西瑞恵による基礎的研究がある。小西の論点をまとめると次の通りである。

①永享元年(一四二九)に起こった山田神人と地下人との争いが契機となり、一五世紀前葉に大塩屋惣里老分衆による自治体制が成立した。

②大塩屋御薗において多くの土地を買い集めていた大塩屋龍満大夫と大塩屋東殿に関して、大塩屋龍満大夫は内宮権禰宜の荒木田氏一族であり、大塩屋東殿は権禰宜荒木田重員であると特定した。

③一六世紀に荒木田一族である大塩屋龍満大夫家は太田氏へと呼称を変化させることが知られるが、その時期は、明応七年（一四九八）の地震と津波によって大塩屋御薗が被災した頃である。

以上の三点である。大塩屋龍満大夫や大塩屋東が荒木田氏の一族であり、戦国期に登場する太田氏であることを明らかにした点や、伊勢国の塩業における明応地震のインパクトの強さについて述べた点は、伊勢国の塩業を研究する上で大きな成果であったといえる。

しかし、小西の研究にはいくつか問題点がある。それは、大きく次の三つの課題として整理できる。

①塩業は金融や廻船業との関わりの中で複合的に経営されていたが、塩業とその他の商業との関係が不明瞭な点

②伊勢国では伊勢神宮の供御物を軸に塩が作られていたが、伊勢国の塩業と伊勢神宮の信仰との関わりについて言及していない点

③近世初期における伊勢国の塩業やそれに携わっていた太田氏の動向の考察が不十分な点

小西は、太田氏は御師としても活躍し、廻船業や金融業も行っていたと述べている。そして、廻船業に従事することで得た資金をもとに土地集積を行い、明応七年の地震以降は、土地開発や田畑経営をしながら廻船業に比重を置くようになったとの見方を示した(2)。その一方で、小西は、太田氏が金融業をしたとする根拠や活動の実態、塩業との関係については触れていなかった。また、「太田文書」には、一六世紀以降太田氏が土地を売却したことを示す文書が多く残されているが、小西はこれらの文書には考察を加えていない。そのため、小西は、一六世紀以降における太田氏の動向について十分な研究をしているとはいえず、太田氏の資金源を廻船業だとする小西の見解についても再検討する必要がある。

これを踏まえて、第一章では伊勢国の塩業に関する先行研究の概略をまとめる。第二章では、課題①について太田氏による金融活動の実態を探る。第三章では課題②の塩業と信仰の関係について、「おわりに」では課題③であ

る近世初期の太田氏の動向について考察していく。

　方法としては、大湊の太田家に伝えられた「太田文書」を用いて、大塩屋御薗の老分太田氏の動向をもとに考察を加えていく。「太田文書」には、大塩屋御薗における塩浜の売券や譲状、借銭状などが多く含まれており、塩業と金融業の関係を探る上で貴重な史料だといえる。(3) 以下では、『日本塩業大系　史料編　古代・中世（二）』と『三重県史　資料編　中世一（下）』に所収されている「太田文書」を用いる。史料の号数を示す際は、『日本塩業大系　史料編　古代・中世（二）』所収のものは『塩業』、『三重県史　資料編　中世一（下）』所収の場合は『三重』を号数の前に書くこととする。

第一章　伊勢国の塩業と大塩屋御薗

第一節　伊勢国における塩業

　ここでは、先行研究をもとに一四世紀までの伊勢国における塩業の概況をまとめたい。

　伊勢国の塩業は、伊勢神宮に納める塩の生産を契機に発展し、一一世紀には伊勢神宮関係の下級神官や在地の人々が、度会郡から志摩半島の沿岸に塩浜を開発した。中世以降になると、田地を塩浜に改変して塩の生産を行うようになり、余剰生産は交易商品として流通した。一四世紀から一五世紀における伊勢国の塩浜の価格は、田地より二割から三割高く、畠地の二倍以上となっていたことが明らかにされている。このことは、伊勢国では田畠を経営するよりも塩浜を経営した方が大きな利益が得られたことを物語っている。

　一〇世紀頃、荘園制の展開に伴い、寺社・権門が「塩山」や「塩釜」を所有するようになり、支配下の農民・漁民を製塩に従事させるようになった。伊勢国の塩浜は、主に神宮の神官御師や領主が所有するものとなり、塩浜の「小作的」経営が一般的に行われるようになったのである。[4]

また、伊勢国の製塩技術に関しては、渡辺則文の研究がある。渡辺によると、鎌倉初期には干潮時に塩分が付いた砂を集めるという方法で自然の塩浜を利用して製塩が行われた。一四世紀末には、浜の周囲に堤防を作り、浜溝を掘って海水を毛細管現象で砂に浸透させるようになり、塩の生産力が高まった。[5]

そして、このような塩の生産によって、伊勢の海運は発展していった。綿貫友子は、網野の研究を踏まえて関東と紀伊半島との「隔地間取引」について論じている。それによると、伊勢神宮の神人による「塩浜の経営自体が、燃料としての塩木の調達、商品としての塩の販売など、廻船運航を促す重要な契機」であった。そして、綿貫氏は、紀伊半島と関東との取引は一六世紀に戦国大名との結びつきを強めていったのではないかと述べている。[6]

第二節　大塩屋御薗について

本稿の舞台となる伊勢国大塩屋御薗は、正応二年（一二八九）一一月日付「領家某塩浜売券」（『塩業』一号）に「所在度会郡高向郷長屋御厨内塩屋御園」と書かれており、少なくとも一三世紀には成立していた。大塩屋御薗には御塩所司神人や塩浜が多く、「領主・地主は塩浜から地子を徴収し、塩屋には「竈別公事」（「太田文書」二三号）ともいわれた公事が賦課され、それは塩屋に設けられた塩釜を共同で使用する百姓たちが負担」していた。[7]

南北朝末期以降になると、大塩屋御薗では塩浜の売券が数多くみられるようになる。一五世紀には、売却された屋敷が大塩屋御薗の老分衆による合議で配分され、有力老分である太田氏（＝龍満大夫、東殿）のもとに土地が集積される状況も発生するようになった。これらの動きから、網野は、「大塩屋郷の老分―老衆は、公権を含むかつての領家の権限を完全に吸収し、一個の自治的な組織体（公界）としての地歩を確立」するようになり、「かつての塩屋御薗は、太田氏のような富裕な老分衆の合議によって指導される大塩屋郷に転生を遂げた」とみている。さらに、老分衆は田畠・塩浜の経営だけでなく御師や商人としても活動していたと思われ、大塩屋郷は都市的な性格を持つものになってきていたのではないかと網野は述べている。その後、大塩屋御薗は、明応七年（一四九八）八月二五日に発生した大地震と津波によって大きな被害を受けることになる。(8) 以上が伊勢国の大塩屋御薗で経営されていた塩業をめぐる概況である。

第二章　太田氏の活動

第一節　太田氏の土地集積

ここで取り上げる大塩屋＝太田氏は、伊勢国の塩業に携わり、大塩屋御薗老分として自治体制にも影響力を持った一族である。網野や小西が指摘するように、太田氏は多くの土地を買い集めている。小西も太田氏による土地集積をまとめた表を載せているが、ここでは「太田文書」をもとにデータを補強したものを【表1】から【表3】としてまとめた。

【表1】には、大塩屋和泉による土地買い取りの様子をまとめている。大塩屋和泉とは、応永元年（一三九四）から応永六年にかけて名前が確認できる人物である。【表1】をみると、大塩屋和泉が土地を買ったことを示す売券は三通確認でき、それらすべてで塩浜を買っていた。

【表2】は、大塩屋龍満大夫の土地買い取りについてまとめたものである。大塩屋龍満大夫は、応永一五年

表1　大塩屋和泉による土地買い取り（『日本塩業大系 史料編 古代・中世（二）』より）

年月日	売却地	売　主	金　額	史料名
応永元(1394)6/14	塩浜1処	小林熊四朗大夫	6貫文	28　小林熊四朗大夫塩浜売券
応永元(1394)12/28	塩浜3丈	大塩屋宮九郎	13貫文	29　宮九郎塩浜売券
応永6(1399)2/5	塩浜3丈	光覚	2貫500文 ＊1	32　光覚塩浜売券

＊1　33「光覚塩浜売券」では2貫800文

表2　龍満大夫による土地買い取り（『日本塩業大系 史料編 古代・中世（二）』より）

年月日	売却地	売　主	金　額	史料名
応永15(1408)2/1	田地3丈	藤原義幸	500文	42　藤原義幸田地売券
応永15(1408)2/1	畠地3世町	藤原義幸	1貫700文	43　藤原義幸畠地売券
応永17(1410)10/22	畠地2丈	辻小祢宜守次	1貫900文	46　辻小禰宜守次畠地売券
応永20(1413)8/27	塩浜3丈	領主)荒木田五郎女	2貫文	50　荒木田五郎女塩浜売券
応永23(1416)8/21	塩浜2丈	領主)愛増女 嫡子)僧　與達	4貫文	51　愛増女塩浜売券
永享4(1432)12/9	塩屋3間	嫡子)友続 領主)久阿	1貫500文	90　久阿塩屋売券
永享5(1433)11/20	塩屋1間	嫡子)女市宮 親母)見心	5貫文	96　見心塩屋売券
永享5(1433)12/2	塩浜1処	須崎刑部左衛門	6貫文	97　須崎刑部左衛門塩浜売券
永享5(1433)12/27	屋敷1処	太郎兵衛	3貫800文	98　太郎兵衛屋敷売券
永享6(1434)2/9	屋敷1処	嫡女)須崎逆女 孫)市女	1貫文	99　須崎逆女屋敷売券
永享6(1434)2/11	塩浜1処	度会五郎女 仏子)教賢	6貫文	100　度会五郎女塩浜売券
永享6(1434)11/14	屋敷1処	須崎五郎太郎	5貫文	101　須崎五郎太郎屋敷売券
永享6(1434)12/24	畠地1処	宮内三郎兵衛	3貫500文	102　宮内三郎兵衛畠地売券
永享6(1434)12/24	塩浜1段	宮内次郎兵衛 同三郎兵衛	18貫文	103　宮内次郎兵衛・同三郎兵衛連署塩浜売券
永享7(1435)7/24	屋敷1処	小浜六郎	1貫文	104　小浜六郎屋敷売券
永享7(1435)7/28	屋敷1処	荒木田重憲 嫡子)一福丸	20貫文	105　荒木田重憲屋敷売券
永享7(1435)12/21	塩浜1段	六郎次郎・比丘尼・三郎	13貫500文	106　六郎次郎等塩浜売券
永享8(1436)5/13	畠地1処	荒木田氏女 嫡子)氏正	2貫500文	109　荒木田氏女畠地売券
永享8(1436)11/24	屋敷1処	荒木田氏女 嫡子)杉松大夫	4貫文	110　荒木田氏女屋敷売券

表3　大塩屋東による土地買い取り（『日本塩業大系 史料編 古代・中世（二）』より）

年月日	売却地	売　主	金　額	史料名
永享9(1437)10/25	塩浜1処	荒木田氏女 嫡子)長鶴	14貫500文	112　荒木田氏女塩浜売券
永享9(1437)11/16	屋敷1処	須崎太郎大夫 嫡子)大夫三郎	3貫500文	113　須崎太郎大夫屋敷売券
永享9(1437)10/25	塩浜1処	須崎太郎大夫	10貫文	115　須崎太郎大夫塩浜売券
嘉吉元(1441)5/4	田地4丈	住持)天寳 檀那)度会用貞	37貫文	120　住持天寳田地売券
嘉吉2(1442)4/13	塩浜1処	大塩屋祢宜	8貫文	121　大塩屋禰宜塩浜売券
嘉吉2(1442)10/22	畠地1処	太郎衛門 嫡子)酒次郎	3貫文	122　太郎衛門畠地売券
文安元(1444)12/6	田地4丈	中村森衛門	12貫500文	123　中村森衛門田地売券案
文安5(1448)8/4	屋敷2処	小河殿 嫡子)藤左衛門	2貫文	124　小河某屋敷売券
文安6(1449)3/10	塩浜1段 畠地1処	大湊隼人	5貫200文	126　大湊隼人塩浜・畠地売券
文安6(1449)3/16	畠地1段	度会貞貫 口入)四涯太郎大夫	3貫文	127　度会貞貫畠地売券
文安6(1449)7/11	田地1処	明見	6貫文	128　明見田地売券
宝徳2(1450)3/3	塩浜1処	馬瀬宗仁 嫡男)千代正大夫	8貫文	129　馬瀬宗仁塩浜売券
宝徳3(1451)3/27	塩浜1処	出水次郎 嫡男)太郎次郎	10貫文	131　出水次郎塩浜売券
宝徳3(1451)3/27	田地1処	馬瀬辻兵衛	12貫文	132　馬瀬辻兵衛田地売券
宝徳3(1451)3/	塩浜1処	しかいの若大夫	2貫500文	133　若大夫塩浜売券
宝徳4(1452)3/26	畠地2丈	大湊﨑祢宜大夫	不明	134　大湊﨑禰宜大夫畠地売券
享徳元(1452)10/27	塩浜1処	須崎刑部左衛門	6貫文	135　須崎刑部左衛門塩浜売券
享徳元(1452)12/26	屋敷1処	大湊勘解由重長	7貫文	138　大湊勘解由重長屋敷売券
享徳2(1453)12/15	田地3丈	了正	6貫500文	140　了正田地売券
享徳2(1453)12/20	田地1世町	度会氏女・嫡子	3貫500文	141　度会氏女田地売券
享徳2(1453)12/20	塩浜1世町	大中臣氏女 嫡子)荒木田成永	9貫500文	142　大中臣氏女塩浜売券
享徳4(1455)2/5	塩浜1処	辻兵衛太郎	15貫文	144　辻兵衛太郎塩浜売券
康正2(1456)12/11	田畠1処	荒木田成利 嫡子)荒木田成永	5貫文	145　荒木田成利田畠売券
康正2(1456)12/11	藪1処	成家	7貫文	146　成家藪売券

康正3(1457)3/5	塩浜1処	中之大夫 嫡子)次郎祢宜	3貫文	147	大塩屋中之大夫屋敷売券
康正3(1457)5/3	塩浜1処	中之大夫 嫡子)次郎祢宜	6貫文	149	大湊四屋之大夫塩浜売券
康正3(1457)9/30	田地1処	須崎刑部左衛門入道	7貫文	150	須崎刑部左衛門入道心善塩浜売券
康正3(1457)10/23	田地1処	孫左衛門	1貫500文	152	孫左衛門田地売券
長禄元(1457)12/24	田地1処	大湊次郎祢宜	6貫文	153	大湊次郎禰宜田地売券
長禄元(1457)12/24	田地1処	荒木田成利 嫡男)徳増大夫 口入)竹内次郎兵衛	6貫文	154	荒木田成利田地売券
長禄2(1458)1/22	田地1処	新開四朗大夫 口入)御房三郎	2貫文	155	新開四朗大夫田地売券
長禄2(1458)1/24	田地1処	たまくし	2貫200文	156	たまくし田地売券
長禄2(1458)2/5	田地1処	湊道祏 口入)ホラ衛門太郎	6貫500文	157	湊道祏田地売券
長禄2(1458)2/24	田地1処	湊中大夫 嫡子)次郎祢宜	6貫文	158	湊中大夫田地売券
長禄2(1458)5/3	畠地1処	妙永・妙天	8貫文	159	妙永畠地売券
長禄3(1459)11/10	塩浜1処	道見	8貫文	163	道見塩浜売券
長禄4(1460)4/26	大夫大塩屋領給主6分の1	坂一臈大夫 口入)窪次郎衛門・坂市鶴大夫	30貫文	165	一臈大夫大塩屋領給主六分一売券
長禄4(1460)10/10	畠地1処	太郎兵衛太郎	1貫800文	166	太郎兵衛太郎畠地売券
寛正2(1461)2/10	塩浜1処	徳石	1貫700文	168	徳石塩浜売券
寛正2(1461)2/11	屋敷1処	前条衛門太郎	17貫文	169	衛門太郎屋敷売券
寛正2(1461)9/3	田地5丈	八郎大夫子次郎女 口入)大郎	5貫文	171	次郎女田地売券
寛正2(1461)11/10	田地1処	弾正	7貫500文	172	弾正田地売券
寛正4(1463)6/1	屋敷1処	辰衛門太郎	3貫500文	174	辰衛門太郎屋敷売券
寛正4(1463)10/12	田地2段	菖蒲	4貫500文	175	菖蒲田地売券
寛正5(1464)6/26	畠地1処	中 嫡子)弾正	8貫文	176	中畠地売券
文正元(1466)7/16	田地1処	馬瀬三郎兵衛	7貫文	178	三郎兵衛田地売券
文正元(1466)12/9	塩浜1処	成元・海音	5貫文	179	成元塩浜売券
文明4(1472)9/8	田地1段	旦過屋タマル小祢宜	11貫文	181	旦過屋タマル小禰宜田地売券
文明4(1472)12/17	塩浜1処	さの大夫次郎	3貫文	182	大夫次郎塩浜売券
文明8(1476)4/5	田地1処	徳雲庵元英 口入)次郎大夫	14貫文	184	徳雲庵元英田地売券
文明11(1479)12/3	田地4丈	刑部太郎	7貫500文	186	刑部太郎田地売券

（一四〇八）から永享八年（一四三六）の時期に土地買い取りを活発に行った人物である。土地の種類をみると、全部で一九通ある売券の内、塩浜を買ったものは六通、塩屋は二通、田地は一通、畠地は四通、屋敷は六通であった。

【表3】には、大塩屋東による土地買い取り状況をまとめている。永享九年（一四三七）から文明一一年（一四七九）にかけて名前が登場する大塩屋東は、四二年の間に土地買収を示す売券五一通を残している。土地の内訳をみると、塩浜を買い取ったものが一六通、田地は一二通、畠地は八通、屋敷は六通などとなっている。一五世紀前半において、太田氏は塩浜を多く買い取っており、製塩の規模を拡大していったと考えられる。

第二節　太田氏の金融活動

「太田文書」には売券のほか借銭状が六通残されており、金融活動が行われていたことが読み取れる。これらの借銭状についてまとめたのが【表4】である。

これをみると、金融活動が土地を担保として行われていることがわかる。例えば、至徳三年（一三八六）一一月三日付の長松兵衛尉利銭請文では、借主の長松兵衛尉が四貫文の担保として荒地や開発途中の塩浜などを質入れしている。この他にも、屋敷や田地などを質入れする借銭状もみられるが、塩浜や塩屋など塩業に関わる土地を担保としている割合が高いことが読み取れる。

借銭状には、誰から銭を借りたのかを直接的に明記したものはみられない。しかし、金融活動を行っていた人物について考察する材料となる情報を載せたものがいくつか確認できる。

その例として、「四朗女利銭借状」（『塩業』一〇七号）について検討を加えたい。永享九年（一四三七）一二月二三

表4　「太田文書」にみえる借銭状（おもに『日本塩業大系 史料編 古代・中世（二）』より）

年月日	借　主	金　額	質入れ物	利分	備　考	史料名
永徳3(1383)10/27	小勾熊法師小祢宜	600文	浜4丈	毎月五文子(5%)		150 熊法師小禰宜利銭借状＊1
至徳3(1386)11/3	長松兵衛尉	4貫文	荒地・塩浜等	毎月五文子(5%)	返済期限を過ぎたらこの文書は売券とする	19 長松兵衛尉利銭請文
永享8(1436)2/21	荒木田重憲	1貫750文	屋敷	毎月五文子(5%)	屋敷は大塩屋惣里配分のもの。返済期限を過ぎたらこの文書は売券とする	114 荒木田重憲銭借状
永享9(1437)12/23	四朗女まこ太郎	3貫文悪銭15文	塩屋	毎月五文子(5%)	端裏書「山田八日市おやのまこ太郎より大た□□□□之うりけん」	107 四朗女利銭借状
享徳元(1452)12/25	四屋隼人	5貫500文	浜	毎月五文子(5%)	返済期限を過ぎたらこの文書は売券とする	137 よつやはいとう借状（四屋隼人）
天正11(1583)12/吉日	太田重正・同重道		田地18か所、その百姓の名	不明	田地は太田東から祖父四朗五郎に譲与されたもの。宛所は太田梶衛門	196 源三郎等借用状＊2

＊1　『三重県史 史料編中世1(下)』より
＊2　『三重県史 史料編中世1(下)』では154「太田重正・同重道田地質入証文」

日付の「四朗女利銭借状」は、【表4】のように、四朗女とまこ太郎が塩屋を質入れして銭を借りたことを示す史料である。この「四朗女利銭借状」には、端裏書という形で「山田八日市おやのまこ太郎より大た□□□□之うりけん」との記載がみられる。一部判読が困難な文字があるが、端裏書の記述内容から、この文書はまこ太郎から太田某への売券であることが読み取れる。この史料には、四朗女とまこ太郎に銭を貸した人物について明記されてはいない。その一方で、返済に関して、

若やくそくの月をすき、ふさた仕候ハバ、おうしほやのみそのの内むかいはまのさきのしほやお、しちに入申候へハ、此状おうりけんとしてなかく御しんたい候ハんするに、其時更ニ一こんのいき申すましく候、仍って後日の為かり状件の如し、

と書かれている。上記のように、端裏書に太田某への売券であるとの記述が残されていることを踏

まえると、返済期限を過ぎてしまったためにこの借銭状が売券となり、「おうしほやのみそのの内むかいはまのさきのしほや」は太田某の手に渡ったと考えられる。この事例から、太田氏が土地を担保とした金融活動を行っていたことが確認できる。

第三節　土地集積や金融活動を支えた資金源

上記の通り、大塩屋和泉や大塩屋龍満大夫、大塩屋東が多くの土地を買い取っており、大塩屋一族で、のちの太田氏は土地を担保とした金融活動を行っていた。そして土地買収や金融活動をするためには、豊かな財源が不可欠である。ここでは、太田氏の活動を支えた資金源について検討していく。

【表4】をみると、浜や塩浜、塩屋など塩業に関わるものが質入れされたことを記す借銭状を四通確認することができる。ここで対馬の塩業と金融業の関係について、荒木和憲の研究をみておこう。荒木は、対馬の塩が商品として流通していたことによって九州の借上が塩屋を担保に取るようになったとの見解を示した(9)。前述の通り、伊勢国一四世紀から一五世紀において、伊勢国の塩浜は田地より二割から三割高く、畠地の二倍以上の値段であり、伊勢国で生産された塩は交易商品としても流通していた。伊勢では田畠経営よりも塩浜経営の方が利益は大きかったのである(10)。これらのことを踏まえると、荒木が述べたように、伊勢国の塩浜で生産された塩が商品として売買され、大きな富を得ることにつながる状況があったことが伊勢国の金融活動に深く関わっているといえるだろう。利益獲得が期待できる塩浜や塩屋は、それゆえに土地としての価格も田畠より高くなり、借銭の際に担保として質入れされるようになったと思われる。太田氏による土地集積や金融活動は、やはり塩浜経営から得られる資金がもとになっていたのである。

第三章　大夫から俗人へ

第一節　太田氏による土地売却

ここまでみてきたように、一五世紀に大塩屋龍満大夫家＝太田氏は多くの土地を買い集め、土地を担保とした金融業も行っていた。では太田氏は、その後どのように経営を展開していったのだろうか。小西によると、明応七年（一四九八）の地震以降、大塩屋御薗の塩業は衰退し、太田氏が持っていた塩浜は田畠などに変化した。その後、「太田文書」には塩業に関する文書は減少し、かわりに土地の売券などが多くみられるようになった。[11]以下では、一六世紀から一七世紀にかけてみられる土地売券の分析を通して、明応七年の地震以降の太田氏の動向について探る。

「太田文書」からは一六世紀に、太田氏が土地売却を進めた様子がうかがえるが（【表5】）、この表から、一六世紀前半と一七世紀初頭に二つの画期を見出すことができる。具体的には、

①土地の売却を始めた享禄四年（一五三一）

②立て続けに土地売却が行われた慶長九年（一六〇四）から元和五年（一六一九）

である。画期①については以下で、画期②に関しては「おわりに」で触れることにしたい。

では、太田氏が画期①の享禄四年以降、一転して土地売却を開始したのはなぜだろうか。

前述の通り、大塩屋御薗は、明応七年八月二五日に発生した大地震と津波によって大きな被害を受けた。「太田文書」の中には、この大地震と高波に関して言及している享和四年（一八〇四）正月吉日付の「大湊領元田由来書」

（『塩業』二〇三号）という史料が残されている。この史料は、大湊領元田の由来や大地震の被害状況などについて、代々書き残しておいたものを太田八大夫重満が後世のために取り集めて書き記したものである。これによると、大塩屋御薗では、御塩取役人が住む一〇〇余軒を含む塩屋村の家一八〇余軒が海へ押し流され、塩浜・田畑も荒れ果てるほどの被害を受けた。東側にある中沢周辺に居住していた人々の内四五人が生存し、彼らは御塩の調進が途絶えてしまうことを嘆いたという。そして、塩の製造を中断せざるを得なくなった大塩屋御薗の住人たちは大湊へと引っ越した。これ以後、伊勢神宮への塩は二見御厨から納めることになったのである。この地震による被害状況については、矢田俊文が詳しく研究を行っている(12)。

土地の売却に関しては、荒地の場合は土地を開発し直す必要があるため、田地や畠地を売った方が買い手はつきやすい。だが「太田文書」をみると、【表5】のように太田氏が多くの荒地を売却している。画期①の享禄四年に太田東重隆が荒野を売却しているのは、明応七年八月二五日の地震によって被害を受けたことが影響しているとみられる。

第二節　太田氏と宗教との関係性

太田氏は、塩生産を通して伊勢神宮とのつながりを持っていた。明応地震後の太田氏と伊勢神宮との関係は、その後どうなっていくのだろうか。太田氏と宗教との関係について検討するために、先行研究をみていきたい。

早島大祐は、日吉神人で京都の商人である沢村と野洲井の動向をもとに、京都商人と宗教との関わりを論じている。それによると、「室町期には神人のネットワークの存在が都鄙の交通と商人経営の根幹」であった。一五世紀中葉には山門の神人支配が不安定になり、応仁の乱後の京都では治安悪化が問題となっていた。そのため、沢村と

金　額	備　考	史料名
2貫500文		255　太田東重隆荒野売券案
米5石		260　太田東某田地売券
銀子47匁	端裏書「大工彦次郎ニうり候　同彦大夫ニうり候」	237　太田重国屋敷売券案
銀子50目		238　太田重桓畠地売券
銀子36匁	ひかへ	235　太田重尭畠地売券案
銀子36匁	ひかへ	同上
米1石、650文		285　太田重尭畠地売券
銀子85匁	ひかへ	291　太田重桓畠地売券案
銀子132匁		281　太田東重良畠地売券
銀子30目		283　太田重桓畠地売券案
800文		275　太田東某畠地売券案
銀子50匁		284　太田東重澄畠地売券
3貫400文		269　太田東重澄畠地売券
600文	端裏書「ひかへ」	270　太田東重良畠地売券案
銀子300匁	ひかへ	203　太田東重良畠地売券案
銭1貫文	ひかへ	278　太田東重澄荒地売券案
銀子60匁	ひかへ	289　太田東重良荒地売券案
銀子70匁	端裏書「ひかへ」	234　太田重良荒地売券案
銀子6匁		241　太田東某荒地売券案
銀子115匁	ひかへ	292　太田東重良荒地売券案

表5　太田氏による土地売却（『三重県史 史料編中世１（下)』より）

年月日	売却地	売　主	買　主
享禄4(1531)8/吉日	荒野1所	太田東重隆	馬瀬蔵人
文禄5(1596)7/5	田地	太田東	宗衛門尉・善次郎・与六郎・小二郎・彦三郎・助七・宗七・五郎兵衛・孫七・助二郎
慶長6(1601)11/吉日	屋敷3間	太田唯兵衛重国 口入)馬瀬介拾郎	湊大工彦二郎
慶長9(1604)8/13	畠地	太田新八重桓 使)五郎大夫・二郎衛門	孫さ衛門尉
慶長9(1604)12/吉日	畠地	太田新八郎重尭 使)三郎衛門・二郎衛門尉	三郎兵衛
慶長9(1604)12/吉日	畠地	太田新八郎重尭 使)三郎衛門・二郎衛門尉	与兵衛
慶長9(1604)12/吉日	畠地	太田新八郎重尭 使)三郎衛門・二郎衛門	安右衛門
慶長10(1605)7/吉日	畠地1所	太田新八重桓 使)五郎兵へ・二郎衛門	六郎左衛門
慶長10(1605)11/8	畠地1所	太田ひかし重良 使)又衛門	じやうせん
慶長10(1605)11/吉日	畠地1所	太田新八重桓 使)二郎衛門・七郎衛門	得兵衛
慶長12(1607)12/	畠地1所	太田東 使)五郎大夫・三郎兵衛	三郎兵衛
慶長13(1608)9/1	畠地1処	太田東(重澄) 使)五郎大夫・ひこ七	馬瀬源十郎
慶長15(1610)12/21	畠地1所	太田東重澄 使)三郎兵衛・彦左衛門	助さ衛門
慶長16(1611)12/吉日	畠地1所	太田東重良	ひこ左衛門
慶長17(1612)6/吉日	畠地1所	太田東重良	三郎衛門・二衛門・五郎大夫・三衛門・弥兵衛・助三郎・彦左衛門源七郎・七郎衛門・弥蔵・三郎兵へ・平六
慶長17(1612)6/吉日	荒地	太田八大夫(重澄カ) 使)彦兵へ	三衛門
慶長17(1612)6/吉日	荒地1所	太田東重良 使)二郎衛門	杣屋又八郎(大夫二郎)
慶長17(1612)8/吉日	荒地1所	太田八大夫重良 使)三郎兵衛	大口屋彦大夫
慶長18(1613)2/吉日	荒地1所	太田東 使)三郎兵衛	助左衛門
慶長18(1613)2/吉日	荒地1所	太田東(重良 使)三郎兵へ	六衛門・助左衛門・弥七・孫八・弥作・助一・三蔵・助七・助兵衛・六兵へ・そノ二衛門・そノ三衛門・そノ七郎二郎・そノ源七郎・そノ与六・助八・二郎四朗・久六・そノ三郎兵へ・二郎兵へ

金　額	備　考	史料名
銀子75匁	ひかへ	276　太田東重良荒地売券案
銀230目	ひかへ	236　太田重澄畠地売券案
600文		239　太田東某畠地売券案
銀子12匁	ひかへ	293　太田東某荒地売券案
銀子30匁	ひかへ	同上
金子1両	ひかへ。「但さいめうち候時ハ、三衛門小作小三郎・三郎衛門ニミせ申候」	290　太田東重澄荒地売券案
銀子20匁	ひかへ	231　太田東某荒地売券案
銀30匁	ひかへ	232　太田東重澄荒地売券案
銀子75匁	端裏書「ひかへ」	274　太田東重澄荒地売券案
銀子20匁		279　太田東重澄荒地売券案
銀子18匁		273　太田東重澄荒地売券
銀子12匁	ひかへ	272　太田東重澄荒地売券案
銀子18匁	ひかへ	286　太田東重澄荒地売券案
	ひかへ	271　太田東重澄畠地売券案
銀11匁	ひかへ	233　太田東重澄畠地売券案
銀子14匁	ひかへ	280　太田東重澄畠地売券
江戸小判3両	ひかへ	267　給主中連署屋敷売券案
3貫400文	ひかへ	268　給主中連署屋敷売券案

年月日	売却地	売　主	買　主
慶長18(1613)8/吉日	荒地1所	太田東重良 使)五郎大夫・三郎兵衛	大せこ徳衛門
慶長19(1614)2/吉日	畠地1所	太田八大夫重澄	堤三郎さ衛門・三左衛門
慶長19(1614)2/吉日	畠地1所	ひかし 使)善兵衛	三郎衛門尉
慶長20(1615)6/吉日	荒地1所	太田東 使)三郎衛門	南浜六衛門
慶長20(1615)6/吉日	荒地1所	太田東 使)三衛門	南ノ浜治兵衛
元和2(1616)5/吉日	荒地1所	太田八大夫重澄 使)三郎兵衛	高木久右衛門尉
元和2(1616)9/吉日	荒地1所	太田東	西端彦左衛門尉 口入)三郎兵衛
元和2(1616)9/吉日	荒地1所	太田東重澄 使)三郎兵へ	西端二郎兵へ・弥作
元和2(1616)12/吉日	荒地1所	太田八大夫重澄 使)三郎兵衛	高木六郎左衛門
元和2(1616)12/吉日	荒地1所	太田八大夫重澄 使)三郎兵衛	かハらや彦兵衛・甚九郎・又八郎・弥蔵
元和5(1619)2/吉日	荒地1所	太田東重澄 使)三郎兵衛	九兵衛・彦作
元和5(1619)5/吉日	荒地1所	太田東重澄 使)三郎兵へ	かみそりせこ吉衛門
元和5(1619)5/21日	荒地1所	太田東重澄 使)三郎兵へ	北町清衛門
元和5(1619)10/吉日	畠地1所	太田東重澄	これの一兵へ・七郎二郎 使)三郎兵衛
元和5(1619)12/吉日	畠地1所	太田東重澄 使)三郎兵へ	西端二郎衛門
元和6(1620)7/吉日	畠地1所	東重澄 使)三郎兵へ	これの又作
寛永18(1641)4/吉日	屋敷1所	給主中)肝煎太田八大夫重澄・馬瀬五郎衛門成次・太田次郎左衛門重弘	馬瀬長二郎
寛永18(1641)4/吉日	屋敷1所	肝煎太田八大夫重澄・馬瀬五郎衛門成次・太田次郎左衛門重弘・この他給主衆中	辻三郎右衛門尉・高木久右衛門尉

野洲井は出座して山門とは距離を置き、武家の被官となって禅宗に帰依した。しかし、これらの動きは流通路確保にはつながらず、一六世紀に沢村と野洲井の経営は悪化していった。以上の点を明らかにした上で早島は、これを「信仰と経営の分離」だと指摘している。[13]

それでは、早島が指摘する「信仰と経営の分離」は、伊勢国の太田氏においても当てはまるのだろうか。太田氏は、伊勢神宮へ納める塩を生産して大きな利益を得ており、それが土地集積や金融業を可能にしていた。しかしながら、明応七年(一四九八)の地震と津波によって大塩屋御薗は壊滅的打撃を受け、太田氏の経営状況は悪化した。

その一方で、伊勢神宮の状況についてはどうだったのか。山田雄司は、明応地震の際に伊勢神宮が被災して仮殿遷宮を請うといった記述がみられず、朝廷の祈祷命令に応じていることから、伊勢神宮自体には大きな被害はなかったと述べている。つまり、塩浜と神宮とは被害状況に大きな差があったのである。[14]

この違いがこれまで密接な関係を持っていた両者に亀裂をもたらした。長享三年(一四八九)から永正一八年(一五二一)にかけて書き継がれた『内宮子良館記』(『続群書類従　第一輯下』)には、明応地震による伊勢・志摩の被害や伊勢神宮の祭祀に関することが書かれている。

一明応七年戊午九月御祭、国崎御贄ミドリ玉ヌキ之事、去八月廿五日大地震ノ大塩ニ彼島家人大略流失、雖レ然、於二彼役人一者、潔斎ノ由申、御贄持参申之処、島中大略可レ為二不浄一之間、奉レ備二御饌一之事、不レ可レ然候由、御不審ノ御方依レ有二御座一、御饌ニバクミ申サズ、

伊勢神宮に鮑を納めていた志摩国国崎では、津波によって多くの死者が出た。これを受けて伊勢神宮側は、国崎は不浄であるため熨斗鮑を神嘗祭の神饌にすることはできないと判断し、神前には供えないと述べたのである。[15] 被災しながらも神饌を貢進した国崎住人とそれを「不浄」として拒んだ伊勢神宮の「役人」——。災害をめぐり、被害にも差があった両者の距離はこれほどまでに広がっていたのである。

稲本紀昭は、伊勢神宮は、御厨や御薗から祭神に捧げる魚介類や塩、野菜などの神饌を貢進させており、これは「御厨・園・神田、あるいは神人支配の根幹をなす観念」だと述べている。[16] 塩を納めさせることで成り立っていた伊勢神宮による大塩屋御薗の支配は、明応地震を機に塩生産をやめたことでその根幹を失うこととなった。そして国崎の事例で確認できた震災からの復興をめぐる領主—住人間に顕著な温度差が生じており、これらによって、塩業を行っていた太田氏と伊勢神宮のつながりもまた相対化されたといえる。その意味で伊勢国塩業においても、確かに「信仰と経営の分離」が進んでいたことが確認できるのである。

また、この問題に関わり注目したいのが、大塩屋から俗姓の太田を名乗った意味についてである。この点に関して、先に述べた通り小西の指摘が重要である。小西は、太田氏は大夫名を持っており、権禰宜や御師としても活躍していたと述べている。この点に関して、永正九年（一五一二）一一月二七日付の「蔵主某売券」（『塩業』一九〇号）をみると、別筆で

此うりけんゆつり状のざうすと申人ハ、むかしほうごんあんと申す出家なり、龍満大夫殿子息なり、ゆつり所に龍熊殿と御座候、さうすのおい太田善太郎重隆、後ハ太郎左衛門と申し候、法名大岑常雄、四月十八日申し候、八大夫ひおうぢなり、

との記載がある。この記述から、龍満大夫の子息が蔵主であり、蔵主の甥で龍満大夫の孫にあたる人物が太田善太郎重隆（太郎左衛門）であることがわかる。また、大塩屋龍満大夫やその子息である蔵主までとは異なり、太田善太郎重隆（太郎左衛門）から俗人姓を名乗っていることに気が付く。「太田文書」をみると、太田善太郎重隆（太郎左衛門）は、永正九年一一月二七日付「蔵主某売券」から享禄四年（一五三一）八月吉日付の「太田東重隆荒野売券案」まで活躍がみられる人物である。太田氏は、一六世紀には大夫名ではなく、主に俗人姓を名乗っていることがわかる。

では、なぜ大塩屋龍満大夫や大塩屋東の一族は俗人姓を名乗ることになったのだろうか。明応七年（一四九八）の地震以後、太田氏は大塩屋殿から本格的に太田姓を名乗るようになり、塩業から廻船業へ比重を移したという小西の指摘は、太田氏から宗教的要素が取れたことの表れだといえる。さらに、太田氏は一六世紀半ばから土地を売り始めており、一七世紀にはその動きが活発化している。これは、収入源であった塩業が廃れたためであり、災害からの復興をめぐる伊勢神宮との温度差も背景に、太田氏から宗教色が薄れ、伊勢神宮とのつながりが希薄になったことを意味する。これらのことから、画期①の享禄四年は、明応地震の影響を強く受けて伊勢神宮との関係が一旦リセットされ、太田氏が俗姓を名乗って塩浜経営の再建を行い苦境に陥り始めた時期であるといえる。

第三節　一六世紀における太田氏の塩浜経営

一六世紀に太田氏と伊勢神宮の関係が相対化されたことで、太田氏が生産していた塩は神供から商品へと姿を変え、太田氏は単独で塩浜経営の再建を目指すようになった。それでは、伊勢神宮と距離を置いた太田氏の経営状況は積極的に評価できるのだろうか。これについては、必ずしも順調とはいえない。

この点を考えるために、天正一一年（一五八三）の借用状から一六世紀の太田氏の動向をみてみよう。天正一一年一二月吉日付「源三郎等借用状」（『塩業』一九六号）[17]をみると、差出人として太田四朗五郎、太田六蔵、太田重正、太田重道らが連署し、太田梶衛門を宛所としている。この史料には、何を借用しているのかについての記述はみられないが、「大塩屋ひしやこ松之田」一八か所と源三郎ら一八人の百姓の名が質として記されている。この借用状は宛所を太田梶衛門として出されていることから、太田梶衛門が土地を担保に金融活動をしていることが読み取れる。

また、この金融活動が太田四朗五郎などと太田梶衛門との間で行われており、源三郎などの百姓は太田氏と地域的つながりがある人物であると考えられることから、太田氏は地域・同族間融資を行っていたとわかる。このような現象は、一六世紀における京都近郊の在地領主である革嶋家一族においてもみられ、その背景として一族経営の危機が指摘されている。[18] そこでの知見もふまえれば、この融資形態は、太田氏による塩浜経営が危機的状態であることを裏付けるものではないだろうか。

そして、塩浜経営の危機を迎えた太田氏は、小西が指摘するように塩浜や荒れ地などを田畑に再開発する動きを見せ始める。[19] 土地の再開発に関しては、「太田重就申状案」や「太田重就申状」、「太田梶右衛門田地書出案」にその記載がある。天正一六年（一五八八）九月一〇日付「太田重就申状案」（『三重』二〇〇号）は久野三直と人々に宛てたもので、天正一六年一二月六日付の「太田重就申状」（『三重』二〇一号）は佐々木留右衛門尉と人々を宛所として書かれた文書である。内容としては、「織田信雄様の御代の時、右の浜を八年先まで田地にしたいと百姓たちが申したため堤をつくった。堤の中は高松与次郎と太田重就の浜であり、両者文書を出して四至の境界を定め、当年までの八年間このようにした。この土地に関して、証文を持たない馬瀬民部が口出しをしてきたため、御裁定を求める」というものである。この文書から、浜を田地にする動きが確認でき、土地の再開発が行われていることがわかる。この他にも、文禄三年（一五九四）一二月二〇日付の「太田梶右衛門田地書出案」（『三重』二六一号）には「中沢新おこし畠塩付」や「中沢おこし塩付」、文禄五年三月吉日付の「太田東契文」（『三重』二五六号）には「すし桶のおこし」と記載されている。また、第一節でふれた「大湊領元田由来書」をみると、

塩濱の在所ハ樫原村土路と大湊の間の荒地幷元田ハ則ち御園塩濱の古跡に御座候、（中略）其後持主共田畑に開発仕り、野河原新田と申し、中沢ハ元来田畑多く御座候故、自然と元田と申すならわし候て、只今にてハ宗と罷り成り候、何れも大湊より耕作仕り候処、明暦三年丁酉十月四日、大地震津浪にて押し流し申し候て、剰

さえ中に川一筋出来候故、野河原ハ舟ならて通路相成らず候ニ付、事止むを得ず荒地にて差し置き、元田計り田畑に仕り候、然る處野河原荒地ハ享保十四五年の頃樫原村より畑に仕り候、

と記されている。これらの記述から、明暦三年(一六五七)一〇月四日に再び大地震と津波の被害を受けるまでの期間は、かつて塩浜であったところを田畑に開発し直したことがわかる。明応地震を機に太田氏と伊勢神宮のつながりが切れて、伊勢神宮への塩は二見御厨から納めるようになったという点も踏まえると、俗人太田氏が震災後に再建を進めた塩浜経営では、残念ながら一五世紀までのような利益獲得には至らなかったと考えられる。それに伴い、太田氏は塩業から田畑経営に切り替えていったといえるだろう。

おわりに

以上、一六世紀までの伊勢国の塩業についてみてきたが、最後に画期②の一六〇四年から一六一九年において太田氏による土地売却が相次いだ背景について考察することで本稿を終えることにしたい。

この点を考えるにあたり、一七世紀の土地売券をまとめた【表5】の売却地に着目すると興味深いことがわかる。それは、田地を売却したものが一通、屋敷が二通、荒地が一七通、畠地が一五通となっているように、売却地のほとんどが畠地や荒地であり、塩浜や塩屋を売った売券が一通もみられないことである。売却地の種類について時期を追ってみてみると、慶長九年(一六〇四)から慶長一七年までは畠地ばかりが売られている。しかし、慶長一七年から元和五年(一六一九)にかけては荒地の割合が圧倒的に多くなっている。

では、なぜ売却地の多くが畠地や荒地で、塩浜など塩業に関わる土地が一つもみられないのだろうか。これに関して、「はじめに」で触れた渡辺則文の研究をみておこう。渡辺によると、近世入浜塩田が播州赤穂を起源として

瀬戸内全域に作られ、塩浜の数は一八世紀中頃になると二〇〇〇軒以上になった。瀬戸内地域の塩業は、製塩の新しい技術と海上交通の整備によって発展し、瀬戸内産の塩が流通量の大半を占めるほどになったという[20]。

次に、『三重県の地名』の記述から近世における伊勢国の塩業についてみてみよう。これによると、近世になり瀬戸内に入浜塩田が形成されたことに伴い、塩業の中心地が瀬戸内へと移った。その結果、伊勢の塩浜は、伊勢神宮で行われる神事用の塩を生産する御塩浜（現：度会郡二見町）だけになったというのである[21]。これらを踏まえると、画期②の一六〇四年から一六一九年にみられた太田氏による土地売却の背景には、製塩方法の違いによる伊勢国の塩業の衰退があるといえるのではないだろうか。

前述のように、小西は、大塩屋泉、大塩屋龍満大夫、大塩屋東ら太田氏による土地集積を可能にしたのは廻船業に携わっていたためであるとし、明応七年（一四九八）の地震以降は、田畑経営をしつつ廻船業に重きを置くようになったと述べている。しかしながら、【表5】にもみられるように、それまで土地を買い集めてきた太田氏は一六世紀以降土地の売却に転じている。小西が言うように廻船業が大きな資金源だとするならば、太田氏は土地を売却する必要はなく、これまでと同様に土地集積を続けていたと考えられる。それにも関わらず、太田氏が土地を次々に売却しているのは、やはり伊勢国の塩業の衰退が背景にあるといえるのではないだろうか。明応七年の地震によって大塩屋御薗での製塩は規模を縮小させ、かわりに、二見御厨が伊勢神宮へ塩を納めるようになった。そして、近世になり、入浜塩田が形成されたことに伴って瀬戸内地域が塩業の中心となると、伊勢国の塩業は大きく衰退していった。画期②にあたる一六〇四年から一六一九年は、製塩技術の違いによって伊勢国の塩業がいよいよ決定的に衰退する時期だといえる。伊勢国の塩業は、明応地震に伴い伊勢神宮とのつながりが切れたことと、新たな製塩技術の登場という二つの段階を経て衰退していったのである。

注

（1）網野善彦①「平安時代末期～鎌倉時代における塩の生産」（同『網野善彦著作集　第九巻　中世の生業と流通』岩波書店、二〇〇八年、初出一九八〇年）九四～一二一頁、一三七～一四二頁、同②「中世の製塩と塩の流通」（永原慶二・山口敬二編『講座・日本技術の社会史　第二巻　塩業・漁業』日本評論社、一九八五）四三～九二頁。
（2）小西瑞恵「大湊会合の発展―宇治・山田・高向・河崎との関係を中心に―」（『中世都市共同体の研究』思文閣出版、二〇〇〇年）一四八～一五七頁、初出一九九七年。
（3）日本塩業大系編集委員会編『日本塩業大系　史料編　古代・中世（二）』（日本専売公社、一九七七年）の史料解題（一頁～二頁）によると、「太田文書」の原本の所在については不明となっている。現在は、その写本として、神宮庫架蔵大湊太田家古文書写、神宮文庫架蔵大湊太田家古券写、茨城県鹿島則幸氏所蔵（桜山文庫）太田家古券、東京大学史料編纂所架蔵影写本太田文書、賜蘆文庫文書所収太田文書の五つが残されている。
（4）日本専売公社編『日本塩業史　上巻』（海路書院、二〇〇六年）一八～二〇頁
（5）渡辺則文「前近代の製塩技術」（前掲注（1）永原他編著）九四～九七頁。
（6）綿貫友子「『武蔵国品河湊船帳』をめぐって―中世関東における隔地間取引の一側面―」（同『中世東国の太平洋海運』東京大学出版会、一九九八年、初出一九八九年）七一～九五頁。
（7）前掲注（1）網野②論文、六四～六九頁。
（8）前掲注（1）網野①論文。
（9）荒木和憲「中世対馬の塩業と流通」（川岡勉・古賀信幸編『日本中世の西国社会　2　西国における生産と流通』清文堂出版、二〇一一年）二八六～二八七頁。
（10）前掲注（4）日本専売公社編書参照。
（11）小西瑞恵「会合年寄家文書から見た都市行政」（前掲注（2）小西著書）一八六～一八九頁、初出一九九六年。
（12）矢田俊文「一四九八年明応東海地震の津波被害と中世安濃津の被災」（『中世の巨大地震』吉川弘文館、二〇〇九年、初出二〇〇五年）九〇～一一〇頁。

(13) 早島大祐「京都商人の信仰と経営—上京野洲井と下京沢村の事例を中心に—」（早島有毅編『親鸞門流の世界—絵画と文献からの再検討—』法藏館、二〇〇八年）三一三〜三一八頁。

(14) 山田雄司「室町時代の災害と伊勢神宮」（同『怨霊・怪異・伊勢神宮』思文閣出版、二〇一四年）三七三〜三九七頁、初出二〇一三年。

(15) 同前。

(16) 稲本紀昭「伊勢・志摩の交通と交易」（森浩一他編『海と列島文化　第八巻　伊勢と熊野の海』小学館、一九九二年）三五一頁。

(17)『三重県史　史料編中世1（下）』では「太田重正・同重道田地質入証文」（一五四号）

(18) 前掲注（13）早島論文参照。

(19) 前掲注（11）小西論文参照。

(20) 前掲注（5）渡辺論文九七〜一〇九頁。

(21)『日本歴史地名大系　三重県の地名』（平凡社、一九八三年）一六〜一七頁。

第五部

武家菩提寺史料論

蓬左文庫蔵『勝定院殿集纂諸仏事』の基礎的考察

大田壮一郎

はじめに

『勝定院殿集纂諸仏事』（以下、本書）は、その書名にみえる勝定院殿すなわち足利義持の時代に行われた仏事の記録――具体的には禅宗仏事の法語集――である。義持といえば、歴代足利将軍のなかでも篤信の禅宗信仰者として知られ、禅への傾倒ぶりを物語るエピソードには事欠かない[1]。また、彼の周りには五山文学を代表する禅僧達が近侍し、「友社」と称される独特の文化的サロンを形成した。本書収録の法語も義持お気に入りの禅僧達の作成によるものが多くを占める。

周知のように、禅僧達の仏事法語は『五山文学全集』や『五山文学新集』に収録される五山僧の文集や語録に登場する。そこには遠祖や師僧のみならず、大檀那たる足利将軍家、また師檀関係にあった諸大名に関する諸種の仏事法語も多く含まれた。法語文には故人生前の事績が四六駢儷体の美文で織り込まれたことから、五山文学のみならず歴史史料としてもつとに注目されてきた。また、足利義教や義政は仏事法語自体に強い関心を持っており、義教の「長文好み」や用字の選択にも拘りをみせる義政の姿が紹介されている[2]。本書も義持の法語への関心の在り方を示すテキストとしても注目される。

本書に収録される各法語は年紀を有するものが多く、既に『大日本史料』第七編に全体の約三分の一が収録されている。[3]したがって本書は学界に未知の文献と言うわけではない。一方で、伝来や成立事情など本書自体の検討はこれまでなされていない。詳細にみると、他書に収録された同一法語と異同があったり、既刊の『大日本史料』に未収録の法語も散見される。そもそも、禅籍としては些か特異な『勝定院殿集纂諸仏事』という具体的な名称に引きずられ、本書を「足利義持が編集した法語集」と素朴に理解してよいのか。義持期の貴重な記録であるからこそテキスト自体の考察も必要と考える。

なお、未紹介の禅籍を扱う場合、全文翻刻が望ましいことは言うまでもないが、上述の通り一部が『大日本史料』に収録済であり、分量も長大となるため別の機会に譲りたい。本稿では、本書自体の性格を解明することを目的とし、主に書誌の検討や仏事構成の特徴から成立の事情や時期を考えてみたい。

第一章　書名をめぐって

第一節　書誌情報

『増補改訂　国書総目録』によると、本書は名古屋市蓬左文庫のみに伝来する孤本であり、管見の限り異名同書についての情報も見当たらない。なお、東京大学史料編纂所には蓬左文庫本の謄写本が存在する。[4]
現在、本書について参照しうる最も詳しい情報は『名古屋市蓬左文庫善本解題図録　第一輯』（一九六七年刊行、以下『解題図録』とする）であろう。以下に掲げる。

二二、　勝定院殿集纂諸仏事〈一〇四―六六〉

「編者未詳／一冊／室町時代写（朱点入り）／袋綴じ・茶色無地紙表紙／二六×二〇・五糎／無界・一四行（註双行）／八八丁／外題「勝定院殿集纂諸仏事　全」／内題「勝定院殿集纂諸仏事」／巻首「諸仏事目録」に、仏事の対象の人物（法号）と録上者名を記す。／奥書　応永癸巳（一四一三）年七月十九日　周伸書

足利四代将軍義持（一三八六―一四二八・法号・勝定院）の治世（応永年間・室町初期）における諸仏事を集録したもの。前三代の将軍（尊氏・義詮・義持（ママ））はじめ生母勝鬘院および足利氏一族や縁故のある僧侶などの年忌法要に関する記事・仏語などを収め、義持自身の逆修（生存中の法事）もたびたび行われている。本書の伝存は極めて稀で、義持を中心とする室町初期の根本史料の一つである。駿河御譲本・「御本」（朱印）

図録という体裁上、記述は至って簡素である。そこで筆者の原本調査に基づく所見から、まず書誌情報について補足しておきたい。表紙は明らかに後補のもの。外題は表紙左肩に墨書されており、表紙右上に和紙ラベル（部門一〇四／冊数一／番号六六）あり（【巻末カラー頁影印①】参照）。内題は位置的に序題に当たるが、行の詰まり具合からみて不自然で後の挿入とみられる（【巻末カラー頁影印②】参照）。また、全丁にわたって裏打ち補修されている。丁によっては虫損が甚だしく文字が判読できない部分がある。本文には全丁に朱線引・朱点がみられ、また見消や補入・補入符が散見する。本文一筆か否かは断定し難い。なお、『解題図録』は「奥書　応永癸巳（一四一三）年七月十九日　周伸書」とするが、これは最終丁にある紀良子秉炬法語の日付であり本書の奥書ではない。本奥書・書写奥書等は存在しない。

次いで解題の部分については次章以下で詳しく検討することとして、これ以外で本書に触れた文章を紹介しておく。以下は禅宗史の泰斗である玉村竹二が義持の禅宗信仰について述べた一節である。

彼〔―義持　筆者注〕は主要なる仏事には大抵列席してゐるが、蓬左文庫に「勝定院殿集纂諸仏事」と題する

古写本があり、その内容は、義持の代に行はれた陞座・拈香・小仏事・下火の法語六十六篇を録呈させたものを蒐録したもので、「右謹奉　鈞旨」など識語がついてゐる所を見ると、義持の命によつて集録された事は明白である。かくして、義持はその法語の是非を検し、又は読過して愉悦にひたつたのではあるまいか。[5]

このように、玉村は本書に義持の禅への傾倒を示す一齣を読み取っている。しかし、本書所収の仏事法語を個別に取り上げたものを除くと、玉村以外に特に関心が払われた様子はない。本書が五山文学や中世史の分野で扱われてこなかった理由は、語録や文集と異なる仏事別の法語集という体裁、そして足利義持という人物自体が近年まで注目されてこなかったところに求められようか。[6]

第二節　伝来と蔵書目録

（1）伝来

本書は刊記を持たないことから、内容から成立を考える場合その上限は収録仏事で最も新しい応永三四年（一四二七）五月以降となる。一方、『国書総目録』・『解題図録』は室町時代写としている。見消や挿入符の存在から本書に先立つ親本（あるいは原本）の存在が想定されるが、書写情報がないため判断できない。ただし、『解題図録』に記されるように本書は「駿河御譲本」という蔵書群の一冊であり、そこから成立年代の下限をある程度絞ることができる。

徳川家康がその後半生から晩年にかけて書籍の蒐集や開版事業を展開していたことはよく知られている。没後その蔵書は徳川秀忠の命を受けて元和三年（一六一七）に駿河文庫から御三家へ分配される。[7] このうち、尾張藩では城内に「御文庫」が設けられ、万治元年（一六五八）には藩主蔵書を管理する御書物奉行が置かれた。とくに家康旧蔵本は「駿河御譲本」と称され、歴代藩主の収集本等とは厳重に区別された。[8] したがって、駿河御譲本の一冊である本書は、少なくとも尾張藩に収蔵された元和三年時点には間違いなく成立していたことになる。

（2）蔵書目録

尾張藩「御文庫」の特色は、その蔵書の多さだけでなく蔵書管理のために作成された目録群にある。近年『尾張徳川家蔵書目録』（全一〇巻）が刊行され、三〇編を超える蔵書目録の詳細と各目録の特徴が明らかとなった。[9] 現存する最古の蔵書目録は寛永年間成立の『寛永目録』であり（以下、各目録の名称は『尾張徳川家蔵書目録』の表記に倣う）、これ以降幕末まで所蔵者別・書庫別・内容分類など様々なタイプの蔵書目録が編まれた。[10] この『寛永目録』第一冊には、元和三年（一六一七）正月七日付の「駿府御分物之御書籍」請取書の写しとその目録がある。[11] このように、尾張藩「御文庫」の蔵書は、伝来の経緯を各目録に辿ることができるのである。

ところが、かかる確かな伝来情報を踏まえて本書を『寛永目録』の中に確認したところ、『勝定院殿集纂諸仏事』なる書名はどこにも見当たらない。二番目に古い『慶安四年尾張目録』もまたしかりである。[12] そこで現在確認できる諸目録を通覧すると、本書の名を見出すことができるのは『天明二年目録』が初見であった。[13] 先述の通り、駿河御譲本は他の蔵書群とは厳密に区別されており、尾張徳川家初代義直（一六〇七〜五〇）の蔵書印が捺されていることからも、本書が中途で駿河御譲本に加わったとは考え難い。とすると、当初から「御文庫」に存在したはずの本書が天明二年（一七八二）まで蔵書目録に見えないのはなぜだろうか。

この謎を解く手掛かりは、寛政年間成立の『寛政目録』に存在した。[14] この目録は、従前の目録との照合や改訂等の経緯を詳細に記した解題的性格を持つ。本書について『寛政目録』は左のように記す。

一　勝定院殿纂集諸仏事（ママ）定光寺御寄附　写本一冊

「此御本寛永之御目録ニ諸仏事与有（朱筆）」之候」

すなわち、本書は『寛永目録』では『諸仏事』という書名で掲載されていたというのである。そこで『寛永目録』を再度確認すると、たしかに『諸仏事』という書名が挙がっており、『慶安四年尾張目録』も同じである。一方、現書名が初登場する『天明二年目録』以降に『諸仏事』という書名は確認できない。したがって、本書はある時点で書名が『諸仏事』から『勝定院殿集纂諸仏事』に変わったと考えられる。『天明二年目録』の直前に作成された『安永九年目録』には『諸仏事目録』とあるので[15]、その時期は安永九年（一七八〇）から天明二年（一七八二）の三年間に絞られる。

第三節　河村秀穎の駿河御譲本調査

(1) 御書物奉行河村秀穎

前節でみたように、『勝定院殿集纂諸仏事』という書名は成立当初のものではなく、当初は『諸仏事』という書名で目録に掲載されていた。では、どのような経緯で改称されたのであろうか。ここでは、現書名が最初に記載された『天明二年目録』に注目したい。この目録は、書誌学・目録学の見地から非常に高く評価されてきた。たとえば、漢籍研究者の杉浦豊治は

旧来ノ総輯的ナ書目ノ型ヲ破ツテ、分類目録ノ作成ニ一歩ヲ進メタ、ソノ意味デ、タシカニ画期的ナ仕事デアツテ、ソノ功績ハ高ク評価サレテヨカロウ。カノ中国デハ、コノ年、乾隆四十七年（一七八二）碩学紀昀等ノ手ニヨツテ『四庫全書総目提要』ノ成ツタノト、奇シクモ紀年ヲ一ニスル[16]。

とする。このように、『天明二年目録』はそれ以前に編纂されてきた所蔵者別の蔵書目録に対して、内容分類とい

う指標を用いて作成された全く新しいタイプの蔵書目録であった。たしかに以後の目録には内容分類が採用されており、その画期性が認められる。[17]では、この目録は誰の手で作成されたのか。『天明二年目録』の奥書にその名前が登場する。

御文庫御蔵書、経・史・子・集幷本朝書籍、因二旧御目録一、訂二書名・巻数一、新作二御蔵書書目五巻一、以献納云

天明二年寅十一月　　河村七郎秀穎[18]

すなわち、河村七郎秀穎なる人物が『天明二年目録』の編纂に当たったことがわかる。

河村秀穎は、尾張藩士河村秀世の子として享保三年（一七一八）に生まれ、町奉行など諸役をつとめた後、天明元年（一七八一）に御書物奉行となり同三年に在職のまま病没。享年六六。[19]父秀世の代から好学の家で知られ、弟には画期的な『日本書紀』注釈書として知られる『書紀集解』を著した河村秀根がいる。この秀穎・秀根兄弟は、垂加神道批判で知られる尾張東照宮神官吉見幸和に入門し、「国史官牒主義」（文書・記録に基づく実証的考証研究）を継承、とくに和書・漢書を問わず徹底して出典を博捜する「紀典学」を切り開いたという。[20]

このように、河村秀穎は学者—国学者として知られていた人物で、弟秀根には及ばないが古典や律典に複数の著作があり、また自邸には和漢書籍を収蔵する「文会書庫」を建てる程の収書家であった。[21]古今内外の書籍に通暁した晩年の河村秀穎にとって、御書物奉行は打って付けの職務であったことは想像に難くない。歴代奉行には右筆や儒者が多く任じ、前任者松平君山も高名な儒者であった。もっとも、奉行の職務はあくまで藩主蔵書の維持・管理であり、[22]それゆえ管理のための所蔵者別目録が書き継がれてきた。ここに異色の存在と言うべき河村秀穎が登場し、古典研究で培った知識と方法により、比類なき内容分類目録としての『天明二年目録』を作成した。

（2）天明二年の蔵書調査

ところで、諸先学の河村秀穎評は書籍分類方法に対する評価で一致しているが、彼が御書物奉行として行ったのは果たしてそれだけだろうか。『寛政目録』は前述の通り従前の諸目録を対照しつつ異同の有無やその経緯を注記している。その注記で比較的目立つのが『寛永目録』との書名の異同であり、理由としては誤記・題箋の貼り誤り・修復時の分冊または合冊などがある。(23) 寛永から寛政に至る一五〇年余りの間に、整理や修復の機会は何度もあったであろうし、代々の目録もそうした機会に作成されたと想定される。そのなかで、点数はわずかながら途中で書名自体が全く変わったものがある。本書と同じ駿河御譲本から二例を挙げて検討したい。

①桃洞随筆

現在、駿河御譲本に『桃洞随筆』という書名の写本が存在する。後補表紙に書名を載せるが、内題・尾題などは存在しない。当該本が尾張藩に伝来した当初は異なる書名であったことが、以下の『寛政目録』の注記から判明する。

此御本寛永之御目録ニ祓書一冊与記し有レ之、元禄享保之御目録ニハ祓華与記し有レ之候、寛保改之節、祓書与申品ハ何れニ哉相分かたく、当時無レ之品ニ相成候ニ付、此祓華与申御本有レ之候得共、何連の御代之品共相分からす候間、瑞龍院様（徳川光友）・泰心院様（徳川綱誠）御代御書物ニ哉与申御書目ニ書載申候、安永改之節、表紙もなく書名もなき御本ニ候故、御目録ニ書載不レ申、御反古の内へ差入申候、其後御修復出来仕り、天明二年改之節、奥書ニ天正十有七己丑暮春十九日於二北山鹿苑桃洞下一書焉景鷲（花押）与有レ之候ニ付、仮ニ桃洞随筆与題し、新加御目録之内圓覚院様（徳川吉通）御書物之部ニ書載申候、今般吟味仕り候処、寛永之御目録ニ祓書与記し申候品ハ、追々之御目録読合候得共、元禄以来祓華与書載申候品与相見、其上此御本御印も有レ之、無レ紛相見申候ニ付、今般相訂申候、

（傍線は引用者、以降全て）

傍線部に注目すると、当初は『祓書』として寛永目録に掲載されていた無表紙・無書名の写本が、一時は「御反古」分とされていたものの、天明二年に書写奥書を参照し「仮ニ桃洞随筆与題し」て圓覚院（尾張徳川家四代徳川吉通）所蔵本に分類され、以後本書の書名となったことがわかる（『寛政目録』の時点で再び駿河御譲本に戻された）。

②朝鮮人随筆

同じく駿河御譲本から『朝鮮人随筆』なる写本についても確認したい。

此御本寛永之御目録ニ史断抄与有レ之候、天明二年改之節、表題ニ史断抄与有レ之候御本ハ此御本ニ而ハ無二御座一、碧巌録之抄ニ而候故、仏書之部へ移し入申候、然処、此御本御反古之内より出、標題も無レ之候ニ付、天明二年御修復之時、朝鮮人随筆与標題を書記し、新加御目録之内、圓覚院様御書物之部ニ書載申候、今般吟味仕り候処、御譲御本之内、碧巌抄一部不足ニ相見候ニ付、従(カ)々吟味仕り候得ハ、当時史断抄与標題有レ之候御本ハ右碧巌抄ニ而、標題ニ史断抄与有レ之候ハ、御修復之時標題を張誤り申候ニ而御座候、此御本ハ寛永之時三十八之御箱ニ納有レ之候処、三十八与御箱印も有レ之、朱之御印も有レ之候、其上中ニ史断云々之辞所々ニ見え、第一丁之裏ニ史断与銘も有レ之候得ハ、旁寛永之御目録ニ史断抄与有レ之候品ハ、此御本ニ無レ紛相見候ニ付、今般相訂申候、

こちらは経緯がやや複雑である。まず①『寛永目録』に『史断抄』とある写本は、「御反古」分にあった無標題本を天明二年の修復時に「朝鮮人随筆」と標題を付けて圓覚院所蔵本に分類した（『寛政目録』の時点で再度『史断抄』として駿河御譲本に戻された）。②天明二年段階で「史断抄」という標題を有した写本は、安永年間の修復時に表紙に「史断抄」と書いた標題を貼り間違えたもので、[24] その内容は同じ駿河御譲本として所在不明となっていた『碧巌録抄』と判明したので、（天明二年に）駿河御譲本の仏書に分類した。

右の二例から、『天明二年目録』が作成された年には蔵書全体の調査・修復が同時に行われていたこと、その際

に標題のない写本が内容に即して書名を付されたことがうかがえる。管見の限り、前後の目録で書名自体を付すという行為は確認できない。ここで想起されるのが、前掲の『天明二年目録』の奥書にある「因二旧御目録一、訂二書名・巻数一」という部分である。すなわち、御書物奉行として河村秀頴が行ったのは、目録の作成だけではなく書名の改訂も伴っていたのである。標題が貼り間違えられた写本を抄物として知られる『碧巌録抄』と判別し仏書に分類した手際などは、古典学者としての彼の面目躍如たるものがある。ただし、蔵書管理という面でみれば、時に駿河御譲本の伝来を危うくするような「勇み足」をも伴った。ともあれ、かかる経緯からすると、本書の改称も「天明二年改」——河村秀頴による駿河御譲本調査——の一環とみて間違いないだろう。

（3）書名の改称

以上、甚だ迂遠な検討を行ってきたが、そろそろ結論を出しておきたい。現書名である『勝定院殿集纂諸仏事』という名称は、『天明二年目録』以降の諸目録に存在し、原本では後補表紙（【巻末カラー頁影印①】参照）と『解題図録』では「内題」とする場所にみえる（【巻末カラー頁影印②】参照）。一方、『安永九年目録』以前の目録、および原本の目次部分には『諸仏事』または『諸仏事目録』とある（【巻末カラー頁影印③】参照）。この齟齬を整合的に解釈するならば、およそ以下のようになろう。すなわち、①駿河御譲本の成立時点では『諸仏事』という書名であった。②天明二年の河村秀頴による駿河御譲本調査の際、本書はその内容に即して『勝定院殿集纂諸仏事』という書名に改められた。③その際（または天明二年以降）、現書名を記した標題のある表紙が原本に装幀され、以降の目録には現書名が掲載され今日に至ることになったのである。[25]

なお、この改称が河村秀頴の判断で行われた傍証として、最初の『寛永目録』以来、他の仏書類と並んで掲載されていた本書が、『天明二年目録』では「武家記録類」に分類されたことも挙げられる。これは『諸仏事』という書名からは想定し難く、『勝定院殿集纂諸仏事』であってはじめて理解しうるものであろう。ちなみに天保期に編纂された『御文庫御書物便覧』においても、本書は「典礼類朝廷武家礼法附系譜之属」に配されている。[26]このように、本書は書名の変更と共に「仏書」から武家に関する「記録」へとその性格自体も読み替えられたのである。[27]

第二章　本書の構成と特徴

第一節　構成

前章で論じたように、現書名『勝定院殿集纂諸仏事』は天明二年段階で新たに付されたものであり、元は『諸仏事』という書名で家康から尾張藩に伝わった写本であった。そこで本章では、「勝定院殿集纂」すなわち「義持による収集」という前提を一旦取り払った上で、本書の構成から成立時期とその背景を検討したい。

計六六件の仏事法語が収録される本書の全容については、対象・仏事名・法語作成者を記した目録部分から把握できる。そこで、以下に目録部分の翻刻を提示する（【巻末カラー頁影印③】参照）。

（朱方印、印文「御本」）

諸仏事目録

(朱筆)「○」陞座

□(一)　仏国□(三)□(十)三年　乾峯　　二　一山百年　大岳

□〔三〕　常光国師十三年　惟忠
五　長得院殿百ケ日　惟肖
七　北山院尼小祥　大椿
九　寧福院尼卒哭　惟肖
十一　寧福院一周　大愚
十三　智庵禅尼三十三年　大愚
十五　勝定国師十三年　惟忠
（朱筆）「〇」拈香
十七　一山百年　惟忠
十九　北山院尽七　季璞（ママ）
二十一　□〔勝〕定国師十三年　大愚
二十三　中峯百年　大愚
二十五　□〔勇〕公法印小祥　大愚
二十七　通玄尼寺開基三十三年　惟肖
二十九　北山院五七　惟肖
三十一　仏灯国師百年　惟肖
三十三　心岩居士断七　仲芳
三十五　勝鬘院殿年忌　玉畹

四　大福寺殿心正禅尼大祥　厳中
六　奥州三十□〔三〕年　厳中
八　勝鬘院尼十三年　大周
十　通玄尼寺開基三十三年　大愚
十二　洪恩院殿尼　小祥　大業
十四　仏国百年　廷用
十六　鹿苑院殿七周　玉畹
十八　勝鬘院殿十三年　履中（ママ）
二十　常光国師十三年　□〔季〕璞
二十二　等持院殿年忌　大愚
二十四　仏国百年　大愚
二十六　鹿苑院殿年忌　惟肖
二十八　龍湫三十三年　惟肖
三十　仏国百年　惟肖
三十二　鹿苑院殿年忌　竹庵
三十四　仏国百年　惟忠
三十六　勝定院殿逆修　大周

三十□　鹿苑院殿十三年　古幢
□□　鹿苑院殿年忌　栢堂
四十一　鹿苑院殿七周　厳中
四十□　同逆修断七　大岳
□十□　［　　　　　］
□□□　鹿苑院殿一周　灵仲
□□□　〔鹿〕□苑院殿七年　知識名柒訔
□□□　勝定院殿逆修　灵仲
五十三　洪恩院殿五七　松嶺
□小仏事
□十四　鹿苑院殿安座　惟忠
五十六　勝定掛額　純中
□十八　同安座　无及
六十　十一面安座　廷用
六十二　同安座　大岳
六十四　同拈衣　玄璞
（朱筆）「〇」下火
六十五　養徳院殿　大岳

三十八　中峯百年　古幢
四十　大休寺殿年忌　［　　　］
四十二　勝定院殿逆修初七　厳中
四十□　［　　　　　］
四十六　鹿苑院殿七年　松嶺
四十八　勝定院殿逆修　愚中
五十　勝鬘院殿　大岳
五十二　同逆修　松嶺
五十五　仏護殿掛額　厳中
五十七　鹿苑院殿安座　玉畹
五十九　同安座　大周
六十一　鹿苑院殿安座　无説
六十三　拈僧伽黎衣　鄂隠
六十六　洪恩院殿　无及

一部に欠損はあるものの、目録の記載と各法語は内容・順番ともに齟齬することなくほぼ対応している。[28] 一覧してわかるように、本書は陞座（一六件）・拈香（三八件）・小仏事（一〇件）・下火（二件）の順に四項目に分けて法語が収録されている。陞座は拈香とともに中世禅宗の追善・逆修仏事で特徴的なものとされ、なかでも陞座は最も格式が高く、とくに尊貴の檀越や祖師に対してのみ行われたという。[29] また、小仏事には安座点眼・掛額・拈衣が含まれる。安座点眼は仏像などの開眼供養、掛額は仏殿などの堂舎上棟、拈衣は法衣の下賜を指す。そして下火は秉炬とも言い禅宗における葬送のことで、それぞれ法語が作成された。

ここで確認しておきたいのは、目録に明らかなように、時系列や仏事の対象（者）あるいは法語制作者の名寄せではなく、仏事の種別毎に本書が構成されている点である。中世後期から近世初頭の禅林では、会下が編纂する個人の文集や語録だけでなく、諸種の仏事法語を集成した雑録的な禅籍が制作されていた。[30] 後者は、主に檀越の要請に対応すべく作成された手本集としての実用的テキストであったとされる。本書も葬送から百回忌に至る諸回忌や逆修・供養など多種多様な仏事法語が収録されており、各種仏事への対応という意図がうかがわれる。では、本書の場合いかなる「実用性」を期待して仏事法語が集められたのだろうか。この問題は、本書の成立を考える上でも重要である。節を改めて検討したい。

第二節　収録年代と対象者

『解題図録』によると、本書収録仏事の年代は足利義持治世の期間であり、対象者は将軍・足利家一族および縁故の僧侶という。この事実の確認と今後の利用の便を考えて、収録仏事の編年順一覧を【表】にまとめた。これを元に事項別に検討していきたい。

（1）年代

一例を除くと、収録年代の上限は応永一六年（一四〇九）二月二七日に行われた無求周伸による足利義満像の安座点眼供養の法語（表－No.2、以下同）、下限は応永三四年五月六日の足利義満年忌における竹庵大縁の拈香法語（No.66）となる。たしかに義満没後の義持治世の期間に収まっている。そうなると、本書冒頭に配された貞和四年（一三四八）の高峰顕日三十三回忌仏事における乾峰士曇の陞座法語（No.1）の存在が逆に気になる。

高峰顕日の三十三回忌追善仏事は、夢窓疎石を施主として開山から間もない天龍寺で催された。この法語は『大日本史料』第六編に未収であり、そもそもこの日の仏事自体が立項されていない。内容を検討してみると、同じ高峰顕日の百回忌仏事法語（No.22～25）と比べて顕著な違いがある。たとえば、垂釣では「僧問、仏国禅師遠忌之辰、上自二一天子両将軍一、下至二万民百姓一、捧二一華一捧二一香一、為二是　仏国遺徳一耶、為二復　国師道福一耶」とあり、提綱では「永祈二　主上上皇治天在位、両営将軍保国安民之福一也」とある。これらの文言からは、天龍寺における高峰顕日追善仏事を北朝・幕府の安泰と結びつけて権威付けようとする意図がうかがえる。また散説の部分では、「征夷将軍」（尊氏）と「左武衛将軍」（直義）による「一剣平二天下一」を讃えた上で、「併憑二　国師道力一而通、所以国王大臣、有力檀那、奉二大梵宮一、如レ夫大明国師開山南禅、只感二　王公一、不レ感二賢臣一、□〔聖〕一国師開山東福、只感二賢臣一、不レ感二　王公一、惟我　国師、巨闢二慈山一、王臣景仰、公武兼崇、然則南都北嶺、悉皆帰降、高僧碩徳、八宗九宗、受二其法流之剔決一、得二其密厳之紹隆一」と述べる。ここでは、夢窓を開山とする天龍寺を、南禅寺や東福寺ではなしえなかった「王公」と「公武」双方の崇敬を得た国家的な禅院と称えている。また傍線部分からは、天龍寺落慶供養以来の顕密諸宗と禅宗の緊張関係がうかがわれる。[31] このように、高峰顕日三十三回忌の仏事法語は、北朝・幕府との関係を強く意識して作成されており、同時代の歴史史料としても非常に

施　主	種　別	場　　所	献辞	所収	冊頁	No.
夢窓疎石	陞座	南禅寺		C		1
	小仏事		○	A	11-379	2
	小仏事	等持院	○	A	11-378	3
足利義持	拈香	天寧寺〔丹波〕		A	12-68	4
足利義持	拈香	曹源寺〔近江〕		A	13-183	5
足利義持	拈香	曹源寺〔近江〕		A	13-221	6
	小仏事	勝定院(相国寺)	○	A	13-292	7
足利義持	拈香	等持寺		A	13-303	8
足利義持	陞座	等持院	○	A	13-330	9
	拈香	天龍寺		A	13-339	10
足利義持	拈香	永源寺〔近江〕		B	18-162	11
	下火			A	18-259	12
	拈香			A	18-265	13
足利義持	拈香	永源寺〔近江〕		A	18-362	14
	拈香		○	B	20-180	15
足利義持	拈香	普光王寺〔長門〕		A	20-180	16
足利義持	陞座	鹿苑院(相国寺)		A	20-172	17
足利義持	拈香	永源寺〔近江〕		A	20-179	18
足利義持	陞座	等持院	○	A	20-242	19
足利義持	拈香	等持寺	○	A	21-408	20
足利義持	拈香	等持寺		A	21-410	21
	陞座	天龍寺	○	B	23-15	22
	拈香	天龍寺		B	23-15	23
	拈香	無量寿院		B	23-15	24
	拈香	正脈院(真如寺)		B	23-15	25
足利義持	拈香	等持寺		C		26
足利義持	拈香	永源寺〔近江〕		C		27
	拈香			B	22-60	28
足利義持	小仏事		○	C		29
	陞座	南禅寺	○	B	25-237	30
	拈香	南禅寺	○	B	25-411	31
足利義持	拈香	等持寺		B	25-411	32
	拈香	南禅寺		A	29-295	33
	陞座		○	B		34
	小仏事	勝定院？	○	C		35
	下火		○	A	30-231	36
	陞座	常徳院(相国寺)	○	A	31-338	37
	拈香			B	31-338	38
	小仏事			D		39
	拈香			D		40
	拈香	南禅寺？		D		41

表　「勝定院殿集纂諸仏事」収録仏事法語一覧　編年順

No.	目番	年代	月日	西暦	仏事対象	目　的	制作者
1	1	貞和 4	10/20	1348	高峰顕日	33回忌	乾峰士曇
2	58	応永16	2/27	1409	（足利義満）	安座	無求周伸
3	62		3/ 6		（足利義満）	安座	大岳周崇
4	48		8/24		足利義持	逆修	愚中周及
5	47	応永17	5/ 6	1410	足利義満	1回忌	霊仲禅英
6	51		5/24		足利義持	逆修	霊仲禅英
7	59		6/15		（足利義満）	安座	大周周奝
8	33		8/23		伊勢貞行	断七	仲方圓伊
9	8	応永18	5/ 8	1411	藤原慶子	13回忌	大周周奝
10	18		5/ 8		藤原慶子	13回忌	履仲元禮
11	45	応永20	5/ 6	1413	足利義満	年忌	松嶺道秀
12	66		7/19	1413	紀良子	秉炬	無求周伸
13	53		8/17	1413	紀良子	五七日	松嶺道秀
14	52		9/20	1413	足利義持	逆修	松嶺道秀
15	41	応永21	5/ 6	1414	足利義満	7回忌	厳中周噩
16	49		5/ 6		足利義満	7回忌	怡雲柒訔
17	16		5/ 6		足利義満	7回忌	玉畹梵芳
18	46		5/23		足利義満	7回忌	松嶺道秀
19	12		7/13		紀良子	1回忌	大業徳基
20	42		12/ 7		足利義持	逆修	厳中周噩
21	43		12/21		足利義持	逆修	大岳周崇
22	14	応永22	10/20	1415	高峰顕日	100回忌	廷用宗器
23	24		10/20		高峰顕日	100回忌	大愚性智
24	30		10/20		高峰顕日	100回忌	惟肖得巌
25	34		10/20		高峰顕日	100回忌	惟忠通恕
26	50		12/ 8		藤原慶子		大岳周崇
27	44				藤原慶子		松嶺道秀
28	25	応永23	3/ 3	1416	坂士仏	1回忌	大愚性智
29	63		3/11			拈衣	顎隠恵奯
30	2		10/25		一山一寧	100回忌	大岳周崇
31	17		10/25		一山一寧	100回忌	惟忠通恕
32	36		12/13		足利義持	逆修	大周周奝
33	21	応永24	4/ 5	1417	絶海中津	13回忌	大愚性智
34	15		4/ 5		絶海中津	13回忌	惟忠通恕
35	56		4/ 8			掛額	純中周椵
36	65	応永25	5/	1418	足利満詮	秉炬	大岳周崇
37	3		12/17		空谷明応	13回忌	惟忠通恕
38	20		12/17		空谷明応	13回忌	子瑜元謹
39	61	応永26	5/ 4	1419	（足利義満）	安座	無説景演
40	35		5/ 8		藤原慶子	年忌	玉畹梵芳
41	31		5/19		約翁徳倹	100回忌	惟肖得巌

	拈香	天龍寺		D		42
足利義持	拈香			D		43
	小仏事		○	D		44
	小仏事	鹿苑院？		D		45
足利義持	小仏事		○	D		46
	小仏事	雲頂院(相国寺)		D		47
	拈香	香厳院(相国寺)		D		48
	小仏事		○	D		49
足利義持	陞座			D		50
在中中淹	拈香	嵯峨寿寧院		D		51
足利義持	陞座		○	D		52
聖詮	陞座	通玄寺		D		53
聖詮	拈香			D		54
聖久	陞座	霊松院(天龍寺)		D		55
聖久	陞座	霊松院(天龍寺)		D		56
足利義持	拈香	真如寺	○	D		57
	拈香	鹿苑寺		D		58
足利義持	拈香	等持寺		D		59
足利義持	陞座	相国寺		D		60
	拈香	双桂軒(南禅寺)		D		61
	陞座	双桂軒(南禅寺)		D		62
赤松持貞	陞座	鹿苑院(相国寺)		D		63
	拈香			D		64
足利義持	拈香			D		65
足利義持	拈香	等持院		D		66

No.27…松嶺道秀の永源寺在任下限(応永22年7月)にかけてここにおく
No.33…27-143の補遺
No.50…智庵禅尼の傍書に「勝定院殿外祖母」とある。

興味深い内容を含む。

　とはいえ、この法語が本書冒頭に存在する理由は、一四世紀の禅宗史を語るためではあるまい。ここで注目すべきは、むしろ陞座という仏事の形態にある。陞座は追善仏事のなかで最も荘厳で丁重な形式であるだけでなく、垂示（索話）から問答・提綱（提唱）・散説・結座（拈提）に至る諸次第で構成され、拈香など他の仏事に比べて法語が長い。とりわけ故人や施主（檀那）の事績をはじめ作善内容の由来などを含む散説があるため、檀那側の関心も高く勢い長文となった。五山禅林では異様なまでに仏事法語が長文化してゆき、内容以前にその「大文」であることが評価の対象となり、室町

42	19		12/26		日野康子	尽七	子瑜元謹
43	29		12/		日野康子	五七日	惟肖得巌
44	60	応永27	1/18	1420		安座	廷用宗器
45	55		2/16			掛額	厳中周噩
46	64		3/17			拈衣	元璞恵珙
47	57		4/13		(足利義満)	安座	玉畹梵芳
48	37		4/		足利義満	13回忌	古幢周勝
49	54		5/ 6		(足利義満)	安座	惟忠通恕
50	13		9/ 3		智庵禅尼	33回忌	大愚性智
51	28		9/ 9		龍湫周澤	33回忌	惟肖得巌
52	7		11/11		日野康子	1回忌	大椿周亨
53	10		11/25		智泉聖通	33回忌	大愚性智
54	27		11/25		智泉聖通	33回忌	惟肖得巌
55	9	応永28	5/20	1421	寧福院	卒哭	惟肖得巌
56	11	応永29	2/10	1422	寧福院	1回忌	大愚性智
57	23		8/14		中峰明本	100回忌	大愚性智
58	38		8/14		中峰明本	100回忌	古幢周勝
59	40	応永30	2/26	1423	足利直義	年忌	魯嶽永璠
60	6		12/晦		山名氏清	33回忌	厳中周噩
61	26	応永32	5/ 6	1425	足利義満	年忌	惟肖得巌
62	5		6/ 9		足利義量	百ヶ日	惟肖得巌
63	4	応永33	4/27	1426	大福寺	3回忌	厳中周噩
64	39		5/ 6		足利義満	年忌	栢堂梵意
65	22	応永34	4/晦	1427	足利尊氏	年忌	大愚性智
66	32		5/ 6		足利義満	年忌	竹庵大縁

【凡例】目番…目録に付された番号・掲載順
献辞…献呈文言があるもの
所収…『大日本史料』の所収情報（A：立項・収録　B：立項・未収　C：未収　D：未刊）
冊頁…『大日本史料』第7編の掲載冊頁　例）11-379　第7編第11冊379頁

後期には法語の字数を誇る風潮すら生じていたという(32)。

では法語の長文化はなぜ生じたのだろうか。今泉淑夫が指摘するように、それは足利義教が近来の陞座法語の短文化を批判し、以後は長文とするよう命じたことに起因すると考えられる(33)。

十六日、永泰院御成奠点管領御相伴、景南和尚陞座、法語甚長、今以后仏事法語当レ如レ此之旨有レ命、御引物御施行、

（『蔭涼軒日録』永享一〇年一〇月一六日条、東京大学史料編纂所所蔵写真帳による）

（前略）献二旧則一、則永享十年戊午五月八日、普広相公御二成于等持寺一之次曰、近来

陞座拈香法語甚短小、於二已後一可二長大一之由被二仰出一、由レ是同年十月十六日、於二永泰院一有二法会一、相公御成、剪点、兼日請玉甾和尚欲レ充二陞□（座カ）一、以二玉甾峻拒一遂請二景南和尚一、陞座説法、相公聞レ之感歎曰、今日陞座法語太長大、尤為レ可也、自今已後仏事法語当レ如レ此云々、

（『蔭凉軒日録』文明一九年二月八日条、同右）

この義教の「法語甚長令」により、禅僧達は法語の長文化に努め、それに秀でた者が評判を得ることになったわけである。無論、それはただ長ければ良いわけではなく、熟練を要する四六文の作成能力はもとより、その字句に引用するための古典・仏典などの知識も広く求められる。ここに、参照すべき仏事法語の先例に対する需要が生じたことは想像に難くない。義持期から外れる高峰顕日三十三回忌の陞座法語が含まれるのも、長文の陞座法語の先例と考えれば無理はない。そう考えると、本書の成立と法語の長文化という現象が無関係とも思われない。

また、今泉によると語録には一〇〇〇字を超える長文の仏事法語はさほど多くないという。[34] 一方、冒頭の高峰顕日三十三回忌陞座法語（約二〇〇〇字）をはじめ、本書所収の一六件の陞座法語は平均して一〇〇〇字を大きく上回る。とくに、義持生母の藤原慶子十三回忌の陞座法語（No. 9）は、約四九〇〇字というまさしく「長大」なものである。このように、本書を見る限り義教が批判する陞座法語の短文化傾向は必ずしもうかがえず、むしろ義持期の段階で既に長文化の様相を呈している。とするならば、義教のいう「近来」とは、義教が将軍となった正長元年以降を指すことになる。ここから推測を重ねると、義教は法語が長文化していた義持期の在り方を踏襲すべく指示したのではないだろうか。そのため禅林では先例として陞座法語をはじめとして義持期の仏事法語を集める必要が生じた。このように考えると、本書成立の下限を義教期後半に求めることもできるのではないか。なぜなら仮に義政期の成立と考えた場合、義教期の事例も先例となるはずであり、義持期に限って収集する理由もない。実際、義政の逆修仏事に際して、等持寺にあった義教の逆修仏事の記録（古帳）が取り出され、禅僧達がそれを手分けし

て書写し義政の閲覧に供している。[35]

以上のように、本書成立の経緯を「実用性」において考えてみると、永享一〇年（一四三八）の義教による長文化の指示を契機として、義持期の仏事法語が集められた可能性が浮上しよう。

（2）対象者

本書の成立事情を考える上でもう一つの鍵となるのが仏事対象者である。僧侶と俗人に分けて検討する。

①僧侶

全六六件中、僧侶を対象とする仏事法語は一七件を数え、最も多いのが高峰顕日の五件である。以下、一山一寧・絶海中津・空谷明応・約翁徳倹・龍湫周澤・中峰明本・智泉聖通らが続く。夢窓自身の仏事はみえないが、ここに挙がっている禅僧達の多くが夢窓本人または夢窓派と極めて近いことは一目瞭然であろう。もっとも、中峰明本は歴代の元皇帝の帰依を受けながら終生官寺への出世を嫌ったように、夢窓派とは対極的な隠遁的性格で知られる。[36]これは隠遁者を好んだ義持の趣向もさることながら、一例が義持を施主とする夢窓派の拠点である真如寺での開催（№57）、もう一例が同じく義持が夢窓派の古幢周勝に命じて行わせたものである（№58）。後者の法語中に「遠祖大元普応国師天目中峰大和尚」とあるように、数多くの入元僧が参じ、門派を問わず日本禅宗に大きな影響を与えた元代禅林を代表する中峰明本を「遠祖」とし、[37]夢窓派下で盛大に顕彰したものと言えよう。

玉村竹二以来つとに指摘されているように、義持はそれまでの歴代将軍の夢窓派偏重に対し、夢窓派に限らず聖一派・大覚派・仏源派さらには曹洞禅の者にも帰依したことで知られる。[38]本書の法語制作者をみると、門派を問わず義持帰依僧の名が並んでおり、その意味で本書は義持期の中央禅宗界を直截に反映したものとも言える。しかし、僧侶の仏事対象者を検討してみると、上記のように夢窓派関係者という基準が見出せる。それは仏事法語の収集作業が何処で行われたかを示唆するのではないだろうか。当然ながら、夢窓派以外の各門派の遠祖や師僧に関する仏事も行われたはずで、にも関わらず本書には夢窓派関係者の仏事のみが収録されている。ここから導かれるのは、本書が五山のなかでも夢窓派の強い影響下で編まれた可能性である。

②俗人

俗人を対象とする仏事法語をみると、最も多いのは足利義満の一六件（安座点眼仏事を含む）、次いで義持の六件である。前者は先代ゆえのことであろうし、後者は逆修仏事が収録されたためである。これに続くのは義持生母の藤原慶子（五件）と義満生母の紀良子（三件）、義満妻の日野康子（三件）と寧福院殿（二件）というように、足利家の妻や生母の仏事である。前出の義満外祖母にして通玄寺開山の尼僧智泉聖通と、義持外祖母の智庵禅尼の事例を含めると、足利家と姻戚関係にある女性はさらに増える。そして尊氏・直義・義量・満詮ら男性が各一件あり、足利将軍家の関係者は約四〇件となり全体の七割近くを占める。一方で、直義の仏事法語はあるのに二代将軍義詮がない、また義満弟の満詮はあるのに義持弟の義嗣はない、という点も気になるが指摘に止めておきたい。

次に足利将軍家の関係者を除いた俗人は、伊勢貞行（No.8）・坂士仏（No.28）・大福寺殿（赤松持貞母）（No.63）・山名氏清（No.60）の四例である。伊勢貞行断七忌の拈香法語のみ『大日本史料』に既収で他は未刊ないし未収である。

まず伊勢貞行は、幕府財政を司る政所執事を世襲し、さらに歴代将軍の子息を幼少時に養育した伊勢氏の嫡流である。(39) 義持も貞行邸にて養育されており、貞行は「大父」とも呼ばれたし、(40) 義満没後には「北山殿以二御使一公家方事ハ裏松申沙汰、武家方事伊勢入道可二申沙汰一之由被レ仰云々」（『教言卿記』応永一五年一〇月八日条）とあるように武家方全般の取次を任されており、義持の信頼の厚さがうかがわれる。(41)

次に坂士仏は、室町時代に民間医師として活躍した坂氏一族である。(42) とりわけ士仏は「侍二宝筺・鹿苑・勝定三相公一、不レ離二左右一」、「後光厳院・後円融院・後小松院三朝賜レ詔」と後代に顕彰されたごとく、公武から重用されその技術は「学レ医入レ神」とされた。[43] また近年では医学や和歌以外に室町殿への取次役としても注目されている。[44] 本書所収の一回忌拈香法語にも「天下医王」などの文言が見えており、士仏の同時代評価の早い例として注目されよう。

そして大福寺殿の子赤松持貞は、義持の近習として「持」の偏諱を受けるほどの寵を受け公私に権勢を振るいながら、義持による赤松家の家督相続への介入問題に絡んで窮地に陥り、ついには詰め腹を切らされるという末路を辿った人物である。[45] この持貞の母大福寺殿の三回忌仏事が、相国寺鹿苑院において最も荘厳な陞座の形式で行われたこともさることながら、それを勤めたのが厳中周噩というのも特筆すべきである。当時、相国寺長老にして九条家出身の厳中は、義持が「別して信仰」した三名のうちの一人に挙げられており、[46] この仏事そのものが絶頂期の持貞の権勢と義持の寵愛を物語るだろう。また『兼宣公記』応永三一年（一四二四）四月二七日条には、「赤松越後守母令二圓寂一之由有二室町殿仰一、自二今月初一有二腫物事一之由、於二御前一連々奉レ及者也」とある。持貞を介すまでもなく、そもそも義持と大福寺殿の間には以前から面識があったことがわかる。このように、足利将軍家の関係者以外の俗人についてみると、生前日常的に義持の近くにいた人物の仏事、という点に共通項を見出し得るのである。

これと対照的なのが、管領家をはじめ大名家の人物を対象とする仏事が本書に見えないことである。唯一登場する山名氏清の事例は、仏事法語中に「奥州太守古鑑居士、三十三回遠忌之辰也、於レ是、大檀越大人相公、愍二念古鑑含レ怨而没一、及下同時順逆之徒、触二鋒鏑一而損レ命者上」とあるように、氏清個人の追善というより明徳の乱の戦没者に対する鎮魂目的と理解すべきであろう。禅宗仏事の鎮魂機能を論じた原田正俊は、明徳の乱の直後に義満が五山僧に「陸奥前司氏清幽儀、幷諸卒戦死亡霊」のための大施餓鬼を行わせ、戦死者を鎮魂した事例を挙げている。[47] この場合も法語中に「又集二一千衆一、修二水陸供一」とあるように施餓鬼と合わせた陞座仏事であった。これは、同じ山名氏清三十三回忌陞座でも、一族と思われる「京居菩薩戒女某」が催した際の法語では氏清以外にとくに触れず、施餓鬼も行われていないことと対照的である。[48]

周知のように、本書の法語制作者のものも含め、五山僧の作品集には大名家の仏事法語が数多く収録されている。これに対し本書にはそれが全く登場しない。むろん、本書と別に存在した可能性もあるが、将軍家の一族・姻戚および側近達のものはありながら大名家が皆無である理由の一案として、俗人の仏事法語の収集範囲が将軍家周辺に限られたという理解を提示しておきたい。

(3) 大名分国と将軍家追善仏事

では、本書の内容が大名家と全く無関係かと言えば必ずしもそうではない。大内氏の分国長門（一例）、そして佐々木六角氏の分国近江（六例）における仏事法語が収録されている。まず前者の長門国については、その法語に「仏日山普光王禅寺住持毗丘柒嵒、茲囑二本州太守一、煩伝二征夷大将軍厳命一、今月初六日、就二于本山一、追二崇鹿苑院殿准三宮大相国天山大禅定門台位一」とあるように、義持から「本州太守」すなわち長門国守護の大内盛見を介して、長門国豊東郡普光王寺において義満の七回忌仏事が行われたことがわかる（No.16）。大内盛見は当時在京しており、この仏事が義持と盛見の連携で実現したことは疑いない。盛見は、弘世夫婦および義弘の菩提所にして後に盛見自身の菩提寺となる周防国国清寺において、故義満・故義持の仏事料所を寄進し月忌・年忌を行わせていたことが知られる。[49] 真木隆行は、盛見が氏寺興隆寺と併行して国清寺を興隆した理由として「幕府権力との密着性をも体現させることによって、まさに室町幕府—守護体制下における自己の正統性を象徴的に明示させようとしたのである」とする。[50] その回路の一つが分国寺院における将軍家追善仏事であったとすれば、応永二一年

（一四一四）の普光王寺の事例はその早いものとして――義弘の「宿敵」義満を追善するという意味においても――注目に値しよう。史料に恵まれず大内氏との師檀関係などは不明ながら、普光王寺は室町期に高麗版大蔵経と輪蔵を擁した程の禅院であり、[51] そこに限って言えば同じく蔵経と輪蔵を有した国清寺と遜色ない。もちろん普光王寺住持の怡雲寂誾が義持好みの隠遁者であったことにも由来しようが、[52] この義満七回忌仏事は偶々普光王寺で開催されたのではなく、室町幕府と大内氏の関係改善という政治的課題を前提に、それにふさわしい格式の禅刹にて実現したものと考えられないか。

また近江国の場合、曹源寺では霊仲禅英による義満忌・義持逆修（No.5・6）、永源寺では松嶺道秀による義満忌・義持逆修に加え（No.11・14・18）、義持生母藤原慶子の拈香仏事も行われた（No.27）。永源寺は近江国守護佐々木六角氏頼が寂室元光を開山に招請して創建した寺院であり、以後、歴代佐々木六角氏の保護を受けた。[53] また、曹源寺は寂室の高弟霊仲禅英が始めた禅院で距離的にも法系的にも永源寺に近しい。[54] そして、注目すべきは同じく寂室の弟子松嶺道秀である。彼は義持が帰依した禅僧の一人で、義持は永源寺に住した松嶺に会うために自ら出向く程であった。[55] 室町幕府と永源寺の関係を見ると、たしかに義満による所領一括安堵や祈願寺認定が目を惹く。[56] しかし、ここでみたように、義持が父母の追善仏事を行わせ、また自らも当寺に出向いた応永二〇年代初頭も画期として重要と考える。なんとなれば、寺内の一伽藍であった「含空台」（寂室元光の示寂地）が、永源寺領とは別個に所領を有し「六箇寺随一」を誇る「含空院」（義持が寺額を賜与）となり、[57] 一五世紀末に至るまで歴代室町殿から個別に安堵の公験を得ることになったのは、まさにこの時に始まるからである。[58] 詳しくは後考を期したいが、将軍家追善仏事の開催にとどまらず、義持の関与は寺内組織の変容も含め永源寺に大きな影響を与えたのである。なお、両寺における将軍家追善仏事の開催につき、管見の範囲では守護佐々木六角氏の関与は確認できない。

このように、仏事開催の契機は諸国の禅刹に義持が帰依する禅僧達が寓していたことに求め得るが、その場所が大名分国の菩提寺や創建寺院であった時、そこで将軍家追善仏事を挙行することは、その信仰上の思惑を超えて――あるいは利用して――中央と地方をつなぐ接点となり、中央政治と分国統治の双方にとって意義を有したと考えられる。もちろん、本書に収められたのは仏事全体のごく一部に過ぎない事例であろうから、こうした状況が義持期に広範に展開したか否か、今後の検討が待たれる。

以上、本節では仏事対象者の分析を通じて本書の成立環境を考えてみた。そこからみえてきたのは、僧侶については主として夢窓派、俗人については足利将軍家の一族や側近を対象とした仏事で本書が構成されていることである。語録の類では、ここに大名家の仏事法語が加わるのが常だが、その事例が全くみえない。このことは本書の編集に際して収集された事例の範囲が、夢窓派および将軍家周辺に限られたことを示唆する。最後に章をあらためてその意味を考えたい。

第三章　義持の「集纂」

他の語録類の法語にはみられない本書の大きな特色が、各法語の冒頭（時に末尾）に義持への献辞がみえることである。二、三わかりやすい例を挙げると、例えば「謹承二鈞命一録二呈殿下一」（No.2）、「欽承二鈞命一書焉」（No.20）、「謹録奉二大相公閣下一」（No.31）などである。文言は区々で定式を持たないが、義持の命令で法語を献呈したという旨趣は共通する。これらの文言から河村秀穎が「勝定院殿集纂」を加えた形で書名を改めたことは想像に難くない。ただし、【表】をみればわかるように献辞が確認できるのは全体の三分の一に満たない。献辞のないものが直ちに献呈されなかったことを意味するわけではないが、本書の献辞文言だけで義持による「集纂」の有無を判断するのは躊躇される。そこで別の事例から確認しておきたい。

義持が帰依した禅僧の一人に梅山聞本（〜一四一七）がいる。曹洞宗峨山下の太源宗真の法嗣となり、越前国龍澤寺をはじめ諸寺を開基し総持寺第一一世となる。教団史では、中世後期から全国展開する曹洞宗教団の基礎を築いた人物としても高く評価されている。(59) 後世の諸伝には義満から上洛を請われるも拒否したエピソードが知られるが、実際に梅山に執心だったのは義持の方である。その様子は以下にも触れる「龍澤寺文書」から読み取ることができる。

梅山聞本の名声を知った義持は、応永二一年（一四一四）五月、越前国龍澤寺において義満七回忌仏事を行うよう、料足五〇貫を添えて側近の冨樫満成から梅山に伝えた。(60) その時、越前国守護斯波義教（道孝）からも同様の要請が守護代を通じて下されている。ここではその文面に注目したい。

雖下未二申通一候上、上意之間令レ啓候、
抑為二鹿苑院殿御仏事一、拈香御所望候、仍被レ進二料帋一候、被レ染二御筆一候者、可レ為二御悦喜一之由被二仰出一候、御斟酌候者愚身可レ失二面目一候、以二別儀御恩一一筆被二書進一候者、可レ為二生前之厚恩一候、委細甲斐美濃入道可二申入一候哉、恐惶敬白、

五月三日　　道孝（花押）

龍澤寺方丈
侍者御中(61)

傍線部にあるように、義持は費用だけでなく自ら料紙を送って自筆の拈香法語を求めていることがわかる。本書所収の京都以外で行われた仏事法語も同じように守護や側近を介して集められたのかもしれない。このように、義持は帰依する禅僧が書いた法語そのものに拘っていたのであり、あるいは名僧の墨蹟と同様に考えていたのではない

か。義持が法語自体を収集していた行為から、本書所収の各法語も義持の要請により自筆の原本が献呈されたものと理解してよいだろう。

以上を踏まえて、本書の成立過程をあらためて考えてみたい。①足利義持は帰依する禅僧に対して、自らも臨席した高僧の仏事、そして身内や側近の仏事における仏事法語の自筆原本を提出させていた。②義持没後における義教期もしくはそれ以降、仏事法語の長文化を背景として、それに対応すべく実用的な例文集として義持期の仏事法語が集められた。その際に素材となったのが、生前に義持が収集していた仏事法語、すなわち一方は夢窓派関係者を対象とした僧侶の仏事法語であり、もう一方は足利将軍家の関係者と義持側近のそれであった。③両者を仏事の種別に再構成し、六六件からなる『諸仏事』という法語集が成立した。つまり、収集（①②）と編集（③）は別の時期に別の意図で行われたと考えられる。前者は帰依する禅僧の自筆法語を集めるという義持の趣向として行われたものであり、それゆえ各大名家の祖先祭祀の仏事法語までは含まれなかったのだろう。後者は夢窓派に近い禅林関係者で、且つ義持が収集していた自筆法語を閲覧し得る立場にあった人物が関与したものと想定される。もし本書が義持の意思で編集されたとすれば、たとえば義持の不興を買い逐電した顎隠恵奯の事例（No.29）が含まれるのは些か不自然である。[62]

本書は語録でも文集でもなく、時期と対象範囲が限定された仏事法語を集成した禅籍であり、かなり特殊なテキストと言える。とはいえ、法語制作者たちは禅林界の著名人が多く、既刊・未刊の語録に同一の仏事法語が収録されている事例も少なくないだろう。そのなかで本書固有の特徴を挙げるならば、義持が集めた法語の原本を素材としたがゆえに、その原形態を知ることができる点に求められよう。以下に一例を挙げる。

義持の帰依僧の一人である惟肖得巌の作品集『東海璚華集』（『五山文学新集』第二巻、東京大学出版会、一九六八年。室町末期写の建仁寺両足院本を底本とする）に高峯顕日百回忌の拈香法語が収録されている。その冒頭は以下のようになっている。

仏国応供広済国師高峯大和尚百年忌香、湘南潭北話頭長、更笑雷迂太着忙、広済霊蹤無量寿、爛然台画足観光、某人、掌握殺活刀、奪却三軍勇気（以下略）

また、『大日本史料』応永二二年（一四一五）一〇月一九日条は、[63] 右と同底本の『東海璚華集』から同文を引用し、注記に「〇得巌惟肖ノ拈香仏事、ソノ行ハレシ寺院ヲ詳カニセズ」とする。ところが、本書所収の同一法語（No.24）では、右の「観光」と「掌握」の間に以下の文章が入る（改行は省略）。

大日本国京東無量寿禅院、住持比丘、応永乙未初冬甲申、伏値　乃祖本院創業、勅賜仏国応供広済国師大和尚、百年遠諱、預於茲辰、厳浄練若、繕修伊蒲、集大方高賓、誦仏頂神咒、以　奉追答洪庥増崇品位、大檀越一位相公、欽募宗冑之所、自親染広済二大字、掲之塔上、覩者粛焉、増敬、加之、屈　臨梵筵栄証仏事、山林寵遇、耀古騰今、又盛矣哉、少林小比丘得巌、辱蒙鈞命、拈香慶讃、謙避無地、戦兢有余、仰募　真慈、不勧苦海之慈航、重揺昏衢之慧炬、　共惟勅賜仏国応供広済国師大和尚

このように、『東海璚華集』では「某人」として省略されている部分には、『大日本史料』が不明とする寺院名＝無量寿院だけでなく、義持が「広済」の二字を書き、それを塔に掲げたことや、義持の臨席のことなど詳しい様子が記されていたのである。五山僧の作品集では、体裁の忠実な書写よりも四六文などの文章構成を重視したことから、典礼的な部分を書写の際に意図的に省略することもあったようである。[64] 本書の場合、義持が収集した法語の原本をもとに編集されたため、結果として作成当初の形態を留めることになったと考えられる。この例に限らず、語録などに収められた同一法語との異同を検討することで、法語自体の校異はもとより、従来知られていない歴史的情報を得られる可能性も少なくない。そのような意味でも本書は参照されるべき価値を有するといえよう。

おわりに

本稿では、これまで書名から漠然と「足利義持が編集した法語集」と理解されてきた蓬左文庫蔵『勝定院殿集纂諸仏事』について検討した。まず書誌的考察から現書名が一八世紀後半段階で改称された書名であること、それ以前は『諸仏事』という書名で徳川家康から尾張藩に伝来したことを指摘した。この改称は、国学者の河村秀穎が、御書物奉行として本書を含む駿河御譲本を調査する過程で行われた可能性が高い。

次いで、全体の構成が陞座や拈香など仏事種別になっていることから、本書は五山禅林で作成された実用的な文例集の類であることを指摘した。そして、収録年代が義持期にほぼ限定された理由として、足利義教が法語の長文化を指示し、以降の禅林で仏事法語が長文化してゆく傾向のなかで、長文の仏事法語の先例として義持期のものが収集されたと考えた。さらに、収録された仏事の対象者に注目すると、僧侶は夢窓派関係者、俗人は足利将軍家一族および義持の側近であった。その理由は、本書の編集にあたり素材となった法語が、生前の義持が帰依の禅僧らに要請して収集した法語原本であったことに求められ、大名家関係者の仏事法語が本書にみえないこともその線で理解できる。

このように、本書はたしかに義持が集めた仏事法語で構成されているが、それは義持による法語原本の収集という行為と、義持没後における法語集の作成という二段階を経たものであり、禅籍としての性格は仏事法語の先例を集めた実用的テキストと位置付けるべきである。また、かかる特異な成立の経緯から、本書は語録や作品集に収録される以前の法語の原形態を知ることができる。これは他にない本書の特徴として研究上も有益であると言える。もちろん、本稿でも触れたように各仏事法語の内容も義持期の史料として固有の価値を有することは言うまでもない。【表】にもあるように、『大日本史料』未収であったり未刊の範囲の仏事法語も数多い。なかでも足利家の女性達の仏事については、男性のそれに比べ詳細に検討されておらず、今後の重要な課題と考えられる。

今回の検討では、本書に収録される各仏事法語の内容よりも、本書自体の成立事情の考察を中心とした。その結果、本書は義持期から義教期に至る五山における仏事をめぐる動向と不可分に成立したのではないかと考えた。もっとも、禅語はもとより禅宗史全般に不案内な者による外形的かつ表面的な検討に過ぎず、全く的外れな見解かもしれない。法語の内容に踏み込んだ本格的検討は筆者の手に余る範囲であり、諸賢による続報を待つのみである。

注

（1）玉村竹二「足利義持の禅宗信仰について」（同『日本禅宗史論集　下之二』思文閣出版、一九八一年、初出一九五一年）。

（2）今泉淑夫『禅僧たちの室町時代―中世禅林ものがたり―』（吉川弘文館、二〇一〇年）。

（3）二〇一八年現在、既刊分の第七編第三三冊までに六六件中二一件が収録済。

（4）請求記号二〇一六―一三〇。謄写本奥書「昭和三十年九月十六日写了／小川きよ」（朱筆）「昭和参拾年十一月吉日一校／今枝愛真」。

（5）前掲注（1）玉村論文、七八頁。

（6）伊藤喜良『足利義持』（吉川弘文館、二〇〇八年）、吉田賢司『足利義持―累葉の武将を継ぎ、一朝の重臣たり―』（ミネルヴァ書房、二〇一七年）など、近年ようやく本格的な人物伝がものされた。

（7）川瀬一馬「駿河御譲本の研究」（同『日本書誌学之研究』講談社、一九七一年、初出一九三四年）。

（8）その内容は、金沢文庫旧蔵本のほか中国・朝鮮版を含む漢籍が約八割を占め、冊数は二八〇〇余冊に上る。尾張藩「御文庫」を継承する現名古屋市蓬左文庫の所蔵本の中でも、稀覯本や優品を数多く擁する貴重書コレクションとして注目されている（『蓬左文庫　歴史と蔵書』名古屋市蓬左文庫編・発行、二〇〇四年、『蓬左文庫駿河御譲本目録』名古屋市鶴舞図書館編・発行、一九六二年）。

（9）ゆまに書房、全て一九九九年の刊行。

（10）山本祐子「尾張藩「御文庫」について（一）（二）」（『名古屋市博物館研究紀要』八・九、一九八五・一九八六年）、『尾張徳川家蔵書目録』第一巻所収の解題（山本祐子による）。

（11）『尾張徳川家蔵書目録』第一巻所収。

（12）『尾張徳川家蔵書目録』第一巻所収。

（13）『尾張徳川家蔵書目録』第四巻所収。目録には「勝定院集纂諸仏事」とあり、「殿」がないのは脱字と考える。

（14）『尾張徳川家蔵書目録』第五・六巻所収。

（15）『尾張徳川家蔵書目録』第三巻所収。

（16）杉浦豊治『蓬左文庫典籍叢録　駿河御譲本』（人文科学研究会、一九七五年、二八頁）。

（17）前掲注（10）山本論文。

（18）影印は『尾張徳川家蔵書目録』第四巻所収。

（19）経歴は『名古屋市史』人物編二、一九三四年による。

（20）「学芸の革新」（『新修名古屋市史』第四巻第三章第五節（岸野俊彦筆）、一九九九年）。

（21）杉浦豊治「解説」（『名古屋叢書三編十一巻　楽寿筆叢・十如是独言』名古屋市蓬左文庫、一九八五年）。

（22）前掲注（10）山本論文。

（23）前掲注（16）杉浦著書。

（24）『寛政目録』中の『碧巌録抄』項の注記による。

（25）なお、『勝定院集纂諸仏事』（天明二年目録）、『勝定院殿纂集諸仏事』（寛政目録）、『勝定院殿集纂諸仏事』（『蓬左文庫図書目録』大正二年）、『勝定院殿纂集諸仏事』（『蓬左文庫善本書目』昭和十年）、とあるように実は目録上の書名は近世どころか近代以降に至るまで一定しない。これは、そもそも「集纂」という漢語が、中世はもとより近世にもほとんど用例をみない語彙であることに由来するものと思われる。河村秀穎には「性厳酷躁急」なところがあるとされ(浅井頼母「贈河村君書」前掲注(21)『名古屋叢書三編十一巻』)、あるいは「纂集」と記すべきところを「集纂」としたのかもしれない。

(26)『尾張徳川家蔵書目録』第九巻所収。

(27)なお、本章はこの改称問題を「国学者」河村秀穎の実践として位置付けた別稿の内容と重なる部分がある(大田壮一郎「河村秀穎の駿河御譲本研究と実践」『日本思想史研究会会報』三五号、二〇一九年)。

(28)ただし、十九・二十については、目録では法語作成者を「季璞」すなわち季璞梵珣と記すが、正しくは法語にみえる「子瑜」すなわち子瑜元瑾である。

(29)安藤嘉則「中世禅宗における拈香・陞座について」(同『中世禅宗における公案禅の研究』国書刊行会、二〇一一年、初出二〇〇六年)。

(30)同前、前掲注(2)今泉著書。

(31)辻善之助「足利初代天台宗と禅宗の軋轢」(同『日本仏教史研究 第一巻』岩波書店、一九八三年、初出一九一九年)、原田正俊「中世後期の国家と仏教」(同『日本中世の禅宗と社会』吉川弘文館、一九九八年、初出一九九七年)。

(32)前掲注(29)安藤論文。

(33)前掲注(2)今泉著書。

(34)同前、七四頁。

(35)前掲注(29)安藤論文、『蔭凉軒日録』文明一八年一一月一日条。

(36)野口善敬「中峰明本の生涯と思想—元代虎丘派の一側面—」(同『元代禅宗史研究』禅文化研究所、二〇〇五年、初出一九七八・七九年)。

(37)西尾賢隆「元の幻住明本とその波紋」(同『中世の日中交流と禅宗』吉川弘文館、一九九九年、初出一九八六年)。

(38)前掲注(1)玉村論文。

(39)伊勢氏については、比較的近年のものとして山家浩樹「室町幕府政所と伊勢貞継」(『室町時代史研究』一、二〇〇二年）を挙げておく。
（40）前掲注（6）吉田著書。
（41）家永遵嗣「足利義教初期における将軍近習の動向」（同『室町幕府将軍権力の研究』東京大学日本史研究室、一九九五年）。
（42）服部敏良「著名医家の略伝」（同『室町安土桃山時代医学史の研究』吉川弘文館、一九七一年）。
（43）「上池院進月宗精法印肖像有序」（「幻雲文集」『続群書類従』文筆部）。米澤洋子「室町・戦国期の山科家の医療と「家業」の形成」（京都橘大学女性歴史文化研究所編『医療の社会史―生・老・病・死―』思文閣出版、二〇一三年）、田中尚子「月舟寿桂と医学―『幻雲文集』に見る五山と医家の接点―」（『駒沢女子大学研究紀要』二〇、二〇一三年）。
（44）小瀬玄士「「取次」としてみた坂士仏」（『空華日用工夫略集の周辺』義堂の会編・発行、二〇一七年）。
（45）森茂暁「赤松持貞小考―足利義持政権の一特質―」（同『中世日本の政治と文化』思文閣出版、二〇〇六年、初出二〇〇一年）、前掲注（6）吉田著書。
（46）『蔭凉軒日録』文明一九年三月一四日条に「勝定相公意仲・大愚・厳中別而信仰之」とある。
（47）原田正俊「五山禅林の仏事法会と中世社会―鎮魂・施餓鬼・祈禱を中心に―」（『花園大学禅学研究』七七、一九九九年）。
（48）『東海璚華集』（『五山文学新集　二』東京大学出版会、一九六八年、五九六頁～五九七頁）。
（49）正長元年八月一八日大内盛見寄進状写（「常栄寺文書」五二号）・同大内氏奉行人連署奉書写（「常栄寺文書」七二号）・永享二年六月一三日大内盛見寄進状写（「常栄寺文書」五三号）、いずれも『山口県史』史料編中世3所収。なお、盛見は宇佐八幡宮においても義持の誕生日祈祷の料所と仏事を設定している（大田壮一郎「足利義持の神祇信仰と守護・地域寺社」同『室町幕府の政治と宗教』塙書房、二〇一四年）。
（50）真木隆行「周防国大内氏とその氏寺興隆寺の質的変容」（川岡勉・古賀信幸編『日本中世の西国社会3　西国の文化と外交』清文堂出版、二〇一一年、一三一頁）。
（51）馬場久幸「日本所蔵の高麗版大蔵経」（同『日韓交流と高麗版大蔵経』法藏館、二〇一六年、初出二〇一二年）。なお、馬場は普光王寺旧蔵の高麗版大蔵経の将来年代を一五世紀末以前と慎重に論じている。大内氏将来大蔵経のうち、奉納先不明の五例に一四〇八年と一四一六年の盛見期の二例が含まれるが、どちらかは普光王寺に奉納された蓋然性が高いのではないか。

（52）今泉淑夫『世阿弥』（吉川弘文館、二〇〇九年）、前掲注（1）玉村論文。なお、怡雲は応永二一年の年記を持つ『神護寺蔵足利義持像』に着賛している。

（53）本書大河内論文参照。

（54）『永源寺町史　永源寺編』二〇〇二年。

（55）『瑞石歴代雑記』巻之二（『永源寺町史　永源寺編』）。

（56）永徳三年五月二八日室町将軍家御教書、同年六月二一日足利義満御判御教書（ともに「永源寺文書」滋賀県教育委員会事務局文化財保護課編『永源寺関係寺院古文書等調査報告書』、一九九八年、四〇四・四〇五頁）。

（57）前掲注（54）に同じ。

（58）その下限は延徳三年八月六日足利義稙御判御教書（「永源寺文書」滋賀県教育委員会事務局文化財保護課編『永源寺関係寺院古文書等調査報告書』、一九九八年、四二五頁）である。

（59）竹内弘道「梅山」（曹洞宗宗学研究所編『道元思想のあゆみ2　南北朝・室町時代』吉川弘文館、一九九三年）、大塚将弘「曹洞禅の発展と梅山門下」（『印度学仏教学研究』五七－二、二〇〇九年）。

（60）（応永二一年）五月二日冨樫満成書状（「龍澤寺文書」四号、『福井県史　資料編4中・近世二』）。

（61）（応永二一年）五月三日斯波義教書状（「龍澤寺文書」五号、『福井県史　資料編4中・近世二』）。東京大学史料編纂所所蔵写真帳にて校訂した。なお、同日付の甲斐祐徳書状（同六号）にも、「自二御所様一被レ進二料帋一候」とある。

（62）『看聞日記』応永二五年六月一三日条。

（63）第七編之二三、一五頁～一八頁。

（64）「天隠龍澤集」解題（『五山文学新集　五』東京大学出版会、一九七一年）。

（付記）『勝定院殿集纂諸仏事』の原本調査および影印の掲載にあたり、名古屋市蓬左文庫には掲載の許可および御協力を賜った。記して謝意を表したい。

地蔵院本『笠山会要誌』と寺誌編纂―附、翻刻

坪井　剛

はじめに

京都西郊、西芳寺川の南岸に佇む西山地蔵院は、応安元年（一三六八）に細川頼之（一三二九～九二）が建立した禅刹である。頼之が帰依した碧潭周皎（一二九一～一三七四）が実質的な開山となるが、碧潭は師である夢窓疎石（一二七五～一三五一）を第一世とし、自らは第二世を名乗ったとされている。碧潭周皎は北条氏の一族に生まれ、当初は仁和寺の禅助（一二四七～一三三〇）に師事して密教を修学していたが、後に禅宗に改め、西芳寺に住していたという。碧潭の修学過程と禅院創建は、室町期における禅宗の広がりといった観点からも興味深い事例となるが、地蔵院には多くの中世文書が伝来しており[1]、都鄙間交通や荘園経営など当時の社会経済を考える上でも注目されている[2]。

本稿で紹介する『笠山会要誌』は、近世に地蔵院一二世江岳元策（?～一六七二）により編纂された西山地蔵院の寺誌である。作者の江岳元策については、一一世堅操元松に師事する一方で、建仁寺常光院において三江紹益から関山派の法系を受けていること、天龍寺南芳院や延慶庵の住持も務めていること、寛文一一年（一六七一）に朝

鮮修文職に任じられ対馬以酊庵に赴くが、翌一二年に任期半ばにして病没していることなどが明らかになっている。[3]また、『本朝歴代法皇外紀』や『貴胤碩臣出家標目』[4]といった史書を著しており、故事に造詣の深い人物としても知られている。それ故『笠山会要誌』もまた、江岳による先人顕彰の著述として理解されている。

さて、これまで『笠山会要誌』の写本としては、東京大学史料編纂所が架蔵する謄写本（架蔵番号2015／594、以下、編纂所本と称す）が利用されてきた。[5]ただ、詳しくは後述するが、編纂所本に「以下二紙欠（地蔵院本対照）」（編纂所本二〇丁表）や「以下三文ヲ欠ク　地蔵院本対照」（編纂所本四三丁表）との記述があることから、地蔵院に別の写本があること、そしてそこには編纂所本には無い記述が載せられていることが示唆されていた。そこで「西山地蔵院文書」の調査の際に地蔵院にお尋ねしたところ、編纂所本とは一部記述の異なる写本（以下、地蔵院本と称す）の存在を確認することができた。そこで本稿では、地蔵院本の影印・翻刻を紹介し、その成立について若干の考察を行うものである。

一般に古文書類が当事者間でやり取りされた一次史料であるのに対し、寺誌は後世に編纂された二次史料といえるため、副次的に扱われる傾向があるといえる。一方で、編纂者により体系的に編まれた寺誌は、古文書類には載せることのない情報が多く含まれていることも事実であり、多くの研究に利用されている。この『笠山会要誌』にも、創建の由来や歴代住持とその事績、寺領、地理、塔頭・末寺などが事細かに記されており、現存する古文書には見えない中世文書の写しも載せられている。このような情報も活用することにより、中近世禅宗史研究に資する点もあることと思われる。

また、寺誌編纂の契機という点においても、『笠山会要誌』の成立は非常に興味深い。中世における寺誌編纂については幾つかの研究が見える。例えば東大寺においては、『東大寺要録』や『東大寺続要録』の編纂が中世東大寺の出発に係わる新たな歴史認識によって撰述されたことを横内裕人や稲葉伸道が論じている。[6]その一方で、横内によれば『東大寺要録』は公験として寺院運営に用いられていることが示されており、また東寺においても、『東宝記』が重書・引付とともに管理され、料所に関する公験として用いられていることを貫井裕恵が示している。[7]このように、中世の寺誌は単なる情報の蓄積として編纂されたのではなく、時代に応じた新たな歴史認識の創出といった役目を担うとともに、寺院の実務と係わる証拠文書としても用いられているのである。では、中世の公験類が直接的な有効性を失った近世において、寺誌はどういった契機で編纂され、どういった役割を果たしていたのだろうか。その一端を『笠山会要誌』から窺ってみたい。

以上のような観点から、まず地蔵院本『笠山会要誌』の構成・内容等を確認した上で、編纂所本との比較や江岳元策の編纂動機を検討することから、地蔵院本の位置付けを考察していくこととする。

第一章　地蔵院本の構成と成立年代

まず、地蔵院本の書誌情報を確認する。法量は縦二六・五センチ、横一七・五センチで、四つ目綴の袋綴装である。紙数は表紙・裏表紙を別として四一丁からなり、料紙には一部を除き罫線（一丁につき二四行）が刷られている。表紙に外題は無く、一丁目に内題「笠山会要誌」が付されており、奥書等は見当たらない。筆跡については、管見によれば概ね首尾一致しているものと見受けられるが、一部字体が変化している箇所もある。本文は文節ごとに朱点が施されており、随所に朱の合点等も付されている。また、頭書・貼紙・挟込紙によって情報が補足されていることも大きな特徴であり、書写後も地蔵院で大切に読み継がれてきたことが一見して推察される。

続いて、全体の構成を左に挙げた上で、それぞれの内容を簡単に見ていく。

【序文】（一丁表）
虎林和尚手簡幷跋（一丁裏）
京城西丘葛野郡衣笠山地蔵院志附会要録
地理標目（三丁表）
【文書写】（四丁裏）　諸荘園公文
管領源満元附劄
後円融帝口宣
後円融帝官符
地蔵禅院領所目録（五丁裏）
塔頭幷附庸末寺（七丁表）
右典厩能秀法衣寄附手劄（九丁表）
開山勅謚宗鏡禅師（一〇丁表）
【嗣法門人】（一二丁裏）　旭峰朝禅師・秀巒禅師・義海周勝長老・深渓資首座・武州桂岩居士・玉淵夫人光
真君・附絶海国師讃桂岩居士像
列祖歴代志（一六丁表）　第四世仙英玉禅師
第五世雲谷宝禅師
第六世九成韶禅師

第七世太賀吉首座
第八世叔和康首座
第九世養仲保禅師
第十世済叔弘首座
第十一世堅操松禅師・祖堂安堅操禅師画像奠文

本院往霊簿序（二四丁表）
本院地蔵画像記（二四丁表）
重補本願経跋（二四丁裏）
源武州公祠堂鷹賛（二六丁表）
城州路葛野郡衣笠山故管領四国大将軍細川源頼之公祠堂記（二八丁表）
宗鏡禅師勅諡・勅書内降案紙（三〇丁裏）
地蔵院宗派（三三丁表）

会要雑志　随筆　続録
天隠文集・絶海国師年譜・常光国師行紀（三四丁表）
本院本尊地蔵菩薩瑜伽略供養法跋（三四丁裏）
笠山結制標文（三五丁表）
桂岩居士道号或説（三五丁表）
空華義堂和尚録（三五丁裏）

【光厳法皇三百年忌随想】（三七丁裏）
重修造武州公像化縁疏并序（三七丁裏）
【武州公像供養文】（三八丁裏）
大雄山常照禅寺開山光厳院百年御忌拈香拙語（三九丁表）
【詩文書付】（四一丁表）

※（ ）内は開始丁数を表している、基本的に本文中の表題を採ったが、表題の無いものについては適宜補った（【 】で表記）

冒頭は江岳元策による序文と虎林中虔（一六二七～七八）による手簡と跋を載せるが、その後は「地蔵院志附会要録」と「会要雑志　随筆　続録」に大きく分けられる。前半の「地蔵院志附会要録」では、「地理標目」として地蔵院の十境が紹介され、公験となるであろう文書写が載せられた後に、所領・末寺の目録がまとめられる。続いて、「西山地蔵院文書」に正文が残る摂津能秀による袈裟寄進状が引き写され、碧潭周皎の事績及び讃文が記される。そして碧潭の門人が紹介された後、地蔵院歴代（四世～一一世）の事績が書き継がれ、その後に重書・画像記に関する記録が写されている。ここで注意が必要なのは、「細川源頼之公祠堂記」から「地蔵院宗派」までは他とは違い、罫線が引かれていない料紙が用いられている点である。以上が前半となる。後半の「会要雑志　随筆　続録」では、他の様々な文献から碧潭周皎や細川頼之に係わる記録を写すとともに、江岳元策が作文した序文・跋文・供養文及び四世仙英周玉による拈香文等が収録されている。

次に、『笠山会要誌』そのものの成立年について考えていきたい。地蔵院本にも編纂所本にも本奥書に当たる記事が見えないが、本文中には幾つか年紀が記される部分があるため、それらを拾い上げることで大まかな成立年を推察することができる。まず、重要になってくるのが、虎林中虔による跋文に「丙申冬十月中澣」とある点である。この虎林中虔については石井正敏の研究に詳しい。(8) 石井の研究によると虎林は、天龍寺一九九世の洞叔寿仙の門人であり、自らも寛文四年（一六六四）に天龍寺二〇二世となる人物で、五年には対馬以酊庵に一五世として赴任、僧俗両界で活躍した人物であることが明らかとなっている。(9) その生没年の間の「丙申」は明暦二年（一六五六）であり、手簡には「謹接二手教一、兼領二地蔵院志壱冊一、琅々読レ之、恰如下身之入二衣笠山一聴中碧潭和尚之謦欬上」（一丁裏）とあることから、全体の前半に当たる「地蔵院志」がこの時点で粗方完成していたことが窺い知れる。また地蔵院一一世の堅操元松が亡くなったのが明暦元年（一六五五）七月とあることから、江岳元策は地蔵院を継承してすぐに「地蔵院志」を綴り、虎林中虔に披露していたものと推察される。但し、「細川源頼之公祠堂記」（二八丁表）には承応三年（一六五四）三月の年紀が記されるため、堅操の生前から地蔵院を継承することを承知した上で、事前よりその寺歴をまとめていたのだろう。また、「開山勅諡宗鏡禅師」（一〇丁表）には万治三年（一六六〇）五月の年紀が記されている。おそらく虎林中虔に「地蔵院志」を見せた後もこの箇所は続けて推敲していったのだろう。このようにして編纂されていったのが前半の「地蔵院志附会要録」であると考えられる。

一方、後半の「会要雑志　随筆　続録」には明暦元年以後の年紀が散見する。具体的には「桂岩居士道号或説」（三五丁表）には寛文壬寅（＝二年、一六六二）一〇月、「重修造武州公像化縁疏幷序」（三七丁裏）には寛文癸卯（＝三年、一六六三）七月、「武州公像供養文」（三八丁裏）には「寛文第三癸卯之冬十一月」がそれぞれ記されている。そして三七丁裏には「光厳法皇三百年忌随想」が見えるが、光厳天皇三百年忌は寛文三年に当たる。これらは年紀順に配されており、前半の「地蔵院志附会要録」成立以降に作られた江岳の文章や新たに発見した記事が載せられていったと考えられる。ではこの「会要雑志　随筆　続録」を編纂したのは誰だろうか。三七丁裏に「当代住持古霊」と記されていることから、この部分は一四世古霊道充の段階でまとめ上げられたものと考えるのが妥当であろう。以上から、現存する『笠山会要誌』は江岳の在世中に「地蔵院志附会要録」として完成し、一四世古霊道充がこれを補足する形で「会要雑志　随筆　続録」を付け加えたものと考えられる。

第二章　地蔵院本に見える印記と修補

続いて、地蔵院本に見える幾つかの印記について、確認していく。全部で次の五種類の印記が確認できた【図1、カラー図版頁［五五八頁］参照】。

①は表紙裏や全体の末尾に見えるもので「洛西下山田村地蔵院」と読める。地蔵院としての印であろう。②③はそれぞれセットで一丁表・裏、三丁表に捺されており、それぞれ「江岳」「元策」と読めるだろう。陽刻・陰刻に分けられていることからも、江岳元策その人の落款であると考えられる。④は一丁表の②③の下に捺されている。右半分と左半分で陽刻・陰刻を変えており、「空谷山人」と読めるのではないだろうか。最後に⑤は三丁表に見えるもので、引首印であろう。印文は「笠山翁」と見える。④⑤に関しては、それぞれ一か所ずつしか見えず、また江岳元策が「空谷山人」や「笠山翁」と名乗っている箇所も見当たらない。しかし、②③は個人の印記であり、捺される場所も序文と「地蔵院志附会要録」の最初であることから、当該部分が江岳の編纂にかかることを示していると思われる。

また料紙の天部には、幾つかの頭書が付されている（二丁表、三丁表、一二丁裏、一五丁表、一六丁裏、三四丁表）。本文とは少し筆跡が異なるように見えるため、後世に補足されたものと考えられるが、【図2（一六丁裏）、カラー図版頁】を見ても分かるように、文字の上部が切れている。おそらく修補・再製本した際に、天地を切断したことによるものと考えられる。地蔵院本が地蔵院の由緒を示す書物として、大切に伝来されてきたものであることを示しているだろう。

また、何か所かで付箋・挿入箋が見える。例えば一丁目と二丁目の間には、原稿用紙で「会旭亭」の説明が挟み込まれている。内容から、明治以降の記述であることが明らかであり、後世に補ったものであろう。このように、地蔵院本はまとめられた後も屡々読み継がれ、内容が補足されていったものと判断できる。

第三章　編纂所本との相違

ここからは、地蔵院本と編纂所本との比較を通して、両書の関係を探ってみたい。編纂所本には幸いなことに末尾に書写奥書として「右、笠山会要誌、京都市下京区今熊野町泉涌寺門前、上村観光氏所蔵、大正四年七月謄写了」と記されている。ここから、大正四年（一九一五）に上村観光所蔵本を謄写したものであることが判る。上村観光（一八七三～一九二六）は五山文学研究者として高名な人物であるが、明治三八年（一九〇五）から順次刊行した『五山文学全集』を編纂するため、各地の禅宗寺院より古典籍を多く借り出していたそうである。『笠山会要誌』もその一つであった可能性があるだろう。[10] では上村はどこから『笠山会要誌』を入手したのか。編纂所本には次の識語がある。

偶読二此書一之次、漫加二倭点於其傍一、顧レ夫伝写謬誤不レ少、後覧之人訂正焉、
元文丙辰晩冬、東国僧月山寓二于隣峰一識、

これによれば、月山なる僧が元文元年（一七三六）に「隣峰」でたまたまこの『笠山会要誌』を読み、訓点等を付したことになる。事実、編纂所本には返り点や送り仮名、字の訂正などが細かく記してあるが、これらは月山が

「隣峰」で書き加えたものなのであろう[11]。そして、そこに伝来した『笠山会要誌』を上村が借り出したのではないだろうか。

注目されるのは、この編纂所本と地蔵院本を対照させた痕跡が両者に見える点である。上述の通り、編纂所本には「以下三文ヲ欠ク　地蔵院本対照」（編纂所本四三丁表）とあるが、地蔵院本にも同じ位置に「宗鏡勅諡、勅書内降案紙、地蔵院宗派、以上三、常光本に欠く」（三〇丁表）との付箋が貼られているのである【図3、カラー図版頁】。編纂所本に書かれる「以下三文」が「宗鏡勅諡、勅書内降案紙、地蔵院宗派」に当たるのであり、両者を対照させた時点で書き込まれたのだろう。そして恐らく、編纂所本はこの「常光本」という写本の系統を引くことが推察される。

では、地蔵院本と編纂所本の相違点はどの辺りに見えるだろうか。まず、細かい語句の相違であるが、概ね地蔵院本の方が正確であると判断される。例えば、「西山地蔵院文書」に原本の残る「右典厩能秀法衣寄附手箚」の冒頭部分を地蔵院本・編纂所本とそれぞれ比較すると、左のようになる。

（西山地蔵院文書）[12]

奉寄進地蔵院

法衣事黄色紗、

右此法衣者、天龍開山国師依有相承之儀、所令付属故入道々賛給也、仍鎮当家雖可為奕世之家珍、地蔵院開山宗鏡禅師者、故入道依為蜜教伝授御弟子、帰敬異他、況於能秀、就之為当寺本尊所奉寄進也、

（地蔵院本）

奉寄進地蔵院法衣黄色紗、

右法衣者、天龍国師依有相承之儀、所令付属故入道道賛給也、何鎮当家雖可為奕世之家珍、地蔵院開山宗鏡禅

師者、故入道依為密‖教伝授弟子、帰敬異他、況於能‖秀、就之為当寺本尊所奉寄進也、

（編纂所本）

奉寄進地蔵院法衣黄色紗、

右法衣者、天龍国師依有相承之儀、所令付属故入道道賛給也、何鎮当家雖可為奕世家珍、地蔵院開山宗鏡禅師者、故入道依為家‖教伝授弟子、帰敬異他、況於秀、就之為当寺本尊所奉寄進也、

原文書と地蔵院本を比較すると、事書では「法衣事」の「事」の脱落、事実書では「此法衣」の「此」や「天龍開山国師」の「開山」、「伝授御弟子」の「御」の脱落、「仍」を「何」と誤写している点、「蜜」を「密」に変えている点が指摘できる（一重傍線部参照）。その上で編纂所本を見ると、地蔵院本の脱落・誤写を踏襲した上で、「奕世之家珍」の「之」や「況於能秀」の「能」の脱落、「密教」を「家教」と誤写している点が確認できる（二重傍線部参照）。これらは転写の際の誤記であると見做すことが可能であろう。つまり、先に成立した地蔵院本（または地蔵院本系統の写本）を「常光本」は書写したものと判断できる。

一方で、構成上の大きな違いも指摘できる。というのも、地蔵院本には編纂所本に見えない記事が何か所か存在するのである。まず一点目は、「嗣法門人」（一二丁裏）のうち、編纂所本では「武州桂岩居士」の伝の後半部分と「玉淵夫人光真君」の伝、及び「絶海国師讃桂岩居士像」の記述が見えないことである。編纂所本では、貞治六年（一三六七）に頼之が上洛する箇所で記述が終わっており、碧潭や地蔵院についても語られていないため、伝記として不十分な形となっている。続く「列祖歴代志」（一六丁表）以降の記事は整っているため、これも編纂所本を書写した際の誤脱等が原因と考えられるだろう。

次に「細川源頼之公祠堂記」（二八丁表）であるが、編纂所本では「源武州頼之公碑」となっており、表題からして違っている。ただ、記述については、関連するものであることが認められる（後述）。そして「細川源頼之公祠

堂記」に続く「宗鏡禅師勅諡[13]」「勅書内降案紙」（三〇丁裏）以下の記述、そして「地蔵院宗派」（三二丁表）についても編纂所本には見えない。つまり、地蔵院本の二八丁目から三三丁目までの六丁分が編纂所本と大きく異なる記述となっているのである。

では、当該部分はどちらが先に成立したのだろうか。記述の重なる「細川源頼之公祠堂記」を検討することから、このことを考えてみたい。全文を比較すると余りに煩雑になるので、冒頭の部分だけを挙げて相違点を示すと左のようになる。

（地蔵院本）

城州路葛野郡衣笠山故管領四国大将軍細川源頼之公祠堂記

寓地蔵禅院　元策撰

本朝自神武至今上而百十有一葉、其間治乱興廃、皆在陛臣執政之所系、而至神器禅受之際、終無他姓之迭興而叛其帯砺之誓、此故宋太宗謂宰臣云、

（編纂所本）

城州路西丘笠峰故管領四国大将軍細川武州源頼之公墓碑幷叙

源武州頼之公碑

本朝自人皇氏至今上聖皇帝而百十有一葉、其間之治乱興亡、皆陛臣執政之所繫、而至神器禅受之際、乃無他姓之迭興而叛其帯砺之誓、世質民淳戴堅明之綰綽、此故宋大宗謂宰臣曰…

傍線部が相違する記述であるが、互いに多くの付加や削除が認められるため、単なる誤写とは認められない。しかし、文意は重なっており、どちらか一方が他方を参照にして書かれていることは明らかであろう。どちらが先に成立したのか、文章を読むだけでは中々判断しづらいが、この箇所は恐らく編纂所本の記述が先に成立し、それを推

敲する形で地蔵院本の記述がまとめられたものと思われる。

その根拠の一つは、編纂所本の記述の間違いを地蔵院本では訂正している部分が見受けられることである。例えば編纂所本では文中で頼之のことを「桂岩居士浄久」と表記している箇所があるが、地蔵院本では「桂岩居士常久」と書かれており、後者の方が正確な記述となっている。また頼之を「鎮守府将軍満仲十一世」と編纂所本では記すが、地蔵院本では「鎮府将軍満仲十二世」と書かれている。世代は数え方にもよるだろうが、やはり頼之は源満仲から数えて一二世とする方が正しく、地蔵院本の方が推敲されている印象を持つのである。次に、先にも触れたが、この「細川源頼之公祠堂記」から六丁分だけが地蔵院本では罫線が引かれていない料紙に書き付けられている点も根拠となる。特に、この後に続く「地蔵院宗派」は夢窓疎石以来の地蔵院の法系を同一筆跡で記しているが、江岳元策以降も絶岸元筬、古霊道充、雲崖道岱と、一八世紀半ばまでの法系を書き続けている。ここだけ料紙が変わっていることはやはり特徴的であり、この箇所のみ、後から差し替えられたことが推察されるのである。そして最後に、この「細川源頼之公祠堂記」が『続々群書類従』に採録されている点も挙げられる。『続々群書類従』の例言には「史料編纂係本に拠りて」収録したとあるだけで、どういった経緯で写されたものかはもう一つはっきりしないが、その文章は地蔵院本と一致する。地蔵院本の記述が一般に「細川源頼之公祠堂記」として流布していた可能性を示唆しているだろう。想像を逞しくするなら、本来、編纂所本にあるように「墓碑」として作文したものが、墓碑そのものが建てられなかったため、「祠堂記」として書き直された結果、これが流布したのではないだろうか。少なくともこの六丁分に関しては、後からの増補と考えた方がよいだろう。

まとめておくと、先に指摘したように、『笠山会要誌』は「地蔵院志附会要録」として江岳元策が編纂し、後に古霊道充が「会要雑志　随筆　続録」を付け加えた。そして、ある時点で編纂所本の元となる写本が作成されたものと考えられる。その後、地蔵院本では「源武州頼之公碑」を「細川源頼之公祠堂記」に差し換え、「宗鏡禅師勅諡」「勅書内降案紙」の記述を加えるなど増補が続けられたものと思われる。「宗鏡禅師勅諡」「勅書内降案紙」の最後は「寛文十一辛亥正月廿四日預修開山碧潭祖三百年忌、拈香請状」の語が残されている。碧潭周皎が亡くなったのは応安七年(一三七四)であり、寛文一一年(一六七一)は二九八回忌となる。加藤正俊によれば、この年、実際に江岳が碧潭周皎の三百回忌を預修していることは「虎林和尚語録」から確認できるそうである。(14)では、なぜ江岳は碧潭の遠忌を急いで預修しなければならなかったのだろうか。上述のように元策はこの年、朝鮮修文職として対馬以酊庵へ旅立っており、翌年には病没している。恐らく自らが在京しているうちに開山である碧潭の遠忌を済ませておきたかったのだろう。碧潭周皎に対する江岳の追慕が窺われるとともに、その記事もまた、後世の地蔵院では地蔵院本に増補しようと計画していたものと考えられる。このように、自らの寺に係わる記録として、成立後も情報の付加・改変が継続して行われている点に、地蔵院本の特徴が見えるだろう。

第四章　地蔵院の顛倒と寺誌編纂

以上のことを確認した上で、ここからは『笠山会要誌』の記述から、江岳元策が地蔵院の寺誌を編纂した動機、及び『笠山会要誌』が江岳以後、どのように活用されていったのかを確かめたい。まず、江岳元策に至るまでの地蔵院が如何なる状況に直面していたのかを見ていく。

「塔頭并附庸末寺」(七丁表)の記述によると、地蔵院は応仁・文明の乱により、伽藍から重書まで全て烏有に帰したが、その後、細川家の支援によりおおよそ旧貫に復することとなったとある。什宝の一部は西芳寺に預けられていて無事であったようだが、(15)地蔵院の由来を記す様々な記録は消えてしまったのだろう。六世九成周韶の伝(一七丁裏)や「本院地蔵画像記」(二四丁表)によれば、碧潭周皎自筆の「地蔵菩薩画像」も軍勢が寺中に乱入した際に持ち去られてしまったが、たまたま九成周韶が立ち寄った堂でこれを発見したというエピソードが語られている。恐らく流出してしまった多くの寺宝を少しでも取り戻そうと東奔西走していたのだろう。またこれ以外にも、この九成周韶の活動を見ていくと、応仁・文明の乱からの復興に尽力している様子が窺える。例えば、「重補本願経跋」（二四丁裏）によれば、九成周韶が『本願経』を印写していることが記されるが、「本院往霊簿序」（二四丁表）の記述によると、その『本願経』を読誦することにより、応仁以来の戦没者や地蔵院の大小檀那、前住の列祖・門派の僧たちの供養を行っていることが見えるのである。また九成が亡くなったのが明応五年（一四九六）であるため、延徳三年（一四九一）に細川家当主であった細川政元が主催した細川頼之百回忌を執り行った[16]のも九成である可能性が高い。このように、開山碧潭以来の由緒や檀越である細川家との関係から復興を目指したのだろう。そしてその活動は、地蔵院の再建という形で実を結ぶことになる。こういった九成の行実は江岳元策の活動にも影響を及ぼしているように思われる。

さて、いったんは復興した地蔵院であるが、天正年間の地震で再び倒壊してしまうこととなった。当時の住持であった一〇世済叔周弘の伝（二〇丁裏）によれば、済叔は塔頭であった延慶庵へ退去しており、その延慶庵すらも「無三嗣子之丕二其業一、繇レ此延慶久為二監務暫仮之地一」として後継者もない状態となってしまう。地蔵院そのものについても「本院亦無二再造之檀信一、只茨棘与二瓦礫一日茂月廃」とあり、細川家からの支援も望めず、地震の被害から復興の糸口すら掴めない状況だったのだろう。しかしその後、延慶庵は松岩寺（天龍寺塔頭）の舜岳玄光が仮に寺務を管轄し、その活躍で寺産を確保することに成功する。そして、江岳元策の師である一一世堅操元松が以心崇伝の遺命により正式に入寺し、地蔵院再興に向けて動き出し、それを嗣いだ一二世江岳元策によって『笠山会要誌』が編まれることとなるのである。

では江岳元策は、このような地蔵院再興に向けた流れの中で、どうしてわざわざ地蔵院の寺誌を編纂しようとしたのだろうか。江岳自身の「序文」（二丁表）では、「衰耗之運既窮、嘆嗟之情難レ黙、於レ是始有レ志下于欲中括二寺事之始末一撰上二山誌一書一」とあり、往年の繁栄と比べて地蔵院が衰えていることが直接的な動機として書かれている。その上で、地蔵院に残る書物だけでは十分ではなかったため、他所に残されている書物を索捜し、少しでも地蔵院に関する記事があれば記録して、それらを積み重ねて一書としたとしている。『笠山会要誌』を一読すれば分かるが、古文書や語録、讃文など様々な文献から記事が引用されており、江岳の労苦のほどが窺われる。

この江岳の編纂動機をより深く考える上で、「塔頭并附庸末寺」（七丁表）に記される次の一連のエピソードは注目される。事の始まりは、天正地震に際し塔頭の延慶庵と龍済軒の間で、什宝の分配が行われていることである。

> 延慶周弘・龍済等琦相議曰、本院今也無二修造之力一、両院只分二賦本院之旧器師檀等之霊牌一、須下奉二香華於晨夕一期中再興於他日上、於レ是議定、本院開山師之像・歴代師之像・開山供養地蔵画図大小二幅・源武州霊像及随侍天童像・畚書・木牌等置二之延慶一、本院開山祖伽梨・鉢・盂・磬・鈴・宝器・什物等蔵二之龍済一、見者胥誚云、安二延慶一者畚書・木牌、安二龍済一者宝器・奇貨、何分賦不レ至レ公耶、延慶僧謝曰、我所レ貴者在二祖師之真・古仏之像一、彼所レ好者在二至宝之器・希奇之貨一、至二其所一レ嗜無二二途一、何恨二分賦之偏一哉、聞者称二僧人之言一、

龍済軒は四世仙英周玉が開いた塔頭で、この頃は西斎等琦という僧が継承しており、延慶庵の済叔周弘との間で本院である地蔵院を輪住することになっていたようである。そのような折に、地震で本院が倒壊してしまったが故に、その什宝を分けて再興の日を期すことになった。しかし、延慶庵には書画類・位牌類が中心、龍済軒には宝器・奇貨が中心の分配となった故に、これを見た者から不公平ではないか、という批判が上がった。これに対し延慶庵の側は、互いに重んじているものが違うのだから、配分に恨みは無いと述べたというエピソードである。『笠山会要誌』には、地蔵院に伝来する記録類が幾つか引用されているが、これらはこの配分の際に、延慶庵に伝わっ

たものなのだろう。しかし、例えば先にも触れた九成周韶の『本願経』は残欠が甚だしく、二巻で数百文字が読めないような状態であったと江岳は記しているし（「重補本願経跋」二四丁裏）、おなじ九成の「本院地蔵画像記」（二四丁表）も末尾は「後段闕断」＝後欠で、箱の中で「滅裂」した状態であったと記されている。これだけでなく、地蔵院に伝来してきた細川頼之像も地震の影響で損壊しており、江岳元策は浄財を募って重刻している（「重修造武州公像化縁疏幷序」三七丁裏）。このように、延慶庵側が配分を受けた什宝は龍済軒のものと比べると、実益の伴わないものであったことが推察される。

　しかし江岳元策は逆に、この什宝分配こそが、延慶庵のその後の存続にとって重要なものとなったと考えていた。江岳は先のエピソードに続いて、慶長一九年（一六一四）に徳川家康が五山の僧侶を召し詩文を読ませた上で、今後、無学な僧の知行を剥奪し、初学者の衣資に宛てよと命じたことを記す(17)。そしてその際、延慶庵の寺務を仮に執っていた舜岳玄光は「才学之選」を蒙り、租貢を確保できた一方で(18)、龍済軒は「庸猥之責」を蒙り、寺産を失ったとする。これを江岳は次のようにまとめるのである。

　昔年本院倒折之日、延慶僧軽二世貨一而重二法宝一、龍済僧軽二法宝一而重二世貨一、見者怒二分計之不公一、蓋快二一朝之私利一、不レ顧二積悪之天殃一、三十年後、使三光師仮監二延慶一、丁二鈞請之日一、騰二良匠之英名一、全二租貢於累卵之際一、調二衆口於今日一、

まさに先の什宝分配において、「法宝」を重んじた延慶庵側は、その三〇年後に舜岳によって学問者としての英名を挙げ、現在まで衣資を確保しているが、世貨を重んじた龍済軒側は積悪の「天殃」＝天罰を顧みなかった故に、破産してしまったと結論付けるのである。この後、龍済軒がどのような末路を辿ったか、『笠山会要誌』は記さないが、江岳にとって「碧潭祖幾世之児孫」として地蔵院の「家教」を後世に残すためには、地蔵院歴代の「法宝」をしっかりと護持することが必要なことであると認識しているのである。つまり、地蔵院の「法宝」を整理・補足

し、一書にまとめて継承していくことが、江岳の中では今後の地蔵院の再興・発展と明確に繫がっていたのである。『笠山会要誌』を単なる先人顕彰の著述と見做すだけでは不十分であろう。江岳はその著述そのものが地蔵院の今後の存続に直結していると考えていたのである。

実際には地蔵院の存続のために、様々に世俗的な働きかけもあったことであろう。一一世堅操元松の地蔵院入寺が以心崇伝の遺命であったことは先にも触れたが、そのことを崇伝に頼んだのは延慶庵の檀越であった「宰相松径尼」という人物であったし、崇伝自身も再興の志を持っていたと堅操に語っている（「第十一世堅操松禅師」二一丁表）。また堅操自身も崇伝のもとで、僧録の実務に係わっており、崇伝に面会する貴顕の送迎やアポイントメントを司っていた。おそらくその中から堅操自身にも様々なパイプが出来たものと思われ、そういった繫がりもまた、延慶庵の維持に一役買ったことは想像に難くない。しかし、江岳元策にとってはあくまで地蔵院の「法宝」を正しく継承していくことが地蔵院の存続のために重要だったのであり、その延長線上に『笠山会要誌』の編纂があったといえる[19]。編纂所本のもととなる写本が作成され、「隣峰」に預け置かれたのも万一の際のスペアと考えられてのことかもしれない。地蔵院の由緒が再び失われることが、地蔵院そのものの存亡に係わっているとの認識が継承されていたのではないだろうか。

おわりに――地蔵院の再興と『笠山会要誌』

このように、『笠山会要誌』の編纂そのものが、江岳元策にとって危機的な状況にあった地蔵院を存続させる手立ての一つであった。そして江岳の取り組みは、後の地蔵院の再興に生かされることとなる。宝永元年（一七〇四）、一四世古霊道充が漸く方丈等の再建を果たし、寺観の整備を達成した。地震による倒壊から、実に百有余年での再興となり、「地蔵院宗派」（三二丁表）にも記されるように、古霊は「地蔵中興」の祖であったといえる。しかしその活動には、江岳が心血を注いだ『笠山会要誌』が活用されていたのである。

「西山地蔵院文書」四―二九号にみえる「古霊道充書上土代」は古霊が地蔵院の大破の様子を肥後細川家に報告し、藩主以下一族の歴々に奉加を求めた書上の下書きと考えられる。ここでは、一ッ書一一か条をあげて地蔵院の由緒と細川家との繋がりを述べているが、この一ッ書の記述の多くが『笠山会要誌』をもとに書き上げていると考えられるのである。以下、「古霊道充書上土代」の内容を確認し、『笠山会要誌』の対応箇所を示す。

まず二か条目に「衣笠山ハ古ノ歌人衣笠内大臣之旧跡也、貞治六年管領細川武蔵守頼之公買得被レ成候、則於二此所一地蔵院御建立、同十月四日衣笠山ヲ開キ、同五日大工始、同六日地蔵院と御名付被レ成候」と建立の次第を述べるが、これは「地理標目」（三丁表）の「地蔵院」「衣笠山」の内容と一致する。

次に三か条目「此地蔵院ハ光厳院・光明院・後光厳院御三代勅願寺ニ被レ遊候、則後円融院ノ綸旨、今ニ地蔵院ニ御座候」は「文書写」（四丁裏）の記述と重なり、後円融院綸旨も引用されている（『笠山会要誌』では「後円融帝口宣」）。

四か条目は細川頼之の逝去について述べるが、「此子細頼之公祠堂記ニ見ヘ申候」としている。この「祠堂記」は明らかに地蔵院本に見える「細川源頼之公祠堂記」（二八丁表）を指すだろう。

五か条目は頼之四二歳の寿像と天童像を地蔵院に安置していること、頼之が夢中で天童から和歌を得たことを記す。頼之の寿像と天童像が安置されることは『笠山会要誌』に度々載せられ、和歌についても「細川源頼之公祠堂記」と同じものが載せられている。

六か条目は「細川右馬助能秀」の法衣寄進状が地蔵院に現存することを記す。摂津能秀の原文書に従うなら「左馬助」としなければならないところを「右馬助」とするのは、明らかに原文書ではなく地蔵院本の「右典厩能秀法衣寄附手箚」（九丁表）を参照にしているからだろう。

七か条目は頼之寿像の前に置かれた狗と鷹の絵の由来について述べる。一時「鷹失却仕候」こと、その後再び寄進されたこと、策彦周良の讃が加えられたことなどは「源武州公祠堂鷹賛」（二六丁表）をもとに書かれたものと考えられる。

八か条目は応仁・文明の乱の後、細川家により早速再興されたことが記されるが、「策彦和尚鷹ノ讃ニ見ヘ申候」とあり、これも「源武州公祠堂鷹賛」を参照にしているだろう。

九か条目は細川藤孝が地蔵院で「和漢会」を催したことが書かれ、おそらくそこで詠まれた歌が五首、引用されている。この五首は地蔵院本の末尾に記される「詩文書付」（四一丁表）と全て一致している。「古霊道充書上土代」を記す際に地蔵院本『笠山会要誌』を座右に置いていたことが推察されるのではないだろうか。

このように、古霊道充が地蔵院再興への奉加を求める書上を作成する際に、『笠山会要誌』をベースにしていることが明白に窺われるのである。江岳元策が心血を注いだ寺誌編纂は、時を経て、地蔵院の再興に結実したと言えるだろう。

今回紹介した事例は、近世における寺誌が、一つは檀越に対する結縁・奉加を求める上での根拠として用いられていることを示しているだろう。また、江岳元策の編纂動機も、近世的な寺誌編纂の在り方の特徴的な一側面を表しているように思われる。今後も様々な事例と比較・検討していかねばならないだろうが、中近世の寺院を取り巻く環境の違いを考える上で、地蔵院本『笠山会要誌』が現在まで継承されてきたことは注目される出来事と判断してよいだろう。江岳元策の編纂した寺誌は、いまだに多くのことを我々に伝えているのである。

注

（1）京都大学総合博物館所蔵「西山地蔵院文書」については、大山喬平編『京都大学文学部博物館の古文書　第3輯　細川頼之と西山地蔵院文書』（思文閣出版、一九八八年）、京都大学文学部日本史研究室編『京都大学史料叢書6　西山地蔵院文書』（思文閣出版、二〇一五年）参照。以下、「西山地蔵院文書」からの引用は後者の文書番号で示す。

（2）早島大祐『室町幕府論』（講談社、二〇一〇年）。

（3）加藤正俊「三江紹益の法系とその周辺」（『禅学研究』五八、一九七〇年）、泉澄一「対馬以酊庵輪番僧　江岳元策について」（『横田健一先生還暦記念　日本史論叢』横田健一先生還暦記念会、一九七六年）。

（4）ともに『続々群書類従　史伝部』所収。

（5）東京大学史料編纂所HPで画像を閲覧することができる。適宜参照して頂きたい。

（6）横内裕人「東大寺の記録類と『東大寺要録』」（栄原永遠男・佐藤信・吉川真司編『歴史のなかの東大寺』法藏館、二〇一七年）、稲葉伸道「中世東大寺における記録と歴史の編纂―『東大寺続要録』について―」（『統合テクスト科学研究』一―二、二〇〇三年）。

（7）貫井裕恵「中世東寺における寺誌の利用と継承―『東宝記』を中心に―」（『早稲田大学大学院文学研究科紀要　第4分冊』五九、二〇一四年）。

（8）石井正敏「以酊庵輪番僧虎林中虔」（『石井正敏著作集4　通史と史料の間で』勉誠出版、二〇一八年、初出一九九五年）。

（9）「虎林和尚手簡幷跋」（一丁裏）には「余幸為二法門瓜葛一」と虎林中虔と江岳元策が同門であったことを記しており、『天龍宗派』（鹿王院本・両足院本）でも広く同じ夢窓派として確認できる。一方、寛文一二年に江岳元策が没すると、虎林中虔がその追悼の忌斎で香偈を捧げており（前掲注（3）加藤論文）、単に同門という以上の親交が両者にあったことが窺える。

（10）玉村竹二「上村観光居士の五山文学研究史上の地位及びその略歴」（『日本禅宗史論集　上』思文閣出版、一九八八年）。

（11）この「隣峰」がどこに当たるのか、現時点では明らかにし得ないが、一つの可能性として西芳寺が挙げられる。地理的に地蔵院と西芳寺は非常に近く、碧潭周皎も地蔵院住持として迎えられる前は西芳寺に住していたこと、応仁・文明の乱に際し地蔵院は什宝を西芳寺に預けていることなど（「西山地蔵院什物目録」西山地蔵院文書三―四二号）、両寺の関係は非常に深かったことが推察されるからである。元文元年の時点で地蔵院の方丈等も復旧しており、「隣峰」と称しても不思議はないものと思われる。

（12）「摂津能秀寄進状」西山地蔵院文書三―五号。

（13）この勅書については、東京大学史料編纂所が採録した地蔵院文書の影写本（架蔵番号３０７１／６２／１３４）に載せられており、記述も一致する。『大日本史料』第六編四〇冊、応安七年二月是月条参照。

（14）前掲注（３）加藤論文。

（15）「西山地蔵院什物目録」西山地蔵院文書三―四二号。

（16）「古霊道充書上土代」西山地蔵院文書四―二九号。

（17）『本光国師日記』慶長一九年三月二九日条参照。

（18）『鹿苑日録』慶長一七年（一六一二）一〇月六日条には「延慶舜岳禅伯」とあり、舜岳玄光が実際に延慶庵の寺務を管轄していたことが確認できる。

（19）このことは、江岳自身の実践にも垣間見える。「重補本願経跋」（二四丁裏）によれば、江岳は先の九成周韶の『本願経』を改めて補訂しているが、これは九成と同じく地蔵院関係者の追善供養のためであろう。また「源武州公祠堂鷹賛」（二六丁表）では、地震の際に失われた寺宝の「鷹図」を索捜している様子を記しており、応仁・文明の乱後に失った寺宝を九成が探している姿と重なる。そして、江岳が碧潭周皎の三百回忌を執行していることも、九成が細川頼之の百回忌を執り行っていたであろう点を思い起こさせる。九成の地蔵院再興運動が江岳の行動に影響を与えている可能性があるだろう。

（付記）本稿の作成にあたり、西山地蔵院前住藤田守浩師、現住藤田正浩師、藤田薫氏からは格別のご配慮を頂きました。ここに記して感謝申し上げます。

地蔵院本『笠山会要誌』翻刻（坪井　剛）

（凡例）

1　翻刻にあたり、字体は原則として常用漢字・通用漢字を使用したが、一部は原本の表記を残した。
2　改行位置については組版上の都合により追い込み、原本の丁数のみを示した。
3　頭書については、その丁の冒頭に記した。正確な位置は影印を参照して頂きたい。
4　原本に見える合点については、読みやすさを考え、翻刻に反映していない。
5　句読点については、原本に朱点で付されるものを参照にした上で、私意に加えている。

（表紙）―――――

（表紙裏）―――――

地蔵禅院（朱方印）「洛西下山田村地蔵院」

（一丁表）―――――

（頭書）「笠内府藤原家良、近衛流也、四条院仁治中人也」

笠山会要誌　（朱方印）「江岳」（朱方印）「元策」（朱方印）「空谷山人」

笠山者乃故歌匠内府（藤原家良）之菟裘也、貞治中源武州革刱宝坊曰地蔵院、爾来宗匠尊宿開法於内、聖王賢臣抽誠於外、聯綿

相伝三百年、星霜深遠而其間之変態、曰兵奪、曰舞馬、曰陰動、陵夷百廃、終使緇錫逸散、祖脈殆絶、自爾已往、
檀信外絶、貽厥内断、僅及斯日、使堕窳之不肖続　乃祖之末光、哀耗之運既窮、嘆嗟之情難黙、於是始有志于欲括
寺事之始末撰山誌一書、雖然覆□(瓿カ)之余楮、螙欠之遺巻、卒無拠博考、以故東西交游之間、旁捜探索、或諸家之文
藁、或黄苟(耇カ)之茶話、或古宿之日録等、有一語半言繫吾寺事者、歯収累続而輯成此書、目之曰笠山会要誌、彼辞之野
者才之拙故也、事之簡者迹之不

（一丁裏）――――――――

分明故也、多存本朝之文法者為読者之易覧故也、只此誌譜不揣短才斐然成章者、乃以報仏酬祖之志故也、嗚吁知我
罪我、其惟有于此書者乎、笠山十二世沙門釈元策(江岳)自題于興雲洞下、（朱方印）「元策」（朱方印）「江岳」

（一紙挟込）

「□ヲ述ヘシ、
一、会旭亭（山林ノ頂巓ニアリ）、当院十境ノ一ナリ(ニシテ)、其建物ハ大破ニ付、明治十年頃取畳■(ミ)タルモ、今般信徒ノ
寄附金ヲ以テ再建ヲ出願シ、既ニ許可ヲ得タリ、尤モ此亭ニ通スル道路等ハ境内地ニシテ、上地林ノ中服(腹)ヲ豎断
セリ」

虎林(中虔)和尚手簡 并跋

衲末中虔和南覆
興雲洞江岳法兄禅師猊右、謹接手教、兼領地蔵院志壱冊、琅々読之、恰如身之入衣笠山聴碧潭和尚之謦欬、何図
丁此澆季、宗鏡重照、祖灯再燬矣、凡世之称桑門者、往々不識乃祖名字者不少、嗚吁戒者孝本也、伏惟、高明継

曽祖之徳業於将絶、興寺記之廃于已墜、可謂孝之純者

（二丁表）

也、予不揆鄙謭、叨応題辞之需、樗材何耐、然嚮已諾之、豈食言哉、禅坐之暇、熟閲静誦、以要塞責、乞容淹
怠、時維小春、坎蕊乍綻、霜葉半零、興雲洞口之絶景、憶是秘在師之吟巻而已、不肖神飛情馳、不日而扣禅扉、
　余之宿願也、不乙、
嘑乎大矣、宗鏡祖翁之為徳哉、龍湫（周沢）・絶海（中津）之二甘露互相称揚、笑山（周愈）・玉畹（梵芳）・大愚之輩、或記之行実、或為之賛詞、
以焜耀寰宇、膾炙叢林者尚矣、厥后裔策禅伯裒諸老褒章、以作会要志、且記嗣法諸師之伝并地蔵禅刹之始末、而示
余請之跋、予屢読之、則恰如画出祖翁之経行禅坐於笠山之上、雪老氷枯于幽谷之裏的操履、可謂実而不華、伝之不
朽者也、然至若祖翁之碩徳洪業、設令歴億劫碑碣俱

（二丁裏）

摧、四海之口碑豈得滅尽哉、抑又雖無寺記可也、而雖恁麼不記祖考之徳業者、后嗣之罪也、嗚吁禅伯猶富春秋、厥
能不墜箕裘也、如此矣、余幸為法門瓜葛、豈為不慊於懐哉、喟然之余、系之以一偈、添蛇足云、高懸宗鏡満乾坤、
照見山河同一根、群衲再三莫撈摝、碧潭万古月無痕、丙申冬十月中澣、鑑湖逸人中虔記、

（六行空白）

（三丁表）

（頭書）「玄応音義七屍陀林、正言尸多婆那、此名寒林、其林幽邃而寒因以名也、在王舎城側、死人多送其中、今総
　指棄屍之処、名屍陀林者取彼名之也」
京城西丘葛野郡衣笠山地蔵院志附会要録
　　僧（朱方印）「元策」　元策輯（朱方印）「江岳」

（朱方印）「笠山翁」

地理標目

金剛界門　惣門、　地蔵院　源（細川頼之）武州創建、貞治六年十月四日墾笠山之地、五日匠工始縄墨、六日始建地蔵院之号、

衣笠山　寺后之山、故歌人衣笠内大臣（藤原家良）之旧址、衣笠敷地管領（細川頼之）所買得也、

来鳳軒　方丈書院額、

枯木堂　僧堂額、寛文壬寅再造、欅山木庵（性瑫）贈額并警策、天龍虎林和尚有落成賀頌、

観音堂　仏殿安千手大士像、源武州公大夫人玉淵君（持明院保世女）所持之霊像也、応安四年寄附本山、為宝殿之本尊云、

地蔵宝殿　以天龍国師（夢窓疎石）・宗鏡師（碧潭周皎）両作地蔵菩薩像、安置此宇、

尺龍谷　山后之谷、松尾神主相（秦）季寄進、

尸陀林　卵塔、

不動洞　笠山之麓有岩祠、中安石像不動尊、相伝云

（三丁裏）

弘法大師（空海）所□（鐫カ）鑿、土人患瘧疫者、詣此祠丐救援、則立有験、前年山中之僧深夜竊偸、寄与松尾不動堂、毀旧岩祠、堅操師（元松）常嘆曰、吾雖欲治此罪人、恐使他擾悩、護法善神奈其何、天道好還、異日時至、定有趙璧之完旋而已、嗚吁誠哉、不可以一朝之僧壊千年常住、此言不虚設、后来監常住者、微可存此心者也、

（二行空白）

不動井　在洞之北、周四十余歩、詣岩祠者必斟此水、浄洗口手也、

（二行空白）

（四丁表）

（二行空白）

興雲洞　在笠山之北麗、初無洞名、土人呼謂塚窟、堅操師改名興雲洞、使余作之詩、今併紀于茲、笠峰之下有石窟、其高六版余、蒼樹茂于上、翠苔蒸于下、广然而可容数客、巨石怪磐、豎者作柱梁、横者作墻壁、若与不神力、豈能為人力所及哉、土人伝謂、昔年国有恙蜮之災、黎庶繇是洞居矣、未知若乎否也、今則以余為避世之地修心之境、荘子所謂無何有之郷広寞之浜、其又在于幾者乎、為紀五言一章而代洞之記、吾愛桃源洞、避秦世事安、翠岩千歳古、苔壁半床寛、昔拒恙兼蜮、今

（四丁裏）

逃賢与奸、不駆蝙鼠睡、一任有他鼾、

諸荘園公文先代準例、

西山地蔵院領所々付諸末寺、幷敷地田畠山林等目録在別紙、事、早任当知行、領掌不可有相違之状如件、

応永廿年十月廿日　内大臣源朝臣義量(足利義持)(マヽ)公方、長得院殿、

管領源満元(細川)附箚細川右京大夫、

西山地蔵院領所々付諸末寺、幷敷地田畠山林等目録在別紙、事、早任去十月廿日安堵、可致全所務之由所致(被)仰下也、仍執達如件、

応永廿年十一月廿六日

後円融帝口宣

接(摂)津国広田位倍庄知行不可有相違者、天気如此、仍執達如件、　康暦二年九月十一日　勘解由次官

（五丁表）

地蔵院長老昌真上人御房

後円融帝官符

左弁官応(マヽ)因準傍例免除伊勢太神宮役夫工米・造内裏・大嘗会米・段米・関米・棟別・朝役・庁役・国役以下万雑

諸役永為西山地蔵院領事、

右、得彼寺雑掌去三月日奏状称、当院者奉請天龍開山夢窓国師為当院開山、前住西芳碧潭宗鏡禅師領第二世席、然間光厳・光明・本院（崇光上皇）三代聖皇被擬勅願寺、忝為帰依砌者乎、就中公武御寄進之地令相続、尊卑施入之所已繁多也、而諸庄諸園被非分之煩、朝役国役致臨時之勤、幸当八埏淳朴之明時、被三宝帰依之叡願者、宗廟社稷鎮護誓詫（託）不可過之者也、望請特蒙裁許、因準臨川・三会・西芳等之傍例、可被成下諸役

（五丁裏）

免除官符之由、扇吹挙於柳営之和風、浴恩化於蓬闕之仁雨、当院領殊以固安全洪基、奉祝宝祚無疆者、権中納言藤原朝臣忠光（柳原）宣、奉勅依請者、国宜承知、依宣行之、

永和元年八月十三日　大史外記也小槻（兼治）宿祢

右少弁藤原朝臣（坊城俊任）

（貼紙）「後□□天□□」

（貼紙）「後亀山天皇、元中九年卒」

地蔵禅院領所目録

当院敷■（地）山林等　桂庄内正安・有友両名

新免壱町参段内　地蔵田弐段

天王寺田壱段　車塚壱段大

御局作参段六十歩　猫塚弐段并西庄内買地二町二段大、

山守田弐段　下津林国安名七段半

（六丁表）

今能名内壱段　松木五段并光明寺田壱段
高羽小并桂友重名内弐段　桂公文名四段大
大垣内参段内　女御田弐段大
最福寺田弐段　芝脇田参段半
北野田弐段大　西院国延名八段田
葉室鵜飼田弐段　西庄内鵤垣田壱段
下桂東高羽壱段　醍醐田参段半
紙屋川田弐段　吉祥院田壱段
熊登田五段　御当田壱段半
平野田壱段　池尻田参段
今光名内弐段　勅諡田参段
向河原壱段　久世庄田三町
（六丁裏）
西庄七段地　井垣三段
永末名内壱段・河原田一段　平塚弐段并下山田広畠地子銭
二所合南安依半　門前十屋敷松尾領内、
西方七屋敷　四条観音堂辻子屋敷
　已上
摂津国長町庄并安威庄本役、　摂津国音羽下司給并田那辺

同広田位倍庄　同安満川公文給
同宿野庄内　丹波国大芋庄内吉久名
丹波国川上村内米拾三斛、銭十四貫、　阿波国勝浦庄
阿波国竹原庄幷金泉寺　土佐国田村庄幷徳善保
近江国高嶋保田　伊勢国茂永村

已上

（七丁表）

塔頭幷附庸末寺

南詢庵同境、　延慶庵同、
龍済軒同、　安楽院唐橋、
弘安寺摂州、　宝光院同、
正受庵深草、　棲雲庵万石、
江西庵江州、　慈恩寺頼之公為皇妣月庵和上創立、尊奉皇妣、
持宝庵上山、　遠塵庵深草、
三光院　蔵六庵摂州、
極楽寺同、　興隆寺
成願寺　泉福寺
正善庵　大蔵庵丹后、
延命院摂州、　宝慶寺

（七丁裏）――――

自得庵下山田、　慶雲庵下山田、
浄久庵宇治、　如意庵唐橋、

已上将軍家及執権家司農使世々加華押於目録、附二十六院於本院、雖然自永正・享禄已来、天下雑然、日事干戈、依是寺産被役兵馬、勝場被掠豪家、冠賊擾攘緇錫駭散、二十六院大概無帰我有、本院亦罹震災、而已為茨棘之場、僅存者延慶・龍済之二院而已、嗚吁悲夫、

本院罹応仁之兵燹、宝殿・仏宇・僧堂・浴室・方丈・庫院・塔頭・寮舎・経書・旧録等惣作灰燼、雖然源武州之遺族猶柱梁皇家者多、故粗復旧貫、天正乙酉京師大地震、寺社在東西洛者幾崩、本院亦倒折、於是絶無修造信施之人、延慶周弘（済淑）・龍済等琦（西斎）相議曰、本院今也無修造之力、両院只分賦本院之旧器師檀等之霊

（八丁表）――――

牌、須奉香華於晨夕期再興於他日、於是議定、本院開山師之像・歴代師之像・開山供養地蔵画図大小二幅・源武州霊像及随侍天童像・蟲書・木牌等置之延慶、本院開山祖伽梨・鉢・盂・磬・鈴・宝器・什物等蔵之龍済、見者胥誚云、安延慶者蟲書・木牌、安龍済者宝器・奇貨、何分賦不至公耶、延慶僧謝曰、我所貴者在祖師之真・古仏之像、彼所好者在至宝之器・希奇之貨、至其所嗜無二途、何恨分賦之偏哉、聞者称僧人之言、慶長甲寅、東照宮源公（徳川家康）招五岳博洽耆宿於駿府、使裁詩文、且降鈞旨曰、五山叢林者龍象之淵藪、学者之渠緑也、故古来名徳道徳文章喧耀一世、或奉異邦通講之役、或補禁院制誥之典、為国家之助不少、近代風俗弊謬、而間称某山某院住持知務者、多非其人、嗜好游楽、安利租貢、破戒非業、混迹清衆、結党奸徒、法道之頽廃、翰

（八丁裏）――――

学之衰弊已窮矣、従今已往、如此俗漢一切禁之、五岳之中永可剥奪庸僧所知之田荘、充行后生初学之衣資、依是五

岳之中被恥逐者多、惟時松岳舜岳光(玄光)師仮監延慶之院務、光師幸蒙才学之選、奉鈞命之請、以故延慶租貢如故、龍済僧蒙庸猥之責、産荘殆尽、尚頼光師之恩蔭、僅存什之一、余常憶此事、未曽不三嘆　碧潭(周皎)祖之明・武州(細川頼之)公之霊昭赫也、昔年本院倒折之日、延慶僧軽世貨而重法宝、龍済僧軽法宝而重世貨、見者怒分計之不公、蓋快一朝之私利、不顧積悪之天殃、三十年後、使光師仮監延慶、丁鈞請之日、騰良匠之英名、全租貢於累卵之際、調衆口於今日、豈不曽在僧宝護惜之余裕哉、後人攻他山之石、鑑覆車之轍、伝祖灯於万年、遺家教於将来者、夫此是可謂伝法之住持貽厥之児孫也、若以闘諍議論忘法噪衆、以破

（九丁表）――――――――

戒非業惑他昧自者、不可謂仏弟子、可謂滅族人、如斯癡輩一日安住山門清浄地、勿謂我是碧潭祖幾世之児孫、若不信余言、生遭王法、死堕阿鼻、慎旃々々、

右(左)典厩能(摂津)秀法衣寄附手箚

奉寄進地蔵院法衣黄色紗、

右法衣者、天龍国師依有相承之儀、所令付属故入道(摂津能秀)道賛給也、何(仍)鎮当家雖可為奕世之家珍、地蔵院開山宗鏡禅師者、故入道依為密教伝授弟子、帰敬異他、況於能秀、就之為当寺本尊所奉寄進也、但雖五山十刹之住持・諸山甲刹之長老、永不可披用之、若有背此旨者、即時可取返之、後々末代雖為子々孫々、堅可守此旨、且又為寺家被破此法、於其仁一人可申行罪科者也、寺家私家同門(心ヵ)(当)尚永代守此法、為備後日亀鑑、粗寄進状如件、

至徳四年三月廿一日　　右(左)馬助能秀

（二一行空白）

（九丁裏）――――――――

（一〇丁表）――――――――

（貼紙）「後□□文□□」

開山勅諡宗鏡禅師応安七年甲寅正月五日寂、

師諱周皎字碧潭、東関故将軍北条氏之裔也、世称地蔵之再生、初学密部、教門之蘊奥無事而不通、薦覚位於潅頂大阿闍梨、故称金剛仏子、瑜珈之一衆指為宗之所在、後蒙正覚国師（夢窓疎石）之闡化、中心有慕、遂革服帰禅、日夕親炙、無幾国師之玄機密契心源、天龍亀頂塔落成之日、国師特選師、充供養大導師、且附伽梨尼師壇、一時栄之、康永元年、国師使師住西芳、後醍醐上皇駐駕於城南平等院、齎手詔而召師、至則賜坐詢法、恩渥陪厚、源将軍義詮（足利）丁北堂（赤橋登子）之憂廬于等持、請師講心経等梵典者百日、資薦冥福、一時之公卿競奔而問道、故法兄澤龍湫（周沢）賛師像、有教禅兼学剣開匣、宗説倶通鏡絶塵、徳誉揚々充宇宙、道声籍々動王臣等之語、昔日又国有望霓之

（一〇丁裏）――――

憂、枢府命師祈雨、其応立験、壠畦（畝カ）衢街歓抃四馳、枢府贈以金刀錫一口、謝師之法施、管領源武州頼之公政暇問道、所得頗多、因此占地於城西栁禅刹、請師為開山祖、師謙譲而推正覚国師為第一祖、自称第二世、蓋準西芳及大光明寺之例、武州公塑寿像於祠堂而示護法之殊勝、称院於地蔵、別構宝殿安地蔵霊像、乃正覚国師在世之日、有異人持三顆宝珠献国師、其一珠曰能作性、国師与師泥塑霊像之時、以此珠置像之胸次、故以院之号旌像之霊、又掛六幢地蔵図於宝殿、日親供養矣、師常謂、去元弘北条氏滅亡之年、親奉之、地蔵菩薩夜夢告曰、汝族滅矣、汝亦死矣、不可遁、但我代汝命可助汝命也、汝不可忘我恩、爾来已往一向帰仰悲願力、無有余念、凡造立印写菩薩之像者六十万体、普流布

（一一丁表）――――

支竺日本国、又有中賀上座者、病而殂、入炎摩宮、焔王曰、汝相見西芳碧潭古仏否、答云相見、王曰、然則今一回遣人間、言了而后蘇生矣、賀上座自是親近丈室、師愍彼志、附与地蔵像一体、教彼供養矣、師又夢中有人請地蔵讃、拒辞不止、即讃云、八万四千、者一目字、洹（恒）沙性徳、大摩尼宝、於其地蔵有大因縁如此、応安二年、師齢超稀

者、而猶以励激学者為己任、於伏陽大光明寺、自講起信論、立三条之規、約学者云、坐禅行道修行之事、勤行焼香礼拝不可懈怠之事、真俗二諦為法同心之事、其簡易而整衆、大概可見矣、応安七甲寅正月五日、師齢八十四歳示滅、諸徒不堪哀慟、塔全身於尸陀林、深渓資(昌資)首座奉遺嘱而摂寺事、金剛笑山僉(周僉)禅師次住本院、且撰師之行業記、若龍湫沢・義堂信(周信)・絶海津(中津)・大

(一一丁裏)

(頭書)「建長節翁、本山昌真」

愚智(岳崇)・玉畹芳(梵芳)之尊宿、褒賛潤章、盛称師之爽操道義矣、入師之門者若干、浄智旭峰(妙朝)○聖福秀巒・棲雲義海(周勝)・深渓資・桂岩居士(細川頼之)・玉淵夫人、此等者皆直嗣師之法者也、師於諸経論、義鈔異科等雖旋多、年代久遠、未遊目於其間、以此為恨、僅存者、師之日録・真俗雑記略抄而已、三百年后不耐景慕之情、聊裁見聞之一二、充行記之屑瑣云、万治三庚子五月上澣、末裔元策誌天龍大仰寮下、

(貼紙)「後西 □□ 徳川 □□」

(貼紙)「後□ □□ 三□ □□」

康永元年六月二日、奉正覚国師始(命)住西芳、西来堂前桜花、蓋師移大原野種而手親所植也、其後桜花爛熳、為遠近指視之奇観、正覚国師及将軍(足利尊氏)・鉅卿有花宴之歌会、師亦預之、有歌二首云、身於加具須、多与利那利計里、具毛登乃美、弥屋末佐具羅乃、波奈乃志多賀計、

其二云、左楚伊由具、加世仁津礼奈幾、伊呂美世天、計宇和末知津留、不太毛登乃波奈、

(一二丁表)

龍湫和尚讃曰、一住西山三十春、豈知非是指東人、教禅兼学剣開匣、宗説倶通鏡絶塵、徳誉揚々充宇宙、道声藉々動王臣、金剛正体無人見、又向毫端現半身、

絶海和尚讃曰、雅量海潤、襟懐春融、佩毘盧印、伝正覚宗、甚深秘処万象饒舌、最浅略時千聖詞窮、五瓶法水浸爛

仏祖、四炉宝焔烹煆虚空、留得堂々大人相、西山秀色摩蒼穹、

玉畹和尚讃曰、後進檃括、先覚範儀、日印碧潭、大矣国師、宗風紹続、山開蘭若、想哉特（持）地、宝杖飛来、言行相顧、機用孰知、舌翻四弁、波瀾宜側、衆聴学究、三蔵突奥、快釈群疑、夫是之謂勅謚宗鏡禅師者也、

（五行空白）

（一二丁裏）――――――

大■（岳）和尚讃曰、碧潭宗鏡裏、面目自分明、若論本与影、日午打三更、

旭峰朝禅師

師諱周朝（妙）字旭峰、嗣法於宗鏡禅師、住相之浄智、

元策謹讃曰、紅旭映孤峰、碧潭注派源、浄智超荘厳域、玄機提破沙盆、堂々人天師範、留慈相蔭児孫、

（欄外）「建長節翁中励禅師、地蔵　昌真禅師」

（一三丁表）――――――

秀巒　禅師

師諱（マヽ）　字秀巒、受法於宗鏡師、領筑之聖福帖、住唐橋如意庵、々乃師之所開創之場也、

恵日愚極才（礼才）禅師讃師之真曰、秀出如雲擎半巒、威風爽気逼人寒、泥牛吼破碧潭月、吐露摩尼珠一団、門人周棟侍者讃請、永鎮如意庵、充香華供養云、

義海周勝長老

師諱周勝字義海、松尾祭司之族也、幼而薙髪為尼、従神宮寺憲智阿闍梨学密教、俗叔棲雲三位法印委順之日、附栖雲於師、々尚嘆於教乗有礙、而趨宗鏡師之門、革服詢禅、無幾領旨、於是以栖雲為禅苑、附庸笠山、

深渓資首座

（一三丁裏）

諱昌資字深渓、従宗鏡師問道、寺務惣管一切典納出之職、義堂信禅師、立深渓字旦(且カ)作説曰、四州惣轄前武州大守桂岩公、頃在京師柄于政府、政之暇問道於故宗鏡禅師碧潭和尚、所得頗多、是以捌一禅刹於西山之麓、曰地蔵院、請師為開山第一祖、示報本也、逮于師示滅、公以其神足資上人、俾摂寺事、上人才堪幹蠱、輪奐之美不日而成、由是宗鏡之明為不滅、余嘉厥功不敢名、以深渓称之、蓋取孟軻氏所謂資深之義、曰君子於道也、貴乎自得矣、資之深、既資之深、左右逢其源、莫適不可者、深渓勿虚此称、

嗚吁、如空華師(義堂周信)、雖被以道徳文章称揚一代、而亦一句一言不叨施抑揚褒貶、至今為叢林拠鑑者、多資公、直饒雖無旌碑実録裁(載カ)其遺跡、寧使盛名埋没千古之下哉、誠乎、列公一紙書、賢於十部従事、余得此説得之也、

（一四丁表）

武州桂岩居士

武州源公頼之、細川氏之門冠也、釈氏以龐老比媲之、将家以尚父尊重之、晩年削髪号桂岩居士、先是正覚国師建之字且記偈曰、昌々嫩緑潑雲湍、密葉高枝不可攀、善吉長年放憨坐、罔知月窟在其間、公素雖生豪華之家処惣轄之職、深傾信於宗門、自選量宗師、剖判公案、政暇休澣之日、則粛々然揮玉麈、談玄殆如宗師家、夷洛之間、建寺度僧自古未多、貞治六年、受委詫(託)之命入洛、未到将軍家、先扣釣寂碧潭祖之室詢法要、且忓師資寒温之儀、重其釈氏如此、地蔵院者特抽丹情而為報仏酬祖之道場、産荘奴隷資用満足、諸仏宇之搆架、与太方之名藍粗同、加之詠和歌賦唐律、時之良匠間有結舌之語句、公之投機歌云、志津加那留、古々呂乃宇知屋、末津加計農、美

（一四丁裏）

津与利毛那於、須々志加留羅無、又康暦元年、有海南行不賚資粮、只携杜子美詩集一筐、其行之詩云、人生五十愧無功、花木春過夏已中、満室蒼蝿難掃尽、去尋禅榻臥清風、雅致風韻、非他嘯嘲花目之比、劘賈罣短列墻、真直入

千重作者之域者也、操履生系、詳于碑及系図伝、略于茲、

古尊宿当桂岩居士小祥忌、有祭文偈云、龐老年深不可作、桂岩今復寂無声、天涯一様芳春夕、独有野僧傷此情、公与一時之宗師、以道相講者多、公卒而後、英文輓詞殆為巨軸、諸方詰録之中、至今往々有之、余雖有志採録、依時情之□嗇、不果其志、他日同我志者、記此於続誌、幸甚、

玉淵夫人光真君

（一五丁表）———

（頭書）「龍光　鉄舟和尚也」

法性院君諱光真、武州公之正室、源相公（足利義満）之娵母也、天龍国師先標道号曰玉淵、併附頌云、霊源不琢自瑩徹、両岸中流一片光、業々臨深知幾箇、咸言瑞璧在崑崗、早悟無常之陻（理）、勤課衆善之功、初詣龍光（鉄舟徳済カ）之玄室、問道無所得、后参宗鏡師、発明心法、於是創法性院、度往来之尼姑、常聚門徒写五部大乗経、恵林竺雲（等連）禅師挙公之徳操云、雖居塵労而不被塵労纏繋、雖処富貴而不受富貴薫染、可謂紅炉優鉢、游泥芙蕖、安知非夙乗菩薩願力来現婦女質哉、公斎居而無息、養古幢（周勝）師為子、応永三年五月九日、感疾而化、如休尼者公之上足也、

附絶海国師讃桂岩居士像

徳容春温、従之遊者未嘗覚其機密、正色冬凛、望之畏者未嘗覩其室虚、動而恒静、親而若疎、樹旗幢以臨辺、威震夷狄、坐廟堂

（一五丁裏）———

以論道、信及豚魚、遂能擁幼主於危疑之際、全神器於分崩之余、彼方烏合而蝗聚、吾乃霆掃而風除、人徒見成績於今日、而不知吾手之拮据、迄乎大縁夙契投機雲居、弄西河獅子、躍済北瞎駆、活殺自在縦横巻舒、宿師老衲有所不如、然則致君与利民、豈非道真之士苴也耶、

桂岩居士就于景徳寺修正覚国師三十三回忌、請普明国師（春屋妙葩）拈香、其香語之中云、爰弟子優婆塞身為国雖運決勝籌、心為法力設伊蒲供、奇哉一鉢神通飯、薫得四衆毛孔香、

（四行空白）

（一六丁表）――――――――

列祖歴代志

第一祖正覚国師

第二世宗鏡禅師

第三世旭峰禅師

第四世仙英玉禅師（周玉）

諱周玉字仙英、伊勢国司族（北畠親房族）、少従竺雲師学内外之典、雅究西漢書之史法、嗣法於旭峰、初住京師万寿、諸刹賚疏胥賀、南禅彦希世（霊彦）道旧一疏能形容師之出処云、碧潭万古之月、影浸長空、宗鏡百巻之書、心存大教、庶振光烈於今日、以揚末光於九秋、某筆落種（マヽ）、香薫班馬、横翔捷出、人皆着鞭而先、厚養深涵、我独成器而晩、居地蔵道同琛老、破天荒識契坡公、咲翻南浦波斯、不妨逢場作戯、放出西河師子、正好随処立宗、名藍歴十地

（一六丁裏）――――――――

（頭書）「兼葭蒼々、白露為霜、涼気入衣、凄風動裳（梁武孝思賦）」

（頭書）「径山仏鑑祖三世、長楽一翁派下以崇和尚」

階□（梯カ）、法席飛四時花雨、萍実赤而物如斗、既到嘉祥蒹葭蒼而露為霜、益堅晩節、後住天龍晩年築龍済軒、為退休之居、自号如幻老人、寛正四癸未十月廿九日唱滅、諸徒請賛即書曰、一指頭上建立法幢、更若問什广（麼）宗旨、昨夜三更月到窓、諸徒絵予陋質求賛、天龍仙英自訐、曽日又賛東坡像云、先生元是玉堂魁、何事蛮村衝雨来、天下小於頭上

笠、遥知無地置奇才、叢林至今賞誦之、才徳全備、誠嘗一臠識全鼎之味者乎、師戢化之後、天龍住持以崇自敦禅師就
法雷堂祭師、且有文併記于茲、

維寛正四年龍集癸未、律中孟冬二十九日、前住天龍仙英和尚大禅師示滅于西山地蔵禅院龍済丈室、越十一月十六
日、霊亀山天龍資聖禅寺住持比丘自敦謹率合山清衆、就于法雷

（一七丁表）

堂厳備香華時羞之法供、昭告以文曰、

地蔵之琛、接清涼益、列派分支、千祀舄奕、龍済的伝、碧潭正脈、源委不窮、以施余沢、視之於今、考之於昔、嗚
吁維師、群■（衲）殊英、一家巨擘、万古声名、龍門上客、定余孜々、漁猟典籍、実識真才、持論精覈、礼簸礀川、一代
詞伯、後学初機、重其方格、四処住山、弗倦力役、宗通説通、鯨呿鼇擲、槌払之間、衆成阡陌、臆礙心疑、為他啓
迪、出処無恒、杞魯肥瘠、三会塔前、化門巨闢、兜率天宮、有甚間隔、蠢彼毳従、重足絡繹、嗚吁哀哉、年逾者
稀、髪白心白、微疾忽嬰、泊爾易簀、甚亡一夔、而応者百、况今一陽、代謝推斥、大極枝頭、寒梅甲折、達人大
観、直須決択、生死涅柈、何曽陳迹、一盞之茶、一炉之柏、聊設祭筵、如在丈席、伏以尚享、

（一七丁裏）

元策謹讃曰、楩楠之秀、棟梁之姿、法幢拄一指、驚走凡聖、■（鉞カ）斧響四処、欽伏素緇、龍済之退、景慕修山主、
亀山之誉、似有晦庵師、稽首正覚四世胤、人天応供真不欺、

第五世雲谷宝（周宝）禅師

諱周宝字雲谷、得法於仙英、視篆於臨川、後以寿終于笠山、
元策謹賛曰、白雲谷口無心而出、碧潭止水有時而溢、虎踞篩月下視諸方、燕坐笠峰緊鎖密室、祖苑百年士気漸
衰、粛々典刑吾軍良弼、

第六世九成韶（周韶）禅師

諱周韶字九成、少有時望従雲谷師学心法、康正乙亥師二十一歳、天龍月泉洵（祥洵）禅師冬至選五頭首、秉払提唱、師以蔵主当其員、機弁如流、玄譚如雲、後五日洵師上堂謝其労

（一八丁表）

曰、五員禅将、宗門干城、提三尺剣、掛着眉間、則全機不譲、拈四藤杖、握住掌内、則正令当行、龍得水時増意気、虎逢山色長威獰、殺活臨時、千変万化、与奪自在、七縦八横、把定人天命脈、点開仏祖眼睛、正与麼時、畢竟功帰何処、一払云、両輪日月無私照、無尽乾坤楽太平、継住臨川未幾、又領円覚之帖、明応五年享寿六十二、九月二十八日示寂、臨行書偈云、九成行脚、六十二年、畢竟空寂、明月在天、太賀吉（周吉）者師之嗣也、師住本院功尤多矣、昔日宗鏡師親奉供養地蔵像、兵余失所在、師東捜西索而顕完璧之奇績、又三長月本願経供養式・□（往）霊簿序等皆師之所校定也、

（一八丁裏）

元策謹賛曰、玄亀六蔵有収有放、彩鳳九成是瑞是祥、天然気概特達英良、実一時標格、殆此道棟梁者也、若又曰褒曰賛、較什（麼）广屎沸坑、

第七世太賀吉首座

諱周吉字太賀、嗣九成師、天龍玉坡琅（周琅）禅師建之字、且作説曰、天龍周吉蔵司津陽之産、姓利倉氏、其族比年僑于丹之大蔵精舎矣、蔵主蚤厭俗情割親愛、而嗣天龍国師神足宗鏡禅師孫謀、前臨川地蔵院頭九成翁一夕寄華装小嶝、見需字説、迺翁音吐洪暢、雅量宏深、謂之風流仏不亦嘉哉、与予情交密邇、洎于侔骨肉、故思其人思其樹、不克辞譲、乃命中書君為説云、賀之言慶也担也、其義博哉韙哉、周易履上九象曰、元吉有上大有賀也、徐進斎解曰、履至上九履道成矣、又曰、動容周旋之

（一九丁表）

際無不合礼、必獲元吉、必大有慶也、傍有松滋侯、相謂云、大賀字采唐室李賀字長吉、今蔵主揄釈氏而祖儒流者於義不兪歟、中書君勃焉曰、李賀者奚背詩嚢之章句小儒而已、不足采也、梵言薩賀秦言吉祥、此言決語也、寧可膠于李家姓名耶、夫地蔵薩埵応変無方、曰檀陀、曰宝珠、曰特地、曰日光、曰宝印手、曰除蓋纏、六種七種十一種十二種名異徳同、矧亦以摩尼宝積如来・真如金剛大士為両手為両足、担起般若波羅密多、入得円融三摩耶、蓋八万四千法門四生六凡群類、只這一個賀字、蔵司入侍巾瓶、出揮韓雲孟龍之筆、晨執槌払、夕倚孫雪車蛍之窓、即是諸仏大円鑑内外無瑕翳、北秀者漸而拭之、南能者頓而非之、東平驀地撲之、南岳信手磨之、塵々放出一段本分之霊光、時々顕露四八端厳之妙相、毒蛇喉内卓黄金錫、蚯蚓□（項カ）上発白毫光、寔六

（一九丁裏）

環金錫、一面宗鏡、元来一個賀字、果見元吉在上而大有慶也、誰不敢相賀乎哉、勉旃々々、後移居天龍之板首、世寿与徳不延、嗚吁惜哉、

元策謹賛曰、機鋒横出、利倉氏之英不虚、錦嚢背負李秀才之名暗合、来鳳軒下奏九成楽音、霊亀峰頂率千指稠衲、至夫造物之不仮寿、使人長嗟雨折風猟而已吁、

第八世叔和（梵康）康首座

諱梵康字叔和、従太賀吉学浄業、太賀逝去次住本院、手度弟子二人、曰琛甫璘（周璘）、曰養仲保（周保）、倶輪住于本院、保学涵養隠淪之風、璘有文字之誉、当時江西之門称江心四学士之其一也、

元策謹賛曰、禅本草訂叔和氏之訣、蜜茘芰続

（二〇丁表）

清素老之風、蟄蟠尺龍潭底芥視八九雲夢、不争不競、克始克終、

第九世養仲保禅師

諱周保字養仲、少入叔和室、学内外典、毎晨浄拭経案、展誦正覚国師発願文、嘆后生正知正見未徹、粛然一室、謝人事之是非、兀爾半榻、観世栄之夢幻矣、晩年因時賢之推奨、領臨川帖、余於旧録之中、得公春首之詩曰、愧我逢春猶不能、奈斯後輩唖羊僧、従今遮却門流悪、願続千秋西嶺灯、其護法扶宗之志可見、済叔弘（周弘）者継其業者也、

元策謹賛曰、一衲三十年住山、丈夫志気凛於氷、背手而攫虎、独立而搏鵬、噫至謂夫其遮却門流之悪挑起西嶺之灯、辞気英敏、巍々可懲、秉桴浮海

（二〇丁裏）――――――

止哉、道之夷陵吾使誰憑、悲夫、

第十世済叔弘首座

諱周弘字済叔、唐森士族也、幼出家侍巾養仲、与琛甫之子等琦輪住本院、天正中本院罹震災、従是退而居延慶、晩歳搆友林茅舎避世、自作歌見志、其歌曰、去来々々、浮游人間兮有八之苦、入山兮友林、迎春而開茅檐兮、渉園而謡芝歌兮、暫時之栄華如夢兮、擺塵世之幻兮、心法作帚兮、去来々々、又何嬉哉、復何悲哉、後以世寿終于友林、無嗣子之丕其業、繇此延慶久為監務暫仮之地、本院亦無再造之檀信、只茨棘与瓦礫日茂月廃、嗚吁不幸哉、堅操師偶承僧録本光国師（以心崇伝）遺命、来住此山、燕踞延慶者二十年、興作廃蕪、掲起祖明、繫之十一世之正統、誰敢誚其後哉、

元策謹賛曰、一生掩蓬蓽戸、万古続隠淪風、擁擺幻箒、調没絃桐、不幸而寺罹震災、産籍兵戎、綱宗墜地、祖道既蒙、若微迺翁、我津誰通、涵々一派碧潭水、流注自西又自東、

（二一丁表）――――――

第十一世堅操松禅師

師諱元松字堅操、若之生縁父松宮氏母楢崎氏、皆江之甲族也、天正十一産英於若府、及長父伊賀守（号浄安居士）、携至京師、

投南禅梅印元冲禅師受具入業、禅師撫愛尤厚、警誘殊親経侍香維那之諸要職、師年廿三、梅印師不幸而戢化、承遺嘱而兼大梅山牧雲・蔵龍二院之知務、于時円照本光国師受東照宮之顧聘、赴駿城、起師伴其駕、東照宮寵眷国師日隆、英声四馳、一時之公卿大夫緇素商賈候国師之門者如市、国師使師典冠蓋之

（二一丁裏）

送迎、故登其門庭者、先約師結交、外議以魚水相称、東照宮及台徳院殿源公(徳川秀忠)亦感其経紀而時々降恩賜、国師帰南禅之日命三頭首、秉払提唱、殊挙師充前板、禅客有不施寸忍坐致太平時如何之問、師以日照天臨河清海晏之答、国師褒讃曰、這回無松首座一場之秉払、不得今日之化儀矣、寛永癸酉、国師戢化於江府、遺命曰、京師地蔵院震倒已往、廃蕪既久、延慶檀樾(越)宰相松径尼使我管其事、我亦志在再造、雖然東漂西泊未果其事、大期既迫、公其図之、師稟遺嘱而入洛掛搭天龍、護視延慶、天龍住持洪(寿洪)玄英議曰、師者在南禅前堂而説法耆旧之人也、何例暫到客位之僧耶、敦請充第一座、継受鈞箚住臨川、明暦元乙未七十三歳示微疾、前一日設沐召余遺誡数条、尽附後務、七月朔日未剋、励声謂左右曰、時至可扶起、跏趺合掌吉祥而

（二二丁表）

化、其夕蔵全身於地蔵洞之側、師離受業大早、棲止梅山、韜迹雲嵐、忽蒙国師之命、勤労東西者殆三十年、其間之澣暇参扣三江(紹益)・悦叔(宗最)・英岳(景洪)・規伯(玄方)等之諸先達、而孜々斟酌此道、然未得快楽之地、後在江府聞心居士者挙牛窓檽話、而翻然忘所知、因此居士嘱書中有謂、只向信得及処自透脱矣、故方退歩頓脱、無所不至也、故拈仏祖旧公案、悉皆約(放カ)下矣、所以霊山密付・少林単伝流伝令付嘱云々、居士乃龍宝門下伝叟(紹印)真子也、護惜此道厳於宗師家、以故游泳其間受彼許可、余時々参請于師、則笑曰、著衣喫飯、放尿屙屎、奚其不作如実之工夫、下語着語是什麼参禅耶、人命有呼吸、空過一生勿堕時類、口授指教之禅、行巻抄録之禅、寂黙沈枯之禅、放逸空濶之禅、閻羅王前無汝開口之分耳、嗚呼警訓呵嚀余音猶在、今生不成道、有何面目、見師於那伽定裏、嗚吁悲哉、

（二二二丁裏）――――

元策謹賛曰、擎毒拳於龍阜、噴殺気於亀峰、銅頭鉄額嘻々嗤々、是凡是聖思議孰容当陽、若是問什广(麼)宗、窓

櫺一過巴鼻無蹤、

南禅僧録司最岳(元良)和尚讃曰、木公隹称操尤堅、傴指交游六十年、況又汝吾同甲子、更於朝野救迷顛、南禅梅下入其

室、西嶺雪時題幾篇、瞻仰門闌有光彩、碧潭月色屋頭天、

祖堂安堅操禅師画像奠文

城州路西丘衣笠山地蔵禅刹第十一世前住臨川堅操禅師、奉父母之遺体者七十三年、坐菩提之正位者六十二臘、

以去歳明暦元乙未七月丁未朔、唱大安楽曲於笠山延慶丈室、元策早奉湯薬、久承謦欬、於是失斗於夜途、滅燭

於暗室、特稟遺命、監浄刹之後務、雖塩醤之算計

（二二三丁表）――――

月相繁、無嚢墻之景慕日而止、荏苒之間、既迎周回之忌辰、故寄浄財於丹青而図幻容於楮紙、集十人之浄侶誦

一巻之楞厳、蓋皆哀余之所設也、伏願不捨慈心、重開大法眼而享今日之薄典、共惟、

前席臨川堅操和尚大禅師、真珠含潤、宗鏡回光、英産遥出若耶渓上、殊抽松宮氏甲族、浄業親受毘盧頂畔、久侍梅

印師禅床、曇華堂裏眉毛掛剣、嬾桃洞中梵音紀綱、灯檠挑士峰雪、応僧録国師(以心崇伝)三喚於方丈下、杖錫凌信州雲、感兵

部侍郎(仙石忠政カ)仙石兵部郎与師交義尤敦、重聘於小室(マヽ)卿、中居栂里而興牧雲廃苑、終来松尾而住地蔵名場、台台降命忽起高臥、拭篩月視

篆目、林麓投老聊養余喘、攪笠峰回観腸、他年提牛過窓櫺之話、平日誡鼠喫樹根之忙、稀者三歳示微恙、預告命期

兮浴而化、別

（二二三丁裏）――――

后一回添新愁、空写幻容兮仰而望、秋風吹報塔前樹、清夜自焚炉底香、

悼堅操師　元策、遊戯塵縁七十三、平生作用幻中談、暮雲烟樹皆遺愛、寂莫山前一破庵、
其二　往事空求瓶錫前、西風揮涙向旻天、蓬窓雨過聞余滴、猶訝遺音在耳辺、

（六行余白）

（二四丁表）

本院往霊簿序　九成詔

応仁以来先代戦没亡霊、当院寄附存亡大小檀那、本院前住之列祖門派之僧衆、乃至不論自他之親疎其志之軽重、各加助縁、可顕名於斯簿、寔過去現在未来三世平等利益者也、毎年正五九、長月之二十四日、就于地蔵宝殿前一七日之間、安置此簿、須読誦本願経、至尽未来際、勿令退転焉、右各顕名者也、

本院地蔵画像像（記ヵ）　同

先師宗鏡禅師在世之日、親自攸供養地蔵菩薩絵像六幅也、其中三幅者、本院安置焉、其余三幅、一幅者、依開山国師遺命、安置於西山雲居庵地蔵殿、次一幅者、宝性院安置焉、其次一幅、当院之末院唐橋如意庵本尊奉安置之、当院之三幅、只一幅耳残而二幅乃応仁大乱依官軍乱入失之、為其末弟者求之旦暮罔措矣、地

（二四丁裏）

蔵院当代住持周詔、一日謁于北野廟之次、於千本辺之堂暫憩、其堂本尊無量寿仏也、其后壁地蔵菩薩絵像一幅掛着、是乃先師攸供養六地蔵之一也、堂主八十老僧也、予語曰、彼后壁之像　先師攸供養特地古仏之像也、願老僧速付与予可也、老僧対曰、此尊像大乱之初有（マヽ）　寄附于此堂、雖然無便于（マヽ）　帰与本院、老僧攸希也、老僧即（後段闕断、）

右記以九成師真蹟之軸録于此、久秘蠹篋之中、滅裂縦横、字没章断、僅攸録其昭著数字、而削除其疑似空欠者、惜哉我家之玄鑑、因護惜不密、終使后生至不受其光睨也、毎人皆言、蠹鼠可憎、雖為聖経賢伝

肆作残害、余不然、只帰責於護持之人者也、

重補本願経跋　　元策

（二五丁表）

夫物之不幸者、莫酷於書、其用舎亦在人而不在書、人在乱世荒唐之際、微有惜護之志者、或蔵此於骨董革嚢之間、或全此於蠧塵霧毒之中、是故孔聖慮焚毀於後日而厳閉塊壁、漢帝雕篆隷於巨碑而直建学門、皆是於斯文有惜意也、我笠山地蔵古院、自鼻祖宗鏡師世以本願経祈黎戸之豊饒、求祖運之永昌、加之毎歳迎三長月、則二十四日自前七日、安逝魂之簿於紺殿、資冥報之福於陰府、救迷昧之衆於昏衢、爾来弐百年、遠襲而為式、六十年前古基罹陰動之震災、法場為瓦礫之廃苑、従爾以往掃塔調香之人不繫志於斯道、日以薪水為務、只以饘飯為極、嗚吁可哀矣、余頃探蠧篋之中、拾一把之梵莢、晨夕校勘則本願秘密経十三品也、乃九成師翁追薦芳林郁上座印本也、残欠既甚、句読断絶、二巻之間不存数百字、読者聞者皆病

（二五丁裏）

焉、終寄浄財於楮工氏、到綴緝之功於不日、前臨川本院守塔堅操和尚補続罅漏者若干字、嗚吁天運回環、不意今日有使継鼻祖之遺訓、余謂人倫之更替者常之理也、礼式之怠廃者人之過也、人情及堯季、則棄宝鼎而貴敝蹻、踈姫孔而新斯莽、此故梵襟素紳往々混殽、撥無因果増長邪見、遂号大乗円融之頓義、叨破如来浄戒之聖訓、于俗于僧罕有敬重玄教護持苦行、彼党相咲曰、此是狐惑之魔種、仏是心之称、心無拘束、是真仏之遊戯底、奚其修敬重護持之苦行、堕地獄之種類哉、怪説汚行、難摧其邪鋒如此、近古全室（宗泐）禅師謂、竊比丘形内壊教法者家寇也、家寇内作雖有金湯外固、亦将無如之何、可謂確言也、余輩濫厠宗門、放逸無作、恬不知愧、破斎犯戒、叨竊釈父之衣服、偸視檀信之施資、常雖

（二六丁表）

覚無常之迅速、動被擾宿障之業習、無明之芽易茂、煩悩之根難抜、若不頼諸仏之慈庇、争破癡雲之蔽於真如之月、此故懺仏誦経、深仰如来之教恩、且丐列祖之加護、所冀後世之下、有我同志者、整梵課礼典於頽廃之余、修浄戒苦行於衰運之季、激祖波禅流於狂瀾之下、夫是謂吾門之種草也、古徳曰、夫沙門心形異俗、潜行密行凡聖罔知、宿徳耆年皆為剰語、初機後学其可舎諸、但日用筆録大蔵金口遺誡、誠可与知者語、難与不知者言也、笠山十二世監務僧元策書于亀山綱維官寮、

源武州公祠堂鷹賛　　策彦良(周良)

俊捷可愛、猟獲有功、有時天飛摩九重層霄、風生両翮、維昔巣居卜四州一島、月掛半弓、出鷙鳥一鶚於許下、産羽群大蟲於海東、意気蓋九州、下視臂蒼之亟相、真俗無二諦并按夢青之録、公伴清閑

（二六丁裏）————

兮決非鷓鶘鸜鵒之伍、立高志者豈与燕雀鴻鵠扛同、人情若好喫水亦肥、況以仁義為芳餌、転変自在随時隠見、奈有智恵之羅籠、蘇味道文材霜威凛々、劉景昇歌台暖響融々、旧物自古今伝幾世、君其間随侍天童、

原夫応仁丁亥之騒擾以来、治日常少而乱日常多、由是諸寺之在東西洛者、十八九滅燼矣、衣笠山地蔵院亦其一也、雖然以為細川氏遐代墳寺、粗復旧貫矣、故武州頼之公管領于十三州之日、安四十二歳之寿像於此院、像前図以俊鷹霊狗平素鍾愛、然後狗存而鷹失矣、今右京兆(細川成之)慈雲院大川居士也、天稟妙於画事、官暇洒宝墨、且表装以見投贈、豈非追遠竭孝乎、加之俾予作之賛詞、蓋以廁家僧之末也、非以文也、今也丁上皇践祚之年而有此一挙、所希黼黻皇家、以陪万于八十鷹揚之呂尚父、闢姫周八百年之基也矣、

（二七丁表）————

祝々、

源武州公少時嘗畜俊鷹霊狗嗜猟游、中年悔謝其過、放鷹於雲衢、旋狗於故里、自是雖縦遊之情頓尽、難撫愛

之心相忘、写二物於画図、寄本院示及物之情於悠久、応仁之擾乱鷹亡而狗存、爾来無継其先志者、永禄中武州孫謀有尹于京兆者、幸以画事有令聞、悲鷹図之久亡先志之長没、重図一羽白鷹而置本院、見者感慕遠追本之志、天龍妙智策彦良禅師記賛挙其善、其後本院倒折之際失所在、余去歳訪洛下旧友、偶観此図、不堪喜躍、且中心挑之、旧友告余曰、近頃筑城太守之家吏、不遠千里求表装於洛工、非吾之所畜、但賞□(公カ)之来訪而充茶供而已、若有慕旧物之志、我

（二七丁裏）

為公作完璧之謀、余感彼志不能黙止、作画鷹引而与之去、其引云、

吾家三百年来地、半是狼烟寇賊中、旧物顕名々空在、三間纔蔽雨兼風、就中相惜源公愛、霊狗捷鷹画図工、京兆孫謀重洒墨、禅師策彦賛辞雄、近来又入他家去、日々瞻望心百攻、洛下旧■(朋)呈一軸、自云筑府大人僮、天生好古集書画、此軸頼吾求表幪、生絹淋漓教我泣、我家旧器久塵蒙、循環重見豈天幸、眼驚心喜又堪恫、旧朋慰我有斯語、趙璧浦珠終復公、我意聊非貪此宝、山門永欲鎮無窮、爾後家吏偶因触太守之怒気、竊逃府内不知所適、以故旧朋亦謀之無緒、嗚吁惜哉、

（二八丁表）

城州路葛野郡衣笠山故管領四国大将軍細川源頼之公祠堂記

寓地蔵禅院　元策撰

本朝自神武至今上而百十有一葉、其間治乱興廃、皆在陛臣執政之所系、而至神器禅受之際、終無他姓之迭興而叛其帯砺之誓、此故宋太宗謂宰臣云、日本国尚存古道、中国自唐季分裂、世数尤促、朕孜々求理、卿等宜尽心、毋令日本国独亨(享カ)福慶、其歆羨如此、中古顕徳帝(後鳥羽上皇)賞源頼朝閥閲之功、委政柄於柳営、伝至三世、北条平氏従而承之、九世而絶矣、爾後上無嚢括之権、下有并呑之勢、関中瓦崩、海内塵起、干戈交戦、雌雄相角、於是源尊氏(足利)一呼奮振、而豪

傑風靡、至数年而天下拱手、光明帝褒称其労、使補故頼朝之旧職、尊氏薨而義詮紹之、貞治六年、義詮欲病而殂、
世子義満(足利)生在褓襁、時論以遺輔択人而為急、営下僉議謂、右馬頭頼之実文武全才、輔托良臣者乎、襲飾先朝貞永・
貞応之旧典、政誉之有令聞、況近年潰破清(細川)

(二八丁裏)

氏邪党、四国悉帰麾下、願殿下(足利義詮)召此人、敦嘱遺托之命、何慮之有、粤遣使於讃府徴之、頼之乗伝而来、義詮扶起而
慰諭遠来、且指幼君謂頼之曰、我今為公与一子、亦指頼之謂幼君云、為沴(汝)与一父、導諭之教勿違々々、又授頼之以
武州之封及管領職矣、自爾輔佐義満以天下為巳(己)任、進正人、搪佞臣、且使有文才者従侍左右、従容匡導之、挙世
称真良傅也、考公之姓源氏名頼之、参河人也、其先経基王元子、鎮府将軍満仲(源)十二世胤也、父讃州刺史刑部大夫
頼春(細川)、建武・観応之間声続不彰、大宮之軍死于忠、頼之公以其蔭管海南軍機、所謂細川家号者、其祖義季(細川)之所建
也、公天資聡明、剛毅卓犖、雖古賢良多所不推也、従遊者未嘗覚其機密、知者常惜不坐雞刀之地与天下之人共此仁
風、雖然□(刹カ)璧豊刃豈久蝕塵土哉、聿膺公選忽傅枢軸、是以政権帰公門、庭如市、公亦不負委裘顧命、帰誉幼君、責
過于巳(己)、故藩侯州牧皆無不畏伏矣、又有贈公政府賀章者、有

(二九丁表)

胃中水鏡自然明、又権衡政府化条明等之句、遠近伝為実録矣、応安三年、公自督諸軍、退治南海逆賊抜数城、四州
管内一掃而治、公退而嘆云、臣罔以寵利居成功、我日夕省之、遂乞骸骨、帰讃府矣、嘉慶中義満公外議如詣厳嶋神
祠、枉道入讃州、訪公政府、問以天下庶務、且竭三顧之情、公不獲已再諾公命、越歳入洛、義満使氏信(大舘)慰労、且委
以惣轄枢機大小兵権、是故蒭蕘児童、皆誦管領盛徳功業矣、明徳二年、山名氏清等為乱、遠近響応、十二月廿八
日、欲囲輦下、皇都紛擾、公同弟京兆頼元(細川)等将家、龍翼虎角之輩、左袒而戦、同晦日、氏清敗死于内野、其党亦無
噍類(噍類)、義満振旅而還、諭諸将云、今日之事実出不意、幸頼諸将之力、但管領兄弟忠功之所致也、其賞在等差、明年

壬申、公六十四歳、少示所悩、三月二日、淹爾卒、臨瞑絶之際、遣弟頼元遺啓義満、而致区々忠誠、義満驚且泣
曰、嗚吁国家如何、天之毀吾之股肱民之耳目、奚其速邪、後三日葬神柩於西山谷之地蔵院、義

（二九丁裏）

満及碩臣鉅卿、辟踊徒跣而執仏（紼）者以万指数矣、義満不帰台駕於柳営、直館鹿苑寺斎居、手写梵経一部、賻送緇衆、
以資冥福矣、公舎人三嶋氏某不耐哀慕、割腹為殉、誠君臣之感遇、一時為希有也、嗚吁公之為人也、赫々而如孤輪
之当空、浩々而似滄溟之接流、気壓宇宙、威振夷狄、風霜其操、鉄石其心、擁幼主於危疑之際、完神器於分崩之
余、常存小心翼々之勤、粉骨砕身、風櫛雨沐、謁（竭カ）忠尽節、因此関中久無戈矛之姦、塞外専事耒□（耜カ）之務、惣公之力
也、加之公余之暇、特帰信於釈氏、固仏法金湯、砕魔塁堡障、故義堂信禅師曰、執政得人而後、仏氏之法興矣、帝
者之業樹矣、如武州公文武全才、痛惜師法之弊、而公選之僧史十科之中、預一科者無山林無城府皆徴而起之、可謂
博而公也、公之言又曰、吾従先考頼春公、聴天龍国師劇談仏法、頗達真乗、遂能死生如一臨事不懾、而先考竟死於
忠、吾亦知委身以事君、国師化導之力也、終問道於国師弟子宗

（三〇丁表）

鏡禅師、密乗禅観所得頗多、是以刱地蔵院於衣笠之山、為報仏恩之道場、晩削髪、号桂岩居士常久、機鋒俊逸、祛
縛釈粘、有宿徳耆師之所不及、大夫人玉淵独処一方、築法性尼院、専学浄業、因此無嗣、養弟頼元為子、悉付家
務、平素蔬食淡飲、終日超々然揮麈談玄、聊有裴休・龐蘊之風、一夕公夢寐之間、有一神人作舞唱曲云、百伊志
登、百伊志加里登、於毛伊志仁、加衛須々々毛、百伊志記加那、於是初覚家運之悠永、寔公之至誠、弥綸天地、
感動鬼神、若非聖賢位中来者、焉建此大徳、嗚吁盛哉、余偶守公墳寺、有人或訪及公之事蹟、則茫然無言之可答、
乃自公仙去已往至今二百六十余歳、其声藉甚、其跡寂寥、於是会萃諸家文藁之所載、及日録小説等班々于耳目、而
略序大概、孔子曰、寡言而行以成其信、余志乃在于此者也、承応三甲午歳三月辛卯朔、笠山江岳元策誌、

（貼紙）「宗鏡勅謚、勅書内降案紙、地蔵院宗派、以上三、常光本に欠く」

（三〇丁裏）

宗鏡禅師勅謚上卿平中納言親顕、職事頭左中弁宣方、（中御門）　勅使中務少輔長敏、（菅原）

勅、謚者行之迹、号者徳之表、古今通規、真俗同揆者乎、爰周皎和尚専弘東漸法源、久住西芳精舎、匪啻了大乗之深機、剰又究両部之秘密、忝奉三朝帰依之叡旨、忽保八旬余回之頽齢、真是自家之老成、禅宇之賢達也、其人既雖去、宗不在茲乎、仍垂褒章、宜加崇錫、謚宗鏡禅師、

応安八（七）年二月　日

勅書内降案紙折紙、

上卿

平中納言親顕卿

新後拾遺雑歌　宗鏡禅師

思イ出ル、心ニウカブ古ヲ、遠キ物ソト思（隔）テコシ哉、

職事

頭左中弁宣方朝臣

勅使

中務少輔長敏

（三一丁表）

深草金蓮院祖光者、古先元（印元）禅師高弟、宗鏡祖俗門弟也、以故寄附金蓮院所納貢荘於地蔵院勅裁幷古先手書、祖光書契等現存、

寛文十一辛亥正月廿四日預修開山碧潭祖三百年忌、

拈香請状、

（約七行分余白）

（三一丁裏）

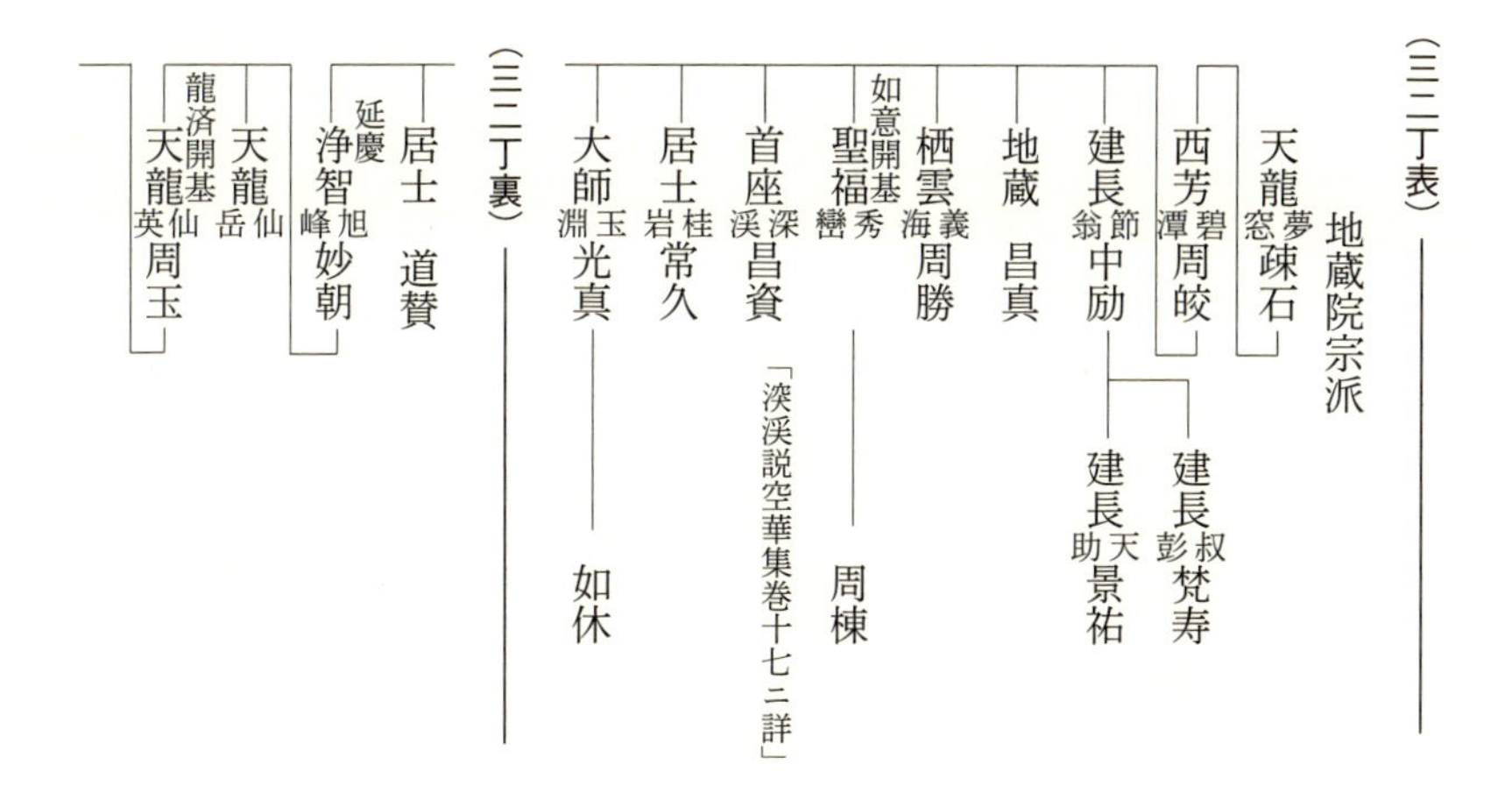
（三二丁表）
地蔵院宗派
天龍 夢窓 疎石
西芳 碧潭 周皎
建長 節翁 中励
建長 叔彭 梵寿
建長 天助 景祐
地蔵 昌真
栖雲 義海 周勝
如意開基 聖福 秀巒
周棟
首座 深渓 昌資
「湙渓説空華集巻十七ニ詳」
居士 桂岩 常久
大師 玉淵 光真
如休
（三二丁裏）
居士 道賛
延慶 浄智 旭峰 妙朝
天龍 仙岳
龍済開基 天龍 仙英 周玉

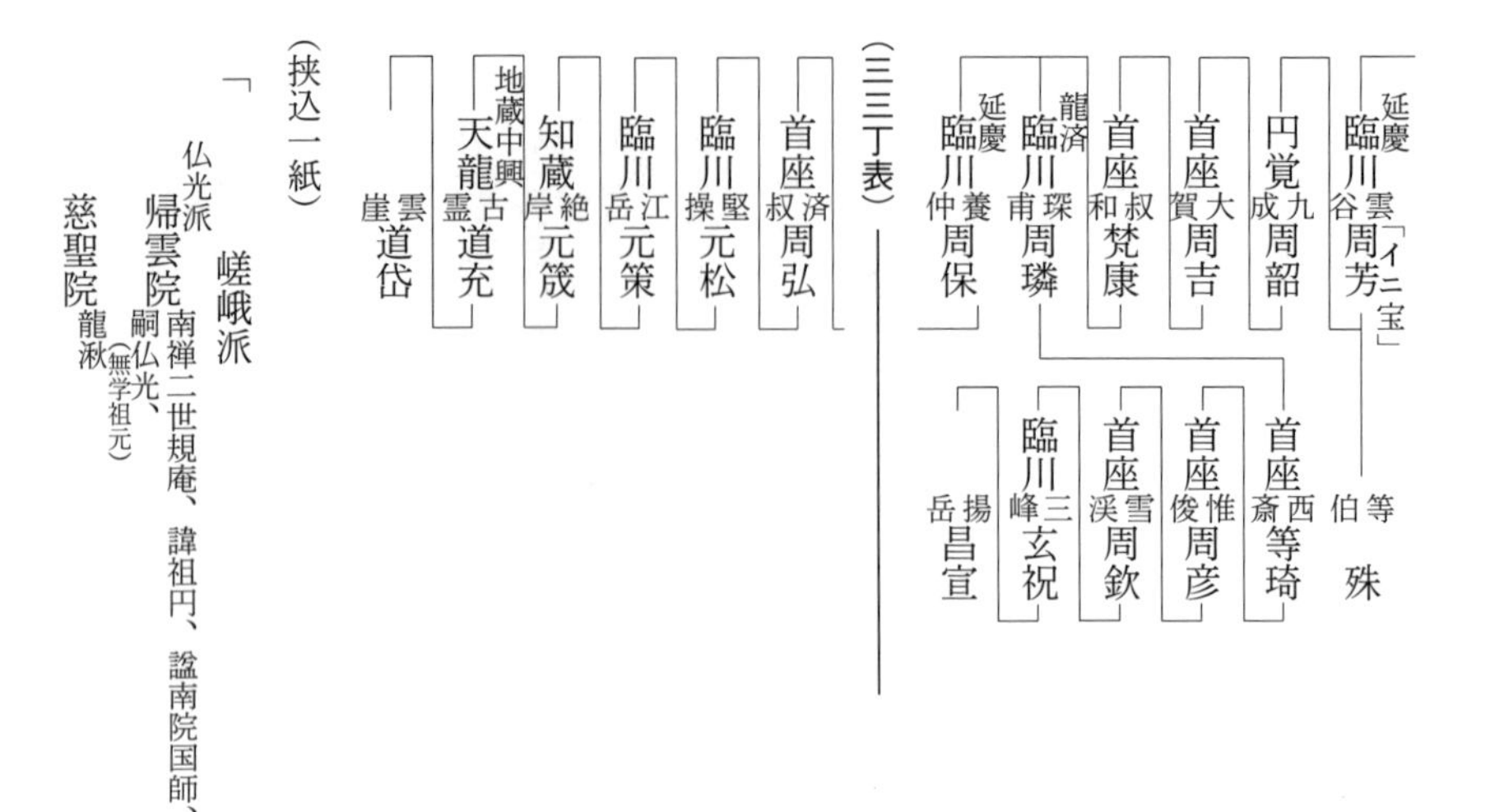

延慶 臨川 雲谷 周芳「イ二宝」
等伯 等殊
円覚 九成 周韶
首座 大賀 周吉
首座 叔和 梵康
龍済 臨川 琛甫 周璘
延慶 臨川 養仲 周保
首座 西斎 等琦
首座 惟俊 周彦
首座 雪渓 周欽
臨川 三峰 玄祝
揚岳 昌宣
(三三丁表)
首座 済叔 周弘
臨川 堅操 元松
臨川 江岳 元策
知蔵 絶岸 元箴
地蔵中興 天龍 古霊 道充
雲崖 道岱
(挟込一紙)
「嵯峨派
仏光派
帰雲院 南禅二世規庵、諱祖円、謚南院国師、嗣仏光、(無学祖元)
慈聖院 龍湫

正因庵（周佐）徳叟

瑞雲院（中淹）在中嗣龍湫、

龍華院（妙葩）春屋

上生院夢窓

慈氏院義堂

正的院春屋○

「建仁　大灯院（観）仏規禅師、青山諱慈永、嗣夢窓、

　如是院同、

仏国派
　十如院此山諱妙在、嗣仏国、（高峯顕日）「　」

（三三丁裏）――――

（三四丁表）――――

（頭書）「細川右京大夫満元、法名道歓、道号悦道」

会要雑志　随筆　　続録

天隠文集曰、細川悦道（満元）平生欽謁地蔵院碧潭禅師、院有聖済惣録二百巻、不許外人渉猟、悦道云、仏祖典籍浮屠氏所珍秘者、理或有之、非医家而貯医書、豈有補於世、不如賜医人以療蒼生疾苦、乃以贈陳太年（宗寿）太年乃順祖子、官于大医局、太明国人也、子孫伝以為陳家青氈也、於是悦道為之出青蚨百索以充地蔵院修補也、

絶海国師年譜曰、正覚帝師（夢窓疎石）在西芳一日講円覚経、講畢而諸衲互相詰聞（問）未決、海師（絶海中津）在旁、敢告以正覚所引之釈、所講之義不謬一字、如指掌、諸衲子驚告碧潭皎禅師、々驚甚而白帝師、々々於此召海師験之、自是入室、凡毎見徴詰応

答如響、
推奨絶海師於童蒙之伍者、実在碧潭祖進引之力者也、
（三四丁裏）
常光国師行紀曰、当代碧潭皎・黙庵諭（周諭）・中岩月（円月）皆此僧中之麟鳳也、国師（空谷明応）少従此等之宗匠有所授之学、
瑜伽宗家血脈図云、禅秀乃碧潭和尚也、従真光院大僧正禅助灌頂授教、鳴瀧心蓮院曰、碧潭和尚者北条業義令息也血脈図有亀山慈済院、在
本院本尊地蔵菩薩瑜伽略供養法跋
当山地蔵供養法二百年来断絶耳、高祖碧潭禅師承五瓶水於真光禅助僧正、登大阿闍梨之覚位、瑜伽一宗之碩耆独推高祖、中年雖改服帰禅、豈有禅教両岐之分、五瓶之水初無二味、四炉之火本自一星、故禅暇閉密室修浄業、偏帰依本願菩薩云、嗚吁可尚、余後生偶列其芳躅有愧于懐、以故扣密宗於江左、伝浄式於今日、又幸之幸者也、日夕修之観之、初覚
（三五丁表）
菩薩之現濁世而化境之不遠、后来監余山列我派者、修学此浄法而為修定之助力、上協菩薩之本願力、下酬高祖之広大恩者也、勖旃々々、笠山十二世主塔比丘元策誌、
笠山結制標文
諸仏子等、踞菩薩乗、修寂滅行、同入清浄、実相住持、以大円覚、為我伽藍、身心安居、平等性智、今我諸仏子等、当与十方如来及大菩薩安居、為修無上妙覚大因縁也、敬白、
桂岩居士道号或説
或告余曰、笠山檀越桂岩居士受道称於先帝師、既稔耳聞、且又因帝師劇談深達真乗、大明濂（宋濂）学士誌之帝師碑中、誠

可信尚、頃又閲由良桂岩派下秉払問禅冊子、曽以桂岩之称為運芳師之衮栄、甚可疑議、又古剣和尚了幻集有桂岩道号頌曰、攀向広

（三五丁裏）

寒宮裏登、雲遮芳樹影飄凌、晦堂無隠黄山谷、一種天香繞碧層、其下分註曰、為武州太守常久相公、其昭著如此、別又有拠耶、余曰、別無明拠、余素伝聞帝師之先為桂岩・玉淵所建、考之帝師之遺録、一紙連幷記之、如指掌、合之旧聞与遺録而信之決矣、今承嘉教、余豈外之耶、記之随筆而備后人之広覧云、寛文壬寅十月廿七、寒窓呵筆記之、

空華義堂和尚録、宗鏡禅師十三回忌陞座曰、掲開古仏家風、顕出大人境界、衆中莫有相与証拠底麼問答不録、乃云、法身無相而無相不彰、法身無瑕而無幽不燭、所以道、諸仏真語以心為宗、衆生信道以宗為鏡、直得胡来胡■現、漢来漢現、毘盧舎那如来於此鏡中、示現密厳究竟之土、釈迦牟尼世尊於此鏡中、示現千百億之化身、円通大士於此鏡中、従聞思修入三摩地、示現三十二応身、

（三六丁表）

地蔵菩薩於此鏡中、示現去来六道度脱衆生、碧潭和尚於此鏡中、住世八十四年化儀既畢示現入般涅槃、諸高足弟於此鏡中、成就種々仏事報答先師恩徳、是故曰、修習空華万行、宴坐水月道場、降伏鏡像天魔、証得夢中仏果、然雖与广（麼）、子細点検将来、総是影像辺事、祗如打破鏡来相見底一句、又且如何主丈卓一下云、一把柳枝収不得、和風塔在玉欄干、復曰、今日一会乃地蔵院諸高弟為先師碧潭和尚設忌斎底意旨、詳夫、和尚本姓平氏、世家関東為将門大族、和尚以宿習自幼出家、抵于京師、従仁和寺大僧正禅助学瑜珈教法、学既成東帰、以本宗密法加持陰賛平氏之化、凡遇日月星宿之変旱澇兵疫之災、祈祷以応護国救世之功居多、故高以密宗自負、不信教外有別伝、会遭世変、易服逃難、投礼吾先正覚国師、一言

（三六丁裏）

之下頓折□（慢）幢、乃自点頭云、我錯矣々々々、国師咲曰、這鈍根闍梨、何知非之晩、自爾朝夕参扣、密受旨訣、及国師謝世、受嘱継踵、主於西芳精舎、影不出西山者二十余年、蓋慕諸亮座主之高致、而習禅余暇、復為道俗懇請講説経論、王公貴人獲益者多、有禅者竊議云、碧潭既帰吾宗、只合全提祖令、尚何用講説哉、和尚聞而告或者曰、不見道、経是仏語、禅是仏心、諸仏心語必不相違、況復西天祖師自大迦葉至優婆麹多皆兼弘三蔵、逮于馬鳴・龍樹始開摩訶衍、著論釈経、加以晨旦禅祖大寂（道一）・南陽（慧忠）・鵝湖（大義）・目（司）空山（本浄）等諸師、広引経論以印仏心、初不以禅教二其心、豈似今之世為禅徒教者、各宗其宗党其党、予（矛）盾相争互招暗証循文之譏乎、由是言之、碧潭和尚夫永明（延寿）智覚之流亜歟、応安聖朝賜謚曰宗鏡禅師、蓋取

（三七丁表）

於此矣、而禅師又以本願与地蔵菩薩有大因縁、雕刻其像、講説尊経、讃歎供養不可勝計、由是菩薩或感于夢想、或現于定中、密垂衛護、冥加被者頗多、禅師以応安八（七）年甲寅正月初五日示寂西芳、預嘱其徒曰、月之廿四日乃地蔵菩薩感応之斎日也、老僧滅后汝等当取斯日為老僧忌辰、毎月就于地蔵院設斎、読誦本願功徳経以報菩薩慈恩、是乃与供養老僧一般、爾来諸徒至今如此遵遺命也、嗚吁哉、此菩薩乗（垂）悲願輪受仏付嘱、出于南閻浮提救度衆生、々々既無量、菩薩悲願亦無量、菩薩悲願無量、碧潭悲願亦無量、悲願無量故功徳亦無量、功徳無量故利益方便亦復無量、山僧直以虚空為一張口、万象為三寸舌、説到尽未来際、菩薩功徳説不能尽、有偈□（挙）似諸人、地蔵菩薩碧潭和尚、一身多身是相

（三七丁裏）

非相、明鏡当台宝珠在掌、同一慈力同一悲仰、日烏西下月兎東上、如是観者即真供養、

普明国師一昼夜之間、持曼殊五字洛叉米粒盈壇、于時碧潭和尚証之為勝相、

光厳法皇百年御忌、就于丹之常照寺営之、仙英和尚拈香讃揚聖徳、当三百年忌、当代住持古霊(道充)偶獲蠧書一軸、滅裂縦横片々飄々、殆如枯木葉、纔留華押仙英字、始知是仙英和尚聖忌仏事之法語、自此捜索諸方未見其遺篇、自不耐嘆惜而已、

重修造武州公像化縁疏并序、笠山地蔵禅院護法旦越細川源武州頼之公、謂之永泰院桂岩居士、昔年天龍門下諸師以裴龐相待、貞治六年、始建地蔵禅院、康暦中領十三州、機務之日、塑

（三八丁表）

寿像於笠山祠堂而示護法之権威、乃四十二歳之喜容也、爾来二百有余年、天正乙酉、羅地震災、厳像漸頽、自是以来鼠穴蠧害日毀月損、無由補飾、廃壊之運既窮、司塔元策日夕不耐痛惜、図諸塑像之人而再欲修飾於遺像、粤略聞斯挙諸賢欲合衆力済其費資、嗚吁諸友賢士悲願之化縁、殊勝之功幹、豈敢少々哉、故製短疏、礼答施門、昭告素旨云、其詞曰、挿草献仏、道場懿範可瞻、因樹思人、故家遺像既廃、金彩為風露被奪、冠巾失規矩之儀、香気霧霾、宝粧玉砕、黄金不買漢家貌、儼乎此載芝眉、白鳥猶驚越覇図、靡然一剣芒影、承輔託壮帝域、欣敬信護祖門、想彼蘇翰林亭祖堂饗於梵王寺、是他龐居士得心空科於選仏場、玆久嗟賢明之蒙塵、争敢使鼻孔而復旧、故募衆力欲祈助縁諸飾荘厳、専出自他之殊功浄願成就、冀慰

（三八丁裏）

我人之仰慕、寛文癸卯秋七月日疏、列浄資於榜者、

天龍和尚補仲　知堂西堂　天外西堂　蘭室西堂　本清伝

周佐都寺　周祐　等育　周牛　周璉　周伸　梵立

寿晃　道務居士　檜芳庵主

寛文第三癸卯之冬十一月辛巳日、笠山祠堂安置于重刻武州霊像、於是司塔元策薦修薄奠於霊前、告之以文、其

詞曰、
於戯、我武州公、乃文乃武、惟仁惟忠、天下重器、海内英雄、身膺輔託、心存玄功、桑域群庶、称管領公、既覚遂退、一舸遥汎、将軍三顧、豈欺吾翁、再執政務、磐石祖宗、耒(枱カ)□楽業、囹圄一空、太平寰宇、温日淳風、傍探釈氏、機契心融、当場弁駕、斐龐趙馮、度僧建寺、悲願孔隆、故笠之東麓、始刱禅叢、勉厳護法、貽厥喜
(三九丁表)
容、二百年后、烟靄塵蒙、茲裒衆力、再施彫工、衣冠厳整、漢儀重逢、是真是仮、見者跪恭、嗚吁、士於一世、多無始終、如我武州、似霜後松、一貫操節、古今一同、豊剣(刹カ)□璧、敢無磨礱、真浄界内、正眼玲瓏、一盞之茗、一炉之烘、如在祠廟、神其亨通、

大雄山常照禅寺開山光厳院百年御忌拈香拙語、謹録呈堂頭和尚春叡老人法座下、定発一笑云爾、

丹州山国常照禅寺開山無範(光智)和尚百年忌拈香

挙起香云、百年木、五分身、尽乾坤内、奕葉繁茂、無陰陽地、蟠根輪囷、論其種草、則最尊最貴、語其威徳、則絶等絶倫、得之者一機瞥転、失之者六趣沈淪、枯来爇向炉中去、賺殺他無鼻孔人、共惟、三界独尊覚王、出興微塵刹□(土カ)、十地満心菩薩、乗載大悲願輪、是故当山開山光厳院無範和尚大禅師会空宗旨而嗣心
(三九丁裏)
宗法、輟万乗位而帰一乗真、大中天子能断際一掌之威稜、黄檗樹結个蜜菓、粛宗皇帝諳国師百年之塔様、桃核裏討旧時仁、直得仏法与王法全不二、皇風与祖風共一均、出格英標、快覩丹山五色彩鳳、過量作略擒下天峰一角祥麟、海涵春育、徳量広大、雷励風飛、機鋒嶙峋、大雄峰頭坐断毘盧頂𩕳、常照門下把定衲子要津、到這裏一塵不立、万緑斉泯百鳥銜花無路、諸天献供不因、此是真慈、平生利生接物和光同塵処、至若其真履実践、則仏祖結舌、魔外潜踪、非管窺蠡酌之所得而指陳、爾来時移物換、忽臨百年辰、来拝龍顔対遺像、猶抱烏号泣旧臣、雖然恁地一切法不

生、隴上雲漠々、一切法不滅、澗下水粼々、側耳暁猿夜鶴、開眼霜松雪筠、如此見聞、従無量劫、直至今日一□(篛カ)毫
許不渉、去来出没自他

（四〇丁表）

踈親、正与广(麼)時、真慈即今起此三昧、与現前一衆把手作主作賓、諸人還委悉广(麼)、其或未然有一偈、聊藉手以薦蘋
去、万古此山朝百神、霊威聖徳日愈新、恰如慰我羹牆思、先臘梅花漏泄春、旹寛正龍集壬午冬十一月七日、三会守
塔比丘仙英周玉、

凡御忌乃来年癸未秋七月七日也、預於当年壬午営弁之、蓋以当日於天龍金剛院有大斎会也、

（六行空白）

（四〇丁裏）

（四一丁表）

秋風と庭のおしへの一葉哉　藤孝(細川)
梧涼無異残　琛甫璘西堂当住
乍晴弓様月
入山近しくるゝ日のかけ　三甫
江のなみと深々見えし湊舟　藤孝

（四一丁裏）

地蔵禅院（朱方印）「洛西下山田村地蔵院」

（裏表紙裏）

（裏表紙）

カラー図版

「蓬左文庫蔵『勝定院殿集纂諸仏事』の基礎的考察」図版

影印②　本文冒頭（三丁表）

影印①　表紙

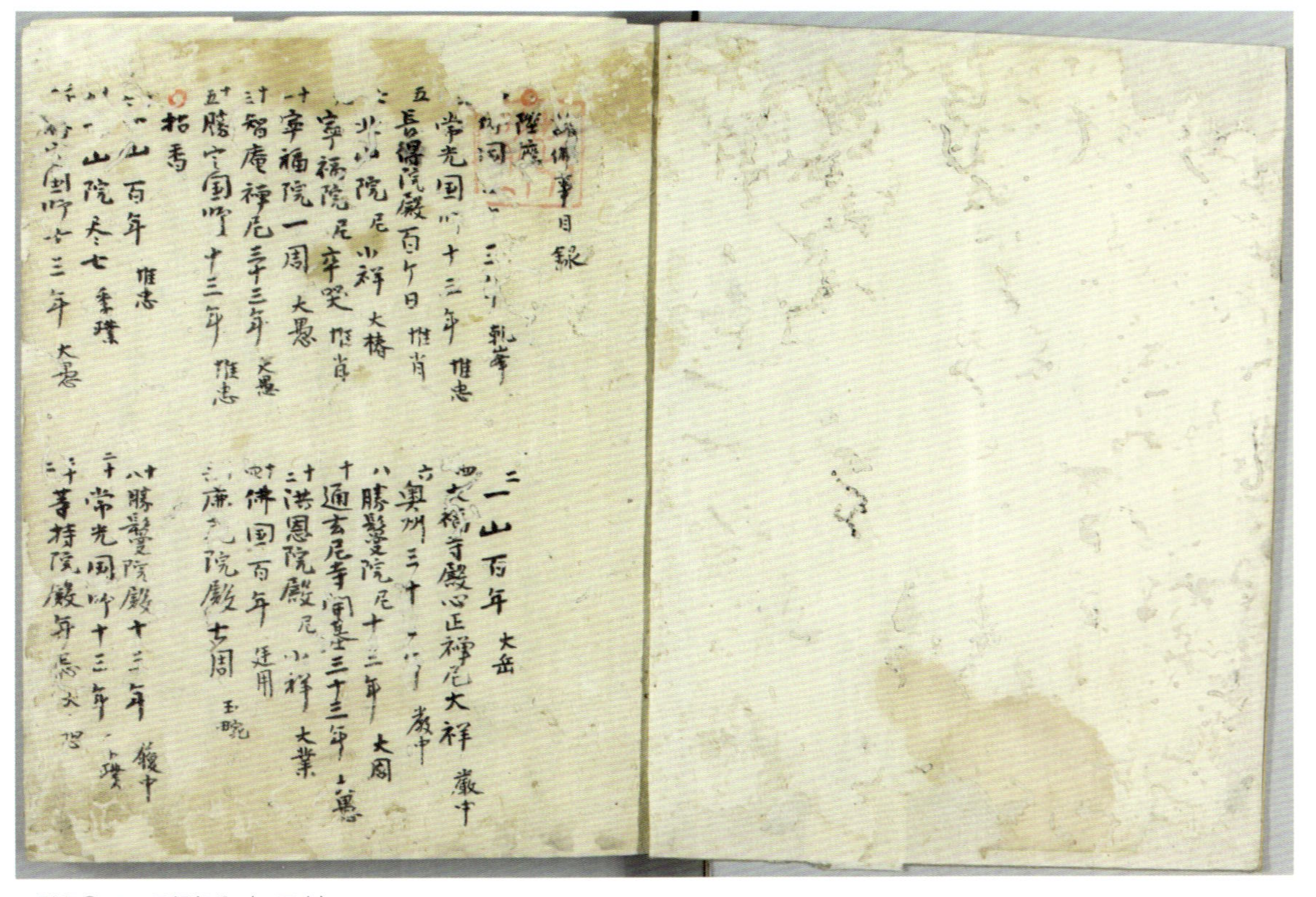

影印③-1　目録部分（一丁表）

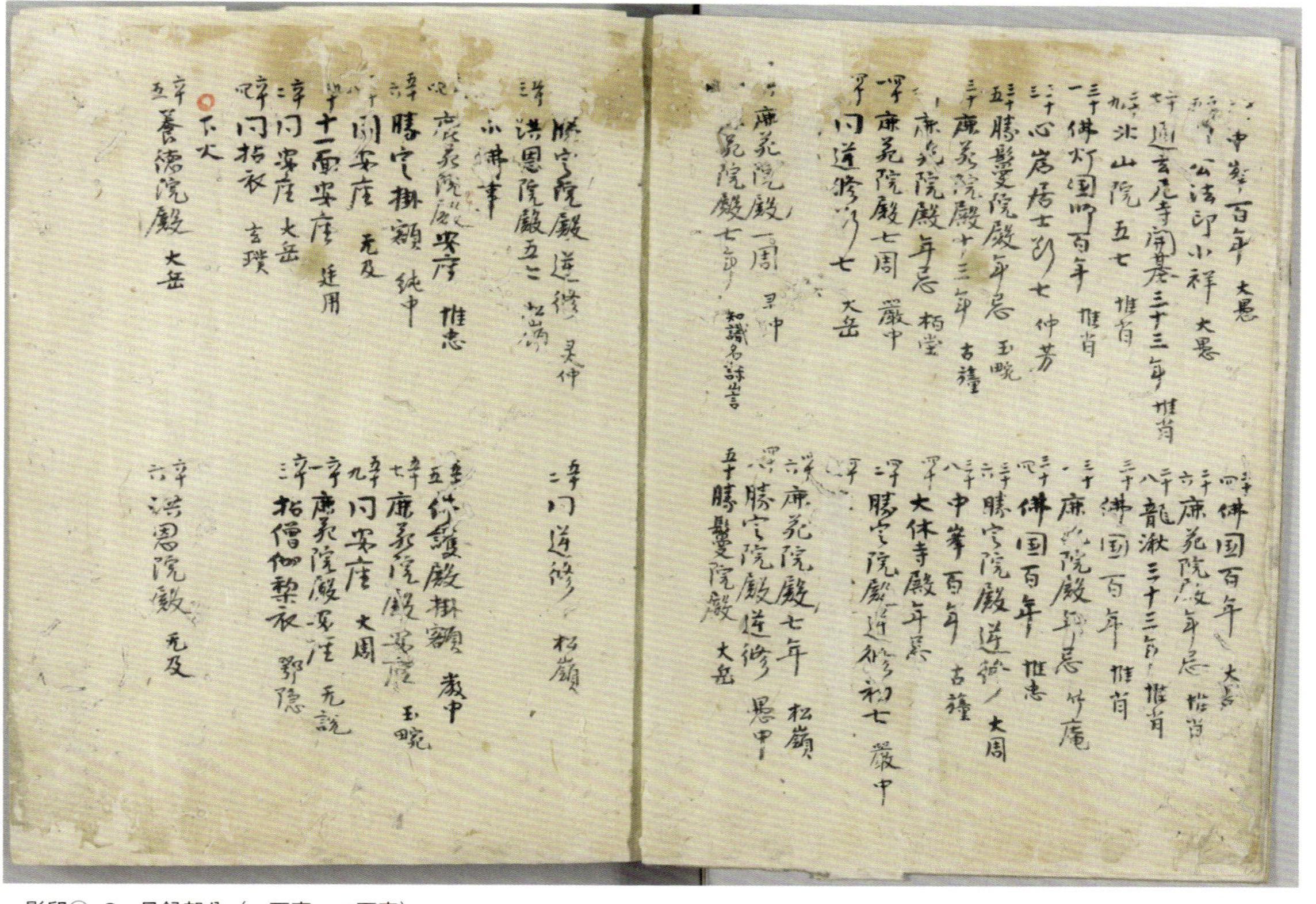

影印③-2　目録部分（一丁裏～二丁表）

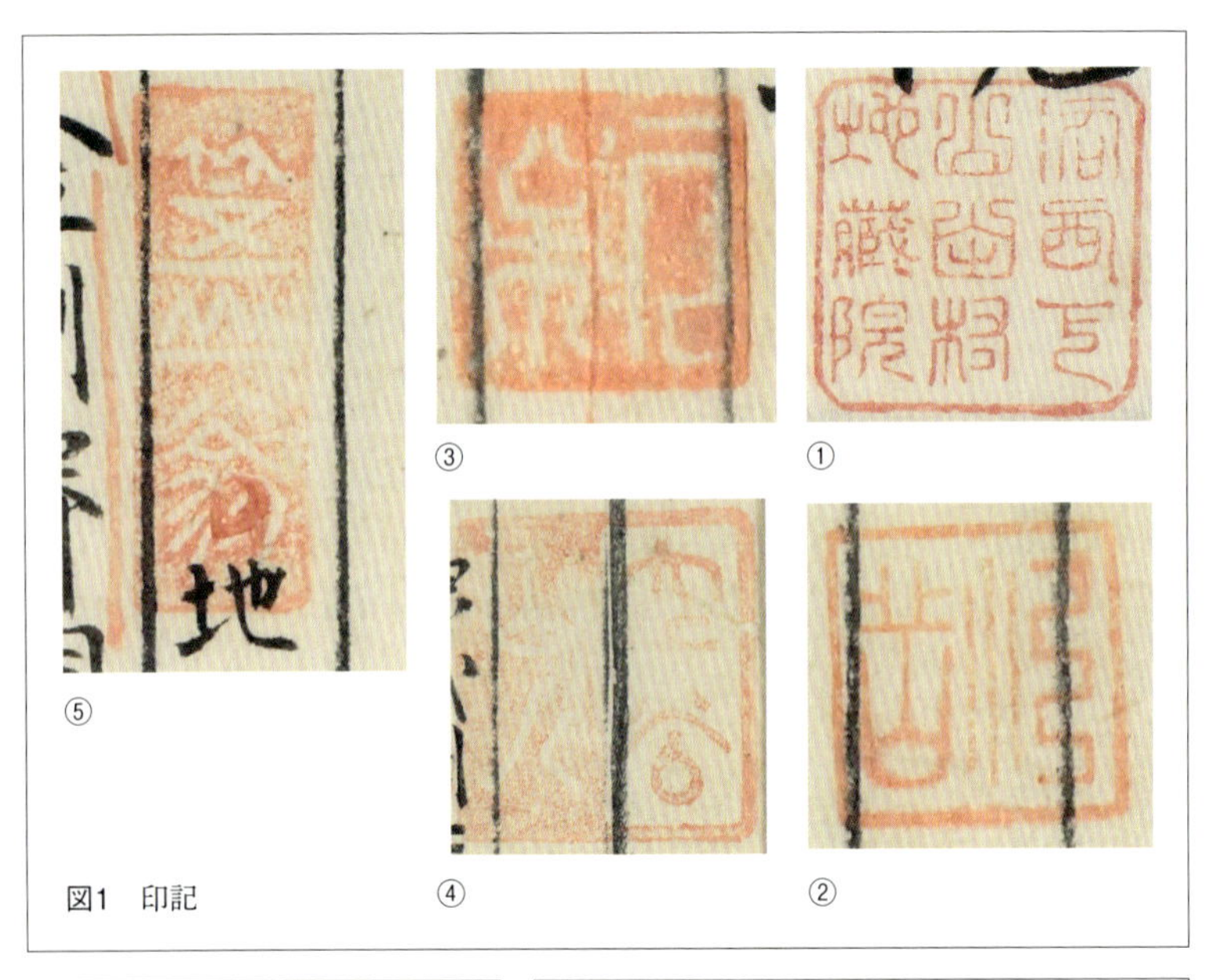

⑤ ③ ① ④ ②

図1　印記

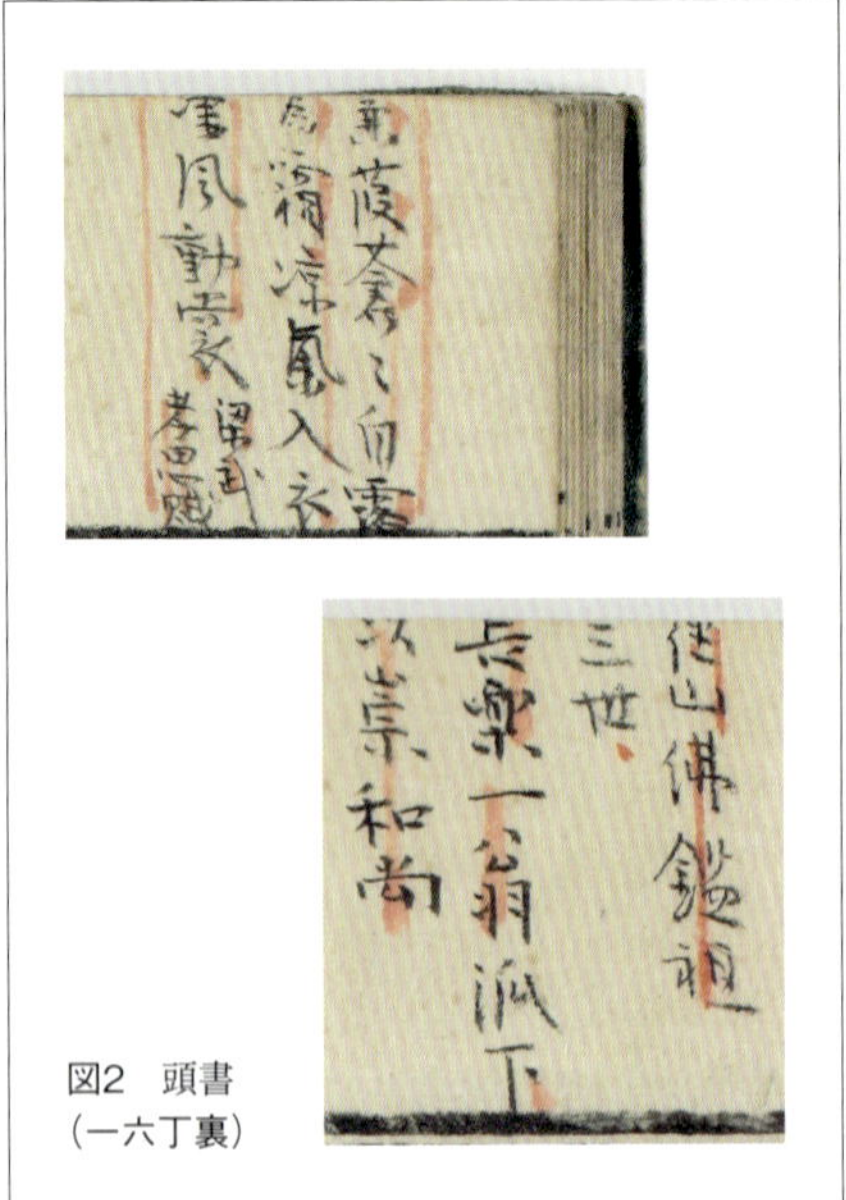

図2　頭書
（一六丁裏）

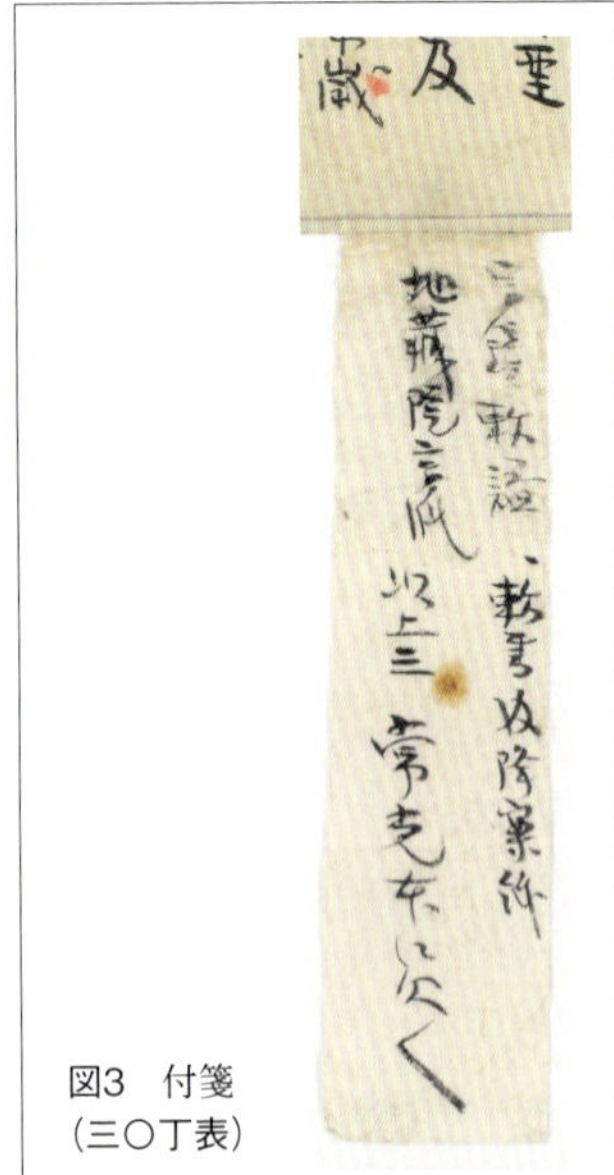

図3　付箋
（三〇丁表）

地蔵院本『笠山会要誌』影印

表紙

裏表紙

※表紙・裏表紙は本文より80%縮小

表紙裏・一丁表

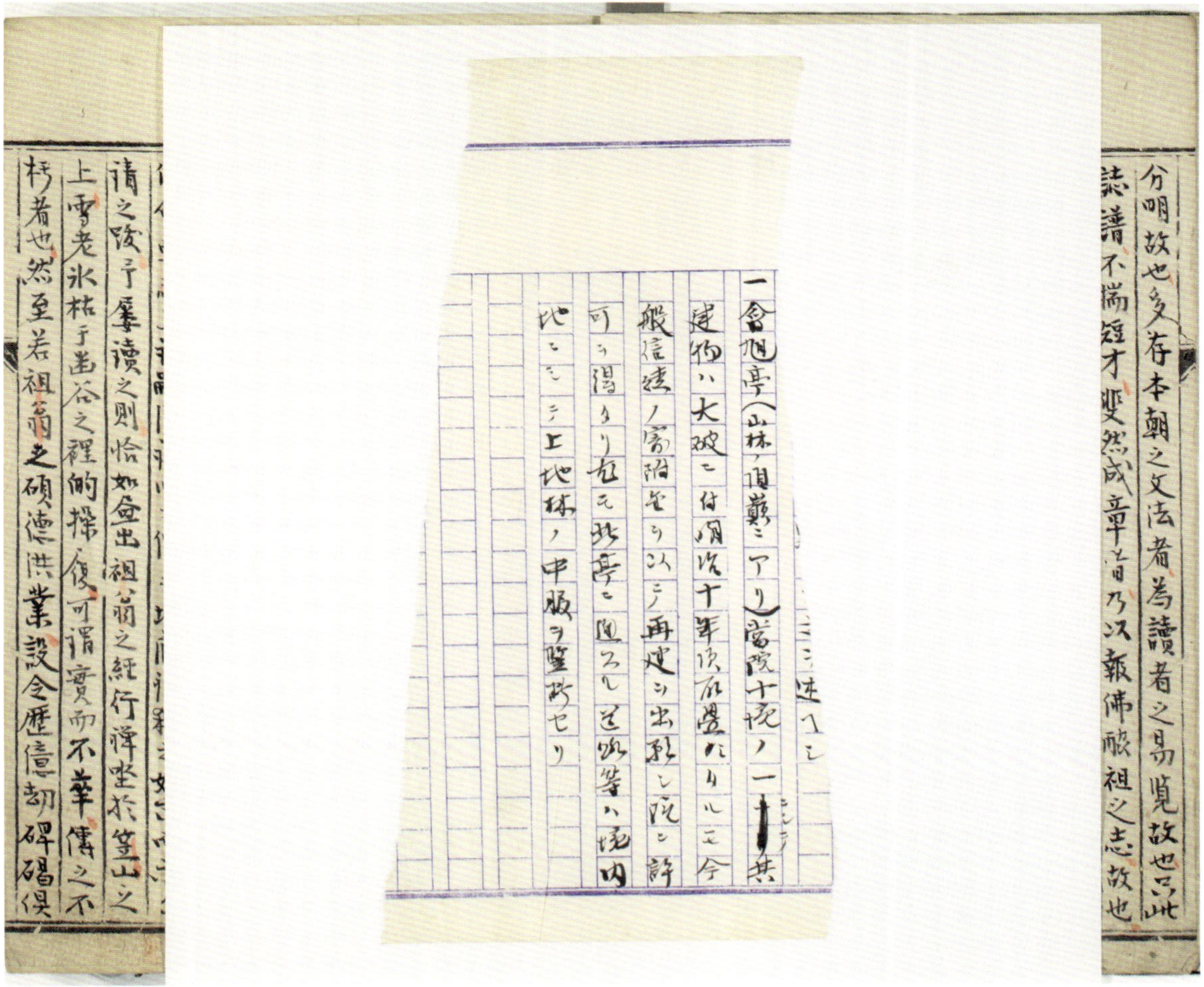

分明故也多存本朝之文法者為讀者之易覧故也〻此
誌譜不揣短才斐然成章首乃以報佛酬祖之志故也

一會旭亭（山林ノ頂巔ニアリ）當院十境ノ一ナリ其
建物ハ大破ニ付明治十年頃取毀ハタルヲ今
般信徒ノ寄附金ヲ以テ再建シ出願シ許
可ヲ得タリ依テ此亭ニ通スル道路等ハ境内
地ヨリ上地林ノ中腹ヲ堅改セリ

請之陵于羣讀之則恰如無出祖翁之紀行譚坐於笠山之
上雪老氷枯于蓋谷之裡的揉復可謂實而不華傳之不
朽者也然至若祖翁之碩德洪業設令歷億劫碑碣俣

分明故也多存本朝之文法者為讀者之易覧故也只此
誌譜不揣短才斐然成章旨乃以報佛祖之志故也
嗚呼知我罪我其惟有乎此書者乎笠山十二世沙門釈
元策自題于巫雲洞下

兎林和尚手簡 并跋
初未中慶和南覆
巫雲洞 江岳法兄禅師猊右謹接手教兼領地蔵院志壹
冊瑯瑯讀之恰如身之入衣笠山聽碧潭和尚之謦欬何
図丁此澆季宗鏡重照祖灯再燃矣九世之稱業門者從
之不識乃祖名字者不少嗚呼我者孝本世伏惟高明継
曽祖之偉業於將絶巫寺記之廃于已墜可謂孝之絶者
也予不揆鄙譾叨應題辭之需樗材何耐然卿已諾之豈
食言哉禅坐之暇熟閲静誦以要塞責乞容俺忽晴
維小春坎葉下從霜葉半零巫雲洞口之絶景憶是秋
在師之吟卷也不肖神飛情馳不日而扣禅扉余之宿願
也不乙
嗟乎大吴宗鏡祖翁之為徒哉竜湫絶海之二耳露互相稱
揚笑山玉畹大愚之輩式記之行実或為之賛詞旦焜燿寰
宇瞻炙叢林者尚矣厥后斎業禅伯袞諸老[illegible]章以
作會要志旦記嗣法諸師之傳并地蔵禅刹之如宗而示余
請之跋予纂讀之則恰如盆出祖翁之紀行禅坐於笠山之
上雪老氷枯于画谷之裡的揮侵可謂賓而不華傳之不
朽者也然至若祖翁之碩徳洪業設令歴億劫碑碣俱

摧四海之口碑豈得滅盡哉抑又雖無寺記可也而難悠
歷不記祖考之拖業者后嗣之罪也嗚呼禅伯猶富春
秋歐能不墜箕裘也如此矣余幸為法門瓜葛豈為
不慊於懷哉嗚然之餘系之以一偈添蛇足云高懸宗
鏡滿乾坤照見山河同一根群衲再三莫掃擦碧潭
万古月無痕　丙申冬十月中澣銘湖逸人中度記

玄應音義云屍陀林正言尸多婆那此名寒林其林幽邃而寒因以名也在王舎城側死人多送其中今總指棄死之處名尸陀林者取彼名之也

京城西丘葛野郡衣笠山地蔵院志附會要録

僧　元策輯

地理標目

金剛界門　惣門

地蔵院　源武州創建貞治六年十月四日營笠山之地五百匠工始幾至六日始建地蔵院之号

衣笠山　寺后之山故歌人衣笠内大臣之舊址也　衣笠数地管領所賀得

来鳳軒　方丈書院額

枯木堂　僧堂額　有春成賀額　寛文壬寅再造鎮山木菴贈額并書兼天竜虎林和尚

観音殿　佛殿安千手大士像　源武州公大夫人王渕君所持之尊像也應安四年寄附本山為宝殿之本尊云

地蔵宝殿　以天竜国師宗覚師所作地蔵尊并主像安置此宇

尺竜谷　山后之谷　松尾神主相李寄進

尸陀林　卯塔

不動洞　笠山之林麓有岩祠中安石像不動尊相傳云

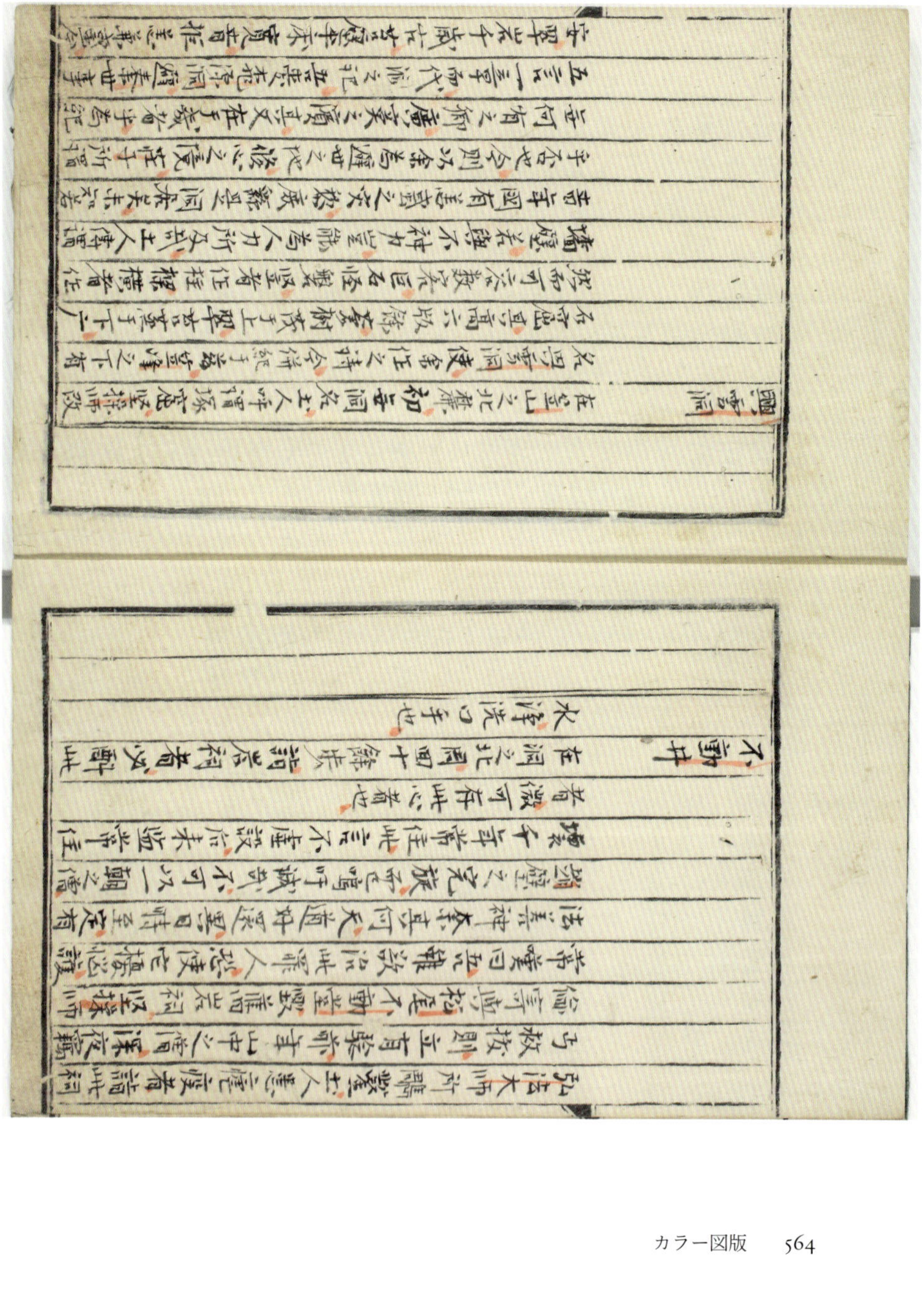

弘法大師所鑿土人患瘧疫者詣此祠
乞救按則立有驗爾来山中之僧深夜竊
倫寄與松尾不動堂毀舊岩祠堅採師
常嘆曰吾雖欲治此罪人恐使它擾惱護
法善神奈其何天道好還異日時至定有
翦壁之完旋而已嗚呼誡哉不可以一朝之僞
壞千年常住此言不虛設后来監常住
者微可存此心者也

不動井

在洞之北周四十餘歩詣岩祠者必酌此
水淨洗口手也

興雲洞

在笠山之北麓初音洞名土人呼謂塚窟堅採師改
名興雲洞使余作之詩令併紀于茲笠峰之下有
石窟其高六版餘蒼樹茂于上翠苔蔓于下广
然而可容數客巨石怪盤竪者仆柱樑横者仆
墻壁若與不神力豈能為人力所及哉土人傳謂
昔年國有善惑之灾黎庶縣是洞吾未知若
乎否也今則以余為避世之地修心之境荘子所謂
無何有之郷廣莫之濱其文在于茲者乎為紀
五言一章而代洞之記　吾要[illegible]源洞避秦世事
安翠岩千歳古苔壁半床寛音拒慧[illegible][illegible]

迯賢与奸不駈擣巣睡一任有佗斬

諸荘園公文　先代準例

西山地蔵院領所々付諸末寺并敷地田畠山林等目録在別紙事早任當

知行領掌不可有相違之状如件

應永廿年十月廿日

内大臣源朝臣義量　公方長得院殿

管領源満元附判　細川右京大夫

西山地蔵院領所々付諸末寺并敷地田畠山林等目録在別紙事早任去十

月廿日安堵可致全所務之由所致仰下也仍執達如件

應永廿年十一月廿六日

後圓融帝口宣

攝津國廣田位倍庄知行不可有相違者天氣如此仍執達

如件

康暦二年九月十一日　勘解由次官

地蔵院長老号真上人御房

後圓融帝官符

左辨官　應因準傍例免除伊勢太神宮役夫工米造内裏大嘗

會米段米関米棟別朝役廳役国役以下万雑諸役永為西

山地蔵院領事

右得彼寺雑掌去三月日奏状偁當院者奉請天竜開山夢窓

国師為當院開山爾住西芳聖済宗鏡律師領承二世席然而光

嚴光明本院三代聖皇被旅勅願寺忝為帰依砌者乎就中公

武御寄進之地今相續尊卑施入之所已繁多也而諸庄諸園

被非分之煩朝役国役致癈時之勤幸當八埏淳朴之明時被三

宝帰依之厳願者宗廟社稷鎮護甚深不可過之者也望

請特蒙裁許因准験川三會西芳寺之傍例可被成下諸役

光依宣符之由爾吹挙於神宮之和風浴恩化於蓬[illegible]之仁雨
當院領殊以固安全滞基奉祝宝祚無彊者權中納言藤原
朝臣忠光宣奉勅依請者國宜承知依宣行之
永和元年八月十三日　大史小槻宿祢
右少弁藤原朝臣

後[illegible]山天皇元中九年

地蔵禅院領所目録

當院敷地山林等　桂庄内正安有友両名
新免壹町参段内　地蔵田貳段
天王寺田壹段　車塚壹段大
御肉作参段六十歩　猫塚貳段并西庄内買地二町段大二
山寺田貳段　下津林岡安名七段半

今能名内壹段　菩木五段并光明寺田壹段
高羽小并桂友重名内貳段　桂公文名四段大
大垣内参段内　女御田貳段大
寂福寺田貳段　菩[illegible]田参段半
北野田貳段大　西院岡延名八段田
葉室鵜飼田貳段　西庄内鵜垣田壹段
下桂東高羽壹段　醍醐田参段半
紙屋川田貳段　吉祥院田壹段
熊登田五段　御當田壹段半
平野田壹段　池尻田参段
今光名内貳段　勅諡田参段
向河原壹段　久世庄田三町

西庄七段地　井垣三段
永末名内壹段河原田一段　平塚弐段并下山田廣畠地子銭
二所合内安依半　門前十屋敷　松尾領同
西方七屋敷　四條観音堂辻子屋敷
已上
摂津国長町庄并安威庄本役　摂津国音羽下司給并田那辺
同広田位倍庄　同安満川公文給
同宿野庄内　丹波国大芋庄内吉久名
丹波国川上村内米拾三斛銭十四貫　阿波国勝浦庄
阿波国竹原庄并金泉寺　土佐国田村庄并徳善保
近江国高嶋保田　伊勢国茂永村
已上

塔頭并附庸末寺
円通庵　同院　延慶庵　同
龍済軒　同　安楽院　唐橋
弘安寺　摂州　宝光院　同
正受庵　洛中　栖雲庵　万石
江西庵　江州　慈恩寺　頼之公為皇妣月菴和上創立并奉皇妣
持宝庵　上山　遠塵庵　洛中
三光院　蔵六庵　摂州
壺楽寺　同　興隆寺
成願寺　泉福寺
正善庵　大蔵庵　丹后
延命院　摂州　宝慶寺

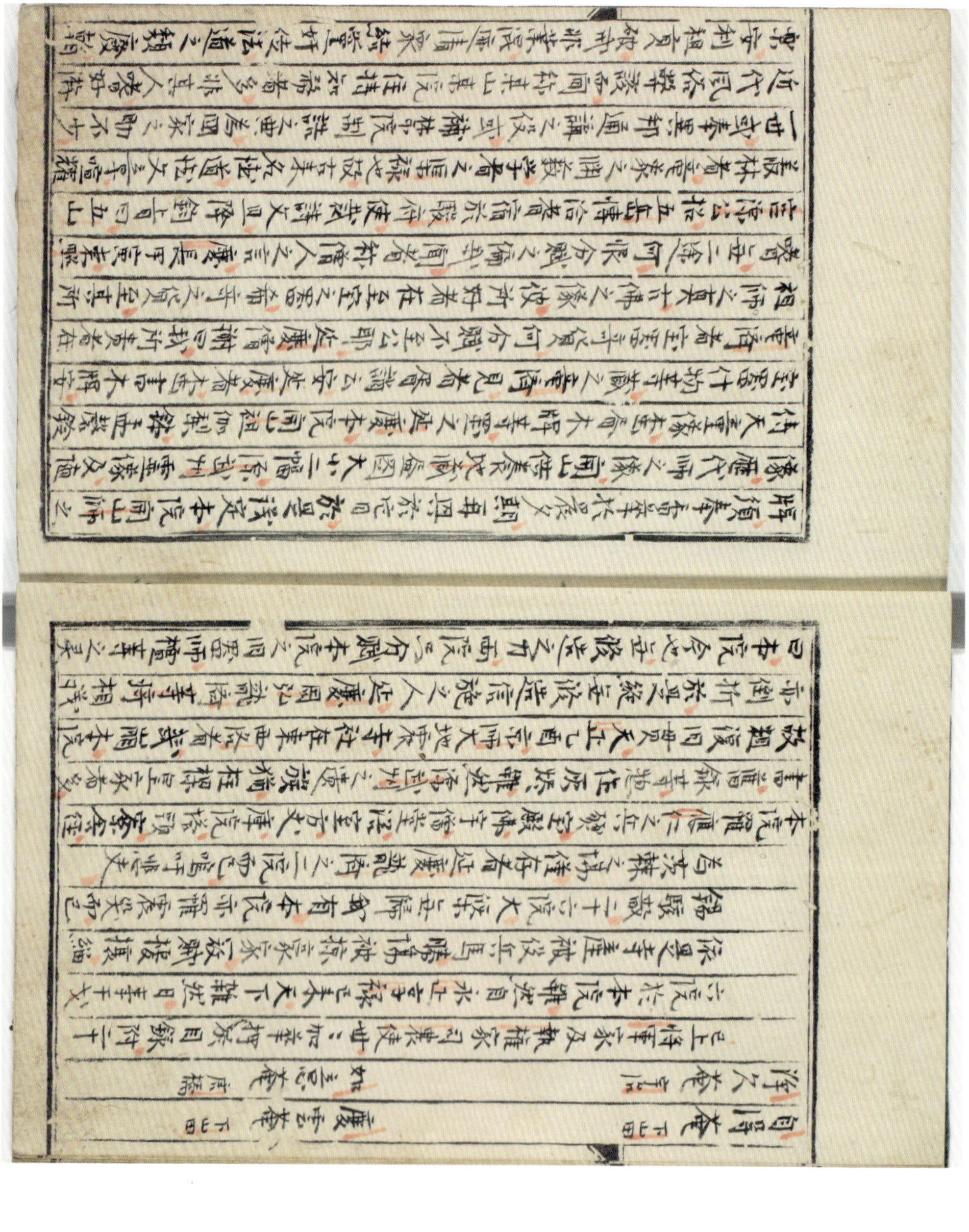

學之衰弊已窮矣從今已往如此俗陋一切禁之五岳之中永可剗
奪庸僧所知之田莊充行后生矜季之衣資依是五岳之中被
恥逐者多唯特松岩犇岳光師假監延慶之院務光師幸紫
才学之選奉鈞命之請以故延慶租貢如故龍府僧衆庸猥
之責産莊殆盡尚頼光師之恩蔭僅存什之一余常憶此事未
嘗不三嘆照禪祖之明武州公之靈貺也昔年本院倒折之日
延慶僧輕世貨而重法宝竜府僧輕法宝而重世貨見者恐
分計之不公蓋快一朝之和利不顧積悪之天殃三十年後使光師
假監延慶丁鈞請之日嚮良匠之美名全租貢於累卯之際
調衆口於今日豈不當在僧宝護惜之鋒務哉後人攷佗山之
石鑑覆車之轍傳祖灯於万年遺家教於将来者吏此豈可
謂傳法之住持賦厰之児孫也若以闘諍諍論忘法喋衆以破

戒非業惑亡昧自者不可謂佛弟子可謂滅族人如斯癡輩
一日安住山門清浄地勿謂我是照禪祖裔世之児孫若不信
余言生遭王法死堕阿鼻慎旃〻〻

右典厩能秀法衣寄附手割

奉寄進地蔵院法衣 黄色紗

右法衣者天竜国師依有相承之儀所令付属故入道道資給也
何鎮當家雖可為奕世之家跤地蔵院開山宗鏡禅師者故
入道依為密教傳授弟子殷敬異佗況於能秀親之為當寺
本尊所奉寄進也但雖五山十刹之住持諸山甲刹之長老永
不可披用之若有背此旨者即時可取返之後〻末代雖為子
〻孫〻堅可守此旨且又為寺家被破此法於其仁一人可申行罪
科者也寺家私家同門尚永代守此法為備後日亀鑑粗寄進

開山勅諡宗鏡禅師　應安七年甲寅正月五日寂

師諱周皎字夢窓東関故将軍北条氏之裔也世称地蔵之再生
初学密部教門之蘊奥無支而不通薦覚位於灌頂大阿闍
梨故称金剛仏子瑜伽之一衆指為宗之所在後蒙正覚国師之
開化中心有慕遂乗順帰禅日夕親炙無幾国師之言機密
契心源天竜寺落成之日国師特延師充供養大導師且
附伽梨尼師壇一時栄之康永元年国師使師住西芳後配補上
皇駐駕於城内平等院齋手詔而召師至則賜坐詢法恩渥
隆乎源将軍義詮丁北堂之憂詹乎寺請師講心経寺梵
典者百日資薦冥福一時之公卿競奔而向道故法兄澤龍
湫賛師像有教禅兼学匈開正宗說與通鏡絶塵恠誉
揚三尭宇宙道迹[illegible]之勤王臣等之語音日文國有望[illegible]

状如件

至徳四年三月廿一日

右馬助熊秀

憂枢府命師祈雨其應立臨境畦衢街歓抃四馳枢府答
以金刀錫一口謝師之法施管領信武州執之公改職向道竊
得頗多因此卜地於城西創禅刹請師為開山祖師謙譲而
推正覚国師為第一祖自称第二世蓋準西芳及大光明寺
之例武州公塑寿像於祠堂而示護法之殊勝称院於地
蔵別搆宝殿安地蔵霊像乃正覚国師在世之日有異人持
三顆宝珠献国師其一珠曰能住性国師与師設塑霊像之時
以此珠置像之胸次故以院之號旌像之霊又掛六幢地蔵図
於宝殿日親供養焉師常謂去元弘北条氏滅亡之年親奉
之地蔵菩薩夜夢告曰汝族滅矣汝亦死矣不可遁但我代
汝命可助汝命也汝不可忘我恩尓来已往一向帰仰悲願力
每有餘念乃造立并写菩薩之像者六十萬躰普流布

安置日本国又有中賀上坐者病而廻入炎摩宮焔王曰汝相
見西芳碧潭古佛否答云相見王曰然則令一回還人間言
了而忽蘇生矣賀上坐自是親近丈室師愍彼志附与地
蔵像一躰教彼供養焉矣師又夢中有人請地蔵讃推辞不
止師讃云八万四千者一同守恒沙性徳大摩尼宝於其地蔵
有大因縁如此応安二年師患然稀者而猶以励激学者為
已任於伏陽大光明寺自講起信論立三條之規約学者云
坐禅行道修行之事勤行焼香礼拝不可懈怠之事莫
俗二諦為法同心之事其簡易而整衆大概可見矣応安
七年寅正月五日師齢八十四歳示滅諸徒不堪哀慟塔全身
於尸陀林深渓資首座奉遺嘱而摂寺事金剛笑山金禅
師次住本院且摂師之行業祀若龍湫沢義堂信縦海律[illegible]

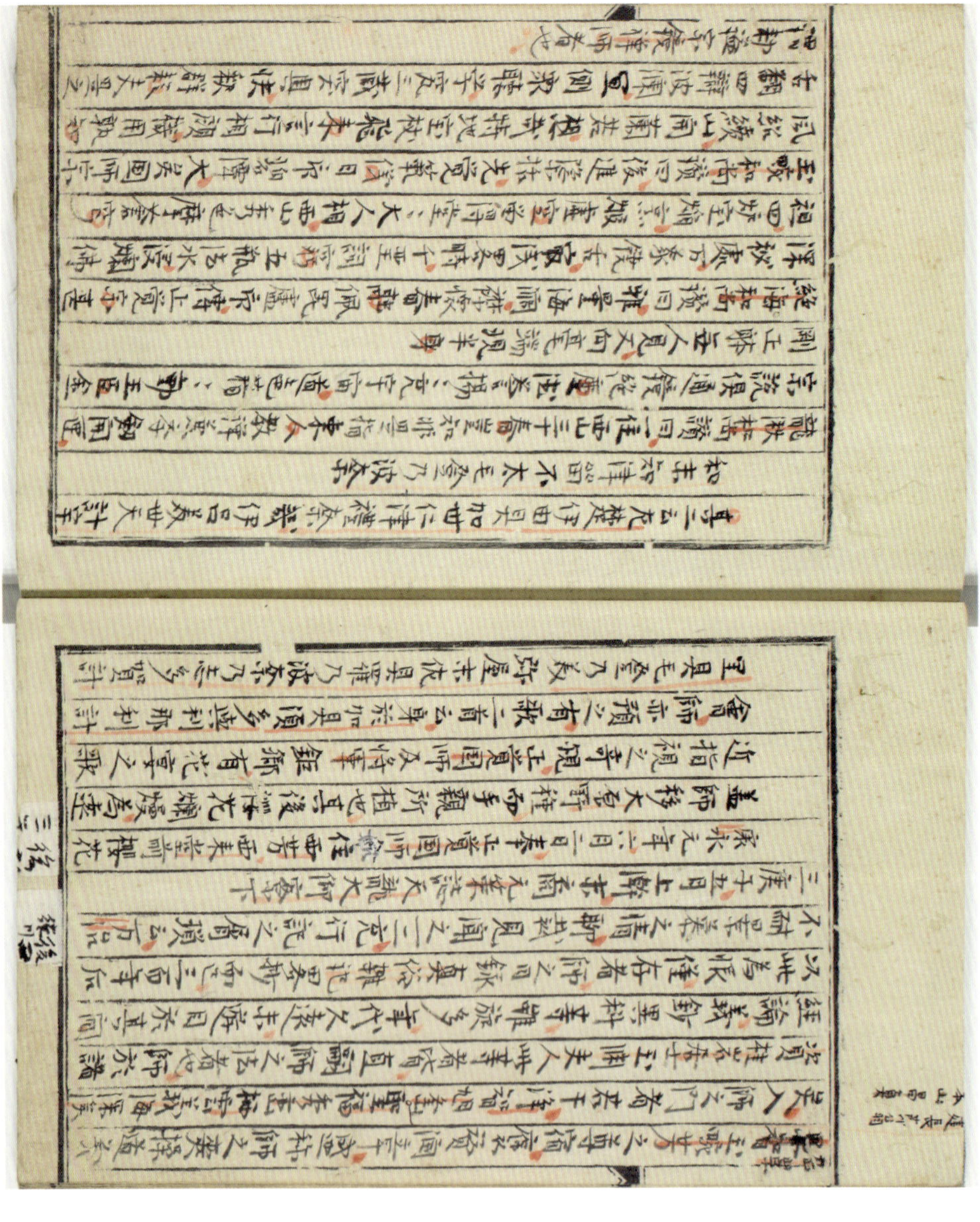

[illegible]者玉畹廿芳之尊宿應永資聞亭盛称師之奕揲道矣
吳人師之門者若干淨智旭岑聖福秀壷梅雲義海深奚
資桂岩居士玉澗夫人此等者皆直嗣師之法者也師於諸
經論義鈔異科等雖旋多年代久遠未遑目於其間
以此為恨僅存者師之日録真俗雜記累抄而已三百年后
不耐景慕之情聊裁見聞之一二充行記之屑瑣云爾
三庚子五月上澣末裔元策誌天龍大御寮下

康永元年六月二日奉正覚國師命住西芳西来堂前櫻花
蓋師移大原野種而手親所植也其後櫻花爛熳為遠
近指視之奇現正覚國師及将軍鉅卿有花宴之歌
會師亦預之有歌二首云身於加具須多與利那利計
里具毛登乃義弥屋末佐具羅乃波奈乃志多賀計
其二云左楚伊由具加世仁津禮奈裁伊呂義世天計字
和末知律留不太毛登乃波奈

龍湫椿禱讃曰一住西山三十春豈知非是指東人教禅兼奇劍開匣
宗説俱通鏡絶塵法誉揚〻充宇宙道色着〻動王臣金
剛正眼無人見又向毫端現半身

絶海和尚讃曰雅量海涵襟懐春藹佩民廬市傳止覚宗甚
深秘處万象饒舌寂然累時千里詞家五瓶法水浸爛佛
祖四炉宝焰熏爛盧空留得堂〻大人相西山秀色摩蒼穹

玉畹和尚讃曰後進𢭏括先覚範儀日示獅猊大吳國師宗
風紹續山間蘭若想哉特地宝杖飛来言行桐頭織用孰知
舌翻四辯波瀾亘側衆聴学究三蔵宗與快釈群疑夫是之
謂勅謚宗鏡禅師者也

太盛和尚頌曰碧潭宗鏡裏面目自分明若論本与影日午
打三更

旭峰朝禅師
師諱周朝字旭峰嗣法於宗鏡禅師住相之淨智
元策謹頌曰紅旭映孤峰碧潭注派源淨智懿莊嚴
域玄機提破妙盆堂ゝ人天師範留慈相舊児孫

建長前翁中励禅師

秀峦禅師
師諱 字秀峦受法於宗鏡師領筑之聖福帖住虎橋如意
庵ゝ乃師之所開創之塔也
恵日居極才禅師讃師之真曰秀出如雲峯ゝ乎峦威風爽氣
逼人寒涩牛吼破碧潭月吐露摩尼珠一圓　門人周棟侍者
讃請永鎮如意庵充香華供養云

義海周勝長老
師諱周勝字義海松尾祭司之族也幼而薙髪為尼従神宮寺
實智阿闍梨学密教俗称梅雲三位法印妥佩之日附栖
雲於師ゝ尚嘆於教乗有疑而契宗鏡師之門華服詢禅参哉
領旨於是以栖雲為禅苑附庸笠山

深渓資首座

諱景資字深渓従宗鏡師向道寺務惣管一切典納出之職
美哉堂信禅師立深渓字且作説曰四州惣轄亦武州太守桂岩公
頃在京師栖于政府政之暇向道於故宗鏡禅師瑞潭和尚所得啓多
是以嗣一禅刹於西山之麓曰地蔵院請師為開山第一祖示報本也
逮于師示滅公以其神足資上人俾摂寺事上人才徳幹蠱輪
奐之美不日而成由是宗鏡之明為不滅余嘉厥功不敢名以深渓称
之蓋取輞氏所謂資深之義曰君子於道也貴乎自得矣資
之深既資之深左右逢其原美適不可者深渓勿虚此称
嗚呼如空華師雖被以道徳文章称揚一代而亦一句一言不
叨施抑揚褒貶至今為叢林據鑑者多次貝公直饒
雖無旌碑実録載其遺跡寧使盛名埋没千古之下
哉誠乎刘公一代常書賢於十部従吏余得此説済之也

武州桂岩居士

武州源公頼之細川氏之門冠也称氏以屢老比焼之将家以尚父尊
重之晩年剃髪號桂岩居士先是正覚国師建之宗且記偈曰
最こ嫩緑潑雲端密葉高枝不可攀善吉長年放憨坐圓知
月窟在其間公素雖生豪華之家処惣轄之職深傾信於宗
門自遇量宗師剖判公案政暇休澣之日則粛こ然揮塵談
玄殆如宗師家焉洛之間建寺度僧自古未多見治六年妻
説之命入洛未到将軍家先知剣寂随傳祖之室詢法要且
師資宗臨之儀重其制氏如此地蔵院者特抽丹情而為報佛
祖之道場産荘奴隷資用満足諸佛宇之構架与太方之
名藍相同加之詠和歌賦唐律時之良匠間有結舌之詩句
公之遺稿歌云志津加那留古こ呂乃宇知屋未津加計衆美

清興利毛那於須〻志加留羅無文康暦之年有海南行不
賓資粮只携杜子美詩集一莖其行之詩云人生五十愧無功
花木春過夏已中満室蒼蠅誰掃尽去尋禅榻臥清風雅
致風韻邪宅嘯嘲花月之比劇貴思旋刈儒真直入千重
作者之域者也操復生元詳于碑及云図傳畧于茲
古尊宿當桂岩居士小祥忌有祭文偈云屍居年深不可往
桂岩今復寂無迹天涯一様芳春夕独有楚帰傷此情公
与一時之宗師以道相謫者多公卒而後莫文輓詞殆為
巨軸諸方語録之中至今往〻有之余雖有志抹録依
時情之秘蓄不果其志他日同我志者託此於續誌幸
甚

至徳丈人光真君

龍光
鉄舟稿也

法性院居諱光真武州公之正室浄相公之嫡母也天龍国師先標
道号曰至徳併附頌云靈源不涿自瑩徹西岸中流一片光業〻
臨深知幾人感言瑞璧在崑崗早悟無常之理勤課衆善之
功初請龍光之方室問道無所得后参宗鏡師發明心法於是
創法性院度往来之尼姑常聚門徒寫五部大乗経恵林笠雲
禅師挙公之塔操云雖居塵労而不被塵労纏縛雖処富貴
而不受富貴薫染可謂紅炉優鉢淤泥芙蕖安知非風柔菩
薩願力来現婦女質哉公齋居而無息養古幢師為予應
永三年五月九日感疾而化如休居者公之上足也

附絶海国師讃桂岩居士像

従容春温従之遊者未嘗覚其様密正色冬凛望之畏者未嘗覩
其室塵動而恒静親而若疎樹旗幢以臨辺感衆寡欲坐一席堂

一五丁裏・一六丁表

以論逆信及脈並逆能擁幼主於危亂之際全神器於分崩之餘
彼方烏合而螳聚吾乃霆掃而風除人徒見成績於今日而不知
吾手之拮据迄乎大縁凤契投機雲[illegible]寺西河獅子羅済北驊騮
法救自在縦横卷舒　宿師老衲有所不如然則致君与利民豈
非道眞之土苴也耶
桂菴居士就于景徳寺以正覚國師三十三回忌請普明國師拈香
其香語之中云叟弟子優婆塞身為國鼎運法勝籌心為
法力護伊蒲供奇哉一鉢神通飯重得四宗毛孔香

列祖歴代志
第一祖　正覚國師
第二世　宗鏡禅師
第三世　旭峯禅師
第四世　仙英玉禅師　北畠親房族
諱周玉字仙英伊勢國司族少従笠雲師学内外之典雅究西漢
書之史法嗣法於旭峰初住京師万寿諸刹費賀南
禅度希世道同一流能形容師之出処云瞻仰万古之月影侵長
空宗鏡百巻之書心存大教度振光烈於今日以揚末光於九
秋東筆落種　香董班馬横翔捷出人皆着鞭而先吾子春深
涵我独成器而朕居地蔵道同探老破天荒識契坡公咲翻南
波許不妨逢場作戯放出西河獅子之好値以立宗名並歴十地

前蔭蒼之白雲
別滄涼風入衣
金風動雲衣 果武 孝邸藏

從山佛鑑禮
三世
兵衆一翁派下
以崇和尚

揩杉法席包四時花雨滿実赤而物如斗飯到上品祥蕭蔑薰
而露為霜益堅曉節後住天龍咲年築章閣軒為退休之
居自號如幻老人寛正四癸未十月廿九日唱滅諸徒請資師書
曰一指頭上建立法幢更若向什广宗旨眠夜三更月到窓諸徒
繪寺洒質求贊天龍仙英有評當日又贊像依像云先生元
是玉堂野何事雲村衛而来天下小於頭上笠遙知無地置奇才
叢林至今賞誦之才德全備識量一高識全鼎之味者乎師
歳代之後天龍住持以崇自敦禪師就法雷堂祭師且有文備祀
于茲
維寛正四年龍集癸未律中壷冬二十九日前住天龍仙英和尚
大禪師示滅于西山地蔵禪院龍湫丈室越十一月十六日靈隱山
天龍資聖禪寺住持比丘自敦謹率合山清衆就于法雷
堂嚴備香華時羞之法供昭告以文曰
地藏之探接清凉益列派分支千祀無爽龍湫傳碧潭正脈
源來不窮以從往沢視之於今考之於昔嗚呼維師群英殊美
一家巨擘万古嘉名龍門上客定鋒孜孜漁獵典籍実識真
才持論精嚴禮窺碩川一代詞伯後學初機重其方格四
處住山弗倦力役宗通說通鯨吐聲鏘椎拂之間衆成阡陌聽
衆心疑為作啓迪出処無恒袈曽肥瘠三會暮年化门巨闡兇
辛天宮有甚向偶春乾彼長逝使重足結繹嗚呼哀哉年逾
耆稀髮白心白微疾忽嬰洵不易簣甚之一夢而應者百
况今一偈代謝推仆大極枝頭寒梅甲拆達人大觀直須決
擇生死涅槃何曾陳迹一盞之茶一炷之柏聊設祭筵如在丈
席伏以尚亨

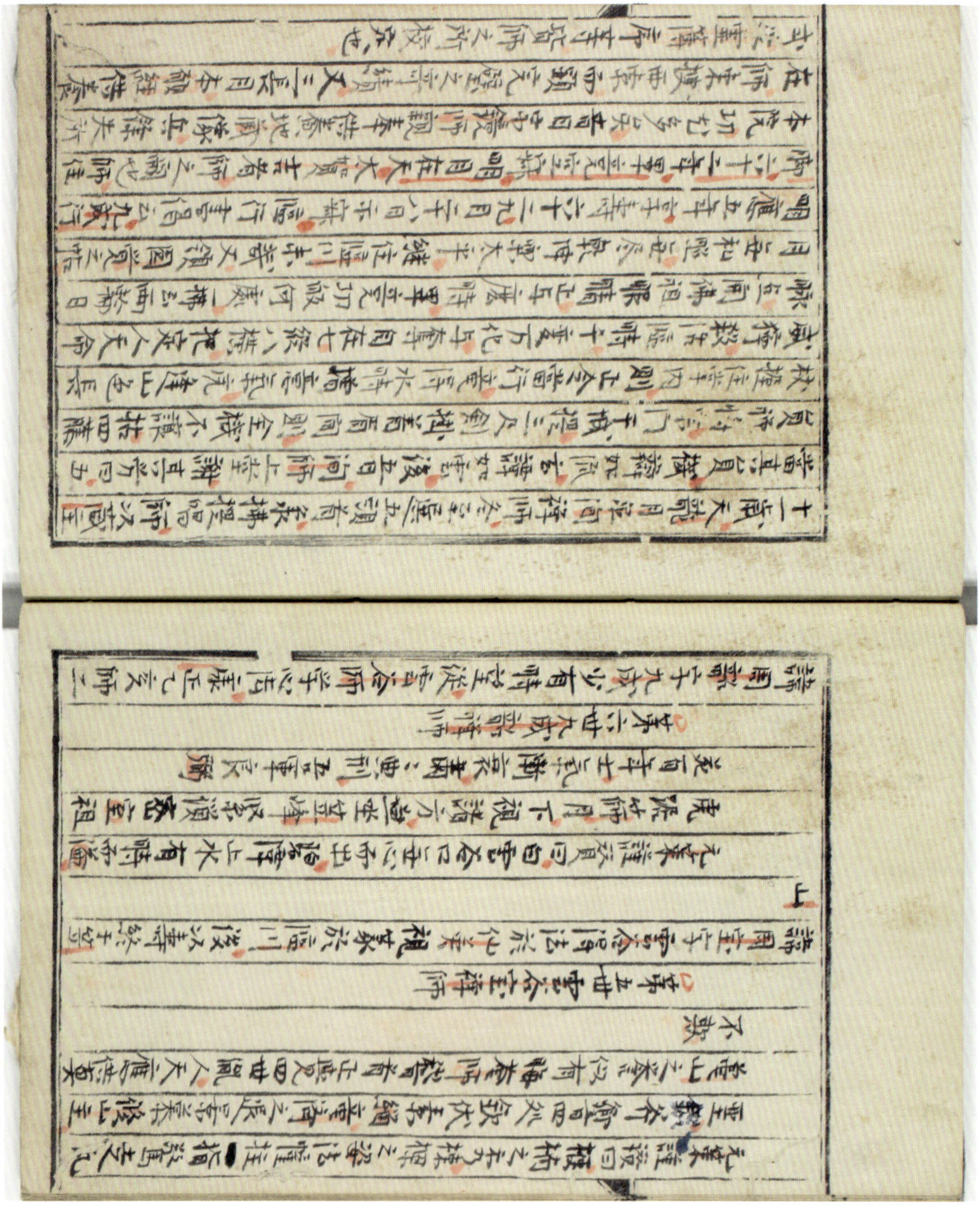

元菓謹賛曰玄毫六藏有収有放彩鳳九成呈
瑞呈祥天然氣傑特達美良実一時標格弨
此道棟梁者也若又曰虞衣曰賛較什广佛坑

〇第七世太賀吉首座

諱周吉字太賀嗣九成師天龍玉坡痕祥師建之字旦征説曰天
龍周吉蔵司津陽之産姓列倉氏其族比年僑于丹之大藏精
舎矣蔵主蚤厭俗情割親愛而嗣天龍国師祥足宗鏡禅師孫
禅前信川地蔵院頭九成翁一夕寄笮以惶見需字説乃翁
音吐洪暢雅量宏深謂之風流佛不亦嘉哉与予情交密迩而
于佯膺内故思其人思其樹不克辞譲乃命中書君為説云賀
之言慶也擴也其義博哉韓哉周易履上九象曰元吉有上
大有賀也係進奇鮮曰履至上九履道成矣又曰動容周旋之
除無不合礼必獲元吉必大有慶也傍有本以溢俟桐謂云大賀字釆
虜室李賀字長吉今蔵主摘釈氏而祖儒流者於義不俞欣中
書ゝ卯与曰李賀者奚背詩嚢之章句小儒也已不足釆也梵
言薩賀秦言吉祥此言決語也寧可際于李家姓名耶夫地蔵
薩埵應変無方曰檀陀曰宝珠曰特地曰日光曰宝印手曰除蓋経
六種七種十一種十二種名異徳同刹而以摩尼宝積如来真如金剛
大士為両手為両足据起戒若波羅蜜多入得圓融三摩耶盖
八万四千法門四生六凡群類只這一個賀字蔵司入侍巾瓶出揮
輪雲無説之筆晨執槌拂夕倚硯雪案之窓即是諸佛
大圓鑑内外無瑕翳北来者衝而拭之南触者頓而推之東平
基地撲之南岳信手磨之塵塵放出一眼本分之霊光晴晴顕露四
八流版之妙相毒蛇喉内阜黄金錫杖制頂上發白毫光宣之六

環金錫一面宗鏡元来一個買字果足元吉在上而大有慶也誰
不敢相賀乎哉　勉旃〻〻後移居天龍之板首世壽与德不
延嗚呼惜哉
元案謹賛曰摐鋒横出利倉氏之美不遠錦囊背
貝李秉才之名暗合未風軒下奏九成樂音霊崑
峰頂辛千指搦袖至夫造物之不假壽使人長嗟而
折風攙雹吁

第八世叔和康首座

諱梵康字叔和従太賀吉学浄業太賀遊去次住本院手
度弟子二人曰琛甫璘曰蕃仲係俱輪住于本院係学涵養陰
論之風璘有文字之誉嘗時江西之門称江心四学士之其一也
元案謹賛曰禅本草訂叔和氏之訣蜜菼芰綾
清素老之風蟄犢尺龍潭底芥視八九雲夢又不
争不競克始克終

第九世蕃仲係禅師

諱周係字蕃仲少入叔和室学内外典〻毎晨浄掃経案展
誦正覚国師發願文嘆后生正知正見未徹嵩然一室謝人事
之是非兀兩半榻観世栄之夢幻吴晩年同時賢之推尊領
臨川帖余於舊録之中得公春首之詩曰愧我逢春猶不能祭
斯後輩唖羊僧従令遮却門流悪頑續千秋西岸燈其〻護
法扶宗之志可見済叔弘者継其業者也
元案謹賛曰一衲三十年住山丈夫志氣凛於衣背手
而攫帝独立而持鵬嘯至謂夫其遮却門流之悪
挑起西岸之燈辞氣英敏嵬〻可[illegible]秉[illegible]

止哉道之衰使吾使誰遇悲夫

第十世清叔弘首座

諱周弘字清叔唐森士族也幼出家侍巾巻于仲興珉甫之子
寿埼輪住本院天正中本院罹震災從是退而居延慶
晩歳揖友林茅舎避世自作歌見志其歌曰去来〻〻浮游
人間兮有八之苦入山兮友林迎春而同茅檐兮游園而謳
芝歌兮暫時之栄華如夢兮擺塵世之幻兮心法作帚
兮去来〻〻又何壊哉復何悲哉後以世寿終于友林無嗣
子之丞其業録此延慶久為監務暫假之地本院亦無再
造之擬信只茨棘与瓦礫日茂月廢嗚呼不幸哉　堅操師
偏兼備録本光国師遺命来住此山道號延慶者二十年因
作廢芸揭起祖明數第之十一世之正統誰敢諱其後哉

元業謹贅曰一生掩蓬草户万古續隠淪風揮擺
幻夢凋没絃桐不幸而寺罹震災産藉兵戎
綱宗墜地祖道既崇若微延公誰我律誰遍涵
之一派嗚滭水流注自西又自東

第十一世堅操松禅師

師諱元松字堅操若之生縁父松宮氏母楠崎氏皆江之甲族也天正
十一年産矣於若府及長父伊賀守（号浄安居士）携至京師投南禅梅宗
元冲禅師受具入業禅師指麾允享甞誘殊親経侍香組
那之務要職師年廿三梅宗師不幸而戢化兼遺囑而慕大梅山
牧雲蔵竜二院之知務于時円照本光国師受東照宮之顧聘
赴駿城起師伴其駕東照宮奉眷国師日隆英遠四馳一時之
公卿大夫緇素商賈候国師之門者如市国師使師典謁善之

送迎故登其門庭者先約師結交外議以魚水相稱東照宮
台德院殿源公亦感其經綸而時々降恩賜國師徽南禪之目
命三頭首秉拂提唱珠峯師充前板禪客有不施寸足者
致太平時如何之問師以日照天臨河清海晏之答國師辱證
這回無松首座一場之秉拂不得今日之化儀矣寛永癸酉國師
戢化於江府遺命宗師地藏院震倒已往廢基既久延慶檀樾
宰相松侍使我管其事我亦志在再造雖然東漂西泊未果
其事大期既迫公其圖之師稟遺囑而入洛掛搭天龍護視
延慶天龍住持浩玄英禪曰師者在內禪前堂而說法者甫為之
人也何例暫到客位之僧耶敦請充第一座繼受鈞劄住院
川明曆元乙未七十三歲示微疾前一日設沐浴遺誡數條發附
後務七月朔日未刻師告謂左右曰時至可扶起跏趺合掌吉祥而
化其夕藏全身於地藏同之側師離東業大旱梅上梅山韶迎
雲嵐忽衆國師之命勤勞東西者殆三十年其間之辛勝卷扣
三江悅林英岳規伯等之諸先達而政々所以此道然未得快樂
之地後在江府同居士者奉牛亭標試而翻然忘所知因此居
士囑書中有謂只向信得及處自透脫矣故方退步頓脫無所不至也
故於佛祖因公案悉皆約下矣所以靈山密付少林單傳流傳令付
囑之居士乃龍宝門下傳吏真子也護惜此道嚴於宗師家以設
游泳其間受彼許可余時々參請于師則笑曰着衣喫飯故辰
伺屎矣其不作如實之工夫下語着語是什麼參禪耶人命有
呼吸空過一生勿墮時類口授指教之禪行卷抄錄之禪寂默沉
枯之禪放逸空闊之禪閻羅王前無汝開口之分耳咄字蹔訓吁
嗟餘音猶在今生不成道有何面目見師於那伽定裡嗚呼悲哉

元葉謹賛曰拏毒峯於許年噴殺氣於毫峰銅
頭鉄額噫噫噫是凡是聖思議孰容當陽若是
向什宗忘懐一過巴鼻無蹤
両禪僧録司最岳和尚讃曰木公隹稱探尤堅傳指交府六
十年況又汝吾同于吏於朝野救迷触両禪梅下入其室西
嶺雲時頭哉蕎暁仰門闌有光叡躍譚月色屋頭天
祖堂安堅操禪師画像莫文
城州路西丘衣笠山地蔵禪刹第十一世前住臨川堅操禪師
奉父母之遺体者七十三年坐喜提之正位者六十二臘於
嵗明暦元乙未七月丁未朔唱大安樂曲於笠山延慶丈室
元葉早奉陽業久蒙於是失斗於夜逢滅燭於
暗室特稟遺命監淨刹之後務雜堂僧之葬計

月相繋逾義懦之景慕日而上荘再之間既逆周回
之忌辰故寄淨財於丹青而圖幻容於楮帋集十人
之淨侶誦一巻之楞嚴蓋啓哀餘之所設也伏願不
捨慈心重開大法眼而享今日之薦典云唯
前席臨川堅操和尚大禪師真珠舎間宗鏡回光英産逸出
若耶溪上殊抽本宗宮氏甲族淨業親受毘盧頂畔久侍梅宗師
禪床墨楽堂重眉毛掛劍嬾亮洞中梵音紀綱灯榮挑
士峯雪應信永國師三嘆於方丈下杖錫凌信州雲感兵部侍
郎（仙石兵部郎与師交義尤敦）重聘於小室卿中居本寺而興牧雲慶苑終未
松尾而住地蔵名嶋台宣降命忽起高臥拭節目視笠象目林
叢拔老聊養餘端攪笠峰回視臈佗年提牛過宏雲之祐乎
可試風喫樹根之佐稀者三歳示微恙預告命期兮洛而化則

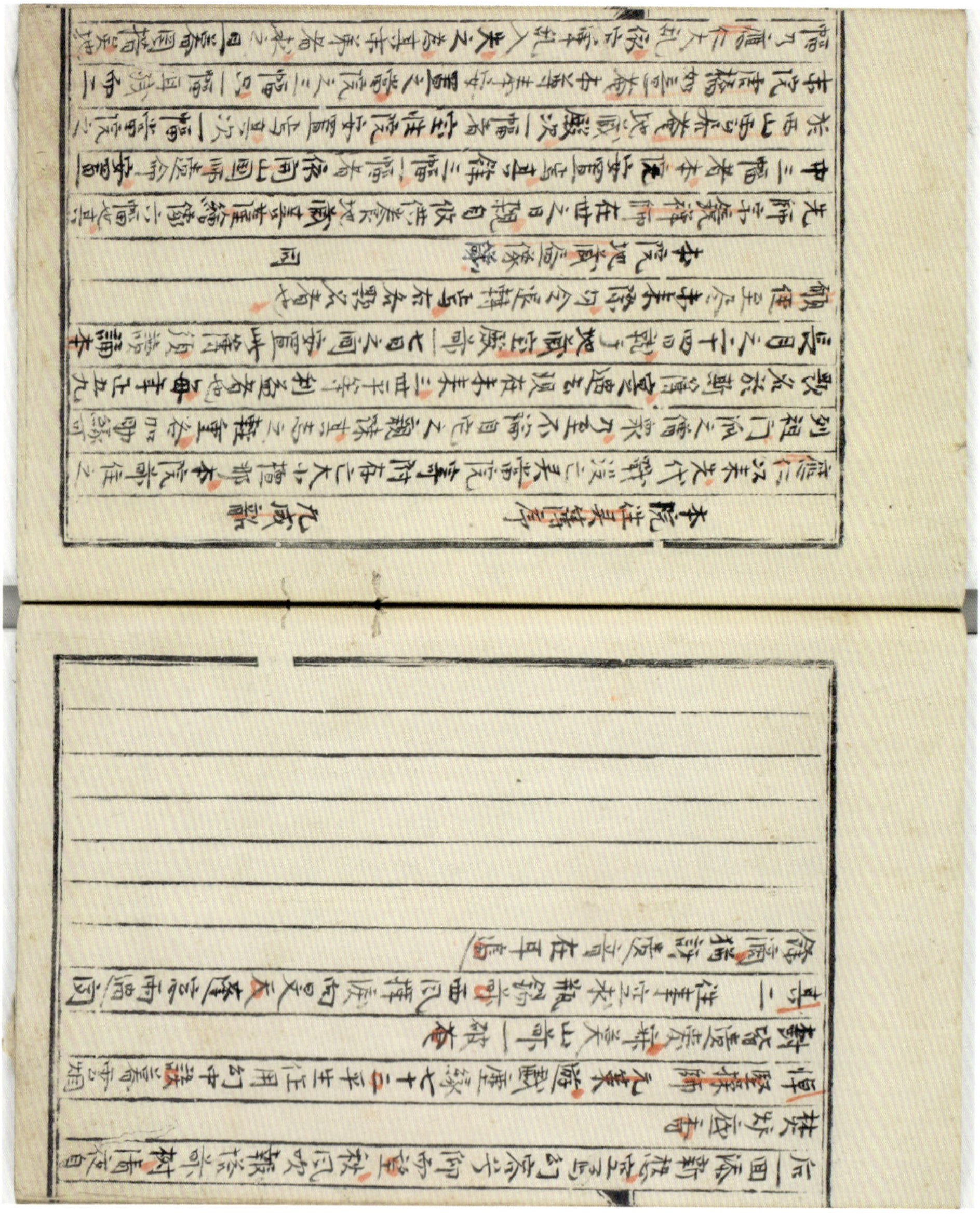

后一回添新想空色幻客兮仰面望秋風吹報塔前樹清夜自
焚炉底香
悍堅操師　元業遊戯塵縁七十二平生任用幻中謀暮雲烟
對皆遺愛并美山前一破菴
其二　往事空求瓶錫前西風揮涙向旻天逢宗雨過閒
鋒滴猶許遺音在耳邊

本院住吳籌序　　九成謹
應仁以来先代戰没之其當院寄附存之大小檀那本院前住之
列祖门派之儒衆乃至不論自他之親疎其志之輕重各加助縁可
数名於斯籌寔遺云現在未来三世平等利益者也毎年正五九
長月之二十四日就于地蔵宝殿前一七日之間安置此籌須諷誦本
願經至尽未来際勿令退轉焉右各類名者也

本院地蔵尊像讃　　同
先師宗鏡禅師在世之日親自供養地蔵菩薩繪像六幅也其
中三幅者本院安置焉其餘三幅一幅者依同山国師遺命安置
於西山西光菴地蔵殿次一幅者宝性院安置焉其次一幅当院之
末院雲橋如意菴本尊奉安置之当院之三幅只一幅耳残而二
幅乃應仁大乱依兵軍乱入失之為其弟子者求之且暮用揩矣地

藏院當代住持周訥一日謁于北野庵之次於千本逼之堂暫憩其
堂本尊無量壽佛也其傍懸地藏菩薩繪像一幅掛着是乃先
師攸供養六地藏之一也堂主八十老僧也予語曰彼所歴之像　先
師攸供養特地古佛之像也願老僧速付与予可也老僧對曰此尊像
大乱之初有　寄附于此堂雖然無便于　歸与本院老僧
攸希也老僧卽　後退閣析
右記以九成師莫贖之軸録于此入秘函匣之中藏裂
縫襟字没章斷僅攸録其昭著數字而刪除其類
似空缺者惜哉秘家之言鑑因護惜不密終使所
生至不受其光既也每人皆言函凪可惜雖為重經
賢傳肆作殘害余不然只歸責於護持之人者也
重補本願經跋
元策

夫物之不幸者莫甚於書其用余亦在人而不在書人在亂世責
宿之傑微有惜護之志者或藏此於嘗董韋囊之間或全此於
函塵霧毒之中是故孔聖屋焚壁於後日而嚴閣堀壁從帝
雕篆隸於巨碑而直建学門皆是於斯文有惜意也我笠山
地藏古院自異祖宗鏡師世以本願經祈黎戶之豊饒求祖蓮之
永昌如之每歲迎三長月則二十四日自亦七日安逝冕之備於紺殿
資冥報之福於陰府救迷昧之衆於昏衢爾來或百年遠數
而為式六十年前古基罹陰動之震央法儀為瓦礫之廢荒從
爾以往掃除調香之人不繫志於斯道日以薪水為務只以鐘皷
為極嗚呼可哀矣余頃探函匿之中拾一把之梵莢覆夕披勤
則本願秘密經十三品也乃九成師筍追薦芳林郁上座亦本也
殘缺既甚句讀難絶二弓之間不知數百字讀者閲者皆病

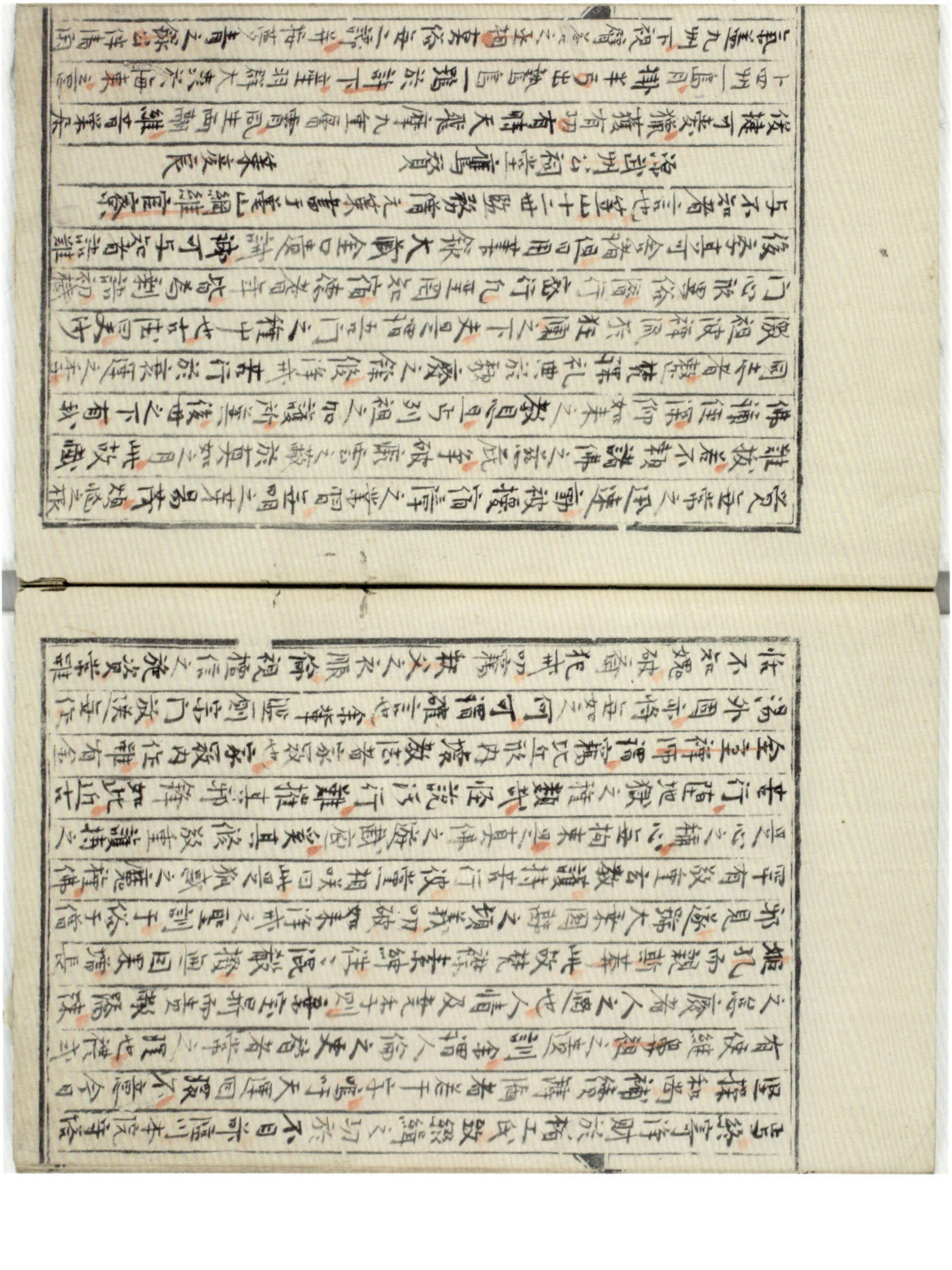

与終寄淨財於栢工氏致緝緝之功於不日前臨川本院守塔
堅探和尚補續歸備者若干字嗚呼天運回環不意今日
有使継鼻祖之遺訓令謂人倫之吏曾者常之理也禮式
之忌廢者人之過也人情及竟季子則棄宝帰而責徹隱疎
姫孔而親斬薙此故梵襟素紳往々混殺撥無因果增長
邪見遂歸大乘圓頓之頓義叨破如来淨戒之聖訓于俗于僧
罕有敬重玄教護持苦行彼黨相咲曰此是狐惑之魔種佛
是心之稱心無拘束是真佛之遊戯處奚真修敬重護持之
苦行墮地獄之種類武怪說汚行難推其邪鋒如此近古
全室禪師謂竊比丘於内壞教法者家寇也家寇内作雖有金
湯外固亦將無如之何可謂確言也余輩巡一則宗門放送無任
恠不知愧破齋犯戒叨竊秋父之衣服偷視檀信之施資崇雖

覚無常之迅速動被擾宿障之業習無明之芽易茂煩悩之根
難抜若不頼諸佛之慈庇爭破魔雲之蔽於真如之月此故威
佛補佐深仰如来之教具旦与列祖之加護所冀後世之下有我
同志者整梵襟礼典於廢之餘修淨戒苦行於衰運之季
激祖波禅風於狂瀾之下夫是謂吾門之種中也古徳曰失沙
门心於異俗僭行密行凡聖罔知宿徳耆年皆為剃髪初機
後季真可念諸但日用書録大蔵全口遺誡斯可与知者語難
与不知者言也笠山十二世監務僧元策書于篭山綱維官寮
源武州公祠堂鷹賓　策彦良
後捷可愛獵獲有功有時天飛摩九重層霄凤生両翮維音業居
下四州一島月掛半弓出鷙鳥一鵰於許下産羽群大类於海東之邑
氣蓋九州下視臂卷之平相莫俗無之謂并挂萬夕青之録也侓淸閑

兮決非鵰鴻鶚鸇之伍立高志者豈与燕雀鳴鵲江同人情若好哉
水而肥況以仁義為芳餌韓愛自在随時隱見奈有智盡之羅籠
蘇味道文材霜威凛々之剣景昇歌臺暖響謝之舊物自古今
傳家世后其同随侍天童
粤夫應仁丁亥之騒擾以来沿日常少而乱日常多由是諸寺之在
東西洛者十八九滅焉矣于嗚笠山地蔵院亦其一也雖然以為細川氏
淮代檀寺粗復旧貫矣故武州叔之公管領于十三州之日安四
十二歳之寿像於此院餝亦図以後鷹霊狗平素鍾愛從後
狗存而鷹先焉今右京兆（蒼雲院大川居士也）天竟妙於昼夏官騄洒宝
墨且表其誠以見投贈豈非追遠謁孝乎加之得平佐之贊詞蓋
以剛家僧之本也非以文也今也丁上皇践祚之年而有此一挙所希
黼黻皇家以陪万乎八十鷹揚之呂尚父歟雖闕八百年之基也矣

祝之
源武州公少時嘗畜後鷹霊狗嗜獵游中年悔謝其
過放鷹狗於雲衢旋狗於故里自是雖縦遊之情頗矣
雖極愛之心相忘焉二物於是図寫本院亦及物之情
於悠久應仁之擾乱鷹亡而狗存焉来無継其先志者
永禄中武州孫諱有尹于京兆者幸以昼事有令旁懸
鷹図之久亡先志之長没重図一羽白鷹而置本院見
者咸慕遠追本之志天龍敬智叢乏良偉師託賛
舉其善其後本院倒折之際失所在余去歳訪洛下
舊友偶観此図不堪喜躍且中心挑之舊友告余曰近頃
筑城太守之家吏不遠千里求表装於洛下此其之所
畜但賞以之来訪而究奈借受之若有慕舊物之志哉

二七丁裏・二八丁表

為公作宗壁之碑余感彼之不能埋上作為鴈門而
与之去其門云
吾家三百年来地半是猿狙窟我中舊物數名〻
空在三間継蔽雨兼風就中相惜源公麦靈狗據
鴈為図工京兆描徳宗西墨宗徳師筆豪發辞雄
近来又入他家去日〻瞻望心有攻洛下舊廟呈一
軸自云筑府大人僮天生好古集書為此軸頼吾求
表幪生絹淋漓教我泣我家舊器久塵埃循環
重見豈天幸眼驚心喜又慨惘舊明尉我有斯語
雖璧浦珠終復公我意耶非貪此宝山門永欲鏤
無窮　爾後家吏偶因触太守之怒氣竄逃府内
不知所適以故舊明亦諱之無緒嗚呼惜哉

城州洛西野郡衣笠山故菅領四国大将軍細川讃岐之公祠堂記
寓地蔵禅院　元策撰
本朝自神武至今上而百十有一葉其間治乱興廢皆在陛臣執政
之職矣而至神器禅受之際終無他姓之迭興而叛者帯砺之誓山設
宋太宗謂宰臣云日本国尚存古道中国自唐季分裂世数尤促朕
甚〻私慎御未曾尽心母令日本国独享福慶其歎美如此中古顕後
帝崇信頼朝開闢之功委政柄於御営傳至三世北条平氏従而承之
九世而絶矣當後上無嚢括之権下有并呑之勢寰中瓦崩海内塵起
天戈交戦雌雄相角於是源尊氏一呼奮振而豪傑風靡至数年而
天下携手光明帝寵禄其労使補故頼朝之所職尊氏憂家而義詮
継之貞治六年義詮欲病而嗣世子義満生在襁褓時論以為貴輔
扶人而為急管下無謂右馬頭頼之実文武全才輔弼良臣者
手義詮飾先朝貞永貞應之旧典以政務之有今向况近年陵彼清

氏郭董四国悉帰麾下砥厲下乎此人敦喀遺托之命何虞之有
奥遺使於隣府徴之頼之乗傳而来義詮扶抱而㘅諭褒美且
指幼君謂頼之曰我今為公与一子亦指頼之謂幼君云為汝与一父導
諭之教而遂之〻又授頼之以武州之封及管領職矣自今輔佐義
満以天下為己任進正人擯侫臣是使有文才者従侍左右従容匡
導之義世称良傳也考公之姓源氏名頼之参河人也其先經
基王之子鎮府将軍満仲十二世胤也父讃州刺史刑部大夫頼春建武
暦應之間邑績丕顕大宮之軍死于忠頼之公以其薦管海南軍機
所謂細川家号者其祖義季之所建也公天資聡明剛毅卓犖異
古賢良多所不推也従遊者未嘗覚其様密知者常惜不坐雖刀之
地与天下之人共此仁風是無荊棘[illegible]豈久強[illegible]武事膺公[illegible]
傳樞軸曼以攻権帰公門庭如市公亦不負委寄欽命服膺幼君
貴溢乎已故満庭州牧皆無不畏伏矣又有嬖公攻府賞事者有
曽中水饑自然明又権衡攻府代偉明等之所遠近傳為実録矣應
安三年公自背諸軍退治南海逆賊枚数城四州管内一掃而從公退而
嘆云定国以至亳利未成功我日夕省之遂乞骸骨帰讃府矣嘉慶中
義満公外戚如稲荷鳴神祠枉道入讃州訪公攻府向以天下庶務是謁
欣之情公不獲已再説公命御歳入洛義満使成信㘅労且委以惣轄
樞機大小無権其政尊其児童皆稱管領盛化功業矣明徳二年山
名氏清等為乱遠近響應十二月廿八日欲囲輦下皇都紛擾公同
弟京兆頼元等将家之兵撥虎角之策大祖而戦同晦日氏清敗死于
内野其黨亦無噍類義満振旅而退諭諸将云今日之事実出不
意幸頼諸将之力但管領兄才忠功之所致也其賞在某等差明年
壬申公六十四歳少示所悩三月二日奄令卒逝嗚絶之際遺弟頼元
遺誓義満而致匡之忠誠義満驚且泣曰嗚呼国家如何天之殺吾
之股肱臣之耳目矣其速邪後三日葬于西山谷之地蔵院義

二九丁裏・三〇丁表

※付箋あり。図版は五五八頁。

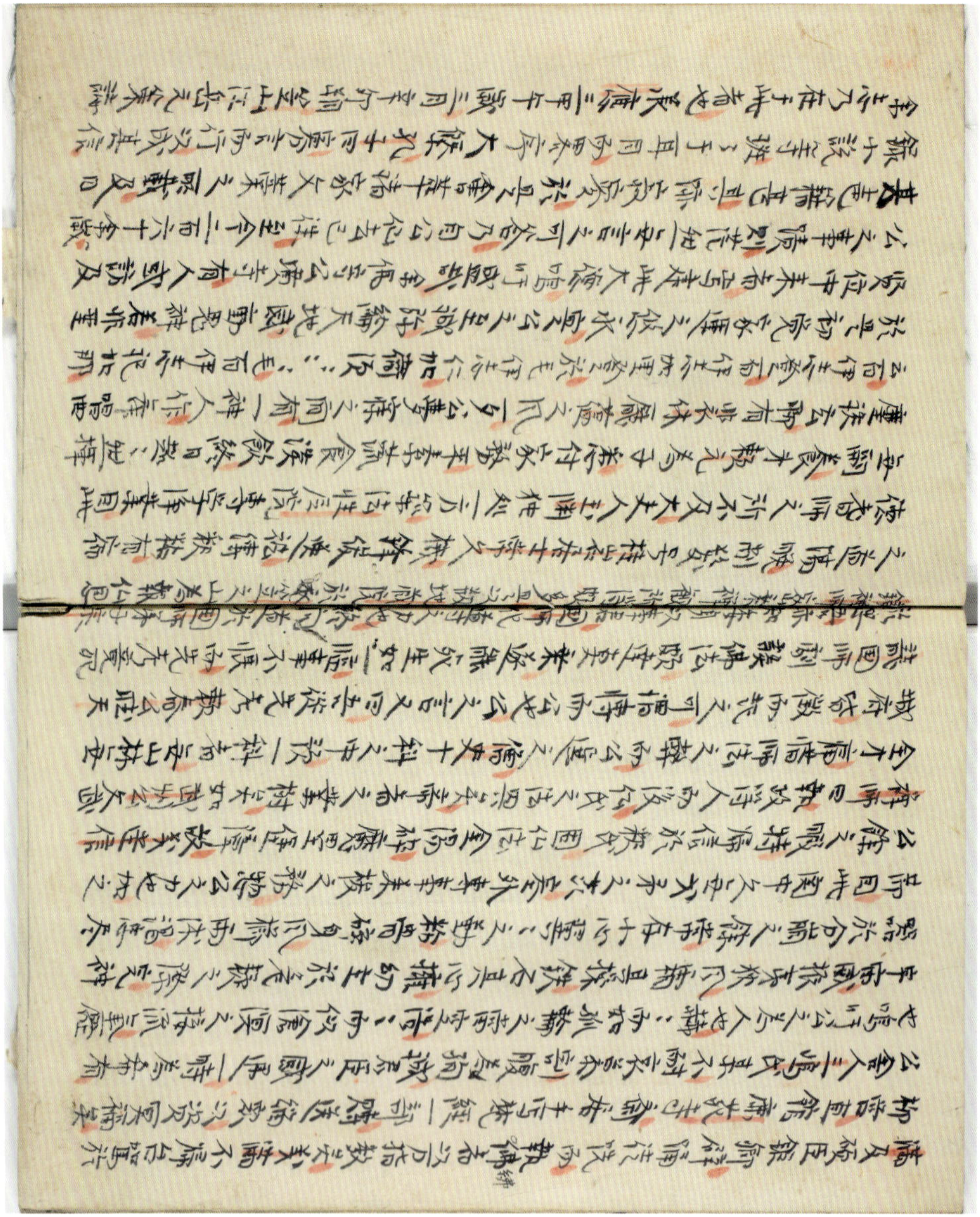

宗鏡禅師勅諡　上卿平中納言親顕　職事頭左中弁宣方　勅使中務少輔長敏

勅諡者行之迹号者徳之表古今通規真俗同揆者
乎爰周敬和尚専弘東漸法源久住西芳精舎遥曾
乃大乗之深械剰又究西部之秘密奉三朝帰依
之徽音忽保八旬餘回之頽齢莫是自家之老成禅
宇之賢達也其人既去宗不在茲乎仍垂褒章宣
加崇号諡宗鏡禅師

応安七年二月　日

勅書内降宗紙　折紙

上卿
平中納言親顕卿

新後拾遺雑哥　宗鏡禅師
思イ出ル心ニツカフ古ヘヲ遠キ物トハ思イコシ哉

職事
頭左中弁宣方朝臣

勅使

深草金蓮院祖光者古先元禅師高弟宗鏡祖俗門
弟也　以故寄附金蓮院所納貢荘於地蔵院　勅裁并古先手書
祖光書契不現存
寛文十一辛亥正月廿四日預修開山摩訶祖三百年忌
拈香請状

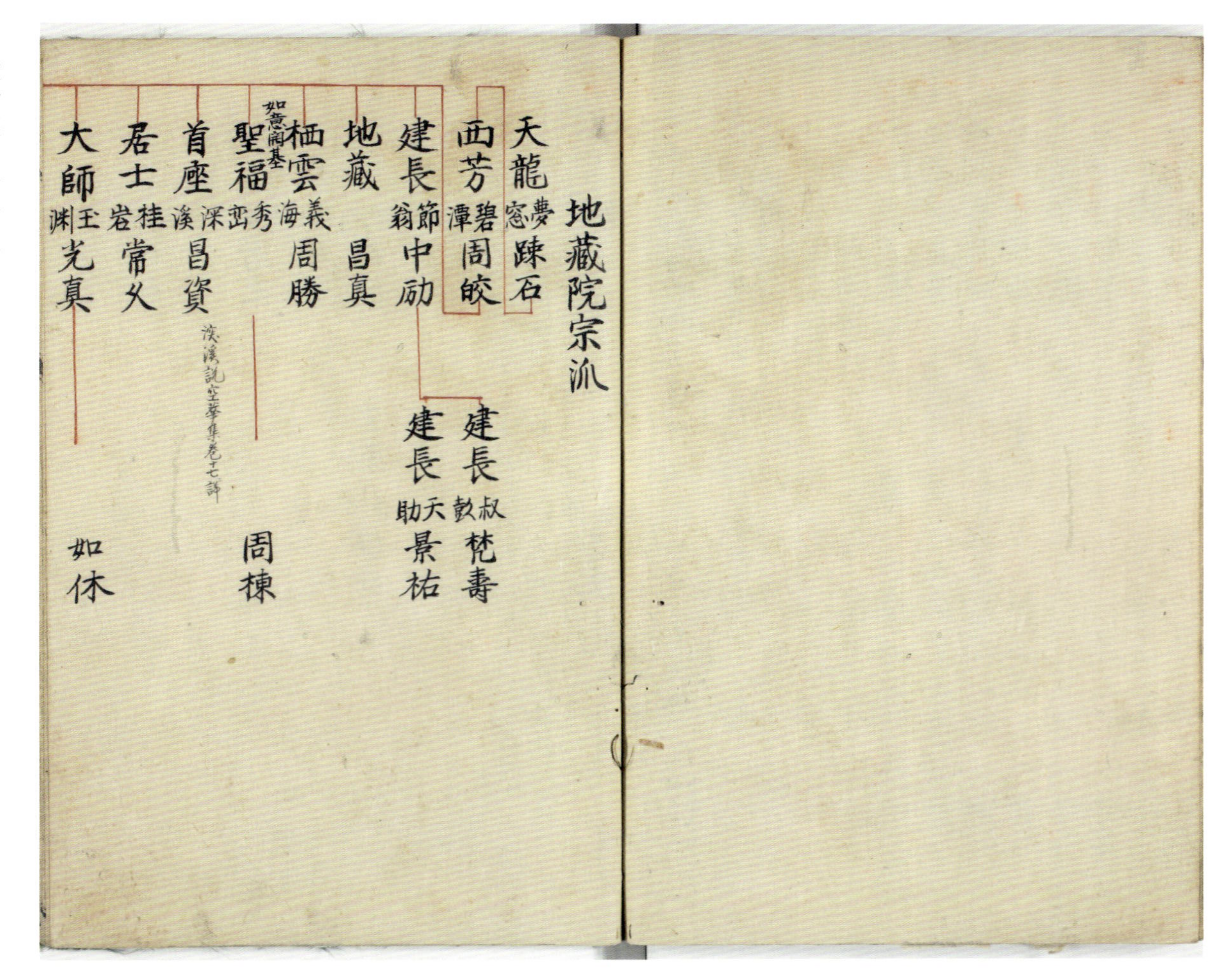
地藏院宗派
天龍 夢窓 疎石
西芳 碧潭 周皎
建長 節翁 中励
地藏 昌真
栖雲 義海 周勝
如意開基
聖福 秀峦
首座 深溪 昌資
居士 桂岩 常久
大師 王淵 光真
淡溪說空華集巻十七評
建長 叔數 梵壽
建長 天助 景祐
周棟
如休

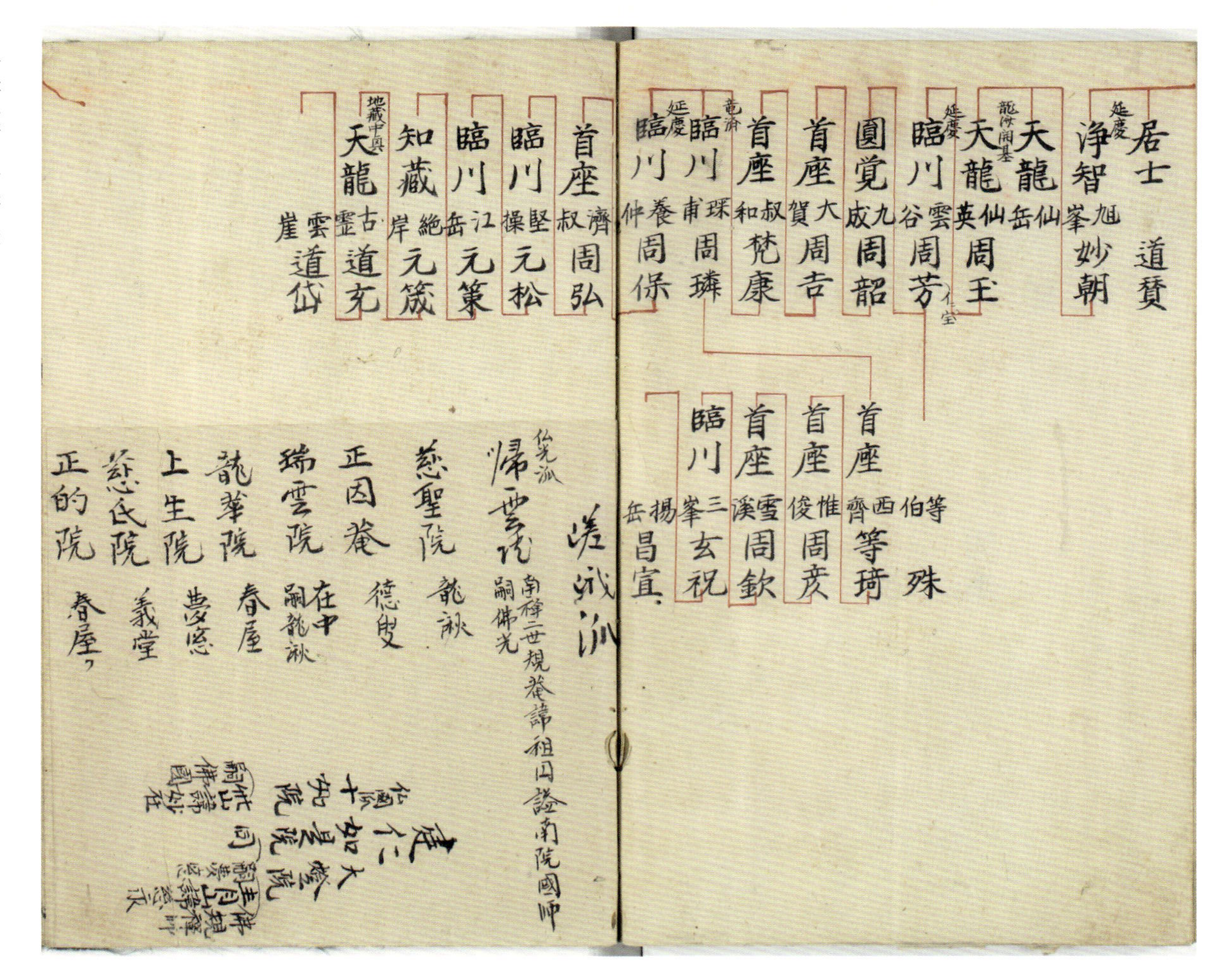

居士 道賛

延慶 浄智 旭峯 妙朝

天龍 仙岳

龍河開基 天龍 仙英 周玉

延慶 臨川 雲谷 周芳（仁宝）

圓覚 九成 周韶

首座 大賀 周吉

首座 叔和 梵康

竜済 臨川 琛甫 周璘

延慶 臨川 養仲 周保

首座 齊叔 周弘

臨川 堅操 元松

臨川 江岳 元策

知蔵 絶岸 元箴

地蔵中興 天龍 古霊 道充

雲崖 道岱

等伯 殊

首座 西齊 等琦

首座 惟俊 周亥

首座 雪溪 周欽

臨川 三峯 玄祝

揚岳 昌宜

嵯峨派

仏光派 帰雲院 南禅二世規菴諱祖円謚南院国師 嗣仏光

慈聖院 龍湫

正因菴 徳叟

瑞雲院 在中 嗣龍湫

龍華院 春屋

上生院 夢窓

慈氏院 義堂

正的院 春屋

建仁

仏国派 十如院 嗣仏国 竹山諱妙在

如是院 同

大雄院 [illegible]

細川右京大夫
滿元法名道歡
道号悅道

會要雜志　随筆　　續錄
天隱文集曰細川悅道平生欽謁地藏院碧潭師院有聖
[illegible]物呈二百卷不許外人得獵悅道云佛祖典籍浮屠氏所珍
秘者理或有之非醫家而所醫令豈有補於世不如為醫人以
療蒼生疾若乃以贈陳太丰（太丰乃順祖子官于大醫局太明國人也）子孫傳以為陳家
青囊也於是悅道為之出青蚨百案以充地藏院修補也
絶海國師年譜曰正覺帝師在西芳一日講圓覺經禪罷而諸
衲互相語间未决海師在旁敢告以正覺所引之歎所稱之義不
謬一字如指掌諸衲子驚告碧潭嚴律師々驚喜而白帝
師々於此召海師驗之自是入室凡每見徵詰應答如響
推奬絶海師於童蒙之伍者实在碧潭祖進引之力
者也

常光国師行紀曰当代碧潭岐黙堂諭中岩月皆此僧中之
麟鳳也国師少従此等之宗匠有所授之興子
瑜伽宗家血脈図云禅秀乃碧潭和尚也従真光院大僧正禅
助滋頂授教唱識心達院曰碧潭和尚者北条業義今息
也　血脈図有奥山慈済院

本院本尊地蔵菩薩瑜伽略供養法跋

当山地蔵供養法二百年来断絶耳高祖碧潭禅師来五瓶
水於真光禅助僧正登大阿闍梨之覚位瑜伽一宗之碩者独
推高祖中年雖改服帰禅豈有禅教両岐之分五瓶之水印無二
味四分之火本自一星故禅暇閉密室修浄業備般依本願菩
薩云嗚呼可尚余後生偶列其芳踏有愧于懐以故扣密宗
於江戸傳浄式於今日又幸之幸者也日夕修之観之初覚
菩薩之現濁世而化度之不遠也未盍余山列我派者修学
此浄法而為修定之助力上恢菩薩之本願力下酬高祖之
広大恩者也品旃云　笠山十二世主僧比丘元楽誌

笠山続制標文

諸仏子等随菩薩乗修寂滅行同入清浄実相住持以大
円覚為我伽藍身心安居平等性智今我諸仏子等当与
十方如来及大菩薩安居為修無上妙覚大因縁也敬白

桂岩居士道号頌并説

式告余曰笠山檀越桂山居士受道称於先帝師既稔耳聞且又同帝
師劇談深達真乗大明灑掃士誌之帝師碑中識可信尚須
又説由良桂岩派下象拂剛禅珊子曾以桂岩之称為運芳師之
哀榮甚可耗議又古剣和尚了幻集有桂岩道号頌曰擧向廣

寒宮重登雲遮芳樹歎飄凌晦堂無隠黄山谷一種天香繞碧
層其下分注曰為武州太守常久相公其昭著如此別又有拠耶
余曰別無明拠余素傳聞帝師之先為桂岩玉崗所建考之
帝師之遺録一紙連并記之如指掌合之舊聞与遺録而信
之決矣今承嘉教余豈外之耶記之随筆而備后人之廣覧
寛文壬寅十月廿七寒窓呵筆記之
空峯義堂和尚録宗鏡禅師十三回忌陞座曰掲開古佛家風覿
出大人境界家中莫有相与證拠底麼 問答不永 乃云法身無相
而無相不欺法身無滅而無差不煩所以道諸佛真諦以心為宗
衆生信道以宗為鏡直得胡来胡現漢来漢現既恁麼如来
於此鏡中示現密巌究竟之土釈迦牟尼世尊於此鏡中示現千百
億之化身円通大士於此鏡中従聞思修入三摩地示現三十二應身

地蔵菩薩於此鏡中示現去来六道度脱衆生碧潭和尚於此鏡中
住世八十四年化儀既畢示現入般涅槃諸高足弟於此鏡中成就
種々佛事報答先師恩徳是之故曰欲得空峯万行寧坐水月道場
降伏鏡像天魔證得夢中佛果然雖与广子個点撿将来總是
影像辺事祇如打破鏡来相見底一句又且如何 主丈卓一下云一把柳枝
収不得和風搭在玉欄干 復曰今日一會乃地蔵院諸高弟為
先師碧潭和尚設忌斎底意旨詳夫
和尚本姓平氏世家関東為將門大族和尚以宿習自幼出家拠于
京師従仁和寺大僧正禅助学瑜伽教法学既成専服以本宗
密法加持護賛平氏之代凡遇日月星宿之変旱澇兵疫之
災祈禱以應護国救世之功甚多故高以密宗自負不信教
外有別傳之恵世変易服巡錐投礼吾先正覚国師一言

之下頓折〻幢乃自点頭云我錯矣〻〻国師咲曰這鈍根闍
梨何知那之畔自今朝夕恭礼密受旨訣及国師謝世受嘱
継幢主於西芳精舎歟不出西山者二十余年蓋慕諦亮座主
之高致而習禅餘暇復為道俗懇請講説経論王公貴
人獲益者多有得者寡矣云嗚呼僧既敝吾宗只合全提祖令
尚何用講説哉和尚拳而告或者曰不見道経是仏説禅是
仏心諸仏心説必不相違況復西天祖師自大迦葉至優婆麹
多皆兼弘三蔵逮于馬鳴竜樹始開摩訶衍論釈経加
以震旦禅祖大鑒南陽鵝湖司空山等諸師広引経論以示仏
心印不以禅教二其心豈似今之世為禅徒教者各宗其宗党
其党争角相争互排暗護猶文之識乎由是言之碧潭和尚
丈永明智覚之流亜歟応安聖朝賜謚曰宗鏡禅師蓋取

於此矣而禅師又以本願与地蔵菩薩有大因縁雕刻其像福院
尊往復数供養不可勝計由是菩薩或感于夢想或現于定
中密垂衛護実加被者頗多禅師以応安七年甲寅正月初
五日示寂西芳預嘱其徒曰月之廿四日乃地蔵菩薩感応之
斎日也老僧滅后汝等当取斯日為老僧忌辰毎月就于地蔵
院設斎諷誦本願功徳以報菩薩慈恩是乃与供養老
僧一般而未諸徒至今如此遵遺命也嗚呼哉此菩薩秉悲願
輪受仏付嘱出于南閻浮提救度衆生〻〻無量菩薩悲
願亦無量菩薩悲願無量碧潭悲願亦無量悲願無量
故功徳亦無量功徳無量故利益方便亦復無量山僧嘗以
虚空為一張紙万象為三寸舌説到尽未来際菩薩功徳説不
能尽有偈曰〻〻似諸人地蔵菩薩碧潭和尚一身多身是相

三七丁裏・三八丁表

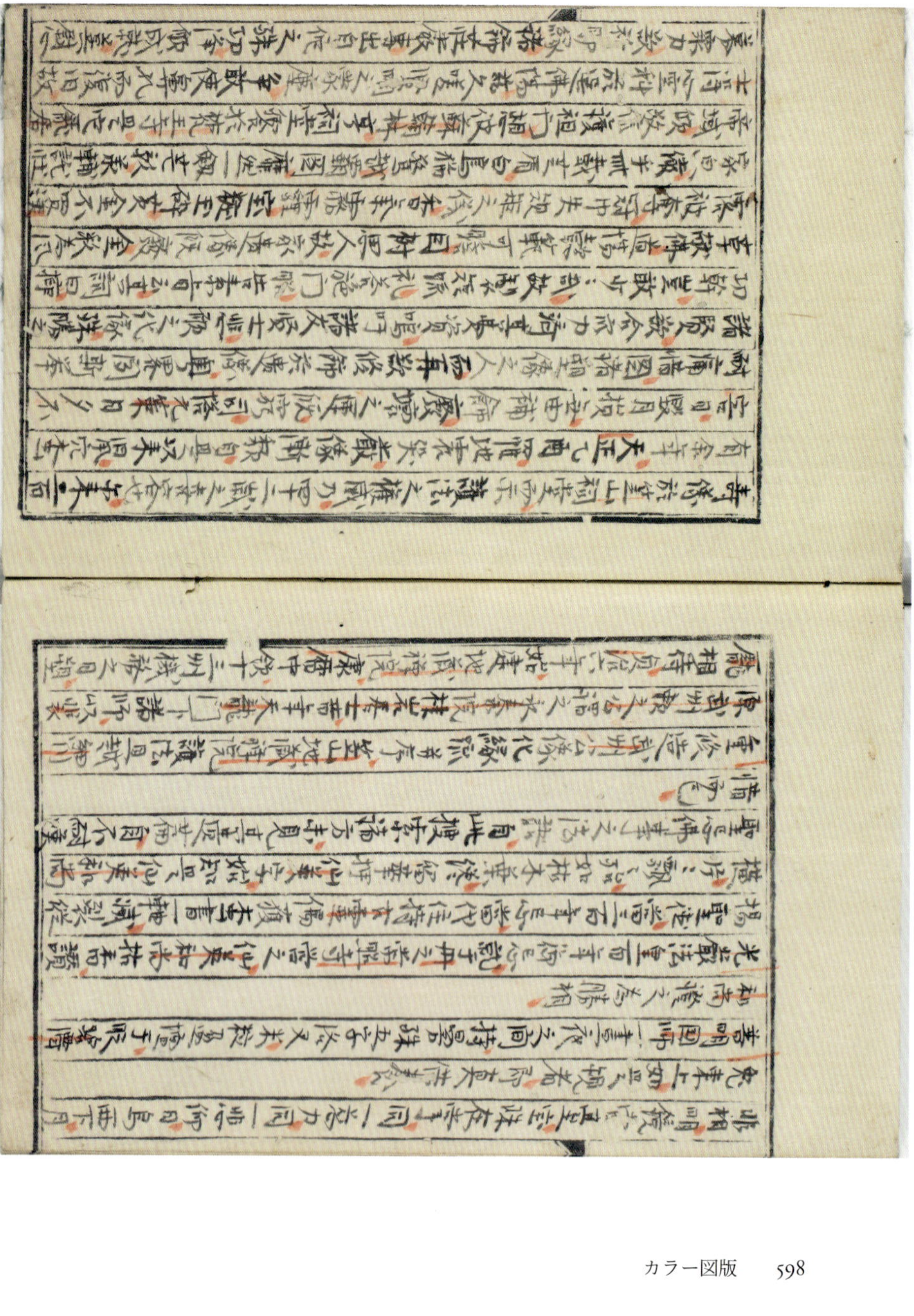

非相明鏡裏宝珠在掌同一悉力同一悲仰日島西下月
兎東上如是観者即真供養
善明国師一昼夜之間持貫珠五字陀又米粒盈壇于時[illegible]
和尚讃之為勝相
光厳法皇百年御忌就于冊之常照寺営之仙英和尚拈香讃
揚聖徳当三百年忌当代住持玄棠偶獲古書一軸減裂従
横片〻飄〻殆如枯木葉従留華押仙英字始知是仙英和尚
聖忌仏事之法語自此捜索諸方未見其遺篇自不耐遺
惜
重修造武州公像化縁疏并序　笠山地蔵禅院護法且誠細川
原武州歛之公謂之永泰院桂岩居士寛永十一年天龍門下諸師以崇
厳相待貞治六年始建地蔵禅院康暦中領十三州機務之日望

寿像於笠山祠堂而示護法之権威乃四十二歳之寿容也年来三百
有余年天正乙酉罹地震災厳像漸頽自是以来風穴盍
容可毀月損無由補飾廃壊之運既窮司階之輩日夕不
耐痛惜図諸塑像之人而再欲修飾於遺像専累衆斯挙
諸賢欲合衆力済其費資嗚呼諸友賢士悲願之代像殊勝之
功幹豈敢少〻哉故製疏礼普施門戸告素旨云其詞曰揮
草敷偉道場鼓箭可賤目射思人故家遺像既廃全彩為凤
雲被奪冠巾失蹤兆之後香気雲露雲宝殿玉砕黄金不買渓
家白衣徳手戒載其眉白鳥猶登誠霸図靡然一斂其欽兼輔試仕
帝城頗発信護祖門想彼蘇翁林亭祠堂寄於梵王寺是宅厥居
士得公室科於是仏陽哉久嗟順開之衆庫争敢使鼻孔而復旧故
募衆力欲祈即縁諸飾荘厳専出自他之殊功浄財成就益厳

我人之仰慕。寛文癸卯秋七月日縣列淨資於標者

天龍和尚神仲　知堂西堂　元外西堂　蘭室西堂　季清儔

周依都寺　周祐　等肯　周牛　周璵　周伸　梵立

壽晃　道滌首座　権芳庵主

寛文第三癸卯之冬十一月辛巳日笠山祠堂安座于重刻武州

英像於是司塔元業募倭薄奠於英前告之以文其詞

曰

於戯我武州公乃文乃武惟仁惟忠天下重器海内英雄身膺輔

託心存吉卬業域群庶称管鍾公既為遂退一廟逸汎将軍三

顧豈欺吾翁再執政務盤石祖宗未抜衆業図圄一空太平

寰宇温日亨風傍探釈氏枕契心融當塲弁篤莫氣端馮度

僧建寺悲願孔隆故笠之東攀始納禅義勤厳護法賦薇甚

容二百年后烟霞塵蒙茲裒衆力再施彫工衣冠厳整漢儀重

逢是真是假見者跪来嗚呼士於一世多無始終如我武州似霜

後松一貫操節古今一同豊斂削壁敢無磨滅馨真淨界内

正眼玲瓏一毫之茎一分之烘如在祠廟神其享通

大雄山常照禅寺開山光厳院百年御忌拈香　拙衲謹録

是堂頭和尚春巌老人法座下定叟一笑云尓

丹州山国常照禅寺開山無範和尚百年忌　拈香

華蔵香云百年木五分身尽乾坤内英葉繁茂無陰陽地蟠根

輪囷論甚種草則最尊最貴抜其風枝則絶等絶倫得之者一

機發轉失之者六趣沉淪拈来爇向炉中衆煩殺他無鼻孔人

吾惟三界独尊覚王出興微有麼人乎乾満心菩薩乗載大悲願

輪是故當山開山光厳院無範和尚大禅師全室宗旨而嗣心

宗法嗣万衆位中帰一乗真大中天下禅叢一掌之威権黄
檗樹倚ケ蜜菓書宗皇帝詔開府百年之梓様枇核裏
討旧時仁直得仏法与王法全不二皇風与祖風共一均出於美
操快観丹山五色秋鳳鳴量作果擂下天岑一角祥麟海涵
春育徳量虚大雷励風飛抗鋒攀嶠大雄峰頭坐断毘盧
頂額当照門下把定衲子要津到這裡一塵不立万象斉泯
百鳥啣花無路諸天献供不困此是平生利生接物和光
同塵処至若其実践則仏祖信舌魔外潜踪非質窮
盛前之所得而指陳乎未時移物換忽隠一句拿衣来拜竜
象対遺像猶抱烏鵲泣回臣雖然恁地一切法不生優之雲
漢三一切法不滅澗下水潮々側耳聴猿夜鶴間眼霜松雪筍
如此見聞従無量劫直至今日一絲毫許不涉去来出没自他
殊親正与么時莫是即今記此三昧与現前一衆把手作主作賓諸
人還委悉麼　其或未然有一偈聊藉手以薦献去　万古此山
朝百神美国聖徳日愈新　恰如樹欲養備思先臘梅花遍世
春　青宮平跋享壬午冬十一月七日　三会守塔比丘　心美周主
凡衛長乃来年癸未秋七月七日也設於当年壬午当其之
蓋以前日於天龍金剛院有大斎会也

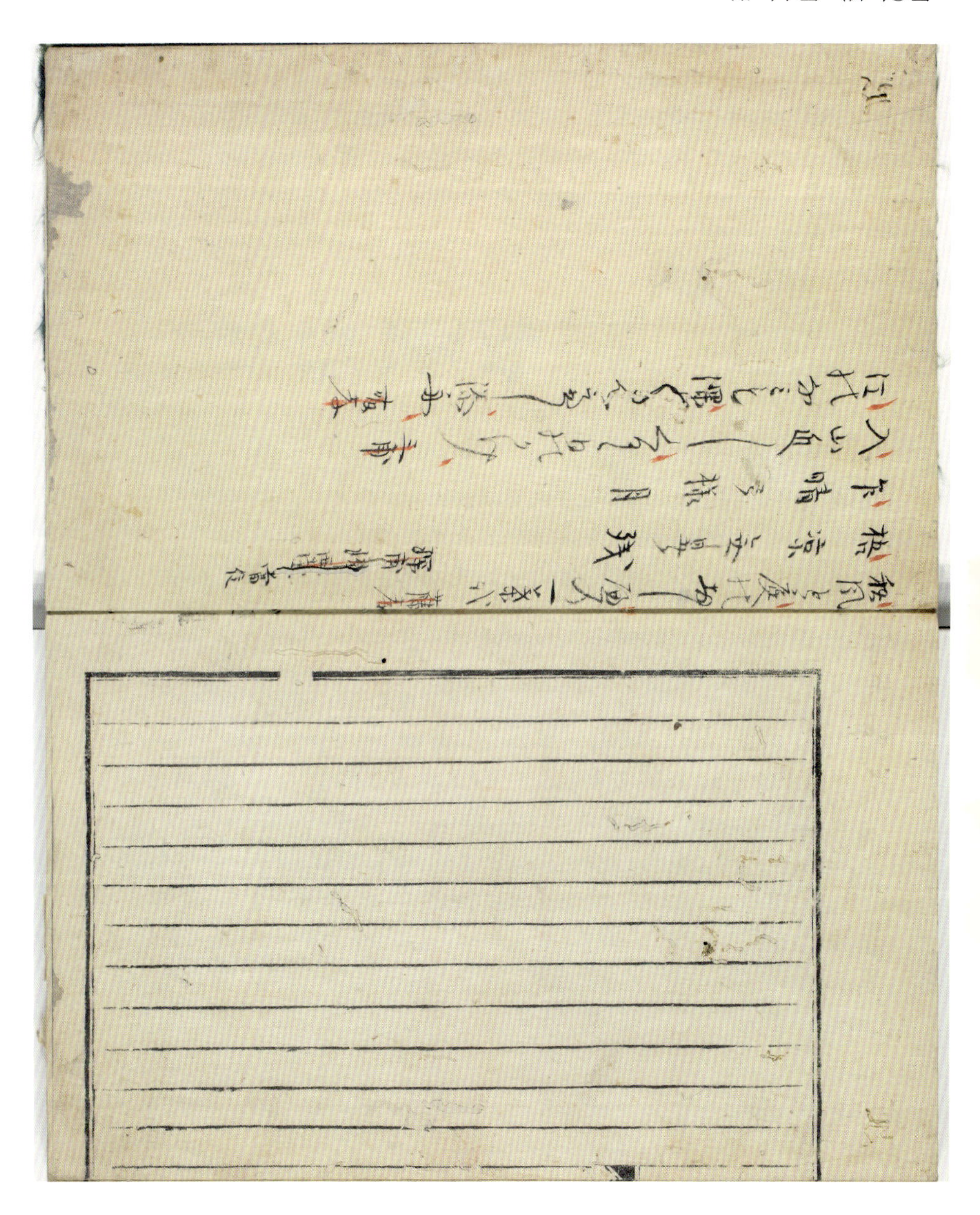

四一丁裏・裏表紙裏

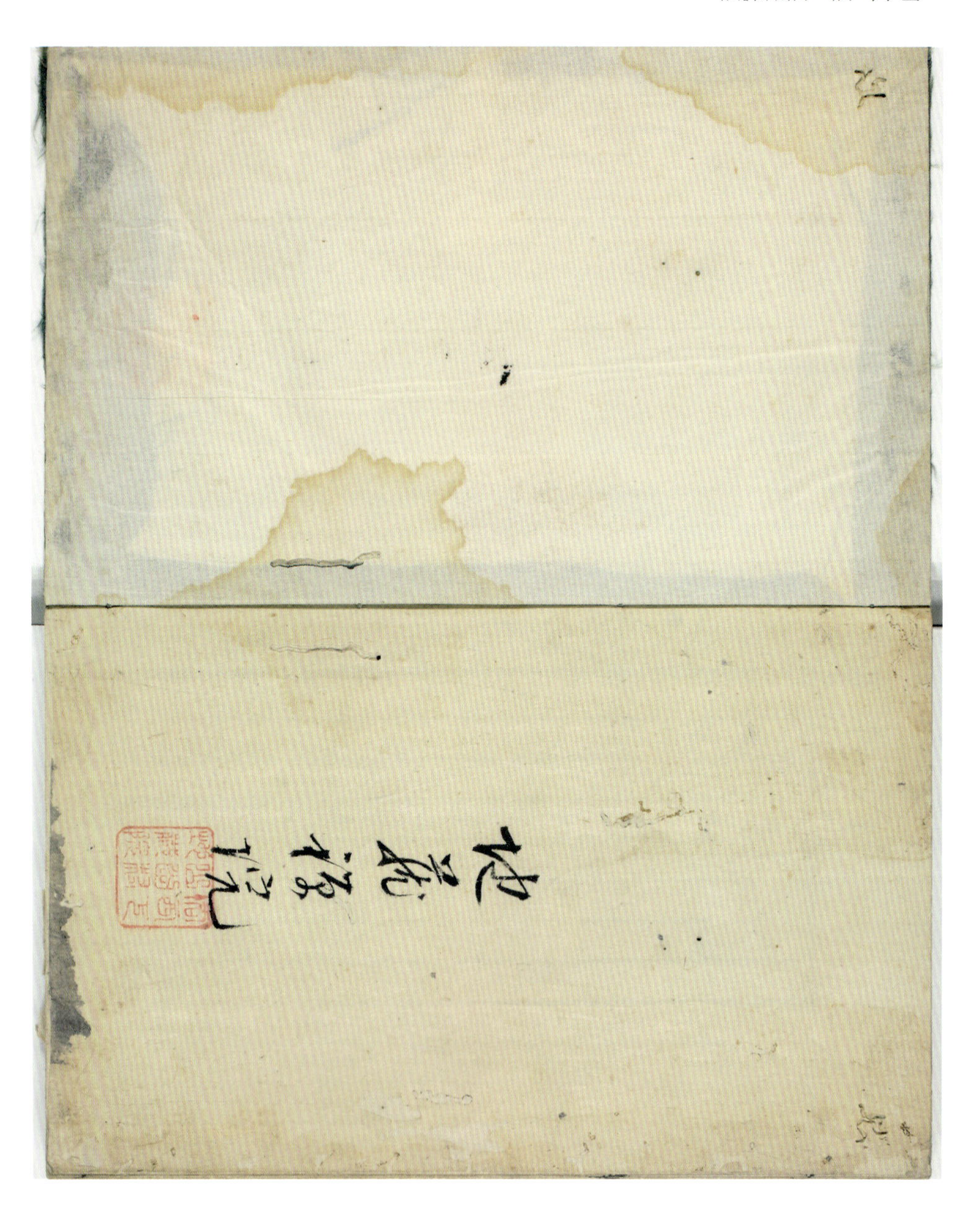

あとがき

はじまりは田舎に住んでいた祖母静枝の死去からだった。二〇〇八年に祖母の葬儀を終えて京都に住む両親と祖母の墓をどうするかを話すなかで、守護在京の確立を探る手段としての京菩提寺・国菩提寺論の着想を得たのである。折しも京都大学に助教として在職中、藤井譲治先生から、「あなた馬力がありそうだから」と京都大学が所有する「西山地蔵院文書」の翻刻と解説の仕事を任されたこともあって、京菩提寺の基本史料として位置付けられる、この文書群の解析に取りかかったのである。

その成果の一端は二〇一〇年に出した『室町幕府論』（講談社）で公表し、また二〇一四年から二〇一八年度にかけては、国から科研費「中世後期守護創建禅院の基礎的研究─国菩提寺と京菩提寺」（基盤研究Ｂ・課題番号２６２８４１０１）の給付も受けることができた。そのおかげもあって、二〇一五年には京都大学史料叢書の一冊として『西山地蔵院文書』（思文閣出版）をなんとか公刊できた。大事な研究テーマを与えて下さった先生方には感謝の気持ちで一杯である。

申請に向けた準備の一年も含めた、六年に及ぶ科研プロジェクトの期間、私のしたことといえば、予算をできるだけ万遍なく配分したこと、メールで研究会の案内を送ったこと、そして調査旅行でレンタカーの運転席の後ろの席に座って、研究者としての「馬力」の減退を嘆いたりすることぐらいだったが、三〇代の若手研究者たちにとっては、この期間は丁度、伸び盛りの時間だったらしい。今回、提出された原稿を読んでは、研究者の社会もこのようにして更新されていくのかと実に感慨深かった。私もこのまま初期化されないように、もう少し頑張ろうと思う。

また、本書には、博物館や地域連携などの仕事に携わっている執筆者を中心に、中世から近世までの長い時間を視野に入れた論文が多く含まれている。ここにはもはや中世と近世という研究のわくぐみに閉じこもる研究細分化の残滓は微塵も感じられないが、これも通常の業務で研鑽を積まれているからだろう。ご苦労はいかほどかと思うが、ご多忙のなかで原稿をお寄せいただいたことに感謝したい。

これら充実した論考は、論集に質的なゆとりを与えてくれて、さらに下の世代の原稿も収録することができた。加えてカラー図版も入れた、思うようなかたちで本書を出せたのは、小さ子社の原宏一氏のご尽力による。原氏には中世後期研究会編『室町・戦国期研究を読みなおす』（思文閣出版、二〇〇七年）以来、お世話になっており、今回、独立された出版社から本書を出せたのはすなおにうれしい。ただ残念なのは、『室町・戦国期研究を読みなおす』で同じくお世話になった和田（旧姓立入）明子氏が病で帰らぬ人となられたことである。お陰様で本を作るのは今も楽しい、とご霊前に感謝の言葉を捧げたい。また私事ながら、本年三月一〇日に父有毅が七六歳で亡くなった。よい父だった。本書を父の仏前に捧げることをお許しいただきたい。

二〇一九年四月一四日　　　　早島大祐

芳澤　元（よしざわ・はじめ）
1982年生．大阪大学大学院文学研究科博士後期課程修了．博士（文学）（大阪大学）．
明星大学人文学部日本文化学科助教．
主要業績：『日本中世社会と禅林文芸』（吉川弘文館，2017年）．「一休宗純と三途河御阿姑」（『東京大学史料編纂所研究紀要』28，2018年）．「足利将軍家の受衣儀礼と袈裟・掛絡」（前田雅之編『画期としての室町―政事・宗教・古典学―』勉誠出版，2018年）．「中世後期の社会と在俗宗教」（『歴史学研究』976，2018年）．

高木　純一（たかぎ・じゅんいち）
1988年生．大阪大学大学院文学研究科博士後期課程修了．博士（文学）（大阪大学）．
日本学術振興会特別研究員SPD．
主要業績：「戦国期畿内村落における被官化状況と領主支配―東寺領山城国上久世荘を中心に―」（『ヒストリア』253，2015年）．「東寺領山城国上久世荘における年貢収納・算用と「沙汰人」」（『史学雑誌』126-2，2017年）．「東寺領山城国上久世荘における山林資源利用―「鎮守の森」と「篠村山」―」（『地方史研究』386，2017年）．

亀山　佳代（かめやま・かよ）
1996年生．京都女子大学文学部卒業．
高等学校教諭．

大田　壮一郎（おおた・そういちろう）
1976年生．大阪大学大学院文学研究科博士後期課程修了．博士（文学）（大阪大学）．
立命館大学文学部准教授．
主要業績：『室町幕府の政治と宗教』（塙書房，2014年）．「一条政房の福原荘下向と大内氏の摂津侵攻」（前田雅之編『画期としての室町―政事・宗教・古典学―』勉誠出版，2018年）．「大覚寺門跡領の形成と展開」（永村眞編『中世の門跡と公武権力』戎光祥出版，2017年）．

坪井　剛（つぼい・ごう）
1980年生．京都大学大学院文学研究科博士後期課程研究指導認定退学．博士（文学）（京都大学）．
京都造形芸術大学芸術学部准教授．
主要業績：「法然没後の専修念仏教団と「嘉禄の法難」事件」（『史林』95-4，2012年）．「「建永の法難」事件再考」（『古代文化』66-1，2014年）．「鎌倉期における専修念仏教団の形成と展開」（『史林』98-1，2015年）．

主要業績：『戦国期室町幕府と在地領主』（八木書店，2006年）．『京極忠高の出雲国・松江』（松江市教育委員会，2010年）．『松江藩の基礎的研究―城下町の形成と京極氏・松平氏―』（岩田書院，2015年）．

林　晃弘（はやし・あきひろ）
1986年生．京都大学大学院文学研究科博士後期課程修了．博士（文学）（京都大学）．
東京大学史料編纂所助教．
主要業績：「慶長期における徳川家康の寺院政策」（『史林』95-5，2012年）．「徳川家光代始の寺社政策と宛行状発給」（『古文書研究』85，2018年）．

谷　徹也（たに・てつや）
1986年生．京都大学大学院文学研究科博士後期課程研究指導認定退学．博士（文学）（京都大学）．
立命館大学文学部准教授．
主要業績：「秀吉死後の豊臣政権」（『日本史研究』617，2014年）．「豊臣政権の「喧嘩停止」と畿内・近国社会」（『歴史学研究』942，2016年）．『石田三成』（戎光祥出版，2018年）．

平出　真宣（ひらで・まさのり）
1975年生．京都大学大学院文学研究科博士後期課程単位取得退学．
文化庁文化財第一課文化財調査官．
主要業績：「戦国期政治権力論の展開と課題」（中世後期研究会編『室町・戦国期研究を読みなおす』思文閣出版，2007年）．「上杉謙信の軍事編成の特質」（『新しい歴史学のために』275，京都民科歴史部会，2009年）．『筒井順慶』（公益財団法人郡山城史跡・柳沢文庫保存会，2014年）．

萩原　大輔（はぎはら・だいすけ）
1982年生．京都大学大学院文学研究科博士後期課程特別研修コース修了．博士（文学）（京都大学）．
富山市郷土博物館主任学芸員．
主要業績：『武者の覚え　戦国越中の覇者・佐々成政』（北日本新聞社，2016年）．

小原　嘉記（こはら・よしき）
1977年生．京都大学大学院文学研究科博士後期課程研究指導認定退学．博士（文学）（京都大学）．
京都女子大学文学部准教授．
主要業績：「畿内の国郡司と受領」（広瀬和雄他編『講座畿内の古代学Ⅰ　畿内制』雄山閣，2018年）．「鎌倉後期の東大寺大勧進をめぐる騒乱事件」（栄原永遠男他編『東大寺の新研究２　歴史のなかの東大寺』法藏館，2017年）．「中世初期の地方支配と国衙官人編成」（『日本史研究』582，2011年）．

執筆者紹介（執筆順、2019年5月31日現在）

早島　大祐（はやしま・だいすけ）
1971年生．京都大学大学院文学研究科博士後期課程指導認定退学．博士（文学）（京都大学）．
関西学院大学文学部教授．
主要業績：『室町幕府論』（講談社，2010年）．『足軽の誕生』（朝日新聞出版，2012年）．『徳政令』（講談社，2018年）．

山田　徹（やまだ・とおる）
1980年生．京都大学大学院文学研究科博士後期課程研究指導認定退学．博士（文学）（京都大学）．
同志社大学文学部准教授．
主要業績：「室町領主社会の形成と武家勢力」（『ヒストリア』223号，2010年）．「室町大名のライフサイクル」（細川涼一編『生活と文化の歴史学 7　生・成長・老い・死』竹林舎，2016年）．「鎌倉後期～南北朝期研究の諸論点」（『日本史研究』658，2017年）．

小木　英梨奈（こぎ・えりな）
1996年生．京都女子大学文学部卒業．
公立中学校社会科教員．

衣川　仁（きぬがわ・さとし）
1971年生．京都大学大学院文学研究科博士後期課程研究指導認定退学．博士（文学）（京都大学）．
徳島大学総合科学部教授．
主要業績：『中世寺院勢力論―悪僧と大衆の時代―』（吉川弘文館，2007年）．『僧兵＝祈りと暴力の力』（講談社，2010年）．

大河内　勇介（おおこうち・ゆうすけ）
1982年生．京都大学大学院文学研究科博士後期課程研究指導認定退学．
福井県観光営業部文化振興課主査．
主要業績：「戦国期の徳政と地域社会」（『史林』95-6，2012年）．「中世後期の村堂」（『ヒストリア』253，2015年）．「戦国期菅浦における利子計算法」（『滋賀大学経済学部附属史料館研究紀要』49，2016年）．

西島　太郎（にしじま・たろう）
1970年生．名古屋大学大学院文学研究科博士後期課程修了．博士（歴史学）（名古屋大学）．
松江歴史館学芸員．

中近世武家菩提寺の研究

二〇一九年五月三一日　初版発行

編　者　早島　大祐

発行者　原　宏一

発行所　合同会社小さ子社

〒六〇六－八二三三　京都市左京区田中北春菜町二六－二一
電　話　〇七五－七〇八－六八三四
ＦＡＸ　〇七五－七〇八－六八三九
E-mail info@chiisago.jp
https://www.chiisago.jp

印刷・製本　亜細亜印刷株式会社

ISBN 978-4-909782-02-1